AMERICA'S POLITICAL DYNASTIES

美国政治王朝

从亚当斯到克林顿

From Adams to Clinton

〔美〕斯蒂芬·赫斯 Stephen Hess / 著

严春松 / 译

上海社会科学院出版社
SHANGHAI ACADEMY OF SOCIAL SCIENCES PRESS

致贝丝

目录

致 谢

假如在我的一生中曾经出现过一种瑞普·凡·温克尔时刻,那就是在2015年2月。有一天我一觉醒来,脑子里就出现了想重写《美国政治王朝》的念头,这本书我放在床头已有半个世纪了。

这份沉甸甸的长篇手稿是我在1965年,用一台国际商用机器公司电动装置,一个字一个字地敲打出来的。那是我的第一台电动机。它在打字机历史上是一个巨大的进步,而且它还伴有一个特别的来历:它是我在1960年12月在尼克松-洛奇总统竞选总部的停业甩卖会上花50美元购得的。

被输入打字机中的内容是通过几年来我对国会图书馆各种各样极好的收藏品手工复印而收集得来的。有一两个好心的图书管理员允许我将一部新发明的便捷复印机带入馆内,这里"便捷"的意思是指只要你能拿得动15磅重的东西。抄写技巧是将光穿过文件投射到一张表面粘了化学材料的纸上,这张纸然后就会卷起,然后慢慢退去,但它肯定要比长期书写带来的手部僵硬要好(几年之后所有这一切将会被静电印刷术取代)。

想象一下50年过后一觉醒来,能够不出家门或在办公室写成一本800页的历史著作!在如此短的时间内资料收集方法竟已发生了如此巨大的变化!感谢维基、谷歌以及其他搜索网站,它们提升了研究的乐趣。

对我来说自《美国政治王朝》第一版出版以来,情况发生了变化的还有,1972年1月我到了布鲁金斯学会——之后从未离开。40多年来,我享受着与单位富于创造力的同事共事的乐趣,一起致力于对我们认为重要的事情的考察研究。在治理研究处里边，我特别感谢几任主任：达雷尔·韦斯特、鲍勃·布赖尔、安娜·古德鲍姆、克里斯蒂娜·雅各布斯、尼克·麦克莱伦、希拉里·肖布、贝丝·斯通。他们还奖赏给我许多杰出的实习生，如萨拉·布劳纳、马修·博加德、柯特林·克雷默、马修·夸仑。我要再一次感谢布鲁金斯学会图书馆的萨拉·奇尔顿和劳拉·穆尼，以及在IT服务热线终端传来的平静的声音。

此外，我很幸运地能够拜访知识广博的阿伦·米凯利安先生——美国历史协会《历史透析》(*Perspectives on History*)的前任编辑。玛乔丽·潘内尔作为文字编辑一丝不苟，始终认真负责。安·温斯托克设计了本书的精装封面，英奇·洛克伍德负责校对页面，而朱利亚·佩特基斯则编排了索引。

最后，本书的出版是技术熟练的专业人士共同努力的结果，他们就是以瓦伦丁娜·卡尔克会长领衔的布鲁金斯学会出版社的专业队伍。我要特别感谢来自其他出版著作的一位老朋友，总编辑珍尼特·沃克，以及瓦伦丁娜团队的其余工作人员：丽贝卡·康帕尼、卡丽·恩格尔、比尔·菲南和耶尔巴·奎因，以及图书产品协调员埃利奥特·比尔德，他负责页面的设计和排版。

斯蒂芬·赫斯

荣誉退休高级研究员

布鲁金斯学会

2015年7月27日

第一章 研究王朝的冲动

我对美国政治王朝的着迷，说来好像不大可能。1957 年，我在德国法兰克福的时候，当时我是驻扎在第三装甲师总部队伍中的一名陆军二等兵。有一天晚上我去图书馆，希望能找点有趣的东西看看，结果却发现了一本巨著，书名叫作《美国国会人名名录》(*The Biographical Directory of the United States Congress*)，书中列出了自 1774 年大陆会议以来的每一位立法者的姓名。在我浏览这些姓名的过程中，有些姓名不断出现，重复了一遍又一遍：穆伦贝尔格、穆伦贝尔格、穆伦贝尔格、穆伦贝尔格，贝阿德、贝阿德、贝阿德、贝阿德，斯托克顿，弗里林海森。这些参议员和国会议员是谁？我怎么从来都没听说过？

我受过良好的教育。我是一名政治学专业的学生！我知道有约翰·亚当斯总统和约翰·昆西总统，他们是一对父子，还有罗斯福家出过两位总统，西奥多和富兰克林，第 5 代堂兄弟。我甚至还知道哈里森家族的一些情况，曾为一名教授研究共和党的历史提供帮助。但是利文斯顿、布雷肯里奇，还有塔克是谁？还有沃什伯恩，曾供职于国会，分别来自于缅因州、伊利诺伊州、明尼苏达州和威斯康星州的四位兄弟？

美国宪法宣称，"美国不会为政治贵族封授任何头衔"，然而自这些话被写下后的两个世纪以来，美国人显然是选择了斯图尔特·艾尔索普(Stewart Alsop)曾经说过的"人民公爵"(People's Dukes)的道路。

一代又一代，选举人自愿将选票投向同样的家族。然而当时政治学专业的学生还是极少注意到这种现象。1958 年军队打发我回家，用埃尔维斯·普雷斯利(Elvis Presley)取代我(至少在他的部队进驻而我的部队迁出的意义上)之后，我已编撰了 300 份家谱。某一天我会讲讲他们的故事。

这类的王朝许多是过时的，不再成为新闻，它们诞生，然后就消失了，成为久远的事情。自1833年以来国会中没有出现过一位来自弗吉尼亚的伦道夫(Randolph)，自1851年以来国会中没有出现过一位来自马萨诸塞州的温斯罗普(Winthrop)。然后，到1960年，出人意料、令人震惊地，肯尼迪家族以足以照亮天空的杰出才华登上了总统竞选的舞台。杰克告诉纽约观众说，他收到过来自他父亲的一封电报："亲爱的杰克：不要多花一张选票的钱。我决不愿为赢得压倒性胜利而付出代价。"约翰·菲茨杰拉德·肯尼迪，作为听话的儿子，在选举中屡屡获胜，然后携年轻漂亮的妻子和两个可爱的孩子搬入白宫，两个孩子总爱在总统办公桌底下玩游戏。他让他的兄弟鲍勃担任司法部长。兄弟特德(Ted)不久就被安置在杰克原来的参议院席位上。萨金特·施赖弗(Sargent Shriver)，他的内弟到华盛顿创建了和平队①。另外，还有众多姐姐妹妹嫁给了电影明星或者英国贵族。

突然，美国的王朝的推动作用变成了一件值得考虑的事情，它或许还会给一个民主制国家带来影响。1966年这一年，我把我在法兰克福写下的笔记变成了《美国政治王朝》(*America's Political Dynasties*)的第一版，当时的美国参议院拥有18名议员，这18名参议员多多少少可以通过朝代渊源联结在一起。在整个国会山，美国众议院内，有11名国会议员的儿子，2名参议员的儿子，4名过去有兄弟在国会，3名的丈夫过去在国会供职，还有许多人有远亲关系。讲讲他们的故事的时机已经成熟。

2012年，就在他的32岁生日前不久时间，约瑟夫·P.乔·肯尼迪三世被选入美国众议院。作为哈佛法律学院2009届的一名毕业生，他曾在米德尔塞克斯(Middlesex)县地方检察官办公室担任地方检察官的助理，之后辞职，想到最高立法机关谋取一个席位，凭借家族的声名他以90%的得票率赢得民主党初选，以61%的得票率赢得了普选。他是约瑟夫·P.肯尼迪二世的儿子，后者也代表马萨诸塞州在1987—1999年在美国众议院供职。约瑟夫·P.肯尼迪二世是罗伯特·F.肯尼迪的长子，后者是来自纽约的美国参议员，1968年在竞选民主党总统候选人提名期间被刺杀；约瑟夫·P.肯尼迪二世，是总统约翰·F.肯尼迪以及参议员特德·肯尼迪的侄子，同时也是特德的儿子帕特

① Peace Corps. 1961年在美国成立的由志愿人员组成的政府代表机构，宗旨是为发展中国家提供技术服务。——译注

里克·J.肯尼迪的堂弟。帕特里克·J.肯尼迪是1995—2011年代表罗德岛的美国众议员。乔·肯尼迪现在是被选入国会的肯尼迪家族第六代，这对任何家庭来说都是一个了不起的成就，而对仅在1947年进入国会的一个家庭而言又是令人惊异的。

44个美国政治家族至少有4个同样姓名的成员被选入联邦办公室，而在75个家族中3个同姓名的成员担任国家职务。另有48个王朝可被称为"混合配套"(mix and match)，因为他们通过婚姻增添了三个以上的成员，如洛克菲勒家族与奥尔德里奇家族的联姻。然而总体来看，这些王朝家族，尽管独特，也仅占自1774年以来被选入国会的男性与女性的6%。

本书是关于17个这类家族的故事，另外再加一个可能还处在重新定义王朝概念过程中的家族。从这18个家族中走出了11位总统、4位副总统、33名参议员、18名州长、73名美国众议院或大陆会议议员，以及11名内阁成员。

虽然这些家族是因对同样的目标的追求，即赢得选举，而团结在一起，但他们的历史差异之大犹如亚当斯家族与李氏家族之间的差异。第一位亚当斯给他的后人留下一间房子、一个谷仓和3张床；第一位李留下一个13 000英亩的庄园，全是肥沃的种植烟草的土壤。虽然极少共同之处，但他们联起手来企图让美国从大不列颠脱离，从而带来了一场革命。

政治对穆伦贝尔格家族和弗里林海森家族而言乃是宗教的副产品。牧师亨利·梅尔基奥·穆伦贝尔格已被德国路德教会派往宾夕法尼亚。牧师西奥多勒斯·雅各布斯·弗里林海森已被荷兰新教教会归正会派往新泽西。到美国独立战争之前，德国人已占宾夕法尼亚人口的1/3，荷兰人则占新泽西人口的1/6——算是大选区了！

并非所有的缔造者都像亚当斯和李氏家族那样爱国，或者都像穆伦贝尔格和弗里林海森家族那样虔诚。第一位利文斯顿被指控实犯下了"在一个以不道德交易而闻名的年代中，所能做下的最严重的土地诈骗罪之一"。在参议院任职的第一位洛奇先祖把自己当作私掠船船长，而将美国革命变成了有利于财政的值得庆幸的好事。

罗斯福家族，在第八代的西奥多·罗斯福(TR)和富兰克林·德拉诺·罗斯福(富兰克林·德拉诺·罗斯福)到来之前，是成就一般的店主、银行家，以及拥有较少土地的绅士的两个分支，当中就没有一个是政治家。弗吉尼亚才华横溢的塔克家族先是学习和教授法律，然后才从事政治。(《塔克论布莱克斯通》,《塔克论宪法》。)从未有人质疑哈里森家族的才智。他们家的标志特征就是适应能力强。他们在哪都能有人为他们投票——弗吉尼亚、印第安纳、俄亥俄，以及怀俄明州。

除此之外，在代际更替过程中，王朝往往一直保持在某个固定的州，如俄亥俄的塔夫脱家族，以及特拉华的贝阿德家族。当他们的野心超出了州的需要之时他们就会跨过边界。马萨诸塞、纽约、罗德岛、马里兰、康涅狄格的肯尼迪家族。这方面布什家族有他们自己的变迁史，从康涅狄格到德克萨斯，又到佛罗里达。

王朝内部须一片和睦，和睦一旦消失，王朝也就不复存在。海德公园罗斯福家族与牡蛎湾罗斯福家族注定要发生冲突。内战恰好让肯塔基的布雷肯里奇家族分成两派，也让路易斯安那的朗家族的人你争我夺，决无谦让。然而，也会有家庭感情深厚的。报业出版商查利·塔夫脱个人就曾资助他兄弟威廉·霍华德·塔夫脱的漫长的公职生涯。威斯康星的沃什伯恩，1858 年获得众议员席位，抓住了伊莱休的攻击者的头发，成功为他来自伊利诺伊州的兄弟进行了辩护(那是假发，它掉落在了沃什伯恩的手里)。

所有王朝无一例外地都参加了美国战争中非同寻常的战斗。杰克·肯尼迪和乔治·H. W. 布什参加了第二次世界大战，特迪·罗斯福的儿子与孙子以在两次大战中的惊人战绩而出名。在他们当中，罗伯特·E. 李是最伟大的将军。而在支持联邦的这边，虽然本·哈里森像总统一样腼腆，但在谢尔曼向海洋进军的途中表现了超越勇气的勇敢。罗伯特·菲尔德·斯托克顿在加利福尼亚参加了墨西哥战争(并获得了殊荣，以他的名字命名了一个城市)。而长达一个世纪以来，学校的学生都听老师讲授了关于年轻的牧师彼得·穆伦贝尔格从他所在的教堂大门走向大陆军队，与华盛顿在福吉谷共同战斗的故事。

有些家族获得过了不起的成就——亚当斯家族、李氏家族、罗斯福家族、塔夫脱家族、布什家族、克林顿家族——而其他家族则趣味性胜过重要性。尽管如此，他们也拥有过了不起的时刻：詹姆斯·A. 贝阿德，1801 年特拉华州仅有的国会议员，当总统人选必须通过众议院投票决定的时候，他脱离了他的党派，将票投给了杰斐逊，而没有投给伯尔(Burr)。罗伯特·A. 利文斯顿在美国考虑购买路易斯安那的几年中是美国驻法国的公使，交易就在本阶段正式生效。伊莱休·B. 沃什伯恩，美国另一任驻法国的公使，是在普法战争期间留在巴黎的唯一外交官，负责监督 30 000 人的救济工作。亨利·圣·乔治·塔克是《宪法第十七修正案》的起草者，这一修正案规定，参议员直接选举产生。

要讲述王朝的故事还必须考量妇女在王朝走向荣盛的过程中所起的重大作用。一张埃莉诺·罗斯福的镶框照片就放在希拉里·克林顿的白宫办公室的桌子上。克林顿夫人引用罗斯福夫人在回忆录中的说："女人就像袋泡茶。只有将它放到热水之中，你才知道它有多浓。"大革命期间，丈夫约翰身在法国，阿比盖尔·亚当斯显示了她精于经商和作为农场管理人的高超技艺，仅凭一己之力，就让家庭恢复了偿还债务的能力。玛莎·鲍尔斯、罗伯特·塔夫脱的妻子，对竞选活动非常精明，以致克利夫兰的一家报纸以"鲍勃与玛莎·塔夫脱被选入参议院"为标题宣布鲍勃在1938年所取得的意外胜利。爱德华·利文斯顿，驻法公使，晚年在写给他妻子的信中写道："我能有今天，我亲爱的路易丝，主要归功于你。"这种主题在男性谋求官职的故事中十分常见。

然而不幸的是，他们后代的故事基本上都离不开酗酒、吸毒、精神病、弱智以及金融方面的挫折或失策，以及性丑闻，或竟为家族声名所累无所作为。阿比盖尔与约翰有一个儿子当了美国总统，两个儿子成了酒鬼。小约翰·F.肯尼迪称他的大堂弟和二堂弟为——白纸黑字写在那："恶劣行为的代表……对他们来说给多少拿多少都是应该的，对吧？"没有哪个王朝的子女像富兰克林·德拉诺·罗斯福和埃莉诺的三个最大的儿子那样，滥用和糟蹋他们家族的遗产。埃利奥特，在1934年到1977年期间，被立法机关委员会调查了至少有8次。(漫画家)赫布洛克的一幅漫画画的就是小富兰克林·德拉诺·罗斯福，他代表的是华盛顿的拉斐尔·特鲁希略(Rafael Trujillo)——多米尼加共和国的独裁者，漫画中他正坐在独裁者的一堆现金上面。漫画下面的文字是："我不存偏见——我一样愿意为民主国家工作。"

还有姻亲。正如在很多家庭中一样，有些姻亲是不同寻常的。尼古拉斯·贝阿德娶了一个因做女巫而遭囚禁的女人。1662年朱迪丝·弗利特(Judith Verlet)"以一种奇怪的方式被一种情绪控制"。巧的是，尼古拉斯的叔叔是纽约州的州长彼得·施托伊弗桑特，是他写信给康涅狄格州州长约翰·温斯罗普，从而解决了问题。在斯托克顿家庭中，丽贝卡与一个据说已去世了4年然后又活过来，给人讲述天堂的故事的男人结了婚。丽贝卡的姐妹苏珊娜嫁给了华盛顿将军的一个密探。利文斯顿的一个姻亲是罗伯特·富尔顿，汽船的发明者，汽船成为这个家族的经济优势。一位年长的弗里林海森的姻亲领导了1919年往白宫要求普选权的一次游行活动，这次活动让她在监狱待了一个晚上。她报告说"来自下水道的有害气体消失了。来自火炉的烟雾消失了。一切都消失了唯剩下犯人"。

这些家族信奉新教，除了信天主教的肯尼迪家族和布什家族的一个分支之外。他们通常都很有钱，即使生时没钱，死时也腰缠万贯，尽管不“像洛克菲勒一样富有”(除非他们本是洛克菲勒家族的一员)。在强盗资本家和阿斯特夫人的“四百人”①年代里，国会中没有阿斯特，没有范德比尔特，没有古尔德、摩根，或哈里曼。杰伊·古尔德感到政治影响在需要时最好还是花钱购买。但他们对他们的女儿嫁给政客并无不利之处，从而开辟了家族王朝财富的一个特别来源：有利婚姻。1901 年约翰·D. 洛克菲勒的儿子，美国最有钱的人，与参议员纳尔逊·奥尔德里奇(Nelson Aldrich)，美国最有影响的政治家的女儿结婚。他们的儿子，纳尔逊·奥尔德里奇·洛克菲勒，成了美国的副总统。按同样的方式，财富流入了亚当斯家族，塔夫脱家族和弗里林海森家族。一个王朝家族通常有很多人口。菲利普·李有 17 个孩子。约翰·斯科特·哈里森，父亲与儿子都是总统，有 13 个孩子。肯尼迪家族假如不是罗伯特与埃塞尔有 11 个孩子就不会有第五代和第六代在国会任职。只有一个孩子会限制王朝的构建。

“我发现这个家族是世界上最神秘和最有魅力的机构。”小说家阿莫斯·奥兹写道。

6 个这样的王朝在 19 世纪已经终结了，其他几个王朝在 1900 年之后还活着。或许我们问一下为何这些家族脱离了政治，会对王朝的性质有更多的了解。(至于他们开始从政的原因，通常应归于野心、环境，以及爱国主义的某种混合。)

亚当斯家族对他们不再从政有几种解释。约翰可能会说，这是他们有意地退出。在法国任职的时候，他写信给阿比盖尔说：“我必须研究政治与战争，这样我的儿女们将来就可以去学习数学和哲学。我的儿女应该学习数学和哲学……以便让他们的孩子将来有学习绘画、诗歌、音乐、建筑的权利。”这种三代以内从政治转到诗歌的理论结果倒成了对亚当斯家族十分准确的预言。“一个单个的家庭能够经过三代实现调整，”布鲁克斯·亚当斯认为，“自约翰亚当斯写下马萨诸塞宪法以来已经是完整的四代了。是该我们消失的时候

① Four Hundred，因为阿斯特夫人的舞厅仅够容纳 400 人，后经报道就转变成了社会名流，最时髦的上层社会的含义。——译注

了。世界对我们已经厌倦了。”他是正确的,因为固执的亚当斯家族已经越来越与选民对政治家的需要不能合拍了。

如果说是人民拒绝了亚当斯家族,那么利文斯顿家族则是拒绝了人民。“我应当发现,自己代表着一群被过多的奉承拍马弄得很难讨好的上司,在与一帮无足轻重的人密谋。”在被问起为何离开政界时,一个利文斯顿家族的人如是回答。当利文斯顿家族不再能够掌控政治之后,他们退隐到他们在乡下的庄园,与利文斯顿家族的其他成员通婚,生育了不多的孩子,靠着几项投资而非创业活动获得收入来源。

弗吉尼亚州的李氏家族内战之后在政界待了一段时间。菲茨林·李 1885 年任州长,直到 1890 年。但他的两个儿子当上了骑兵军官,他三个女儿嫁给了陆军军官(全部是将军),而在这之后他们都成了海军军官。同时几个女儿嫁给了将军的儿子。海军中将菲茨林·李在争夺莱特岛战役期间,是航母“马尼拉湾号”上的舰长。这个家族将自己改变成了一个军事王朝。内战也影响了布雷肯里奇家族的生涯。家族中有些成员在饱受战争摧残的南方之外看到了更好的机会,从而离开了肯塔基——他们政治权力的所在地。

唯有弗里林海森家族按兵不动待在原位。家族在国会中的第六代,罗德尼,像此前的他父亲彼得一样,是新泽西州力登谷社区的代表。这块土地曾是这位国会议员倒数七代前的祖辈西奥多勒斯·雅各布斯·弗里林海森 1720 年 1 月定居的地方。

旧王朝结束,新王朝又来了,如尤德尔王朝(Udalls)。1954 年斯图尔特代表亚利桑那州被选入国会,这是第一个。1961 年他的兄弟莫,在被肯尼迪任命为内政部长之后,接替了他的位置。在接下来的一代中,斯图尔特的儿子汤姆 1998 年被选入美国众议院,2008 年被选入参议院,他代表的是新墨西哥州,而莫的儿子,作为科罗拉多州的代表,同样也在 1998 年被选入众议院,2008 年被选入参议院。但是马克在 2014 年竞选连任时被击败。

众家王朝的实力兴衰通过 2014 年中期选举可见一斑。除了马克·尤德尔,其他来自著名家族却输掉了参议院竞选的人还有阿拉斯加的马克·贝吉奇(Mark Begich)、阿肯色州的马克·普赖尔(Mark Pryor)、北卡罗来纳州的凯·霍根(Kay Hogan)、佐治亚州的米歇尔·纳恩(Michelle Nunn)、路易斯安那州的玛丽·兰德里欧(Mary Landrieu)。赢家有一个:谢莉·穆尔·卡皮托(Shelly Moore Caputo),西弗吉尼亚州长的女儿,她从众议院转到了参议院。玛丽·兰德里欧的兄弟被两次选为新奥尔良的市长。卡特总统的孙子在佐治亚州州长竞选中遭遇失败。格温·格雷厄姆，2014 年美国众议院的新成员，是前参议员鲍勃·格雷厄姆的女儿，而约翰·丁格尔(John Dingell)，在 1955 年继承了他父亲的席位之后，又放弃了席位，为的是能让他的妻子黛比(Debbie)成功地接替他。

王朝总会有。但不会总是同样的王朝。

美国是一个过去有王朝，未来还将有王朝的国家。在这变动不居的实现王朝的游戏中，从来不缺乏申请人。国家公职(行政公务)是高尚的目标，通向巅峰的路线已经详细地给定标好。你可以通过攀登由选举产生的职务阶梯，从城市攀升到州，再攀升到华盛顿，或者借名人地位，战争英雄更好，不按次序直接达到你想要的目的。运动员与演员也可以。族群需要达到一定的规模以及坐落在一个相对集中或固定的位置，然后才能坚持所有权。正如 18 世纪末的穆伦贝尔格家族依靠他在宾夕法尼亚州支持他的力量——荷兰人的帮助而起家，肯尼迪家族 100 年后追随爱尔兰人来到波士顿也是如此，巴尔的摩的小意大利(Little Italy)连续将托马斯·达历山德罗(Thomas D'Alesandro)派往马里兰立法院、巴尔的摩城市议会、美国国会，然后再派回担任市长职务。他的儿子也是市长，而他的女儿，南希·佩洛西(Nancy Pelosi)，成了美国众议院的发言人。分散得很开的群体，比如像来自印度的美国人，处于不利地位。

一个商标或名牌就是一项珍贵的资产——直到它不再是名牌——尤其是在一个小州之中。在 1804—1929 年的一半年份中，一个贝阿德家族成员代表了参议院的特拉华州。投票人根据过去对一个王朝家族的经验预先做出决定——它令人欣慰而且卓有成效——而一旦他们错了，总还有下一次选举。国会中有很多这样的人，他们来这里主要因为他们的父亲或者丈夫先在此任职，然后在任中去世了。仅仅把父子关系或甚至祖母外孙关系(这还真有一例)当作是一个王朝就太大方了，然而媒体爱用这个词，以此作为诱惑。正如黛安娜·金凯德·布莱尔在《跨过他的尸体》(*Over His Dead Body*)中所写："对渴望到国会任职的妇女而言，最好的丈夫就是死去的丈夫，最好是去世前在国会工作的丈夫。"又正如大卫·布鲁克斯指出："既然妇女被赋予了更多的权力，每一个占支配地位的家族基本上就使他的人才库规模扩大了一倍，从而让家族的影响得到了提高。"选民似乎给了继承者一张免费通行证，使他们在新人还待表现出他们的能力之前，先一步登上了经选举获职的阶梯。富兰克林·德拉诺·罗斯福的两个儿子在众议院获得了席位，在想爬到更高一级时被击败。

从20世纪最后20年到21世纪的下一个10年，当美国的政治版图似乎由两个家族主导之时，有一些人被他们所视为的一种反民主的不断向着遗产政府方向运行的态势弄得局促不安，不太舒服。也许他们只是不喜欢一个或者另一个竞争者，从而怪罪美国的两党制度。布什和克林顿家族在背景、风格和个性方面对人产生强烈吸引力的是，这两个家族除了一心想当选美国总统的强烈愿望之外，别无共同之处。

因此本项研究给人的教训之一就是耐心：一切都会过去。一个民主国家意味着任何公民——包括男性和女性——都能尝试开创他或她的王朝。本研究表明，许多人都尝试了。尝试的那些人野心勃勃又精力充沛。生命并不公平。有些人有先天优势。一些人改变了历史；另一些人则一生平平，波澜不惊。总的来说，照此观点，他们还是超出了平均水平。最终的结果是美国的政治王朝，与其说代表了一种刚性或确定性的事物(就像"王朝"这个词本身会带给人的感觉)，不如说它是变幻不定的世界大势中的潮涌潮退、起起伏伏的一部分。

第二章 亚当斯王朝

我觉得亚当斯家族对我们所有人都是一个威胁。

——约翰·F.肯尼迪[1]

要想在历史上找到另一个家族能与在过去一个半世纪中，亚当斯家族表现出来的相匹敌，连续四代享有卓越智力和最高公职的丰功伟绩的，很难。

——老亨利·卡伯特·洛奇[2]

一个亚当斯家族成员的遗传特征包括一套标准的身体特征。他们的脸和身体零件好像是经过冲压模具生产线冲压出来的一样。亚当斯家族成员的身材短而粗壮。（约翰·亚当斯在当副总统时被人称为"圆胖先生"）亚当斯家人从上到下，一般都是秃顶的头，一个宽阔的前额，一副精致的弯眉和一双具有穿透力的双眼，鼻子则微微向上勾起，下颌凶悍。

每一位亚当斯家族成员还遗传了一贯的个性特征，这种特征并不常见。在注意观察的公众看来，典型的亚当斯家的人都不够圆通，并经常是超出了粗鲁的范围。他们还缺乏幽默感，内向，有时伴有病态，爱布道，学究气，满口道德文章，外带作风简朴，性情冷峻，不好社交。

缺乏圆通，作为绝大多数人难以摆脱的政治负累，对一个亚当斯家族而言，是"天性如此"——"天生的，遗传的和血液中的"，按第二个查尔斯·弗朗西斯·亚当斯（Charles Francis Adams）所说[3]。1782年，约翰·坦普尔（John Temple）爵士这样说约翰·亚当斯，"他是我见过的人当中最不讲礼貌的人"。[4]詹姆斯·拉塞尔·洛厄尔（James Russell Lowell）后来评论说，"亚当斯家族拥有一种将优雅的事情说得很粗鲁的天才！"

没有人比亚当斯家族的成员更加注意家人的缺陷。通过日记、自传和信件，他们对家族的灵魂进行了自我鞭挞。约翰·昆西·亚当斯(John Quincy Adams)认为他自己是一个“保守、冷淡、粗鄙和令人望而生畏的男人，我的政治对手对我的看法是，一个忧郁的反人类者，而我个人的反对者对我的判断是，一个不会交际的野蛮人”。[5]同样的家族特征让马萨诸塞州州长马库斯·莫顿(Marcus Morton)将查尔斯·弗朗西斯·亚当斯形容为“北半球最大的冰块”[6]。

但是在私人朋友圈中，亚当斯家人常能表现出相当的同欢共乐的性情。在1830年代末纽约举行的一次宴会上，东道主上了14种不同的马德拉白葡萄酒(madeiras)，约翰·昆西·亚当斯正确地要到了其中的11种，让同伴大感意外，欣喜不已。[7]亨利·亚当斯，虽然总的来说他在世人眼里属于行为古怪的隐士，但在一个特殊的，包括约翰·海(John Hay)、西奥多·罗斯福(Theodore Roosevelt)以及老亨利·卡伯特·洛奇(Henry Cabot Lodge)在内的上层世界中，他也是一位热心的令人珍爱的角色。海喜欢称呼亨利为“豪猪天使”(Porcupinus Angelicus)。显然，对持续四代的亚当斯家族而言，带刺的外表是一副保护性的盔甲，为的是掩盖病态敏感的内里。

作为政治家，亚当斯家族虽然出现在公众面前，但他们从未属于公众。他们不知道怎样才能获得人民的欢迎。一个喝醉的投票人对约翰·昆西·亚当斯总统说，“我希望宪法从不会被违背”，总统生硬地回答：“我真心赞同这个愿望，也希望**你的**宪法从不被违背。”[8]他这句话不是在开玩笑，他就是不知道该怎样应付讲演场所中的那些令人极其兴奋的戏谑逗笑。1826年纽约，查尔斯·弗朗西斯·亚当斯惊异地发现，他父亲的支持者对父亲的爱慕已经发展到热情的程度。对此他很快自我解释道：“也许是因为酒，才导致了这么多的热情，就像酒本可能带来的其他任何什么一样。”[9]

是长寿，而非任何出于他们自己的刻意行为，才给亚当斯家族带来了所有当代人给予他们的公共声望。在公众的心目中，年老赋予了一个政治家讨人喜欢的品质。而长寿是亚当斯家族的特征。该王朝7个最著名的家庭成员的平均寿命都超过了82岁。

亚当斯家族是在战胜了马萨诸塞州，即他们的家乡州，最杰出公民的激烈反对之后，才跻身于显赫地位，并没有借助为支持获得共和国公务员职务所需要的财政手段。

具有讽刺意味的是，该王朝，在已成为波士顿正统(Proper Boston)的代名词的情况下，将其最能创造成就的时光花在了与后湾①精英的争执之上。昆西的亚当斯家族总是寻机攻击“波士顿狭隘的上流社会生活方式的错误”，上流社会仲裁人克利夫兰·艾默里(Cleveland Amory)写道。[10]当约翰·亚当斯1751年进入哈佛学院时，按社会地位他在24人的班上排在15位。假使他的母亲不是博伊尔斯顿(Boylston)家族成员的话，他的排名可能会更低。在政治上，他和萨姆·亚当斯都赞成独立，这与波士顿上层社会(State Street)的看法相违背，后者的看法更使人满意。约翰·昆西·亚当斯赞成联邦，反对哈特福德会议②。查尔斯·弗朗西斯·亚当斯支持流产。连续三代，亚当斯家族几乎总是故意与任何时候的波士顿最杰出商人心目中的最大利益作对。要宽恕亚当斯家族数百年来的一贯“右倾”就相当于去向圣徒讨求一份施舍。亨利·亚当斯，作为第四代，能够把自己家族“遗传的与波士顿上层社会的争吵”当作写作题材，这一点也不奇怪。[11]又或者他的兄弟，查尔斯·弗朗西斯，会这样写道：“波士顿社会的各个方面我都体验过了。我体验过它的热，也体验过它的冷，我喝醉了体验过它，我清醒时体验过它。而且，无论喝醉或清醒时，它都空无一物——除了波士顿！”[12]

他们这个家族缺乏经济基础，无力支撑他们对于担任公职的极度热情。约翰·亚当斯，一位普通农民的儿子，39岁时放弃了一次能够飞黄腾达的法律实习机会，进入了大陆会议，而从那之后，除了很少的几次例外，他在余下的52年的人生中，就没有了自己的私人活动。他的儿子约翰·昆西·亚当斯，从20岁出头进入律师界到他81岁去世，待在政府部门之外的时间只有7年。在他们总共加起来的78年职业生涯中，包括接受任命和选举产生的，他们从一个以微博的政府薪金为自豪的年轻国家所获得的绝不是金钱方式的满足。“奇物”(curiosity)是约翰·亚当斯对每年从担任美国副总统而获得的5 000美元的称呼。作为国务卿，约翰·昆西·亚当斯每年的薪俸是3 500美元。[13]

亚当斯家族第一代和第二代因为他们所担任的职务的性质进一步陷入困境。作为代表美国外交界的人物，他们花在生活和娱乐方面的费用应当远远超出他们的政府薪俸。亚当斯估计，在他担任国务卿期间，他每年的花费超过他的薪俸大约在4 000—5 000美元。他们是参加富人联赛里的穷人。约翰·

① 后湾：Back Bay，美国波士顿上层社会住宅区。——译注

② 哈特福德会议：Hartford Convention，1814年12月中到1815年1月初马萨诸塞、新罕布什尔、罗德岛等联邦党代表在哈特福德举行的反对麦迪逊总统商业政策的秘密会议。——译注

昆西·亚当斯在担任驻俄国大使期间,薪俸仅次于美国总统。但与法国政府给予其大使的每年 350 000 美元的法定开支相比,就显得微不足道了。[14]极其讲究实用的阿比盖尔·亚当斯对她儿子的经济条件非常担心,以至于她请求麦迪逊总统把约翰·昆西·亚当斯从俄国召回来。麦迪逊恩准了,甚至还主动提议给这位年轻人在高等法院安排一个席位,参议院也批准了。但昆西没有接受这份礼遇。亚当斯家族的男人总是宁愿抱怨,也不忘尽心尽责。

直到 1849 年彼得·沙尔顿·布鲁克斯去世,亚当斯家族在经济状况方面才稳定下来。布鲁克斯是查尔斯弗朗西斯·亚当斯的岳父,同时也是波士顿的首位百万富翁。按遗嘱,他遗产中有 300 000 美元赠与了第三代亚当斯。慷慨的捐赠结果证明可能是一把双刃剑,即或许是它才导致了王朝的衰落。因为到了第四代经济能够自主的布鲁克斯·亚当斯竟会向他的经济能够自主的亨利写信,"一个男人最大的释怀就是固定的职业,使它变成为一种习惯,同时也消耗着他的光阴。我们的不幸在于这种对于我们的精力的必要运用我们不能享有。我们基本靠自己生活"。[15]

尽管政治上具有令人难以接受的个性——这一点所有亚当斯家族成员都坚决认为不可更改——比如有大量的难对付的敌人并缺乏经济基础,亚当斯家族还是建立起了一个了不起的政治王朝。他们在巨大的争议声中,单秉智识能力和继承得来的努力工作的习惯,取得了成功。

在大陆会议工作的日子里,约翰·亚当斯任职于 90 多个委员,并且担任 25 个委员会的主席;他的儿子约翰·昆西·亚当斯在 70 岁年龄还每天工作 12 个、13 个甚至 18 个小时。没有什么比一份巴尔的摩报纸称他为"一位老外场手"(old fielder)更能让约翰·亚当斯高兴的了——因为,正如他对阿比盖尔解释的那样,"一位老外场手是一匹强壮、耐劳和辛勤的小马,干活极其卖力,所需食物很少"。[16]

亚当斯家族在其所从事的每一项工作岗位上,都保留了未被超越的记录。在他的 4 名同事离开根特(比利时西北部城市)之后,约翰·昆西·亚当斯继续留下,直到完成了导致 1812 年战争结束的谈判记录,尽管这意味着他的妻子和他 7 岁的儿子不得不在严冬独自穿越饱受战争摧残的2 000 英里的欧洲土地。后来,在他任国务卿之时,国会给他分派了一项任务,让他准备一份关于度量衡的报告。这类工作在过去一般都是扔给下属去做,但亚当斯国务卿不行。他花了三年的业余时间写出了一本极具分量的大册书,现已成为科学经典。约翰·昆西·亚当斯还获得了一份殊荣,他很可能是美国驻外大使中唯一的,因为在上班时间结束之后继续工作的时间太长而被看门人关在国务院办公室里的人员。只是此说尚不能确定。

这种旺盛的精力是亚当斯家族野心和意志力的一种表现。约翰·亚当斯写信给他的儿子,一名 27 岁的律师,"如果你没有在你的职业和你的国家中出人头地,那就应当归罪于你自己的懒惰、懒散和固执"。[17]据传说只有 5 名总统从小时候起就梦想着进入白宫,然而这却是延续了三代的亚当斯家族的几乎每个男儿的梦想。约翰·昆西,如他父亲预测的一样,成为了国家的最高元首,查尔斯·弗朗西斯成为副总统候选人,并差点获得总统提名。小约翰·昆西也当上了副总统候选人。布鲁克斯·亚当斯在 1896 年民主党代表大会上没能等到副总统提名,甚至亨利·亚当斯,今天由于他的超凡脱俗还留在人们的记忆里,但在他早期的生涯中也有过伟大的纵令不太分明的抱负。作为一名尚无经验的初出茅庐的记者,他曾说过要让他的政治写作变成"一种国家影响力"。在否认了他有担任国家公职的野心之后,亨利接着又说,"除了极高的职位之外,我一概不感兴趣"。[18]

然而亚当斯家族有一条严格的规定,一般情况下极少打破,那就是自己家人的政治抱负家里不许帮忙。一位约翰·昆西的支持者,因一直等着他宣布参加 1824 年总统选举未能等到,而很受打击,于是他这样写信给他喜欢的这个不情愿的候选人,"国王是由政治家和报纸造就的,坐等运气或经正义的权力实现加冕将终生光头,加冕无望"。[19]亚当斯家的信条"官职可遇不可求"(the office seeks the man)在 1833 年被运用到极致。是年约翰·昆西是马萨诸塞州州长候选人,他儿子查尔斯·弗朗西斯正在参加州立法机关竞选:小亚当斯既没投票给他的父亲,也没给他自己投票!

当以上勤奋、聪明的亚当斯在创造着一项项成就之时,家中的其他成员情况并不怎么好。做一个亚当斯家的人之难几乎难到让人受不了的地步,同时并非所有有如此福分的人都能不辜负他们的遗传特征。正如老亨利·卡伯特·洛奇所言,"这份极不寻常的遗产带给继承者的既是荣耀也是负担"。[20]而往往,是负担超过了荣耀。

在阿比盖尔和约翰·亚当斯的三个儿子当中,一个儿子成为美国总统,但另两个儿子终生与酒精为伴。他们的女儿过着同样不幸的生活,尽管不是出自她自己的意愿。约翰·昆西·亚当斯也有 3 个儿子:一个在 20 多岁时自杀,另一个则30出头就去世了，这使得查尔斯·弗朗西斯成了，正如他在日记中写道的，“唯一继续将姓氏与家庭保留在我们这个分支，至少没让其绝迹的人”。[21]

1798年的最后一天，约翰·亚当斯总统写信给他的妻子说：“我的孩子带给我的痛苦比我的敌人带给我的还要多。”[22]他的女儿，亦即长女，阿比盖尔，在她父亲任驻英国大使，和史密斯任公使馆秘书的时候，就嫁给了上校威廉·斯蒂芬斯·史密斯。这个高个子、黑皮肤、精力充沛的军官，作为曾经的华盛顿将军的前副官，其余生都在追求享乐生活，尽管他消受不起，或忙于土地投机，尽管极少有回报，以及牟取政府肥差，尽管后者是由他的岳父以相当的道德筹码和政治代价换来的。（具有讽刺意味的是，那个被约翰·亚当斯的女儿抛弃的非常古怪的年轻人，后来成为了著名的剧作家和佛蒙特最高法院的首席大法官。）[23]

让约翰·亚当斯总统感到悲痛的是儿子查尔斯的死，这个孩子比约翰·昆西小3岁。在（独立）革命期间父亲带着两个孩子随他一起去了欧洲，但在约翰·昆西继续到俄国担任美国外交官弗朗西斯·达纳秘书的同时，查尔斯却想家了，又回到了住在马萨诸塞州的母亲的身边。在从哈佛毕业和接受了法律训练之后，他与萨莉·史密斯，即威廉·斯蒂芬斯·史密斯的妹妹结了婚。在他岳母眼里，她是一个“端庄正派和沉着安静”的女孩。查尔斯将给史密斯家庭带去的悲痛，恰如史密斯的妹夫带给亚当斯家庭的痛苦一样多。他也受到了土地投机实现快速致富的诱惑，而导致他破产的损失，他同时还因此损失了约翰·昆西委托他管理的存款，他的罪恶感而进一步加重了。查尔斯成了一名酒鬼，30岁就死了。父亲几乎是在得知他在总统职位竞选中败给了杰斐逊的消息的同时听到了儿子去世的消息。

约翰·亚当斯另一个不幸的儿子是托马斯·博伊尔斯顿，家中幼子，他与父亲都活在前总统的往日岁月里。托马斯也饮酒过量，偶尔还抛家不管。他的侄子查尔斯·弗朗西斯，其时在哈佛上学，他曾油腔滑调地判定，说托马斯的命运“必然会终结我们的荣耀”[24]。

最具悲剧性的是约翰·昆西的长子，乔治·华盛顿·亚当斯的命运。当1801年他在柏林出生时，年轻的父亲写道：“我不知道按严格的哲学原理给这样一个像中了彩票一样的新生儿取·个伟大而令人尊敬的名字是否明智——然而就目前而言，我本能的情感压倒了我的理性顾虑。”[25]乔治结果证明是一名才华横溢的青年，他在哈佛学校的博伊尔斯顿大奖赛中击败了拉尔夫·沃尔多·爱默生，与丹尼尔·韦伯斯特一起研修法律，25岁被选入马萨诸塞州立法机关。但他行为古怪、不守纪律，又缺乏责任感。由于满脑子装着神秘的不切实际的梦想，他把自己私事和公事都彻底弄砸了。他那本意良好和虔诚的父亲苦口婆心讲给他听的清教的一套反而加强了他在应对实际事务方面的无能。即使是在梦中他也能听见父亲的谆谆告诫："记住，乔治，你是谁，你该干什么！"[26]

1828 年 4 月 29 日，乔治乘轮船去华盛顿。发动机不断提醒他，"就这样，别管它，顺其自然吧！"半夜时他把一位乘客叫醒，询问是否他这个素不相识的人一直都在散布不利于自己的谣言。他叫船长把船停下来，把他送到岸上去，因为"船上的乘客联合起来反对我"。这个陷入幻觉的青年人接着说，"我听见他们一直在谈论和嘲笑我"[27]。到了早晨，人们在上甲板上发现了乔治的帽子。前总统在纽约的停尸室领回了他儿子的遗体。

乔治给他的弟弟留了一张便条，内容是叫他照顾一位怀了他骨肉的年轻姑娘。查尔斯把便条撕了。"我会遵照哥留下的意思尽力而为，但我坦率说整个事情就是他失去了思考能力那一刻的愚蠢的宣泄。"查尔斯在他日记中写道。[28]

从 1636 年亨利·亚当斯将他的 9 个孩子从英格兰带到马萨诸塞州，到 1722 年塞缪尔·亚当斯出生的这段时间里，亚当斯所获得的最高地位是新罕布什尔州的一个乡村牧师。这类早期的关于亚当斯家族的材料，据家中第二个成为美国总统的亚当斯的说法，反映的是"卑微的生活，但其中并无任何可让后代感到羞愧的内容"。[29]他们是典型的新英格兰自耕农。约翰·亚当斯，通常被叫作"迪肯"(Deacon)，是亚当斯家族第一位总统的父亲，当过农民、制靴工人或制鞋工人、巡警、乡村管理委员会委员等职务。

然后突然，这个连续提供平庸人才的生产线就被两名独立宣言的签署人给破坏了，谁也无法解释这期间发生了什么。

塞缪尔与约翰·亚当斯是远房堂兄弟。萨姆，大 13 岁的兄长，在革命期间是他年轻亲戚的老师。亚当斯家族的这一对兄弟，——老州长雪莉(Shirley)这样叫他们——与弗吉尼亚的李家的人，共同实现了美利坚与大不列颠的脱离。和平不可避免地使两兄弟在政治上分道扬镳。约翰在给他妻子的信中曾写道："马斯特·克莱弗利(Master Cleverly)三十年前常说，'我同情萨姆·亚当斯先生，因为他天生就是一个叛逆'。"约翰接着说："我希望他不会一个人死去。"[30]然而作为美国历史上最大的犯罪集团总管，萨姆根本不具备辅佐政治家治国理政的才能，他死去时身份是一个死硬的反动派。另外，他只有女儿，因此本家族的政治王朝将会通过表弟的那条线传下去了。

迪肯·约翰·亚当斯将其大部分财产留给了儿子伊莱休和彼得·博伊尔斯顿(Peter Boylston)。伊莱休成为一名民兵首领，独立战争早期因患痢疾而离世。彼得同他父亲一样成为昆西的一个农民，活得很长。大儿子，约翰·亚当斯，获得了最大的遗产，即受教育机会。

大学毕业并做过简短的实习老师之后，他转向了法律领域。还是一名艰难谋生的年轻律师的时候，他与阿比盖尔，牧师威廉·史密斯的女儿结了婚。这段婚姻受到了史密斯夫人的反对。她是昆西家的人，她的父亲，约翰·昆西，曾当过马萨诸塞州众议院发言人长达 14 年。史密斯夫人的女儿比迪肯·约翰·亚当斯的儿子更应当获得奖赏。

阿比盖尔·史密斯与约翰·亚当斯的结合是一段长久和坚定不移的爱情故事。31 年后阿比盖尔·史密斯这样写信给她的丈夫："岁月冲淡了火热的激情，却换友谊，而爱慕深埋心底，会继续存在下去，又岂惧时间的考验，只要火焰不熄，爱就永在。我们的感情……我相信，将伴随着岁月一同增长。"[31]

她不只是约翰的爱慕者和约翰 5 个孩子(其中一个孩子在幼年去世)的生母。因为她具有"理解能力"。他们的信件是爱与政治的混合体；而她的信件，正如约翰承认的，"远比我的信件值得保存"。她优雅的评论和恰当的引证甚至被丈夫偷用在自己与其他国家领导人的通信当中。事实上，约翰·亚当斯称他的妻子为"我在这个世界上最好的、最亲的和最聪明的朋友。"[32]

他们婚姻的特征是长期分离。13 年之后身为约翰·亚当斯夫人的阿比盖尔在信中写道，"我们两个待在一起的幸福时间不及过去的一半"[33]。因丈夫身在国会为国家尽职，两人不在一起的日子更多了。在约翰致力于革命期间，阿比盖尔是他们孩子的保护人、老师、纪律执行者，甚至是养活他们的人。在战争期间，税收和通货膨胀水平居高不下，因为对于农场工人的需求加大致使劳动力成本提高，阿比盖尔采取的应对措施是重整农场、引入佃户，与佃户进行五五分成。同此期间，她开始涉足贸易领域。起初，在法国的丈夫约翰给她寄回来小包装的货物，比如手帕等(其中一次是由拉斐特寄来的)，她都安排一名商人将其出售。因为担心敌舰会给他们带来损失，约翰喜欢这种"越小越好"的理念。阿比盖尔解释说，这属于按零售价采购，若按批发价进更多的货她有办法做得更好。"别担心，"她写道，"假如有三分之一的货能到达我就赚钱了。"况且，她的理念可能已经将消费者的趣味和市场的需求考虑在内了。有一度时间亚麻的“需求很大”，10 个星期过后，亚麻“供应充足”。约翰最后断定她的商业意识要胜过他，因此欣然将商业上的事情都交由妻子处理。[34]

约翰·亚当斯对美国独立的信念要比其表弟萨姆来得晚。他首先关心的是正义。（他与他的后代总会先关心抽象事物。较之具体个别的特殊事例，笼统概括的泛泛而谈让他们觉得更自在。）1770 年，约翰·亚当斯的抽象正义观致使他站出来为英国陆军上尉托马斯·普雷斯顿（Thomas Preston）以及他的士兵进行辩护，他们因为向波士顿公民开枪而受到审讯。他知道“波士顿大屠杀”是经煽动而导致的结果，暴民的说法不存在。这个案子好像专门是为亚当斯准备好的一样，他就喜欢扮演殉道者角色，此刻他觉得他正在为此奉出自己的政治前途。但是萨姆·亚当斯充扮不起他表弟的自以为正直：独立之目标非依靠某些邪恶的手段不能实现。约翰赢得了诉讼，而且很快，他又接着赢得了马萨诸塞州立法机关的席位。

当 1774 年他被选入大陆会议之时，约翰是一名地方律师，只离开过他居住的殖民地一次。三年前他到康涅狄格州去做过一次矿泉水治疗。（疑病症是亚当斯家族的另一特征，然而一旦卷入讼案时能迅速将其抛诸脑后）所以这次他骑马去了费城，想多看看这个世界，成为“行动剧场”中的一员。

这个清教徒发觉费城是一座把“一切能够愉悦眼球或引起兴趣的东西变成‘罪恶的盛会’的城市：凝乳与奶油、果冻、各式果脯与甜食、很多水果蛋糕、蠢人、琐事、漂浮的岛屿、搅打起泡沫的乳酒冻……帕尔马干酪、潘趣酒、葡萄酒、黑啤酒、汽酒等”[35]。对一个不许妻子阅读切斯特菲尔德勋爵信件——因为这些信件“沾上了淫荡的风气”——的男人来说，发现自己竟然欣赏这些新的刺激会猛吃一惊。这是终生挣扎的开始，传记作家佩奇·史密斯（Page Smith）写道，“在这场挣扎中，这位享乐主义者将亚当斯对于生活的热爱作为同盟，将清教徒身份作为良心，那是坚持与上帝进行永不间断对话的四代祖先精心打造出来的”。[36]

“这种集会与任何地方的都不一样，”亚当斯从费城寄来的信中写道。“在这其中的每一个人都是大人物，演说家、批评家、政治家，所以每一个人对于每一个问题都必须显示出他的雄辩，他的评论水平以及他的政治才华。这样造成的结果就是正经事情被无限期拖延。我相信假如我们提出一个决议二加三等于五并得到附议的话，我们应当能听到来自逻辑、修辞、法律、历史、政治以及数学等方面的论证，然后——我们会以肯定的方式一致通过决议。”[37]然而在漫长乏味的会议期间，亚当斯提议让乔治·华盛顿出任总司令，这是北美大陆统一中的精彩之举。他几乎凭着一己之力创建了美国海军，而且，作为战争与军械委员会主席，他开始打造美国的战争机器。然而他在大陆会议 4 年的最高成就是美国的独立。理查德·斯托克顿，一位来自新泽西州的代表，这样写道，“我称他为美国独立的阿特拉斯。是他力排众议，以缜密的推理证明不仅正义在我，而且方法得当”[38]。

1777 年 11 月大陆会议选举亚当斯进入三人委员会并出使法国。次年 2 月他携 11 岁的儿子约翰·昆西离开美国。除了 1779 年的 4 个月时间之外，他待在国外长达 10 年，有将近 6 年时间妻子不在身边。

他的外交生涯充满波折。阿比盖尔曾不无自豪地说她的丈夫“是橡树而非柳树做的。它可能会被连根拔起，或者拦腰斩断，但绝不会弯曲。”[39]这不太像是一个成功的外交家所具有的素质。从观赏层面看，他的朋友为亚当斯哀叹，“他不会跳舞，不会饮酒，不会游戏，也不会溜须拍马，允诺保证，不会着装，不会向男人赌咒发誓、较个输赢，也不善于与女士闲谈聊天，调情逗笑——一句话，他不具备作为一个侍臣所应当具备的基本计谋和伪装”[40]。然而，尽管不能在社交界混得如鱼得水、左右逢源，也不愿意弯腰屈膝、放弃原则，约翰·亚当斯还是参与完成了两项令人吃惊的外交业绩，其中一项纯粹是凭靠他自己的责任感完成的。

法国是美国的最大盟友。但是，在路易十六和外交部长韦尔热讷(Vergennes)的领导下，法国同时还是一个君主专制国家，仍在玩着为了自我保护和自身利益而在同盟之间进行比较权衡的古老游戏。北美革命是世界列强棋局上可利用的有效棋子。本杰明·富兰克林(Benjamin Franklin)，资深美国外交家，懂这种游戏：待时机合适，他会对自己国家的最高利益进行干预。阿瑟·李(Arthur Lee)，在法国的另一位委员，是一位狂热的爱国主义者，他不愿意遵从这些规则。从性情和训练上，约翰·亚当斯会站在李的这一边，就像他在大陆会议上站在李家兄弟一边一样。他在法国的出现只是让美国原本微妙的立场变得更加复杂。幸运的是，他意识到了三人组成的美国委员会行不通，因而同时向大陆会议建议以单独一个人作为代表。而按经验和威望这只能是富兰克林了。在到达巴黎十个月之后，他又踏上了回家之路。他第一次的国外任务以失败告终。

在回欧洲之前，分给亚当斯在美国的三个月被用在了更富有成效的事务上。1779 年 8 月他一到达马萨诸塞州即被选入了州代表大会负责起草州宪法。这是一项理想的分派：再没有什么会比考虑有关政府的一般原理更能让约翰·亚当斯感到高兴了。约翰·亚当斯起草了文献，这份文献成为了其他州宪法的榜样，影响到了联邦宪法的撰写。亚当斯写下的宪法建立在"平衡"政府的基础上：两院制立法机关，一个强有力的行政机构，以及一个独立的司法部门。

随后，在祖国或已考虑妥当的时机，亚当斯重返欧洲，与英国就和平与通商条约进行谈判。作为唯一谈判代表，这位坚定的波士顿人的思想并非是韦尔热讷特别喜欢的那种。所以这位法国大臣，背着亚当斯，设法让大陆会议将和平委员会成员扩大为5人。这样除了亚当斯，又有富兰克林、杰伊(Jay)、杰斐逊以及南卡罗莱纳州的亨利·劳伦斯(Henry Laurens)加了进来。亚当斯现在面临的问题是在英国准备好谈判之前，这段时间怎么安排。

富兰克林不出所料地建议他应当放松一下，享受一下法国的乐趣——这个主意亚当斯不能考虑。就是在这一刻，亚当斯在没有获得大陆会议授权的情况下，去荷兰料理了一项贷款业务，目的是为他饱受战争摧残的国家缓解一下目前严重的财政压力。在他1788年离开欧洲之前，他成功地与荷兰达成了四项贷款协议，从而挽救了美国的信誉。

他的第二项外交成就，是与他精干的同事一起，与大不列颠缔结完成了和平条约。虽然美国人并不处在一个十分有利的谈判地位上。战争已使得这个造反国家精疲力竭，不可能再被允许这样无休无止地进行下去。然而美国的谈判者所获得的成果远远超过了他们让步作出的牺牲，而亚当斯的特别贡献在于获得了在纽芬兰的捕鱼权。

在经历了长时间的分离之后，阿比盖尔和她的女儿终于来到了欧洲和丈夫团聚，而约翰·昆西·亚当斯则作出了一项重要决定。亚当斯去法国的时候儿子已经11岁了。现在他18岁了。在国外这几年的时间里，他在法国的一所私立学校和莱登大学读书，在圣彼得堡做过两年美国驻俄罗斯代表的私人秘书，还在荷兰和在巴黎举行的和平谈判期间担任过他父亲的秘书。他能读能写的语言有希腊语、拉丁语、荷兰语、法语和德语。他听过并质疑过世界伟人的一些讲话。留在欧洲的诱惑很大，但他决定返回家乡，重当一名学生。(或许是威廉·坦普尔·富兰克林的例子影响了他：本杰明·富兰克林的孙子也是小时来的法国，结果后来变成了一名纨绔子弟，整天用根丝带牵着个猫到处闲逛。)所以1785年，约翰·昆西·亚当斯就乘船开往波士顿和哈佛。

在盎格鲁-美国关系最紧张的三个阶段都在伦敦为他们的国家服务是亚

当斯家族连续三代人的命运，这三个阶段分别是在独立战争之后，1812 年战争之后，以及内战期间。在约翰·昆西进入哈佛的这一年，他父亲被任命为美国驻大不列颠首任大使。在这低矮结实的前叛乱分子与他的前国王之间发生了一场猛烈的冲突。假使环境换一换，约翰·亚当斯也许会以一个上了镣铐的叛徒身份，而非作为一名执有委任状的美国正式代表，站在乔治三世的面前。尽管受到了英国社会的冷遇以及缺乏适应宫廷生活的能力，亚当斯顽强的决心与强烈的爱国主义还是给他带来了外交上的胜利。

1788 年亚当斯航乘船回家，同时他的职业生涯也进入了令人惊异的第三阶段。作为一名立法者，他对实现殖民地的独立作出了贡献；作为一名外交家，他对独立地位的获得作出了贡献。现在，作为一名行政官，他想看看他是否能玩得转。

但在入住白宫之前，他还要在副总统的位置上度过令人很不愉快的 8 年。担任默默无闻的参议院议长需要极好的自制力——他并非时刻具有这种自制力。他曾尖刻地抱怨，“我的国家凭借她的智慧，为我安排了人类所发明的职位中最不足称道的职位”[41]。

1794 年，带着明显的自豪感，亚当斯副总统激动地对参议院宣布乔治·华盛顿已提名他的儿子担任荷兰常驻外交代表，即常驻公使。约翰·昆西·亚当斯的任命是总统华盛顿的主意，副总统小心谨慎地按捺住自己，不给上级添加压力。但年轻的亚当斯，凭着对荷兰包括荷兰语的知晓，担此职务实属正常。况且，它在公使职务中算是最不起眼的。

约翰·昆西·亚当斯一度曾是他父亲的外交秘书，现在他又将弟弟托马斯带在了身边。这种师承形式成为亚当斯家族连续三代的传统，以及家族中年轻成员无与伦比的经历。[42]（除一个之外，所有年轻助手的履职都获得了称赞。）

因法国革命引起的系列战争，美国驻海牙大使馆就将成为美国在欧洲最重要的情报通讯站，或潜听哨，而 27 岁的公使将不会辜负华盛顿总统的期望，后者在写给这位年轻人自豪的父亲的信中说，“假如，在完全可预料的短时间内，若他没有处在外交团的负责人的位置上，那就是我的不对了”[43]。但是，有一些人对亚当斯王朝的发展前景并没那么高兴。1796 年总统选举前夕，塞缪尔·哈里森·史密斯在费城的纸媒《新世界》（*New World*）敦促读者把票投给杰斐逊，因为“亚当斯有子女，他们或许会将接替父亲当作目标，而杰斐逊，则像华盛顿一样，没有子女”[44]。

任人唯亲也困扰着亚当斯家族。约翰·昆西非常反对从父亲那里接受任命。在约翰当上总统之后，他儿子写信给阿比盖尔，“有一天路易十四在宫中亲眼目睹某个大使的愚蠢之举后表达了他的震惊。他肯定是某位公使的亲戚。”约翰·昆西接着说，“我不想成为让人产生同样联想的对象”。但是华盛顿敦促他的继任者将约翰·昆西留在外交团，因为他是“我们在国外的最有价值的公众人物”，此后新总统任命他的儿子为驻普鲁士的全权公使。“我们家族的优点，”他写信给约翰·昆西，“同其他家族一样，同样值得国家的奖赏。”[45]这个决定并不难。他的儿子是一个当之无愧的外交家，而且在一个以对于国民政府最高行政长官不忠诚而闻名的政府中，亚当斯至少能对来自欧洲现场当地的直接报告感到放心和可靠。[46]

亚当斯家族中的其他亲属和姻亲就没那么可靠了。在住在白宫的 4 年里，他的妻子阿比盖尔经常生病。他们的儿子查尔斯迅速沉沦，在总统任期结束之前就离开了这个世界。约翰·昆西已在海外结了婚，而他岳父破了产，昆西必须为他在联邦政府中找一个差事(他当了邮局局长)。阿比盖尔妹妹的儿子也破了产，来找叔叔帮忙(他当了华盛顿特区的一名法官助理)。

而妹夫威廉·斯蒂芬斯·史密斯则尴尬不断。总统将他的名字，同一连串军事任命名单一道，送参议院请求批准担任陆军副官长一职。史密斯是唯一被拒绝的。亚当斯然后又安排他任陆军中校，负责一个临时团的指挥。但当这个临时团被解散之后，不得不再给他安排个职位。这次让他当上了纽约区的监督员兼任税收检查员。后来，在史密斯卷入了一次南美革命事件之后，他遭到了解雇。此时亚当斯已离职，不能再给他可爱的妹妹那个欠远见的丈夫帮忙了。

像任人唯亲这样的一些政治小动作确实会给人带来一些不快，但应当不是约翰·亚当斯下马的原因。随着乔治·华盛顿的离去，阻挡党派分裂的最后一道防护栏没了。亚当斯也许是政府的首脑，但汉密尔顿才是他所在党派的首脑。而汉密尔顿与联邦主义者想与法国开战。亚当斯作为总统的一项伟大的行动，也是他一生的公务活动中最伟大的行动，就是他维护了和平。汉密尔顿和他的党派不会原谅他这一明智的做法。

在杰斐逊党联合起来反对他，以及一个严重分裂的汉密尔顿党作为他的名义上的盟友的情况下，总统参加了 1800 年选举。乔治·卡伯特(George Cabot)，拥护联邦制的高级牧师，写道，“与现在任何事都有可能发生一样，我们选杰斐逊当总统也没什么不可以”[47]。然而，亚当斯在党内遥遥领先，纽约市再有二百五十票就能让他重新进入选举。亚当斯觉得他失败的原因是派和平使团出使法国。阿比盖尔的分析可能更正确：“纽约的背叛是失败的原因。”她写道：“背叛是由两个人，即汉密尔顿和伯尔的阴谋导致的。”[48]

约翰·亚当斯的公务生涯结束了。他回到了确定无疑属于土地多收入少的昆西，他将他的大部分资本，共五万多美元拿去购买了 900 英亩土地。假如不是阿比盖尔因投资债券得来的秘密积蓄，这位前总统恐怕已经陷入赤贫了。他将作为一位农场主，一位多产的作家，以及作为他天才儿子生涯的观察者，度过还剩下的 1/4 世纪了。

约翰·亚当斯刚一落败，他就即刻将儿子从柏林召了回来。回归的外交家带回一个妻子和一个男婴。1797 年，约翰·昆西与路易莎·凯瑟琳·约翰逊(Louisa Catherine Johnson)结婚，后者是美国驻伦敦领事的女儿，托马斯·约翰逊的侄女，独立战争年代的马里兰州州长。她的父亲在独立战争前曾被一家安纳波利斯企业派往伦敦，娶了一位中产阶级的英国女人，之后在法国度过了战争岁月。

约翰·昆西的爱国主义父母起初不清楚，他们儿子是否正与一名英国女孩订立婚约。阿比盖尔写信给她的儿子，“凭着我对国家的热爱，我真心希望那位迷人的姑娘至少是个混血”。波士顿的一家反对派报纸很快试图从这场婚姻中捞取政治资本：“年轻的约翰·昆西·亚当斯的谈判已终结于一场与一个英国女人的婚姻之上……幸运的是他没有订立别的条约。”这种误解后来成了贯穿约翰·昆西职业生涯一辈子的政治负担。就在 1828 年总统选举前，他在宾夕法尼亚州西部的对手还在传播着关于他“英国妻子”的故事。[49]

1801 年英格兰感恩节这天，他将结婚四年后的妻子带回家中，对脆弱和理想化的路易莎来说，就像迈进了诺亚方舟一样。面对土里土气的乡下美国佬和她称职的婆母，她觉得自己“真真实实是一个——只不过自己过去不知道的娇小姐”。对她的外孙亨利来说，她留给他的记忆是“一种外国事物，就像她的塞夫勒瓷器(Sevres china)一样”。但她“永远不可能成为波士顿人，这是她的终生烦恼”。[50]

路易莎有教养、爱独处、浪漫多情，她的丈夫是亚当斯家的风格——生硬、好事、永不满足。在他们 50 多年的婚姻中，她从未能对“令人厌憎的无情的政治生活现实”感到过亲近和自在。代表官方的社交访问像是场折磨。孩子长期不在身边，她觉得，应当是他们悲惨生活的部分原因。她为自己写的自传取名《无名小卒历险记》(*The Adventures of a Nobody*)。自传是路易莎在身体多病和情感压抑的一段时间里写的，它讲了一个令人唏嘘的故事，详细叙述了她的父亲的破产——就在她婚礼过后的两周左右，"如何给她的生活带来了一层阴影，它再也没能被抹去……同时又将所有的甜蜜变成了苦涩"。[51]但是约翰·昆西从未觉得自己是被一个一贫如洗的家庭骗入婚姻的冤大头。在他本人的回忆录中——这个回忆录很可能比他妻子的更加准确，他承认"我们的结合不是没经受过考验"，但在说起路易莎时，他认为她是"一个忠实的充满柔情的妻子，一个细心、温柔、溺爱和保持警醒的孩子母亲"。[52]

夫妇俩回到波士顿不到一年，马萨诸塞州立法机关就派约翰·昆西到美国参议院任职。杰斐逊，他父亲的共和党对手，是总统，新来的立法人员是由联邦党人选举出来的。然而他迅速同意了总统购买路易斯安那的计划，这引起了联邦党人的敌意，同时他又反对政府对这块土地的管理和征税方案，又引起了共和党的敌意。亚当斯家的人对在党派政府下工作的不适应，始于父亲，现已被儿子加工成一种艺术了。在长期的职业生涯中，约翰·昆西会与每一个把他选上台的政党决裂。"我已被所有党派称作逃兵了，因为我确实从未属于任何党。"他后来写道。[53]

与联邦党的最后决裂发生在他对《1807 年禁运法案》(Embargo Act)表示了支持之后。在约翰·昆西看来，该法案是正义的，它是对英国向美国船只开火以及强行征用美国水兵的报复。然而，它违背了他党内亲英派的意愿以及国家的商业利益。在把约翰·昆西不受欢迎的驻法和平使团召回国内时，联邦党人西奥多·莱曼(Theodore Lyman)写道："该死的小子，跟他那个老子也忒像了！"[54]如未卜先知一样，约翰·昆西早就预料到西奥多的这一票将会使他丢掉参议院席位。在距离他对任期结束尚有 9 个月的时间，马萨诸塞州立法机关选举出了他的接任者，同时指示他对禁运法案投否决票。亚当斯迅即辞职。(他在华盛顿的这 5 年对增进国家福祉毫无贡献，然而一个半世纪之后，他却从海湾州即马萨诸塞州的另一名年轻的参议员约翰·F. 肯尼迪那里，获得了一个"勇气的象征"的称号。)

他第二次接受的任务，是驻俄公使，是由麦迪逊，杰斐逊的继任者委派他的。1809 年 8 月 5 日，距他匆匆离开参议院刚一年出头一点，约翰·昆西·亚当斯先生与夫人及两岁大的查尔斯·弗朗西斯离家向圣彼得堡皇宫出发。[55]亚当斯家最大的两个儿子留在昆西，由他们的祖父母悉心看护。

亚当斯被派往的目的地，俄罗斯，依他看来，“已从千年冰冻的积雪中融化，正在向着全欧之巅一步一步缓慢靠近”。[56]在宫中，约翰·昆西与亚历山大沙皇相处融洽，还在早晨陪他一同散步。但这还算不上完成了一项最重大的外交任务。而他在俄罗斯的5年对于美国外交政策的形成也没有起到特别重要的作用。然而，正如他在荷兰的一个次要岗位后来证明的，对于观察法国大革命带来的系列战争是一个极好的有利条件一样，现在的俄罗斯恰好也正表明是观察拿破仑战争的一个极好窗口。[57]约翰·昆西真是好运，他在恰当的时机出现在了恰当的地方。

1815年，在约翰·亚当斯和约翰·昆西·亚当斯令人吃惊地在类似的职业生涯中出现了又一次相似之处。正像父亲1783年曾作为美国委员会资深代表通过谈判与英国签订了和平协议一样，现在他的儿子也被任命为美国委员会资深代表与英国缔结了第二项和平条约。第一次美国委员会智取英国人，所缔结的条约内容远远超出了原来对形势的估计；第二次美国委员会同样好过对手，同样达成了有利于美方的条约。[58]而美国在1812年战争中遭受了损失。即使它获得的最大胜利，即杰克逊在新奥尔良取得胜利，到来的也太晚了，但美国谈判代表不知道。然而和平条约还是在没有丧失任何权利的情况下达成了。另外，亚当斯家族的谈判代表的特殊贡献是保住了纽芬兰的捕鱼权。

随着和平会议取得圆满成功，依然追随着他父亲脚步的约翰·昆西获得了去英国大使馆工作的机会。作为亚当斯家族第二位赴英国的特命全权公使，他将感受到同样来自社会的冷遇和经济上的拮据。约翰·亚当斯提醒他，“外交团会说，‘亚当斯生活在最耻辱的经济状况中’。他们的马车夫和门房会怀着极度轻蔑和鄙视的眼光看不起你……印度怎么样？这一切你父亲在你之前都已见过和感受过”。[59]

约翰·昆西将他的两个大儿子带到了伦敦。查尔斯·弗朗西斯和约翰被送往在伊灵(Ealing)的一家寄宿学校，在此他们的生活因班上同学的嘲笑弄得更为难堪。一个英国男孩问约翰他是否去过华盛顿(刁钻地暗示他们的首都曾遭英国军队焚烧)。“没有，”这位爱国少年回答，“但是我去过新奥尔良。”[60]亚当斯家的孩子总是要为了捍卫父母的名誉而去打架。数年之后，年轻的亨利·亚当斯，伊灵学校查尔斯弗朗西斯的儿子，气愤地看见他的波士顿小伙伴佩戴着黑沙，因为查尔斯·萨姆纳被选入了参议院，为了捍卫他父亲的废奴主义立场，他戴上了白色袖章。

国务卿的职位被认为是通向总统职位的踏脚石。在华盛顿的继任者中间，只有约翰·亚当斯没有坐上过这个职位。1817年新上任的总统，詹姆斯·门罗，自己曾是名国务卿，现在在这个位置上面临三个合格人选——艾伯特·加勒廷，亨利·克莱，和约翰·昆西·亚当斯。但前两个有党派倾向，所以亚当斯获得了这个人人都想的任命。[61]

在国外待了8年之后，一到美国，这位新国务卿就赶往昆西看望年迈的父母，但首先他必须更新一下日记，而就在写日记的期间，他错过了将要带着他去与热切等待着他的父母团聚的汽船！

亨利·亚当斯曾写道他的祖父"总是远离中心，有几分自由骑士的味道，随着自己也从来控制不了的方向而行进"。[62]这一评价相当准确。约翰·昆西的总统任期就是一个失败。甚至他对蓄奴制的英勇抗争也像是一场预选赛。要不是8年处在国务卿位置上，他会是铸造美国历史的一股重要力量。这是极富成效的几年：他解决了长期未能解决的佛罗里达问题，让西班牙将领土归还给了美国；他解决了路易斯安那的西部边界问题；他与限制美国对西北部主权要求的俄罗斯缔结了一项条约；他是门罗主义的设计师，为美国在西半球的利益性质作了界定。

在其职业生涯初期，约翰·昆西跟他父亲说："我这一生已习惯光明磊落，坦诚待人，所以对政治诈骗那一套懂得不多，以致对和一位来自欧洲的国务大臣展开谈判准备不足。"[63]然而正如小亨利·卡伯特·洛奇后来所言，亚当斯家里的人"对自身的要求比任何冷静的批评家所能想到的还要严厉，还要严苛得多"[64]。因为他的——或尽管他有——清教徒性格，约翰·昆西·亚当斯仍跻身国家最伟大的外交部长之列。

现在拥有宏伟抱负的亚当斯距离他的目标已经很近了。但他有一个特别难过的事情，那是他的母亲未能活着见到他被擢升到白宫任职，就在白宫那个未经装饰的舞厅中她还晾过洗的衣服呢。约翰·昆西跟母亲一直非常亲。《根特条约》签好不到几分钟，他就告诉了阿比盖尔这个重要消息，而三天后他才写信告诉他的妻子。1818年10月28日，他在日记中写道，

> 假如她能活到祖辈的年龄，她每天的生活都将充满着善和爱。唯有成为她的装饰品的德行方能住在这个女性的心灵之中。四十五年来她一直是我父亲心灵快乐的源泉，他所有的辛苦的慰藉，他所有的悲伤的安慰者，他所有的欢乐的分享和增添者。但直到我最后一次见到我父亲的时

> 候，他才控制不住对这个一切善良和完美礼物的给予者的感激之情，跟我说，在他一生经历的世事变化中，在所有关于世界的好报道和坏报道中，在他所有的奋斗和所有的悲伤中，他的妻子充满深情的参与和令人振奋的鼓励是他永远可以期望和依赖的支撑力量，如果缺少了它，他肯定是不可能熬过来的。[65]

1824 年有 4 个人参加总统竞选——安德鲁·杰克逊，约翰·昆西·亚当斯，威廉·H. 克劳福德，以及亨利·克莱。选举结果无一人获得多数，这样选举就要由众议院从得票排在前三名的竞选者中决定。克劳福德突发中风，因此竞争范围缩小到杰克逊和亚当斯两人之间。现在克莱的支持率将会最终决定竞争结果。

这就是亚当斯，一个宁折不弯的清教徒，官职可遇不可求传统的继承者，一个在游说期间都不会为自己拉票的候选人，现在处在一个不得不去讨价还价才能获得他终生盼望的职位的境地。这个他知道。他写道："在我对于未来的展望和预期中出现了一个我一生从未经历过的庄严和重大时刻，对此独力或凡事靠个人的性格就不敷用了。"他真去谈交易了，但他甚至没将其写入日记。克莱派了特使过来见他，他道，"我现在是走在火炭上"[66]。众议院让亚当斯当了总统，而亚当斯则让克莱做了国务卿。这件事成为华盛顿的话题。玛格丽特贝阿德报道说：普罗米修斯曾做过一个泥人，而美国现在拥有了一位"泥人总统"[67]。

约翰·昆西跟儿子说："没有人会在不牺牲他道德品格的情况下，还长期是一个彻底的党派分子。这里的技巧在于，要精确地知道界限在哪里。"约翰昆西在总统竞选之后才划清界限（"清教徒性格，"亨利亚当斯写道，"在视情形需要时也会变得很柔软。"）。[68]

让亚当斯当总统的"交易"很可能没有言明。克莱在任何环境下都不可能支持杰克逊，同时他也是国务卿合乎逻辑的人选。然而这件事还是让亚当斯提心吊胆，并最终击垮了亚当斯。他是少数派总统。副总统和国会都反对他。他无法代表个人使用总统的权力。在四年时间里，他仅免除了 12 个人的职务，同时也没有为他的支持者提供职位。"美国政府的朋友一定要不仅与他们的敌人斗，还要与政府本身斗，"亨利·克莱说，"这将使权力留在自己的敌人手中。"[69]除此之外，反对派还获得了一个冠冕堂皇的战斗口号：亚当斯与克莱之间应该有一场交易。

刚一开始参加选举，约翰·昆西·亚当斯马上就告诉了父亲。老总统回话说："我亲爱的儿子……我从未像现在这样感到如此庄重。我想到的有多深多远，我现在的感情有多强烈、多热，对我现在这样一个90岁的大脑而言是表达不出来的。"[70]这位昔日的爱国主义者没能活着看到他儿子在白宫经受的全部痛苦。1826年7月4日，他死了，享年91岁。同一天在蒙蒂塞洛，死神叩响了托马斯·杰斐逊的门铃。这是一个惊人的巧合。在《独立宣言》50周年纪念日这天，写下这部宣言的人和确保使其获得通过的人一起离开了这个世界。[71]约翰·亚当斯总统的遗体被安放在了他热爱的家乡昆西，牧师挑选的是来自《历代记》(*Chronicles*)第一册的句子："他殁于高龄，享尽人间年华、财富和荣耀，他的儿子所罗门接位"。

亚当斯家的第二位总统对美国进行了一流的设计。他过去曾为扩大美国的大陆边界努力过，现在他想修建横跨边界的公路和运河。这是为"改进措施"①而推出的野心勃勃的计划。然而国会并不想参与此事。既然拒绝了一项系统性的计划，国会最多能做的就是偶尔购买某些企业的股票而已，比如迪斯默尔沼泽运河公司(Dismal Swamp Canal Compan)。约翰·亚当斯曾认为自己这任总统是个失败，现在他的儿子得到了和他一样的结论："我跌倒了，跟我一起跌倒的是由国家手段和国家能源建立的国内改进系统。因此我要将终生献给美国政府当局的伟大目标，失败了。"[72]

亚当斯以绝对劣势被杰克逊击败。在美国头50年时间里亚当斯家族的两位是唯一没有获得连任的总统。

退下来之后，约翰·昆西面临一个严肃的问题，即如何打发他的余生。到1829年之前，这方面早就有了可以参照的先例：前总统一般都会过着宁静并带有乡村风味的隐居生活。但是约翰·昆西不具备约翰·亚当斯那样的创造性思维，后者能够怡然自得地对大自然本身的样子进行思索。约翰·昆西是一名斗士，为斗而斗的斗士。这位前总统明白这一点，他在日记中写道："连续六十多年不停地与这个世界的积极接触，已经使得政治运动对我来说成为了像大气一样，生命中不可缺少的一部分……因此，虽然我只剩下一点残存的体力可用于写作和讲话，但在我淡出这个世界之前，世界定会先从我这里告退——或

① 改进措施：Internal improvement，19世纪上半期美国发展国内运输的计划。——译注

弃我而去，或向我屈服。”[73]

1830 年出现了一个机会，亚当斯可代表老普利茅斯区参加众议院竞选。查尔斯·弗朗西斯坚决反对此举。他刚满 23 岁，还不能理解他的父亲。拉尔夫·沃尔多·爱默生(Ralph Waldo Emerson)更懂老亚当斯。“亚当斯先生的选择很明智，并且根据他的体质，他还选择了离开总统职位之后进入国会的时间，”这位哲人在他的《随笔》(*Journal*)中写道，“他绝不是精通文学的老派绅士，而是一名恶汉，就喜欢混战。当他们谈论他的年龄、他的德高望重，以及他的行将就木的时候，他心里比他们更清楚，他就像一个老态龙钟的红衣主教一样，一旦被选当教皇，马上就会扔掉拐杖、挺直腰杆，站立得像个小男孩一样。他是饱经风霜的却仍凶狠的离群野兽，不能靠稀薄乏味的液体食物活着，但他的茶里一定要放上硫酸。”[74]

此外，约翰·昆西需要一个国会议员拿到的每天 8 美元的收入！他对华盛顿一家谷物加工面粉厂进行了大量投资，事后证明他过于鲁莽了。到 1832 年他欠下了 4.2 万美元的债务，其中一部分是欠他的前贴身男仆的。

尽管路易莎一直厌恶政治，但看到丈夫又回到工作中她仍然很高兴。他对儿子说：“你父亲像平常一样，稍微涉足一点公共事务便情绪高涨，同时又想象自己与它们毫无关系。他的脑子闲不下来，总要想着点什么事他才踏实，这有什么不好？”[75]

国会议员约翰·昆西·亚当斯很快就有了一个值得让他情绪高涨的理由。

他对蓄奴制的厌恶来自母亲的遗传。早在革命时期，阿比盖尔就写到：“我最真心地希望殖民地内没有一个奴隶！我总觉得我们为了自己去争抢黑人那里的东西，这是一件最为邪恶的阴谋，黑人与我们一样享有自由的权利！”[76]然而约翰·昆西发起的最后一次改革运动(圣战)不是从废除黑奴制度(废奴运动)开始的，而是针对有关自由言论和请愿权的宪法性问题。南方奴隶主以及他们的北方盟友在参加争论时，犯了一个严重的策略性错误。1836 年，众议院通过了臭名昭著的言论箝制令①，1849 年它成为一项常规。按规定，众议院将不接受任何废奴主义的请愿行动。假如凭大多数就能够终止关于蓄奴制的讨论，那为什么它不可以禁止任何关于其他话题的争论呢？这是为亚当斯预先准备好的争议。

① 言论箝制令：Gag Rule，1836—1840 年由美国众议院通过的不讨论奴隶问题请愿书的决议。——译注

连续9年，约翰·昆西都试图将废奴主义者的请愿呈交国会。连续九年，他都被大喊大叫声淹没，遭受暗杀威胁和众议院公开谴责，最后正式被南方代表指控犯有伪证罪和叛国罪。朱莉娅·加德纳，日后约翰·泰勒总统的妻子，从她的角度回忆了当时的情景："亚当斯先生头秃得很厉害，当他坐在众议院当中位置，将巨幅的请愿书卷在一个绞盘一样的东西上支撑着头的时候，他的兴奋和激动的情绪可通过他那光秃秃的头顶上闪亮的红光而一览无余。对观众来说，他的头就像是一个航海天文钟（经线仪）。"[77]起初，这位老人是孤军奋战，慢慢地，他拥有了追随者。终于他让公众为他着了迷。他现在是"能言善辩的老人"。1845年12月3日，言论箝制令被撤销。约翰·昆西·亚当斯，在78岁的年纪，赢得了他一生最伟大的一次战斗。

在以上动荡的年份中，查尔斯·弗朗西斯·亚当斯，已从一个略显古板、自命不凡的男孩，变成了一位已婚男子。他的妻子，阿比盖尔·布鲁克斯，是亚当斯家族的女人当中最不出众的一个，然而结果却证明是一个通情达理和大有成就的妻子。她身上颇具维多利亚风格。事实上，在她以后的岁月里，她与英国女皇十分相像。尽管一开始亚当斯发现她的性情"傲慢"，她的教育"有缺陷"，她的说话时常是"毫无意义和自以为是的废话"，但结婚10年之后他对自己说，"或许，在我所有的好运气中……我结了婚这件事应该放在首位，因为正是婚姻激励我走上了正确的道路，阻断了我天生的羞怯和懒惰性格的进一步发展。对我的妻子，我毋需多说，因为时间的推移只会让我越发增加对她的赞美"。[78]婚姻的好处还包括多了一个有钱的岳父——彼得·查尔顿·布鲁克斯（Peter Chardon Brooks）。布鲁克斯出生于于一个几乎一无所有的牧师家庭，凭着一份担任矿业保险经纪人的工作发了家，家产据说有400万美元，而他慷慨地将其用在了他两个从政的女婿亚当斯和马萨诸塞州州长爱德华·埃弗里特身上，以帮助他们仕途高升、一展抱负。

养育家庭和两个兄弟的去世让查尔斯·弗朗西斯更趋成熟。约翰·昆西曾写信给他的大儿子，"我的儿子不仅拥有他们自己的荣耀，而且还要将前两代的荣耀传承下去"。现在，查尔斯要独自扛起这份重担了。他在日记中记下，"夜晚，与父亲一番长谈，话题是家族的荣耀。他以自己作为一个强有力的例子，大大超出了我的预料。我时常为此感到沮丧，因为他对我的依赖已非常明显"。[79]

1840年他被选入马萨诸塞州众议院。3年后他晋升到州参议院。在立法机构度过的这5年对他的发展以及对于父亲的理解起到了重要作用。沉睡在他心中的清教主义突然苏醒了。他成为他父亲反言论箝制令斗争的热情支持者，他自己也成为了一名反对奴隶制的领袖。

约翰·昆西·亚当斯现在可以安心地走了，因为他的重大战役已经打赢，他唯一活着的儿子终于重新获得了领导地位，亚当斯王朝还将延续。老人写信给他的继承人：

> 我十分高兴，这种心情难以表达，我注意到你毫不动摇地坚持诚实原则，而就在我现在感觉到为了我国家的事业和人类的自由，我自己的辛勤生涯已到终点，到了它一路走来所遇到的最不详的危机关口，你加入了进来，凭着你全部的能力，这对我是个安慰。这就是我对正义和慈悲的上帝的信念：我会怀着卑微的希望死去，无论你的审判有多么严厉，人们会发现你带给我们的力量都会与之相当，并最终导致自由与真理的光荣胜利。[80]

1848 年 2 月 21 日，年老的国会议员同往常一样坐在众议院席位上。突然，他重重地倒在了地板上。他被扶到议长办公室，两天后死于美国国会大厦。约翰·昆西·亚当斯的临终遗言，“这是地球的末日，但我很镇定”[81]。

1848 年在亚当斯王朝的历史上十分重要。第二代已经逝去，第三代首次登上国内舞台，而第四代的最后一个新成员来到了这个世界。

自由土壤党(Free Soil Party)，新的反对奴隶制联盟，在布法罗开会挑选参加总统竞选的候选人。查尔斯·弗朗西斯因为还处在丧期，所以在他的白帽子上还佩戴着黑纱。这种与以前旧时反对奴隶制的支持者的象征性联系并没有逃脱与会者的眼睛。代表们推选马丁·范布伦(Martin Van Buren)参加总统竞选，而查尔斯·亚当斯参加副总统竞选。那年的战斗口号是“范布伦，自由土壤；亚当斯，自由”。

每一个亚当斯都热切地祈求公众，能允许他们依靠自己的长处或个人价值而活着。然而，每一个亚当斯，在人民和在他们自己的心目中，总是与他的先祖交织在一起，无法分割，以至于让公众和亚当斯成员都很难将他们分开。这就是查尔斯·弗朗西斯·亚当斯现在遭遇到的困境。在他的公职生涯中，这种遗传特征没有哪一次比在 1848 年竞选中更让他困惑。查尔斯·弗朗西斯完全知道对他的提名主要是对约翰·昆西·亚当斯表达的一种敬意。尽管如此，他还是埋怨说“我的姓名(名声)与我家族之间的明显差异成为前进道路上的最大障碍”[82]。他一个儿子竟把他当作写作题材：

> 绝不要宣称任何东西属于自己，或甚至寻求获得承认。因为他的父亲和他的祖父，不断地将自己与他们并提让他生气，时常还会激怒他。他无法对此感到习惯，也不能学会不当回事和顺其自然……让人当着你的面不停地数落你的先祖会令人不快，而到处不断听到有人对他们的指责也无疑会变得麻木。但是这些，终其一生，都是亚当斯先生不凡的命运，不过从未表现得有像在1848年竞选中这样明显。[83]

然而，他现在就站在伍斯特自由土壤党大会面前，凭着与先祖的相像，粗俗地套用约翰·亚当斯的话，"沉与浮，生与死，幸存或毁灭，都听随我的国家，这就是我的决定，不可更改"——这是他祖父在签署独立宣言时所说的话——现在他鹦鹉学舌般地模仿这段话是想博得戏剧性效果。对一位观察者而言，"似乎看见了老亚当斯从特朗布尔画的画像上走了下来……以献上他的祝福"[84]。

自由土壤党获得了将近30万张票，占总投票的1/10。扎卡里·泰勒(Zachary Taylor)将军当选为总统。反对奴隶制运动走向衰落，直到《堪萨斯-内布拉斯加法案》①以及共和党的成立。

查尔斯·弗朗西斯利用闲暇时间编纂了十卷本的《约翰·亚当斯著作大全》(*The Works of John Adams*)。捍卫先祖名誉的时机已经到来。查尔斯·弗朗西斯，政治家兼古文物收藏家，在过去与现在之间进行权衡，到他儿子的时代结束之前，衡量家族的天平几乎完全倾向了过去。

伴随着反对奴隶制的复兴，在自由土壤党被击败的10年之后，共和党候选人查尔斯·弗朗西斯·亚当斯代表他父亲的那个旧区被选入国会。亨利·亚当斯，像他之前的查尔斯·弗朗西斯一样，不同意他父亲参加选举。1860年国会议员亚当斯战胜莱弗里特·索顿斯托尔(Leverett Saltonstall)，一位立宪联邦党(Constitutional Union)的领导人，再次当选，而年轻的亨利，按亚当斯家族的传统，去华盛顿担任他父亲的秘书。

这是1860—1861年的"大分裂的冬天"(亨利·亚当斯的用语)。随着南方州纷纷联邦，紧要问题是何者先会到来——林肯的就职典礼还是战争。对北方而言，当选总统接管联邦政府控制权是必需的。而林肯实际接管联邦政府控制权部分是参议员威廉·西沃德(William Seward)以及众议员查尔斯·

① 《堪萨斯-内布拉斯加法案》：Kansas-Nebraska Act，美国南北战争前有关各地区是否实行奴隶制问题的一个重要法案。——译注

弗朗西斯·亚当斯努力的结果。亚当斯，33人委员会(1人代表1个州)背后的推动力，决意要让国会保持继续商议，直到林肯到达首都。密西西比州众议员鲁本·戴维斯(Reuben Davis)准确地将亚当斯的委员会称为"扔给鲸鱼的洗澡盆——哄骗敌人、借机脱身，直到下一个3月4日的到来"。[85]年轻的亨利·亚当斯听到了他父亲和西沃德的密谋与计策。这使他想起了他父亲在偷听到约翰·昆西·亚当斯和亨利·克莱之间的谈话时的惊愕，还有他的祖父对童年时期听到约翰亚当斯和托马斯·杰斐逊之间的说话的回忆。连续三代亚当斯家族的孩子都窃听到了伟人的谈话。

3月4日，林肯当选为总统。3月5日，西沃德任国务卿。3月20日，亚当斯任驻英公使。但查尔斯·弗朗西斯直到5月1日福特·萨姆特遭袭击之后才乘船去英格兰。约翰·昆西·亚当斯二世要在4月份与波士顿的范尼·克劳宁希尔德(Fanny Crowninshield)结婚，他的父母希望能参加婚礼。邦联特使，因为没有紧急的社会职责在身，抢在亚当斯之前到达伦敦。等美国公使到达之时，英国政府已经发布了中立的公告。一个多世纪以来的第一次，一个亚当斯家的人将家庭放在了国家之前，而结果是遭遇了一次严重的外交打击。

但一旦到达伦敦，亚当斯家族的第三位美国驻英公使就很少再犯错误。英国人一如既往地冷淡和矜持。但是查尔斯·弗朗西斯，用他一个儿子的话来说，"比英国人还要冷淡还要矜持一些"[86]。他在属于英国人的游戏项目上击败了英国人，"原因很简单，他天生就会"。当英国人夺取了莱尔德型撞角舰(Laird rams)之后，这两艘船受邦联海军委托正在利物浦搭建，亚当斯获得了外交上的一次重大胜利。联邦在葛底斯堡和维克斯堡两地取得的胜利使得邦联债券在欧洲市场上的价格下跌了13个点，对致命战舰的夺取让价格下跌了14个点。

查尔斯·弗朗西斯·亚当斯在英格兰漫长的任期时间内，他的长子开始了他的政治生涯。约翰·昆西·亚当斯二世，第四代政治继承人，1866年8月作为全国联邦大会①代表登上国内舞台。他去费城抗议激进共和党人严厉的重建政策。这一开始的挑战注定了他的政治命运：次年当他被提名担任波士顿海关征收员时，共和党把持的参议院拒不考虑他的名字。亚当斯家的人一直是党派中不守常规的持异见者，今天不守常规坑独立的时代已经过去了，约

① 全国联邦大会：National Union Convention，美国1866年8月在费城举行的支持安德鲁·约翰逊总统的政治集会，对战败的南方表示和解。——译注

翰·昆西二世很快就成为了一名民主党，这意味着从政治上，他不再指望能在这个世界上取得任何成就。1868 年民主党大会上，他获得了一票的总统提名。老约翰·昆西肯定会为与他同名同姓的人感到骄傲，另外，假如那位反对奴隶制度的狂热分子有点幽默感的话，他一定会为那一票是由一名来自南卡罗来纳州的人投出的而乐出声来。

本王朝最后一次机会获得真正的总统提名，是在 1872 年自由共和党大会上。查尔斯·弗朗西斯·亚当斯此时遥遥领先。但是来自北半球的“最大冰块”没有为讨好代表去做任何事情，而真正写的一封信还起了反作用。第一轮选举他获得 203 张票，霍勒斯·格里利(Horace Greeley)获得 147 票。第六轮格里利获得提名。他当时得到了民主党的拥护，但这是发生在约翰·昆西·亚当斯二世因货币问题退出会议之后。而共和党呢，则希望利用反对派阵营的分裂，建立一个“不拐弯抹角的”民主党。而就在民主党大会上，年轻的亚当斯被提名担任副总统。亚当斯当即拒绝了这份“荣幸”，但这并没有挫伤这个钓鱼党继续游说的积极性。约翰·昆西二世因此成为家族中第四个登上国家公职候选名单上的人。这个来自著名家族的不情愿的候选人得到将近 3 万张选票。

他总统提名遭遇失败的消息传到查尔斯·弗朗西斯·亚当斯那里，当时他正在去日内瓦的路上。他被任命为参与五国亚拉巴马赔偿会议的美国代表，这对格兰特总统来说是令人难堪(难以接受)的耻辱，但国务卿汉密尔顿·菲什坚持要这样。英国人未能阻止南部邦联建造亚拉巴马号。船上的枪炮造成了相当大的人员伤亡。英国人同意对赔偿问题进行仲裁。而查尔斯·弗朗西斯的技巧帮助了委员会免遭失败，美国最终获得 1 500 万美元的赔偿。

这件事成为查尔斯·弗朗西斯·亚当斯公职生涯结束的标志。他曾说过，“公共生活是非常具有魅力的职业，但就和白兰地一样，你越是放纵自己，你喝完后就会越不舒服”[87]。容易上头的酒再未提供，尽管他的名字作为某个职位的潜在候选人不断地被提到。1875 年，当他被推荐担任马萨诸塞州州长职位时，汉密尔顿·菲什(Hamilton Fish)写道，“这是每年都会来一次的周期性的需求，需要一个像查尔斯·弗朗西斯·亚当斯这样的纯粹榜样性的政治家去担任州长、总统之类的文书工作之类的职业”。[88]

回顾家族历史，查尔斯·弗朗西斯发表了 12 卷本的他父亲的日记(早前他曾编纂了他祖母的信件，两卷本的约翰写给阿比盖尔的信件，以及 10 卷本的约翰·亚当斯的著作)。艰巨的任务完成了,他说:"我的使命结束了,我也该休息了。"[89]接着他便陷入了智力衰退,最终死于1886年,享年79岁。

在他几个儿子当中,每个儿子对查尔斯·弗朗西斯·亚当斯的看法都不一样。幼子布鲁克斯写道,"我父亲给我的印象,他是我所见过人当中最了不起的"。[90]小查尔斯·弗朗西斯在自传中写到他的父亲时几乎是带着不加掩饰的仇恨的口吻。他能说起的唯一的好事是他的父亲没有逼他去公立学校读书![91]亨利,跟他父亲最亲的儿子,他的判断很可能是最为冷静的:

> 查尔斯·弗朗西斯·亚当斯在很多方面表现非凡,堪称独一无二,如心理沉稳,不自作主张,也不忸怩害羞,独自站在一旁也不会觉得自己孤单的禀赋,理智与个性的平衡,既不吸引也不回避别人的注意,也不回答优秀还是低劣这样的问题。对嫉妒,个人动机,以及什么来源,也不公开表态,即使是在很大的压力之下。这种在判断和个性方面非同寻常的沉着冷静随着年龄的增长进一步成熟,在他儿子亨利眼里,变得越发地令人惊奇,因为亨利自己也学会了判断能力,后者绝对说不上杰出,无论深度还是广度。查尔斯·弗朗西斯·亚当斯的记忆力几乎不超过中等水平,他的头脑不像他祖父那么天马行空,也不像他父亲那样躁动不安,那么有想象力,或爱用辞藻。数学则更差,然而凭借非凡的造诣,令人钦佩的自我克制,以及本能对行为方式的精通,这颗大脑发挥了其应用的作用。在它自身的范围内它是一个典范。[92]

亚当斯王朝已兴盛了100多年:从约翰·亚当斯到约翰·昆西·亚当斯到查尔斯·弗朗西斯·亚当斯。现在第四代已臻成熟,而詹姆斯·A.加菲尔德(James A. Garfield)夫人,在1869年访问昆西期间,对他们的可能前景感到了惊奇。他们"甚至比他们的先祖表现出了更显著的能力"[93],她说。事实上,在1860年代末和1870年代早期,美国的知识界和拥护改革的人士似乎都被亚当斯家族的年轻人点燃了。约翰·昆西二世正在重建名声已被败坏的民主党。小查尔斯·弗朗西斯正在揭露铁路大亨的操纵行为,而亨利正以一名矢志改革的记者身份全面出击,四处开花。然而王朝毁灭的种子已经埋在了这些新生绿叶的光辉之中了。

首先,他们中岁数最大的,被家族视为政治继承人的约翰·昆西二世,其实是最不像亚当斯家族里的人。他最初曾被当作是王朝中唯一被人家骂是个

"好人"的那个人[94]。此外,他甚至不保存信件,认为这是"家族的恶习"[95]。总之,凡被认为不属于亚当斯家人该有的他都有——脾气随和、形象可爱、说话风趣、生性懒散、易灰心泄气而失却斗志。在因反对激进共和党人和反对格兰特担任总统职位而两次受伤之后,他似乎更喜欢去钓鱼和航行。一次他甚至忘了要在马萨诸塞州最高法院出庭,为一个重要案件担当法律顾问的事,原因是"胡瓜鱼拼命咬钩,多极了"。[96]

1868年他以民主党身份竞选马萨诸塞州州长。与他祖父不同的是,他注定会在错误的时间出现在错误的地方。丢失州长职位成为他终生的遗憾。然而他确实更喜欢担任昆西镇选民大会的调停者。正如他的兄弟亨利指出,"他拥有了他想要的一切:财富、孩子、社交圈,和尊重"。[97]直到1892年民主党重新执政,他才有可能同样获得政治权力。格罗弗·克利夫兰,52年以来他的党内第一个当选为总统的人,试图说服约翰·昆西进入他的内阁担任海军部长。这对一位巴不得让自己能在一个少数派党内常年保持政治上默默无闻以及其祖父还是美国海军创建者的人来说,应当算是一个再合适不过的惠赠了。但是他因身体不适拒绝了这份任命。他一辈子藐视家族传统,在六十岁时离开了这个世界,与分配给亚当斯家族的每人80岁的寿命还有相当的距离。

第四代,第二个儿子的致命缺陷不是缺乏抱负。按四兄弟的标准定义来看,小查尔斯·弗朗西斯·亚当斯最像亚当斯家族里的人,他坦率承认过他渴望权力。在联邦军队服役期间,他表现卓越,出色地完成任务。之后,他从一名陆军中尉升到陆军准将,负责指挥一支黑人骑兵团——他找到了获得社会地位的最佳途径,选定在铁路部门扎根下来。虽然在选定的职业中升到了名义上的领导位置,但他的选择还是不够明智。在油滑的古尔德,菲斯克以及范德比尔特的圈子里,他无法战胜他是亚当斯家族的一员的身份。他是家族里面首个主动准备出外赚钱的人。这,用他自己的话说,"是一种低级的本能"[98]。而他实际并不适合这样去做,这个事实使他的选择成为一种拙劣的通向权力的手段。

当杰伊·古尔德将伊利铁路公司(Erie Railroad)逼入困境之后,查尔斯·亚当斯形容古尔德"拥有极其明显的喜欢暗地里要手段的性格……这使人想起他的天性中是否也藏有个蜘蛛之类故事"[99]。不久古尔德就围绕毫无提防的亚当斯开始结网——施展阴谋了。1884年,当联合太平洋铁路公司(Union Pacific)受到国会调查,古尔德突然让出了铁路总裁的位置,由亚当斯接任铁路管理工作。任命一个具有辉煌的家族名声又带有从上辈子传下来的不与腐败沾边的光环的人，是让国会放弃对古尔德非法操纵案进行调查所需要的全部担保。但是六年之后，当古尔德已准备好重新夺得对该条铁路的控制权之后，亚当斯就成了蜘蛛网中那只无助的苍蝇了。不出所料，亚当斯的权力梦骤然结束，他又退回到了更带有学术性的工作中去。

虽然在与古尔德进行激烈且力量悬殊的争斗，亚当斯仍抽空写出了一本传记，两卷本的理查德·亨利·达纳（Richard Henry Dana）传。退休之后，他将其大部分的闲暇时间都花在了对马萨诸塞州早期历史的研究之上。他还出版了一本他父亲的传记，引起了兄弟亨利和布鲁克斯的极大不快。查尔斯从未喜欢过布鲁克斯，但早年他与亨利的关系很亲密。然而随着人生道路的分岔，这种亲密让位于一种容忍，这种相互容忍是通过有意避免导致冲突的轨迹来维持的。在查尔斯·弗朗西斯·亚当斯的传记问世之后，亨利写信给布鲁克斯，“我犯了罪，很深的罪，我不配再被人称作任何东西，但是，多亏我的不正常和因消化不良引起的神经衰弱，我没有去刺杀我的父亲”。[100]然而，在态度更为客观的读者眼里，查尔斯·亚当斯，这位在他自己的自传中表达对父亲如此深的仇恨的儿子，是一位客观的，甚至是富有同情心的传记作者。

当亨利·亚当斯从伦敦——内战期间他曾在此担任他父亲的秘书——回国之后，一篇篇的文章从他笔下流出：对格兰特政府、对国会、政治派系、货币政策以及铁路等多个方面都进行了一系列的挞伐。他甚至还发表了一篇揭露史密斯船长和波卡洪塔斯①的传说真相的文章。他的写作风格让《国家民族政坛杂志》（*The Nation*）编辑想起了老约翰·昆西·亚当斯的“作为一名攻击者的特殊能力……像任何肉食动物嗜杀成性和准确无误攻击对方颈动脉的本能”。[101]

亨利·亚当斯的生活过得精彩刺激。他曾被评为华盛顿3名最佳舞者之一。他曾被任命为哈佛大学历史系助理教授以及《北美评论》（*North American Review*）的编辑，这份刊物发行量虽很小但影响力极大。他是一名偶像颠覆型的编辑，“写30页骂英国人和英国房屋的话”“将更多的精力放在文学短评上”“倒立然后对某人吐唾沫”“收集一批古老家族丑闻”。他同样还是一名令人兴奋的教师。当被问及11世纪的教皇是如何选出的时候，他回答说：“同愉悦上帝差不多。”什么是圣餐变体（transubstantiation）？“我的天！我怎么会知道？去查一下。”约翰·亚当斯？“先生们，约翰·亚当斯是一名煽

① Pocahontas（1595—1617）：北美波瓦坦印第安人部落联盟首领波瓦坦子女，曾搭救过英国殖民者约翰·史密斯，与英国移民约翰·罗尔夫结婚，后去英国，受到上流社会礼遇。——译注

动家。”[102]亨利·卡伯特·洛奇(Henry Cabot Lodge)、珀西·贝尔蒙特(Percy Belmont)以及他的其他学生都将其当偶像崇拜。

而令他的生活更加快乐的是,1872 年他与玛丽安·“克鲁瓦”·胡珀(Marian “Clover” Hooper)结了婚。在亨利看来,他的波士顿新娘“当然不算漂亮,当然也不完全说是难看。她 28 岁,很有主见,且不同寻常……她举止安静。她学习德语——还有拉丁——对了,还学了一点希腊语,我估计,但很少很少。她说话有点啰嗦,但总的来说还相当理智……她不善着装。她有幽默感,这一点毫无疑问……她有足够的钱让她完全不需要依靠他人”。[103](当查尔斯听说他的兄弟有可能会娶一个胡珀家的女子做妻子时,他大叫道:“天哪!不!他们真是蠢到家了。她会自杀的,就像她婶婶一样!”)[104]

这对年轻夫妇在尼罗河的一条驳船上度过了他们的蜜月,继而一直在波士顿、伦敦和华盛顿之间来来往往,就这样消磨他们的岁月。他们在自己周围聚集了一个魅力四射的朋友圈:有诗人兼政治家约翰·海(John Hay)、地质学家克拉伦斯·金(Clarence King)、小说家亨利·詹姆斯(Henry James)、动物学家亚历山大·阿加西斯(Alexander Agassiz)。他们开始在海的家隔壁的拉斐特广场建造一排连栋房屋。这也是他们成果斐然的时光。亨利著的关于艾伯特·加勒廷的杰出传记,同由他编辑的三卷本的加勒廷著作一起,于 1879 年面世;描写华盛顿生活的讽刺性小说《民主》,于 1880 年匿名发表[105];他的约翰·伦道夫的传记于 1882 年面世;在 1884 年和 1855 年他自费出版了《美国史》的前两卷。然后在 1885 年 12 月 6 号,玛丽安·亚当斯①,一名技术精湛的摄影师,在经过一段长时间的精神抑郁之后——期间她的脑子里除了自我毁灭什么也不想——吞下摄影用的化学物品,自杀身亡。

作为对一封慰问信的回应,亨利写道:“我发现有两种思想给了我力量。一是,人一生当中像如此毁灭性的体验可能已到极限,不会再比它更糟了;二是,至少我已经从生活中得到了它能给予我的所有乐趣。我承认命运最终让我大伤元气,但除了这 12 年时间我拥有了我在这个世界上想要的一切。”[106]

亨利·亚当斯继续活着。他甚至纵容自己与美丽而富有魅力的伊丽莎白·卡梅伦(Elizabeth Cameron),一位不太开心的美国参议员的妻子谈情说爱,这种关系让亨利最权威的传记作者觉得,很可能是(“在发出几声充满感慨的叹息之后”),考虑到“清教徒的顾虑或逐渐淡化的热情”,出现的“一种性情

① 玛丽安·亚当斯:就是亨利·亚当斯的妻子,婚前是玛丽安·“克鲁瓦”·胡珀。——译注

反常，一种柏拉图式的爱情”[107]。然而除了有一阵子他对古巴独立事业发生过兴趣之外，他从未再次卷入时政。之后，在约翰·海担任国务卿期间，亚当斯对美国治国之术被动地起到了重要的作用：两个朋友下午出去散步，亨利反复无常的忧郁和沮丧心情为外交家防御西奥多·罗斯福一味的乐观主义作了很好的准备。

但是他不可能再被拉回到他这个世纪的主流之中了。相反地，他任由激情四处游荡。他随艺术家约翰·拉·法奇(John La Farge)一道去东方国家以及太平洋岛屿探险；他在萨摩亚见到罗伯特·路易斯·史蒂文森(Robert Louis Stevenson)，写了一本关于塔希提的书；他与克拉伦斯·金一起考察古巴环境，与约翰·海一起查看美国西部；他多次在法国逗留。在与洛奇一家及他们的诗人儿子贝(Bay)一起时，他发现了宏伟的哥特式大教堂。从以上寂寞的岁月里诞生了他的两部杰作：《圣米歇尔山和沙特尔大教堂》(*Mont-Saint-and Chartres*)和《亨利·亚当斯的教育》(*The Education of Henry Adams*)。

第四代中年纪最轻的布鲁克斯·亚当斯(Brooks Adams)的生活几乎是对他声名赫赫的祖先的一种讽喻。他将他们的政府理论扭曲到极限，他将他们的古怪加工成疯癫。而且他身上似乎具备一种狂放不羁的天才。作为哲学著作，他的《文明及其衰败的法则》(*The Law of Civilization and Decay*)对于探索历史解释准则有着重要的推动，同时证明了他是第一个认识到地理对于政治影响的人。

布鲁克斯·亚当斯总是很另类。作为一个11岁的孩子，他的母亲会将其当作写作题材：“爸爸每天晚上都要大声朗读一两个小时，可怜的布鲁克斯则开始大声尖叫，大吵大笑，又扭动身子，蹦跳个不停，因为有点担心他，我们不得不把他安置在房间中央的一个脚凳上。家里的东西都被他弄坏了，搞得一塌糊涂。”[108]在哈佛大学第一年，他拉丁文考试作弊被发现，后来他的兄弟查尔斯发现布鲁克斯将大笔大笔的酒钱都记在他的账上。

有一个作者身份不明的故事，说一位年轻的女士拒绝了他的求婚之后，布鲁克斯无法相信一个亚当斯家族的人也被拒绝了。在她重复了她的决定之后，他迅即离开，临别送她最后一句话，“为什么你他妈是个标准的傻瓜”。[109]布鲁克斯最后与伊芙琳·“黛西”·戴维斯(Evelyn “Daisy” Davis)结了婚。[110]据说这段婚姻同样是以一种虚幻的方式缔结而成的。他应该曾跟亨利·卡伯特·洛奇夫人说过，“如果我能发现一个像你这样的女人，我就立刻娶她”。

洛奇夫人向他推荐了她的妹妹，而布鲁克斯则信守了诺言。但他一开始就警告戴维斯小姐说，他“是一个奇怪得几乎像个疯子一样的人”，而她嫁给他“是出于自己自愿，风险自负”。[111] 他称他的妻子为**亲爱的**“来自地狱的白痴”。但是温文尔雅的黛西很高兴自己能摆脱穷酸的上流社会进入到这样一个尊贵的家庭之中。没有任何女人能比她为布鲁克斯做得更多，其中还有设法尽量让他在精神病院之外度过岁月，除了最后那几年。

每过去一年，布鲁克斯·亚当斯都会变得更加冷漠、暴躁，和更加的喜欢争论不休。他的朋友西奥多·罗斯福写信给约翰·海，“他（布鲁克斯）在这过得很开心，甚至还为他认为即将降临的骇人的社会灾难和民间灾难所带来的悲观气氛感到陶醉不已”。预测何时为世界末日成为布鲁克斯和亨利的一种习惯。布鲁克斯说是 1926 年，亨利说 1917 年；布鲁克斯说 1911 年，亨利说 1913 年。布鲁克斯说：“世界完蛋了。”亨利回答说：“世界完蛋了。肯定的会是这样！”布鲁克斯完全是认真的，亨利仅部分认真，然后眨一下眼。查尔斯·弗朗西斯从来就不喜欢布鲁克斯，他跟亨利说：“虽然我没有我弟弟布鲁克斯那样的恐惧和忧虑，我也不认为世界会有末日。我知道我就是这样。”[112]

布鲁克斯喜欢亨利。在他圣徒似的父亲过世之后，能够懂他的只有亨利了。“你是我的良师益友。”亨利敬重弟弟的才智，并受到弟弟历史理论的极大影响。“我终生都在寻求这个巨婴，这个不幸的预言家，用痛苦和充满血汗的天才才找到的真理。”然而亨利无法忍受与布鲁克斯待在一起。滔滔不绝的词汇、思想、概念弄得他筋疲力尽。他写信给朋友说：“我的烦躁感如此强烈，以致每当亨利跟我说话的时候我不得不拼命磨牙和咬痛舌头。他极像我，你应该知道我对自己有多恼火。”[113] 他编出一切借口从布鲁克斯身边逃走。布鲁克斯结婚，亨利去了渥太华；布鲁克斯去华盛顿，亨利便逃往巴黎。

如果说世界“完蛋了”，亨利和布鲁克斯都同意的话，那他们对“完蛋”之后该怎么办的问题就有分歧了。布鲁克斯是激进主义者，亨利则会陷入绝望。亨利宁愿活在 12 世纪，而布鲁克斯急于到 20 世纪继续战斗。“从道义上我肯定，”布鲁克斯跟亨利说，“人类正在失去能量——我是说精神能量——速度很快，快到你都可以发现一年比一年缩减了多少。”但亨利来信中说：“我恐怕你必须去寻找除我之外的其他人，来帮助你一起保护人类和我们自己了。”[114] 因此，带着传说中的亚当斯能量，布鲁克斯要孤军奋战了。他竟然让能量返身注入到这个人身上：波士顿法律学院的教师，数本书和数篇刊物文章的作者，主动请求担任的他姐夫、参议员洛奇以及罗斯福总统的顾问，甚至还作为政治候选人。布鲁克斯参加了马萨诸塞州议会竞选，但以两票之差败北——他的叔叔查尔顿和谢泼德·布鲁克斯(Shephard Brooks)投了他的反对票。

布鲁克斯·亚当斯身上有一股很浓的神秘主义味道。“我发现我写东西不是在制造东西。”当他将一份手稿寄给亨利时,他写道:“我送你的是未加工的石头。它直接蹦上地面,而我也无法控制它。”[115]他发掘出来的是一套法西斯主义思想的大杂烩:种族主义理论,东方人的低劣,对犹太人的憎恨,独裁主义政府理念,按阶级划分社会的计划。

1917年,作为亚当斯家族第四代最后一次从事公务,布鲁克斯被选入马萨诸塞州制宪会议。距离约翰·亚当斯写下马萨诸塞州第一部宪法已经有138年了。代表们静静地等着听他的重孙的发言:

> 要将任何伟大的事业推向前进……我们需要建立某种类似于独裁政府的东西。美国政府跟不上时代……总统先生……民主应该并必须灭亡。[116]

同在会议上不无惊诧地听到布鲁克斯的辩论的还有另一位亚当斯家族的传人——他的侄子查尔斯·弗朗西斯,那位不走运的民主党领导人的儿子。年少的亚当斯以获得最高票数当选为代表。“人们不愿意相信亚当斯家族的人会受欢迎。”《纽约时报》评论说。[117]

这位第五代亚当斯家族成员看上去像极了他的祖先:矮个子、秃顶、大鼻子,嘴唇窄而严厉。[118]但在某种意义上他是独特的:他是美国最大的政治王朝的终结者。

在哈佛读书时他曾被选为班长,并获得了一个终身绰号“迪肯”。在那里毕业后,查尔斯·弗朗西斯·亚当斯去欧洲待了一年。他非但没有利用在国外的时间去探索灵魂,像他亨利叔叔做过的那样,反而去观摩英国的帆船比赛(但这也应属于他遗传特征的一部分,因为他的克劳宁希尔德母亲的某个祖先建造了美国第一艘帆船)。[119]迪肯后来成为他国家最优秀的帆船运动员之一。他的大多数船名字都含有一对“OO”字母的单词——*Papoose*(婴儿),*Baboon*(狒狒),*Gossoon*(少年),*Harpoon*(鱼叉)。但是,在1920年美国杯比赛中,他却是在被叫作*Resolute*的这条船上击败了托马斯·利普顿(Thomas Lipton)爵士的*Shamrock IV*号船,赢得了他一生中最重要的比赛。

查尔斯·弗朗西斯之后成为了一名律师,娶了弗朗西丝·洛夫林,一位国会议员的女儿,并且在离开哈佛仅六年之后,他被任命为学校的财务主管。他从1898年干到1929年，使学校的捐赠资金从1 200万美元增加到1亿美元。他还两次作为民主党候选人被选为昆西市市长。但是他不再像他的先辈那样热衷于党派标签。当他在不知情的情况下1920年民主党州大会推选他为总统选举团成员候选人，之后，他要求将他的名字从官方候选人名单上撤下来——他要把票投给哈丁(Harding)！后来他建议总统任期限为六年一任，不再连任，并建议要求总统放弃党派倾向。

1929年，在他被任命为海军部长时，因为在政界默默无闻的缘故，许多人将其误认为查尔斯·弗朗西斯·"波帕"·亚当斯(Charles Francis "Pop" Adams)，一个八竿子打不着的远房表兄弟，波士顿勇士队和波士顿棕熊队的老板。[120]一个海军职位对"合适的"亚当斯家族成员来说是顺理成章的事情：不仅是说他高祖父约翰·亚当斯曾是美国海军的创建人，而且(外)曾祖父本杰明·W.克劳宁希尔德曾是麦迪逊总统时的海军部长(虽然他从未履职)。因此查尔斯·弗朗西斯从40多个公司董事位置上退了下来去了华盛顿，在那他每天都在自助餐馆等着轮到他的海军大豆(事实上，他说，那是波士顿大豆)。每周一次，《纽约时报》在其头版报道说："亚当斯部长今天吃的是鳕鱼丸加大豆。"[121]

假如说菜单使他高兴的话，那么记者和摄影师的执着就不是这样了。一次，当他按摄影师要求坐在他的办公桌上"写点什么"的时候，人们发现他写下的竟是"受不了！受不了！受不了！"①。[122]然而记者有时发现他的冷幽默倒为他们提供了很好的写作素材。在1930年伦敦海军大会上，*Topics of Times*报道："有一天人们为何看见他在伦敦市中心的肯辛顿花园的水域，驾驶着好几条玩具船。含义很明显：美国海军部长，在其管辖的所有大型船只都被阴险的国外外交官用鱼雷击沉之后，被迫将精力集中在一条停在人工湖泊上的玩具模型上了。"[123]

他所在的海军部的管理制度趋于保守。他希望使舰队的规模达到1930年会议允许的标准，但随着大萧条的开始，胡佛总统命令进行缩减，从而海军的力量远远落后于国际协议允许的标准。有一阵据报道说，亚当斯与总统的关系几近破裂。但是胡佛承认，他对他的海军部长深为敬佩，他在回忆录中写道："假如我早点知道他的话，我一定让他做国务卿。"[124]

当富兰克林·德拉诺·罗斯福进入白宫之后，亚当斯又回到了他的企业

① 这句话的原文是：This is Hell! This is Hell! This is Hell!

管理位置和帆船运动上。1939年,他以73岁的高龄,一个季度里夺得了三个国内最令人羡慕的帆船比赛奖杯:国王杯、阿斯特杯和清教徒杯。这就像是一匹12岁的老马夺得了三连冠。1954年,他87岁,一个对亚当斯家族合宜的年龄,撒手人寰。

"迪肯"的儿子,查尔斯·弗朗西斯·亚当斯家的第四代,娶了玛格丽特·斯托克顿(Margaret Stockton),她是波士顿第一国家银行行长的女儿,新泽西政治王朝的直系后裔。他成为了雷神公司(Raytheon Company)——一家重要的国防与空间设备供应商——董事会的主席。"据我所知,"他在回答一项调查时写道,"本家族中无人从政。"[125]

亚当斯家族对他们政治生涯的终结有几种解释。约翰·亚当斯或会认为退出政界,转向更高级的文化表达形式本就是他们事先安排好的计划。在法国担任"民兵外交官"期间,他写信给阿比盖尔:"我必须研究政治和战争,这样我的儿女们将来就可以去学习数学和哲学。我的儿女应该学习数学和哲学……以便让他们的孩子将来有学习绘画、诗歌、音乐、建筑的权利。"[126]这种三代以内从政治转到诗歌的理论,结果倒成了对亚当斯家族十分准确的预言。然而这位第二任总统怎么解释到了第四代的时候,他的后代会"倒退"回商业领域呢?

布鲁克斯·亚当斯认为,"一个单个的家庭能够经过三代实现调整",他接着说:"自约翰·亚当斯写下马萨诸塞宪法以来,已经历了完整的四代了。是该我们消失的时候了,世界对我们已经厌倦了。"[127]

其他原因也促成了这个政治王朝家族的覆灭。财富——通常对于王朝构筑是一个确定无疑的辅助——与亚当斯家族开了一个奇怪的玩笑,它似乎减却了部分亚当斯家族政治参与的动力。而家族中一直存在的怪癖,一代更比一代严重,降低了他们对选民的吸引力。而且从王朝的角度他们还霉运当头——亨利和布鲁克斯没有子嗣——尽管亚当斯家族还有足够的人继续下去,只要他们愿意。但最重要的是,就是因为王朝失去了对公职的热情。甚至早在第三代的时候,查尔斯·弗朗西斯·亚当斯就将他尊贵的驻英公使生涯称为"我在公职领域8年的受难经历"。[128]到了第五代,海军部长查尔斯·弗朗西斯·亚当斯将政治更多视为一种关心公益的行为,就像为社区福利基金捐款一样,和给自己的祖先捐十一税的行为,而不将政治本身视作目的。

然而一个半世纪以来,一个朴素的昆西农民的直系血亲参与到他们国家的政治结构中，并为之作出了杰出的贡献，通过选举和任命，他们对于美国历史的每一项重大进程都起到了重要的作用，从争取独立一直到为废除奴隶制而进行的艰苦奋斗。当弗朗西斯·高尔顿(Francis Galton)爵士撰写关于遗传性天才的经典论文的时候，他将亚当斯家族列为唯一值得写进书中的美国家族。[129]

第三章 李家王朝

李氏家族比任何其他家族都更能使我们获益。

——约翰·亚当斯[1]

我总是把自己视为斯特拉特福德的再发现者……它是献给一个伟大的美国家庭,特别是献给那位极其伟大的先生罗伯特·E. 李的圣殿。它同样是对一个让现代美国永远感激的英勇、年轻的文明的永久纪念。

——富兰克林·D. 罗斯福[2]

在1636 年第一代的亨利·亚当斯将他的一大家子人从英国带到马萨诸塞州的 4 年之后,27 岁且尚未结婚的理查德·李(Richard Lee),来到了弗吉尼亚。新移民亚当斯曾是英格兰一个贫困的农民,到去世时仍是美国的一个贫困的农民,留给后代的有一间房屋、一个谷仓、一头母牛和一头牛犊、几条猪、若干家具、器皿和三张床(一张在客厅,两张在寝室)。[3]在另一边,新移民李,给家里留下的是一个 13 000 英亩的庄园,而且全是适宜种烟草的沃土;他过世的时候或许是弗吉尼亚州最有钱的人。[4]

亚当斯家族经过了四代人之后才培养出对政治爱好,而第一代李家很可能在下船的时候,口袋中已经装上了政治任命书了。他从卑微的地方法庭书记员职位起步,迅速蹿升,当过弗吉尼亚州检察总长,约克郡高级治安官,伯吉斯下议院议员,州政府秘书长,以及总督咨询委员会委员。到美国独立战争之前,李家四代已经坐在他们所在的聚居地执政委员会的位置上了。

李家第一代是(英国)什罗普郡一个古老(Shropshire)家族的穷姻亲,该家族纹章的冠饰上刻着一个松鼠,带着一脸思索的表情啃着一个橡树果。下面刻着箴言：*Non Incautus Futuri*（并非不在意未来）。豪斯曼[①]诗中的什罗普郡男孩后来若有所思地说："在我自己的郡里，假如我感到悲伤，我能看我家族的纹章。"但是躁动不安和野心勃勃的李从不回首，他觉得能给他带来安慰的东西绝非自己年轻时期的郡县。在他到达美国之后不久，他就与安妮·康斯特布尔（Anne Constable），一位年轻的贵族小姐结了婚。她表面上是州长的被监护人。他们的李氏后代包括弗吉尼亚州的 3 名州长，马里兰州的一名州长，《独立宣言》的两名签署人（唯一一对将名字附在文件上的兄弟俩），几名外交官，乔治·华盛顿和约翰·亚当斯政府的司法部长，1 位独立战争中的将军，4 名南部邦联的将军，1 名联邦海军上将，以及 9 名国会议员。从数量上看，这一组国家荣誉已无与伦比。

对一个其顽固信念影响了美国两次革命的家庭来说，具有讽刺意味的，是它的创立者，是一个没有固定政治信仰的人。1650 年他宣布效忠于查尔斯二世，1652 年他宣誓效忠英伦三岛共和国[②]，1660 年他又热烈拥护王政复辟。他担任公职先是作为一种敛财的手段，后来将其视为尊严的象征。理查德·李主要是一个扩展疆土者（谋求扩张者）。

李王朝不是其创立者以经济为宗旨的直接结果。虽然按习惯，长子继承财富，但为家族带来政治名誉的不是长子，而是小儿子。李家的财富带来了地位、关系，以及通常还有极好的教育机会——全是有利、有用的东西——但是从政治角度来说，王朝是建立在才能而非地位的基础之上的。

虽然罗伯特·E. 李，王朝中最有名的人，具有这样一种圣徒般的性情，以致人们希望他会犯点过错，以便减轻他因个人善良而给人们带来的枯燥乏味的情绪，但是家族中的政治成员却经常是好争论、多疑和过于自负的。他们能被称为"南方的亚当斯家族"不是没有原因的。与富有冒险和开拓精神的创始者最相似的儿子是汉考克·李（Hancock Lee），理查德·李的 8 个活下来的孩子中，他排行第五。

汉考克娶了萨拉·阿勒顿（Sarah Allerton），五月花号船上的一位旅客的孙女。李家与其他著名家族的联姻已成为一种习惯，但他们再不会在家谱上增加一个比老艾萨克·阿勒顿（Isaac Allerton）更不寻常的恶棍了。作为一名身材瘦削的高个裁缝和第五个签署《五月花公约》（*May flower Compact*）的

---

① 豪斯曼：A. E. Housman，英国诗人，拉丁文学者。——译注

② 英伦三岛共和国：Commonwealth，1649 年到 1660 年克伦威尔父子统治下的英伦三岛共和国。——译注

男人，艾萨克最不像清教徒。也许他的清教徒同伴在让他做他们的商务代理人时就知道，他在世俗方面具有专门的才能。凭着此项才能，他 7 次往伦敦借钱，筹备必需品。然而很快就清楚了，艾萨克首先是在为自己的商业利益打算并寻找机会。但由于他是以费尔·布鲁斯特(Fear Brewster)的丈夫和令人尊敬的前辈威廉·布鲁斯特的女婿的身份出现的，因此他的诡诈交易一时被人疏忽了——甚至在他将首个妓院老板带到马萨诸塞州之后！

对他有利的是，可以说他那种能以很低的利率借到钱款的能力使得普利茅斯殖民地免遭破产。但是最终阿勒顿还是被赶出了马萨诸塞州。审查他的财务记录花了两三年的时间，然后发现他甚至“使他可怜的老丈人的账户损失超过两百英镑”。[5]就是他的孙女嫁给了汉考克·李。(艾萨克·阿勒顿的另一项荣誉是，他是富兰克林·D. 罗斯福在美国的第一位母亲一方的祖先)。

因为不满足于在家乡发财致富，汉考克·李带着他的子女前往俄亥俄河两岸，并对肯塔基协议的签订起到了一定作用。当弗吉尼亚的李氏兄弟写着决议签署宣言的时候，这些堂兄弟还在划着小划子和四处囤积居奇。这一分支没有姓李的候选人被选入国会，但汉考克·李的曾孙，扎卡里·泰勒(Zachary Taylor)，成为了美国总统，而这一分支的女人则嫁给了邦联的总统杰斐逊·戴维斯(Jefferson Davis)以及参议员约翰·J. 克里滕登(John J. Crittenden)。[6]

李家族长的第一继承人，也叫理查德，喜欢学术胜于不动产，他能用希腊语、拉丁语以及希伯来语记笔记。他拥有的土地一直保持原样，但是，正如家中的一位孙子不无悔恨地所评论：“他既没增加也没有减少从他父亲继承的遗产，然而在那个时期，他实际上可以利用它毫不费力地获得在今天来说，堪与王子媲美的收入。”[7]在政治上，理查德二世接替他的父亲进入拥有大权的 12 人总督咨询委员会，它同时起到了殖民地最高法院的作用。而且，正如一个皇家法律顾问可以让人想到的，它被证明是任何威胁到现状事物的坚决的敌人。在培根之乱[①]期间，他被囚禁了 7 周。

理查德的儿子创建了斯特拉特福德(Stratford)、利希尔瓦尼亚(Leesylvania)和马里兰(Maryland)这三个家族分支，从中产生了独立革命的领导人。

马里兰分支始于 1700 年左右，此时菲利普·李已迁往帕塔克森特河岸

① 培根之乱：Bacon's Rebellion，1675—1676 年由青年殖民者纳撒尼尔培根领导的反对北美洲弗吉尼亚英国殖民地总督的一次叛乱。——译注

(Patuxent)一个继承得来的种植园。[8]他有 17 个孩子(其中 8 个为第一任妻子所生,9 个是第二任妻子所生)。他的孙子就是那个高大英俊的托马斯·西姆·李(Thomas Sim Lee),独立战争年代的马里兰州长,后者不辞辛劳、不知疲倦地招募和装备军队,之后,在第二任期间,他帮助平息了“威士忌酒反抗”①。然后他拒绝了第三次任命,退出政界。[9]虽然有一个在国会短暂任职的儿子和有一个嫁给了美国参议员的女儿,但这些李家成员实际上从 19 世纪一开始就放弃了政治生活,而将追求政治荣誉的任务留给了他们的斯特拉特福德和李希尔瓦尼亚家的堂表兄弟。

斯特拉特福德家系的创建人是托马斯·李,第五个儿子,尽管他没受过什么教育,祖传财产也只有一个奶牛牧场,但他却升任弗吉尼亚代理总督以及成为王朝诞生以来最大的土地所有者。

托马斯·李的商业成就部分是靠家庭的社会关系带来的。在他 21 岁的时候,他的一个叔叔给他谋了一个担任费尔法克斯夫人(Lady Fairfax)在弗吉尼亚广大利益的经纪人的职位。四年中,他游刃有余地处理这位贵妇人的账户,然后将获得的信息用于自己的事务。

但与这种利用机会的能力结合在一起的是对被后来的美国人当作是他们天定命运的预见能力。两代弗吉尼亚李家人曾都扎根于祖国,在他们的家和他们的忠诚之间的 3 000 英里水域,只是进一步见证了他们的根的力量。理查德·李曾向东看,现在托马斯的目光则坚定地朝向西方。

受到被剥夺继承权的激励,托马斯·李带着一种他勤奋好学的父母并不具备的品质,开始了他对群山那边的俄亥俄州和密西西比州的土地的征程,为了这一目的他特意组建了俄亥俄土地公司(他没有活着见到他的公司引发了法国印第安人战争)。②

向西扩张已由《兰开斯特条约》(*Treaty of Lancaster*)成为可能,该条约是 1774 年李帮助谈判达成的。为了几百美元,易洛魁人放弃了阿勒格尼山脉西部的土地。李的讨价还价——让西北地区转让给了英格兰——使得彼得·米纽伊特(Peter Minuit)看上去像个令人绝望的败家子。

① Whiskey Rebellion,1794 年美国宾夕法尼亚州西部农户拒纳酒税的反抗。——译注
② French and Indian War,1689—1763 年法英两国为争夺北美洲广大殖民地地区统治权而进行的一系列军事对抗。——译注

1749 年 9 月李成为弗吉尼亚的代理总督，一直担任到 14 个月后去世。他死时并不知道他皇家任命的总督职位正在从伦敦往这边来的路上。

托马斯·李治下的弗吉尼亚繁荣的样子，与一个世纪前他的祖父所了解的完全不同。变化来自于一个根由——烟草，它是整个殖民地经济依赖的基础。庄稼耗尽了地力，迫使种植园主不断扩大可耕种面积。地位较低的土地所有者在这场争夺空间的比赛中无法与他们对抗。劳动力必须从国外进口，以便跟上可耕种面积的扩张速度。

拥有奴隶成为种植园主的一种生活方式，而种植园则将弗吉尼亚的政体变成了寡头政体，总督咨询委员会的统治权被弗吉尼亚东部的贵族把持，而下议院则成了贵族子孙和地位较低的贵族的论坛。

殖民地的社会特征和殖民地的社会领导人的个性是通过种植园形成的。在斯特拉特福德，托马斯·李 1725—1730 年之间修建的府第和花园，以及其他的大庄园中，穿着雅致的弗吉尼亚人过着一种似有魔法保护的生活，这种生活既可以是猎狐和赌博，也可能是从事研究与沉思。因此美国最刻板的阶级结构既能产生盛气凌人、专横跋扈的富豪统治阶级成员，也能产生独立的思想者。具有公共精神的爱国主义者，这两种气质经常都会体现。

为与一个大土地所有者地位相称，托马斯·李与一位大土地所有者的女儿结了婚。汉娜·勒德韦尔(Hannah Ludwell)的祖父是卡罗莱纳殖民地的总督，她的祖母是哈里森家族的一员。从这个哈里森-勒德韦尔-李家家族的结合体中，诞生了 8 个孩子，包括 4 个共同取得了无与伦比的政治成就的儿子——直到一个名叫沃什伯恩(Washburn)的来自缅因州的贫困店主将 4 个来自不同州的儿子送往国会。

当托马斯·李 1750 年去世时，他的八个孩子中只有菲利普·勒德韦尔和汉娜达到了法定年龄。菲利普当然是第一继承人，他成为李家第四个进入弗吉尼亚议会(Virginia Council)的成员。他是第一个也是最后一个亲英分子，尽管他对纯种动物比政治更感兴趣。他自命不凡、眼高于顶，对契约佣工满心厌恶，视若非人，对商人也不屑一顾、态度傲慢。[10] 即连对待自己的兄弟姐妹他也依然固我，无意稍减专横的态度。年纪最小的阿瑟被迫与奴隶一起吃饭、一起劳动。根据他们父亲的遗嘱，菲利普应当将部分遗产分配给他下面的兄弟姐妹。但后者应得的份额从未拿全过。威廉忿忿地给他的长兄写信："没错！整整有十二年，我没有看到我父亲留给我的微薄津贴了，对其我们甚至不存在共同的利益,而这十二年中你一直尽情享受着富裕生活。我呢?还要靠自己的辛苦劳动养活自己,这太让人难以接受了。该是结束这种状况的时候了。"[11]法庭最终免除了菲利普的监护人资格。

与威廉持续和哥哥不和,并连续几年不间断打官司的做法不同,艾丽斯·李放弃了她的小额遗产,迁往英格兰。但她没有按她原先计划的永久居住在国外。在伦敦,她遇见了小威廉·希彭(William Shippen),一个来自美国的年轻医科学生,并嫁给了他。小希彭出自费城显贵,这个家族是由他的曾祖父爱德华·希彭(Edward Shippen),一名约克郡人创建的。他通过经商积攒了一大笔财富,改信了贵格会(Quakerism),成为了宾夕法尼亚的代理总督。[12]艾丽斯·李·希彭生了个女儿,后者与纽约势力庞大的利文斯顿王朝联姻,对两个家族都产生了悲剧性的影响。

艾丽斯属于传统的 18 世纪的妻子,喜欢屈从丈夫,一切听命于他的意志和决定。与艾丽斯极为不同的是姐姐汉娜。如果说汉娜独立、勇敢的个性在女性中会被视为另类的话,那么在她的李家兄弟眼里,有这些素质才能成为爱国主义者和政治家。

汉娜 20 岁时离开斯特拉特福德,嫁给了凯文·科尔宾(Cawen Corbin),成为佩克顿的女主人,在这里她对种植园的开发起到了非同寻常的积极作用。她还加入了浸礼会(Baptist Society),一个遭弗吉尼亚圣公会极度冷落的派别。当她丈夫去世之后,她愤怒地发现丈夫的遗产中写着,如果她再婚,她必须放弃凯文遗产的 2/3。(她当时才 32 岁。)另外,作为美国第一批主张妇女参政权或选举权者之一,她对妇女必须纳税却对政府没有发言权状况愤恨不已。

科尔宾遗嘱的见证人之一是他的医生,理查德·林根·霍尔(Richard Lingan Hall),一个具有高级身份和刚正不阿的人,汉娜深深爱上了他。丈夫去世两年后,她安排霍尔医生与她同居在佩克顿(Peckatone)。他们的结合,在没有牧师祝福的情况下,愉快地延续了将近 18 年。本来他们是可能结婚的,但是弗吉尼亚方面要求结婚只能按照英国国教会(圣公会)的仪式来办,对此,信奉浸礼会的汉娜是绝不会同意的。而且,显然,正式立誓就意味着失去佩克顿。她与霍尔医生有一个儿子和一个女儿,但她继续使用"汉娜·科尔宾夫人,遗孀"的身份,孩子也随科尔宾姓。汉娜对生活的规划显然获得了邻里的认可,同时也没有迹象表明她失去过李家人对她的喜爱。[13]

在托马斯·李的 4 个著名的年轻儿子当中,最重要的是理查德·亨利

(Richard Henry),在他身上集中了前三代最主要的特征:移民理查德的侵略性,理查德第二代的学术兴趣,以及理查德·亨利父亲的政治性向。

理查德·亨利·李又高又瘦,头发偏红,一对深陷幽暗的眼睛,再加一个鹰钩鼻子,使他看上去有点像罗马皇帝。作为一名年轻人,他的一个愿望是从事政治,为此他花了很长时间在斯特拉特福德图书馆学习约翰·洛克的基本理论。尽管他擅长个人辩论,但在他身上始终保留着一个爱沉思冥想的学生的痕迹。

之后,理查德·亨利成了一名伟大的演说家,被誉为"美国的西塞罗"。他拥有一种将他的思想简明扼要地表达给听众的特殊才能。尽管他具有对经典旁征博引的风格,但绝不流于浮夸炫耀。他悦耳的声音听似受过专门训练一样,他的敌人攻击他是在镜子面前练出来的。在1759年进入下议院后,他的第一次重要演讲表达了他对奴隶解放的支持。虽然他反对奴隶制度,是因为后者对于白人社会的影响,而非因为它对奴隶的影响,但他的这次演讲,很可能是从一个弗吉尼亚人的嘴中发出的对奴隶制度最严厉的控诉。[14]这一看法得到过他的后代的认可,包括罗伯特·E.李(Robert E. Lee)。

跟弟弟理查德不一样的是,弗朗西斯·莱特富特·李(Francis Lightfoot Lee)既没有发号施令的习惯,也没有树敌的能力。他生性羞怯、缄默寡言,不是一个能说会道的人。事实上,他从不喜欢政治。政治对他是责任,不是喜好。南希·希彭(Nancy Shippen)给这位他喜欢的叔叔写了一首十四行诗,开始第一句是,"李家家里最最可爱的人儿"。他每次回到没有子女的妻子贝姬(Becky)身边都很烦躁。他们相依为命,政治在他们家里永远是干扰因素。然而和蔼可亲、性情温和的弗兰克(Frank)是他弟弟在州和国家立法机关的得力帮手。

两个最小的弟弟性格截然不同。威廉说话生硬,不爱交际,以致到了令人气恼的地步,智力属于原始没上过学的那种类型。他是托马斯·李的儿子当中最讲究实际的一个。另一边,阿瑟则特别健谈,充满理想,而且不切实际,好内省、爱冥想——是兄弟中最聪明的一个。他们都去了英格兰——威廉进入商界,阿瑟学习医学,继学法律。在伦敦期间,威廉娶了他年龄最大的表妹,汉娜·勒德韦尔。[15]阿瑟依然保持单身,尽管曾经有一个时期,他委托侄女南希·希彭代表他向好几个年轻女子求婚。当她们拒绝了他的求婚之后,他也只好听任自己单身算了。

正是在独立革命的前夕,李氏家族才处在了两个大陆的战略性位置之上:

阿瑟在伦敦，在那他可以将关于英国方面的政策的最新消息传递给他的兄弟和其他通讯员。“最稳定和最确定的情报，”约翰·亚当斯说，“是从所有我认识的个人那里获得的。”[16]艾丽斯·李·希彭在费城，一个很快就成为了大陆会议会址的城市，在此她的两个兄弟代表弗吉尼亚出席了会议：理查德·亨利与弗朗西斯·莱特富特在威廉斯堡的下议院。

弗吉尼亚立法机关的李氏兄弟，加上帕特里克·亨利（Patrick Henry）和托马斯·杰斐逊，构成了反对英国的坚强堡垒。伴随1774年大陆会议的召开，当叛乱势头转移到费城之后，弗吉尼亚人与塞缪尔·亚当斯——“伟大的煽动者”，还有他的表弟约翰，联合了起来。这一李加亚当斯形成的圈子在接下来的一年半时间里一直是少数派，而亲英分子则控制着会议系统，他们试图挑起两个表兄弟之间的不和：在委员会分配任务时，他们故意使这两个家族发生争端。但是亲英分子未能料到，两个家族的个性同样冥顽不灵，他们的阴谋最终只是让亚当斯家族与李家两家的关系更加紧密而已。

其后，随着众殖民地与大不列颠在列克星敦、康科德、邦克山等地不宣而战，公众开始逐渐转向支持独立。1776年7月2日，李家王朝历史上最伟大的一天，理查德·亨利·李——他的红头发现在已经变成灰白，受了伤的左手臂上还缠着一块黑手绢——向大会推出一个决议：“这些联合的殖民地是，并且根据正当权利也应该是，自由和独立的州；它们已被免除了向不列颠王国政府效忠的任何义务，他们之间，以及与大不列颠国家之间的所有政治联系，都被而且应该被，彻底解除。”该项动议得到了约翰·亚当斯的附和。该项决议的通过，标志着美利坚合众国的未来与大不列颠分道扬镳了。

两天之后通过的《独立宣言》并没有**宣布**独立，但是，如其所述，它宣布了被迫独立的**原因**。是杰斐逊庄重的语言，导致7月4日，而非7月2日，成为一个国家节日——国庆节。

《独立宣言》的作者是托马斯·杰斐逊而不是理查德·亨利，主要是政治上迁就通融的结果。保守派想要本杰明·哈里森担任起草委员会主席，而李是亚当斯派系中的第一选择。但是李不像杰斐逊，他不能在坚持原则的同时又不招致敌意，所以“杰斐逊成了主席，”约翰·亚当斯说，“因为我们拉拢他而放弃了理查德·亨利·李，最终目的是要将哈里森排除在外。”[17]

当理查德·亨利·李和弗朗西斯·莱特富特·李在大陆会议上为争取美

国独立而施展策略的时候，他们的兄弟阿瑟和威廉正在大西洋的另一侧为着同样的目的发挥着作用。

在伦敦的阿瑟，1775 年就被大陆会议任命为秘密特工，从而使他成为了美国历史上首位外事官员。除了担任由他一人组成的中情局工作之外，他还负有使命，寻求法国和西班牙波旁王朝国王们的支持。这项使命使他有机会接触了一大堆古怪的法国人，包括加隆·德·博马舍（Pierre-Augustin Caron de Beaumarchais），即《费加罗的婚礼》的作者，被定了罪的伪造者，王室配餐室的主管会计，给君王运送食物的挑夫，等等（李先见到了博马舍，当时这位假扮的贵族到伦敦来向巴里夫人的勒索者支付索金）。李进行的一些谈判导致美国从法国和西班牙各获得了 20 万美元的购买军火的费用。正是用这批购买来的武器，美国人才在萨拉托加赢得了他们第一次伟大的胜利。[18]

1776 年 10 月，李加入在巴黎的本杰明·富兰克林和赛拉斯·迪恩（Silas Deane）的队伍，成为美国驻法国三人委员会成员之一。当已经 70 岁的富兰克林退了出来，不再执行美国驻西班牙特派员的这一繁重的额外任务之后，李将马德里纳入到自己的工作计划之中。1777 年威廉·李加入了这支“民兵外交官”队伍，成为在法国南特——掠捕英国商船的大本营——的商业间谍，随后成为美国驻维也纳和柏林王宫的特派员。

在到达英国后的数年时间里，威廉成为了一个富有的人，包括在商业领域和政治领域。除了是一名成功的烟草商人之外，他还获得了伦敦高级市政官的终身职位，假如他选择继续效忠王国政府的话，他很可能成为该市的市长大人。

不久在阿瑟·李和他的特派员同伴之间爆发出一场良性的争吵。阿瑟·李谴责迪恩利用他的官方职务谋取个人私利。这一指责引发了国会的一次调查（迪恩最终由约翰·亚当斯接替）。另一边，他与富兰克林的分歧主要是由于性格上的巨大差异所导致的：李，抱负齐天，言必称我，热情积极且意志坚定，年事已高的富兰克林，风趣欢快，一如年轻同事之严肃认真；富兰克林静若止水，李暴跳如雷；富兰克林顺时势而动，李则坚定不移，不达目的誓不罢休。

让李恼火的是，这位讲究实际的发明家和研究日常德行的哲学家在两个大陆都受到尊崇，而他竟不被承认、无人赏识。他与约翰·亚当斯非常像，后者与他持同样看法，认为富兰克林不够光明正大，被人高估了。然而作为外交官，他们两个都未能掌握——而富兰克林则最为擅长——通过迂回手段实现就在眼前的目标的艺术。这个弗吉尼亚人一心想着取代富兰克林，成为唯一的驻法公使。然而富兰克林获得任命，李的外交生涯——其价值更多在于由他引起的纷争——却结束了。

"他们兄弟一伙"，约翰·亚当斯这样亲切地称呼李氏兄弟，这兄弟俩具有一种磁铁般将争议引向自身的能力。阿瑟·李在欧洲的行为，只是需要李家兄弟在国会作自我辩护的事情之一。还有造谣，本杰明·哈里森创造力的产物，大意是说理查德·亨利·李正企图免除华盛顿大陆军总司令的职务，以及他曾命令他的工头在征收房租费时只接受金条。后者是一项严重的指控，因为这就意味着李正在让大陆会议针对战争时期发行的纸币贬值。但是李家兄弟成功地保护了自己。两项指控证明都是假的。[19]此外，几个兄弟并非不会散布他们自己制造的恶意谣言。[20]不过，更具实质性的，是对李氏兄弟的连襟，小威廉·希彭医生提出的指控。

与艾丽斯结婚之后，这位医生曾返回美国，成为了费城学院（College of Philadelphia）的一名解剖学与外科学教授。希彭在学校部门的对手是约翰·摩根医生（John Morgan），是科里面另一位资深人士。本杰明·拉什（Benjamin Rush）与摩根一派联合在一起。两方的积怨成为后来的一场激烈而漫长的为争夺大陆军医务部领导权的斗争的基础，而最终希彭成为了部长。但到了 1780 年，拉什谴责他将医院商店当作自己的财产出售，搞投机活动，没有妥善记账、玩忽职守，以及其他"令人不齿的丑恶行径，比如与一个军官与绅士的品格不相称的行为——亦即违背美国《军事审判统一法典》的行为"。军事法庭委员会以一票优势拒绝起诉，但发现希彭犯有利用医院商店投机和将其出售之罪行。这一纪录被传到国会，在此李氏兄弟为捍卫他们妹夫的荣誉，极其愤怒地为妹夫进行了长达一个月的辩护。最终国会投票决定不对这位医生采取进一步行动。[21]

无罪获释是一种得不偿失的胜利，因为希彭的名誉受到了永远性损伤。此外，因为业务下降而导致的经济压力，他催促他的女儿南希匆匆嫁给了有钱人亨利·比克曼·利文斯顿。这是一场灾难性的婚姻。随后，1798 年在其唯一的儿子，汤姆·希彭，一位颇具才华然而缺乏责任心的年轻人去世之后，医生似乎失去了对生活的兴趣。他的健康水平每况愈下，至 1808 年去世，拉什医生在身边陪护。[22]

他的妻子比他多活了 10 年。艾丽斯·李一生多难，与她的长兄菲利普早年曾发生激烈的法庭斗争，她 8 个孩子中有 6 个在幼年去世，她丈夫接受审讯的丑闻，以及她最有希望的儿子汤姆33岁时离开了人世，都是她生活的印记。她曾反对南希与利文斯顿的婚事，但势单力薄说服不了丈夫。后来艾丽斯只好无奈地看着她的女儿过着不幸的日子。[23]在其最后的岁月，贫困潦倒加上双目失明，她被迫弃家，不断变换住所。在宗教性的忧郁症中，艾丽斯·李·希彭离开了人世，享年八十几岁。

斯特拉特福德·李家族第一个让李家王朝全国知名，但他们的利希尔瓦尼亚表兄弟也毫不逊色。

查尔斯·李成为了华盛顿和亚当斯总统领导下的美国政府的司法部长。他是仅有的几个对约翰·亚当斯保持忠诚的内阁官员之一，后者就在离任之前，还试图给他安排美国联邦第四巡回上诉法院法官职位作为报答。但李拒绝了这项“午夜任命”(卸任之前所作的任命)。[24]他的兄弟理查德·布兰德·李在众议院工作了三个任期，与亚历山大·汉密尔顿达成一项著名的协议。作为他为承继法案(assumption bill)投票的回报——它确保了法案的通过，美国的首都搬到了华盛顿特区。[25]然而最出色的是第三个兄弟，亨利·“轻骑兵哈里”·李(Henry “Light Horse Harry” Lee)。

这些兄弟是下议院议员亨利·李和低地美女露西·格里姆斯(Lucy Grymes)的孩子，后者一头金黄色的头发和一对蓝色的眼睛受到年轻时候的乔治·华盛顿的高度赞赏。传说这位将军后来特别偏爱轻骑兵哈里，是因为他对这位年轻人的母亲的温柔回忆。

哈里13岁时被派往普雷斯顿——美国独立的温床，在此受到约翰·威瑟斯庞和同学詹姆斯·麦迪逊的影响。随着战争的到来，年轻的哈里被分派指挥一支小规模的轻装简从的骑兵分队。此项分派正合他的好斗精神和对荣誉的梦想。他喜欢骑上一匹骏马冲进敌阵投入战斗的感觉。他喜欢让自己从上到下穿上脚蹬闪闪发亮的齐膝的长筒靴，下穿白色的羊皮裤，上着蓝色短上衣和头戴羽毛头盔的样子。他爱战争。

轻骑兵哈里·李对于很少受过训练、实力相差悬殊的美国军队而言，是一味强心剂。他就是他们的杰布·斯图尔特(Jeb Stuart)和乔治·巴顿(George Patton)。他的豪情壮志——其实并没多大军事意义——主要是起到心理作用。他率领的10个人遭到国王派来的200名士兵的埋伏，而他成功地将其击退。他对毫不重要的一个英军驻地发起大胆攻击，在敌人未发一弹之前成功逃脱。而且这位神气活现的军官还被人们普遍认为，是这场战争的总体战略的设计者。在纳撒尼尔·格林手下效力期间,26 岁的陆军中校建议向南卡罗来纳州进军,最终将康沃利斯(Cornwallis)困在了约克敦(Yorktown)。但是李觉得他的才华没有得到应有的承认,怏怏地离开了军队。

1782 年春,他与他的表妹,似暴君一般的菲利普·勒德韦尔·李最大的女儿结婚。通常被称为"圣玛蒂尔达"的她是他父亲的宠儿:他专门为她兴建了一座城,取名玛蒂尔达。她继承了斯特拉特福德。1790 年,当这位可爱的新娘在 26 岁时去世之后,她留下了两个容易激动、性情急躁的孩子,露西和哈里。她们都不能作为受人爱戴的人而载入本王朝的史册。轻骑兵哈里是一个好丈夫,但很显然,这位曾经的骑兵不适应和平时期的生活。他夸张的生活方式和不负责任的处事态度让玛蒂尔达如此担心,以致她越过丈夫,在遗嘱中将斯特拉特福德留给了她的小儿子。

随着战争的成功结束,国家将注意力转向治理国家的方法上来。理查德·亨利·李,现在几乎是一个因痛风而不能起床的病人了,当上了大陆会议的第六任主席(1784—1785 年)。他的兄弟阿瑟在从法国回来后已被选入大陆会议。他们对 1785 年西北地区得以退还大陆会议起到了共同的推动作用(这次行动,是作为联邦性质的新国家采取的第一次行动,本质上属于终止家族企业的性质,因为这块土地原是李的父亲从印第安人那里弄来的)。

理查德·亨利·李拒绝了被选入制宪会议的美意,觉得帮助写一份随后作为国会议员的他必须执行的文件,有点不太合适。最后的结果并不合他的意。他向会议提出了一系列关于保护措施的建议,后来成为《权利法案》。但哈里·李争辩说,国会的唯一责任是将宪法变为州的行动。他占了上风,战场转移了。

在为让修正法通过的斗争中输给了年轻表弟之后,理查德·李变换策略,将彻底废除宪法作为自己的斗争目标。虽然他不是弗吉尼亚审批会议的成员,但他的那封言辞激烈的《联邦农民的信》(*Letters of the Federal Farmer*)对代表们还是有影响。然而,联邦党人,以彭德尔顿(Pendleton)、麦迪逊、马歇尔和哈里·李为首,以 10 票胜出。理查德·李后又以新参议院成员身份竭力要求修改宪法。当第一批 10 个修正法案获得通过之后,他退出了公务领域,但他到死也没有与宪法取得和解。

弗吉尼亚审批会议上的成功是哈里·李通向州长职位的踏脚石。1791 年他当选了州长。他在里士满(Richmond)的三年对国家来说刚好是个关键时期。联邦必须证明自己，树立它至高无上的地位的责任现在落到了李的身上。当西部农民——新政府要求他们缴纳重税——威胁说要脱离联邦之后，华盛顿总统命令一支1.5万人的军队开始行动。州长李被提升为少将，担任军队指挥。单单李率领的部队一出现就足以驱散叛军，但是威士忌酒反抗，原则上与1861年分裂国家的那次是一样的。

只有作为一名战士，李才真正感到快乐。他从小就知道很多武器的知识。这是他唯一的职业，他说。在担任州长期间，他常一本正经地想着怎样加入革命性的法国军队。成为一名颠倒过来的拉菲德合乎他对什么是立功或光荣的想象。但乔治·华盛顿坚定地劝他打消这个念头。还有第二个限制因素也起了作用：这位鳏夫已向比他小17岁的安·希尔·卡特求婚，而女方的父亲将他留在弗吉尼亚作为婚姻的条件。当李选择安时，华盛顿给他写信说，他很高兴李"用战神玛斯(Mars)高低不平和危机四伏的战场，换取了爱神维纳斯柔软舒适和使人快乐的床"。[26]

第二任哈里·李夫人是亚历山大·斯波茨伍德(Alexander Spotswood)，弗吉尼亚最大的殖民地总督的玄孙女，和拥有30万英亩的庄园(仅略小于康涅狄克特州的面积)的罗伯特·"金"·卡特(Robert "King" Carter)的曾孙女。自托马斯·李取代金·卡特成为费尔法克斯夫人(Lady Fairfax)在弗吉尼亚的代理人之后，李家与卡特家族积怨已长达近一个世纪。让实力强大和傲慢专横的卡特被一个只有21岁的毛头小伙取代，对他的自尊和他的收入都是一个打击。之后，卡特请求李允许他穿过李的地产开出一条道，以便他可以更快地将铜矿运往市场。这一请求遭到拒绝。这种长期存在的争端的一个延伸是当本杰明·哈里森和理查德·亨利·李同在大陆会议时，前者对后者要起了阴谋——哈里森是金·卡特的孙子。但是现在两家结合在一起了，从这种结合中诞生了罗伯特·E.李，有人认为他更像卡特而不太像李。

哈里·李迎来最后闪光的时刻。1799年他以233票对47票被选入国会。这次的胜利主要是靠华盛顿的影响取得的。在投票期间，华盛顿骑马至蒙特罗斯县政府大楼广场，当众宣布，"我投李将军的票"。华盛顿不久之后逝世，而国会选举李代表官方在费城米伦伯格教堂为华盛顿致悼词。最后一次面对公众的赞美带着难以自抑的喜悦心情，哈里·李形容总统是"战争时期第一，和平时期第一，以及在他的同胞的心中第一"。

然而现在轻骑兵哈里的世界开始动摇了。但权力的钟摆转向杰斐逊派之后，他在政治上就失去了方向。当1800年的总统竞选被交由众议院投票决定时，他对“蒙蒂塞洛的智者”（指杰斐逊）的仇恨是如此强烈，以致他把票投给了阿伦·伯尔（Aaron Burr）。

这位没了办公室的政治家，没有了战争的战士现在开始自食其果了。他曾做着不可企及的白日梦，疯狂地、毫无节制地，甚至大张旗鼓地将他的遗产投入到毫无意义的土地投机当中，直至一分不剩。李氏家族的传记作者伯顿·亨德里克（Burton J. Hendrick）对他最后悲剧性岁月有如下描述：“靠小额贷款生活，一边躲避债主，哪里可获得贷款哪里就一大堆债务。常常穿到街面另一侧，藏进弄堂，以甩掉追他的商人。然而所有这段时间他一直保持一种乐观的心态，高高兴兴地把从另一个人那里刮来的钱借给这个朋友，一心想着吸引别人听他讲话，满嘴格言警句、轶闻趣事，不厌其烦地给陌生人讲华盛顿和拉斐德过去的事情，好作夸大其词的演讲。穿上他以前在军队穿的一件旧坎肩在公路上巡逻，头上还戴着一顶非常神气的白色的高帽——这身行头，据法庭诉讼时揭露，是没花钱弄来的。”[27]

遭受贫困——她丈夫的最后的命运——成了安·李，这位来自高贵的卡特家族被宠坏的孩子的命运。她用从父亲那里继承的一笔遗产抚养着六个孩子，这笔遗产一年能生出的收益不超过 1 440 美元，最低的年份仅有 605 美元。1807 年她写信给理查德·布兰德·李夫人，后者也怀着孕，“我不羡慕你的美好前程，也不希望分享它”。[28]她那个没人要的孩子就是罗伯特·E. 李。两年以后，婴儿的父亲被送往负债人监狱，在此他可以看到县政府大楼广场，乔治·华盛顿曾在此为他投过票。他在监狱里蹲了两年。他的妻子随便怎么也讲不出口“囚禁”或“监狱”这样的字眼，她会换用“他现在的状况”这样的表达法。安·李的身体一直虚弱，现在开始变成一种慢性病了。她经常性要昏厥一阵甚至引起了一次乌龙报道，报告说她曾被宣布死亡继而在还活着的时候就被埋葬了。[29]

哈里·李在儿子罗伯特六岁时离开了弗吉尼亚。在他生命的最后五年中他在西印度群岛一带漫步，希望重新恢复被损害的健康。1818 年 2 月，在佛罗里达沿岸的坎伯兰岛（Cumberland Island），轻骑兵哈里在他的战友纳撒尼尔·格林的庄园中死去。

在哈里最小的儿子的心目中，哈里曾寻求的荣耀将永久成为本王朝追求的目标。但是他与玛蒂尔达·李生的两个孩子的生活在家族的历史中则构成了一个不同的篇章。

形象妩媚、喜怒无常、喜欢刺激的露西·李(Lucy Lee)成了她继母的弟弟伯纳德·穆尔·卡特(Bernard Moore Carter)的新娘。他们搬到了伍德斯托克,他在福基尔郡的最美丽的庄园。但是露西渴望住在费城,冬季社会的首都。最后她烧毁了伍德斯托克的房屋,得偿所愿,据她的曾孙说。她长期耐心忍受的丈夫离开了她。露西随后搬往费城。“我怎么受得了伯纳德·卡特?”她有一次这样问道,“他是我见过最英俊的男人,但他也太蠢了!”[30]

露西的兄弟哈里,生了一张粗粉似的嘴唇,怎么也不会被人当作好看,但他却是一名极棒的交谈者,非常善于辞令,尽管有点尖刻。他继承了他父亲的魅力和他母亲的斯特拉特福德遗产。1810年,他进入弗吉尼亚(州议会)下议院,这被认为是他前景看好的政治生涯的第一步。他还与相邻的波普河种植园(Pope's Creek Plantation)的安·鲁宾逊·麦卡蒂(Anne Robinson McCarty)缔结了一场有利的婚姻,次年即1818年,安生下一个女儿。

但是两年之后在哈里和他的妻子身上发生了一连串的悲剧。他们的小女儿,在斯特拉特福德大庄园中嬉闹玩耍的时候,匆匆从门内跑出,不慎从陡峭的门前台阶摔下,死了。极度悲痛的母亲开始爱上吗啡,不久就上了瘾。她的妹妹,生得丰满娇小、性情温和,住在斯特拉特福德。哈利已被宣布为她的监护人。当他的妻子躲进迷离模糊的毒品世界之后,他和他的小姨子发生了一场风流韵事,而在伊丽莎白产下一子——死产儿,根据传统——之后,此事在全州就变得家喻户晓。安妮离开了她丈夫。伊丽莎白剪掉了她美丽的秀发,穿上丧服。她的恋人从此以后就被称为“黑马哈里”。李“诱奸”的耻辱又因他被控告侵吞了伊丽莎白的遗产而加深了。为了归还遗产,他被迫将他的财产出售,从而斯特拉特福德庄园种植园(Stratford Hall Plantation),两位《独立宣言》签署人以及北方弗吉尼亚军队司令的诞生地,就这样永远地从李家王朝消失了。1828年它成为了现已结婚的伊丽莎白·麦卡蒂的财产,尽管地点的改变,但并没有改变她在公众场合身着厚厚的丧服以示永远悔过的习惯。之后近50年,她都是斯特拉特福德的女主人。

在遭到弗吉尼亚社会疏远之后,黑马哈里又重新过起了身在政治外围、缺吃少穿的生活。他成了约翰·C.卡尔霍恩(John C. Calhoun)和安德鲁·杰克逊的枪手,帮助撰写后者的就职演说。大家一致认为他有一流的头脑。曾任命他为邮政副部长的约翰·昆西·亚当斯说:“李在个人品行方面的名声很坏,他的政治方针不讲道德。但他文笔生动,风格典雅。”[31]杰克逊任他为阿尔及尔总领事,这个职位在总统看来有损于参议员的身份。他错了。参议院以绝对优势拒绝了提名。"李自己的社会关系是他遭拒绝的原因。"威廉·刘易斯说,他是杰克逊的厨房内阁(私人顾问团)成员之一。"这件事肯定深深刺伤了他的感情,并且有可能,我估计,对他未来一生的前景都有很大的伤害。"[32] 1837 年李死于巴黎,当时他正在此地写一本关于拿破仑的传记。安妮·麦卡蒂·李,此时已治好了毒瘾,回到了她丈夫身边。她比丈夫多活了三年,死时处于赤贫状态。

罗伯特·E. 李对在监狱度过了两年,然后在他六岁的时候离开了弗吉尼亚的父亲的回忆,肯定是不够精确和模糊的,但却绝无痛苦。安·卡特深爱她的丈夫。当年她开开心心又满心渴望地嫁给他,尽管不久前丈夫刚被她最好的朋友拒绝。她将这种爱过渡到罗伯特身上,同时她又将一种他那冒失的丈夫身上彻底没有的自我控制意识逐渐灌输给这位男孩。她还教他,她从卡特家族学会的一套行为规范——一种宗教与法国贵族阶层教谕"贵人行为理应高尚"(noblesse oblige)的混合物。在没有男人的家中,母亲与儿子的关系因为安的久病不起而变得更近了。罗伯特会用手将母亲抱进她坐的车子里。他是她的照料人、同伴和保护者。当他离开家乡前往西点军校之后,"没有罗伯特我怎么活啊? 他对我来说既是儿子也是女儿"。[33]

戎马生涯几乎不可避免。轻骑兵哈里的遗产,对他儿子而言,就是不要信任政客,而要热爱当兵从军。况且,一个军官的生活对一个(只剩)穷体面的子女来说也是一种体面的逃避。

李后来对年轻的约翰·胡德说:"千万不要结婚,除非与你结婚的这家人家能让你的孩子为两边的家庭都感到骄傲。"[34]这种家族意识,实际上接近于一种主教制的神道教,一直是李心中一股强大的力量。他认识他第三代和第四代的堂表兄妹,并且最开心与他们在一起。1831 年,遵照他自己给别人的忠告,通过婚姻他成为了弗吉尼亚人心目中最高贵家族的一员。在由爱德华·萨维奇(Edward Savage)创作的著名壁画《弗农山庄一家人》(*Family Group at Mount Vernon*)中,右边的那个让乔治·华盛顿的胳膊搁在他瘦小肩膀上的小男孩是乔治·华盛顿·帕克·卡斯蒂斯(George Washington Parke Custis)。他是玛莎(Martha)的孙子和第一位总统的养子。他现在成了罗伯特·E. 李的岳父。

除了这样辉煌的过去之外,卡斯蒂斯还是一座高耸在波托马克河岸上俯瞰着首都的气势宏伟的庄园阿灵顿(Arlington)的建造者,和一位具有有限才华然而受到广泛赞誉的剧作家。这对一个有贵族气派和笃信宗教的弗吉尼亚人来说是一个陌生的职业。如果在他的社交圈子中，戏剧家没被完全视为不光彩的话，那么他们当然也就不比被看作懒汉好到哪里去。“我最近已花了很大的精神，”他写信给妻子说，“然而我肯定你和主教都会认为我的精力不妨花到其他地方去。”[35]在1830—1837年期间，他的爱国主义狂文，如《波卡洪塔斯，或弗吉尼亚的早期开拓者》(*Pocahontas, or the Settlers of Virginia*)，在费城、巴尔的摩、华盛顿，以及纽约等地，都是广受欢迎的读物。

卡斯蒂斯花了一阵子时间才肯顺从他仅有的孩子与一个贫穷的工兵少尉的婚姻。玛丽身体虚弱，几乎不能适应随军杂役的生活。此外，在和平时期的军队中获得晋升的机会极少。墨西哥战争一开始，在李从军事学院毕业了17年之后，他还只是一个上尉。但李学的就是打仗，换言之，打仗本就是李来这的目的，在一次战斗中他很快证明了自己。在墨西哥的这一年里，他获得名誉晋升三次。

1852年，李成为西点军校的校长。他的学员之一就是他最大的儿子，卡斯蒂斯。起初年轻人有点懒散，但他很快就对父亲策略性的点拨和激励作出了回应，终于第一个从班上毕业，在学校四年中没有受到过一次记过处分。较为不愉快的是校长的侄儿卡德特·菲茨休·李(Cadet Fitzhugh Lee)的经历。

这位漫不经心的实习士兵是李敬爱的哥哥西德尼·史密斯(Sydney Smith)之子。在有一些人看来，西德尼·史密斯没他弟弟那么冷漠，他选择了海军作为他的服役部门。在海军准将乘船驶往日本之后，他负责指挥佩里(Perry)的旗舰，后成为海军军官学校的校长。他还给了他的孩子一个温暖的家庭，值得让他们为之骄傲。他的妻子，安娜，是《弗吉尼亚权利法案》的作者乔治·梅森(George Mason)的孙女，和实力强大的美国参议员——对外关系委员会主席，1850年《逃亡奴隶法案》的起草者，以及之后作为查尔斯·弗朗西斯·亚当斯的对手担任驻大不列颠邦联特派员——詹姆斯·M.梅森的妹妹。

但卓越先祖的幽灵并未能阻止菲茨·李自在逍遥。两次他被发现擅离职守，两次罗伯特·E.李都建议将其从军队中开除，两次他的同班同学都替他求情让他留在学校，并誓以他们的最佳表现作为担保。战争部长推翻了校长李的建议，让年轻人继续参加训练。

李的第二个儿子“鲁尼”(Rooney)，同亨利·亚当斯一道，行将进入哈佛念书。然而先辈之间的友谊并不足以让约翰·昆西·亚当斯的孙儿与轻骑兵李的孙儿走到一块。年轻的亚当斯觉得高大、英俊和乐天的李具有“弗吉尼亚人那种发号施令的习惯”但“别无长物”。[36]鲁尼不想当个学者，所以他在三年级的时候离开了学校，接受了一个少尉军衔，这是温菲尔德·斯科特（Winfield Scott）将军为他弄到的。“我提出这份申请主要是看在他父亲那种非凡的功绩的面上，他是我在战场上见过的最优秀的战士。”“老牛皮”写道。[37]

以上就是未来四位邦联将军在南北战争爆发之前度过的最后日子：罗伯特·E.李、菲茨休·李、卡斯蒂斯·李和鲁尼·李。

战争的来临对王朝的另一个成员产生了意想不到的影响。海军中校塞缪尔·菲利普·李是一个态度严肃，通常总是不苟言笑，具有高度纪律性的海军军官。在一些下属眼里，他从来都不睡觉。在获知发生叛乱的消息之时，这位中校正在绕过好望角去东印度群岛的路上。他违背命令，掉转船头返回美国。他后来被任命为代理海军少将，担任北大西洋封锁舰队队长达两年多，并屡受表扬。[38]

联邦那边的海军总司令是理查德·亨利——李的孙子。

但或许影响其站队选择的一个更重要的关系是他与伊丽莎白·布莱尔（Elizabeth Blair）的婚姻。机智迷人的贝蒂使李卷入一张强大的北方政治关系网之中。他的岳丈是老弗朗西斯·普雷斯顿·布莱尔（Francis Preston Blair），属于安德鲁·杰克逊私人顾问团成员之一；他的一个内弟是蒙哥马利·布莱尔（Montgomery Blair）（取这个名字是为纪念独立战争英雄），后来成为林肯的邮政部长；另一位内弟是喜欢纵酒狂饮、来自密苏里州的众议员小弗朗西斯·普雷斯顿·布莱尔——众议院军事委员会主席以及后来的联邦将军、和参议员。此外，蒙哥马利·布莱尔还与利瓦伊·伍德伯里（Levi Woodbury），一个担任过州长、参议员、内阁官员以及最高法院大法官的新罕布什尔人的女儿结了婚。最后，蒙哥马利·布莱尔的妹夫是古斯塔夫斯·瓦萨·福克斯（Gustavus Vasa Fox），内战期间的海军副部长。[39]

资格较老的布莱尔曾是肯塔基州一名编辑，默默无闻直到1830年来到华盛顿为杰克逊创办一份政府报纸。他是一个长得很丑的小个子男人，看上去像一具行走着的骷髅——他的同伴认为在穿上厚厚的冬装之后他能有107磅，其中85磅是骨头，22磅是软骨、神经和大脑。[40]然而，他和蔼的态度和温和的脾气，只是对一个无拘无束、执拗固执、目空一切和满含讥讽的创作机器的一种伪装或掩饰而已。与《环球》(*Globe*)相比，对手《国民通讯员报》(*National Intelligencer*)具有一种类似傲娇的未婚姑妈一样的脾气。

声誉良好、有年资的《国民通讯员报》是塞缪尔·哈里森在杰斐逊政府组建不久后创建的。1807年史密斯雇用年轻的小约瑟夫·盖尔斯(Joseph Gales)报道参议院的会议记录。3年之后他将报纸卖给了他的记者。新老板是轻骑兵李的一个侄女和罗伯特·E.李的大堂姐萨拉·李(Sarah Lee)的丈夫。[41]没有孩子的萨拉,聪颖美丽,是华盛顿最优雅的沙龙的领袖。在她的丈夫对新实权人物布莱尔家族表示忿恨的同时,她则反对社会中的暴发户。

但是对于总统,布莱尔家族则既是保护者也是朋友。他们将家建在街对面总统官邸白宫的附近,而杰克逊,由于担心白宫潮湿的地窖有可能会使他们娇弱的女儿生病,就请白肤金发的贝蒂搬进了白宫。他像爱自己的孩子一样爱她,称呼她为"我的小民主党",还规定不允许当着她的面抽烟或说粗话。

布莱尔一家的影响随着杰克逊时代的结束而消退。在1840年总统竞选期间,哈里森势力在每个场合都有一支相应的歌,这样唱道:

马蒂国王坐在他"宽大的白房子里",
精心修卷着他的络腮胡须,
《环球》人布莱尔坐在他的身旁,
正把着他的香槟细细品尝。

然而,日益临近的奴隶制斗争,又给他们带来了新的机会,从而改变了他们的政治命运。当废奴主义者查尔斯·萨姆纳(Charles Sumner)在参议院席位上遭到殴打之后,资格较老的布莱尔将其带回了他在乡下的庄园——银泉(Silver Spring),以恢复身体。

老弗兰克·布莱尔(Frank Blair)可能影响了塞缪尔·菲利普斯·李为联邦而战的决心,但他尤其在他的女婿的三表兄身上碰的壁,格外引人瞩目。1861年4月18日,他邀请上校罗伯特·E.李到布莱尔府第,并按林肯总统的要求,请他出任美国陆军司令。据称,李回答说:"布莱尔先生,我视分裂为无政府主义。如果我拥有四百万奴隶,我会很乐意将他们奉上以保护我们的联邦,但要让我威胁或攻击我自己的州(指弗吉尼亚)和人民,这办不到。"[42]第二天李得知弗吉尼亚已经退出联邦。午夜他即坐在桌前撰写从美国陆军辞职的报告。

自理查德·亨利·李在弗吉尼亚下议院公开谴责奴隶制以来,已有102

年过去了。罗伯特·E.李认同这一观点。他的岳父乔治·华盛顿·帕克·卡斯蒂斯的遗愿是解放卡斯蒂斯的奴隶，而李很乐意成为执行者。

自轻骑兵哈里·李成功说服威士忌酒反抗分子转而支持联邦原则，已有67年。他的儿子将他的壮年也献给了联邦。

然而李竟会为了奋力捍卫奴隶制而对联邦进行攻击。据他跟布莱尔讲，他首先是一个弗吉尼亚人。这是他首要的效忠对象，为了弗吉尼亚，他会拿起武器捍卫某项他深为厌恶的事业。对他这个阶层的弗吉尼亚人来说——单纯、虔诚——这可能是一个艰难的时期，然而作出决定并非那么困难。“当我说及我的国家，”罗阿诺克的约翰·伦道夫说，“我指的是弗吉尼亚州(Commonwealth of Virginia)。”本此传统，罗伯特·E.李率领北弗吉尼亚州军团(Army of Northern Virginia)经历了美国历史上代价最大，最血腥的战争岁月：马纳萨斯和弗雷德里克斯堡、钱瑟勒斯维尔和葛底斯堡、怀尔德尼斯战役、斯波特瑟尔瓦尼亚、科尔德港、彼得斯堡战役、里士满的陷落，以及最终阿波马托克斯。

他的儿子也是本着同样的责任而非原则精神加入了南部邦联。卡斯蒂斯首先将他学到的工程技术运用于里士满周围的防御工事，然后，与他想加入野战勤务的愿望相违，他成了杰斐逊·戴维斯的副官。当鲁尼被俘之后，他的哥哥打着白旗，请求对方允许他替他弟弟作俘虏，好让弟弟能留在病重的妻子的身边。这一请求遭到了拒绝，鲁尼的妻子死的时候他还在北军士兵的手里。卡斯蒂斯后来成为北弗吉尼亚军团的一名师长，也当了战俘。最小的儿子，小罗伯特·E.李，战争开始的时候还是弗吉尼亚大学的一名学生。玛丽·卡斯蒂斯·李勇敢地与她所有的孩子站在一起，但对“我亲爱的小罗布”她尤其舍不得。年轻人的父亲恳求他留在学校。战争会很长，每个人都有足够的参战机会。但是年轻人还是在1862年3月迫不及待地应募入伍，当了一名炮兵，最终获得上尉军衔。

从他成为西点军校的坏孩子起，菲茨休·李就以印第安斗士而闻名。作为一名骑兵中尉，他参加过1858年的威奇托探险(Wichita Expedition)，这是发生在科曼切人与美国军队之间的一次最大冲突。根据号兵的叙述，他总突在士兵前面，“李与一名印第安勇士迎面相对，他举起手枪，印第安人拉开弓箭，两人在同一瞬间向对方射击。中尉的子弹不偏不倚打在印第安人两眼中间，而印第安人的弓箭射在了他伸出的胳膊下面右侧的地方”。[43]他带着这种胆量带到了成为了北弗吉尼亚军队骑兵团指挥官。在温切斯特战役中，他的三匹战马都中弹而死,他自己也负了重伤。在另一次战斗中,他差点就捉住了在联邦军的堂兄弟——上校路易斯·马歇尔(Colonel Louis Marshall)。

马歇尔家族也是一个古老的弗吉尼亚家族,大约在1650年左右来到老自治领(州)。上校托马斯·马歇尔娶了一个伦道夫家族的女人,他是乔治·华盛顿的中学密友,在布雷多克(Braddock)那次注定要失败的远征中,他曾与华盛顿同在军中服役。他的一个儿子成为美国的大法官,一个孙子娶了罗伯特·E.李的妹妹安·金洛克·李。这位邦联将军的妹夫是巴尔的摩的一位法官,坚定地忠于联邦事业。由于在丈夫和弟弟之间难以抉择,安·马歇尔·李苦恼万分几乎被逼到了快要精神错乱的地步。她极少离开床,她先是轻声说着大意是对丈夫这边表示可怜的话,然后又收回,改说这样的话"但是毕竟,他们不能鞭打罗伯特"[44]。她唯一的儿子,西点军校的毕业生,就在波普(Pope)将军的参谋班子里。罗伯特·E.李说他可以宽恕他的侄子与南方为敌,但不能原谅他加入波普的队伍。"我很遗憾他跟这样一群坏人在一起。"李写信给他的妻子说。[45]一天晚上,在卡特里特(Catlett)的驻地,波普正在组建指挥部,上校正在营帐中调制一杯香甜热酒,这时他听到叛军斯图尔特骑兵队的叫喊声。他把调好的酒放下,一口没喝匆匆撤退。这时菲茨休·李走了进来,把那杯没人喝的热酒喝了。后来他说:"我能证明……我的堂弟,路易斯·马歇尔,懂得怎样做香甜热酒!"[46]

在罗伯特·E.李看来,内战绝不是"州际战争"。相反,他认为这是上帝对一个有罪国家的报复行动。李加入战争,离开战争,都没有怀着像邦联政客那样理直气壮的热情。他对他们有种本能的厌恶,正如他也不信任北方政客一样。上帝的意志已得到履行,他平静地接受结果。当他发现持有武器已经没有更多的军事价值之后,他决定让他的军队缴械投降,这一决定挽救了成千上万人的生命,避免了更苛刻的投降条款。"所有跟我一起打仗的小伙子都回家吧,帮助我们这个受到严重惊吓和损害的旧国家重拾信心,走上正途。"他在阿波马托克斯战役之后对士兵们说。[47]

他自己的为国效力的机会在1865年9月到来。此时他正往弗吉尼亚的列克星敦出发,去担任不起眼的华盛顿学院的校长。南方将通过教育得到重建。政治对他从无吸引力。有传闻说他要参加1867年州长竞选。李夫人对他期望很大,希望他在职业生涯结束的时候能获得和他父亲一样的荣誉,但他很快否决了这个想法。1868年夏天的《纽约先驱报》(*New York Herald*)上甚至有一篇社论建议由他担任总统。该报论证说，假如国家必须有一名士兵——意指格兰特——那不妨是最好的。

学院的岗位为李提供了重新担起多次被打断的他做丈夫和父亲责任的机会。李夫人长期患有慢性肺炎。虽然她保持乐观从不抱怨，但她现在只能坐在轮椅上了。正如将他的青春时期花在照顾一个久病在床的母亲身上是李的命运一样，他的最后几年也将要以一个病残的妻子作为中心了。他们的儿子卡斯蒂斯与他们一起待在列克星敦时，他已被任命为弗吉尼亚军事学院土木工程和应用力学教授。作为遗产从他外公那里继承下来的阿灵顿庄园，已经被政府没收充作了国家军人公墓（经 1882 年最高法院作出有利于他的判决之后，国会用 15 万美元买下了这块地）。不过，其他两个由祖父卡斯蒂斯留给鲁尼和罗布的种植园还在他们手中，因此他们转向从土地中讨生活。

李急于见到儿子结婚，甚至甘愿写信给罗布，说他有“最适合你的女孩”[48]。但是，正如他儿子所写，“对她的女儿他就不那么着急。虽然很明显他永远乐意再要一个女儿，但他似乎不想再要有任何儿子了”。[49]李原来有 4 个女儿——安妮在战争期间死去了。当求婚者来拜访玛丽、阿格尼丝（Agnes）、米尔德里德（Mildred）时，将军和李夫人就会回到餐厅里面。但到钟敲十点时，他就会拉下百叶窗，而假如这信号没被注意到，他就会说：“晚安，年轻的先生们。”[50]所以这些姑娘，带着一副瘦削的脸和紧闭的双唇，以及忧郁的眼神，一直没有结婚。她们待在家里打发日子——而城里人却以为他们这是瞧不起列克星敦上流社会——或者去访问在弗吉尼亚东部和马里兰东海岸的表妹，要不就担任像南部邦联女子联合会李家分会名誉主席①。[51]约瑟夫斯·丹尼尔斯（Josephus Daniels）夫人回忆起玛丽·李——当时她已 82 岁了——在 1917 年邦联重新统一庆祝会上的情景，她打扮得像个小猫似的在一帮老兵面前忸怩作态、搔首弄姿，还说起让“月光”这样的字眼轻声传到她“年轻无邪的耳朵里”的种种危险。由于注意到她年老的头上没有白头发，丹尼尔夫人的孙子、孙女就问她：“你不会说它是染的，或者说她是戴的假发吧？”丹尼尔斯夫人然后，“暗示这或许是有可能的”。[52]

在他 1870 年去世前 6 个月，罗伯特·E. 李外出旅行，到弗吉尼亚州、卡罗来纳州、佐治亚州和佛罗里达州去兜了一圈。表面上是为了他的健康，但他同

① Lee Chapter of the United Daughters of the Confederacy，1894 年成立于美国田纳西州的美国妇女组织，成员为曾经在南部邦联政府和军队中任职人士的子女。——译注

时也是为了到轻骑兵哈里·李,他几乎都不认识但一直非常崇敬的父亲的墓前,表示他最后的敬意。一路上他不断被一大群人团团围住,向他欢呼致意。南方对这位败军之将的态度已体现在一位年轻的弗吉尼亚女孩说的话中:"我们听说过上帝,但现在是李将军!"[53]

慢慢地,北方也开始承认它的前对手的伟大。联邦军队的士兵中最关注他的是查尔斯·弗朗西斯·亚当斯,曾参加过葛底斯堡战役的铁路总裁。"我们应当感激李,"他说,"感谢他没有拖延战争,感谢他抛却仇恨,转而为国家的重新统一努力奔走。"而且,约翰·亚当斯的曾孙说,假如李错误地选择推翻联邦,那么"面对一大群其他的犯法者,能对某些我不无自豪地宣布是他们后代的人进行评述,我也很满足。"[54]

卡斯蒂斯接替他父亲担任了华盛顿学院校长。同年,即 1871 年,弗吉尼亚州议会将学校的名字改为华盛顿与李大学。鲁尼·李在州参议院任职三年,1891 年以美国众议院议员身份去世。罗布抽出农忙时间写了一本杰出的关于他父亲的书,《罗伯特·E. 李将军回忆录及信件》(*Recollections and Letters of General Robert E. Lee.*)。

具有讽刺意味的是,正是菲茨休,这个由罗伯特·E. 李建议从西点军校开除的侄子,在其最后的岁月,最好地体现了这位邦联领导人想要主张或支持的东西。1885 年菲茨当选为弗吉尼亚州长,继而任职到 1890 年,然后在 1896 年被克利夫兰总统任命为驻哈瓦那总领事。在美西战争(Spanish-American War)爆发之际,麦金利总统任命他为陆军准将。有一个或许是杜撰的故事,在当时被认定是出自一位反对南方各州重建的叛军之口。据说他听到此消息后,说:"你知道吗,先生? 他们居然厚着脸皮地给菲茨·李在他们的北方佬军队中安排了一个准将的军衔,而他已经是我们的军队中的少将了。"然而对大多数美国人来说,对南部联军少将菲茨休·李给予美国准将的任命,在相当大程度上是个象征性行为。正如《纽约时报》在 1905 年菲茨休·李去世时对他的评论:"在南方包括美国,没有一个人,在内战导致的分裂之后,对形成'一个更加完善的联邦'所作出的贡献能够大于菲茨休·李。"[55]

菲茨休的后代创造了非同寻常的职业相同纪录。他的两个儿子成为了骑兵军官。他的 3 个女儿嫁给了军官(都是将军)。[56]上校乔治·美森·李娶了一个将军的女儿,育有两个孩子。他的女儿两次结婚,两次都是嫁给了海军军官。而她的两次婚姻各生有一个儿子,两个儿子都成了海军飞行员。而上校乔治·梅森·李的儿子——海军中将菲茨休·李,是攻打莱特湾战役期间马尼拉湾号航母上的机长。中将认为他的家族是一个军事王朝不是政治王朝。他的祖先,按直系分别是上校乔治·梅森·李(父亲),将军菲茨休·李(祖父),司令史密斯·李(曾祖父),以及将军轻骑兵哈里·李(高祖父)。[57]

但李家有部分成员还是保持了家族对政治的一贯兴趣。意味深长的是,这些政治家都来自于本王朝在内战中获胜一方的家族分支。贝蒂·布莱尔和上将塞缪尔·菲利普斯有一个孩子。1913 年这个孩子成为第一个由人民直接选入美国参议院的人。

布莱尔·李 1880 年从普林斯顿大学毕业,成为常春藤俱乐部的创始人之一。1905 年他进入马里兰州参议院,经过头两个任期,他作为一名改革派人士而声誉鹊起:引入直接预选(选民直接投票选举候选人)制度法案,创建了监管公用事业的公用事业委员会。在 1912 年的民主党大会上,李成功拉拢马里兰代表使他们转而为他 79 班的老朋友伍德罗·威尔森(Woodrow Wilson)投票。第二年,总统为了李入选参议院而奔走活动。威廉·詹宁斯·布赖恩(William Jennings Bryan)也来到了该州,他在黑格斯敦(Hagerstown)对着一大群人说,布莱尔是密西西比州东部唯一一个在麦金利价值 10 万美元的情况下支持他而反对麦金利的人。[58]

第九个任职国会的李家成员与安妮·克莱默·布鲁克(Anne Clymer Brooke)结了婚,后者的太舅爷(great-great-uncle)宾夕法尼亚州的乔治·克莱默(George Clymer)与她丈夫的曾祖父一起参加了《独立宣言》的签名。他们有两个儿子,分别是 P. 布莱尔·李(P. Blair Lee)——著名的费城银行家和费城房屋管理局局长,和科洛内尔·E. 布鲁克·李(Colonel E. Brooke Lee)——长时间以来马里兰州蒙哥马利县的政治铁腕人物,此前他从普林斯顿大学退学到他父亲的参议院办公室研习政治。

在第一次世界大战中,长着红棕色头发的布鲁克·李收集了一大堆装饰品,包括两枚十字军公章(Croix de Guerre),美国优异服务十字勋章(Distinguished Service Cross),美国银星奖章(Silver Star),以及为奖励率领敢死队攻破敌阵的比利时利奥波德勋章(Belgian Order of Leopold)。这位回归的英雄于 1919 年被选为马里兰州的审计员,然后成为马里兰州州秘书(1922)和下议院发言人(1928)。[59]

上校从未寻求担任国家公职。但是,将近三十年以来他一直被视为马里兰州政界幕后的实权人物之一，是六次民主党总统提名大会的代表（他父亲是八次）。1932 年，他与参议员沃尔什（Walsh）和巴尔克利（Bulkley）一道，将废除《禁酒法案》写进了国家政党纲领。他还帮助哈里·杜鲁门获得了 1944 年副总统提名。

到了 20 世纪 50 年代上校卸任，给儿子布莱尔·李三世（Blair Lee Ⅲ）腾位置，后者在州立法机关一干就是 8 年，在政治独立方面为自己建立了牢固的名誉。他成为了马里兰州的副州长，而当州长马文·曼德尔（Marvin Mandel）因与收受 20 万美元礼品有关的政治腐败指控而受到起诉之后，李一下子成为代理州长，他在这个岗位上从 1977 年年中干到 1979 年初。因为不能对曼德尔腐败案放手不管，他在竞选州长时遭遇失败。

然而除了以上“北方”李家成员之外——他们把马里兰州的一个犄角旮旯改造成了自己的政治领地，这个伟大的弗吉尼亚政治王朝在 19 世纪即将结束时也行将就木了。如果说灭亡具有一个政治日期的话，那就是 1893 年。此时菲茨休·李在竞选美国参议员时，被托马斯·马丁（Thomas S. Martin）击败，后者是一名精明的铁路部门的律师和弗吉尼亚首个党魁。但李家家族的灭亡更可能是因为自然原因。罗伯特·E. 李有 3 个儿子；3 个儿子又有了两个儿子；两个儿子又有一个儿子。最后一个儿子居住在远离其祖先的土地的地方——旧金山。

第四章 利文斯顿王朝

拥有大量土地的家族、利文斯顿家族、范伦塞勒家族、斯凯勒家族、范科特兰特家族、菲利普斯家族、莫里斯家族，以他们巨大的庄园地产(永久地产)、他们的财富、他们绝对的社会优越地位和被公认的政治领导权，形成了一个引以为豪、文明优雅和强大的特权阶级，深深根植于土壤。一百多年来他们的势力未遭撼动，除了他们自己之间或者与皇家总督发生一点争执，他们为殖民地提供了一代又一代的军事、政治和社会领袖人物。

——西奥多·罗斯福[1]

1683年，在他到达美国之后的第十年，罗伯特·利文斯顿(Robert Livingston)从莫西干印第安人手里购买了2 000英亩的土地，其中200英亩朝向哈德孙河，距北面的奥尔巴尼(Albany)约40英里。这片地是用少量的毯子、衬衫、袜子、帽子、水壶、斧子、剪刀、镜子、鱼钩、瓶子、朗姆酒、啤酒、刀具、钉子等其他有用或好玩的东西置换来的。[2]两年以后，利文斯顿又在沿马萨诸塞州边境一带购买了600英亩土地——印第安人这次卖了一个稍好于上次的价钱。之后利文斯顿为他的土地——哈得孙河地块“相邻直到”马萨诸塞州边境地块——向纽约殖民地总督申请专利。[3]请求获得应允，利文斯顿的贵族身份(Lordship)和领地(庄园)(Manor)是由皇室封的。但这次交易中有一样事情弄错了：利文斯顿的两块地不像他说的彼此相邻，中间还隔着若干英里呢。因此，当最后对利文斯顿庄园(Livingston Manor)进行测量的时候，发现它没有人们预料中的2 600英亩，而是160 240英亩。作为庄园的第一个主人(庄园主或领主)的罗伯特·利文斯顿，获得了他并未购买的157 640英亩土地的所有权。本王朝的创始人犯下了这个以不道德交易而闻名的年代中最严重的土地诈骗罪。[4]

除了家庭辩护人，几乎没有人在思忖首位美国的利文斯顿之时不感到退缩。历史学家对他的评价是："罗伯特·利文斯顿是趋炎附势的政治两面派，领干薪者和军队雇佣的承包商"（古斯塔夫斯·迈尔斯）。"他'换装'的本事比任何活着的人都大"（乔治·W. 斯凯勒）。"在追求他生命中唯一值得珍视的抱负（拥有一大笔财富）的时候这个人不会放过任何朋友或害怕任何敌人，而在完成他的计划过程中，他会毫不犹豫地利用纽约当时存在的各种社会和政治条件来促进他的目的实现"（托马斯·艾伦·格伦）。[5]他的同辈对他的评价也好不了多少。贝洛蒙特伯爵指控说，他"靠克扣贫困士兵的军饷而建立起了自己的庄园"。总督弗莱彻说："他开始是一个小小的簿记员，他靠敲诈勒索手段将殖民地上最大规模的之一的庄园弄到了手。"然后他接着说："他最好被称作无赖利文斯顿而非穷人利文斯顿。"[6]

这个不被喜爱的男人是谁？他的男性后裔包括 1 名独立宣言的签署人，7 名国会议员，1 名宪法签署人，2 名州秘书，1 名纽约州的大法官，1 名新泽西的州长，1 名最高法院的法官，1 名路易斯安那州的参议员，2 名驻法公使。而他的女性后裔嫁给了独立战争时期的两位将军，汽船的发明人，5 位国会议员，其中 2 位最高法院法官、2 位纽约州州长、2 位内阁官员。

罗伯特·利文斯顿是卡伦德家族（Callendar）第四位领主幼子的后裔，这个家族是苏格兰贵族，与苏格兰玛丽女王以及詹姆斯四世的情妇伊莎贝尔·斯图尔特（Isabel Stuart）有姻亲关系。他的父亲、祖父，以及曾祖父都是苏格兰教会的牧师。[7]他的父亲，牧师大人约翰·利文斯顿（John Livingston），被称为"神圣的利文斯顿（Godly Livingstone）"，或者用当时的民谣来表示，"混乱·约翰（Mess John）"。[8]1635 年他与珍妮特·弗莱明（Janet Fleming）的结合被公认为不是一见钟情型（"我坦白地说，直到结婚后一个多月我才对她有了感情……而我是通过祈祷才获得了这种感情。"）。但是之后它速度开始加快，所以"此后我很难对它进行调节了"。[9]罗伯特是他们的第 8 个儿子和家族 15 个孩子中的第 14 个孩子。[10]1663 年约翰因为拒绝接受在苏格兰被强制要求加入英国国教，而被从英格兰流放，然后和他的小儿子逃往荷兰。所以，当 1673 年 19 岁的罗伯特到达美国时，他拥有两项优势——一个好姓氏和懂荷兰语。

在他到达奥尔巴尼之后的 5 年时间里，他获得了第三项优势，即一个将年轻的苏格兰人与殖民地 3 个最有名的荷兰家族联系在一起的妻子。阿莉达·

利文斯顿(Alida Livingston)是斯凯勒家族的人,是范伦塞勒的遗孀和范科特兰特(Van Cortlandt)的弟媳。[11]她长着一个硕大的球状鼻子,根本算不上是一个美人。但是对一个眼睛盯着最有利的机会的商人来说,由这场婚姻突然带来的商业诱惑本身就是美。

利文斯顿精明地分散他的商业风险,以批发商和零售商、进口商和出口商、船主和土地投机者等多重身份开展经营。当他的目的得到满足之后,他会表现得和蔼可亲、恭恭敬敬。正如一位合伙人所说,他能"将与其利益相关的最肮脏的行动,装扮成一件体面正当的事情"。[12]他还会对那些欠了他人情的人感到愤恨不平和理直气壮。这种理直气壮不适用他自己从他的债主那儿受到的恩惠。[13]他那像神一样的父亲在他的自传中写道,"我宁愿样样都缺也不愿意负债"。[14]而罗伯特选择什么都不能缺,赊账经营。正如由哈佛商学院发表的一篇文章对其措辞温柔的描述,"作为商人利文斯顿最大的缺点,就是他在偿付自己的金融债务方面习惯性拖延"。[15]

作为一名殖民地时期的企业家,利文斯顿的天才表现在利用公职作为牟取私利的手段。然而既然他是殖民主义扩张时代的一位扩张主义者,他的利益往往会与大英帝国的利益发生重合。他踏上政府阶梯的第一步,在他到达奥尔巴尼一年之内到来,他获得了奥尔巴尼秘书兼行政官的职位,同时进入了殖民地印第安事务委员会。随后他成为了委员会的秘书。"他如此成功地引导着委员们的审议过程,"约翰·A. 克劳特(John A. Krout)报告说,"以致他成为了他们政策的口述人(dictator)而不是他们观点的记录员。"[16]他的地位对于土地投机活动尤其有利。谁能比殖民地上印第安事务头号人物更了解方便又理想的地点呢?

罗伯特政治权力的巩固始于1715年,此时他成功地将利文斯顿庄园变成了一个口袋选区①。皇家特许状给予不动产的终身保有者向州议会派送一名代表的权利。因为投票不是无记名投票,结果就能确保选出一名贵族家庭的成员。在接下来的60年,一直到独立战争废除口袋选区之前,利文斯顿庄园的第一个领主,接着是他的儿子、孙子,以及一位曾孙,都坐在州议会的席位上。[17]

1687年罗伯特·利文斯顿的商业与政治的双重职业需要一个助手,所以他从苏格兰引进了一个侄子,名字也叫罗伯特(同大多数的其他美国政治王朝

① 口袋选区:pocket borough,原指1832年议会改革前由个人或家族控制的英国市镇选区,这里用来指利文斯顿的庄园。——译注

一样，利文斯顿家族不信任新的姓）。侄子罗伯特担任他叔叔的代理秘书兼行政官，直到1704年，此时第一位领主的儿子已经到了可以取代他的年龄。侄子后来当了9年的奥尔巴尼市长，但是他从来没有真正具备他叔叔那贪婪的本性，这令这位年长的人很失望。这位叔叔的家庭显然看不起他们的穷亲戚。有一次这位领主的女婿塞缪尔·维奇(Samuel Vetch)写信给这位侄子："亲爱的堂弟，……我们完全不同意我的父亲和岳母将生意交到你的手上，那将会被弄得一团糟。"落款："你亲爱的堂哥，塞缪尔·维奇"。[18]侄子的后人也没有表现出利文斯顿领主这条分支的才智，尽管他的女性后裔嫁进了纽约几个最著名的家族当中。[19]

在首位领主的政治生涯快要结束时，他的儿子报告，"好像听这里人说你是整个殖民地的君主"。[20]他后来成为州议会重量级的发言人。然而他的经历并非是一片坦途。他的敌人两次提前为他的仕途终结而进行庆祝。第一次是在民主党雅各布·莱斯勒(Jacob Leisler)以奥兰治威廉的名义夺取了纽约州政府的控制权。尼古拉斯·贝阿德(Nicholas Bayard)被投进监狱，但利文斯顿设法逃到了康涅狄克特。但是，不能忍受不是他自己制造的革命的威廉亲王，允许莱斯勒以叛国罪绞死，却又允许利文斯顿重新执政。[21]第二次仕途差点终结是海盗威廉·基德(William Kidd)船长的古怪案件。

对利文斯顿和基德都很不幸的是，他们碰巧都在1695年中的同一时间到达伦敦，前者是想向本国政府提出若干索赔要求。作为一名令人尊敬的纽约商船的船长，基德早先曾参加了反对莱斯勒的行动，以便与州政府(provincial government)套近乎。[22]永远在寻找可以挣钱机会的利文斯顿，现在将他的纽约同乡招入进来一起参加他的一次商业冒险活动。这次活动在6年之后导致基德被处以绞刑。辉格党内阁中一些最有名的成员希望装备一条能够与他们的双重敌人——海盗与法国人作战的私掠船。贝洛蒙特(Bellomont)勋爵、牛津的伯爵、什鲁斯伯里(Shrewsbury)的公爵等其他人都准备募集资金。利文斯顿是中间人，或者用基德后来的话说，"本计划的策划者和推动者以及主要负责人"。[23]基德担任冒险号划艇上的船长，该船重287吨，有30门架好的枪炮，154名船员。没有迹象表明此项任务恰恰不是合法的商业活动，或经官方批准的劫掠敌船行为。甚至国王也是隐名合伙人——可以获得1/10的利润。还有一些人认为基德绝不可能变成海盗，他只不过是政治阴谋的牺牲品。[24]但更加被认可的看法是船长确实举起了骷髅旗，很可能是在遭到哗变的船员胁迫下才这样做的，这帮船员按照"不抢、不给钱"的宗旨做事而得到补偿。受辉格党赞助的海盗让托利党欣喜不已，他们试图利用他的越轨行为来推陛下的政府。管贸易的长官也问了利文斯顿一些令他不快的问题。但是政治风暴平息了，利文斯顿甚至逃过了没收他为证明基德的表现而上交的1万英镑保证金的处罚(总是被牵连到两个最臭名昭著的美国海盗基德和琼·拉菲特的种种事情当中，是利文斯顿这个贵族家庭的命运)。至于基德，在正要为其罪行被处于绞刑之时绞刑架塌了，他成功地在二审之后才被绞死。他的赃物，包括1 111盎司的金子和2 353盎司的银子，都于1699年在加德纳岛(Gardiner's Island)上被挖了出来，尽管这一事实未能阻止一代又一代的寻宝者前来寻宝以及使他成为爱伦坡的小说《金甲虫》(*The Gold Bug*)中的主人公。

婚姻对利文斯顿家族的经济政治和社会命运的改善和巩固起到了重要作用。庄园首位领主作出的一个规定为后代遵守：不能通过工作和才能实现的事情通常可以经由婚姻实现。长子约翰就是一个例子。约翰的首任妻子是玛丽·温斯罗普(Mary Winthrop)，康涅狄克特州州长菲茨-约翰·温斯罗普(Fitz-John Winthrop)的独生女，康涅狄克特另一位州长的孙女，以及马萨诸塞州第一为州长的曾孙。[25]结婚之后州长的女婿成为了康涅狄克特议会的成员，后来又成为、的成员。但是，玛丽·温斯罗普很早就死了，也没有孩子。

约翰对第二个妻子的选择让利文斯顿家族很不满意。经过有失尊重的短时悼念之后，约翰决定与伊丽莎白·奈特(Elizabeth Knight)结婚。这次婚姻的对象受到他的两个妹妹的反对。乔安娜形容她未过门的嫂嫂像"一个名副其实的污点人物"，并觉得约翰"使家族永远失去了可与奈特夫人比肩的希望"。[26]伊丽莎白是萨拉·奈特夫人的女儿，后者曾获得过女校长的名誉头衔，并把本杰明·富兰克林也算在了学生之列(之后她又获得了一个日记作者的称号，她对自己1704年从波士顿到纽约旅程的记录于1846年出版了，后来又多次重印)。[27]这种背景中不存在什么可以导致乔安娜·利文斯顿对两个家庭作出不相配的判断，尽管奈特夫人的父亲与法律有过一次接触。他叫托马斯·肯布尔(Thomas Kemble)，是一名杰出的托运人或发货商，他曾经因为"猥亵和不当行为"被带上手镣足枷度过了两个小时，包括因在外航海三年回到家后在他家门口的台阶上亲吻妻子的举动。[28]

约翰另一个妹妹的抱怨则更加具体。玛格丽特是兼士兵与商人于一身的上校塞缪尔·维奇的妻子，这位上校第一个拿出了一个将法国人赶出北美的全面计划，随后被授予了新斯科舍总督的位置。虽然他不幸死于伦敦债务人监狱，但维奇仍被认为是配得上利文斯顿家的人。在接下来的一代，维奇唯一的后代将利文斯顿王朝与贝阿德王朝中那个在独立战争时期依然效忠王国政府的分支连结在了一起。[29]

玛格丽特・利文斯顿维奇写信给她的父亲，说约翰打算在他的第一个妻子甚至还没死之前就要把奈特小姐娶过来，她觉得，“一个在他妻子还活着的时候就怂恿男人再娶这样的事情中的女人，不应当被视为是一个具有非常好品行的人”。此外，直言不讳的维奇夫人接着道，伊丽莎白・奈特在镇子里拥有一个“无论在道义廉耻还是在端庄稳重方面都非常不在乎的名声”以及还有“极少量的”关于这位奈特姑娘和她的弟弟之间“不正当的亲昵行为”的“谣传”。[30]尽管存在以上不满，约翰・利文斯顿和伊丽莎白・奈特还是于 1713 在神学家英克里斯・马瑟①的主持下完了婚。他们的结合未能产生结晶，7 年之后约翰去世，利文斯顿家族的故事移到约翰的弟弟菲利普身上，后者成为了利文斯顿庄园的第二位领主。

菲利普是在一个更多以鼻子长得好而非以身材漂亮而闻名的家庭中的比较英俊的成员之一。历史学家玛莎・兰姆(Martha Lamb)评价说，他有“一套赢得女人欢心的方法，同时又经常随意地让人伤心欲碎”。[31]但如果说这方面他不像第一位领主的话，那他可是唯一继承了他父亲出色的商业头脑的儿子。在接替了罗伯特印第安事务委员会的职位之后，他还成为了殖民地议会的成员之一，将下议院中的庄园代表资格留给了他的两个弟弟，克莱蒙特的吉尔伯特和罗伯特。除了是 18 世纪 30 年代和 40 年代纽约土地市场上的主要投机者之外，这第二位领主还在 1741 年建造了纽约第一家钢铁厂，1749 年建造了第二座火炉，为家族连锁店——包括在奥尔巴尼和庄园土地上的商店——增添了一家斯克内克塔迪(Schenectady)店。他还是 8 条船只的部分拥有者，这些船当中有几条从事着奴隶贸易。

第一位领主是按照家庭是一个经济单位的原则来经营的，他雇佣或利用他的多个儿子和女婿就他多样化和分布广的各种业务分担不同的工作任务。现在，第二位领主又完善了这套制度。菲利普的 5 个儿子，他的兄弟吉尔伯特，以及吉尔伯特的 4 个儿子间歇性地直接参与他的经济活动。一些利文斯顿家族成员被安排在纽约专门处理家族的买卖问题，其他成员则管理钢厂、收

---

① 英克里斯・马瑟：Increase Mather，1639—1723，新英格兰清教徒牧师，教育家。——译注

债、在领主的船上做事、记账，以及负责商店。利文斯顿家族成员还关心该王朝在总督咨询委员会、州议会、印第安事务委员会，以及土里测量局的利益。而假如第二位领主，本家族企业中的天才，同时受到谴责出售被用来反对新格兰殖民地的武器，或骗莫霍克人（Mohawks）离开他们的土地的话——这个，其实，本也是他遗传特征的一部分。

长子继承权制度和确定的继承权顺序，确保了庞大的利文斯顿家产实际上，将原封不动地从长子传给长子。然而凭罗伯特·利文斯顿的家产规模，有足够的家产供其余下子女过上舒适的生活。第一位领主有4个儿子：约翰两次婚姻都没有孩子；菲利普成为第二位领主和父亲土地与权力的主要继承人；吉尔伯特长期处于财政困难，留下巨大债务由他父亲归还（并且也没有留下值得一提的后人，除了他的外孙，约翰·亨利，他成为了荷兰新教教会归正会的一名重要牧师和拉特格斯学院的院长）；罗伯特获得了一块13 000英亩的地，他为这块地取名叫克莱蒙特。

这个家族留下一个传说，说克莱蒙特是作为对罗伯特发现了印第安人阴谋的奖励。故事的一个版本是“这个可耻的阴谋是由一位年轻漂亮的莫霍克女子告诉年轻的罗伯特·利文斯顿的，这位女子爱上了这位年轻英俊的苏格兰商人，并为她炽烈的情感付出了生命的代价”。[32]

这个第二代的罗伯特·利文斯顿娶了玛格丽特·霍华登（Margaret Howarden），关于她的资料几乎空白，除了知道她的外祖父曾卷入与科恩伯里（Cornbury），有异性装扮癖的纽约总督的金钱交易并输了钱，就像其他所有与这位古怪的贵族有过金融来往的人一样。[33]至于克莱蒙特的罗伯特，他在孙辈们的记忆里是一个高个子，身材笔直的八九十岁的老人。这位老人在他86岁时学会说一口流利的德语，并满怀激情地一心扑在美国的独立事业上。在邦克山战役之后他说了临终几句话，据说是这样，“波士顿有什么消息?”无论如何，正是从其来源具有浪漫色彩的克莱蒙特庄园中，第二个伟大的利文斯顿分支诞生了。

克莱蒙特分支通过勇敢地接受另一个庞大的采邑制庄园的嫁接，而被改变成了一股重要的力量。克莱蒙特的罗伯特唯一的孩子，法官罗伯特·利文斯顿（他是纽约最高法院的成员），1742年娶了另一家的独女，莱茵贝克镇上校亨利·比克曼——他的掠夺本性与利文斯顿家族任何一个人都极其合拍——唯一继承人作为新娘。关于这位上校，据说，“他对土地的贪婪到了这种程度，假使说月亮上面有任何土地的话，他就想要去拥有它的一大半”。[34]玛格丽特·比克曼（以及家族传闻通常在提到她时，都用她的婚前姓，似乎是她的钱给了她类似男人的地位）继承了她父亲24万英亩面积的地产。比克曼与克莱蒙特地产的合并证明了法官作出的评价的合理性：“我想我要成为本政府中绝对最富有的人并不是不可能。”[35]

然而在一个婚姻中的爱恋对象更多是一个统计学意义上的概率而非最优考虑结果的社会中，法官罗伯特·利文斯顿与玛格丽特比克曼之间的深厚感情特别值得一提。在结婚30年和有了7个孩子之后，法官写信给妻子，“你是上苍仁慈地觉得能让我的酒杯充满甜蜜芳香的兴奋剂……我的想象赋予你所有的可爱——所有多年以来我的灵魂贪爱的魅力——所有过去的亲密以及那些我自以为还能体验的幸福美好”。而玛格丽特对丈夫的评价与他对她的敬重相当。[36]

这位罗伯特身上毫无利文斯顿家族那种对财富的疯狂欲望，没有证据显示他曾参与过任何规模的商业活动，他的法官同事威廉·史密斯（William Smith）愿意给予他最高的恭维：“如果我被放在一个荒岛上，只带着一本书和一个朋友，这本书应当是《圣经》，而这朋友就是罗伯特·R. 利文斯顿。”[37]

这位认同他父亲对革命事业热情的法官，在战争的第一年就去世了。托马斯·琼斯（Thomas Jones），纽约的亲英派历史学家，这样写道，“当他真真实实发现了大不列颠之后，他用一根缰绳结束了自己的生命”。[38]但实际上，他是因中风猝死。

现在该轮到利文斯顿家族中独立战争时期的一代登台表演了，这或许是所有美国政治王朝中最引人注目的一代，其在才智上，如果不算效率上的话，堪与当代李氏兄弟媲美，但若将利文斯顿家族的女婿也包括在内，那显然他们就独步天下了。

当约翰·亚当斯前往费城参加第一届大陆会议成立仪式时，他曾在纽约停留，简单听取了激进派领袖亚历山大·麦克杜格尔（Alexander McDougall）对当地政治背景的介绍。“本殖民地上有两个最大的家族，所有的政治就根据他们的动议运转”，这位来自马萨诸塞州的男人被告知，这两个家族“就是德兰西家族和利文斯顿家族……利文斯顿家族有德行、有能力也有运气，但德兰西家族于这三个方面都不突出”。[39]

经过第一代和第二代之后，利文斯顿家族主要成为了一个经济王朝。尽管他们深度参与政治，但只是达到某个经济目的手段而已。将这个家族转变为一个伟大的政治王朝，而且是一个共和党王朝的人，亚当斯被告知，就是威廉·利文斯顿，他是第二位领主的幼子。在他的领导下，在独立战争前的三十年时间里，利文斯顿家族成为了纽约不只是一股政治势力的力量：他们成了一个政党。

威廉利文斯顿最不像能够领导人民的人。一位年轻妇女，在提及他的高大但很丑的身材时，称他为"鞭笞柱"(whipping-post)。[40]他对自己的描述是"长鼻子、尖下巴，一副恶心样"。虽然他的鼻子成为很多政治讽刺的对象，他却从中发现了一种私下为之感到自豪的来源。[41]他被各路权威人物，比如约翰·威瑟斯庞(John Witherspoon)和托马斯·琼斯等认为是一个蹩脚的演说家。[42]他在那些虚华的社交聚会以及时尚舞会上容易被激怒且感到不自在。戏院在他眼里是一种毫无必要的奢侈。他是一个从酷爱这种事物跳到另一种酷爱事物的半吊子，一个具有大量理由的反叛者。

他同样是最不像利文斯顿家族成员的人。威廉曾经跟一个朋友说："我对有多少钱合适并无标准……我对掌握如何保管它的艺术已不抱任何希望。"[43]他的经营记录很马虎，一些费用经常不入账。家里人将这些不幸的特征归于以下事实：他是由外祖母带大的，后者对她照管的孩子过于宽容。[44]

第一次显出威廉与班上其他年轻人不同的重大事件，发生于他在詹姆斯·亚历山大律师事务所当见习律师的时候。詹姆斯是斯特林(Stirling)伯爵的后代。[45]一个名叫赖斯(Rice)的年轻小伙——他受雇担任纽约三一教堂的风琴手——给亚历山大的女儿送来一副手套作为情人节礼物。亚历山大夫人拒绝让姑娘接受这个卑微小伙的礼物。这对威廉的刺激非常大，以致他发表了一篇文章《论源于财富与富裕的骄傲》，在其中他攻击他雇主的妻子是"本市最自负和最没有礼貌的女人"。威廉随即被解雇，他在老威廉·史密斯的指导下完成了他的法律训练。[46]

威廉的行为不只是一个孤立的青春期叛逆的例子，这个事实很快就通过他公开宣布打算与苏珊娜·弗伦奇(Susanna French)结婚而得到了证实。第二位领主的所有儿子的婚姻都令人满意，娶的一般都是纽约拥有土地的荷兰贵族的女儿。然而苏珊娜的家庭，尽管享有很高的社会地位，却破产了。[47]威廉的父亲最终答应了这场婚事，条件是这对年轻人答应等三年。约一年后，苏珊娜怀孕了。他们秘密结了婚，然后去与新娘的一位婶婶住在了一起。重要的是，这庄园的第二位领主给了除威廉之外的每个儿子，每人一套纽约市连栋房屋。但是，威廉正确地评价说，无论他的家里人对他的行为有多么气愤，他们都不会抛弃他。作为一名律师，他大多数的收入都来自于作为家族各成员的法律代表。威廉的法律才能也没让他们失望过。当吉尔伯特·利文斯顿最小的儿子，23岁的科尼利厄斯（Cornelius），被指控与其他三个年轻人一起对一名14岁的姑娘实施强奸之后，威廉就给她的母亲捏造了一项偷裙子的罪名。这个女人被判当众鞭笞，男孩都无罪释放。科尼利厄斯之后被送往海上菲利普·利文斯顿的一条船上。[48]

1752年威廉创立了《独立思考者报》（*Independent Reflector*），一份搜集并揭发官吏或名人丑闻的周刊，其宣称的宗旨是"无畏前行，不惧卑贱的恶棍，也不怕显赫的流氓"。[49]作为一家发表才华横溢和语言辛辣的文章的刊物，至今在美国新闻界中也鲜有对手。威廉要攻击的目标集中体现在他的《奢华的葬礼》之中，一篇揭露殖民地时期美国丧葬方式的文章。这篇文章也许是受到了他父亲葬礼上那个标有500英镑的价格标签的启发。[50]这位锐意改革的编辑还紧盯住一些杰出的商人，包括罗斯福家族的两个人。他们正在施展策略，企图空手套白狼而获得对珍贵的海岸线资产的所有权。"太严格了。"这是他弟弟罗伯特的评价，他现在是第三任领主。[51]市长建议大陪审团对威廉以诽谤罪进行审讯。他受到布道士的攻击，对此利文斯顿以书面作答："作者借此机会回谢那位尊敬的先生。上个礼拜天他让作者极为荣幸，以致让他作为他的布道对象，同时作者极为钦佩他在证明他就是《启示录》中的歌革（Gog）和玛各（Magog）时方法运用之巧妙，后者至今还使全世界所有的圣徒大惑不解。"[52]最终《独立思考者报》被"残暴地查封"。[53]但它已经带来了政治争议，而这个争议就导致了"利文斯顿党"的诞生。

这个争议是由国王学院（今天的哥伦比亚大学）创立引起的。殖民地所有的学院都有牢固的派系，而现在圣公会①许下诺言企图获得纽约学派的支持。利文斯顿和他的报纸则力争要打造一个不分派别的机构。"假如一个党获得了对青年教育的唯一的管理权，"他写道，"宽容就会终止。"[54]哥伦比亚大学最终被建成了一所圣公会学校，但利文斯顿也赢得了部分的胜利。拨给学院的公共基金有一半被分流到了一所新的城市监狱和一家传染病院。利文斯顿过去的老师老威廉·史密斯评论说，这种安排"通过由两个传染病院共享基金，

① 圣公会：Anglican Church，一个基督教新教派别。——译注

消除了我们的争议点”。[55]

威廉揭开了一件涉及广泛利益的事：美国新教圣公会教徒控制着政府但却是人口中的少数派。而利文斯顿家族现在是群众利益的捍卫者，也就是说，他们并非圣公会教徒。在1758年州议会选举中，利文斯顿（或长老会）党击败德兰西（或圣公会教徒）党，在接下来的10年控制了立法机关。从这次对抗中——它很快就变成了更多是个人而非宗教之间的事（因为事实上，利文斯顿家族有些人是圣公会教徒）——造成了后来在纽约州的亲英派和革命派之间的分裂。1776年，来自英国的利文斯顿家族宣布支持独立，而作为法国胡格诺派教徒（Huguenot）的德兰西家族依然效忠王国政府。詹姆斯二世和查尔斯二世的古老政策决定了一个世纪后纽约的战线。被查尔斯二世放逐的“神一样的利文斯顿”的命运，是威廉和他的家族留下的遗产。

但利文斯顿家族远不是狂热的革命分子。唯一加入“自由之子社”①的成员是彼得·R.利文斯顿，有时也称作“朱·彼得（Jew Peter）”，他是第三个领主的长子。但正如我们将会看到的，他是一个情绪不稳定的人。他加入到激进分子团体当中更多地是出于寻找刺激，而不是发自心底地想要投身到独立事业当中。家族中其余的人在意识形态上大致介于自由之子社和亲英派之间。在围绕《印花税法》②的争议期间，他们倾向于不进口英国货物，而不是公开反抗当权者。而当暴民走上街头之后，他们是真的被惊到了。虽然利文斯顿家族可以将自己想象为受到英国议会压迫的一类，但他们对自家佃户却掌握着绝对的统治权。在1766年的抗税风潮中，威廉·利文斯顿前后约有50次出庭应对剥夺违抗佃农租用权的诉讼。这类行动给予了德兰西甲家族的人——他们更多是商人而非土地所有者——一个有力的竞选口号：“议会中不需要律师”。在1769年选举中，他们运用这个口号击败了利文斯顿家族。挫折说服威廉将家搬到了新泽西的伊丽莎白小镇，在此他修建了自由大厅，思考准备过一种“哲学式孤独”的生活，关于这方面他还写过一首684行的诗歌。[56]

在说服利文斯顿家族应当在争取独立的过程中起关键作用这一点上，姻亲的影响可能不亚于任何其他因素。

威廉·利文斯顿，自由大厅形象丑陋的领主，是三个标致秀丽的女儿的父

① 自由之子社：Sons of Liberty，1765年夏在美洲殖民地成立的反抗印花税条例的团体。——译注
② 《印花税法》：Stamp Act，1765年英国议会颁布的对殖民地直接征税的法令。——译注

亲，这种反差不会不被他的敌人注意到。后来，当他成为新泽西战争时期的总督之后，纽约亲英派报纸《皇家公报》(*Royal Gazette*)的一名撰稿人，发表评论说女孩"容貌生得是那么好看，以至于几乎很难想象她们是这样一个大恶魔的女儿"。[57]

长女苏珊娜，为人沉着冷静，后来身兼议员、法官和土地推销商于一身，并成为约翰・克里夫斯・西姆斯(John Cleves Symmes)的第三任妻子，但这段关系并不愉快。这又使得她随后成为第一夫人，威廉・亨利・哈里森夫人的继母。[58]

凯瑟琳，"拉・基蒂"，是利文斯顿家中间的女儿和家中的怪人。一次当她在冲泡某种受禁的中国茶之时，她放入果酱让茶改变颜色，以冒充"草莓茶"来愚弄她那严厉的父亲。[59]她多少也算是个令人伤心的人。古弗尼尔・莫里斯(Gouverneur Morris)给她写过情诗。有一次当她没有回复他那充满激情的信件时，她编了个站不住脚的借口，因为她伤了脚踝！这位政治家的传记作者评论道，"回顾莫里斯三十年来的生活，我们不妨可以得出这样的结论，假如他娶了基蒂・利文斯顿，并与这位令人着迷的姑娘'安定下来'，他或许已是第三任总统了"。[60]但是她一直等到36岁才结婚，然后才选择了一名美国外交官马修・里德利(Matthew Ridley)，他是约翰・亚当斯在巴黎和谈期间信任的知己。[61]

但印象最深的还是威廉・利文斯顿最小的女儿。萨莉是个美人胚子。当她到巴黎戏院看戏的时候，观众都向她起立致敬，把她误认为是玛丽・安托瓦内特①。[62]18岁时，她成了一位出身名门的纽约律师的新娘。这名律师名叫约翰・杰伊，那年29岁。[63]这位年轻人曾连续向德兰西家的两位姑娘求婚，两次均遭拒绝。托利党的小册子作家在谴责他的拒绝中运用了辉格党原则。[64]但无论是什么因素驱使他坚决忠于美国的事业，它毫无疑问强化了威廉・利文斯顿对这个方向的偏好。牧师大人约翰・瓦迪尔(John Vardill)，一个在独立战争期间在英国避难并为英国当局提供关于美国领导人信息的亲英分子，写道利文斯顿"受他女婿杰伊先生的影响非常之大，对他的才能尤其偏爱"。[65]

在观察克莱蒙特的一次家庭宴会后，法官罗伯特・利文斯顿的长女珍妮特评论道，"从来没看到一张桌子坐着这么多人"。[66]法官的女婿是一个同任何具有社交野心的女主人希望为之做一顿饭的尊贵客人一样的群体。这个群体中有理查德・蒙哥马利，华盛顿・欧文形容他是"一个士兵的典范"；托马斯・蒂洛森(Thomas Tillotson)，医生与纽约州秘书[67]；弗里伯恩・加勒森

① 玛丽・安托瓦内特：Marie Antoinette，1755—1793，法王路易十六的王后。——译注

(Freeborn Garrettson),美国卫理公会创建过程中最重要的人物——“看似不温不火爱意暖暖,但却充满活力”;[68]摩根·刘易斯(Morgan Lewis),法官、将军、州长,《独立宣言》签署人之子[69];最后还有约翰·阿姆斯特朗(John Armstrong),拿破仑对他的形容是“阴郁孤僻”,凡勃仑形容他“好争吵”,而达拉斯则称他是个“魔鬼”。[70]

英俊的蒙哥马利促使克莱蒙特·利文斯顿家族深深卷入了美国革命事业当中。作为议会中爱尔兰成员的儿子,一名训练有素的英国军官,他 1773 年与珍妮特·利文斯顿结婚,成为了纽约的一个农民。在美国仅仅三年之后,他被大陆会议任命为一名准将,离开了年轻的新娘,开始了他的戎马生涯。1775 年 11 月 13 日,他俘虏了蒙特利尔,但是六周之后他在攻打魁北克西墙战斗中被打死。在英国议会,埃德蒙·伯克(Edmund Burke)对这位在一役之中就征服了加拿大 2/3 领土的英雄给予了热烈的称赞,诺斯勋爵回答道:“我无法加入哀悼蒙哥马利的行列中,那真是国家的一大损失。他勇敢、能干,他充满人性,他慷慨大度。然而,他还是一名勇敢、能干、有人性和大度的叛军。”[71]慷慨大度的叛军之死让克莱蒙特·利文斯顿别无选择,除了拔剑出鞘。

蒙哥马利也不是唯一与王朝有联系的叛军将领。少将威廉·亚历山大与第二位领主的女儿萨拉·利文斯顿(Sarah Livingston)结了婚。但是,在蒙哥马利是一名真正的英雄的同时,亚历山大却经常成为别人的笑柄。他花费了一大笔活动费用疏通议员,希望获得一个贵族爵位,此要求在 1762 年遭到贵族院(House of Lords)拒绝。尽管如此,美国人仍称他为“斯特林勋爵”让他耽于幻想,却实际私底下嘲笑他的趋炎附势、附庸风雅。有一个传闻在美国军队中广为流传,说是斯特林看到了一名士兵因为开小差被处死的场面,其间那个罪犯不断地大喊:“勋爵可怜可怜我。”对此这位勋爵热情地大声回应道:“我不会的,你这个无赖。我不会可怜你的。”[72]英国人同样被这自封的贵族逗乐了。牧师大人乔纳森·奥德尔(Jonathan Odell),尖刻的托利党讽刺作者,曾把威廉·利文斯顿形容成“心中怀恨,眉间藏恶,怯懦然而残忍,热情然而渎神”,他用四行轻蔑的诗句表达了对利文斯顿内弟的不屑一顾:

> 斯特林会怎么样有什么要紧?
> 威士忌的身子,朗姆酒的魂灵,
> 九点暴跳如雷,十二点好不快活,
> 从那之后直到就寝整个傻帽一个。[73]

然而,尽管他有这么多的缺陷,斯特林却是一个有用、有勇、无我的官员。在他的将军同伴似乎经常偏向关注他们自己的晋升而非事业价值的时候,他却没有夹带个人的军事野心。在一次次让别人担任其实他更有资格担任的领导工作之后,斯特林年复一年地承担了军队中许多令人厌倦的义务。如果说他的经历大部分记载的是失败和不幸的话,那他的忠心还是赢得了总司令真诚的感激。[74]

利文斯顿家族与他们的姻亲累积了一份堪称楷模的从军记录。有7—8名利文斯顿与盖茨①一起参加了萨拉托加战役,有3人指挥炮兵团;有5名利文斯顿与蒙哥马利一起参加了在魁北克的战斗;有1名利文斯顿击退那条在等候接应将约翰·安德烈(John André)送回英军的敌船,从而挫败了本尼迪克特·阿诺德的阴谋[75];有14名利文斯顿在常规军中服役,两名在海军服役。家族史学家不无自豪地说,“在十三个殖民地中,是否有任何其他家庭对爱国者陆军和海军贡献过如此多的成员,值得怀疑”。[76]

当第一次大陆会议在1774年召开的时候,威廉·利文斯顿是来自新泽西的代表,而5人组成的纽约代表团包括他的弟弟菲利普,两名利文斯顿家的姻亲詹姆斯·杜安(James Duane)和约翰·杰伊。杜安娶了第三位领主的女儿,这位领主更喜欢将他的政治利益委托给他的女婿。此乃明智之举:杜安是一个精明的操纵者。瓦迪尔发现他是一个“无聊的律师,任何低下卑劣的事都要干”,而约翰·亚当斯的第一印象是杜安的眼睛——稍微有点斗鸡眼——透着某种狡诈。[77]没有理由相信亚当斯在近距离查看之后,改变了他的观点。但杜安是一个喜欢宴饮交际的人。看见他在舞厅里的情形,侯爵夫人(Marquis de Chastellux)宣布他“比在场的其他所有跳舞的人要活跃十成”。[78]但是,作为政治对手,他想对“他这样一个岁数和身材的人,加上作为一个议员的身份,在这样一个公开的舞会上费力地扭着摆着他的胖肚子”是“滑稽有趣的”。[79]这是一个老练的政客,很能照顾到庄园的利益。

约翰·亚当斯发现菲利普·利文斯顿是一个完全不同类型的人,尽管也不合他的口味。“菲尔·普利文斯顿是一个大块头,粗线条和急性子的人。没法和他好好进行任何的谈话。他会一边咆哮着一边就走了。”本杰明·拉什从

① 盖茨:Gates,1727—1806,美国独立战争时将领,在1777年的萨拉托加战役中迫使英国Burgoyne将军投降。——译注

一个稍微高一点的角度来看他："一个耿直然而诚实的人。"[80]"诚实的菲尔"利文斯顿，作为第二位领主的儿子，心中至少藏有一件不可告人的丑事。在法国与印第安人的战争期间，他很可能卷入了向西印度群岛中的敌方岛屿走私货物的勾当。他是纽约市中最富裕的商人之一和政治上的保守派。[81]"假如英格兰置我们于不顾，"他对亚当斯说，"我们就该立即自己投入内战了。"[82]虽然他后来不知疲倦地为美国的独立奔走，然而具有讽刺意味的是，在利文斯顿家族全部成员中，是他通过签署《独立宣言》而获得了不朽的声名。

菲利普成为签署人完全是因为他是典型的利文斯顿家族的人。在第二次大陆会议上，纽约州的代表团人数得到扩增，小罗伯特·R. 利文斯顿成为他的家族中第三位担任国家公职的人。他是菲利普的堂兄，属于克莱蒙特分支，为了辨认方便，人们总是叫他"大法官"——这个头衔他在后来的纽约州保持了二十四年。利文斯顿家的两个国会议员也是州立法机构的成员，他们设法联合起来共同保护两个根据地。当菲利普在费城的时候，罗伯特就是纽约家庭的代表，反之亦然。所以，当理查德·亨利·李的独立动议在 6 月份付诸表决的时候，罗伯特·菲利普在纽约；而当签署《独立宣言》的时候，菲利普在现场，而罗伯特在纽约。大法官有理由为历史的公正感到惊异，因为他与杰斐逊、亚当斯、富兰克林以及谢尔曼一起，构成了文件起草委员会——然而他并非签署人之一。

利文斯顿议员三人团中的第三位也没有在《独立宣言》上签字。在决定性的 7 月 14 号这天，威廉·利文斯顿被任命为民兵将军，到 8 月末，在新泽西定居仅仅四年之后，他在第二轮投票中击败理查德·斯托克顿，当选为该州第一任州长[83]（这个新成立的州还采用利文斯顿纹章作为它的印章，"直到有新的出现"）。利文斯顿的薪俸是 500 英镑，另有 350 英镑是来自于像颁发结婚证之类而获得的外快。它不到最后一任英国总督威廉·富兰克林拿的薪俸的 1/4。但假如说工资较低的话，给他的头衔倒是有一长串，而且都很慷慨——威廉利文斯顿阁下，长官，总司令（Captain General），在新泽西州州内以及在州外但归属该州的领土上的总司令（Commander-in-Chief），大法官以及同等级别的教区长。但是，对于亲英派的媒体而言，他的称呼就是一串不那么尊贵的头衔了，比如"新泽西的唐璜""假冒州长""饥饿勋章骑士（Knight of the Most Honourable Order of Starvation）""冒牌州长""新泽西的巡回统治者"以及"新兴的新泽西州之内及以外的最高君主"，以及"同等级别的特别大法官"，等等。

爱国主义人士喜欢叫他"燧石(硬汉)博士"(Doctor Flint),这是对他在新泽西受托利党干扰的年份中,所表现出的坚如磐石的意志的一种敬称。

托利党对利文斯顿的敌意态度发生了一个意想不到的转折。少校约翰·安德烈(John André)喜欢用背诵某类政治寓言,或者他称之为"即席梦想"(extempore dream)来愉悦亲英派听众。每个叛军领导人都被他描绘成为一种野兽,对利文斯顿的描绘是狼。"我惊奇地注意到,"安德烈总结说,"他留着了同样的瘦削、凹陷和凶残的面容,他的舌头还会随着格斗而发红。正在这时,墨丘利用它的权杖碰了我一下,从而给了我洞察未来的能力。这时我看见就是这匹狼挂在牧羊人的羊栏的门上面,这位牧羊人的无辜羊群经常地被这头凶猛动物那致命的利爪弄得七零八落。"[84]这是来自一个其自己的命运在不到两年时间内被处以绞刑而告终之人的预测。

随着州长利文斯顿的头越来越值钱,他写信给亨利·劳伦斯说:"他们当然高估了我的价值,我想象不到是什么使得他们肯出如此大的价钱,把我的赏金从 500 几尼①提高到了 2 000 几尼"。[85]但利文斯顿可并不是容易被逮住的猎物。在一次由英军上校斯特林率领的搜寻粮秣的远征行动中,敌军发现自由大厅的唯一居住者是基蒂,她轻浮的恋爱经历给了她珍贵的训练,令她明白如何躲避。她回想起那次遭遇时说:

> 我知道,在父亲放在卧室一个小桌的抽屉中有几封重要的信件——我怕这些信件可能正是斯特林上校要找的文件。所以当他跑到那边去翻看的时候,我开始装了。但是我当时脑子太乱了,肯定是这样,因为斯特林上校停了下来,然后看着我,很有礼貌地问我那些是否是我的私人信件。我告诉他它们是我最私密的信件,而且我脸红了,于是他猜想是某个年轻的绅士正在给我写信,而他不应该打扰一个年轻姑娘的恋情。
>
> 然后我想,我应该对他的考虑周到而表示谢意。我跟他说我刚想起来阁楼上有最重要的文件。"咳咳,"他说,"那个扫帚柄总督以为我们我们绝不会去翻垃圾箱!让我们上去看看。"我们爬上梯子——他是一位绅士所以他走在最前面。还真的,上面有大捆大捆的文件。斯特林丝毫未停下来看一看。他一把抓起一些,将它们塞进他的口袋,然后叫楼下的士兵上来把其余的搬走。

① 几尼:guineas,1663 年英国发行的一种金币,相当于 21 先令,1813 年停止流通。——译注

> 我站在那，心里特别想笑但又不敢表现出来，此时上校斯特林正在把一捆捆的文件抛给下面的士兵。文件肯定有不下数百捆，而上校现在确定他已经发现了全美国的核心机密。然后当他拿完了所有的文件之后，他极为有礼貌地谢谢我的帮助，说叛军这边的女士都是迷人的姑娘。
>
> 当他回到斯塔滕岛，发现他带走的都是一些诉讼案情摘要、古代法律抄本以及旧的文告，其中每一份都经公开发表为人所知的时候，他是怎么想的，我真不知道。但只要一想起来就觉得好玩。[86]

那位英国军官在他的正式报告中未提及这一巧妙的策略。但这位年轻女子的花招被泄露了出去，让他相当难堪。

在哈得孙河对岸另一位利文斯顿家的人，正在被向前推进的英国军队塑造成一名女英雄。纽约州已是一个变成有机体的独立州，虽然有一个克林顿家族的人被任命为州长，但其他所有的高级官员都是利文斯顿家族的人：《独立宣言》签署人菲利普是一名州参议院，沃尔特是州众议院发言人，吉尔贝特是达奇斯县代表，罗伯特·R.被任命为大法官，而约翰·杰伊是首席大法官。现在只剩玛格丽特一个人带着她年幼的孩子还留在克莱蒙特。家族中曾流传这样一个故事，这个故事正确地反映了她的坚毅品格。

虽然事情可能不像故事中说的那样。故事中说，在敌军到来的时候，她正在照顾一名受伤的英国军官，他是理查德·蒙哥马利的亲戚。军官主动提出让他保护她的家庭，但她回答说她更喜欢与他的朋友和邻居分担命运的安排。[87]玛格丽特·比克曼·利文斯顿随后带着她的孩子、她的仆佣以及一些随身物品逃了出去。克莱蒙特被烧成灰烬。英国人刚一离去，她又返身回来，重建家园。

1779年9月27日，约翰·杰伊被任命为驻西班牙全权公使。“再见，我亲爱的约翰，希望你如我祝愿你的那样快乐。”大法官利文斯顿写道。[88]他们的友谊要追溯到哥伦比亚的大学时代，杰伊比利文斯顿早一届。后来他们是法律上的合伙人，而到了最近，又一起成为国会议员（两人都是在29岁时当选）。一次，沉浸在对青春时期的回忆中，他给利文斯顿写了一封信，对他俩的性格进行了一番评估：

> 我原以为我们俩的性格在很多方面是相同的。后来我有了不同的想法。我觉得你的性格更加活泼。而羞怯和骄傲则使我更加稳重。我们两个都胸怀抱负，但为了它走的道路却不同。你随机应变，我坚持不放。我们对辱没尊严之举同样敏感，但你不太喜欢当场表现出你的愤怒。我们都拥有热烈的感情，但你显得更为沉着一些。你作为世界公民而存在，我则适合是大学或村庄。你喜欢广交朋友，我则宁缺毋滥。你早早就了解男人和女人，我都不了解。你有耍弄计谋的才能和倾向，我两者皆无。你的心灵或精神（以及身体）能从各种对象处获得快乐，我则少之又少，几乎没有。你天生容易接近，又会主动表示友好，我都不符合。[89]

现在，州的事务已经让他们俩的角色颠倒了过来：以为自己适合“大学或村庄”的杰伊，受命加入了美国赴欧洲民兵外交官队伍；而利文斯顿，作为“世界公民”，被安排待在了国内。

她丈夫在欧洲履职的大多数时间里，阿比盖尔·亚当斯曾被迫留在昆西，靠着那片出产极少的土地耐心地维持着家人的生存，但这位富裕的驻马德里公使却在他可爱妻子的一路陪同下走马上任。两位大战过后的遗孀，理查德·蒙哥马利夫人和约瑟夫·沃伦夫人，曾讨论杰伊夫人离家出发时的情景。“她体态端庄，非常健美，这可以保证她能获得欠缺思考能力或者不动脑筋的人的欢迎，”珍妮特·蒙哥马利写信给默茜·沃伦说，“而她的领悟能力将会使她赢得最值得敬重的人的心。她的举止为我们女同胞增了光，而且我真的相信人们能感到愉悦，即使是在马德里的王宫之中。”[90]但萨拉·利文斯顿·杰伊（Sarah Livingston Jay）不只是迷人的点缀或者使人愉快的装饰品而已，她还是受她丈夫信任的知己。同时至少有一名外交观察员认为她应当还不止这些：唐·迭戈·贾多基（Don Diego Gardoqui）对他的政府说，“这个女人——他盲目地爱着他——主宰了他的一切，没有她的同意什么也别想干成。所以她的观点就占了上风，尽管她的丈夫开始可能会不同意。从以上我推论，在与她打交道时运用一点小手段再加上一些适时的礼物就能同时获得两个人的友谊”。[91]

公使杰伊还将他的内弟带到了西班牙做他的私人秘书。之后的某一天布罗克霍斯特·利文斯顿（Brockholst Livingston）坐在了美国高等法院的椅子上，这个时候约瑟夫·斯托里（Joseph Story）这样描述他：“一张精致的罗马人的脸，一个鹰钩鼻子，高额头，秃顶以及突出的下巴，暗示了他思想的深度、力度和敏捷程度……他考虑问题显然非常缜密，总能抓住核心论点。他当法官时睿智、果断、真诚,给人留下深刻印象。”[92]然而从他在西班牙的行为我们对他的性格却产生了一种截然不同的看法。他表现得像个被宠坏的自私自利的小孩。他爱发脾气,常闷闷不乐、郁郁寡欢,喜欢吹毛求疵。坐在杰伊家的餐桌上的时候,他跟一个法国人说,他曾看见过全部美国国会议员同时全部喝醉了。另一天他跟一个外国人说,国会远比君主制度要糟糕。他的妹妹劝他“小心不要做任何有可能减损我们国家议员的名誉的事”,他却宣布说他“宁愿去美国也不愿像个奴隶一样待在这儿”。[93]当他最终在 1782 年离开,萨莉·杰伊觉得有必要写信把他的行为告诉她的妹妹基蒂,最后加上提示将信转交给他们的父亲,以防布罗克霍斯特会对杰伊一家进行诽谤。不过,此举没有必要,因为他在回家的路上被英国人逮了个正着。

1781 年国会设立了外交部。在选举领导的时候,“亚当斯-李”这一派支持阿瑟·李,一名主张反法的前外交官。实力强大的法国公使卢塞恩(Luzerne),通过将他的影响力全部倾注到反击大法官利文斯顿身上来。在第三天的投票中,利文斯顿以 8 州支持对 4 州支持击败李。利文斯顿从而成为了美国历史上第一位国务卿,同时还是约翰·杰伊、本杰明·富兰克林,以及约翰·亚当斯名义上的上级。亚当斯从阿姆斯特丹写信来说:“我很高兴地获知,外交事务有了一位部长。这位部长完全能够为这个部门带来一种秩序、一种常态和一种活动,这绝不是某个国会委员会可以办到的。”[94]利文斯顿确实是一位能变混乱为秩序的管理天才。但是他影响政策的判断力与能力严重受到 3 000 英里水域的限制,尽管他作了种种尝试,但政策往往是驻在国外的美国公使临时商定的结果。大法官强烈反对和平谈判者背着法国与英国磋商的决定——这是杰伊设计的一个防备措施,他趁亚当斯从阿姆斯特丹来到巴黎之前先一步到达巴黎。此举确保了美国人可以获得优越条款,因而得到了亚当斯的全力支持,后者评论说:“谈判的首要功劳应归功于杰伊先生……一个人与他职位的统一绝不会优于杰伊先生与和平使命的结合。假如他在马德里被拘留的话,就像我在荷兰那样,那所有的一切就要如人们希望的那样留给富兰克林了,那就一切都完了。”[95]

1782 年 12 月大法官利文斯顿辞职,由于国会两次劝说他继续履职,他最终于次年 6 月份离开前往克莱蒙特。作为美国第一任国务卿,他估计一年下来办公的费用比他一年的薪水还要多出 3 000 美元。这个职位空了一年,然后大法官最好的朋友约翰·杰伊回到国内,接替了职位。

大法官36岁，耳朵已经开始聋了。一位有名的医生试图通过让他的双耳接通电流对他进行治疗，然而该治疗方法让他的耳朵比以前更聋了。现在他回到家，发现克莱蒙特处在危机之中，但这个危机不能怪罪这位英国人。

他的弟弟亨利·比克曼·利文斯顿，比他小4岁，傲慢、固执、放纵，病态似的喜欢争吵。他曾在蒙特利尔随蒙哥马利一起英勇作战，然而当他的姐夫发现他无法与其他军官和睦相处之后——后者在他看来社会地位比他低第一档次，将军派他送急件回国，从而策略性地将其免了职。他随后的军旅生涯是一直是在前线勇敢到营地发脾气的不断循环之中。有一次他受到军法审判，他因对他的指挥官亚历山大·麦克杜格尔将军发表直言而受到了训斥——按利文斯顿的标准，这位将军实在过于平庸。最终在1778年，他辞去了他的工作，同时告诉众议院议长，他"对侮辱还没有这样无动于衷，以至于感觉不到你们一次次晋升比我地位低的军官，这样的无礼举动和给我带来的侮辱"。[96]

就在这时亨利开始追求一个漂亮的费城大美女——南希·希彭(Nancy Shippen)，她是本杰明·拉什的老对手威廉·希彭医生和他的妻子，斯特拉德福德李家的艾丽斯·李(Alice Lee)的女儿。亨利不停地对这位年轻女士施展攻势。早上3点半他写道："我最亲爱的姑娘……太想你了，唯有胡乱写上几行。写信，再好也表达不好，现则更糟，因为寂寞的小蜡烛光线灰暗，这象征着你恋人的处境，而区别在于它是一端点燃，而我已浑身燃烧。"[97]但是他有一位竞争对手，一位年轻的法国外交官，路易斯·奥托(Louis Otto)。南希在两个求婚者之间难于抉择。法国人英俊，美国人富有。最终她的父亲帮助她作了决定。尽管希彭医生已被正式宣布在管理陆军医务处期间没有任何过错，他的业务还是因拉什对他的指控而受到了严重损害。如果他的女儿能够与纽约的利文斯顿缔结良缘，对他来说也是一大安慰。"你的爸爸知道我的家产不能与利文斯顿相比，"奥托写道，"所以他更喜欢他。或许要具备真正的智慧才能将幸福与财富加以区分。"[98]

婚礼后9个月的第三周，南希·希彭·利文斯顿产下一女，照克莱蒙特的那位有声望的老夫人的名字，给其取名为玛格丽特·比克曼。但是，她很快就发现，她的丈夫同时还是好几个其他的——他与他的情妇所生的——孩子的父亲。另外，他还打算将所有这些子女，包括妻子自己生的佩姬(Peggy)，集中到一个屋檐下。在亨利·利文斯顿让他年轻的新娘遭受一桩桩严重的侮辱之后，这是压垮南希的最后一根稻草。1783年春的一天，她带着小佩姬逃离了她丈夫的屋子。

她曾经以为利文斯顿全是“有魅力的人和有魅力的家庭(除了我那不幸的丈夫),都令人愉快”。[99]现在她发现他们首先是利文斯顿家族的人,然后才是有魅力的人。在任何家庭冲突中,对与错总是第二位的,血缘才是第一位的。亨利是“血亲”,而南希不是。一个例外是玛格丽特·比克曼——那位为了她受到欺骗和侮辱的媳妇顽强抗争的老夫人。

在18世纪的美国,离婚属于毁损一个女人道德名声的案件且初步证据确定。南希·希彭·利文斯顿诉亨利·利文斯顿一案被丈夫恶意控告他妻子和法国外交官有不正当关系弄得更加扑朔迷离。反对南希的是强大的利文斯顿王朝和她自己的父亲,后者关注的是避免丑闻的进一步发酵。作为有效辩护人她只能想出两个,玛格丽特·比克曼和她的叔叔阿瑟·李。由于害怕失去孩子,她放弃了诉讼。

此后,南希兴味十足的盼望就近乎变成了宗教忧郁症。路易斯·奥托(Louis Otto)娶了另一位利文斯顿家族的人,后者在分娩时死去。[100]之后他返回法国,在这他成为了莫斯洛伊的伯爵(Comte de Mosloy),《亚眠和约》(*Peace of Amiens*)的缔造者以及拿破仑与玛丽·路易丝婚姻的撮合人。玛格丽特·比克曼于1800年去世,当时她正像个帝王一样坐在她克莱蒙特的餐桌上首。她给她的孙女和与她同名的人留下了曾经对希彭家族非常重要的那笔财产。它并未带来幸福,奥托心里想说。南希和她的女儿像隐士一样活着。南希·希彭·利文斯顿在生命的第八十个年头故去,她最后的40年是在撰写墓志铭、赞美诗以及长篇的吊唁信中度过的,内容大部分记述的都是她在梦中梦见的关于逝者的一些东西和情景。她的一直未婚的女儿,玛格丽特·比克曼·利文斯顿,在82岁时离世,其也是一名宗教狂热分子,她被假扮成牧师的骗子骗去了所有财产。两个利文斯顿家族的人,母亲与女儿,被合葬在一个墓中。

战争影响了利文斯顿家族的财富,就像影响了大多数拥有大量土地的庄园的财富一样。庄园的第三位领主抱怨说他“被征了43 890美元的税,这相当于整个纽约州税收总和的1/23”。[101]沉重的税负让他的现金所剩无几,以致他叫他弟弟不要从邮局寄信过来,因为他没有钱付邮递员邮资。但是,在对一个正在埋怨的弟弟进行了一番斥责过后,他让大家对王朝的经济困境有了正确认识:“让我提醒你,你还能享受着生活必需品,而生活中许多这样的便利,在国家目前的环境下,并不是一般人都能享受得到的。此外,你还拥有一大片地产，也许你目前只能得到一部分，就像这里的情况一样，其他地方也是这样。但过一阵子都会归你所有，所以我们必须感谢仁慈的上帝，耐心地等待机会到来。”[102]除此之外，这个家族还没有忘记留心谋私利的最好机会。约翰·R.利文斯顿发现独立战争像其他所有战争一样，给道貌岸然却获利颇丰的企业提供了许多机会。利文斯顿家族至少有三个人对从亲英分子那里没收来的土地进行了大量投资，从而使他们第一次在城市房地产中拥有重要份额，并给他们带来了以极低廉的价格接管他们昔日的政敌德兰西家族财产的满足感。[103]

但是，与给王朝政治结构带来的变化相比，经济地位的变化算是小巫见大巫了。战争让领导权势从庄园利文斯顿家族转移到了克莱蒙特的利文斯顿家族手里。

在庄园分支中，只有威廉利文斯顿在独立战争过后仍然算一股政治力量。他在担任新泽西战时州长期间取得了令人瞩目的成就。在一份研究在这段时期担任州长或政府最高行政长官的 48 人的报告中，利文斯顿被排在第 8 位。[104]他曾经说过：“被赋予无限权力能保持正直三年的人，对待总体人性态度的合理程度与你能够期望的一样多。”[105]然而这位“新泽西的唐璜”继续担任一年任期的州长职务连续长达十四年。未能成为《独立宣言》的签署人使他后悔莫及，但是，作为最后一次的重要行动，他在美国的新宪法上签上了他的大名。

可是，他的子女则令人大为失望。小威廉大肆酗酒、负债累累，还卷入了一桩与村上酒吧女招待的令人作呕的风流韵事之中。布罗克霍斯特与他的女房东的女儿结了婚，同时杀死了一个对他的高鼻子进行说三道四的人。约翰·劳伦斯，一名见习船员，战争期间已葬身大海，他的父亲因此变成了一个容易相信任何一个骗子的可怜人，只要他能够编造说这位年轻人还活着。

1790 年州长去世，同年他的弟弟罗伯特，庄园的第三位领主，也离开了这个世界，是他打破了限嗣继承规定，未按顺序将他的产业留给限定之人。要是没有这样做的话，那就意味着将由彼得·R.利文斯顿拉来接替这个分支的头，那将是灾难性的。这位长子脾气狂暴，情绪多变，习惯自我为中心。在哈佛(他没从这毕业)念书的时候，在他人的印象中，他的房间里到处都是酒，见不到书本。庄园里的生活让他厌倦。一年冬天他抱怨说他只有过“一次性行为”，而在这次行为中他“不得不穿着一只鞋回家”。战前的激烈争论已表明，彼得对待政治态度草率、马马虎虎。后来证明，他对金钱事务方面也同样缺乏责任感。1771 年他深陷债务泥潭，以至于到了要由他父亲承担起养家责任的地步。最后其他兄弟恳请第三位领主不要再为彼得支付账单。[106]

庄园财产留给了第三位领主的8个孩子。在父亲时死后不到一个月的时间，子女之间开始为怎样分配战利品闹得不可开交：5个奴隶，170根针，9个鱼钩，10个空瓶子，1磅鳕鱼干，1块风干肉，以及若干更值钱的物品。一个女儿到法庭指控其他兄弟姐妹合起伙来，想阴谋夺走她的那份遗产。[107]此外，在庄园和克莱蒙特家族分支之间也发生了内讧。争端包括，谁拥有在罗利夫·詹森·希尔河岸建造一个加工磨坊的权利。在王朝再次恢复平静之前，诸如亚历山大·汉密尔顿、约翰·莫林·斯科特(John Morin Scott)、詹姆斯·杜安，以及布罗克霍斯特·利文斯顿等这样能力很强的法律人才已经开始工作了。[108]

当王朝的掌控权传到克莱蒙特分支之后，它首先落在了精明能干又野心勃勃，富于想象又好冲动的大法官罗伯特·R. 利文斯顿的手里。面对表面上占压倒性的不同意见，他与汉密尔顿、杰伊一道，对让联邦宪法在纽约州获得通过起到了推动作用。作为大法官，他曾为乔治·华盛顿主持了就职宣誓仪式感到荣幸不已。在第一任总统任期期间，普遍认为他会因为他的能力以及过去以来对国家和联邦制作出的贡献而获得奖赏。然而事实却不是这样。据说在纽约"克林顿家族拥有**权力**，利文斯顿家族拥有**数字**，而斯凯勒家族拥有**汉密尔顿**"。[109]当面临要在战后的政坛挑选站队的时候，你可以理直气壮地宣称，"给我汉密尔顿，其他的都归你"。

在全部的重要派系中，只有利文斯顿被挤出了国家公职。大法官很快就猜测"他们费尽心机，让我对总统的观点产生偏见"。[110]他私下一直渴望得到的美国大法官的位置，给了约翰·杰伊。对杰伊的偏爱是导致两位爱国者分道扬镳的起因。利文斯顿一直更加温柔亲切，而杰伊似乎总是对他们的友谊有所保留。当1784年杰伊从欧洲返回的时候，利文斯顿象征性地张开双臂上前欢迎他，杰伊则避开了他的拥抱。或许在离开他们一起就读的学校之后的20多年中变化太多。或许要求让杰伊回到他们的友谊赖以建立的同学少年本来就是在不可能指望的事情。

杰伊的冷淡、汉密尔顿的敌意，以及华盛顿的漠不关心，带来的结果是，罗伯特·R. 利文斯顿成了一名共和党人——同时他将他的整个王朝也带进了杰斐逊阵营。争议或文饰作用随之而来，但当初的举动是因为赌气所致。再一次，这个北方王朝中最为贵族化的家族被抛入了"自由"党。

1792年，杰伊作为联邦党候选人与在任的乔治·克林顿争夺州长职位，后者对选举系统有操控权。显然，杰伊因选票被少算而落选，而利文斯顿则维护了这场骗局。杰伊夫人，因被她家族的行为深深刺伤，大声喊道："哦，利文斯顿，这个名字会有多丢脸！……这些不知羞耻的男人，他们让邪恶、野心和个人私利蒙住了双眼。"[111]大法官在这场竞选中的角色很不幸。这是一个充满暴力的媒体大轰炸时代，文章总是匿名发表。一位《每日广告报》(*Daily Advertiser*)的记者在听到大法官准备支持克林顿时写道："我亲爱的朋友，我知道你是一个爱说笑打趣的人(能言善辩的人)，读过不少好玩的书——你记得这是拉伯雷小说中的话，当庞大固埃(Pantagruel)放了一个屁之后，他让方圆5公里或4 400英亩的地方都跟着摇晃。你真的相信C某某的影响会波及到任何一个郡县中英亩数相同的地方吗?"[112]或许C某某(大法官)本人也欣赏这个不利于他的笑话。但是后来出现了对一个特定的目标展开人身攻击，署名"蒂莫西·蒂克勒"的文章，利文斯顿暴怒了。他发表文章进行回击，谴责杰伊就是那个"蒂莫西·蒂克勒"，谴责他是君主主义者，谴责他为了贪婪和野心抛弃最初青春时期的友谊，以及具有"一副冷酷的心肠，它像标有刻度的温度计，在最接近球部的地方达到冰点"。杰伊的回应不卑不亢：他不是"蒂莫西·蒂克勒"，那年也没有写过任何其他的政治论文。他不知道写攻击利文斯顿的文章的人是谁，也没有对文章的发表做过指导。除此之外，他对利文斯顿的发作一声不吭。他的报复，如果他觉得这是报复的话，在三年之后到来。他再一次参与竞选州长，这次的对手是大法官，结果彻底击败了他的旧友。[113]

利文斯顿家族从事公职的命运的倒转恰逢大法官的最小的弟弟爱德华步入政坛。他后来成为该王朝的智慧之星。在亨利·梅因(Henry Maine)爵士的记忆中他是"当代第一位法学天才"。[114]"爱德华·利文斯顿，"威廉·霍华德·塔夫脱写道，"是我知道的最浪漫和最充满变化的生命之一。"[115]

爱德华比大法官小18岁。还在11岁的时候他的父亲就去世了，他的哥哥第一次被选入大陆会议。他对儿时留下的回忆是蒙哥马利走向战场，还有英国军队逼近的时候，他的母亲带着他一起逃离克莱蒙特。

1795年当爱德华·利文斯顿成为他家族王朝第四个在国会供职的成员时，他是一名30岁的有为青年，还讨人喜欢。他具有他父亲那种温柔的性情，那种区别于家中许多人对衣着的鉴赏力，以及典型的利文斯顿家族特征，其最好的描述就是"一种最迷人的丑陋"。[116]大法官待这位比他小很多的弟弟像待自己的儿子一样，为了他好会随时随地批评他。爱德华"具有成为大人物的足够才华”,他说,但他患有“习惯性懒惰”的毛病。[117]爱德华的政治对手质问:一个讲究时尚的花花公子,甚至还驾着双轮马车,怎么可能会与人民站在一起?但是当发现这位联邦党候选人也驾着一辆双轮马车之后,争议就消停多了。“花花公子内德”(爱德华昵称)后来回忆其这段日子中一直存在的那种徘徊在责任和快乐之间的内心挣扎。在诗句中,他的良心告诉他,“记住你是一名律师”!但是——

> 唉!被忽视的哭声,它被淹没在
> 快乐的更好听的嬉戏之声中,
> 她捧出玫瑰想换取他的飞吻,
> 而笑声哭道:“记住你是一个花花公子。”[118]

然而在华盛顿身上,内心斗争转了个方向。他超人的智力使他在1797年麦迪逊退休之后被提升到众议院共和党领袖的位置。他在反对《杰伊条约》①的国会斗争中起到了突出的作用。他的一篇反对《客籍法》和《镇压叛乱法》的逻辑缜密的讲话被“印在缎子上,悬挂在民主国家成千上万的酒馆、客栈和店堂中”。[119]但是任职三届之后,爱德华谢绝再次提名回到纽约,留下一堆关于他在杰斐逊-伯尔总统争夺中角色的指控。

当1800年的总统竞选被交由众议院决定时,利文斯顿是一个任期将满而未能重新当选的议员。但是,他的影响还是相当大的。要由他自己决定选票检查结果的詹姆斯·贝阿德(James Bayard)说:“利文斯顿的手段不限于他自己的州。不是,我一直认为他的实力应当不止只获得纽约州的票。”[120]贝阿德猜测,一个利文斯顿倒向伯尔就会促成得势派的诞生。传自高层的谣言说,这正是伯尔势力将会采取的策略。汉密尔顿写信给古弗尼尔·莫里斯(Gouverneur Morris)说伯尔“完全明白他自己与爱德华·利文斯顿(Edward Livingston)的关系,后者将是他在政府席位上的**代言人**。”利文斯顿“已在朋友中宣布他的第一轮投票”将“投给杰斐逊,第二轮投给伯尔”。[121]但是利文斯顿的选票留在了杰斐逊的阵营,而弗吉尼亚人在第三十六轮投票中获胜。“假如利文斯顿没有背叛他的信任,”汉密尔顿的一名副官写道,“伯尔肯定已当上总

① 《杰伊条约》:Jay Treaty,1794年11月19日英国外交大臣格伦维尔与美国最高法院首席法官和特使杰伊在伦敦签署的缓和美英对抗的协议。——译注

统了。”[122]

问题依然是杰斐逊是否为这一摇摆的纽约选票付出了代价。如果是，那么代价不会小。在该王朝的7个成员当中，3个利文斯顿和4个姻亲，短暂获得了联邦州或市一级的职位。杰斐逊任命爱德华为纽约州的地方检察官，他还同时被任命为纽约市市长。后者这个职位估计相当于每年有1万—1.5万美元的进账（事实上，它是如此挣钱，以至于德维特·克林顿（De Witt Clinton）在1803年辞去了他的参议员席位当上了市长）。大法官被任命为驻法公使。布罗克霍斯特成为了一名州最高法院法官，同史密斯·汤普森一样，他也与利文斯顿家的人结了婚。[123]爱德华的三个内弟，托马斯·蒂洛森、约翰·阿姆斯特朗（John Armstrong），以及摩根·刘易斯（Morgan Lewis），分别成了纽约州秘书、美国参议员，以及共和党州长候选人。

然而对爱德华来说，他的地方检察官和市长的双重职位竟成了后来（失败，垮台）走向毁灭的原因。当他在1803年流行性黄热病期间，全力投身于他的市政责任的同时，他却受到了该流行病的伤害。待他康复时，市里的联邦财政已经被挪用了43 666.21美元。当时地方检察官的职责还包括对海关征税。一贯不擅处理金融事务的利文斯顿，将这件琐事留给了他的下属。当助手的偷窃行为被发现了之后，利文斯顿立刻辞职，并同意对亏空额进行赔偿。财政部最终在1830年与利文斯顿结清了账目，此时他已经支付给政府102 017.20美元，包括累积的利益。他在纽约政界辉煌的生涯结束了。他写信给蒙哥马利夫人，说他要在新奥尔良“重头再来”。[124]

罗伯特·特鲁普（Robert Troup），一名纽约政客，他对大法官利文斯顿的厌恶仅亚于他对法国的厌恶。1801年他写信给鲁弗斯·金（Rufus King）：“大法官估计很快就会前往法国……他离开衡平法院（Court of Chancery）对我们是一个莫大的安慰！作为一名法官，他现在耳聋非常严重，真的可以说听不到正义的声音！我喊破嗓门也几乎无法让他听到。在波拿巴的餐桌上他的处境肯定会使他自己和他的同桌感到开心。他的一个儿子将不得不一直坐在他身边，不断朝他大喊：利文斯顿先生！利文斯顿先生！利文斯顿先生！公民无库套汉①在跟你讲话！”[125]特鲁普可以很开心地见到利文斯顿被调至法国，但拿

① 公民无库套汉：sans culottes，法国大革命时期贵族对于贫苦的共和主义者的蔑称，也指激进分子。——译注

破仑显然没法同他一样开心。古弗尼尔·莫里斯写信给大法官说:"法国人认为,能做一个不会**说**他们语言的公使的继任者非常了不起,我们现在派去一个不能**忍受**他们语言的人。"[126]

新公使的随行人员包括他的妻子,他的两个女儿,以及她们的丈夫。他们将担任他的秘书。因为没有男性后代,大法官做了第二件最好的事情:他把女儿嫁给了利文斯顿家族。该王朝发现这种族内通婚是对限嗣继承法的极好替代。因为它不再允许将大额财产原封不动地传给长子,那么将土地留在家族之内的最好办法就是族内通婚。因此到第五代和第六代,在克莱蒙特利文斯顿和庄园利文斯顿家族之间或之内的通婚达到了10对。大法官让两个孩子专心于这种巩固过程。长女伊丽莎白·史蒂文斯·利文斯顿(Elizabeth Stevens Livingston),与独立宣言签署人菲利普的孙子和菲利普·菲利普(Philip Philip)的儿子爱德华·菲利普·利文斯顿(Edward Philip Livingston)订了婚,后者已经迁往西印度群岛,在那里建造了一个相当大的庄园,然后成为了牙买加议会的成员。爱德华·菲利普随后成为纽约州参议员和副州长,但由于他在国外出生,没有资格担任州长职务。[127]大法官的二女儿玛格丽特·玛丽(Margaret Maria),是家族中的美人。德国戏剧诗人科策布(Kotzebue)称她为维纳斯最小的妹妹。她嫁给了第三位领主的孙子罗伯特·L.利文斯顿。[128]大法官的女婿在他死后会继续执行他庞大的汽船制发展计划,而他会为他们封闭的经营作风和严格僵化的政策感到自豪。

大法官担任美国驻法公使期间,最大事件是购买路易斯安那(Louisiana Purchase)。巨大的一次领土割让,包括现在的阿肯色州、密苏里州、艾奥华州、内布拉斯加州、南达科他州,将近全部的奥克拉荷马州和堪萨斯州,以及北达科他州、蒙大拿州、明尼苏达州、科罗拉多州以及路易斯安那州的大部分土地。"其他极其重要的条约都是由美国代表签署,"亨利·亚当斯写道,"但在这些条约当中,没有一项条约的签订导致美国政府以极小的代价换取了极大的利益。合并路易斯安那的事件影响如此重大,乃至无法形容。它赋予了政治新的面貌,其历史意义仅次于《独立宣言》和宪法的正式通过——这些事件都是可想而知的必然结果。但作为外交事件,它无与伦比,因为它几乎未花任何代价。"[129]大法官利文斯顿对这一事件有多大功劳?计划是杰斐逊想出来的,决定是拿破仑作出的,虽然也是迫不得已,因为假如他不把土地卖给美国的话,英国人就会从他手里给夺去。在最后一刻被派往法国的门罗支持者,认为他有部分功劳。但硬骨头是利文斯顿去啃下来的。是他一天一天地去敲响塔列朗的门。他是“路易斯安那购买的历史中，美国方面的主要人物”。[130]或许他还不止如此，约翰·昆西·亚当斯这样认为。“合并路易斯安那的功劳，”这位能言善辩的老人，“无论被视为是善还是恶的来源，也许归于罗伯特·L. 利文斯顿的比重应当大于其他任何一个人。”[131]“我们活得很长，”利文斯顿签完条约后说，“但这是我们人生中最高贵的工作。”[132]大法官的政治生涯就此结束了，但他还进行了一项极其重要的活动。他在巴黎的职位被他的内弟约翰·阿姆斯特朗(John Armstrong)取代，其提名资格被副总统的一票从拒绝接受的参议院那里挽救了出来。“无所事事和动辄生气”是阿姆斯特朗内阁的特征。[133]

在美国关于汽船的故事是一张政治、技术和人际关系纠结在一起的大网。牵扯到了4个人，这4个人是：大法官罗伯特·L. 利文斯顿，罗伯特·富尔顿(Robert Fulton)，约翰·史蒂文斯(John Stevens)和尼古拉斯·罗斯福(Nicholas Roosevelt)。第五个人，本杰明·拉特罗布(Benjamin Latrobe)，起了次要作用。通俗历史，在论功行赏的时候，将富尔顿作为汽船的“发明者”，而利文斯顿的钱，亨利·亚当斯说，“成就了富尔顿不朽的名声”[134]。关于其他人，史蒂文斯主要以他作为铁路开拓者的地位、留在人们的记忆中，而拉特罗布则作为一名伟大的建筑师以及美国国会山的设计者被人记住，罗斯福基本被人忘却了。

5个人有很多的相同之处：飞扬的想象力，一贯的热情，从一样活动换到另一样活动的交替前进的能力。至于在机械和创造能力方面，富尔顿与拉特罗布显然是天才，罗斯福是一位合格的专业人才，史蒂文斯是凭灵感的业余人士，利文斯顿是一个实验性的半吊子。

这里有五个人，他们受发明女神的驱使，求名胜过求利。单凭这一点就注定了他们没有能力解决他们之间的分歧。但是他们的关系又因家族同盟进一步恶化了：富尔顿娶了利文斯顿的堂妹，罗斯福与拉特罗布的女儿成了亲，利文斯顿则娶了史蒂文斯的妹妹作为妻子。

约翰·史蒂文斯是在美国与他同性和同分支的第三个名字。[135]他的祖父，第一个约翰史蒂文斯，是一个富于机智和讨人喜欢的房地产投机商，靠占用和拥有土地赚了一大笔钱，尤其是珀斯·安博伊(Perth Amboy)那块地；第二位约翰·史蒂文斯娶了詹姆斯·亚历山大的女儿，然后成为了独立战争时期的一名政治家，大陆会议的成员，批准了联邦宪法的新泽西会议主席，威廉利文斯顿首次被选为州长时背后的主要人物；第三位约翰·史蒂文斯也试着从政。他是新泽西 1777—1782 年的财政部长，因为他的簿记技术使他花了好几年才理清了本周的财务关系。[136]他还花了大约 9 000 美元买下了总共 564 英亩的霍博肯(Hoboken)，这块地是从亲英分子威廉·贝阿德那里没收得来的(这块地产在史蒂文斯 1838 年去世时的估价超过 100 万美元)。但是他有太多有趣的想法，以至于他没有时间担心如何开发自己的土地。比如，他建议在曼哈顿和长岛之间修建一条表面用厚重的防水皮革覆盖的隧道。[137]他漂浮"在用他自己的本票笼罩着的世界中"。[138]他迷上了菲奇(Fitch)和拉姆齐(Rumsey)的汽船实验，于是向他的妹夫寻求进入这个新奇领域的经济援助。他的妹妹玛丽嫁给了大法官利文斯顿。她是一个"有礼貌理智和富有教养的女人"，对她丈夫的和她哥哥的奇思怪想毫无兴趣，但是她努力使他们两个之间尽可能友好相处。[139]

妹夫将尼古拉斯·罗斯福拉进来一起合作。他是一个富裕的金匠的儿子，被公认为是美国一流的引擎制造者。作为年轻人，罗斯福已经做过用于汽船航行的明轮(paddle wheels)实验。他现在想让史蒂文斯和利文斯顿对它的原理产生兴趣。但是利文斯顿否决了罗斯福的想法。他并没把自己仅仅当作该项目的赞助人，正如他曾经跟约瑟夫·普里斯特利(Joseph Priestley)所讲的："机械学是我的业余爱好。"[140]罗斯福公开声明他厌恶什么都知道的业余人士。然而尽管他们之间有摩擦，但三人小组还是设法打造了一种能够在静水中每小时划 3 英里的技艺。这还不够好。利文斯顿设法向纽约立法机关游说，使其通过一个法案，如果他们能够建造一艘能够在一小时向上流航行 4 英里的话，就给予他的联合小组对哈得孙河的垄断权。政治家们被大法官的科幻倾向逗乐了，欣然答应他的怪念头。因为，正如拉特罗布(Latrobe)写的："靠蒸汽为动力的航行被认为与靠大法官公园里的驯鹿航行同样可行。"[141]在这一刻，大法官认为"利文斯顿-史蒂文斯-罗斯福垄断"结束了(这个解释受到法律的质疑)，从而作为美国公使远赴巴黎。

在巴黎，利文斯顿结识了罗伯特·富尔顿，一个贫困的宾夕法尼亚农民的儿子，他本来是到欧洲学习绘画，却转向了不像绘画那样安稳的职业——制造潜水艇和鱼雷。我们的外交官对富尔顿的潜艇心驰神往，而潜艇在当时被职业军人视为非人道之物。当伦敦皇家学会秘书查尔斯·布莱格登(Charles Blagden)爵士提出"没有哪个文明国家会同意使用它"时，利文斯顿回答说，既然现代战争是商业战争，通过潜艇运输大规模杀伤的能力可终结战争。[142]

一项哈得孙河流的新垄断权在大法官的内弟托马斯·蒂洛森(Thomas Tillotson)的点头之下被立法机关通过。这一次专属权被给予了利文斯顿和富尔顿。约翰·史蒂文斯有机会出钱入伙,但是他拒绝了。他有他自己的汽船计划,不希望与富尔顿一起分享发明人的荣誉。此外,现在他觉得州垄断不合乎宪法(这个观点后来在史蒂文斯家族与斯托克顿家族在新泽西组成了一个铁路垄断公司之后被修正了)。1807 年 8 月 17 日、18 日,**汽船**号——后来重新起名**克莱蒙特**号——成功完成了从纽约到奥尔巴尼的处女航行。这条外形粗陋的船,看上去像是一架装在一条平底驳船上的大型锯机,还被火烧过了一样。

当载着一部分时尚的利文斯顿亲戚的代表船到达克莱蒙特码头之后,大法官当众宣布了罗伯特·富尔顿与他的堂妹哈丽雅特(Harriet)——庄园分支的沃尔特·利文斯顿(Walter Livingston)的女儿订婚的消息。此前大法官一直谨慎地等待着,直到富尔顿的汽船试验成功。大概让利文斯顿家的人答应一个失败者的求婚是不合适的。富尔顿的传记作者将这场婚姻视为"毫无疑问受到未来新娘将是利文斯顿家族的成员之一的事实影响的一种结合"。[143]然而拉特罗布发现哈丽雅特是"一个极有学问的女人,受过点挫折……阅历丰富、姿态优雅、生气勃勃,具备掌控任何男人的能力"。[144]

富尔顿的汽船是由一度被利文斯顿拒绝的明轮推动的。那些支持罗斯福是汽船发明者的人争辩说,大法官想起了罗斯福的建议,然后将其传达给了富尔顿。但是。研究汽船的历史学家詹姆斯·托马斯·弗莱克斯纳(James Thomas Flexner)永久结束了这类猜测。富尔顿的角色不是作为一个原创的思想家,而是作为一个能够将所有过去的成果加工成统一的和达到预期效果结论的集大成者。其他人,包括罗斯福和史蒂文斯,对发明作出了重要贡献,但是"通俗历史是正确的:罗伯特·富尔顿是汽船的发明者"。[145]

大法官开始着手为汽船争取在俄亥俄、肯塔基、田纳西以及路易斯安那州的垄断权。他仅在路易斯安那获得了成功,这里他的弟弟爱德华已成为了政界实权人物。与此同时,在纽约垄断权受到了来自各个方面的挑战,包括约翰·史蒂文斯。连襟之间的关系现在处于"一种私人感情和职业敌意的古怪的混杂状态"。[146]史蒂文斯与富尔顿之间也产生了相互怨恨。富尔顿谴责史蒂文斯花言巧语从他这骗取机械学知识。如果"一个人利用了我的专业知识,即使是他自己的自愿行为,"他写道,"我会立刻坚持我在法律和司法上享有的所有权利。"史蒂文斯迅即回应道:"你即日的信件措辞是如此无礼,以至于我不认为我有答复你的必要。"[147]与此同时罗斯福也通过他的岳父强对富尔顿提出他的权利要求。拉特罗布写信给女儿,"我对富尔顿既尊敬又喜欢,并相信他是诚实的,但他全部身心都扑在自己的利益上。对大法官我没有什么好印象"。[148]罗斯福最终获得了为纳齐兹-新奥尔良贸易建造一艘大船的权利,该项贸易是在爱德华利文斯顿监督之下进行的。拉特罗布也参与了进来,成为在匹兹堡的一名汽船建造者。但罗斯福与拉特罗布很快发现他们与富尔顿无法友好相处。1813 年大法官去世,这就实际上终止了利文斯顿家族与史蒂文斯家族之间,任何能达成妥协的机会。约翰·史蒂文斯将汽船上的利益移交给了他的儿子,因为他现在有了一项更能引起他迫切兴趣的目标——开发用于铁路的蒸汽引擎。富尔顿将他的汽船专利股份卖给了大法官的女婿,后者随后拒绝了他提出的特殊河道航行权的要求。富尔顿的怨恨溢于言表:"在此之前我从来没有为我自己的亲戚求人帮忙。现在我求了,但遭到了拒绝,理由是这件事有利可图。可我在同意将以上特权授予利文斯顿家族的时候并没有把这当作理由。"[149]汽船交由谁来控制的争议最终提交美国最高法院裁定。"这是一项发明",拿破仑说它"可以改变世界的面貌"。然而对它的开发者来说,这项工业革命中的伟大突破的使用却以吵吵嚷嚷和相互仇恨而告终。

利文斯顿家族对纽约州的控制结束于 1808 年,这年大法官的内弟,摩根·刘易斯(Morgan Lewis)未能赢得州长连任。刘易斯的结果证明他没有能力凝聚一股政治势力,大法官退出政坛,爱德华流亡,家族中唯一凭着坚毅和耐力成为一名引人瞩目的领导人的成员布罗克霍斯特·利文斯顿(Brockholst Livingston)经最高法院批准被开除出政界。纽约州的第一个伟大的政治王朝的最后一幕将在距离遥远的路易斯安那上演。

爱德华·利文斯顿,前纽约市长和地方检察官,很快就确立了他在新奥尔良的首席律师地位。他更有趣的委托人之一,是琼·拉菲特(Jean Lafitte),一名英俊冷酷的海盗,他在墨西哥湾封闭的巴拉塔里亚湾岛(Barataria Bay)上经营着一家具有相当规模的走私企业。据传,利文斯顿和约翰·格里姆斯(John Grymes)分别接受过 2 万美元作为拉斐特的弟弟皮埃尔(Pierre)辩护的费用,但格里姆斯在从巴拉塔里亚返回新奥尔良的途中将身上全部的 4 万美元赌个精光了。[150]

当安德鲁·杰克逊在 1812 年战争中为新奥尔良辩护的时候,这种令人不快的联系使美国处于有利地位。利文斯顿与拉菲特兄弟的关系帮助说服了海盗支持美国人,尽管这是来自英国人旨在牟利的提议。杰克逊曾是利文斯顿在国会中的同事,现在他任命这位检察官作为他的副官。利文斯顿对从军当兵这行一窍不通,反过来杰克逊对作文写字这套也完全不懂。利文斯顿的任务是为将军起草命令和公告声明等文件。

当爱德华 24 岁的时候,他娶了纽约的一位商人的女儿玛丽·麦克弗斯(Mary McEvers)为妻子。对这位"最尊贵的美女"最生动的回忆是,在玛莎·华盛顿举办的一次周五晚会上,她的鸵鸟羽毛头饰被火点燃了,随后被总统的副官将火苗扑灭。[151] 1801 年玛丽谢世。在新奥尔良,艾德华娶了第二任妻子,一位可爱的黑眼睛、鹅蛋脸,年仅十九岁的孀妇路易丝·戴维扎克·莫罗(Louise D'Avezac Moreau)。她是圣多明各一位种植园主的女儿,这位种植园主在奴隶暴动期间被迫离岛。在他们结婚的时候,路易丝不会讲英语。

在新奥尔良战役中,利文斯顿获得他的内弟奥古斯特·吉纳维芙·瓦伦丁·戴维扎克(Auguste Genevieve Valentin D'Avezac)的任命,当上了军队检察官。戴维扎克后来成为利文斯顿在路易斯安那政界的值得信任的代理官员,以及新奥尔良最重要的刑事诉讼律师之一。关于他,据说"他的委托人中没有一个人被判过死刑"。[152]

利文斯顿从未觉得自己是路易斯安那州人。他一直是一个失去家园的纽约人,哪里能提供让他偿还巨大债务的最佳机会,哪里就成为他的临时居住地。然而正是路易斯安那给予了他成就不朽声名的机会。他接到委托,让他为州撰写一部刑法典。结果立即给他带来了享誉国际的名声,然而具有讽刺意味的是,立法院拒绝接受改革。假如这样做了,一位知名的社会学家说,路易斯安那"将至少领先于世界其他地方一百年"。[153] 他所提出的体系,照维克多·雨果的看法,值得让利文斯顿"跻身当代最有价值和最为杰出的人物之列"。杰里米·本瑟姆(Jeremy Bentham)敦促议会将利文斯顿法典付诸出版发行,以其作为英语民族的指导。这位拟定法典者的著作同样得到了俄罗斯·瑞典和荷兰君主的称赞。[154]

自到了路易斯安那以来,利文斯顿一直在寻求公职,然而始终未能如愿。他在 1812 年、1818 年和 1820 年三次竞选国会议员均遭失败。最终在 1823 年,已经有点驼背的 59 岁的爱德华在时隔 22 年多的时间之后又重返国会。在他曾经的同事当中,唯有罗阿诺克的约翰·伦道夫(John Randolph)还在国会。他们曾是势不两立的对手(伦道夫曾说到利文斯顿,"他像月光下的腐烂的鲭鱼那样发亮发臭！”）。[155]然而他们竟共享了唯一参加了两次交由众议院决定的总统竞选投票的人士的荣誉。利文斯顿在1801年的杰斐逊选举中，曾是一个重要人物。1824年，当竞选最后在约翰・昆西・亚当斯和杰斐逊两人之间进行时，他保持了对他的故友和将军的忠诚。但是他几乎没起到任何作用，亚当斯第一轮选举就成功当选。

在接下来的6年众议院和2年参议院生涯中，利文斯顿是一位忠实的杰克逊的追随者。只有一次他偏离了他所在党的政策路线。当杰克逊总统提名黑马哈里・李为驻阿尔及尔总领事之后，利文斯顿拒绝支持这位道德败坏的弗吉尼亚人。当1831年重组内阁成为必需的时候，他这几乎完美的投票记录得到了总统的赏识。大为惊讶的利文斯顿被选中担任新的国务卿。他写信给挚爱他的妻子：“我来了，美国的第二号人物——有人说是第一号。在由杰斐逊、麦迪逊和门罗充任过，以及由在他们中的任何一个之前，我的兄弟充任的位置上，在克莱以极大的代价换取的位置上，在亚当斯亲自坐过的安乐椅上，在被每一个政客视为只差一步就登上抱负阶梯之最高层的职位上，在伟大的魔术师‘范布伦’据他们说，酝酿魔力的那个地窖中。我来了，毫不费力、不受任何约定的控制，不受对政党或人的任何承诺的约束。我来了！”[156]

然而一旦上任这位老兄对当局毫无作用。他的记忆力开始衰退，杰克逊转向其他地方听取意见。“他是一位颇有教养的学者，一名富有才华的作家，同时也是一个最为杰出的人士，”总统说，“但是他对人类一无所知。”[157]只有一次利文斯顿克服了他的弱点，杰克逊打电话给他新奥尔良的旧捉刀人起草《联邦法令废止权公告》(*Nullification Proclamation*)。“让它充分体现出你最好的雄辩吧。”总统发出命令。[158]而利文斯顿为杰克逊构思了一份警告南卡罗来纳州主张脱离联邦的短文，一针见血，雄辩有力。

1813年利文斯顿离开国务院，去担任驻法公使馆馆长。他的生涯现在完全与他大哥的一模一样：议员、国务卿、驻法公使。罗阿诺克的约翰・伦道夫为爱德华的“最能干的助手”路易丝感到高兴：“**邋遢女人**，邋遢女人不适合欧洲宫廷——尤其是巴黎。”他写信给他以前在议会中的同事说：“在那里以及在伦敦，公使夫人的身份和名声几乎与他自己的一样重要。这是最适合她的地方。在那她一定会光彩夺目，令人称羡。巴黎的沙龙肯定要比华盛顿的粗汉对她更有吸引力。”[159]具有迷人的法国口音的路易丝，已经能将她的世俗头脑的遗传特征与卫理公会的信条成功结合在一起，对后者的皈依是在她的嫂子弗里伯恩・加勒森(Freeborn Garrettson)的主持下完成的。在老年阶段，爱德华给妻子写信:"过去五十年来你做过些什么?除了凭借你的深谋远虑让我避开了许多莽撞的行为,并在每一项光荣和有益的事业中给予我鼓励,在我遭受苦恼和折磨几近崩溃之时给予我安慰。如果没有你在我身边叫我忍住,我会放弃努力。我有今天,我亲爱的路易丝,主要归功于你。"[160]

利文斯顿将要在欧洲与他的内弟奥古斯特·戴维扎克联手。后者曾在1829年被杰克逊任命为驻荷兰临时代办,然后历经四位总统,并在这个职位上干了整整14年。思维缜密的杰克逊同时还让利文斯顿独生女的丈夫托马斯·彭南特·巴顿(Thomas Pennant Barton)担任法国公使馆秘书。这位年轻人出自名门,是个爱挑剔的费城人,后来成为美国最伟大的藏书家之一。[161]巴顿为了获得可爱的科拉(Cora)的芳心,经历了激烈的竞争。乔赛亚·昆西(Josiah Quincy),在汇报1826年举办的一场华盛顿舞会时写道:"我被介绍给科拉·利文斯顿小姐,我必须有描绘玫瑰的本领才能描绘出这个毫无疑问是美国最美丽的女子。首先,她不够端庄,我是说不属于超凡脱俗的那种端庄。她身材极好,脸蛋俊俏,舞姿优美,衣着出挑。对她的追求者来说,她是难以企及的目标。"[162]

驻法使馆有一个至高无上的目的——拿到拿破仑战争期间,美国运输业损害赔偿,共计2 500万法郎。公使利文斯顿圆通、坚定、执着,然而徒劳无功、一事无成。最终杰克逊失去了耐心,给国会发去一条直截了当的信息,敦促他们赔款。这下高卢人的自尊心受到了伤害,而利文斯顿的作用也宣告结束。在女婿的陪同下他离开了公使馆,回到蒙哥马利的住所——他姐姐遗赠给他的庄园。理查德·蒙哥马利的遗孀将一生中很长一段的寂寞时光花在了修建一个包含喷泉、幽谷、树丛以及观赏园在内的景观场所。但爱德华享受安居静养的时间不到一年,于1836年去世。

没有子女的巴顿夫妇随后搬到了那间俯瞰哈得孙河的房子,在此托马斯将他33年的余生花在了亲自打扫和摆弄他的16 000本藏书上。1856年乔赛亚·昆西碰巧经过蒙哥马利的住所,时隔30年之后再次被介绍给科拉。"我不愿描绘这位老夫人,一副穿戴刻意朴素的模样,"这个具有骑士风度的波士顿人写道,"我打盹的时间比瑞普·凡·温克尔的时间还要长10年(30年),而这就是惩罚……'你们是不会了解我的!'巴顿夫人说。我只能沉默。"[163]

从1774年威廉和菲利普兄弟俩去费城,到1831年爱德华离开参议院当上国务卿,美国国会中有过7个利文斯顿家的人。这创造了本王朝的记录,此后家族中偶尔出现一两个公职人员：一个利文斯顿在纽约州众议院任职两年，另一个担任驻厄瓜多尔公使一年时间。[164]但这些现在都是遗传性的爱好而已。大法官的一个曾孙，他在意大利拥有一幢别墅，靠研究家谱和殖民地历史打发日子，1898年决定竞选议员，后以25票之差告负。[165]

在独立战争的这一代中，纽约有22个利文斯顿，其中有15个担任政治职务。两代人之后只有5个公职职位为本王朝担任，尽管现在有45个利文斯顿了。到19世纪中叶只有一个利文斯顿还担任公职。

单单通过女性这条线——主要通过嫁入纽约菲什(Fish)家族和新泽西的基恩(Kean)王朝——利文斯顿的基因尚存留政界。[166]随着家族进入南北战争前的美国，无论他们还在多大程度上参与政治，那也只是对"正确的党派"作出形式上的贡献，以便确保政府仍会保护贵族的利益。

王朝的灭亡是自身因素导致的。不是人民让他们退下，而是他们自己离开了人民。正如历史学家乔治·丹杰菲尔德(George Dangerfield)所言，他们不希望"屈服于大众政治的要求"。当大法官利文斯顿被问起他为何离开政界时，他回答说，"我可能发现了自己的失策，去为一群被过多的奉承拍马弄得很难讨好的上司当出头鸟，去与一帮无足轻重的人密谋划策，为了每个靠抽烟喝酒混上乡村首领荣誉职位的恶棍的野心去采取措施或提供诱惑。"[167]旧的防御机制一个一个地被废除了：首先是口袋选区被废除，然后是参加投票的财产限制被1821年的纽约州宪法废除。1844年宪法修正案废除了担任公职的财产限制。最终，1846年州宪法规定所有公职都必须由选举产生，包括法官的职位。政治不再是利文斯顿家族人把玩和热衷的游戏。

所以他们退隐到了乡下的庄园。大概在利文斯顿庄园创立之后的150年，王朝的1/4都生活在它的影响之下。他们与利文斯顿家族中别的分支通婚：庄园中的1/4的男人和第五代的克莱蒙特分支都在家族内通婚。他们的后代寥寥：平均每一个利文斯顿家庭生育的子女的数量从第三代的9个下降到了第六代的2个。他们的收入现在来自投资而不是经营活动。[168]而当初站在高高的哈得孙河岸上，其余的世界根本就不在他们的眼里。

该王朝一路奋斗，终至巅峰。利文斯顿家族的人可能忘记了一路的奋斗，或者希望忘记其中的一些细节。但有一点他们很确定：他们是贵族，这本来就是他们想要的目标。古斯塔夫斯·迈尔斯(Gustavus Myers)写道，该家族的箴言是"一人得道，鸡犬升天"。[169]现在，在社会和经济的意义上，利益已经获得了，眼下要考虑的是如何保持住这些利益。曾经让一大家子人分别参与到应对经济与政治战争中是必要的。现在已经不再需要将儿子们安插在具有战略性的政府岗位上了。要多少子女来剪息票呢(clip coupons)？也许，如一位学者表达的意见，“更少的孩子意味着在被认可的圈子之外，通婚的危险降低了”。[170]

还有，维持现状有时是一项专职工作岗位。新的冒充上流社会的团体一直会出现。在1820年代和1830年代的纽约，新英格兰人便是如此。利文斯顿家的一个人写信给另一个人说：“你想怎么谴责RC就怎么谴责RC，因为我一发现他是一名北军士兵就断绝了同他的来往，所以你怎么说他的不是都不过分，因为我讨厌北军士兵。”[171]记录北军士兵精英对世界非人道行为时，编年史家约翰·P. 马昆德(John P. Marquand)脸上一定带着嘲讽的微笑。

当1836年纽约第一家绅士俱乐部联盟成立的时候，它的注册会员中有十四名利文斯顿家族成员。当1871年灯笼裤(Knickerbocker)成立的时候，因为联盟选择成员的要求不是那么严格，注册会员中有4名利文斯顿家族成员。

合格的利文斯顿男性属于这些俱乐部，还属于圣尼古拉斯协会(St. Nicholas Society)(其成员资格局限于那些其祖先在1785年之前定居纽约的人)，以及纽约家谱和传记协会(Genealogical and Bio-graphical Society)。他娶了一个利文斯顿家族的人，或者，假如恰好找不到这样的一个人时，就娶较为古老的纽约家族，通常是德佩斯特家族(De Peysters)中的成员。在极少的情况下他可能必须要住在巴尔的摩或费城。他有两个孩子。他的钱投资在祖先留下的土地上和可靠的铁路股票上。他或许不算百万富翁，但50万肯定是有的。他有三个家：一个在纽约(第五大街)，另一个在达奇斯县，第三个很可能在缅因州的巴尔港(Bar Harbor)。他不参与政治，也不是任何慈善机构的负责人。王朝距离产生又一个全国性政治人物最近的是财政部长奥格登·米尔斯(Ogden Mills)，其母亲是利文斯顿家族的人。

合格的利文斯顿女性有与她的兄弟极为相像的背景。但是，她被允许嫁给某个牧师、医生或者军官结婚——这些职业都是他的兄弟不会考虑去涉足的，他也不会与这类职业家庭的人结婚。[172]

随着王朝越来越退回到它自身的社交圈子当中，一个典型的利文斯顿家族的成员，按1867年的一份讣告所言，是这样一个人，他的“从祖先传下来的大量财富，使他不需要经受任何劳役之苦，他的生命在消遣中度过，乡村和农业，正合他的口味”。[173]一代又一代的利文斯顿家族成员似乎都越来越刻意避免生产性活动，这一趋势最终到1889年有了最终的结果，是年罗伯特·E. 利文斯顿去世的当天,《波基普西白日之鹰》(*Poughkeepsie Daily Eagle*)宣布“他从未形成任何爱好”。[174]

国会中没有出现过利文斯顿家族的人员已有146年了。显然是到了为王朝写讣告的时候了。1831年路易斯安那的爱德华·利文斯顿离开了参议院。

然后到了1977年,第一位领主的直系后裔罗伯特·“鲍勃”·利文斯顿——1673年来到美国——从与爱德华曾经代表的同一个路易斯安那的国会选区被选入了众议院。在第四代的爱德华和第十代的鲍勃之间,利文斯顿家族没有出现过经选举而晋升的人。[175]

曾12次当选的新利文斯顿家族国会议员为人低调,串升很快。当共和党成为多数党之后,鲍勃成了具有实权的拨款委员会的主席。在纽特·金里奇(Newt Gingrich)继1998年选举失败辞去众议院发言人职位之后,排在鲍勃·利文斯顿后面准备接替他位置的共和党人有一大排。作为已被任命而未上任的发言人,他担任了众议院议长职务,领导了对美国总统弹劾案进行表决的过程。然而利文斯顿却突然间宣布他不想担任发言人,不想再参加二次竞选。这里的背景故事是《好色客》杂志(*Hustler Magazine*)出版商拉里·弗林特提出愿意为描写关于国会中共和党的性丑闻故事的稿件支付100万美元稿酬。利文斯顿承认他曾经有过一段风流韵事,严重危及了共和党针对比尔·克林顿的道德立场,从而终结了利文斯顿王朝。

第五章 沃什伯恩王朝

瞄准星星吧。如果什么也没射中，你还会有看见你的箭飞向天空，然后再返回来的满足感。

——玛莎·沃什伯恩致儿子[1]

他们是唯一的一个将 4 个兄弟都送往国会的家庭。更令人称奇的是，这几个儿子分别代表了 4 个不同的州——缅因州、伊利诺伊州、威斯康星州和明尼苏达州——其中有 3 个儿子共同在美国众议院履职 5 年时间。[2]

对从 1851—1895 年长长的一代人而言，以下情况似乎是真的。正如他们的政敌伊格内修斯·唐纳利(Ignatius Donnelly)所说，即在著名的沃什伯恩家族中，好像“每一个年轻男子……在出生到这个世界上的时候，他们身体中最宽的部位都横盖着一个‘M. C.’字样的邮戳”。[3]

然而这只是关于一个缅因州店主的 7 子传说中的一部分而已，这位破产的店主告诫他们说，打开一捆柴枝的唯一方法就是解开它。儿子们谨守这些格言。在国会期间，伊斯雷尔(Israel)、伊莱休(Elihu)(他在他的姓的最后要加个 e)和卡德瓦拉德(Cadwallader)住一个房间，用聪明干练的记者乔治·阿尔弗雷德·汤森(George Alfred Townsend)的话说，“他们彼此喜爱、互相促进”。[4]人们普遍觉得这个如此幸运能拥有一个沃什伯恩家族的议员选区实际上是以一个人的代价获得了三个人的代表资格。[5]

当管钱的伊莱休·沃什伯恩——通常被人称为“财政部的看门狗”——未加反对而让兄弟卡德瓦拉德的拨款法案通过的时候，一位观察家评论说，“当自己家的人走过的时候，这条看门狗叫都没叫一声”。[6]

他们为彼此非常自豪，他们面对敌人时也非常团结。1858 年 2 月在针对众议院席位展开的一场持久而激烈的争吵期间，威斯康星的沃什伯恩赶来为伊利诺伊的沃什伯恩辩护。他一把抓住攻击者的头发，结果头发是假发，它落在了卡德瓦拉德的手里。“这一变故太滑稽了，以致他们都停下笑了起来，而这一停顿就结束了这场争吵。卡德瓦拉德把假发还给巴克斯代尔(Barksdale)。由于激动，巴克斯代尔一开始还把假发戴反了”。伦敦的《笨拙周报》(*Punch*)用诗体语言纪念了这场混战。[7]这件事后来又被沃什伯恩的一个侄子大肆渲染，他说，“他们在议会与野心勃勃的骑士干了好几仗，后者想要轻松击败他们，但他们都是巨人，一般都能应付过去”。[8]

这些“巨人”身高从66—70英寸不等。但他们的成就才更能体现出巨人的特征：伊斯雷尔，在国会工作10年之后，成为缅因州的两任州长；阿尔杰农·西德尼(Algernon Sidney)是缅因州一家银行行长；伊莱休在众议院任职十八年后成为国务卿及美国驻法公使；卡德瓦拉德·科尔登(Cadwallader Colden)是五任议员、联邦军队少将、威斯康星的州长，以及家族中首位百万富翁；查尔斯是一位采金者、小说家、报纸编辑、发明家，以及美国驻巴拉圭公使；塞缪尔(Samuel)20岁当上商船队的船长，然后在达令要塞(Fort Darling)战役中指挥一艘联邦炮艇并受重伤；威廉·德鲁(William Drew)在众议院工作六年，在参议院任职六年，然后成为本王朝中第二位百万富翁。

说老伊斯雷尔·沃什伯恩一大家人，贫穷一词是不够的。在描述他早年为了孩子而奔波的生活时，当时的驻法公使伊莱休·B.沃什伯恩写道，“我们家是非常非常穷”。[9]

1829年父亲在乡下的小店已经被警长扣押了，一切法律允许的东西都被卖掉了。欠“洛夫韦尔叔叔”(Uncle Lovewell)的25美元债务，只得让伊莱休去当了5个月的农场工人。父亲沃什伯恩转而在缅因州的利弗莫尔的一块地方从事农业，这块地方被人说成是“到处是岩石，连土壤也很难见到”。[10]

所有兄弟都会说，伊莱休当时就这么说的，“看到家里的贫困和父母的艰辛之后，我决定独立谋生。从我14岁起，我不再是父母要为我花销的孩子，而是我能把各方面挣来的小钱都用来补贴家用”。[11]男孩去当售货员、零工和教师。伊莱休，在读了本·富兰克林的自传之后，成了一名印刷工的艺徒。在日后的岁月，当参加国会竞选时，他跑进县报社的办公室，拿起排字手托(composing stick)，排上几行字。

在儿子当中通常只有一件比较好的上衣大家轮流着穿，这件上衣是由他们的母亲用自己家的羊身上取下的毛做成的。这件家族上衣后面没有开缝，这是为了最大限度地利用这匹布料。这对男孩子是个尴尬，但他们的母亲提醒他们，“头上有脑袋比衣服上有尾巴要好得多”。[12]

但是，贫困并不是耻辱的标记。沃什伯恩家族中特别令人尊敬的新英格兰人，是约翰·沃什伯恩的后裔，他在1631年来到普利茅斯殖民地。曾祖父沃什伯恩曾经是1780年写下马萨诸塞第一部宪法的大会成员；祖父沃什伯恩曾在独立战争时期的陆军服役。即便连父亲沃什伯恩这位贫困的店主，也被认为是镇上最重要的公民，一个乐观开朗的讲故事者，他四次被选入州立法机关。他的弟弟鲁埃尔(Reuel)曾是遗嘱检验法庭的法官和州参议员，曾以5票之差输掉了一场遭到质疑的国会选举，尽管家里人从未承认这次失败。[13]

然而母亲才是家中的动力。玛莎·“帕蒂”·本杰明(Martha “Patty” Benjamin)，同样也是精力充沛的新英格兰人的后代。她是一个无畏的女人，对儿子寄予无限的希望。尽管家中经济困难、捉襟见肘，她还是建起了一座大房子——原来的房子，在她看来，对儿子的将来不太有利。之后在他们到达成年准备离开家的时候，沃什伯恩夫人举行了一个简单的仪式：在每一个即将要离开家宅的儿子左手的第三根手指上，她戴上了一个普通的金色指环(gold band)。儿子们——身为立法者、州长以及外交官——都终生戴着母亲的指环。

当被问起为什么她的儿子都迁往不同的州时，骄傲的母亲回答道，“没有一个州能大到足以容纳他们”[14]。

第一个去西部的是卡德瓦拉德。1839年他沿伊利运河去布法罗(水牛城)，登上了开往芝加哥的汽船大西部号，然后骑马去艾奥瓦州达文波特。此次航行受到西德尼的资助，后者次年也同样贷款给用于“旅游”的伊莱休。西德尼一直在波士顿一家杂货店的柜台上卖货物。他回到缅因州时，身份是哈洛韦尔银行的一名出纳员，最后当上了该行行长。哈洛韦尔是当时缅因州内陆最主要的进出港口，当地的金融机构头头在本州都是有头有脸的人物。[15]但与他的兄弟的成就比起来，西德尼的成就只能算是一般般：他是待在幕后的人物，专事助臂他人，同时也享受着他们的成就。

听卡德瓦拉德的劝告，伊莱休定居在有4 000人口的伊利诺伊州的加利纳。来自于热河(Fever River)铅矿的男人就居住在周围的村子里。这对一个年轻的律师来说是有好处的。“这群人属于好打官司的一伙。”伊莱休说。[16]

同时，卡德瓦拉德已启程去威斯康星的矿点市，成为了一名森林投机客以及当地银行的共同拥有人。到1856年他拥有的财产估计达到50万美元。这个速度对他的合伙人赛勒斯·伍德曼(Cyrus Woodman)来说太快了，后者拿走了属于他的利润，离开此地去了欧洲，好让他的孩子能学习外语。但卡德瓦拉德还是继续干，挺过了一次又一次金融危机，经常是从伊莱休那里获得了及时贷款，后者坚持高利率并说这是为了他兄弟好。“我不认为你会开心，”伊莱休写信给卡德瓦拉德，“除非你能买下全世界，再给它留个票据。”[17]卡德瓦拉德的投资项目延伸到了明尼苏达州。在圣安东尼瀑布(Falls of St. Anthony)附近，他成为了明尼阿波利斯(磨坊厂)制造公司的主人，这家公司控制着瀑布西侧的水电资源。1857年，最小的弟弟威廉德鲁到达明尼阿波利斯，被任命为公司秘书。

塞缪尔1842年当上了水手，航行在波士顿-利物浦和波士顿-新奥尔良的航线上。同年伊斯雷尔进入缅因州立法机关。1844年在兄弟的帮助下，查尔斯进入鲍登学院(Bowdoin College)。毕业后他乘船绕过好望角，航行三个月时间到达弗吉尼亚。这位新加入的淘金者，与另一位名叫利兰·斯坦福(Leland Stanford)的年轻人一起，向母脉(mother lode)出发。

到19世纪中，沃什伯恩兄弟已横跨大陆。

在1860—1861年美国大分裂的冬季12月份，国会议员小伊斯雷尔·沃什伯恩在华盛顿被选为州长。于是他打点行装准备返回缅因州，他的密友参议员威廉·西沃德与他待在一起。这位暂住的客人邀请议员查尔斯·弗朗西斯·亚当斯和他的儿子亨利一起到沃什伯恩家吃饭。“伊斯雷尔像往常一样，”亨利亚当斯报告说，“丑如魔鬼，但一如既往地愉快、紧张和好心。”[18]

此时伊斯雷尔47岁，是7个儿子和3个女儿中年龄最长的。[19]同沃什伯恩家所有孩子一样，他出生在利弗莫尔的那间由时任副总统汉尼拔·哈姆林(Hannibal Hamlin)的父亲修建的房屋中(数年之后哈姆林对一群利弗莫尔观众说“这很可能是沃什伯恩子女能够出类拔萃的原因”。家乡的群众对此报以“大笑”[20])。

由于个矮、近视，同时上身宽大超过双腿，身材比例失衡，年轻的伊斯雷尔不适合干体力活。在充满竞争的沃什伯恩家里，商店售货员的工作非他干不可。此后，由于读不起大学，他就随鲁埃尔·沃什伯恩学习法律，同时毫无疑问地，他还跟他叔叔学到了大量关于政治方面的知识，后者85岁时在一次镇民大会上，发表了一番铿锵有力的讲话，之后离开了人世。

如今，10年过后，伊斯雷尔将要结束他杰出的国会议员生涯。当他1851年进入众议院时，他曾宣称他自己是“坚定的自由主义者，且凭良心做事”。1854年堪萨斯-内布拉斯加法案通过之后几个小时，这位坚定的奴隶制度反对者召集他的30名同事开会讨论组建一个新的政党之事。这次会议并没有确定伊斯雷尔作为共和党奠基人的身份——早先已在里彭(Ripon)和杰克逊(Jackson)等其他地方举行过会议——但沃什伯恩会议是第一次有重要国家领导人参加的会议。因此，伊斯雷尔·沃什伯恩获得了这个新党派主要筹建人之一的地位。

他两次担任缅因州州长，一年一任且大为成功。他在内战初期就职，他的主要任务是召集、装备和运送军队。在此期间，近5万人应征入伍。

1863年他刚结束任期不久，林肯总统任命他为波特兰港的收税员。担任州长时他一年的收入是1 500美元；现在他的新非全日制联邦岗位是一年6 000美元，外加某些代收费和相当数量的赞助费。伊斯雷尔担任这个利润丰厚的职位直到1877年，此时他公开扬言要办一份站在詹姆斯·G.布莱恩(James G. Blaine)对立面的报纸。伊斯雷尔与他已争斗多年。由于要对办报这样一种冒险的事情好好盘算，他结束了在联邦政府的工作。

随后有人请他担任塔夫茨大学校长，但他拒绝了。塔夫茨大学创立于1847年，本是作为为普世主义者的子女提供教育，同时使他们免遭受其他教派影响的危险以及远离波士顿世俗诱惑的一种手段。作为一名虔诚的普世主义者，伊斯雷尔曾积极参与学校的管理。

伊斯雷尔结果选择当了拉姆福德·福尔斯铁路的总裁，这条铁路线从缅因州的梅卡尼克·福尔斯(Mechanic Falls)开往坎顿(Canton)，总长30英里。他一直对建造铁路充满兴趣，在国会的时候他特别倾心的工程就是拟议中的从纽约市开往新斯科舍省怀特港的铁路线。早在1873年他就力主建造一条从明尼阿波利斯途径出发经密执安州苏圣玛丽直达东部的铁路线。1885年，在弟弟伊斯雷尔去世后两年，威廉·德鲁·沃什伯恩(William Drew Washburn)开始修建这条铁路。

伊莱休·本杰明·沃什伯恩比伊斯雷尔小三岁，是王朝中的政治领袖。他十八年的国会生涯为他赢得了“众议院之父”的光荣称号。来自资深国会议员的力量仅次于，他与林肯和格兰特两位总统关系密切的力量。沃什伯恩曾是林肯的竞选传记作者以及内战期间格兰特的赞助人。作为总统，格兰特给了他权力范围内所能给他的最高礼物——国务卿的职位。然而可能正是因为他与格兰特的友谊才使沃什伯恩失去了获得1880年共和党总统提名的机会。

虽然兄弟当中大家可能最尊敬老大伊斯雷尔，但绝大多数的政治利益或好处是从伊莱休这里流出的。当卡德瓦拉德离开国会去筹建一支骑兵队时，是伊莱休，作为众议院拨款委员会主席，确保了骑兵队会成为联邦军队中装备最好的军队。然后伊莱休请求格兰特将卡德瓦拉德调入他的参谋班子，将军立即依从。[21]林肯在一封给伊莱休的信中第一次宣布，他获得了竞选第二任期候选人资格，另外值得一提的是，总统同时将波特兰港收款人职位给了伊斯雷尔。[22]伊莱休还为刚从大学毕业的查尔斯在联邦土地局谋得了一个岗位，它可能对后来林肯作出让查尔斯担任驻巴拉圭公使的决定也有影响。[23]

需要照顾的还有姐夫、妹夫、内兄、内弟——姐妹的丈夫和妻子的兄弟。一个表现伊莱休慷慨大度的例子，在他妹妹玛莎的丈夫看来，表现为接受者根本不知道给他提供了什么样的职位。查尔斯·L.斯蒂芬森(Charles L. Stephenson)写道："我感谢你主动提出为我争取一个本区监察员的职位。……同时我也希望你能把关于这方面的法律和介绍寄给我，这样我就能学一点关于该岗位的职责的知识。"[24]

在沃什伯恩家中，伊莱休总是喜欢插手干预政治。当1868年威廉·德鲁考虑反对议员伊格内修斯·唐纳利时，伊莱休却跳出来试图减轻反对的声调，他指责唐纳利在"值得怀疑的情况下"离开了费城，改头换面，是一个政治两面派、"求官者"、懦夫和说谎的人。[25]

沃什伯恩对林肯和格兰特的影响，部分是由于凑巧：三人都来自伊利诺伊州。但是荣誉大部分应归功于他的政治本能——他的预先认准获胜者的能力。他自1843年冬季以来就与林肯很熟。1847年他称呼他"老亚伯"(Old Abe)，尽管林肯当时才36岁。1860年大会上他是林肯的热情支持者，后来他为林肯写竞选传记，这在一位学者看来对确保获得总统竞选的胜利起了不小的作用。[26]当选总统在3月份被偷偷放到华盛顿时，沃什伯恩是唯一等候在车站迎接他的人，当林肯去世的时候，沃什伯恩是扈棺人。

林肯与沃什伯恩一起参与政治斗争。他们相互受惠、彼此蒙恩，尽管林肯一进入白宫之后义务更多地落在了这位议员身上。但格兰特和沃什伯恩承担了不同的义务。

当1861年5月伊莱休第一次见到格兰特的时候，这位未来的总统是他父亲加利纳皮革店里的售货员。是议员沃什伯恩为格兰特在伊利诺伊州第21批志愿者(Twenty-First Illinois Volunteers)中弄到了一个上校职位，是他通过游说让他一路晋升到准将、少将和中将，是他在夏洛战役①之后担任辩护人。[27]一封写给总统抱怨格兰特饮酒习惯的匿名信被自动传递到他在国会的赞助商，边上还有批注，"格兰特将军被任命主要是E. B.沃什伯恩阁下的推荐——或许我们该问问他"[28](没有采取惩戒行动)。

这些义务被满怀感激地记录在将军给沃什伯恩的信件中。[29]这位国会议员并非没有察觉到他胸怀大志、野心勃勃，以及他终有一天他会用加倍的利息来补偿他的政治投资。[30]

在1865年4月9日进行的阿波马托克斯县府战役②中，沃什伯恩策略性地让自己待在格兰特的身边。

(那天稍晚，格兰特与李为签署李向北军投降的协议而蘸笔其中的那个墨水台，被送给了小伊斯雷尔·沃什伯恩。)[31]在1868年一个选举日之夜，格兰特待在沃什伯恩家的图书馆等待使他成为总统的回报。

全国都想知道这个有权使候选人当选的沃什伯恩人到底属于哪一种人。

"样式是北方的，"一位报人写道，"但货是西部的。他宽肩膀，大肚子……他给你的是一个可爱的胖子的印象。"《纽约论坛报》(*New York Tribune*)接着写："他的头发是铁灰色，留得很长，像个南方人半卷着垂在末端。"[32]

他首先是一位政治家(从他第一次被选入国会到现在18年，他能在记忆中回忆起他所在选区的所有8个县的得票情况)。而作为一名政治家，沃什伯恩是一名激进共和党人(他对安德鲁·约翰逊的看法是："照我的判断国家的安全，好政府的原因，宪法权利与公共自由的保护，都取决于对美国总统的及时弹劾。")。[33]但他的主要名声还是作为公共钱财的热心保卫人，始终对政府铺张浪费保持警觉的人而获得的。对有些人，比如海军部长吉迪恩·韦尔斯(Gideon Welles)来说，他的名声就是"假扮节约"。[34]而绝非沃什伯恩朋友的伊格内修斯·唐纳利说的，假如伊莱休能够上天的话，"他也会大声训斥一群聚集在一起的天使军，二级天使和炽天使，九级天使和八级天使，暗示他们不够

① 夏洛战役：Shiloh，又称匹兹堡登陆战役，美国南北战争中的第二大战役，北军获胜。——译注
② 阿波马托克斯县府战役：Appomattox Court House，1865年4月9日罗伯特·李代表南部邦联向联邦军统帅格兰特投降，内战结束。——译注

诚实，也会请求他们节约，以及让人把宇宙转动的轮子停下来，因为它们消耗了太多的油脂”。[35]

格兰特对沃什伯恩的酬谢是国务卿的职位。由于无视政治背景，它被视为一项令人震惊的任命而受到喝彩。伊莱休或许有担任财政或内务部大臣的资格，但他对外交事务既无经验也无兴趣。吉迪恩·韦尔斯摇头表示难以置信，他在日记中写道，“杰斐逊排第一，沃什伯恩倒数第一”。[36]但是伊莱休仅维持了5天。他3月5日宣誓就任，3月10日宣布辞职。格兰特然后任命他为美国驻法公使。

对这次快速转换，最权威的解释是沃什伯恩本来的打算就是带着获得国务卿提名给他带来的声望去法国。参议员费森登(Fessenden)写道：“有谁曾听说过提名一个人任国务卿只是作为一种恭维？”[37]沃什伯恩对职位的选择是受两个因素的驱使：他妻子的愿望(她是法国血统)[38]以及他自己不稳定的健康状况。不过，即使这种外交职位的下降对许多人而言也是一种不起作用的安慰。“他去担任法国公使，这个职位他还是有些资格的，”《民族》杂志评论道，“然而这些资格具体是什么，那就很难讲。”[39]然而沃什伯恩待在这个位置上长达8年半，比历史上任何美国人都要长，而且被广泛赞誉为自本杰明·富兰克林以来最伟大的驻法外交官。

与他希望的找到“平静与安宁”相反，他被“卷入了本世纪最可怕的事件当中”。[40]因为沃什伯恩在法国的时期恰逢普法战争、围攻巴黎以及巴黎公社等事件。他成了整个战争时期(这是他为后来在1916年和1940年遇到同样情形的美国外大使建立起的一个先例)唯一留在巴黎的外交官。他成为了俾斯麦和法国政府之间联系的唯一渠道，他承担了“地球上一半国家的外交职责”，还监督着3万人的救济款，并成功保护了无数被遗弃的美国财产。他的能力和勇气使他最坚定的支持者也大为惊愕，无数诋毁他的人目瞪口呆。到沃什伯恩返回国内时，他已被认为是获得总统提名的潜在人选。

公使沃什伯恩刚上任时非常安详，法国还在杜伊勒里宫(Tuileries)为他举办了皇家宴会。这是拿破仑三世和欧仁妮的最后一次国宴。法国人将要输掉一场破坏性的战争，巴黎将要面临132天的遭围困状态，22天的遭攻击状态。沃什伯恩是唯一一个来自大国且尚留在他巴黎岗位上的外交官。在受围困的第34天，新鲜的肉开始按每天1/16磅供应，但没有肉。“拴在马车夫的羸弱老马旁边的罗思柴尔德家族的良种马已被牵去了屠宰场。按黄金折算的一磅两美元的驴肉，被认为比马肉质量好。沃什伯恩向瑞士公使保证他不会挨饿，显然具有幽默感的瑞士人学马叫声回答：“咴儿咴儿。”肉铺里备有猫、鼠，还有狗。在被围困的第 66 天，沃什伯恩在日记中写道：“今天最新牌价：猫：普通猫，8 法郎；托马斯猫，10 法郎。老鼠：普通鼠，2 法郎；长尾鼠，2.5 法郎。狗：低等杂种狗，1 磅 2 法郎；胖狗，2.5 法郎。”一位报纸漫画作家，为说明食用啮齿目动物的危险，画了一幅一只猫从一个人的喉咙中跳出追击一只鼠的漫画。[41]

但除饮食外，伊莱休还有其他的事需要关注。应俾斯麦伯爵请求，他承担了监督普鲁士财产的责任，居住在敌人的首都。他一天工作 12—18 个小时，为那些希望回家的人批发签证，给饥饿的难民发钱，以及把他们从监狱里弄出来。南美共和国也请他帮同样的忙。甚至罗马尼亚的学生也交给他负责。在某几天的上午有 3 000 人等着要见他，但巴黎警察拦住了他们。

在遭围困的城市中，沃什伯恩的外交邮袋是与外界联系的唯一渠道。法国外交大臣从鸽子处获得所有新闻，而伊莱休从英美报纸获取信息。公使馆到处是等待新闻的记者，然而，根据他与俾斯麦达成的约定，沃什伯恩不能向他们透露信息。一位伦敦驻巴黎的记者写道：“他的表情成为我们判断事态的依据。‘我们今天见到他了。’一家晚报写道，‘他笑了，好兆头。我们肯定取得了压倒性的胜利。’”当有人准备用 1 000 法郎贿赂他，试图从他那里获得一份最新的伦敦报纸的时候，沃什伯恩总结说：“让我一人掌握着 200 万人都不知道的消息真是太过分了，我不想承受这份压力……我因此写信给俾斯麦说，我不想他们再把英国报纸寄给我。”[42]

在继普法战争之后的巴黎公社期间，沃什伯恩又一次留在了巴黎，是外交使团中留在巴黎的唯一成员。他又一次保护了美国的财产，与左派激进分子(Reds)谈判释放巴黎总主教，但没有成功。有一次，他自己的生命也面临危险，一发炮弹击中了大使馆，离他只有 20 英尺开外。

到两次战争结束时这位“大肚子”外交官减掉了 17 磅，赢得了世人的尊敬。国务卿汉密尔顿·菲什说，“沃什伯恩有资格享有他的朋友想赋予他的所有荣耀……所有给予他的恭维，我都同意”。[43]

有若干理由相信这份荣耀就是 1880 年共和党总统提名。海斯在任期一开始就表示他不会参加重新选举。这个职位将供人竞选。沃什伯恩作候选人有几项优势：他避免了格兰特政府的种种丑闻，拒绝 1874 年财政大臣职位而选择继续留在法国工作，他在巴黎的成就使得他深受德国裔美国人以及天主教徒的欢迎。但格兰特想要获得第三任，沃什伯恩不愿与他的老朋友作对而公开宣布他的候选资格。由于没有宣布候选人身份，伊莱休的支持者也无可奈何。在第36轮投票中，提名人确定为詹姆斯·加菲尔德(James Garfield)。格兰特认为沃什伯恩对他的支持属于半心半意欠缺诚恳，因而使他失去了提名资格。这位前总统再未和伊莱休说话，他的儿子据说也把沃什伯恩称为撒谎者和诈骗犯。[44]伊莱休·沃什伯恩随后退隐芝加哥，倾心撰写他对法国8年半岁月的回忆。

查尔斯·沃什伯恩，与淘金者一起去加利福尼亚的兄弟，是家中的作家。他待在母脉的时间刚够他为旧金山一份报纸撰写一篇稿子。

作为《上加利福尼亚》(*Alta California*)和《每日时报》(*Daily Times*)两份报纸的所有人，他遵循由他在华盛顿的兄弟制订的政治路线——坚定支持共和党，反对奴隶制。因为他的行为，他还受到了一次没有恶意的皮肉之伤——一位南方人对他的观点以及持有这些观点的权利发起了挑战。

他还为一份小型月刊《先锋》(*Pioneer*)撰写不那么危险的文章，采用的笔名有奥利弗·奥特卡斯特(Oliver Outcast)、佩里格林·皮尔格林(Peregrine Pilgrim)，以及彼得·普伦基特(Peter Plunkett)。1861年他的第一部小说，《菲利普·撒克斯特》(*Philip Thaxter*)出版。小说写了一个诚实的新英格兰人去加利福尼亚的故事，在加州他开始了"充满放荡和罪恶的海上生活""不顾一切地扑向任何可能有金子和刺激的地方"。[45]小说在他忠实的妻子找到他之后结束，此后他们在一个牧场上愉快地生活着，那个牧场是他靠玩法罗牌从一个墨西哥人那里赢来的。

第二部两卷本的小说《蒙哥马利的哥马利》(*Gomery of Montgomery*)，面世于1865年。它记述了一个新英格兰家庭哥马利家族三代人的生活，同样有愉快的结尾：伦道夫·高尔特(Randolph Gault)，别名乔·普马金(Joe Pumagin)，证明弗里伯恩·哥马利(Freeborn Gomery)被狡猾的塞思·梅特勒(Seth Mettlar)，和他的律师德克斯特劳斯(Dextrous)先生骗走了财产，弗里伯恩的儿子沃尔特在因精心安排"一百多名黑人"逃脱而被一位南方的暴徒以私刑处死之后，被平静地埋葬在家乡的土地上[46](《哥马利》与《菲利普·撒克斯特》这两部小说销路都不太好，都是将将收回成本)。

这位编辑兼小说家是1860年共和党总统竞选选举团成员，在将加利福尼亚的选举结果报告带到华盛顿的同时，他还带着自己提出的想当旧金山港收税员的申请书。林肯不倾向答应这位谋求公职者，按查尔斯女儿的看法，"他担心将又一个沃什伯恩家的人任命到当时非常重要的一个岗位上，会招来非议"[47]。结果总统给了查尔斯一个安慰奖——美国驻巴拉圭公使的职务。

查尔斯在巴拉圭的经历读来像是他小说中的情节一样。因为各种原因他一直与美国海军纠纷不断。当地人也不比他们更友好些。巴拉圭独裁者弗朗西斯科·索拉诺·洛佩斯(Francisco Solano López)处在其情妇，爱尔兰出生的巴黎交际花林奇(Lynch)夫人的控制之下，后者第一眼就对沃什伯恩产生了讨厌。但是索拉诺·洛佩斯还希望娶巴西皇帝的第二个女儿，但遭到拒绝，于是向邻国宣战。有人捏造了对沃什伯恩的指控，包括据称曾阴谋"在公共仓库的酒里面下毒杀光共和国所有的士兵"[48](公共仓库里没有酒)。最终美国的一艘炮艇将查尔斯从这个国家救了出去，但他所在公使馆的两名成员被抓了起来严刑拷打。其中的一个名叫波特·布利斯(Porter Bliss)，他写了一本关于沃什伯恩的传记，其中有足够的对沃什伯恩的诽谤文字，让索拉诺·洛佩斯大为愉悦，从而挽救了他的性命。同珀涅罗珀一样——白天编，夜里编——布利斯一边改校样一边故意在手稿中制造错误，拖延生命。他的计划起作用了，他在"最后一页手稿刚刚从手中传出的时候"得救了。[49]

这本救命的著作《北美驻巴拉圭共和国政府公使查尔斯·沃什伯恩的历史秘密》(*Historia Secreta de la Misión del Cuidadano Norte-Americano Charles A. Washburn cerca del Gobierno de la República del Paraguay*)含有像这样充满想象力的胡编乱造，比如沃什伯恩患有"一种器质性病症，它在行业中的学术名称叫作偷窃狂"，他曾因从学院公共食堂的桌子上偷走银质的汤匙而被逐出学校。[50]查尔斯被逗乐了，但有些人却信以为真。一回到美国，他的行为就受到了众议院外交事务委员会的调查。然后，据他女儿说，"他有权有势的兄弟排成一个类似方阵的队形站到他身后保护他。沃什伯恩被证明完全无罪"。[51]

两个沃什伯恩特使任务相似。亚松森的查尔斯和巴黎的伊莱休都有战时作为中立外交官的经历——保卫财产，保护难民，保持通讯畅通，经受个人危险。然而他们在国外的任职经历有巨大的差异。查尔斯的两卷本回忆录，《巴拉圭的历史，结合个人观感，以及困境中的外交生涯回顾》(*The History of Paraguay, with Notes of Personal Observations, and Reminiscences of Diplomacy under Difficulties*)，可以作为同样两卷本的伊莱休回忆录《驻法公使回忆录》(*Recollections of a Minister to France*)的喜剧版。在美丽的法国与"一个无足轻重的小国家，南美洲之外几乎无人知道的"巴拉圭之间存在差异;在普鲁士军事力量与“将进行战争又不让自己遭遇危险的艺术臻于完善”的巴西人之间存在差异;在欧洲政治家与“一个如此恶毒、怯懦和残忍,以致整个历史上都找不到堪舆比拟的相似人物”的独裁者索拉诺·洛佩斯之间的差异。[52]最后,伊莱休带着最高荣誉返回家乡,而查尔斯差点没活着回来,且回来就接受国会调查。

在度过7年不愉快的外交官生涯之后,查尔斯回到写作上来,出版了关于巴拉圭的著作以及关于选举改革、分级征税的小册子。他还发明了一种打字机,名叫“沃什伯恩活字印刷打字机”(Typeograph),他将其卖给了雷明顿公司。该机器没有大写字母也没有边锁,这样,按照他女儿的解释,“你可以继续敲打键盘,而设置通过一个无法通过的点会使打出来的字严重变形”。[53]

有人提出沃什伯恩,克罗斯比和公司,即明尼阿波利斯大型面粉加工企业,应该采取一种新的连合活字(logotype)。设计者告诉克罗斯比他的想法——首尾字采用新月形,并且比中间的字母小。“这样绝对不行,”克罗斯比说,“你完全可以用小写字母g拼写God,就像用小w拼写Washburn一样。”[54]他说的沃什伯恩指的是卡德瓦拉德·科尔登(Cadwallader Colden)。

这位沃什伯恩兄弟——他第一个去西部——在威斯康星木材投机中发了一笔财,然后又靠在明尼苏达加工面粉使其增加了几倍。他性格粗鲁、固执。他绝不愿意被人称为代表人民,他也从不愿意溜须拍马中捞得政治资本。然而他在众议院任职5届,当了两年的威斯康星州州长。

卡德瓦拉德比伊莱休小两岁,眼窝深陷、眼神锐利、下巴坚韧,是兄弟中长得最好看的一个。他是战前补充加入国会的沃什伯恩兄弟之一。1861年带着兄弟的祝福,卡德瓦拉德离开华盛顿,去为骑兵团招募新兵。虽然伊莱休的影响几乎没有阻止他快速晋升到少将军衔,他仍是一名勇敢的军官,格兰特就将攻占亚祖隘口(Yazoo Pass)战绩归功于卡德瓦拉德。[55]1863年11月29日,卡德瓦拉德带着2 800名士兵,在一次交战中,迫使邦联军撤出德克萨斯的埃斯佩兰萨要塞(Fort Esperanza),“使联邦军队获得了对德克萨斯从马塔戈达湾到格兰德河整个沿岸的控制权”。[56]

战后回到国会又任职两届议员之后,卡德瓦拉德对国家事务几乎没有留下什么影响。他带头反对购买阿拉斯加,支持将邮政电报系统归国家所有。后面的建议受到报业的反对,后者担心它将意味着费率的上升。

1872—1874年担任州长的两年,卡德瓦拉德进一步证明了自己缺乏政治家的生存本能。通过制订酒精控制法，对酒馆老板征收高额保证金和对醉酒进行严厉的惩罚，他已经无可避免地会招致威斯康星州大批德裔人口的疏远和选举中的失败。“虽然他的公职生涯可能不是特别辉煌，”他的朋友大卫·阿特伍德将军说，“但它合规中距，注重实效，对国家有实质性的助益。”[57]

但是卡德瓦拉德确实对国家作出了重要贡献，尽管它并非政治性的。在比利时，他发现了一种机器，它能够吸入春季播种的硬粒小麦——这种小麦在威斯康星和明尼苏达很容易种植——然后将它加工成面粉，这种面粉很适合美国消费者的口味。他的产品第一个被授予欧洲以外国家的金奖，从而也启发了它的商标名字——“金质面粉”。沃什伯恩的远见带来的是高草原上的大片小麦。

当他 1882 年去世的时候，他是世界上最大的百万财产权的个人拥有者。他的财产估值在 200 万—300 万美元。大量的遗产捐给了慈善机构，一笔 20 万美元的基金留作照看他患有精神病的妻子，但还有大约 85 万美元供他的两个女儿以及他的兄弟姐妹之间分配。女儿到威斯康星法院对遗嘱的有效性提出质疑，说他们的父亲受到了他兄弟的不良影响。[58]在 C. C. 沃什伯恩面粉厂与沃什伯恩-克罗斯比公司之间也发生了诉讼——拥有面粉长的沃什伯恩与出租它们的沃什伯恩利益不一致。卡德瓦拉德的遗产结果成为 7 兄弟终生“相互爱戴、相互提高”故事的苦涩结尾。

最小的弟弟威廉·德鲁·沃什伯恩（William Drew Washburn），在气质与成就方面都与卡德瓦拉德非常相像。他将他哥哥开创的工业帝国向前推进，建起了可将小麦运往世界市场的铁路——明尼阿波利斯和圣路易到南边的铁路，明尼阿波利斯、圣保罗和苏圣玛丽到东边的铁路。他们的成就加在一起，构成了西北扩张中的著名篇章。

他也有一段很长的政治生涯——8 年明尼苏达州立法机关，6 年美国众议院，6 年参议院——但都不是特别富有成效。“沃什伯恩不是政治家的料，”一位朋友说，“他不喜欢走街串巷，在肮脏的旅馆睡觉吃饭以及和地方头头打成一片。”[59]形容他最好的一个词汇就是“贵族”。当他在明尼阿波利斯兴建了一间坐落在 10 块修整过的土地中间的巨大房屋之后，这一形象又被进一步加强了（在建造过程中他就犯了一个错误，他儿子回忆说。他安装了一部靠水驱动的电梯，一次运行到顶层就要用光所有水箱里的水）。[60]

在他大哥第一次被选入众议院的 28 年之后，威廉·德鲁·沃什伯恩也跟随他的脚步到了华盛顿。这就是 1878 年著名的“铜壶”竞选——铜壶是垄断性质的明尼阿波利斯面磨坊主协会用来给小麦分级的工具。在绿背党①候选人伊格内修斯·唐纳利的手中，这个圆锥体的小器皿成了农民表达不满的象征。此外，他共和党的对手沃什伯恩既是磨坊主、面粉厂主又是铁路所有者（后来华盛顿烤架俱乐部称他为"参议院的面粉"）。[61]

沃什伯恩的选举受到唐纳利的质疑，后者指控他行贿、非法投票，以及恐吓选民。然后对系列指控的调查又被一封神秘的写给国会委员会主席的信弄得更加复杂："如果你们让沃什伯恩留在他的席位上，不管民主党的要求，我们将会支付某某夫人（主席的妻子）5 000 美元。摆平这件事。"在进行了广泛听证之后，委员会的一致意见是贿赂事件是由唐纳利自己的一个顾问编造的。[62]沃什伯恩确实保住了他的席位，又两次重新当选。在华盛顿，他将他的一大家子人搬迁到了眼睛街（Eye Street）上的一间以前由国务卿弗里林海森居住的房屋中，然后顽强地为获得遏制密西西比州春季洪涝的拨款而奔走。

被选入美国参议院原是沃什伯恩家族长期怀有的野心。伊斯雷尔三次冲击失败，伊莱休和卡德瓦拉德各有两次。最终在 1889 年，作为本王朝的最后一次具有全国影响的行为，威廉·德鲁被选入具有 6 年任期的参议院。作为一名参议员，他的一项重要行为是对亨利·卡伯特·洛奇的军力动员法投了决定性的一票。此举大为激怒了哈里森总统，以致他中断了对沃什伯恩施以恩惠达两年时间。[63]

人们预计沃什伯恩会在 1895 年重新当选，既然他已经得到共和党大会的认可。但在州立法机关开会前 5 天，克努特·纳尔逊（Knute Nelson）背弃了他对参议院的诺言，宣布自己作为候选人。挪威出生的州长轻松当选，而沃什伯恩则宣称他的失败"充满了背叛"，是由"对金钱的无耻运用和对国家任恩宠无耻操纵的结果"。[64]

在 1900 年共和党大会上沃什伯恩被他的国家选为宠儿，获得副总统提名。但是，在获知为劝使他极为钦佩的西奥多·罗斯福作候选人所付出的努力之后，他把提名让给了那位莽骑兵②。[65]

在第四位沃什伯恩国会议员的生涯中，明尼苏达州历史学家评论道："他忠于他的党派，但不屈从。"[66]

① 绿背党：Greenback Party，美国南北战争后主张以政府发行的纸币为唯一通货的党。——译注
② 莽骑兵：Rough Rider，1898 年美西战争中西奥多·罗斯福招募的美国第一志愿骑兵团的骑兵，此处代指罗斯福。——译注

在美国排第九位的沃什伯恩家族的下一代，产生了一些有趣的人物：精力充沛的战地记者，知名艺术家，商界领袖，几个能干的地方政治家。但与家族中杰出的父辈相比，这些后辈显然还有相当大的差距。

7个著名的沃什伯恩的兄弟共有34个孩子，其中9个在早年去世。在到达成年的当中，14个为男性。

卡德瓦拉德的一个女儿嫁给了美国驻丹麦公使以及特别能干的助理国务卿查尔斯·佩森(Charles Payson)，后者被詹姆斯·G.布莱恩免除职务以给他的儿子让位。[67]

缅因州银行行长阿杰尔农·西德尼(Algernon Sidney)，曾为在中西部的兄弟提供创业支持，他有一个名叫约翰的儿子。1880年约翰赴明尼苏达州，待其1919年去世时，他是沃什伯恩-克罗斯比公司董事会的主席，以及一大串其他磨坊厂、铁路和金融机构的主管。[68]

这代人中最出风头的是斯坦利，他是参议员威廉·德鲁·沃什伯恩9个孩子中年龄最小的一个。1904—1917年他为《芝加哥每日新闻》(*Chicago Daily News*)、《科利尔周刊》(*Collier's Weekly*)以及伦敦的《泰晤士报》(*The Times*)报道了103场战斗。当日本传统武士(Samurai)在日俄战争中夺取了中国旅顺港(Port Arthur)时，他与乃木男爵在一起。他报道了1905年的俄国革命，1914年和1915年他与法国人一起留在俄国阵地凡尔登(Verdun)，1916年归附罗马尼亚军队。年轻的沃什伯恩继承了理查德·哈丁·戴维斯的蛮勇作风，在马鞍上走遍了世界，因为"时刻必须听从紧急命令，那意味着要骑几天的路程……它对成功还是失败具有决定性的影响"。[69]他写了5本关于他战争经历的著作和2本关于他在加拿大西部探险的书。[70]

斯坦利的哥哥卡德瓦拉德在5岁时患脊膜炎，从而使他丧失了听力和语言能力，日后《艺术文摘》(*Art Digest*)写道："在心理学上，这是一个公认的事实，即某一个感官受到损害之后，其他感官就会变得更加敏锐，以此作为补偿。"[71]一位批评家称他为"世界上最伟大的蚀刻师"。[72]

从华盛顿加拉德特学院(Gallaudet College)毕业后，卡德瓦拉德到麻省理工学习建筑，在纽约艺术系学生联盟以及在马德里和巴黎绘画。他的作品，以其多变的主题而显得不同凡响，包括京都花园中的铜板蚀刻，墨西哥斗牛场中的死亡，里维埃拉(Riviera)的微风，突尼斯的牧人，南太平洋的食人生番，暹罗的寺庙，马略卡岛上的走私贩，马克萨斯群岛上的昆虫，以及沃什伯恩家族几代人熟悉的缅因州风景。[73]

这一代在政治上取得的最高的职位是芝加哥市长。亨普斯特德·沃什伯恩(Hempstead Washburne),一个美国驻法公使的儿子,1891 年以高出对手 369 票的成绩赢得选举。他将他的胜利归功于卡特·哈里森,后者作为独立派参加竞选,使得民主阵营发生分裂。沃什伯恩在市政府的两年,据一名公正的历史学家的观点,认为他"谱写了样样优异的业绩记录"。[74]他重建警察局,对燃气公司征税,降低公用事业费率,设立更高的建筑标准。但是他拒绝再次参加竞选,卡特·哈里森迅速恢复职务。

在州立法机关有三位沃什伯恩:查尔斯·福克斯(Charles Fox),缅因州州长的儿子,在明尼苏达众议院和参议院;罗伯特·查尔斯,缅因银行家的儿子,在华盛顿州立法机构参众两院;而小威廉·德鲁·沃什伯恩代表明尼阿波利斯区在众议院任职 8 届,住在明尼阿波利斯体育俱乐部渡过了他人生最后的 14 年时间。他在那里给人留下的印象是一个书呆子气、心不在焉的绅士,他那点着的烟斗总是要把他的衣服点燃。[75]

然而在沃什伯恩家族中为报效国家一筹壮志的理想尚为完全熄灭。三人努力想跟随父亲脚步进入国会。亨普斯特德 1888 年试图寻求一个席位,但当他发现地方组织打算支持在任者之后,他退出了竞选。威廉·德鲁参加 1918 年共和党初选,失败了。斯坦利 1934 年参加新泽西州竞选,也失败了。一代政治王朝就此结束。

一次当小伊斯雷尔·沃什伯恩的几个儿子聚集在他们为父亲建造的大宅"北国"(Norlands)时,爆发了一场关于他们当中谁最为杰出的争论。问题被付诸秘密投票表决。当计算得票时,发现每个人各获得一票——给自己投的一票。他们几个在美国众议院和参议院任职时间加起来达 50 年,然而却未能将他们的高度传给他们的后代。他们形成了一个独一无二的王朝,一代之内就结束的王朝。

第六章 穆伦贝尔格王朝

牧师、士兵、学者、政治家，穆伦贝尔格家族代表了自共和国最早时期以来，我们国家生活中最优秀的一面。

——富兰克林·D. 罗斯福[1]

公元1000年，一个名叫提尔克的德国人随莱夫·埃里克松（Leif Ericson）从冰岛航行到此，从而成为第一个到达北美大陆的欧洲人。

但是，直到1670年代中期30年战争结束，经济崩溃、宗教盲从，以及贵族统治者的暴政，席卷了中欧一个个面积不大的日耳曼诸侯国家之后，一定规模的德国人才决定迁往新大陆。

18世纪到达的德国人大多去了宾夕法尼亚州。这部分是因为他们被贵格会（Quakers）倡导和平与宗教宽容的教义吸引，部分是因为威廉·佩恩（William Penn）是一个老道的广告人，他懂得吸引人的口号和轰炸式宣传的价值。

他们后来被统称为"宾夕法尼亚的荷兰人"——这是对"德意志"（*Deutsch*）这个词的讹误，意思是"德国人"。到1752年亨利·梅尔基奥尔·穆伦贝尔格（Henry Melchior Muhlenberg）估计他们的人数在10万以上。14年之后本杰明·富兰克林认为他们占到了人口的1/3。到独立战争时期，一些权威人士估计他们的数字占宾夕法尼亚州人口的一半之多。

然而即使有了这样一个潜在的权力基础，德国人在殖民地时期的美国政治生活中仍然不显眼。直到1764年才有一个德国人被选入宾夕法尼亚州立法机关。他们对将殖民地的政治事务交给贵格会管理非常放心。他们唯一的要求是免除兵役——花这么小的代价，贵格会教徒想，换来这么多的支持。

与它的邻居英国不同的是，18世纪在宾州的德国人并没有给美国带来任何有关政治行为的有意义的遗产。它的遗产，相反地，不仅使它缺乏经验，而且使人产生强烈怀疑：它将政府与战争、破坏与迫害联系在一起。德国人来到美国，在很多情况下，是为了实践一种宗教分离主义，它的一些派别实际上指引它避开现世的负面影响。让英国人把恺撒管的交给恺撒，它要把该它管的交给上帝。

语言的差异使这种分离主义更加严重。在德国移民精通英语之前，他们将处在孤立的政治不利地位。

另外，德国人把政治视为一种不够实用的职业，而德国人首先是一个讲究实效的人。政治既不安全，也不挣钱：当一个政党被赶下台之后，职业政治家就失去了工作。这对一个诚实、节俭、勤奋的德国男孩算个什么呢？

德国人最终能政治化是他们美国化的一个结果。只有当他们被同化，只有当他们变成美国人之后，他们才大量地参与政治生活。此后当然，他们还要学会作为德裔美国人怎样博取选举团的好感，就像其他族群在集团投票（bloc voting）时玩的那套一样。但是，这是美国游戏。

对德国人政治化功劳最大的一个家庭是穆伦贝尔格家族。他们将率领——经常是拽着——他们的同胞穿越将他们与外界分隔开来的文化、政治和语言障碍。讽刺的是，他们的成功注定了他们将作为一个政治王朝而灭亡。[2]

大多数虔诚的早期德国移民来自于农民阶级。

1754年伦敦出版的一本小册子断言，他们中有一半的人是文盲，虽然这个数字可能偏高。[3]这个社会中走进了一个牧师，一个受过教育的人，一个有远见的有精神力量的人，一个在侍奉上帝时能够铁石心肠的人。意料之中的是，亨利·梅尔基奥尔·穆伦贝尔格成了18世纪在美国最重要的德国人。

他的父亲是艾恩贝克（Einbeck）的一个鞋匠，但亨利的能力总是能得到重要贵族和重要神职人员的资助。他是哈雷市虔诚派的主要堡垒格丁根（Gottingen）大学的一名毕业生。当1742年他35岁来到美国时，不是因为饥饿或者失去了家园，而是因为他在教会的父辈们派他过来的。

穆伦贝尔格的资助人，科斯特里茨（Kostritz）的罗伊斯（Reuss）家族第二十四位伯爵，曾经说："主耶稣基督，地位最高的牧羊人，不仅需要地位低一级的牧羊人，还需要牧羊犬，后者必须通过它们的吠声把牧场上的羊和山羊驱拢到一起。"[4]这就是穆伦贝尔格的角色。他不是一个杰出的神学思想家，而是一个伟大的教会管理者。

打着“必须设立教会”①的横幅，在到达费城后的六年之后他在美国组织起了第一次路德教教会会议。[5]不到十年，他连担任20个教会的领导，这使他的足迹遍布美国，包括从宾夕法尼亚到纽约、新泽西、马里兰、特拉华、南卡罗来纳和佐治亚等的很多地方。他将德国路德教的礼拜仪式标准化，起草了一部教会章程，这部章程后来成为殖民地上所有新教会的使用规范。

在教会斗争中，一些被征服的人称他为“老狐狸”，但是后代人给了他一个尊称——“美国路德教教会牧首”。[6]

1745年穆伦贝尔格与著名的印第安代言人康拉德·韦泽（Conrad Weiser）的女儿结婚。韦泽十四岁时他的家庭成为向巴拉丁领地（Palatinate）利文斯顿庄园迁移的一大队人马的一部分。在庄园里，庄园第一位领主，作为他的习惯，凭移民的官方供应商身份为自己大捞油水。利文斯顿对待难民如此恶劣，以至于三年之后他们就逃进了斯科哈里山谷（Schoharie Valley）。[7]从那起韦泽就去与一位易洛魁酋长住在一起，学习莫霍克语（Mohawk language），还获得了一个名字，叫塔拉恰瓦根②。接下来的30年里，这位有进取心的德国人对制订殖民地关于印第安人的政策起到了主要作用。1744年，通过他的影响，他的朋友托马斯·李签署了《兰开斯特条约》。

穆伦贝尔格第一次见到岳父时，据一位爱空想的作家的说法，这位年事已高的印第安代言人“正穿戴全副奥农达加③酋长服饰坐在路边”。[8]浪漫的传说还有韦泽娶了一个印第安姑娘。事实上，后来作为纽约圣卢克医院创建人，穆伦贝尔格喜欢说：“我喜欢认为我的血液中有一滴真正的美国血液。”[9]不幸的是，正如亨利·梅尔基奥尔·穆伦贝尔格自己见证的，他的岳母是“出身福音教派门第的德裔基督教徒”。[10]

韦泽的这种锐气偶尔会在穆伦贝尔格家族未来几代人中冒头，比如康拉德·韦泽的穆伦贝尔格，孙辈中的一个，他就脱去牧师的长袍成了独立战争时期的一名将军。

在亨利·梅尔基奥尔·穆伦贝尔格的7个孩子当中，3个儿子——彼得（Peter），弗雷德里克（Frederick），和亨利·厄恩斯特（Henry Ernst）——成了

---

① 植堂：*Ecclesia plantanda*，指在某地区派驻教徒以发展新人入教。——译注
② 塔拉恰瓦根：Tarachiawagon，意思是撑着天的人。——译注
③ 奥农达加：Onondaga，操易洛魁语的印第安部落。——译注

神职人员,2 个女儿嫁给了神职人员。这与那位牧首原来打算的一致。儿子们被送回德国接受扎实的教会教育。他的职业就是他们将来的职业。

老牧羊狗未能将他自己的羊群留住牧师职位上,但这不是他的错。革命时代总是会打破过去的模式。

时间到了 1776 年 1 月。牧首的长子,年轻的本堂牧师彼得·穆伦贝尔格,站在到弗吉尼亚伍德斯托克他的教堂来做礼拜的敬神者面前。他的布道详细阐述了英国人强加给殖民地居民的种种不公。他引用《圣经》——“万物有时……讲道时间和祈祷时间”。随后,他突然换成响亮带着愤怒的声音,说那些时代已经过去了。“还有一种时间叫战斗！现在时候到了！”

布道结束,赐福祈祷完毕,本堂牧师穆伦贝尔格脱掉黑长袍,穿上大陆陆军上校的黄皮军装上衣和蓝色裤子站在群众面前,而教堂门口的鼓声正在敲击出召唤新兵跟他一起上战场的归营号令。[11]

好战的堂区负责牧师告别堂区居民的故事变成了传说,一代一代往下传。国会议员约翰·布本海姆·贝亚德(John Bubenheim Bayard)经常将其作为“战争年代最为惊险刺激的事件”一遍遍讲给他的孩子听。[12]他的女婿,新泽西的首席法官柯克帕特里克(Kirkpatrick),将他从贝亚德这里听到的故事再讲给他的孩子听。托马斯·布坎南·里德(Thomas Buchanan Read)用诗句再现或重构了这一情景,而一百年来学校里的学生背诵着来自他们的《麦格菲识字读本》①中的诗行:

堂区牧师起身,祷声雄壮;
圣歌是对武士大卫的歌唱;
文句,简短而有力量——
“耶和华应给正义者配上武装!”

然而他的斗篷突然张开;
双手搁往两边显出不耐;
看哪! 他碰到他们惊讶的目光,
他完全是一副武士的模样![13]

① 《麦格菲识字读本》:美国教育家威廉·麦格菲 1836 年编的识字课本,对美国民族性的形成影响很大。——译注

日后成为一名准将的彼得加入了在布兰迪万(Brandywine)和日耳曼敦(Germantown)的战斗。在福吉谷,他与华盛顿在一起,在蒙茅斯(Monmouth),他与格林(Greene)在一起,在斯托尼波因特(Stony Point)他与韦恩(Wayne)在一起。之后他被派回弗吉尼亚去为州的防卫招募一支队伍,在指挥他的部队攻打英国在约克镇(Yorktown)的重要据点之后结束了他的军旅生涯。穆伦贝尔格家族,甚至包括老牧首,都骄傲地追随"我们的将军"的英勇业绩。

战争爆发时,二儿子弗雷德里克正在纽约做礼拜。起初他不同意他哥哥的决定。"我认为你同时想当士兵和当传道士的想法是错误的,"他写道,"没有人能侍奉两个主人。"[14]然而他的感情明显向着革命者这边,不久他就被迫远离了英国人。

回到费城他被选进大陆会议——"残余国会"①,他父亲喜欢这样叫它。牧首抱怨说,"他现在还浑浑噩噩,直到他的蜡烛翅膀被融化。"[15]无人能侍奉二主,弗雷德里克再也没回到牧师界。曾将他的梦想当真的可怜父亲做了一个噩梦,梦中弗雷德里克衣衫褴褛,突然瘫倒在地下,父亲想帮他但一点力气没有,他的儿子就这样掉入了"政治粪堆"之中。[16]

牧首对战争的态度模棱两可:一方面是他对家族的忠诚加上个人的同情——他儿子是美国的爱国者,该为这场"反自然和非人性的战争"承担罪责的是英国人;另一方面是他对乔治三世的应尽义务和他对于当权者的看法——"敬畏上帝,尊重国王以及其他当权者,爱邻居"是他个人信奉的哲学。[17]此外,穆伦贝尔格对于汉诺威家族有一种双重的归属感:他生在德国,是德国的臣民,现在是英国汉诺威国王的臣民,后者曾对美国的路德教会给予保护。[18]

但在选边站队的时候,他最最首要的考虑肯定是保护教会——**他的**教会——免受战后可能的报复。可是他看不清到底哪一边掌握着胜利者的正义。因此穆伦贝尔格选择了战时最困难的行动方针——保持中立。

战争,像一条汪洋恣肆的河流,在美国的大地上留下新的拼图。现在彼得是一位将军,弗雷德里克是一名政治家。但最小的儿子亨利·厄恩斯特却走了一条最不可预测的新路:战争把他变成了一名植物学家。

他最像他的父亲,体格粗壮、中等身材、面色红润。亨利·厄恩斯特·穆

① 残余国会(Rump Parliament):此处是否借用了英国共和国时期1648年驱逐121名议员后的长期国会,还是自己偶然的独创不得而知。——译注

伦贝尔格在兄弟中智力最高，17岁就被授以牧师职，这部分是由于对家族名声的信任，同时也表现了这位年轻人的学术水平。战争爆发前他曾是父亲在费城的助手。但是当英国人占领了城市之后他发现自己身边少了教堂。正是在这段被迫闲下来的时光让他开始了对植物学的研究。在不到3年之内他编纂了兰开斯特地区的1 100种植物名单。考虑到他个人探索所受到的限制，他对描述性植物学所作出的贡献还是很了不起的。他为将近100种植物命了名，其中大约一半是芦苇和草茎。由于他的著作遭到欧洲和美国科学家的大量剽窃，应有的承认被延误了。但多年以来，他的成就已体现在为众多与植物有关的事物所起的名字之上：一种黄花属植物（*Solidago muhlenbergii*），一种柳树（*Salix muhlenbergii*），一种黄颜色的橡树（*Quercus muhlenbergii*），一种芦苇，两种藓类植物，两种地衣，一种真菌类植物，甚至一种沼泽龟（*Clemmys muhlenbergii*），以及一本短命的植物杂志（*Muhlenbergia*）。[19]虽然穆伦贝尔格留在了牧师界，并继他父亲之后担任了宾夕法尼亚新教理事会主席（ministerium），但他给人留下最深记忆的，还是作为一名科学家和教育学家。

对在宾夕法尼亚的德国人而言，教育被看作是教会而非国家的功能。那么自然，作为教会领导人的穆伦贝尔格家族同样也会对教育起支配性的作用。

当1779年宾夕法尼亚大学被合并之后，每一个宗教派别都派一个成员进入管理小组委员会。牧首穆伦贝尔格的女婿，约翰·克里斯托弗·孔泽牧师大人（John Christopher Kunze）被选作德国路德教派的代表。在早期的一次会议上，孔泽跟他的管理小组成员同伴说："有的县全是德国人，他们的孩子连一个英语单词也不会讲。"[20]因他的请求，他被任命为一个德国部门的负责人，后者实际上是一所为德国学生念大学作准备的中等学校。实验失败了，但它导致了一个独立德国机构——富兰克林学院的诞生，亨利·厄恩斯特·穆伦贝尔格成为第一任校长。

多才多艺的本杰明·拉什，少数真正尊重德国人的英国人之一（尽管他也注意到他的友谊背后的政治效用），是董事会成员，1787年启程赴兰开斯特参加成立仪式。他跟他岳母安妮斯·布迪诺特·斯托克顿（Annis Boudinot Stockton）汇报说，这是"我一生中享受到的最高待遇"。他还借这次机会对众人说："通过这所学院……那堵长期将英国居民和德国居民分开的隔离墙被拆掉了……通过这所学院，几年之后德国人、爱尔兰人和英国人的名字将全部消失统一被称为宾夕法尼亚人。"[21]

1849年，植物学家兼大学校长的儿子，弗雷德里克·奥古斯塔斯·霍尔·

穆伦贝尔格(Frederick Augustus Hall Muhlenberg)医生(他曾跟着本杰明·拉什学医),成为学院管理小组的成员,而他的儿子,弗雷德里克·奥古斯塔斯·穆伦贝尔格成为了学院教职员工。两个穆伦贝尔格建议并完成了两校合并,创建了今日的富兰克林和马歇尔学院。

然后到了1867年,德国路德教会接管了另一所学院,阿伦敦大学与军事学院,穆伦贝尔格教授被邀请担任第一任校长。新机构被命名为穆伦贝尔格学院,尽管研究它的历史学家描述说,"人所共知的穆伦贝尔格校长谦虚,导致他对学院最终采用了他家族的名字作为校名表示了深深的遗憾"。[22]

穆伦贝尔格家族在教育方面的努力尝试加速了同化过程。然而家族为让英语进入教堂礼拜所作的长期和激烈的斗争对于让宾夕法尼亚的德国人美国化也起到了同样重要的作用。

这个问题受到牧首的正视,他敦促他的同事和儿子掌握美国的语言以便更加广泛地传播教义。在他到达美国不到12年之内,穆伦贝尔格就开始用英语和德语两种语言布道了。[23]1747年有远见的堂区牧师为马里兰州弗雷德里克的一座教堂写了一篇英语章程,尽管会众中很少有人会讲这种语言——从而阻止了任何可能会随着安纳波利斯的英国政府而来的"教会-国家"问题。[24]他的女婿孔泽,尽管自己不会说英语,却成功地培养了美国第一批会说英语的德国路德教会牧师。彼得·穆伦贝尔格将军在他父亲死后成了英语运动的领导人。虽然德语是穆伦贝尔格本国的语言,但牧首对儿子的灌输是如此成功,以致当时作为大陆会议成员的弗雷德里克在写信给弟弟约翰时说:"我承认我在谈论政治话题时采用英语比采用德语更加得心应手。"[25]

然而这是一场艰苦的战斗。教会中的大多数都希望保留德语的唯一性。1798年,当纽约一个新组建的英语路德教会寻求新家理事会认可时,它被直截了当地告知它可以成为美国新教圣公会的信徒,这样堂区牧师、官员以及整个教区的全体教徒迅即成为圣公会信徒。费城还发生了一宗法庭诉讼案,其中被告被控阴谋阻止英语进入教区。他们被判有罪,但是得到一位德国州长的赦免。最激进的不只是明知无望还要为保护珍贵遗产而拼死斗争。"假如德语得以保留的话,那么四五十年之后整个宾夕法尼亚和北马里兰州会变成什么样?"一本小册子中这样问道。答案是:一个全部讲德语的州,在此,就像以前在日耳曼敦一样,美丽的德语将会被立法机构和法院采用。[26]

穆伦贝尔格家族最终打赢了这场语言斗争,但是,作为斗争的附带结果,王朝中最具创造力的成员成了一名美国新教圣公会教徒。

当穆伦贝尔格家族第二代离开牧师职位之后，可以想见的是他们会转向政治。实践也已证明，弗雷德里克和彼得是颇具才能的人，受过良好的公职熏陶，一心致力于美国独立、事业（德国社会中就没有这种普遍感情），享有一种令一代人受到尊重的声名。

同亚当斯家族一样，他们享受不起公务生活的奢侈。尽管在大陆会议的时候弗雷德里克写信给他的弟弟说他甚至承担不起一匹马，所以他想从事几项商业活动来贴补他的收入，但他不是一个特别成功的企业家。[27]有两次这个特点竟阻碍了他担任重要的国家职位。

在大陆会议中弗雷德里克不算领袖人物。但是，他在担任医疗委员会主席的任期里勤勤恳恳，履行着相当于军事医院中的总干事职责。他经常在公众事务问题上难以决断，但显然拥有解决其他方面分歧的本领，因为他经常被选为投票站负责人(presiding officer)——这个职位他在宾夕法尼亚州议会干了3年，后来又在批准了联邦宪法的州大会上担任此项职务。

在针对一部让宾夕法尼亚从1776—1789年失去了平静的州宪法所进行的充满敌意和怨恨的争论中，他想要一个更强大的政府派别的领袖。[28]但这次争论他输了，然而通过用计使宾夕法尼亚州接受了联邦宪法，他赢得了更大的一场关于强大的国民政府的争论。

1788年在新宪法下选举进入首届国会的成员，弗雷德里克和彼得入选众议院。虽然反联邦党成员希望通过将彼得列为候选人分裂德国选民，但德国人依然选择他们熟悉的名字，两个穆伦贝尔格都获得了胜利。战后前将军决定，他不能"在当了士兵之后再担任堂区牧师"，便去西部丈量那些作为服兵役酬劳而赠予他和其他军官的土地。接着，在回到宾夕法尼亚之后，他被选为该州的副州长，接受身体欠佳的本杰明·富兰克林的领导，履行了许多属于州长的职责。

相聚纽约，第一届国会选举弗雷德里克为它的发言人，获得全票通过（从未真正参加竞选的有钱人伊莱亚斯·布迪诺特写信给他妻子说，他很高兴没被选上，因为获得这个职位意味着"庞大的花费"）。[29]发言人职位是一个享有很高荣誉又拥有很大责任的职位，它是仿照英国下议院的议长(presiding officer)职位而设立的。新年这天，一支骑兵队护送穆伦贝尔格进入市区，国会两院全体人员集体向他致敬。他将获得一天12美元的收入——是其他议员的两倍。

宾夕法尼亚的德国人对他们中的一个人入选感到欣喜若狂。一封由匿名作者写给《费城通讯》(*Philadelphische Correspondenz*)的信说:"当我们的子子孙孙从阅读美国的历史中了解到,新宪法下的美利坚合众国众议院的第一位发言人是一位出生于宾夕法尼亚一对德裔父母家庭的德国人,他们心中的自豪感就会油然而生。"[30]

然而授予穆伦贝尔格这份荣耀绝非是对他德裔祖先一种敬意的表示。他被选中主要是出自地缘上的考虑。第一位总统来自南方,第一位副总统是一名新英格兰人,而第一位发言人理当出自中部的州。[31]

这是不容否认的德国人美国化的证据。亨利·梅尔基奥尔·穆伦贝尔格来自德国,但他的儿子是一名美国人。而作为一名美国人,一名中部州的代表,他被选为了众议院发言人。

这是本王朝在政治领域取得的最大成就。在不到两代之内它完成了使德国人跻身他们移民入籍国家的主流群体当中的令人惊叹的业绩。而随着他们中的选民逐渐被同化,他们对这种独一无二的发言人的需要也降低了。连续几代的穆伦贝尔格家族成员都被选入公职岗位,而总共有引人注目的 6 个人在众议院任职,但任职时间都不长或都没有很大的影响。象征性地将弗雷德里克·穆伦贝尔格提升至发言人地位是成为了他们作为一个政治王朝终结的主要政治理由。

穆伦贝尔格家族在联邦党中感觉不自在。他们支持它坚定的民族主义目标,但又为它的贵族气质而感到困惑。关于党主席的官衔问题就是一个例子。在约翰·亚当斯的强烈敦促下,参议院倾向于"阁下"。在一次总统宴会上华盛顿问彼得·穆伦贝尔格的意见是什么。"呃,将军,"彼得回答道,"假如我们肯定这个职位总是由像您这样或者我的朋友温库普(Wynkoop)先生那样的大个子把持,那就再合适不过,但如果恰巧是选了一个像在我对面的邻居约翰·亚当斯一样的小个子当主席,那这个称谓就很荒唐了。"[32]华盛顿和亚当斯一点没乐。

很快彼得就加入了杰斐逊派共和党阵营。弗雷德里克依然是一个名义上的联邦党人,在 1792 年和 1796 年作为他所在党的候选人,他参加宾夕法尼亚州长竞选时被彻底击败。但他在大陆会议上越来越多地是以共和党身份出现。在第二届国会中这一倾向使他在重新选举发言人时被击败。联邦党的疑心是有理由的:在第二届国会(1791—1792)举行的第一次会议期间他在 32 张关键选票中的第 21 票投给了共和党领袖詹姆斯·麦迪逊。南方之外只有另外两个成员有更加反联邦党的投票记录。在第三次大陆会议上，当共和党占取大多数时，他再次被选为发言人。

1796年，弗雷德里克又一次与联邦党人站在了一边，而这次的选择便结束了他在国家级岗位上的工作生涯。当是否要为执行《杰伊条约》拨款的问题提交众议院表决时，穆伦贝尔格投了倾向于条约以及与英国讲和的决定性的一票。《美国公报》(*Gazette of the United States*)报道说他“犹豫了一阵”才决定，对他来说这也在情理之中，因为这一票极为不受他选区的选民欢迎。杰斐逊的政治组织者之一的约翰·伯克利(John Berkeley)这样写道：“同时有必要通过动员我们所有的朋友撵走这位投了支持英国条约的决定票的穆伦贝尔格，同时选举建议‘让条约见鬼去吧’的布莱尔·麦克莱纳汉(Blair McClenachan)取代他的位置，以帮助实现我们共同的目标。”[33]穆伦贝尔格拒绝谋求第五个任期。

这张决定票还带来了两个意想不到的后果。当时，弗雷德里克的儿子正在追求一位来自费城的年轻女子，这位女子的父亲是一位忠心的联邦党支持者。未来的岳父对弗雷德里克说：“如果你不把票投给我们，你的亨利就不会得到我家波莉。”弗雷德里克的孙子在讲这一段故事的时候，通常会加一句：“但是这一票投对了，和平得以实现，而我来了。”[34]

穆伦贝尔格的这一票的另外一个后果也与姻亲有关。一听到他的行为之后，弗雷德里克的内弟就刺了他一刀，想致他于死地。这还不是他妻子家庭的第一次麻烦。另一个内弟约翰·谢弗(John Schaeffer)，早先曾在美国独立战争期间试图说服法国人购买毫无价值的船体充当私掠船，从而损害了穆伦贝尔格的政治生涯。阴谋败露，谢弗恳求本杰明·富兰克林大使，“利用你权力范围内的一切手段把我从困境中解救出来”。[35]洞察力强的富兰克林，对于谁是骗子一眼就能看出，他让谢弗在法国监狱里空等了一场。

尽管他对《杰伊条约》投出的一票实际上终结了弗雷德里克的政治生涯，但彼得·穆伦贝尔格自己还刚刚开始在共和党中展露头角。他三次被选入众议院，1796年曾担任杰斐逊总统选举团成员。1800年他再次精神饱满地为这位弗吉尼亚人展开竞选活动，这一次还有他弟弟帮忙。当宾夕法尼亚倒向共和党后，约翰·亚当斯将他失败的责任归于穆伦贝尔格兄弟。“这两个德国人，”他写道，“他们长期从事公共事务和担任高级职位，是德国在宾夕法尼亚和邻近各州全部利益的重要领导人和神谕人物……穆伦贝尔格兄弟改变(颠覆)了全部德国人、大量的爱尔兰人，以及许多英国人的想法，如此，随之而来的是在立法院以及国民政府所有行政部门引入了一整套的变革。”然后这位前总统思忖道：“当时我们的选举靠的就是这种细微的各个组成部分！”[36]

在接下来针对总统职位是应当归于杰斐逊还是伯尔的众议院争论中，有些共和党人担心联邦党会夺得对政府的控制权，于是制订了一个计划，让彼得·穆伦贝尔格率领一支军事部队到首都恢复秩序。但这一防备措施多余了。

在1801年3月4日杰斐逊就职典礼这天，彼得·穆伦贝尔格代表宾夕法尼亚宣誓就任美国参议员。第二天举行特别会议，而他在参议院再次开会之前辞职。在众议院的六年时间和在参议院的两天时间里，他从未做过单独发言。

离开参议院后他当了宾夕法尼亚国内税收监察员。这项工作薪酬更高，同时还让他有更多时间待在家里。彼得死于1807年，拉什医生参加护送。弗雷德里克成为宾夕法尼亚土地局的税官，直到1801年去世。

在描绘第三代之前，宾夕法尼亚还有一个持续时间很久的德国家庭值得注意。希斯特家族(Hiesters)和穆伦贝尔格家族的路径经常相交。同穆伦贝尔格兄弟一样，有六个希斯特在国会任职，王朝内部通婚四次。

希斯特家族在美国的第一代是三兄弟，他们在穆伦贝尔格牧首到达美国之前几年从威斯特伐利亚来到宾夕法尼亚。他们是一个比较富有的家族，拥有一枚祖传的纹章，一到美国就在伯克斯县(Berks County)购买了2 000—3 000英亩的一块地。他们持续的富裕程度可以通过其子女中最有名的约瑟夫·希斯特(Joseph Hiester)的财产来衡量，后者在1832年去世的时候留下46.8万美元。相比之下，同时代最富裕的穆伦贝尔格家族的净资产估计在8万美元左右。[37]

加在一起，希斯特家族有19次被选入国家公职岗位，在国会就职时间达35年零5个月。但在六个希斯特国会议员中有三个是干了一届，只有两个希斯特有特别的吸引力。

丹尼尔·希斯特(Daniel Hiester)分别是两个最富裕的德国移民的儿子和女婿，他的账户表明，他为维护他英俊的面容大肆花钱、毫不吝惜。同家里所有达到拿起武器年龄的人一样，他参加了独立战争，表现优异，晋升民兵准将。作为退伍老兵他又被选为头三届的国会。最终在娶了乔纳森·黑格

(Jonathan Hager)的女儿之后，1796年他辞去工作，搬到了马里兰黑格斯敦，在黑格的远见和能力的帮助下建起了这个富裕的小村落。然后在这个新家他又被选入国会。当黑格没有留下遗嘱死去之后，他的财产落定在他独子身上，儿子立契转让1 400英亩上等的土地给了他的妹妹。对这笔令人困惑的遗产提出所有权要求的人宣称，希斯特不仅用勒索手段逼迫他的妹夫订立财产转让契约，而且还利用诡计说服他的妻子把财产转让给他。1804年希斯特故去，没有留下孩子，但是这场诉讼一直拖延历经了好几代人，大大便宜了法律人士。[38]

当丹尼尔搬迁到黑格斯敦之后，他在国会的职位被他的嫡堂兄弟，性格迥然不同的约瑟夫·希斯特取代。坦诚朴素——虽然他也是一个有钱人——绝无心计，人高马大的约瑟夫独立战争前曾是一名忠实的辉格党。战争期间他在长岛战役中被捉，被当作一名战俘残酷虐待，后来又在日耳曼敦受了点轻伤。尽管他不算才智卓越，但从不畏惧表达自己的观点，并且拥有超出一般水平的敏锐的常识判断力。1820年，在以一名平庸的在任者为对手的竞选过程中，他被选为宾夕法尼亚州长。在该州的历史上，这场竞选引发的感情最为强烈，语言也最为尖刻。希斯特遭到的谴责，其他先放一边，首先是赞成奴隶制，主张贵族统治，浅薄无知、年老昏庸，主动向英国人屈服投降，以及还曾被他自己的将军开枪射中。

一旦上任之后，让曾支持他的许多政治领导人大感倒霉的是，希斯特原来就像他们曾经声称的那样——太老实了。在他68岁的时候，由于他将州长职位视为他职业生涯的顶点，他许诺只担任一届。在其就职发言中他提出一项改革计划，包括用人唯贤，限制州长的任命权，降低公共部门薪酬，更加人性化的刑罚制度，以及增加对教育的援助。到他四年任期之末，即使他想要，希斯特也没有再获提名的机会。[39]

希斯特州长的位置被鲜为人知的名叫约翰·安德鲁·舒尔策(John Andrew Schulze)的州参议员接任，他是牧首穆伦贝尔格的外孙。

约翰·安德鲁·舒尔策是亨利·梅尔基奥尔·穆伦贝尔格的长女之子，亨利的妻子是他部长的一个门生。这位未来的州长也曾被授以路德教会牧师职位，但六年过后他又转向经商事务，因而获得了“未获牧师职位的传教士这一听上去不怎么顺耳的诨名”。他在州立法机关的五年平平庸庸，与刚入政界时没什么区别，这很可能就是选中他去参加州长竞选的理由。然而在党魁们正确地认为他不是一个具有很高智力的人的同时，他们却错误地判断了他的独立性和决断能力。[40]

他在任的两个任期与他的前任没什么不同。舒尔策计划包括扩大普选权，司法改革，以及建设一套精心设计的道路和运河系统，还有扩大免费公共教育的范围。但是，他并非不屑于把赠与物分发给他的亲戚：一个叔叔获得法官职位，他的妹夫西蒙·卡梅伦(Simon Cameron)被任命为国民警卫队总指挥。

1828年约翰·昆西·亚当斯让舒尔策加入他的副总统候选人名单。州长拒绝了，提名给了理查德·拉什(Richard Rush)。在他的第二任末期，卡梅伦试图为他的资助人争取再一次获得提名机会但没有成功。

州长随后退回到莱科明县(Lycoming County)的500英亩地上——邻里称其为“舒尔策的愚蠢”(Schulze's Folly)[41]——种田务农，过起了乡绅的生活。对一个据称会将担任州长获得的每年5 000美元薪俸的2/3节省下来的人来说，足够令人意外的是，1844年舒尔策破产了，他所有的一切都被拿到债务人拍卖会上拍卖。

第三代还有两位政治家。弗朗西斯·斯温·穆伦贝尔格(Francis Swaine Muhlenberg)，一位独立战争将军的儿子，曾担任希斯特州长的私人秘书，后搬至俄亥俄州，在那他靠作为兵役酬劳得来的他父亲的土地过活。在俄亥俄立法机关待了一年之后他被选入众议院。但是第三位穆伦贝尔格议员就职时间只有75天。他36岁时逝世，没有留下后代。

王朝中最后一个获得全国政治声誉的是亨利·奥古斯塔斯·穆伦贝尔格(Henry Augustus Muhlenberg)，他是著名植物学家的儿子和州长约瑟夫·希斯特的女婿。他被父亲和叔叔孔泽训练成牧师，在里丁(Reading)的三一教堂(Trinity Church)担任本堂牧师达24年。他还是第三个担任宾夕法尼亚路德教会新教理事会主席的穆伦贝尔格。

1828年由于健康所迫辞去牧师职务之后，穆伦贝尔格立即被伯克斯县的民主党招揽，作为候选人参加国会竞选。这位前本堂牧师很快发现布道坛的才华不适合政治演说的讲台。五次被选入众议院之后，他成为了安德鲁·杰克逊以及他的好友马丁·范布伦的强有力的拥护者。鉴于其在反对美国银行的斗争中充当杰克逊的指挥官角色，总统喜欢叫他**将军**穆伦贝尔格。当詹姆斯·布坎南告诉杰克逊“穆伦贝尔格先生不是将军”，时总统回答说：“没关系，他早就该是了！”[42]

1835年由于州长乔治·沃尔夫(George Wolf)在担任了两届州长之后拒绝下台,宾夕法尼亚民主党内部发生了一次分裂。在由三方参加的竞争中,穆伦贝尔格与沃尔夫分裂了民主党选票,致使选出了反共济会党(Anti-Mason)的候选人。竞选之激烈使得为了党的利益必须将穆伦贝尔格从该州清除出去。总统范布伦想让他担任海军大臣或驻俄公使,但他拒绝了。这两个职位无论哪一个,穆伦贝尔格觉得,都将严重影响他本就不太多的经济资源。

但是,担任美国第一位驻奥地利公使的诱惑太大了,以致1838年穆伦贝尔格离开了议会的席位。老约翰·昆西·亚当斯在其日记中评论道:"此项任命纯粹是竞选活动中的权宜之计,目的是平抚宾夕法尼亚党内分裂以及哄惨败的宾夕法尼亚德国人开心。因为德语是穆伦贝尔格的母语,所以他在维也纳会觉得像在家一样舒适自在。"[43]这位新外交官喜欢与梅特涅亲王交往以及旅游的机会,但是这个职位实在不能满足他对收入的要求,两年之后他便辞去职务。

回到宾州后1844年,他又一次谋求州长的职位,这一次他获得了一个团结的党的支持。他这次获胜似乎板上钉钉十拿九稳了,然而就在竞选过程之中,他患中风而去世,这个病曾夺去了穆伦贝尔格家族中许多人的生命。

另一个宾夕法尼亚州的德国人取代亨利·奥古斯塔斯·穆伦贝尔格进入民主党候选人名单然后当选。但是,这实际上终结了长期以来的所谓的达奇县州长的统治地位。尽管苏格兰-爱尔兰后裔为本州从分区到参议院提供了大多数政治领导人,但德国人几乎垄断了对宾夕法尼亚州长官邸的居住权。本州头10位州长有6位是德国人。[44]但到了19世纪中期,宾夕法尼亚的德国人,包括穆伦贝尔格家族,又转向了其他职业。

他们注定不能作为一个政治王朝继续存在下去了。亨利·奥古斯塔斯·穆伦贝尔格有一个儿子,和他同名同姓,1852年被选入国会,但是在获得席位之后10个月就去世了,享年71岁。

第四代的主要影响是在宗教和教育领域。一位穆伦贝尔格,正如上文提到的,计划合并创立富兰克林和马歇尔学院,同时成为了穆伦贝尔格学院的第一任校长。另一位穆伦贝尔格则对美国知识界具有更加深远的影响。

威廉·奥古斯塔斯·穆伦贝尔格是众议院第一任发言人的孙子。这个一长串德国路德派教士的后裔成为了他那个年代中最有名的美国新教圣公会的牧师。一位传记作家将这种教派上的改变归因于以下事实,即"当他的寡母将大量物品卖给了圣·詹姆斯圣公会之后，教区委员会送给她一个教堂包厢，而她太节俭了，舍不得让它空着”。[45]但更加可信的猜测是这位说英语的小伙之所以加入这个教会，是因为这个教会最让他觉得舒服。

穆伦贝尔格的影响几乎涉及他信仰的宗教的任何一个方面。他从外祖父那里继承下来的现金拿去修建了纽约的圣餐教堂，同时他为这座教堂建立了敬神平等、不租包厢的原则。他创建了第一个教会妇女团体。他创建了第一家教会医院——纽约圣卢克医院。他对基督徒在一起共同生活这种形式进行了尝试。他发起了追思运动(Memorial Movement)，从中诞生了后来的世界基督教会联合会。他创立了一个教育机构，后来成为圣公会中等教育的典范。他还是最杰出的赞美诗作家之一。穆伦贝尔格写过《我不会永远活着》和《救世主，你的羊群喂养着谁》。

作为一名教育学家，他被亨利·科德曼·波特(Henry Codman Potter)拿来与伟大的拉格比(Rugby)的托马斯·阿诺德(Thomas Arnold)做比较：穆伦贝尔格的“思想拥有阿诺德思想的魅力却没有他的缺乏耐心，拥有与阿诺德一样对宗教的热诚却没有他好推测的倾向。这位晚生后辈抓住并体现了大师的精神”。[46]在1877年穆伦贝尔格80岁生日这天，威廉·卡伦·布赖恩特(William Cullen Bryant)发表了《从特威德到穆伦贝尔格博士》。对诗人来说，纽约的党魁与慈祥的牧师反映了人性的两个极端。

在第五位穆伦贝尔格国会议员死于办公室之后的近一个世纪以来，该王朝已抛弃了华盛顿。他们成了专业人士——医生、律师、牧师、银行家、教师。偶尔他们也涉足一些夜间的政治活动，比如充当地方收税员。当国家处于战争状态时，他们便穿上制服。1812年战争期间有一位穆伦贝尔格与新奥尔良的杰克逊在一起，一位穆伦贝尔格与进驻维克斯堡的格兰特在一起，还有一个穆伦贝尔格参加了安蒂特姆会战(Antietam)。但通常情况下他们一般都待在宾夕法尼亚州达奇县的家里——自18世纪以来他们就住在这一地区——这是受人尊重的美国一个小小角落的主要支柱。

然后到了1946年，一位建筑师职业的穆伦贝尔格决定“看一看是否家族在政治上在走下坡路”。[47]来自里丁的弗雷德里克·奥古斯塔斯·穆伦贝尔格(Frederick Augustus Muhlenberg)，众议院第一位发言人的姓名继承者和著名植物学家的玄孙，参加了国会竞选。他入选了，任职一届，之后又回到设计大楼的老本行。作为国会唯一的建筑师，他对于杜鲁门总统在白宫南门廊外增加的那一个阳台提出了颇多批评。

穆伦贝尔格家族在美国政治王朝的编年史上独一无二——他们是日耳曼人(尽管第一代美国弗里林梅森家族成员来自普鲁士,但这个家庭很快并且成功地与其他社会群体融为一体,以至于他们唯一留下的旧大陆遗产就剩他们的名字了)。

穆伦贝尔格家族的权力基础方圆很小,大致是伯克斯、兰开斯特和蒙哥马利三个县的范围,所以他们很少能晋升到众议院以上的机构。但从数量上来说他们的成就还是了不起的。只有三个家族送往国会的成员超过他们。与希斯特家族合在一起——后者代表宾夕法尼亚经济富裕的德国人,而穆伦贝尔格家族代表知识界——他们的成就无人能敌:27 次全国选举获胜,65 年在美国国会就职。

然而两个家庭极少出现在美国主流政治生活当中。没有出现总统,像亚当斯、哈里森、罗斯福、塔夫脱、肯尼迪,以及布什王朝那样;没有国务卿,像享受荣耀的利文斯顿家族、沃什伯恩家族、贝亚得家族以及弗里林海森家族一样;没有参议院领袖,像在布雷肯里奇、洛奇以及塔夫脱家族一样。还有两个克林顿既当了总统又当了国务卿。尽管有一位穆伦贝尔格成为众议院发言人,但他相对短暂的国家公职生涯换来的却是他一生政治生涯的终结。穆伦贝尔格家族出现过一个参议员,然而就当了两天时间。有一个穆伦贝尔格成为了外交官,但只是领导一个无足轻重的使馆。

穆伦贝尔格家族最大的成就在政治领域之外。其他君主都将他们的姓名贡献给了有高等学问的机构,只有穆伦贝尔格家族使一个学院以他们的名字命名,以示教育领域对他们家族的敬意,以及对他们整个家族全部成就的认可。

其他政治王朝也贡献了著名的教士牧师,但没有一个能给人留下像亨利·梅尔基奥尔·穆伦贝尔格那样长久的影响。正是在他们所在地域的教堂和学校,他们的名声才得以确立。

政治是副产品,当选公职是社区信任的结果。一旦德国人把自己看作是美国人,穆伦贝尔格家族似乎失去了把政治当成职业的兴趣。

然而如果说,他们对全国政治的影响小到可忽略不计的话,那他们在德国人中的政治影响可不是这样。政治行动是穆伦贝尔格家族将一个讲着不同的语言、遵循不同的习惯,对外界充满怀疑,倾向于与他人隔开的少数族群,改变成了一个完全融入美国生活的家族的途径或渠道。这成就绝非一般。

第七章 罗斯福王朝

罗斯福家族兴旺的原因之一，或许也是主要原因，就是这种民主精神。罗斯福家族从未觉得什么都不做，出生高贵就能获得成功。

——富兰克林·D. 罗斯福[1]

美国总统每年必须在纽约市参加圣帕特里克节的花车游行，因此他同意由他在婚礼上将新娘交给新郎，婚礼在离第五大街不远的一栋褐色沙石房子内举行。即便没有总统的参加，婚礼也被认为具有重要的社会意义，出席的嘉宾包括阿斯特家族、利文斯顿家族、范德比尔特家族和其他社会精英。

然而每年的这一天，时尚的第五大街却只为艾琳的儿子们以及与之有感情或政治联系的人们开放。但是密切的社会关系注定产生混乱。第五大街是游行者的海洋，周边的街道都被堵塞了。在原本就群情激昂的天平一侧添加了一个总统，结果必然是混乱。

四面受阻，有些嘉宾直到恩迪科特·皮博迪(Endicott Peabody)大人主持完了仪式以后才到达现场。然而，这对年轻夫妇的婚礼遭遇的麻烦还刚刚开始。大街上，《绿色穿着》雄浑的旋律淹没了传统的《哦，答应我》。新郎和新娘刚转身准备接受来宾祝贺时，却发现自己被人群挡在了一边。总统这时正说着笑着，领着一帮宾客向图书馆走去，到那里他将成为主角。[2]

参加 1905 年“游行星期五”的美国总统就是西奥多·罗斯福。他最小的儿子后来写道：“父亲总想成为每一个婚礼的新娘，乃至每一个葬礼的尸身。”[3]新娘是他的侄女，已成了孤儿的埃莉诺，他不幸的弟弟埃利奥特的女儿。而新郎则是 23 岁的哥伦比亚法学院学生，富兰克林·D. 罗斯福。

西奥多·罗斯福和富兰克林·D. 罗斯福是第五代远房堂兄弟。若干年后，在比较这两届美国首席掌门人风风火火的行事风格时，人们总是不那么准确地说到“罗斯福基因”。很少有人想到同样身为总统的尤利塞斯·辛普森·格兰特，他与上述两位罗斯福其实有着相同的血统，但却通常不会被人同样荣耀地提及。[4]在第二个罗斯福任期内，有个作家费心做了统计，后发现，像富兰克林一样，当时至少有 1.7 万个在世的人与西奥多有着密切的血缘关系。[5]

20 世纪的美国人惊奇于一棵家族树居然长出了两条耀眼夺目的分支。不管是出于崇拜还是愤怒，他们把罗斯福家族称之为“皇室家族”，并采用令人称奇的方法追踪他们的谱系和血统，包括隔两辈的堂兄弟的第九代的子女（ninth cousins twice removed）这样的血缘关系等，以此来“证实”这两位罗斯福与其他十位美国总统都有联系，他们是华盛顿、麦迪逊、两个亚当斯、范布伦、两个哈里森、泰勒、塔夫脱，还有邦联总统杰弗逊·汉密尔顿·戴维斯。[6]

对所谓皇室血统的追踪，容易忽略的是，罗斯福家族事实上并非美国的贵族，而是一个由店主、银行业主或拥有不多土地的乡绅组成的、小有成功的家族。通过长寿，与具有优势的家族联姻，在一些体面的行业中获得成功，他们闯进了上流社会，但没有征服上流社会。

整整八代人，罗斯福家族是务实自得的一族，总体上与天才、公务或几乎任何创造性特征火花无缘。这种安于现状、与世无争的状况直到两个超级政治家的出现才被打破。到了第一个罗斯福时代，档案工作者费了九牛二虎之力，才为这个姓氏挖掘出一位独立战争期间不太知名的爱国者、一位亲坦慕尼协会①政治家、一位反坦慕尼协会政治家、一位早期蒸汽轮船发明者，以及一位电风琴的发明者。然而，经历几个世纪以后的美国，两个罗斯福突然冒了出来，好像他们生来就是做领袖的，尽管他们的祖先并不具备领袖才能。

克拉斯·马腾茨恩·范·罗斯福（Claes Martenszen van Rosenvelt）是荷兰人，他是罗斯福家族来到新世界的第一人（西奥多·罗斯福称他为自己“真正的祖先”）。据史料记载，1649 年，克拉斯在曼哈顿岛默里山南边的地方购置了一家农场，这家农场正好在彼得·施托伊弗桑特总督所拥有的地产的北边。1935 年，当与他隔了六代的孙子当上美国总统之后，这位出生卑微，但注定成为美国最显赫的祖先之一的故事上了头条。一度流传的版本是，富兰克林·德拉诺·罗斯福的祖先是犹太人。有一份反罗斯福小册子说：“奇怪的是，马

① 坦慕尼协会：Tammany Hall，美国历史上操纵纽约市政的民主党执行委员会的俗称。——译注

腾茨恩与珍妮切·塞缪尔斯(Jannetje Samuels)的婚姻没留下任何记录,也没有他们是荷兰归正会(Reformed Dutch Church)教会成员的记录,虽然他们的孩子是在教会的教堂中受洗的。这使有些人认为他们信奉的是犹太教,因为在荷兰归正会教堂受洗是出生登记唯一可行的方法,而有些让孩子在这受洗的人的名字似乎是犹太人[7](最有可能的是,他们是在荷兰结婚的,因此婚姻并未在美国登记)。"富兰克林·德拉诺·罗斯福在给《底特律犹太纪事报》(*Detroit Jewish Chronicle*)写的信中,说明他已注意到人们对他血统的关注:"关于罗斯福家族在这个国家的祖先,就我所知是这样的,姓罗斯福的所有分支显然都是克拉斯·马腾茨恩·范·罗斯福的后裔。"这位当了总统的后裔还说:"他来自荷兰什么地方我不知道,也不知道他的父母是谁……在遥远的过去,他们有可能是犹太人、天主教徒或新教徒。但我更感兴趣的是,他们是否是好公民,是否信仰上帝。我希望两者都是。"[8]

克拉斯的儿子尼古拉斯是一个皮货贸易商和店主。是他首先启用了现在罗斯福姓氏的拼法。这位罗斯福的太太超级活跃,因"以不适当的方式"裸露脚踝,"亵渎公众",以致遭到起诉。[9]更重要的是,尼古拉斯还是罗斯福家族担任公职的第一人,在1700年曾任纽约市政委员会委员。他的两个儿子约翰内斯(Johannes)和雅各布斯(Jacobus),分别是牡蛎湾(Oyster Bay)和海德公园(Hyde Park)两大分支的祖先。与他们的后人不同,哥俩一辈子在一起工作,和谐相处,是一家不起眼的地产企业的合伙人。威廉·利文斯顿曾在他的《独立思考者报》(*Independent Reflector*)中提到过这家企业。

富兰克林·德拉诺·罗斯福去世后,海德公园的罗斯福家族留下的财产约为100万美元,这是从雅各布斯的儿子艾萨克那儿开始积累的。[10]虽然贝阿德家族首先将蔗糖加工业引入纽约,利文斯顿家族也先于他进入这一行业,但真正把制糖业做大的要数艾萨克·罗斯福。他的子女把所继承的遗产很有眼光地投入煤炭和铁路业,并通过有选择的婚姻,使遗产得以升值。但从此以后,他们满足于乡绅生活,在罗斯福的这一分支中再也没有出现过另一个真正的富豪。

在富兰克林·德拉诺·罗斯福的祖辈中,艾萨克同时也是他那个时代唯一一位寻求以各种方式改变社会的人。在独立战争年代,艾萨克是个积极的参与者,虽然不那么知名。1775年他就职于当时的纽约省议会(New York Provincial Congress),是在1777年起草了纽约第一部宪法的会议成员,后来成为首届州参议院成员。在纽约批准联邦宪法的纽约制宪会议上,他是一名忠实的联邦党人。在为1936年竞选拉选票期间，富兰克林·德拉诺·罗斯福曾提及他这位祖先的爱国行为。当他在选举前一天到达波基普西(Poughkeepsie)时，这位总统曾援引艾萨克·罗斯福的名字作为对那些指责他对宪法不够忠诚的人的回应。“在距我所在的地方一个街区，大街的一角，”候选人罗斯福说，“有一栋小小的旧式小楼，1788年在那里召开了纽约州的制宪会议。我的高祖父是这次会议的参加者之一……所以你们应该明白，我不仅凭我自己而且还通过继承了解了关于《美国宪法》(*Constitution of the United States*)的一些知识，不仅如此，我还知晓《人权法案》(*Constitution of the United States*)。”[11](尽管血统关系不那么直接，西奥多·罗斯福也用老艾萨克的例子强调了他血脉中的爱国主义)。[12]然而，虽然艾萨克对当年在纽约并不时兴的美国独立事业作出了贡献，他的历史地位可用非罗斯福家族的总统乔治·华盛顿的一番话更准确地定义。1788年，华盛顿在日记中写道：“收到参加罗斯福夫人(本州一位参议员的妻子)葬礼的邀请，但是拒绝了。原因：第一，接受这类邀请的妥当性似乎存疑；第二，(虽然接受这次邀请也许并无不妥)，但此后再有类似邀请，做出区别对待可能十分困难。”[13]与西奥多·罗斯福和富兰克林·德拉诺·罗斯福的历史回顾相悖，当时的罗斯福家族还没能赢得总统的认可。

牡蛎湾罗斯福这一支虽然是在两代人以后才积累下了财产，但财产的数量却使他们的哈得孙河畔表亲们相形见绌。善于敛财的罗斯福是西奥多·罗斯福的祖父科尼利厄斯·范·施艾克(Cornelius Van Schaaick)，在家族中被简称为C. V. S.。小个子、大脑袋、高额头、大鼻子，C. V. S.从一开始就认定他最大的欲望就是赚钱。1821年，他在给未婚妻的信中写道：“在所有时候，在所有事情上，经济对我来说高于一切，直到我有一天成为**富翁**[14](黑体是他自己加的)，如果这是可能的话。”直到1837年大恐慌(Panic)出现，他终于等来了机会。当时，固定资产价格暴跌，他一头扎进了曼哈顿的房地产。到1842年，《纽约太阳报》(*New York Sun*)列出他的身价为25万美元；到1845年，50万美元；到1868年，仅可课税资产一项就达到了134.6万美元。1871年他去世时，他被认为是纽约五大最有钱的人之一。

孙子西奥多，经济学知识不及他祖父，而且对一味追求财富不以为然，但牡蛎湾这一家族分支将一以贯之以华尔街为主攻目标，而不是华盛顿。1797年，C. V. S.的父亲在梅登巷(Maiden Lane)开了一家五金商店，专卖进口的平板玻璃。而C. V. S.的儿子将平版玻璃生意改成了银行业。而在远房堂弟富兰克林签署了1934年的《联邦银行业法案》(*Federal Banking Act*)以后，C. V. S. 的曾孙就从银行业转入了信托基金管理行业。

1947年，华尔街48号的"罗斯福及儿子"公司庆祝了成立150周年。当时年长的合伙人是乔治·埃姆伦·罗斯福(George Emlen Roosevelt)，是家族中历代连续执掌该公司的第五位成员。公司当时打理的资金据称超过1亿美元。[15]尽管西奥多·罗斯福的近亲因政治原因与富兰克林·德拉诺·罗斯福一支有过节，但华尔街罗斯福家族之间的纷争主要还是经济原因。1934年，一个不太靠谱的故事在"坊间"流传。据说，乔治·埃姆伦·罗斯福就处理总统母亲一些基金的事项上写信给白宫："亲爱的堂兄富兰克林：有鉴于政府当局对公用事业的态度，您觉得我们该如何处理罗斯福太太在公用事业方面的投资呢?"白宫的答复据说如下："亲爱的堂弟乔治：我提不出任何建议。投资是您的事情，与我无关。"故事的结尾据说是这样的："亲爱的富兰克林：我们已清算了前述公用事业的股份并将其所得改投政府债券。这下事情与您有关了吧。"[16]

海德公园罗斯福一支的大部分人在哈得孙河庄园生活得很惬意。牡蛎湾一支的大多数人专注于赚钱，只是偶尔有一两人偏离方向，从事一些未预想到的事业，整支家族原本平淡无奇的主业因此增添了少许多样性。

从海德公园分支走出了两位杰出的宗教人物和一位慈善家。[17]"爱国者"艾萨克的妹妹有一个孙女，被称为"修女西顿"(Mother Seton)。1809年她创立了"姐妹慈善会"(Sisters of Charity)，并成为罗马天主教在美国出生的第一位圣徒(富兰克林·德拉诺·罗斯福曾经对他的一个助手说，他的曾祖父爱上了她)。[18]修女的外甥约翰·罗斯福·贝莱(John Roosevelt Bayley)曾任巴尔的摩主教，是吉本斯红衣主教(Cardinal Gibbons)的前任。那位慈善家是詹姆斯·H. 罗斯福(James H. Roosevelt)，一位体弱多病的单身汉，他把价值100万美元的房产捐献出来创立了纽约罗斯福医院。但由爱国者艾萨克和富兰克林总统共同打造的王朝这一家族分支中没有出现过政治家。

而牡蛎湾这边的罗斯福家族则更具进取精神，更善于从事政治，甚至有时达到了不择手段的地步。[19]

西奥多·罗斯福的嫡堂兄弟科尼利厄斯(Cornelius)娶了一名法国女演员(这是"对家族的耻辱——粗俗的肉欲"，当时的哈佛学生、未来的美国总统这样评价他的祖先)[20]。这位放荡不羁的罗斯福用借来的钱风光开心地在巴黎度过了余生,借的钱从未还过。儿子安德烈(André)比他的父亲有过之而无不及,曾飞越正在喷发的安第斯火山,力推巴厘岛成为旅游胜地,此外,(根据堂兄弟尼古拉斯的说法)有"婚外关系,以至四个大陆因他而添丁加口",而且"搞了一些商业企业,但大部分是由他新交的朋友投资的,这些人被他的名字所迷惑。"[21] 1962 年安德烈 83 岁去世时,《纽约时报》把他的职业归入"冒险者"一类。[22]

这个分支的其他人,虽然不能归类为家族的不肖子弟,但生活中显露的那种逍遥自得(joie de vivre),在他们海德公园的表亲身上完全没有踪影。

——尼古拉斯·罗斯福(Nicholas Roosevelt),声称大法官利文斯顿和罗伯特·富尔顿在建造**克莱蒙特号**轮船时剽窃了他的侧轮原理(side-wheel principle)。他的太太(大建筑师本杰明·亨利·拉特罗布的女儿)在密西西比河的一艘蒸汽船上产下了第一个孩子。他是罗斯福家族富有创造力的第一人,但去世时却一贫如洗。

——希尔伯恩·罗斯福(Hilborne Roosevelt),西奥多·罗斯福的堂兄弟,是一位风琴工匠,家族对此觉得丢脸。他是美国获得电风琴专利的第一人,因变得富有,才免于玷辱门庭。

——克林顿·罗斯福(Clinton Roosevelt),1835 年当选纽约州众议员,态度激进,宣扬某种形式的国家社会主义,把银行家称作人民的压迫者。

詹姆斯·I. 罗斯福(James I. Roosevelt)(他称自己名字中间的字母 I 指"我")曾任职坦慕尼协会议员和法官。关于他,菲利普·霍恩(Philip Hone)曾写道:"刁民领袖罗斯福,作为我市的代表,他的人品让我市蒙羞。他带头抵制法律,用尽所有的卑鄙手段和邪恶语言。"他娶了当时佛蒙特州州长范·内斯(Van Ness)的女儿,一个丰满漂亮的美人,算是得到了报应。这个女人与一家百货商店达成协议,在那里取零用钱花,让他们记到丈夫账上,而他则毫无察觉。她用这样的方法,据说得到了 3 万美元的私房钱。

——西奥多·罗斯福的叔叔——罗伯特·巴恩韦尔·罗斯福(Robert Barnwell Roosevelt),是一位长着一脸浓密络腮胡的绅士,环保主义的先驱,一直担任纽约州的渔业专员。作为政治改革家,他促成了特威特集团的下台,让受人尊敬但起不了作用的威廉·哈夫迈耶(William Havemeyer)市长取而代之。他曾担任过一届国会议员、美国驻荷兰公使,在格罗弗·克利夫兰与本杰明·哈里森的成功竞选角逐中担任民主党全国委员会财政委员。在他的侄子率军登上圣胡安山之前,鲍勃大叔是牡蛎湾罗斯福这一支家族产生的最接近全国性大人物的家族成员。

两位罗斯福总统与他们“共同唯一的祖先”相隔的辈分相同。他们的父辈是同时代人。但是西奥多罗·斯福在他父亲年轻时出生，而富兰克林·德拉诺·罗斯福出生时他父亲已55岁高龄。

富兰克林·德拉诺·罗斯福的父亲詹姆斯·罗斯福是个儒雅考究的乡绅，积累了相当可观的财富，因此不屑于接受范德比尔特家族的晚餐邀请。(他跟太太说：“如果我接受，那么我们也不得不请他们到家里来。”)[23]詹姆斯·罗斯福在达奇斯郡(Dutchess)过着封建贵族一样的生活，引起了有些亲戚的不满。有一个亲戚后来说：“他想效仿兰斯多恩(Landsdowne)勋爵的做派，蓄个连鬓胡什么的，但他充其量像兰斯多恩的马车夫。”[24]但话要说回来，詹姆斯花花公子的外表下却燃烧着热情的火焰。大学毕业后他去欧洲之行，还加入了加里波第(Garibaldi)红杉军。在等待参加争取意大利独立战役一个月后，他回归更有意思的美国旅游者身份。

詹姆斯觉得，范德比尔特家族的钱来得突然且不正当，然而他自己在染指商业方面也未能免俗。在不同时段他曾担任新奥尔巴尼、路易斯维尔和芝加哥铁路公司的总裁，在威斯康星州的西优公司(West Superior)持有大量地产股份，而且是尚普兰(Champlain)交通公司的总裁。后者在尚普兰湖和乔治湖上运行桨轮载客赚钱。好几次他都试图搞大投资以牟取暴利，有一次是投资尼加拉瓜运河，结果都以失败告终。他不喜欢搞政治，感觉那不是受人尊敬的职业。不知何故，这位身份显赫的乡绅居然是个民主党，当克利夫兰总统给他一个外交官职务时候，可能是当驻荷兰公使，他从未考虑过接受。[25]

他的第一任夫人丽贝卡·豪兰(Rebecca Howland)是当年一个英国清教徒家族的后代，给他生了个儿子——詹姆斯·罗斯福·罗斯福(James Roosevelt Roosevelt)，昵称“罗西”(Rosy)。罗斯福太太死于1873年。7年以后，詹姆斯再婚。新娘莎拉·德拉诺(Sara Delano)个子高挑、举止优雅，年纪只有丈夫的一半，与继子年龄差不多。1882年，他生下独生子富兰克林·德拉诺·罗斯福。

夫人的德拉诺家族喜欢将自己的族系追溯到征服者威廉(William the Conqueror)时代。更可靠的是，他们能在族系中找到三位《五月花公约》的签署人，包括艾萨克·阿勒顿。这家伙是个无赖，在担任普利茅斯殖民地商业代表期间，居然贪污清教徒的钱。1635年事发，他被逐出马萨诸塞州。但是让富兰克林·德拉诺·罗斯福津津乐道的是一位叫作托马斯的德拉诺族人。他娶了普丽西拉·奥尔登(Priscilla Alden)的女儿,普里西拉就是那个因说了“约翰,你为什么不替你自己求婚”而闻名于世的女人。专门研究德拉诺家族的历史学者把这一联姻称作“美国历史上第一个迫不得已的婚姻”。证据是1667年10月30日普利茅斯殖民地的一份法庭记录,上面写着托马斯“因与他现配偶在婚前发生肉体关系”被罚款10英镑。(约翰·奥尔登是判决他女婿的当庭法官之一。)[26]

可爱的莎拉家族一直与海洋相连。她的父亲是一个与中国做贸易的退休商人,经营鸦片和其他东方商品,发过两次大财,也赔过一次钱。与德拉诺家族成员一样,他是一名坚定的共和党人,喜欢说,假如并非所有的民主党人都是偷马贼的话,那么所有的偷马贼都是民主党人。

在由他人代笔对富兰克林·德拉诺·罗斯福的描述中,莎拉·德拉诺·罗斯福无意中放入了一张富兰克林孤独、“落寞”童年的画像。[27]他吃母乳一年,直到5岁都穿着镶着褶边的衣服。14岁之前,他随年迈的父亲八次去过欧洲的疗养院,然后被送往格罗顿(Groton),从那里考入哈佛。詹姆斯在儿子大学一年级时去世,遗嘱交代:“夫人为我儿子富兰克林·德拉诺·罗斯福唯一的监护人,并希望他接受他母亲的影响。”[28]莎拉不久搬家到波士顿以完成丈夫的遗愿。

西奥多·罗斯福的童年则是完全不同的故事。他的父亲,掌管“罗斯福父子”公司的老西奥多·罗斯福,娶了一名漂亮的南方美女玛沙·布洛克(Martha Bulloch)为妻。她最小的女儿回忆:她的黑发,“质地细滑,有时会发出一种浅棕色的光泽……她的皮肤是那种最纯、最娇嫩的白色,更像月光白而不是奶油白,两颊呈珊瑚色而不是玫瑰色”。[29]这位美丽的姑娘在佐治亚的一个庄园内长大,是该州第一任州长的曾孙女,是一桩混乱婚姻的产物。这桩婚姻当时震惊了萨凡纳市(Savannah)。她的父亲年轻时追求萨凡纳市的玛莎·斯图尔特遭到拒绝。他于是娶了当时美国参议员约翰·埃利奥特的女儿赫丝特·埃利奥特。后来玛莎·斯图尔特又嫁给了参议员埃利奥特。后来当参议员和赫丝特·埃利奥特·布洛克都去世以后,寡妇和鳏夫就这样结了婚。就这样,布洛克娶了他的前继岳母。特迪的母亲便是这第二次婚姻产下的孩子。

玛莎·布洛克·罗斯福是个贤妻,但却不是个称职的母亲和当家人。她不能按时赴约,也不会打理日常财务。在生下四个孩子以后,这枝从南方移植过来的花朵开始凋谢。她发现，避免跟着罗斯福这家人不停地到处走的最好借口就是说头疼。于是她最大的女儿安娜，当时 14 岁，就开始掌管家里的事务，并很出色。安娜背有点驼，家里人喜欢叫她巴米尔或拜。她脊椎得过病，因此落下残疾，但她性格刚毅，根本不把残疾当回事，做事风风火火。对妹妹科琳娜(Corinne)和弟弟西奥多来说，她不像兄弟姐妹，倒像是他们的母亲。埃利奥特是小一点孩子头，而西奥多则是个病秧子，用他的话说是常受到“叫喘”(“哮喘”)的折磨(西奥多的拼写从未正确过，后来他还试图让英语跟着他的拼写走)。在父亲的督促下，特迪(Teddy)生活起居非常规律，为的是养好他孱弱的身体。[30]

内战给这个原本关系密切的家族投下了阴影。孩子的几个舅舅亲邦联，深深卷入了南方一侧的事业。詹姆斯·邓伍迪·布洛克(James Dunwody Bulloch)(“吉米大叔”)是名邦联特工，在英格兰建造舰船的事情上，巧妙地与查尔斯·弗朗西斯·亚当玩猫和老鼠的游戏。他的弟弟欧文·布洛克(Irvine Bulloch)是阿拉巴马号船上的见习生，是在与奇沙治号(*Kearsarge*)战斗时打响最后火炮的人。为照顾他夫人的感受，资格较老的西奥多在还只有 29 岁的时候有意回避加入联邦军队，而是成为一个军饷理财专员，专门在军营间奔走，鼓励军士们把军饷的一部分寄回给家人(至少有一个罗斯福，即科琳娜认为，弟弟西奥多·罗斯福后来之所以大力褒扬军事上的英雄行为，是因为父亲当年没能为联邦作战，对此他一直耿耿于怀，尽管没有明说)。[31]

老西奥多·罗斯福是社区的重要成员。除了是成功的商人之外，他还协助创建了纽约整形外科医院(受巴米尔残疾的促动)，大都会艺术博物馆和自然历史博物馆，而且也是儿童救助协会和“报童之家”管理层的重要人物。据一个好朋友说，“事实上他是在‘行善事’”。[32]然而，尽管没达到富兰克林·德拉诺·罗斯福父亲的程度，老西奥多其实是不喜欢政治的。他平生只有一次涉足政治生活，但只是起了象征性的作用，而非积极参与。海斯总统(Hayes)任命他为纽约港的收税官，这可是一个权力很大的肥差，本来是由康克林(Conkling)参议员核心组织中的切斯特·A. 阿瑟(Chester A. Arthur)担任的。在这场改革派和核心组织的争斗中，罗斯福的角色是代表公民道德，可是核心组织的选票占了上风，对他的提名被参议院否决了。事实上，候选人对自己是否当选的事根本不上心。[33]两个月后他去世了。罗斯福家的每个孩子都继承了 12.5 万美元，并且在他们母亲 6 年后去世时每人还将得到 6.25 万美元。[34]特迪继续在哈佛的学习，当时念大学二年级。埃利奥特则充分利用他得到的遗产去全世界打猎、游玩。

埃利奥特·罗斯福英俊潇洒,一点也不像他哥哥特迪。特迪嗓音怪怪的,大板牙,还戴着副厚厚的眼镜。埃利奥特身上有一种易于冲动、富于感染力的品质。还是7岁的时候,他把自己的新大衣送给了一个看上去很冷,穿得破破烂烂的孩子。"他从来学不会用理智战胜情感,"他女儿埃莉诺,也是未来的第一夫人,这样评价她的父亲,"对他来说,情感永远占据上风。"[35]当富兰克林·德拉诺·罗斯福出生的时候,他的父母请埃利奥特做他的教父。埃利奥特回答说,尽管我觉得配不上,"但我亲爱的母亲已经说服我应该接受你们给我的荣誉"。[36]埃利奥特很有趣。从环游世界打猎回来以后不久,他就与安娜结婚了。安娜是利文斯顿家的孙女,是那位实力强大的大法官的玄孙女。[37]蓝眼睛、金色头发,众人都说安娜是"绝色美人、风度优雅,是她圈子里的皇后"。[38]他们的女儿后来写道,这对年轻的夫妇,和"长岛那些喜欢玩乐的年轻一代,在夏天打猎、玩马球,晚上派对"。[39]埃利奥特同时也喜欢饮酒。

虽然西奥多·罗斯福入选美国优等生联谊会(Phi Beta Kappa)和哈佛兄弟会(Porcellian),但他的志向并不在学习或俱乐部的事情上。他坠入了情网。一次,在哈佛朋友理查德·索顿斯托尔(Richard Saltonstall)家里过周末,他邂逅了那个年轻的姑娘。理查德是后来美国参议员莱弗里特·索顿斯托尔(Leverett Saltonstall)的父亲,当时住在切斯纳特希尔(Chestnut Hill),隔壁住着他的嫡堂兄妹艾丽斯·李(Alice Lee)。她的家族历史上出现过好几个卡伯特家族、杰克逊家族、希金森家族和其他马萨诸塞州的著名家族的人。[40]她身材修长,浅棕色头发,略斜的鼻子,蓝色的眼睛,极具女性魅力。[41]朋友们都叫她"阳光"。1880年他俩结婚,3年后艾丽斯生了个女孩。那天是圣瓦伦丁节,刚当上父亲的他欢天喜地从奥尔巴尼赶回来,他就职于那里的州众议院。在门口迎接他的是弟弟埃利奥特,说:"这房子中了邪了!"原来,兄弟俩的母亲和妻子艾丽斯一天中都死了,正躺在那里。第二天,玛莎·布洛克·罗斯福和艾丽斯·李·罗斯福(婆媳俩)就都被埋了。新生儿取名艾丽斯,被巴米尔抱养。西奥多回到了奥尔巴尼,后来又到了达科他州的巴德兰兹。像亚当·史密斯一样,在自传中他不忍提及他发妻的名字。

在西奥多·罗斯福女儿艾丽斯出生8个月后,他弟弟埃利奥特的妻子也产下一女,受洗名为安娜·埃莉诺,但通常人们总省掉头衔直呼其名为埃莉诺。小艾丽斯似乎继承了她母亲的优雅和美貌,但是小埃莉诺则没有。她是美貌母亲膝下羞涩、木讷的丑小鸭，性格内向，总是生活在她自己和她崇敬的父亲构成的世界里。8 岁时她母亲去世，那时，埃利奥特已是不可救药的酒鬼，住在弗吉尼亚州。他的大舅子道格拉斯·鲁宾逊(Douglas Robinson)(科琳娜的丈夫)在那里给他谋了一份工作。埃利奥特女儿身上总是揣着他富有魔力的来信，她仅为这些信而活着。1893 年埃利奥特去世，时年 33 岁。埃莉诺继续与外祖母霍尔(Hall)生活在一起，后来搬到了蒂沃利(Tivoli)，那里的房子属于原先哈得孙河岸边利文斯顿家地产的一部分。但是大房子对酗酒的叔叔更像是监狱。看到叔叔失去了自我控制的能力，埃莉诺写道："我心里突然萌生了一种几乎夸张的想法，人们有必要彻底压抑所有的欲望。"[42]

两岁的时候，艾丽斯·罗斯福有了继母。在竞选纽约市市长遭遇惨败之后，西奥多·罗斯福远走伦敦，娶了青梅竹马的伊迪丝·卡罗(Edith Carow)。卡罗一家财产遭受损失以后迁往了欧洲，在那里保持体面且代价并不昂贵。然而这家人从来就没过过苦日子。(伊迪丝的外祖父丹尼尔·泰勒是联邦军队的将军。布尔河战役①的溃败他背负一些责难，但他后来成为钢铁制造和铁路方面的大亨，事业颇为成功)。[43]巴米尔提出继续照看小艾丽斯，但被新罗斯福太太礼貌地拒绝了。伊迪丝曾目睹西奥多·罗斯福和艾丽斯·李的婚礼，感到她掌管丈夫全部生活的等待已是太久了。以一种不张扬、高效且有时是霸道的方式，她全权掌握了家中的事务。科琳娜告诫巴米尔放手，否则她们将完全失去西奥多。

但不久巴米尔就又显露出她的母性本能。感召来自"罗西"·罗斯福，富兰克林·德拉诺·罗斯福的同父异母兄弟。罗西娶了海伦·阿斯特，其母亲是引起沃德·麦卡利斯特(Ward McAllister)写出纽约最闪耀的"四百人"报道的那位鼎鼎大名的"阿斯特夫人"。靠她夫人的财产，罗西开始涉足民主党政治。1892 年，他向克利夫兰战争账户捐款 1 万美元，因此获得美国驻伦敦大使馆第一秘书的职位。罗西的妻子死后，留下两个年纪尚幼的孩子和价值 150 万美元的地产。这时巴米尔就过去帮忙照顾。"你总是像个天使，"亨利·卡伯特·洛奇写道，"抢着去打理普天下所有可怜可悲的事情。"[44]

这其实算不上牺牲。驻伦敦大使托马斯·弗朗西斯·贝阿德的太太是个腼腆的女主人，不久以后，巴米尔不仅接管了罗斯福一家的家事，而且开始接

① 布尔河战役：Bull Run，美国南北战争中发生在弗吉尼亚州北部马纳萨斯布尔河上的一场战役，又称马纳萨斯战役。——译注

管大使馆所有的社交活动。很快,她还“接管”了身材健壮、留着浓密唇上胡的威廉·谢菲尔德·考尔斯(William Sheffield Cowles)司令。他是海军参赞,当时 49 岁。1895 年他俩结婚,打算回到美洲大陆开始结婚之旅。不巧的是,妹妹科琳娜当时在巴黎,把孩子托给了这对蜜月旅行的人。“这件事情太滑稽了,我们简直受不了了。”巴米尔后来写道。[45]当新婚夫妇最终离开欧洲前往美国时,伦敦《泰晤士报》对海军军官的离去居然没什么可说的,而对他新太太的离去却写道:“颇感遗憾。”因为巴米尔“几乎不可或缺”。在记忆中,人们只知道考尔斯衣着考究、引人注目,但别无所长。

亨利·亚当斯曾经写道:“比任何生活在名人世界中的人更甚,(西奥多)·罗斯福身上显露了独一无二的原始品性,这种品性,中世纪神学归之于上帝。他是这种品性最纯粹的体现。”[46]

莫利勋爵说,西奥多·罗斯福是“圣维特斯和圣保罗的混合体”。[47]罗斯福传奇的政治生涯是从 23 岁时入选纽约立法机构开始的。[48]他去奥尔巴尼,是因为有一个叫作乔·默里(Joe Murray)的爱尔兰天主教徒想从一名叫作杰克·赫斯(Jake Hess)的德国犹太人手中夺得对第二十一国会区的控制权。尽管西奥多·罗斯福既没有经验也没有业绩可言,但他却有好的名声。《纽约邮报》(*New York Post*)一篇社论不无赞许地说道:“罗斯福先生可以说与生俱来享有本市选民的信任和希望,因为他父亲曾是这个社区最能发挥作用、最大公无私的人之一。”[49]在精力和志趣方面,新当选的立法委员与他叔叔罗伯特·巴恩韦尔·罗斯福颇为相似,后者帮助他谋取立法机构分委员会比较理想的职位。自那以后,特迪就走自己的路了。仅仅两年时间,他就表明自己是个充满活力的开拓者,本能地知道如何去开创辉煌。

在哈佛攻读本科生期间,亨利·卡伯特·洛奇是那里的讲师。但是洛奇以打分严苛、讲课乏味闻名,所以西奥多·罗斯福就没听他的课。这两个出身豪门的政治人物之间的深厚友谊,直到 1884 年共和党总统提名大会上才开始。他们联手试图阻止詹姆斯·G. 布莱恩的提名,惜未成功。从那以后,在西奥多罗斯福荣登总统宝座的谋划上,洛奇的贡献大于任何人。

布莱恩大会以后,罗斯福回到了达科塔领地,因为回纽约只会勾起对去世不久、年轻美貌妻子的记忆。他从骑行运动中得到慰藉。对西奥多·罗斯福来说,生活从来都是大型游戏,而且应该盛装上场。他常常穿着一套惊艳的服装——丝绸领带、镶边鹿皮衬衫、海豹皮套裤和鳄鱼皮靴,开始他惊艳的冒险

(一次在一家旅店,他竟然和一个当晚被抓捕的男人同床共眠,那个男人刚刚在北太平洋火车上实施了抢劫)。[50]不过,在不做牛仔的时候,他爱好写作,写出了数量惊人的书:传记、美国历史和西部故事。他的写作既是为了好玩,也是为了收入。他把继承的大量遗产投资于牧场,1886 年的暴风雪和严寒使这些投资血本无归。他和密友洛奇一样,都具有扎实的学术功底,但从政以后,他们很少眷顾学术上的探讨,尽管从来笔耕不辍。

1886 年回到纽约后,特迪在三方角逐市长的竞选中再次落败。这时,《顽皮小妖》(*Puck*)登出了他政治上的讣告:"开心点,罗斯福先生,能够开心的时候你就开心点吧!你还年轻—你正处玫瑰般的年龄,幻想的年龄……光明前景就在你眼前,那是贵党能够并可能为你所做的一切……(但)我们担心的是,贵党已无力为你做什么。你压根就不是当总统的料。"[51]

遭遇这样的奚落,罗斯福消失在公务领域,直到 1889 年。当时,已是参议员的洛奇给他施加压力,使他受任于美国民事委员会。这个职位的重要性可从每年 3 500 美元的薪水来衡量。罗斯福发现,在本杰明·哈里森手下做事"让人失望到极点"。他给洛奇写信说:"哦,老天,多么希望总统能有点骨气。"[52]另一次,他告诉自己的导师,他曾给哈里森讲过乡巴佬和熊的寓言故事:"哦!上帝,请帮我杀了那只熊吧(乡巴佬祈祷道),要是你不帮我,哦!上帝,你别帮那只熊好吗?"[53]当格罗弗·克利夫兰接任总统职位时,"乡巴佬"在与权势者们的较量中最终得到了并非来自上帝的帮助。然而,在华盛顿待了 6 年之后,特迪开始坐卧不安。纽约市选了一个热衷改革的市长,给了他一个卫生专员的职位,可他认为一个罗斯福做这样的官有失颜面。但当他应邀出任警察专员时,他欣然应允。

当上全国最大城市的警察首脑,特迪感到无上光荣、热情高涨。每天早上他蹬着自行车到警署上班,深夜在街上巡视,以发现犯罪或抓到那些在沙龙侧门外拿着大杯子享用啤酒的巡逻员。一个爱尔兰籍警察曾流着眼泪问西奥多罗斯福的妹妹:"鲁滨逊夫人,你是否记得他有开心有趣的时候?"最终带来快乐的也许是时间。在他治下的迈宝瑞街,有一次一个记者仅用一副发出响声、亮闪闪的假牙就把警署的雇员们吓得不轻。小贩们开始出售形状像"特迪的牙齿"的小口哨。[54]尽管到处骑行寻觅罪恶其实算不上大建树,但这些大小事情都登上了大报。西奥多·罗斯福的使命就是激发美国人民的想象。他首先在纽约作为警察首脑获得成功。亨利·卡伯特·洛奇甚至暗示,他当总统的可能性已然清晰。

1897年，由洛奇在后台牵线，威廉·霍华德·塔夫脱和其他人帮助，西奥多罗斯福当上了海军副部长。在这个位置上，他得以用极大的热情关注即将开始的与西班牙的战争。罗斯福一直想率领他的同胞杀上战场。他向“布鲁克斯兄弟”公司订了军服（蓝色，“领子部分不带黄色，而且有套裤”），并招募组建他的“莽骑兵”队。这个国家前无古人后无来者地出现了一支“第一美国志愿骑兵部队”，成员由罗斯福中校从常春藤联盟、萨默塞特和尼克博克俱乐部、纽约警察和德克萨斯巡逻队（Ranger）招募而来，其中有马球队员、印第安人和印第安战士、野马驯服者和障碍赛马队队员。有个记者揶揄说：“这是一个社会版、财经栏和野蛮西部表演组成的大杂烩。”[55]

对亲自参与的人来说，美西战争是一场“辉煌的小战争”，但其实也算不上什么。然而，只要战争能打赢，美国人几乎愿意接受任何结果。特迪占领圣胡安山算不上是大仗。但他的骑兵把马留在了兵营，都是步行冲上山坡的。后来，当艾特亲眼看到她丈夫英勇作战的战场时，她乐了，发现山坡根本不像他试图让她相信的那样陡峭。可不管如何，对西奥多·罗斯福来说，这就是他“生命中的灿烂时刻”，他对洛奇这样说过。[56]不到3个月以后，罗斯福回到家乡，俨然一个民族大英雄，并成为纽约州州长候选人。

托马斯·普拉特是纽约政治圈的“绝对老板”，对他来说，一想到要让罗斯福成为州长人选，他心里就不是滋味，但他更不喜欢败选。当时在台上的共和党政府正处于丑闻漩涡之中，选择不听招呼的西奥多罗斯福只能是两害相权取其轻。当罗斯福竞选列车穿行在州内各地时，每一站都有一名号手吹响骑兵冲锋号，然后候选人才出现，忠于他的“莽骑兵”簇拥在他周围。“你们听到了，是号角将你们召唤到这里，”他会煽情地说，“我听到号角撕开北回归线的黎明，召唤我们在圣地亚哥展开战斗。”[57]可怜的民主党候选人范怀克（Van Wyck）先生一点儿机会都没有。

设想托马斯·普拉特在西奥多·罗斯福当州长的两年期间处心积虑要除掉他，这心也太吊诡了，但无疑他有过这样的想法。在1900年共和党代表大会期间，他拟定了方案，要把西奥多罗斯福推向副总统的位置。全国会议主席马克·H.安娜被弄得没有办法，惊呼：“你们有谁想过：这个疯子和白宫首脑之间只有一条命吗？”[58]在就职日那天，普拉特还吹嘘，他来到华盛顿“是看西奥多戴上面纱”。另一个观众是艾丽斯·罗斯福，当年已是17岁的成人。她从佩恩太太的美容店楼上的窗子观看花车游行，思忖麦金利总统“有什么样的风险”。[59]

7个月以后，麦金利被暗杀，西奥多·罗斯福成为美利坚合众国总统。亨利·亚当斯打趣道:“继任总统”①。[60]

每个美国总统都为美国的政治舞台引入一群新的演员。扮演罗斯福的演员们像是一家来自由三圆圈组成可同时演出三套不同节目的大马戏团。42岁的特迪是历史上最年轻的行政首脑,他带到白宫并颇感自豪的是6个孩子,从最可爱的艾丽斯到4岁的昆汀。其间有14岁的小西奥多、12岁的克米特(Kermit)、10岁的埃塞尔(Ethel)和7岁的阿奇博尔德(Archibald)。

孩子们带来了他们的宠物。庄严的白宫变成了小动物园。艾丽斯养了一只蜥蜴,名叫“艾米莉·菠菜”(“菠菜”取的是它的颜色,“艾米莉”则是远房阿姨的名字)。男孩们养了小种马、兔子、小白鼠、狗、松鼠、浣熊、獾,都给起了各种神圣或世俗的名字:“多恩主教”“杜威上将”“浪子”“约翰逊博士”(取他们荷兰改革教牧师的名字)、“凯撒”“格雷迪神父”(以示对一位牡蛎湾神父的尊敬)和“战斗的鲍勃·埃文斯”。据说克米特到桌前吃早饭时,口袋里往往装着一只袋鼠。昆汀一次曾用白宫的电梯搭载一头小种马造访楼上生病的阿尔奇。一只叫“洛蕾塔”的鹦鹉被训练会说“万岁,罗斯福”。甚至还有一头熊的教名叫“乔纳森·爱德华兹”(与总统夫人似乎沾点边的伟大神灵)。[61]

总统在给儿子克米特的信中曾说:“我想没有任何家庭比我们更会享用白宫的一切。[62]当昆汀开始上学时,他把‘那帮人’带到白宫,在南草坪上打棒球或和父亲进行枕头大战。”白宫管家叹道:“为了开心,没有什么东西是神圣到不能碰的,为了找到能玩游戏的地方,没有房间是豪华到不能进的。”[63]在这方面,他们显然得到了总统的鼓励。他极少想到不成体统的问题,偶尔会说:“真的,一个大腹便便也不再年轻的总统,要在一个9岁的毛孩子对手面前玩命地跃过草垛去射门,委婉点说,着实有点怪异。”但是,这更像是他的本意,他很快补充道,“然而,这真的很好玩。”埃塞尔是完美的小女神,甚至担当了周末学校教师的角色,而伊迪丝则努力试图维护秩序,尽管她要应付的局面远超她的能力。真像驻英大使塞西尔·史培林-莱斯爵士(Cecil Spring-Rice)所说,“你必须永远记住,总统的年龄是6岁左右。”[64]

然而,最受美国民众喜爱的是蓝眼睛的艾丽斯。有歌曲为她而作,她离经

① 继任总统:His Accidency,美国第十任总统约翰·泰勒是美国历史第一位在总统死亡后直接以副总统身份接任总统的人,因为它符合美国宪法总统继承顺序,所以一般将His Accidency译为继任总统;另外按事发偶然性质,有意外总统或意外阁下译法。亚当斯这里借用此意调侃罗斯福。——译注

叛道的行为在全国被奉为时尚。西奥多罗斯福告诉小说家欧文·威斯特(Owen Wister):“有两件事我只能做其一:当好美国总统,或者管好艾丽斯。但两样都做到是不可能的。”[65]法国下议院的《辩论报》(*Journal des débats*)列表作过统计,在15个月内,艾丽斯参加过407次晚宴、350场舞会、300场拍拖、685场茶会,打了1 706个电话。纽约社会杂志《街谈巷议》不无嘲讽评论道:“如果年轻的姑娘知道在纽波特俱乐部里流传的有关她的一些故事,那她将来做什么或怎样做就会小心些。”与此相反,人们发现她出现在赛道上,在大庭广众下抽烟,并与秃顶的下议院议员尼古拉斯·朗沃斯谈恋爱。后者是辛辛那提一个有名望家族的后裔。

尼克是当时联邦法官的儿子。1903年初他刚到华盛顿时,身着首都人从未见过的色彩鲜艳的马甲,人们立刻就发现了这位讨人喜欢的万人迷。他的小提琴拉得极好,得到津巴利斯特、赖纳、斯托科夫斯基等人近乎肉麻的吹捧。他能在后背上或者琴弓夹在两膝之间进行演奏。[66]

1906年2月17日,被《华盛顿时报》称之为“国民新郎”的尼克,开着红色的汽车前往宾夕法尼亚大街1600号。在白宫东厅,500位嘉宾齐聚,见证新世纪一场重要的婚姻。这是白宫历史上所举行的第十次婚礼。艾丽斯等候着,穿着老祖宗留下的蕾丝,裙裾有五码长。表弟富兰克林·德拉诺·罗斯福上前巴结地整理新娘的面纱,以便为摄影师摆拍。后来艾丽斯会这样回忆:“我记得抬头看了尼克一眼,想着他看上去确实极像来自中西部的男人,真是无可救药。”[67]结婚礼物来自世界各地:一串吊坠含120颗海蓝宝石的项链、一条盖着艾丽斯蓝色毯子的狗、法国政府赠送的价值两万五千美金的高布林挂毯、一个中国皇太后赠送的梳妆台、西班牙国王送的古代珠宝、意大利国王赠送的拼花桌子。总统最后宣布,接受其他国家官方赠送的礼物不妥。卡伯特·洛奇说道:“这很像他的风格:知道礼物已经在路上了才作出这样的决定。”巴米尔回答道:“至少在古巴运来的珍珠项链——63颗大小相同的珍珠——到达之前,西奥多并没有发出那很尴尬的禁令。”[68](有报道说,古巴人一开始是考虑把圣胡安山作为礼物送给艾丽斯的)最后,麦考利把他的佩剑递给新娘切开蛋糕,然后两位新人登上私人火车天堂号(Elysian),去佛罗里达州度蜜月。

林肯·斯蒂芬斯(Lincoln Steffens)说西奥多·罗斯福“用屁股思考”。然而,在麦金利被暗杀以后,整个国家,特别是商业界却放心了,因为知道新总统不会再做出什么鲁莽的举动。此时罗斯福只是志得意满地等待上任了。1904

年，随着他压倒性的胜利，他如愿以偿。1905 年 3 月 4 日，西奥多·罗斯福宣誓就职。两个穿着黑色长袍的最高法院法官托起他的小儿子昆汀，为的是让总统看得更清楚。真正的罗斯福时代开始了。

美国民众一直习惯于像化石般无趣的国家首脑，如今生活在“西奥多拉斯一世，罗斯福沙皇”（亨利·亚当斯对他的一种称呼）的治下，这种新的体验既刺激又累人。突然间冒出了一位总统，他坚信只要是宪法不明令禁止的事情，他都有权去尝试，这是骇人的想法。一次在纽约州众议院，一位名叫蒂姆·坎贝尔的坦慕尼协会的政客要求罗斯福就一项措施进行表决，而西奥多·罗斯福已经向他说明那是违宪的。对此，蒂姆回答道：“到底什么是朋友间的宪法？”[69]保守党人认为，罗斯福作为总统，是一个像蒂姆·坎贝尔一样的立宪主义者。他使州际商业法案得到加强，促进通过了专门针对食品和药品的严格法律，为保护国家森林和土地资源作出了永载史册的努力。他是控制托拉斯的第一位总统（尽管与塔夫脱相比，他在任内只是促成了 20 起公诉）。西奥多·罗斯福的作用是提出重要的问题而不是解决它们。我们的工业社会怎么啦？可为它做些什么？过去只是少数非主流改革家关注这些问题，由于罗斯福的作用，现在是全民族首次提出了解决这些问题的诉求。[70]

这位总统认定，自己的祖国是世界强国，而且在道义上有这种权利。他使美国的舰队实现现代化。如果有人怀疑美国成为世界大国在道义上的神圣性，他将派出这些舰队，向全世界进行展示。他觉得，门罗主义与“十诫”具有相同地位，甚至更高。他接管了多米尼加共和国的金融管理，在任上促使英国解决了遗留的阿拉斯加边界争端，实现了欧洲对委内瑞拉的干预，更有甚者，不惜“占领巴拿马”，以建造运河。作为最杰出的成就，这位所有美国总统中最好战的总统被授予了诺贝尔和平奖。

经过西奥多·罗斯福 7 年半的执政，美国人开始感觉到了情感疲劳。一位爱尔兰籍的波士顿警察说，“他是个和蔼的男人，但却让人感到不安。”所以等到他的好友塔夫脱搬进白宫后，他就带着克米特到非洲去了。有个幽默人士说：“华尔街希望每一头狮子都能履行它的职责。”

然而，他的同胞们从来没有忘记过这位美国前总统。在 1910 年的名流俱乐部晚宴上，大部分国宾被完全忽略，记者们一出一出的表演全都是献给远方的罗斯福的。随着“我想知道此时谁在吻她”的音乐声，在非洲丛林里，一个无拘无束的猎人唱道：

我想知道是谁在手握着权杖？
我想知道塔夫脱可会这花样。
有钱的坏人凭的是暗中的勾当——
难道竟没人在咒他们迟早遭殃！[71]

西奥多·罗斯福回到美国时，"公平交易"正蹒跚前行，或者至少他是这么认为的。西奥多·罗斯福做前总统似乎还太年轻，于是他又投入了总统职务的角逐之中。1912 年的共和党全国大会，正如作为酒吧老板的哲学家杜利先生(Dooley)预测的那样，是"芝加哥大火、圣巴多罗买节惨案、博因河战役、杰西·詹姆斯(Jessie James)一生等的组合"。不出所料，在任总统塔夫脱有整个机构的力量作为后盾，因此得到了共和党的提名。11 月，民主党候选人威尔逊当选为总统。然而在三人角逐中，无党派人士罗斯福，最终表明他大幅度领先于塔夫脱。

西奥多·罗斯福的政治生涯就此结束了。人们广泛猜测，认为他将成为 1920 年共和党总统提名人，但他早此一年于 61 岁时逝世。亨利·亚当斯有一次说道："我的西奥多离去了，我想象中的欢乐和有趣也就无影无踪了。他是无可替代的。"他的毛病，喜欢讥讽的哲人又说："就像长在伟岸橡树上的结疤，微不足道。"[72]

1907 年的某一天，富兰克林·D.罗斯福告诉从事法律事务的同伴他度过余生的打算：首先是纽约州的立法者，然后海军副部长，再接着当纽约州的州长，最后是总统。[73]这是不同寻常的宣言，出自一位在格罗顿、哈佛和哥伦比亚法律学院既不显得才华出众，也未显露不当野心的年轻人。当然，这是非常准确的预言。此外，这一事业发展线路图与他五代堂兄西奥多完全吻合。这不能说是无意间的巧合。特迪对他的远亲来说，是一名英雄。富兰克林甚至跨越党派，于 1904 年给共和党候选人罗斯福投出了他的第一张选票。

1905 年，富兰克林·德拉诺·罗斯福与埃莉诺结婚，总统告诉他的新外甥女婿："好吧，富兰克林，最好的事情莫过于使得名字在家族中流芳百世。"[74]虽然新郎的母亲很喜欢特迪，但她不大可能抱有同样的热情。当被告知儿子订婚时，莎拉·德拉诺·罗斯福在她的日记中写道："富兰克林的宣布让我吓了一跳。"[75]她于是开始带着儿子到西印度群岛去旅行。但旅行没有取得所希望的效果。在她《我的孩子富兰克林》(*My Boy Franklin*)一书里，她没有提到曾经想使这条爱情小船搁浅的企图，而是选择让历史纪录如下："在我们谁都不知道的情况下，富兰克林与他的远房表妹安娜·埃莉诺·罗斯福订婚了。安娜 19 岁，性格开朗，从婴儿时期我就认识并疼爱她。"[76]并不是说老罗斯福夫人反对埃莉诺，而是她只是想独自拥有富兰克林的爱。她未来的儿媳后来写道："她从未接受过他已独立的事实，而是继续试图引导他的生活，直到最后。"[77]此外，婆婆掌控了家中的经济大权。另外，是婆婆选择埃莉诺把家放在何处（离婆婆的很近），是她替媳妇付款买了房，并挑选家具。

1910 年，富兰克林·德拉诺·罗斯福在他预期的政治阶梯上开始往上爬。在共和党占优势的达奇斯县，他以民主党候选人的身份参选州参议员，并取得虽然微弱却是惊人的胜利。他的名字起了作用。人们以为他是罗斯福总统的儿子或侄子，年轻人没去纠正这种错误的印象。他巧妙地把西奥多·罗斯福揉进了他的演讲。在一次聚会上他说："有一天一位小理发匠告诉我说他知道我不是特迪。我问他说，'为什么'。他回答说，'因为你的牙齿不外露'。"[78]然而他的当选，主要还是强有力的竞选活动，以及当时全国对塔夫脱政府普遍的反对情绪。

作为立法者，富兰克林·德拉诺·罗斯福和西奥多罗斯福如出一辙，两人都是更擅长轰轰烈烈造势而不是注重取得实质性结果的改革者。他在奥尔巴尼最有名的成就是阻止"蓝眼比利"希恩①入选美国参议院，然而入选者的名声却也好不到哪里去。

富兰克林·德拉诺·罗斯福是早期"支持威尔逊当总统"运动的支持者，1912 年选举以后，他理应得到总统的谢意。表兄西奥多写道："亲爱的富兰克林：得知你被任命为海军副部长，我深感欣慰。有意思的是，你现任的职位是我曾经担任的。我见到埃莉诺的时候，我会告诉她我希望她对海军军官的太太们好一点。"[79]年轻的副部长，秉承罗斯福传统，极力主张扩充军备，甚至到了招致反对的地步。同时，在美国卷入第一次世界大战时，他还试图为西奥多罗斯福谋求陆军指挥一职，但没有成功。

从第二梯队的幕僚跃升至 1920 年的总统竞选伙伴，富兰克林·德拉诺·罗斯福主要得益于他与西奥多罗斯福的裙带关系。前总统 1919 年去世，整个国家都十分怀念他。当令人尊敬的亨利·卡伯特·洛奇听说年轻的罗斯福即将成为民主党副总统候选人时，他说："他是个心地善良、不错的年轻人，但略

① 蓝眼比利：Blue-Eyed 在这里有得宠的意思。——译注

显稚嫩。"[80]威廉·霍华德·塔夫脱补充说:"他不会在任何地方起到特别的作用,但会给选票带来好的社会价值。"[81]当民主党人罗斯福在全国巡游时,人们喊道"我投票选过你的父亲"和"你和你家老头很像"。[82]假如事情的来龙去脉可以确定的话,那么这一时刻就是牡蛎湾罗斯福和海德公园罗斯福两个家族分支分歧的开始。

1920年出现的主要问题是国际联盟。富兰克林·德拉诺·罗斯福正在参加竞选,以便在联盟之父威尔逊之后接他的班,但是西奥多罗斯福的继承人,特别是艾丽斯·罗斯福·朗沃思,是"拒绝妥协的人"。他们讨厌自己的名字和可憎的联盟有什么瓜葛,他们讨厌作为民主党人的某个罗斯福,他们感到有人在利用家族的名字大做文章,对此他们深恶痛绝。毕竟,特迪之前的罗斯福们算得了什么呢?

更重要的是,牡蛎湾这一支对家族的发展有着自己的政治计划:他们看好小西奥多·罗斯福,而不是富兰克林·德拉诺·罗斯福。年轻的特迪被共和党全国委员会派去,试图搞清楚罗斯福家族的政治倾向。他指责富兰克林"离经叛道"。"没有我们家族的烙印!"尼克·朗沃斯把富兰克林·德拉诺·罗斯福称作"非原味的罗斯福",而最毒舌的艾丽斯据说称他是"80%的埃莉诺和20%的烂浆"。[83]海德公园这边的女主事莎拉·德拉诺·罗斯福对家族内部的这些中伤十分恼怒。当被问到西奥多罗斯福一支为什么对富兰克林·德拉诺·罗斯福一支如此敌对的时候,她回答道:"我想象不出,除非是因为我们长得比他们好看。"[84]

有一个经常说起的故事,这个故事书中、戏里和电影里也都会提到。故事是:1921年富兰克林·德拉诺·罗斯福怎样得了因脊髓灰质炎(小儿麻痹症),她母亲怎样希望他辞职回到海德公园。有一个名叫路易斯·麦克亨利·豪的奥尔巴尼的报人,怎样让富兰克林不放弃竞选公职的努力,怎样教会埃莉诺挑起部分政治上的重担,然后富兰克林怎样反击,直到在1924年的大会上怎样东山再起,取代阿尔·史密斯得到总统提名,如此之类。詹姆斯·罗斯福回忆了父亲那篇著名的《开心的骑士》(*Happy Warrior*)的演讲。

当麦迪森广场公园的人群被高昂的激情所裹挟的时候,詹姆斯的姐姐安娜对他耳语道:"吉米,你认为父亲会成为总统吗?"吉米抬头看着双腿缠着钢套、双手抓住讲台边缘的演讲者,回答道:"不幸的是,这是不可能的。"[85]

然而4年以后,他被选为纽约州州长,8年以后他成为民主党总统提名人。沃尔特·李普曼写道:

> 他的脑子不大清楚，他的目标不简单，他的方法不够直接……罗斯福先生不像是当真的……他不是既得利益者的敌人。他只是个有意思的人——没有当总统所需要的任何重要品质，但却非常想当总统。[86]

但是在1932年，任何民主党人都可能被选中。

与沃尔特·李普曼一样，美国人几乎没有理由预料到1933年3月4日将要开始的事情。当时，整个国家深陷最严重的萧条之中，并且选了一个从来没有经历过匮乏的人当总统。国会大厦前聚集的大批人群是前来求证他是否有能力的，而不是过来重申他们的信任的。新的罗斯福总统，下巴向前突出，正在宣布"首先，让我重申我坚定的信仰，那就是，我们唯一需要恐惧的就是恐惧本身。"他说，人民需要的是直接、有力的行动。他会为他们采取行动。然后，就像一连串啪啪作响的焰火一样，措施一件件出台：新政关闭了银行，农业调整提案变成了法律，平民环保团体得到了授权，联邦拨款用于失业救济，证券企业得到管控，田纳西河流域管理局得以建立，通过立法以避免小规模按揭丧失赎回权，铁路线路做出了规划。

当充满激情的声音将总统"炉边谈话"直接带入美国的千家万户时，失业者、少数族裔，那些处于经济阶梯最下层的民众，知道了这个人。这个说话带着波士顿风格的哈得孙河畔的贵族，是在谈论他们的问题，知道他确实用心了。有个作者把它叫作"西布朗克斯(West Bronx)富兰克林·德拉诺·罗斯福神秘光环"。远在堪萨斯州的老进步共和党人威廉·艾伦·怀特(William Allen White)对这种现象感到不解："宪法正遭到挤压和裂变，但是毕竟宪法是为人民制订的……这个新政，这个新世界，真让人捉摸不透。有多少是假的，多少是真的……只能由时间来说话了，在这期间，白宫的怪物对这个变化的世界正施展着魔法。"[87]

那么，这个令人困惑的新政目的是什么呢？主要是政府为解决当前问题出台的一些对策。这是向四面出击并永不间断的行动。它的关键是"答案，而非理论探讨"。它寻求的是缓解当前危机，而不是长远的宏大设计。因为这位新政总统不是理论家，而是实用主义的政客，他关注的是如何缓解人们正在遭受的痛苦，从而使自己当选。他让各种想法缠绕自己，使那些提出想法的人觉得他和他们是同道。这些人中有社会思想家塔格韦尔(Tugwell)，有像霍普金斯那样的社会活动家，甚至有像刘易斯·道格拉斯那样的保守商人。他玩弄想法就如同玩一台巨大的风琴，同时发出和谐和不和谐之音。有时两个想法碰撞产生了火花,政策就此产生。如果想法并不总是发挥作用,如果这些想法不符合宪法,如果经济恢复演变成了经济萧条,至少人们知道富兰克林·德拉诺·罗斯福正在努力着。

然而,并非所有人都相信这个"西布朗克斯"神秘光环。总统为自己编织了一个由劳工、自由派和少数族裔组成的民主党联盟网络,他们力量那样强大,使他得以连续四届担任总统职位。但也有人不在这张网上,特别是那些位置或高或低、在经济方面持极端观点的人。底层的无产者,历史上第一次品尝了政府赐予的甜头,却还想着要更大的好处。他们投身于库格林神父(Father Coughlin)、弗朗西斯·汤森(Francis Townsends)和休伊·朗的活动中。那些出生高贵并认为富兰克林·德拉诺·罗斯福是"自己阶层叛徒"的那些人则委身于自由联盟。也许没有意识到会带来的后果,罗斯福对这个国家的政治动脉开始采取强硬手段。然后,是世界局势的发展切开了阶级之间的界限。

当战争阴云笼罩欧洲的时候,美国总统仅限于对纳粹德国和法西斯意大利进行正义的声讨。他一次又一次停下来等着他的人民跟上自己的步伐,但是他总是不可能跑得太远太快。这个困局后来终于结束了。1941 年 12 月 7 日随着珍珠港事件的爆发,新政戛然而止,新政总统变成了战时总统。战争存续期间,政治被搁置一旁。在 V-J 日取消延缓履行前不久,富兰克林·德拉诺·罗斯福逝世了。

回顾她的一生,埃莉诺·罗斯福的经历具有清晰的模式。婚姻早期,这个模式取决于她的婆婆,中期取决于孩子和丈夫,最后年代的模式则是属于她自己的。成为公众人物以后,她似乎乘势抓住了惯性,以超人的精力和热情投入各种事情、问题和政策主张中。丈夫过世后,她本可以被提名进入参议院,但她不愿意参与选举政治,而将身心投入纽约的民主党改革运动。她继续写每日专栏,这些专栏分布于 75 家报纸,也继续为一些月刊撰写文章。然后她还有书要写,讲座要做,人要见,邮件要回,慈善事业要给予支持。有这么多的事情要做,足见她对人类怀有深深的同情心。杜鲁门总统任命她加入美国驻联合国代表团。新成立的国际组织为她发扬深厚的人道主义精神提供了再好不过的舞台。在联合国,她表现出在她身上从未见过的强势立场。外交官们发现,她绝不是挂名的人物,苏联人发现,她可不是容易对付的对手。这些年是她光彩照人的年代,而联合国人权宣言是她永远的丰碑。据巴米尔记载,很久以前,一个小女孩去萨嘎莫尔山做客,西奥多·罗斯福夫人,也是她的姨妈伊迪丝，是这样评价她的："可怜的小精灵，她太普通了。她的嘴和牙齿没有前途，但是丑小鸭没准会变成天鹅。"[88]似乎是回应一个世纪前所作出的预言，在1964年民主党代表大会上，阿德莱·史蒂文森(Adlai Stevenson)起立发言纪念她，他告诉代表们说："她认为自己是'丑小鸭'，然而她美丽地行走于世界各地的贫民窟，带着她所爱戴的圣弗朗西斯的纪念物，……'我们是在给予中获取'。无论她走到那里，美丽永远留在那里。"[89]

不配获得的荣誉通常降临在总统儿子们的身上，但随之而来的还有巨大的负担。他们所作所为暴露于万众瞩目这台无情的聚光灯下。名人之后哪怕不慎犯下最小的失误也会被无限放大。对他们而言，生活道路上充满了陷阱，不那么有名的人是不会遇到类似的麻烦的。有些无节操的人会利用他们的名气，不怀恶意的人有时会把诱惑放在他们面前。名声是脆弱的商品，这些名人可选择好好守住，也可选择叛逆不顾。

然而，在战场上，一个人是可以不顾他的祖先的。战争是伟大的平衡器，它将在两位罗斯福总统儿子的生活中扮演重要的角色。特迪的四个儿子在第一次世界大战中首先上战场，富兰克林的4个儿子则在第二次世界大战中参战。8个孩子都有出色的记录。和平时期，在其他领域，他们都将经历各种不同程度的失败。有些努力试图复制父辈政治上的成功，但都失败了。然而在战时，当原始的勇气是最值得褒奖的人类品质时，他们都是成功者。昆汀因作战勇敢受到表彰，他代表所有的罗斯福说出了心声："你们知道的，践行父辈所宣扬的品德的重任落在了我们肩上。"[90]

牡蛎湾罗斯福们把第一次世界大战看作是私人竞技场。甚至早在美国参战之前，克米特就加入了英国军队，在美索不达米亚作战。埃塞尔和丈夫理查德·德比(Richard Derby)博士在巴黎美国急救医院服务。特德、阿尔奇和昆汀在普拉茨堡接受训练。这几个人和埃莉诺后来都在法国见证了战争。埃莉诺是第一个被YMCA派到战区的美国妇女。包括妇女在内的所有人后来都接受了一大堆奖章，包括"大不列颠军事十字勋章""黑山战争十字勋章""法国军团荣誉勋章""突出贡献勋章""突出贡献十字勋章"。阿尔奇受了重伤，被评为百分之百残废。特德吸了毒气也受了伤。而家里最小的孩子昆汀则献出了他的生命。

白宫岁月里的"派克的坏男孩"，后来长成了一个调皮小伙子。昆汀继承了父亲的禀赋，浑身充满活力和热情。他与弗洛拉·佩恩·惠特尼(Flora Payne Whitney)订婚，弗洛拉的祖父是当过克利夫兰海军部长的公共交通运输事业巨头(traction magnate)。他们想在法国结婚,但战争部拒绝取消未婚妻出国的禁令。1918 年 7 月 11 日,昆汀驾着一架纽波尔歼击机(Nieuport),击落了他的第一架德国飞机。三天以后,在法国国庆日(Bastille Day)那天,他自己被击落了。德国的公报是这样说的:"罗斯福上尉不顾生命危险,在战斗中一次一次发起进攻,无疑显示了英勇气概,但被比他更有战斗经验的对手击中头部,坠落在夏慕里。"[91]他的父亲写道:"唯有那些不怕死的人才配活下去,而那些不愿享乐的人都不配去死。生命和死亡是同一场大冒险的组成部分。"[92]

西奥多·罗斯福具有在政治舞台上纵横捭阖的能力,如果说儿子们没有全部继承这些能力的话,也受到他的熏陶,具有那种骨子里的不安分。1909 年,前总统带着克米特到非洲去,后来写信回家,显然很骄傲地说,这孩子的"机灵、沉着、骑马功夫、吃苦精神、耐力,以及好眼力,使他成为一个十分出色的荒野猎手"。[93]有冒险精神的父亲和儿子还一起进入巴西的丛林探险,并在那里发现了所谓的"怀疑之河"(The River of Doubt)。

1914 年,克米特和美国驻西班牙大使的女儿贝儿·威拉德(Belle Willard)结婚。新娘来自一个非常有趣的家庭。她的祖母是弗吉尼亚州费尔法克斯县城的安东尼娅·福特(Antonia Ford)。祖母一头乌黑的长发,长睫毛,微斜的鼻梁,厚实的唇给了她一种摄魂的美丽。她利用她的美貌,成功地成为邦联的间谍。杰布·斯图尔特对她的勇敢大为赞赏,任命她为"荣誉副官"。据说,根据安东尼娅提供的情报,莫斯比别动队①的头儿成功地从北军士兵占领的费尔法克斯,把联邦的埃德温·斯托顿(Edwin Stoughton)将军从被窝里抓出来。安东尼娅最后遭对方女间谍设计被抓。前来抓她的联邦军官是约瑟夫·C. 威拉德少校。富有心计的福特小姐居然与他成了婚。[94]

克米特·罗斯福和他的威拉德太太住在纽约。他在那里开始从事蒸汽船生意,最终成为美国轮船公司的副总裁,并成为有一定影响力的探险家。然而他一生对政治的兴趣为零。

未来成为政治家的是他的兄弟小西奥多·罗斯福。1898 年《圣路易斯全球民主党人报》(*St. Louis Globe-Democrat*)的一位记者说:"在牡蛎湾,人们普遍的印象是小特迪到快 40 岁的时候才生了他。"[95]在长相,举止上,不苟言笑的年轻人酷似其父。父亲对长子的期望远超其他孩子,认为其他孩子给他增添

① 莫斯比别动队(Mosby's Rangers):莫斯比,1833—1916,为美国内战时期南方联盟别动队首领。——译注

了生活压力,这种压力差点压垮了他。14 岁的时候,特德很严肃地跟一位牡蛎湾的老者讲:“我会永远诚实正直,而且我希望有一天成为一个伟大的士兵,但是当人们提起我的时候,我将永远是西奥多·罗斯福的儿子。”[96]在法国的战壕里,特德首先证明自己是伟大的战士。当前总统病重即将离世的时候,小特德的夫人告诉他:“父亲你知道吗? 特德一直担心,怕配不上你。”年长的勇士回答:“配不上我? 亲爱的,我非常为他自豪。他不仅为他的孩子们赢得了很高的荣誉,而且,像中国人那样,他为自己的祖先争了光……我经历的战争与特德所经历的不可同日而语,我的只是弓和箭。没人比我更了解他。”[97]

1918 年,小西奥多·罗斯福本有可能成为共和党这边的纽约州州长候选人,而他的民主党对手将会是富兰克林·德拉诺·罗斯福。这场竞争最终没有上演,但这标志着这两个男人之间角逐的序幕从此拉开。他们同姓,但谁能在这个国家名垂青史,将有一番较量。1919 年,特德竞选代表拿骚县的州众议员。他的对手是一位水手的儿子,他带着讥讽提到西奥多·罗斯福的名句,说:“我的帽子也扔进了圈子,但它可不是我父亲的那顶哦。”[98]罗斯福以压倒多数当选,这也是他一生政治生涯中仅有的一次参选胜利。作为一名新任的议会议员,他最具有魄力的行动是反对开除五位社会主义议员。

他发言后,另一发言人斯威特(Sweet)发言,后者朗读老西奥多·罗斯福著作中的选段,意在把父亲的美国主义和儿子的非美国主义作比较。[99]

哈丁总统把年轻的特德任命为海军副部长,这是这个家族驾轻就熟的领域。一位海军上将抱怨道:“我已容忍过两位罗斯福了,我再也受不了另一位了。”[100]这一职位对西奥多·罗斯福和富兰克林·德拉诺·罗斯福都是更大荣耀的进阶之石,但是对特德却不是。在他的任内,对蒂波特山(Teapot Dome)油田资源的控制权已由海军部转到了内务部。罗斯福尽管反对,但还是忠实执行了白宫的行政命令。一位叫哈里·斯莱特里(Harry Slattery)的环保人士曾提醒他,内务部长福尔将用石油谋取私利。罗斯福把斯拉特里赶出了办公室。难道斯拉特里不知道福尔是父亲莽骑兵团中的一员,因而必定圣洁吗? 福尔授予哈利·辛克莱从蒂波特山油田开采油和气的特权。同时,特德曾为阿奇·罗斯福在辛克莱的公司里谋了个副总裁的职位。阿奇听说采油人给了福尔六万八千美元,于是辞了职,并到华盛顿在一个国会委员会作证。作为证人,在他后面发言的是辛克莱的秘书,秘书说他的老板给福尔送了“6 到 8 头奶牛”,也许阿奇错误地听成了“68 thou 美元”[101](注:68 千美元)(1929 年,福尔因接受采油人辛克莱和多希尼 10 万美元的贿赂而入狱)。海军副部长罗斯福的诚实从未受到质疑，但是《纽约新世界》说："他愚钝而且懒惰，不想担当更高官职的责任。他每日按例做他的工作，不礼貌的问题不问，'让别人给出问题的答案'，然后在人们告诉他什么时候什么样的文件还需要墨水痕迹的地方签上自己的名字。"[102]

虽然已经不那么光彩照人，但年轻的特德继续沿着父亲的政治道路奋力前行。他已做过众议员和海军副部长，下一步是纽约州州长（他在海军部的职位由他的隔代表弟西奥多·道格拉斯·罗宾逊接任）。但是在1924年，特德的对手是当时在任而且很得人心的阿尔佛雷德·E.史密斯。"叛逆者"的妻子埃莉诺·罗斯福赞同州长人选的提名："当然他会赢！"她对欢呼的代表们说。"昨天共和党大会（选了小西奥多·罗斯福）尽一切所能辅佐他，他想不赢都不行！"她丈夫已有伤残，但埃莉诺很快学会了为家族参与政治。她做了一个架子放在自己的车顶上，样子很像一个茶壶，上面还喷着热气。她还带着她的女儿安娜，外出会见选民，提醒他们关于她嫡堂兄弟的丑闻。她后来写道："在政治斗争的漩涡中，人们总会觉得只要是诚实的竞选手段，就都是公平的。但是我现在真的认为，这是艰难的博弈。在后来的竞选活动中，我的堂弟对我丈夫进行反击，但我不怪他。"[103]罗斯福以10.8万张选票失利，比他同一党派的总统候选人卡尔文·柯立芝（Calvin Coolidge）少了近100万张选票。这次失败标志着特德选举生涯的结束。同时也为4年以后富兰克林·D.罗斯福卷土重来铺平了道路。

然而，特德的政治生命通过总统任命继续着。胡佛任命他为波多黎各总督，后来是菲律宾群岛大总督。在这两个职位上，他都证明自己是位称职的行政长官。当富兰克林·德拉诺·罗斯福当选总统消息传来的时候，他在菲律宾。有关记者想知道他和新的行政首脑是什么关系。特德回答说："约相隔五代的堂兄弟。"[104]（另一个有相同亲属关系的尼古拉斯·罗斯福递交了不当美国驻匈牙利大使的辞呈，很快被富兰克林堂弟批准）。[105]

牡蛎湾罗斯福一支在反对富兰克林·德拉诺·罗斯福方面几乎完全一致。艾丽斯几乎一改她一辈子不参加竞选的常规，为的是提醒整个国家，选举他的堂弟会带来的危险。例外来自西奥多罗斯福的姐姐科琳娜·鲁滨逊（Corinne Robinson）。她是个不大出名的诗人，出过五本诗集，同时也算是自成一家的政治人物，曾在1920年共和党代表大会上发言支持伦纳德·伍德（Leonard Wood）。她说，因为外甥女埃莉诺对结果那么在意，她不得不保持沉默。

富兰克林·德拉诺·罗斯福当选后，牡蛎湾家族变成了如幽默作家富兰克·沙利文(Frank Sullivan)所说的“过了季的罗斯福”。当特德在一家出版公司工作，没事的时候，他常常由克米特陪同，登上打猎之旅。他们最成功的旅行是到亚洲。在那里，他们捕杀了稀有的大角羊，又称马可波罗羊(*Ovis poli*)。“你们不知道大角羊吗?”威尔·罗杰斯发问，“它是一种政治绵羊。你在选举之间空闲时才去狩猎。”[106]但此后特德再没有参加任何选举。1936 年，他宣布“如果人民有此意愿”，[107]他将再次参选州长。但舆论没有一丁点儿反响。

1931 年她丈夫尼克去世后，“艾丽斯公主”也从新闻上慢慢消失了。偶尔有个别声音发出，呼吁她参加选举或担任公职。菲律宾有一家周报说她会成为菲律宾群岛一位出色的大总督。1932 年，一些北达科塔人推举她当共和党副总统候选人。

1934 年，一个叫作“独立选民先锋协会”的团体怂恿她竞选代表俄亥俄州的参议员。但是她接受的唯一职位是 1936 年大会上任罗伯特·塔夫脱阵营的代表。艾丽斯是个决绝的仇恨者，但她很久以前就宽恕了威廉·霍华德，并对他长子的能力从不吝啬溢美之词。站在鲍勃·塔夫脱一边就意味着与富兰克林·D. 罗斯福做对头。在一篇 1940 年的杂志文章中她写道：“我赞成鲍勃·塔夫脱，是因为那个人总是踮着脚、挥着帽子、扯着嗓门，‘疯癫癫’地到这儿那儿，哪儿都去，我已对他失去热情。”[108]她的名声有赖于她的机敏。不管对还是错，她被认为是 20 世纪几乎每一句伟大的政治俏皮话的创作者。关于卡尔文·库利奇：“他断奶时用的一定是咸菜。”关于温得尔·威尔基(Wendell Willkie)：“他是来自美国乡村俱乐部的草根。”关于托马斯·杜威：“人们怎能为看上去像婚礼蛋糕上的新郎投票?”在堂妹埃莉诺开辟“我的一天”专栏以后，艾丽斯也在一家报纸开了个专栏。可是不知怎么回事，一变成铅字，她闪光的名言就不再那么吸引人了。专栏开了几个月就停了。

牡蛎湾罗斯福家族作为时代节奏的领路人，风光了好多年，此时却开始落魄了。1936 年，当富兰克林·德拉诺·罗斯福赢得现代美国历史上最伟大的选举胜利的时候，西奥多罗斯福的夫人一反退休多年一直噤声的常态，出来宣布，新政“与我们美国的民主和自由格格不入”，而阿尔奇则把这个家族的名字与许多极右事业联系在了一起。[109]作为“真理基金会”的受托人，他是那些寻求铲除在哈佛搞破坏的领袖之一。[110]他还给每个美国参议员都写了一封信，声明：“在美国，黑人应对现代技术文明似乎不如白人做得那么好。”他把当时的公民权利方面的困难归罪于“社会主义阴谋分子”。[111]

只有不参与政治的克米特与富兰克林·德拉诺·罗斯福还保持着较好的关系，人们经常见到他们俩一起驾游艇出游。他的夫人和女儿是牡蛎湾家族中仅有的支持海德公园一族亲属参选的成员。1964 年，似乎是针对她姻亲的活动，克米特夫人签署了一整版的报纸广告“为什么人们应该担忧极端主义的六大理由”。[112]

富兰克林·德拉诺·罗斯福无暇顾及来自西奥多罗斯福子女的奚落，他自己的麻烦已经够多了。

在她的自传中，埃莉诺·罗斯福对海德公园王朝的生活有一个直白到令人尴尬的描述。这一家族的结构是五个孩子上面还有三个潜在的权威：父亲、母亲和祖母。

富兰克林·德拉诺·罗斯福认为他的孩子应该自己做决定，犯自己的错误。他妻子觉得他的这种态度“主要是因他的母亲，母亲想控制他的每一个想法和行动，而他则必须为独立进行反抗”。[113]同时他也事务缠身，无暇顾及。在孩子们成长的过程中，他为自己的健康烦神，长时间地远离家人。后来是忙于公共事务。他夫人有记录说：“当富兰克林的公务活动越来越忙的时候，他发现几乎没时间照顾男孩子们的兴趣。孩子们无法从他那里得到建议，如果他不那么忙的话，这本来是很自然的事情。”[114]要见总统父亲还要预约，罗斯福家的男孩们对此深恶痛绝。当他们有自己的政治事业时，儿子们都努力描画他们与父亲的关系很密切，他们十分孝顺，等等。[115]但是，在不经意间，小富兰克林告诉访谈他的人：“你可能会觉得奇怪，其实我和父亲一起待的时间很少。最长的一段时间是 1934 年 7 月那一次，他跟我一起待了 5 个星期，那段经历永远忘不了。那是一次坐邮轮出行。我想这是我一生中唯一与父亲待的时间最长的一次。”[116]

埃莉诺和丈夫一样有同样的问题，想多陪陪孩子们，但却没能做到。由她供稿的，除了有每天出刊的报纸专栏，还有每周一次的电台节目和一家月刊杂志的专栏。不知疲倦的埃莉诺，不仅担任白宫的女主人，部分负责管理一家家具厂，还在陪丈夫到国内外做调查研究时，充任他的耳目。下一刻，第一夫人将在何地出现成了美国人寻找乐趣时间的问题。《纽约客》(*New Yorker*)一个有名的卡通专栏曾有一张画，矿井深处有一个浑身煤粉的矿工对另一个说：“啊哟！我的天，罗斯福夫人来了！”埃莉诺为赢得这样的解放作了英勇的斗争，不仅是为了摆脱婆婆的束缚，也是为了摆脱童年时给人留下的印象。小时候她并不开心，总是进行着压抑、痛苦的抗争。她个人的独立带有斗争后获得的光彩。但她下决心让自己的孩子们有权获得自己的独立，而且不遗余力地向他们说明，她“不会以任何方式试图控制或干涉他们的生活”。“我这一理念也许执行得过了头。”她后来承认说。[117]

然后是那位祖母。莎拉·德拉诺·罗斯福是位淑女，不会表露她对政治的厌恶。想想所有那些富兰克林不断带到海德公园的那些令人讨厌的人！然而，当休伊·朗来吃中饭时，她会忍不住像舞台上的演员那样耳语：“我儿子旁边那个庸俗男人是谁啊？”[118]政治生活使儿子与她日益疏远，但加强了将孙辈控制在她影响之下的决心。她惯坏了他们，用礼物、豪车和一切体现她溺爱的东西。男孩们可爱但调皮，很快就知道怎样利用祖母——任何得不到的东西，只要是通过祖母，就可以毫不费力地得到。只有最小的约翰，比较文静，少言寡语，提出的要求相对要少。

罗斯福家的男孩，似乎顺风顺水地度过了白宫的那段岁月，他们天马行空，所作所为到了令人扼腕的地步。无数张超速罚单，无数次交通事故，离婚，砸烂摄影师的相机，等等。法国戛纳市长，曾声称有个小罗斯福把一瓶香槟倒在了他头上。在一次夜总会胡闹之后，《纽约时报》有一篇社论，不无嘲讽地说，这真真切切地表明富兰克林·德拉诺·罗斯福没有独裁的野心，因为，如果他有，“埃利奥特·罗斯福就会冷静地等待时机，一旦他父亲成为独裁者，就立刻把批评他父亲的人活埋或枪决，而不是像现在这样只是揍扁他的鼻子”。[119]年轻人齐声向他们的母亲抱怨说整个事件的不公。她花了几个小时给他们解释，说做总统的儿子也是有代价的。她后来回忆说：“虽然我当时说了话，但我知道，我还不如省省力，吹冷我的稀饭。”[120]

这些孩子在做生意时，同样对家族的名声和地位不管不顾。别人给了远高出正常期待的报酬优厚的工作，他们坦然接受，认为理所当然。埃利奥特和安娜为威廉·伦道夫·赫斯特工作，而后者是他们父亲尖刻的批评者。吉米是波士顿保险业的新手，却很快成了火灾、海事、空气和团体保险的行家。1938 年阿尔瓦·约翰斯顿写道：“一个小年轻，从未读过医学院，突然变成了美国最伟大的专家，眼睛、耳朵、鼻子、腹部和肺部手术、产科、小儿科和手足病，什么都懂。保险界惊呆了，而且很快医药界也都惊呆了。”[121]约翰斯顿声称，吉米的收入在 25 万—200 万美元。为报答协助自己得到保险业务，总统儿子帮助约瑟夫·P. 肯尼迪成功获任驻大不列颠大使（肯尼迪则告诉媒体：“这是彻头彻尾的谎言。”)。[122]吉米的回答出现在与沃尔特·达文波特的访谈中。他说，他怎样刚出哈佛校门，就有一家保险公司付他1 500美元一年。他承认说：“我可不上他们的当。我完全知道他们给我钱是为了那个名字和名字所能带来的价值。”后来他经营了自己的企业。“没错，我从事了如果我不是总统的儿子我永远不可能从事的行当。”但是他的税单复印件显示，他前5年的可课税收入是17万美元。[123]公众们得到的印象是，约翰斯顿言过其实，在整个国家经济萧条最严重的时候，年轻的吉米其实表现得极为出色。《圣路易斯邮报新闻》(*St. Louis Post-Dispatch*)在一篇四行字的社论中是这样概括的：“对年轻人的忠告：要想在保险行业取得不折不扣的成功，并因此获得进入公共生活的能力以期为你的同胞服务，请让你的父亲当选美国总统。”[124]

总统对把公共职位授予亲属持相对谨慎的态度，尽管他还是任命一个罗斯福担任了海军副部长。他说，“这是家族传统”。[125]罗斯福王朝第五个担任此职位的是亨利·拉特罗布·罗斯福(Henry Latrobe Roosevelt)，RCA的欧洲代表，也是蒸汽船发明家的曾孙。

总统至亲中唯一拿由公众税赋负担薪水(1万美元一年)的成员是儿子吉米。尽管埃莉诺强烈反对，但吉米仍被任命为白宫助手。他回答说：“为什么要剥夺长子协助我的权利，为什么要剥夺我和他一起快乐工作的权利，就因为我是总统?”[126]他作为总统侍从干得怎么样意见不一。阿瑟·克罗克认为他是成功的，詹姆斯·麦格雷戈·伯恩斯(James MacGregor Burns)则认为他是失败的：他搞砸了国会关系。[127]不到一年时间，他的健康出了问题。当“保险丑闻”见诸报端的时候，吉米正在梅奥诊所因溃疡出血动手术。他再也没能回到白宫的工作岗位，而是到了好莱坞当了电影《金钵子》(*Pot o' Gold*)的制片人。他后来说，这也许是有史以来拍得最糟糕的电影。杰米的后台是约瑟夫·申克(Joseph Schenck)。这位电影巨头把黑钱输送给了民主党。当西恩克坐牢的时候，杰米还曾想帮他获得赦免，但是被财政部长摩根索(Morgenthau)否决了。

赫斯特派埃利奥特去孤星州①经营前者的电台生意以后，埃利奥特在德克萨斯尝试投入政治，只不过浅尝辄止。他被推举为青年民主党副主席，但在有人抗议后辞职，人们认为他没有资格。他后来被州长任命为德克萨斯A&M公司董事会董事。任命他的州长后来受聘为联邦政府法官。不久，埃利奥特

① 孤星州(Lone Star State)：美国德克萨斯州的别称。——译注

又深深卷入了反对新政的策划中。他对一座电台的听众说，他希望富兰克林·德拉诺·罗斯福不要再竞选第三任总统，但他妹婿约翰·伯蒂格(John Boettiger)(安娜的第二任丈夫)很快在公开信对他进行了谴责。作为参加1940年全国大会德克萨斯州的代表之一，埃利奥特根据团体规则，投票反对父亲的提名。

罗斯福所有的孩子结婚都很早。他们的母亲认为，这“大多是因为他们都没有真正属于某地的家，因而寻求建立自己的家”。[128]除一人以外，所有人都又年纪轻轻就离婚了。富兰克林·德拉诺·罗斯福的4个儿子和1个女儿共有19次婚姻，14次离婚，其中4次发生在他们父亲还是总统期间。他们的婚姻共生了24个孩子。所有第一次婚姻都门当户对，嫁入有地位的家族：安娜嫁给费城一个股票掮客柯提斯·道尔(Curtis Dall)；吉米娶了一位国际著名脑外科专家的女儿贝齐·库欣(Betsey Cushing)；埃利奥特娶了一位工业家的女儿伊丽莎白·唐纳，妻子的父亲开发并成立了“全国锌板公司”和“联邦钢铁公司”；约翰娶了安娜·克拉克，女方的父亲被认为是美国投资咨询业的创始人。但是带有蒙塔古和卡布利特标志的是1937年6月30日的那场婚礼，总统第三个儿子小富兰克林·D.罗斯福与“小巧玲珑、肤色雪白”的埃塞尔·杜邦结婚。小富兰克林曾猛烈抨击所谓的“经济反动巨头”(economic royalists)，而新娘的大工业家族一年前曾出资364 630美元以击败总统。其余的婚姻都非上层社会的联姻。

第二次世界大战也未能让罗斯福的儿子们离开聚光灯。对埃利奥特来说，情况正好相反。埃利奥特的军队生涯开始于他冒死指挥作战的经历。1940年他被任命为陆军航空兵团的机长。一夜之间，全国到处都是巨大的标语，上面写着口号“爸爸，我要当机长”。威廉·阿伦·怀特在《恩波利亚公报》(*Emporia Gazette*)上表达了不满：“征兵时期大家仔细看着，看还有哪位美国公民没经过任何军事训练就入伍当上机长。”[129] 1945年，为给埃利奥特的名叫“火焰”(Blaze)的英国斗牛獒犬留出空间，三个美国士兵被迫腾出了一架军机，埃利奥特为此又上了报纸。《纽约先驱论坛报》(*New York Herald Tribune*)写道：“我们还不至于说埃利奥特·罗斯福先生狗的故事颠覆苏联发起总攻的大消息，但是我们敢预测，这一从东海岸到西海岸街谈巷议的话题确实是强有力的竞争对手。”[130]

“火焰”事件发酵，在最不幸的时候给罗斯福上校惹来了麻烦。那时，他晋升为准将的提议刚刚被提交到参议院。共和党参议员布什菲尔德(Bushfield)

提醒参议员们，在当上准将之前，罗伯特·E.李从军36年，乔治·马歇尔35年，德怀特·艾森豪威尔30年。民主党参议员托马斯显然也作了些必要的准备，福雷斯特将军从中尉升至中将用了两年时间，谢里丹将军从少尉升至中将花了3年时间。两边都有历史先例可循，而当时的参议院是民主党为多数派，有4年军龄、当年34岁的罗斯福，以53票对11票当选了准将，31位参议员弃权。[131]

年轻的将军是爱好摄影的飞行员，常常低飞越过敌方目标，带回近照。因"英勇和超人的成就"，他被授予"突出飞行十字勋章"。仍然受消化道溃疡折磨的吉米，当上了海军陆战队中校，是卡尔森突击队的二号指挥员。因多次参与进攻马金岛，他被授予"银星勋章"和"海军十字勋章"，后者是海军仅次于最高级别的奖励。小富兰克林成了海军少校，指挥一艘驱逐舰护卫舰。他不惜冒着炮火，将一位受了重伤的海员运送到安全地带，因此被授予"紫心勋章"和"银星勋章"。约翰也当上了海军少校。他在位于太平洋上的航母综合舰队上当后勤军官，因此获得"铜星勋章"。所有罗斯福家的男孩，正如英国人说的那样，过足了打仗的瘾。

西奥多·罗斯福三个活着的孩子在第二次世界大战时早已进入中年，他们的战争经历像神话般迷人。就像在第一次世界大战时，克米特等不及要美国参战一样。1939年他到了英格兰，又一次当上了英国军官。一年以后他辞去职位自己组建了一支国际旅在芬兰抗击苏联人。但是在他将5 000名志愿者投入战场之前，芬兰人就已经投降。美国宣战后，他当上了美国陆军少校，参加了在阿留申群岛抗击日本人的首场战役，1943年在那里因自然原因去世。[132]

阿尔奇在一战服役后被定为全残，在第二次世界大战中重返陆军当了中尉。他手下认为占领萨拉马瓦①主要是他的功劳。伊利诺伊州煤城(Coal City)的五级技术下士约翰·伯托(John Bertor)，向一家报纸记者讲述了罗斯福大胆的战术："在前一个星期三，罗斯福中尉带着两个军官和三个士兵，去萨拉马瓦港进行了侦察。在他的命令下，我们逼近了地峡，直到日本人朝我们开火……罗斯福中尉站着，手中拿着地图，日本人每打一炮，他都记下发射的位置。他们向我们开火半个小时，有几次我们差点被打中。中尉见我害怕，说：'跟我在一起你很安全。上一次战争我受过三次伤，那是我们的幸运符……。'第二天我们的炮弹准确击中那些大炮，日本人再也没能开火。"这位士兵接着

① 萨拉马瓦(Salamaua)：巴布亚新几内亚东北沿岸的小镇。——译注

说："罗斯福是个好军官，但他的胆子他妈的也忒大了。"一年以后，在比亚克岛的战斗中，阿尔奇被流弹击中受伤。他是唯一参加两次世界大战且都因百分之百伤残退役的美国人。[133]

政治上不成功的小西奥多·罗斯福，在珍珠港进攻之前，也穿上了军装。他在一战时期的老部队第一步兵师当准将。德鲁·米德尔顿(Drew Middleton)回忆这个师的战绩时提到了这位副指挥官："他是个小个子，他的英勇若非亲自看到你不会相信。他具有古典式的勇敢，全然不顾生命危险，而且有团结部队的号召力。他从来不说'冲'，他说'来'……他有时吓倒了西点军校毕业生们。他们对学校课程中没有的东西总是怀疑的态度。然而他是个伟大的实战型军官。"[134]特德和他的儿子昆汀·罗斯福(Quentin Roosevelt)上尉在北非并肩作战，并双双因作战勇敢获得"银星勋章"和"法国军功十字章"(Croix de Guerre)。父亲在诺曼底战场上因心脏病突发去世，未能知道艾森豪威尔已签署命令派他去指挥一个师。他因在开始进攻日①表现英勇被追授"国会荣誉勋章"，因在阿尔及利亚英勇参战获"铜星勋章"，使他成为所有美国战争奖章的被授予人。他死后，《纽约时报》写道："当他在英格兰，他的师里走动时，乐团只要一看到他就会奏响一支叫作《老兵永不朽》(Old Soldiers Never Die)的美国歌。那是他的歌，他曾说过……他将在已成为历史的集体记忆中永生。昆汀、克米特、西奥多去世了，阿奇博尔德受伤了……这是一种永远不会死去的荣誉的传统。"[135]

西奥多总统有 17 个孙子孙女，9 个女孩，8 个男孩。女孩们嫁了律师、医生、建筑师、艺术家、作家、教授和政府官员。有一个孙女，西奥多拉·基奥(Theodora Keogh)，在漫不经心做了一段职业舞者以后成为了一名小说家。另一个伊迪丝·克米特·罗斯福(Edith Kermit Roosevelt)，为报纸写专栏，先是在好莱坞，后来在华盛顿。孙子们当上了企业总裁、工程师、政府官员和音乐家。约瑟夫·威拉德创作了前卫的室内音乐。克米特和科尼利厄斯继承了西奥多·罗斯福冒险的禀赋。克米特是中央情报局的特工。1953 年他指挥了一次针对伊朗的政变。据说是科尼利厄斯提出毒杀菲德尔·卡斯特罗(Fidel Castro)的计划。作为中央情报局技术部门的首脑，他声称他的工作主要是侦

① 开始进攻日(D-Day)：第二次世界大战中盟军在法国北部诺曼底登陆的日子，即 1944 年 6 月 6 日。——译注

听设备。昆汀是中国国家航空公司的局长，就在他29岁生日的47天后，在靠近香港的一次空难中逝世。孙辈中没有寻求入选公职的。在再下一代中有一个例外。曾在中央情报局任职的克米特的儿子马克·罗斯福1994年曾是竞选马萨诸塞州州长民主党的提名人。他先前是该州立法机构的自由派领袖。竞选州长时，他大票数落败于在任的共和党提名人威廉·韦尔德(William Weld)。韦尔德当时的配偶是苏珊·罗斯福，哈佛大学教授，专攻古代中国文明和法律，也是昆汀的女儿。马克将离开马萨诸塞州去担任匹兹堡公立学校的督导。2011年他当选安蒂奥克学院校长。

富兰克林·德拉诺·罗斯福去世两年以后，小阿瑟·施莱辛格(Arthur Schlesinger)回顾了罗斯福王朝海德公园这一支。他评论道："显然，罗斯福家族在美国政治生活中并非是过气的力量。10年以后，甚至更早，两个最重要的州可能由罗斯福们来当州长。在第三个州，由罗斯福家族拥有的那份报纸将成为重要的政治力量。"[136]这位伟大的历史学家真应该和拉斯维加斯的专业人士赌一把胜算的可能性。

施莱辛格预言变成现实的第一步发生在1949年，小富兰克林竞选联邦众议员。纽约第二十区对富兰克林·德拉诺·罗斯福的儿子来说是一个理想的起点或跳板。该区覆盖曼哈顿西侧上半部分，拥有大批犹太人。然而，年轻的候选人有几个不利条件：在竞选进程过半的时候，他太太，早先的埃塞尔·杜邦，飞到里诺(Reno)要求离婚。眼见第二个富兰克林·德拉诺·罗斯福未能赢得提名，坦慕尼协会便推出了自己的"中坚民主党人"(Regular Democratic)候选人。罗斯福是个"投机客或外来政客"，住在长岛时尚的伍德伯里的别墅里。他的反对者们问道："你们是想要国会议员，还是想要猎狐犬的专家呢?"他有一个引人注意的长处，那就是酷似其父。富兰克林·德拉诺·罗斯福所有儿子身高都在六英尺以上，但富兰克还有那著名的露齿微笑，两颊有深深的酒窝，一双蓝中带灰的眼睛。五官比他父亲同龄时轮廓更为鲜明，下巴显得不那么倔强。不管怎么说，他是谁的后代一目了然，甚至抽烟时脸颊瘪进去的模样都一样。富兰克和吉米说话都像父亲，以至诋毁者们声称他们研究过富兰克林·德拉诺·罗斯福说话时后缀的发音和神态。1947年5月17日，富兰克获得了几乎和他三个对手加起来同样多的选票。当结果传到灰石宾馆的指挥部时，狂喜人群中听到有人在喊："下一站，奥尔巴尼!""下一个纽约州长!"甚至："白宫，门已敲响。"富兰克林·德拉诺·罗斯福儿子中的第一人寻求选举任职之旅从此开始。[137]

在众议院任职的5年内,小富兰克林·德拉诺·罗斯福留下了可叹的缺席记录。他国会的同事们发现他很聪明,也迷人,但是懒惰,做预案马虎,而且在需要他的时候缺席。1954年,他准备冲刺州长民主党候选人。州大会最后转向埃夫里尔·哈里曼。作为抚慰,弗兰克被提名为司法部长候选人。他的对手是雅各布·K.贾维茨。坦慕尼协会反对,加上贾维茨人气高,罗斯福败得很惨。与此同时,哈里曼以微弱多数获胜。

弗兰克在从政的间隙,担任华盛顿地区菲亚特汽车公司的分销商,同时是多米尼加共和国独裁者拉斐尔·特鲁希略的代表。然后,在1960年以后,他发现杰克·肯尼迪成为总统候选人给他提供了重返政治舞台的机会。罗斯福为肯尼迪竞选,在关键的西弗吉尼亚州初选大会上,他发言抨击肯尼迪的对手休伯特·汉弗莱(Hubert Humphrey),指责他第二次世界大战期间逃避兵役,说他不愿为国而战。《华盛顿星报》写道:这是"肮脏政治的新的低谷"。但肯尼迪在西弗吉尼亚州的胜利,使罗斯福在肯尼迪的班子中有了一席之地。

肯尼迪花了两年时间偿还竞选时欠下的人情债。传说中任命罗斯福为海军部长的提议被国防部长麦克纳马拉否决。最后,1963年2月,在左派和右派两方面都不满的情况下,罗斯福被提名为商业部副部长。《华盛顿邮报》写道:"小富兰克林·D.罗斯福是温和的政治人物,他帮助肯尼迪总统赢得了1960年的民主党提名。至于他是否拥有别的资历和本事……真的看不出来。"第二天,《邮报》的卡通画家赫布洛克(Herblock)作了一幅画:罗斯福坐在一堆特鲁希略的钱上。在通过提名之前,参议院财政委员会的共和党代表对受聘者进行了长达三天的严格无情的盘问。他为特鲁希略服务的事遭到特别细致的调查,他的汽车代理合作者还指责他曾设局逼对方离开该行业。他还被问到最近一次汽车驾驶执照被吊销的事情。普劳蒂(Prouty)参议员问:"这难道不表明这是你在使用城市街道和高速公路时的一种方式?或许这是一种觉得大众一文不值的态度?"[138]

富兰克未能当上纽约州州长,同样地,詹姆斯也未能当上加利福尼亚州州长。在梅奥诊所住院期间,吉米爱上了护士罗梅勒·施奈德(Romelle Schneider)。总统派哈利·霍普金斯去劝说他别与妻子离婚,儿子讨厌这种干涉。他和新夫人搬到了洛杉矶。1950年,他与在任的厄尔·沃伦(Earl Warren)竞选州长,以落后差不多30%的选票失败。4年以后,他代表一个更保险的地区竞选国会议员。那个区从中部洛杉矶延伸至海边,居民主要是少数族裔,尽管当时他住在上层社会居住的帕萨迪纳区。但吉米此时感到最棘手的，还是罗梅勒选择在这个时候要跟他离婚。整个过程不同于那种干干净净的分手，而是充满了龌龊、令人不屑的细节，足以成为报纸头条。当离婚判决后，他跟她的秘书艾琳·欧文斯(Irene Owens)结婚。吉米在州众议院任职六期，1965 年在 57 岁时竞选洛杉矶市长，在初选大会上被山姆·约蒂(Sam Yorty)彻底击败。罗斯福后任美国驻联合国教科文组织代表，时间不长，然后又搬到瑞士日内瓦在"海外投资者服务公司"工作。这家公司最后丑闻不断，以致瑞士人发出了逮捕证，后因罗斯福回到加州才作罢。在他为离婚诉讼做准备期间，第三任妻子用他的海军陆战队的军刀刺了他八下。

从一个伟大政治家这两个儿子的身上可以得出一个结论——这个结论也许同样适用于其他公众人物的孩子们——著名名字的价值帮助你在政治阶梯上先上一步，然后就要靠你自己掌握命运了。对于总统的儿子，那先升的一步可以是众议院中的一个席位。

第三个儿子埃利奥特，同样把赌注下在了政治领域，1965 年通过竞选，成功当选迈阿密海滩市 3 000 美元年薪的兼职市长。这个阳光之城有 7 万名常住居民，3.2 万间宾馆房间。这个到处游走的罗斯福曾经是纽约、德克萨斯、科罗拉多和明尼苏达州的居民。1963 年他移居佛罗里达州，创立了一家进出口贸易公司。在 54 岁的年纪，个子高挑、剪着短发，他把市长竞选的宝押在了迈阿密海滩大量的退休居民身上。他们中间许多人靠他父亲发起的社会保障计划所付给的报酬生活。让投票人忘记他的先辈几无可能。他的竞选口号宣称"他的名字让迈阿密滩①引以为豪"，竞选邮件用的是埃莉诺·罗斯福的纪念邮票。经过两年暴风雨般的岁月，他被赶下了台。他然后写了有关自己家族的几本书，但遭到历史学家和其他当事人严重的质疑。1934—1973 年，他被国会所设的委员会调查过至少 8 次，最后一次涉及有组织的犯罪和在迈阿密、巴哈马的股票债券舞弊案。阿瑟·施莱辛格预测未来政治上大有作为的名单上，少了富兰克林·德拉诺·罗斯福最小的儿子的名字，他叫约翰·A. 罗斯福。他是一个安分守己的纽约投资银行家，生前死后都是共和党人。

施莱辛格的"第三个州，在那儿有一家罗斯福家族所拥有的报纸将成为重大政治力量"，指的是亚利桑那州。女儿安娜和她第二任丈夫约翰·波蒂格在

① 迈阿密滩(Miami Beach)：美国佛罗里达州东南部城市。——译注

凤凰城买下一家周报，并在1947年把它变成了《亚利桑那时报》(*Arizona Times*)。这一项目投资很大，但以失败告终。波蒂格1949年与妻子离婚。安娜后来嫁给了医生爱迪生·霍尔斯特德(Addison Halsted)，他们一起投身于全国的医院管理行业。直到安娜父亲在乔治亚州温泉市去世时，她在罗斯福家族的故事中才再次披露。当时安娜不得不告诉她母亲，在父亲病榻前侍奉的是露西·默瑟(Lucy Mercer)。默瑟1914年时是埃莉诺的社交秘书，与富兰克林的暧昧关系开始于1916年，埃莉诺直到1918年才发现。埃莉诺相信一切已成历史，并努力隐瞒，不让外人知悉家里的丑事。但在1944年，有一次安娜勉强同意了安排父亲与露西见面的请求，此事瞒着埃莉诺。安娜和埃莉诺之间最终冰释前嫌，1962年埃莉诺病重期间，安娜照顾母亲直至最后。

由于富兰克林和埃莉诺的孩子多次结婚又离婚，他俩孙辈们的生活如何，可想而知是无法预测的。也许我们还能发现固定的模式。这个伟大政治家族的继承人们对竞选公职不感兴趣或至少兴趣不会持续很久。他们的事业倾向于学术方面的追求。他们在经济学和心理学领域著书立说。在曾孙辈中甚至出现了一位拉比(犹太法学博士)，名叫约书亚·伯蒂格(Joshua Boettiger)，任职于俄勒冈州阿什兰的易迈克沙龙寺。他的学问和专业覆盖现代犹太思想，圣经希伯来语，犹太诗歌史，等等。

正如杰拉德·约翰逊(Gerald Johnson)所指出的，早期的罗斯福们“聪明但无天赋，优雅但缺乏圣贤之相，受过教育但学问不深，勤于经商但并非工业巨子”。他们避免了平庸，却也并不具备超常的鼓舞人心的能力。

于是该王朝产出了美国政治历史上两位最令人激动的人物。

西奥多·罗斯福的孩子以及孩子的孩子，最终选择离开政治。

富兰克林·德拉诺·罗斯福的孩子选择生活在他们父母长长的影子之下。他们把生活看成是不幸的悖论：如果他们成功了，那是因为他们的父母；如果失败了，那是他们自己的过错。像所有人一样，他们有过好运气，也有过坏运气。像所有人一样，有的问题可归于他们父母的历史，对此他们无力控制。有的问题是因为他们是“可怜的有钱人家的小孩”。在不择手段追求财富、晋升的时候，他们利用了家族的名号，尽管结果是玷污了自己。一次又一次离婚使他们的子女分道扬镳，于是他们留给子女的，其实就是让他们切断与母体相连的脐带。

第八章　哈里森王朝

看啊，祖父的帽子适合本——适合本。
他戴着它端庄又优雅，哦！真的啊！
让我们再次集合重整旗鼓把叔叔本
直接送回到他祖父的职位上去吧。

——总统竞选歌曲，1888 年

一条幽静的小路斜穿过烟田，经过奴隶居住区和车间(作坊)，将伯克利(Berkeley Hundred)一分为二。在走过一英里半的路程之后，你来到一个大门口，一直往前是一幢漂亮的红砖大厦，有三层楼面高。在大楼第一层，中央大厅的外面，有两个"大房间"，用木板镶嵌而成，它们通过一个大壁炉两侧的门连接在一起。在房间的另一侧，面向着詹姆士河的，是正式餐厅。这里曾经是弗吉尼亚东部贵族家庭哈里森家族的家，在这里诞生了美国的"木屋"总统——威廉·亨利·哈里森。

在"老蒂帕卡努"[①]优美的出生地和他的西部开拓者宠儿的名声之间明显的看似矛盾凸显了哈里森家族最著名的政治禀赋——适应性。因为从弗吉尼亚的海岸平原到怀俄明州多岩石的山峦，这个王朝成功地连续十代获得美国选民的支持。

在第一位哈里森到达弗吉尼亚之后的 10 年，大概是 1632 年，他被选入了下议院，从而开创了美国历史上连续时间最长的政治家家族。

---

① 老蒂帕卡努(Old Tippecanoe)：哈里森绰号，1881 年 11 月 7 日他在蒂帕卡努河畔打败肖尼部落的印第安人。——译注

在每一代人中都有一个哈里森被选上公职岗位。头五个本杰明·哈里森是他们当地殖民地的统治精英的一部分：所有人都被选入下议院，一个是它的发言人，另一个坐在总督咨询委员会的席位上。第五位本杰明·哈里森是独立宣言的签署人，他的儿子和曾孙是总统，1965 年他的来孙(great-great-great-grandson)离开美国国会。

殖民地时期的哈里森家族本着接受 20 000 英亩土地管理权的态度接受公职。它是一种岗位责任。本杰明·哈里森五世后来成为一名革命者，但他不太像是天生的叛逆。他在社会上的地位可由伯克利种植园(Berkeley Hundred)的主人和美国最富的人"金"·卡特("King" Carter)的外孙的双重身份确保。此外，他与老自治领上的每一个重要家族都有血亲或姻亲关系。与李氏家族是姻亲，[1]与伦道夫家族是姻亲，[2]与伯德家族(Byrds)是远亲。他的内弟娶了玛莎·华盛顿的妹妹。他曾在他的一个伯叔创办的威廉玛丽学院读书。[3]伯叔是位有钱人，非常享受他的财富，常大宴宾客、一掷千金，同时只穿最新潮和最时尚的衣服。

1780 年末，2 000 名英国军人，在本尼迪克特·阿诺德(Benedict Arnold)的指挥下，在詹姆斯(James River)河口登陆，开始了一场扫荡运动。当他们到达伯克利种植园之后，这位变节的将军命令将这幢大厦中列祖列宗的画像扔进火堆，从此使得未来历史学家研究早期哈里森家族历史变得不可能。但关于大人物本杰明·哈里森的叙述还保留着。他身高六英尺，体重 249 磅，以热爱美食而闻名(日后他试图通过放弃上好的马德拉陈酒换取低度的法国酒来节食)。[4]他还是一个喜欢宴饮交际的同伴以及众所周知的爱开玩笑的人，其宴会幽默风格属于粗俗的只限男子参加的宴会类型。没有哪种场合，他觉得，过于庄重以致不能大声地笑出来。在约翰·汉考克被选为大陆会议主席的这天，来自弗吉尼亚的代表将他抱起来，放到了会议主持人的座位上。即使是在签署独立宣言这样的场合，大本(Big Ben)也不忘说点俏皮话。"你还记得当我们一个个被叫到大会主席的办公桌旁，在当时被许多人认为是我们自己的死亡证明上签字画押的时候，房间里那种充满忧虑和畏惧的寂静气氛吗?"本杰明·拉什问约翰·亚当斯，"那天上午的寂静和沮丧的气氛，我清楚地记得，只被弗吉尼亚的哈里森打断了一会儿，后者对坐在桌子旁的格里说：'格里先生，在我们都为眼下所做的事而被处以绞刑的时候，我比你有一大优势。根据我的个头和体重，我几分钟就可能死了，而你因为身体这么轻，你可能要挂在那一两个小时才会死去。'这段话让大家有了一阵短暂的笑容。"[5](唯一一次听到说哈里森“不幽默了”是当一贯的操纵者塞缪尔·亚当斯为了纪念玛莎·华盛顿设法取消了一次舞会的那次)。[6]

在独立战争前的政坛,哈里森是一名开明的保守派,在年长的弗吉尼亚寡头统治集团成员和像杰斐逊与李氏兄弟这样的青年土耳其党之间持中间立场。对亚当斯家族而言,哈里森没有立即赞成独立,当属于反动分子。不过当时大多数美国人都是这样。

然而当他最终下决心与支持独立的站在一起之后,他成为了一名不可多得的坚定的爱国主义者。虽然既非演说家也非思想家,但是他给费城带来了26年在下议院的经验,而且他正是作为一名老练的立法者而对共和国的成立作出了贡献。在委员会会议中很多紧张时刻,人们总期待本杰明·哈里森出来讲两句低俗而诙谐的话来打破僵局,这种才能亚当斯家族的人是不具备的。即使是曾经写过哈里森“对国会没用”的话的约翰·亚当斯,后来也不得不承认这位弗吉尼亚人贡献了“不少打趣的话”,让艰难的不愉快的会议得以保持镇定。[7]

1778年哈里森离开国会重新进入弗吉尼亚政界。许多政界领导人觉得,发动战争方面更重要的工作是在州一级完成的。克林顿返回纽约,拉特利奇(Rutledge)回到南卡罗来纳。哈里森击败杰斐逊夺得下议院发言人职位,而到战争结束时他成为了弗吉尼亚首位和平时期州长。在达到宪法规定的一年一任最多三任的限度之后,他试图重新获得他在州立法机关的原来席位,但被格林韦(Greenway)的约翰·泰勒击败(John Tyler)(55年之后这两个对手的儿子一起出现在候选人名单上“蒂帕卡诺加泰勒”)。作为被召集起来对联邦宪法进行投票的弗吉尼亚会议的成员,哈里森同理查德·亨利·李以及帕特里克·亨利一道,强烈反对拟议中的政府方案。但是在李从哲学上反对强大的中央政府的同时,哈里森的论据则是主要从商业角度出发。他认为弗吉尼亚放弃对本州商业的监管权将给州带来很大的损失。

1791年,在担任经选举获得的公职岗位几乎从未间断的连续54年之后,在刚要开始讲一个笑话之际,死神突然降临到本杰明·哈里森身上。他的政治活动使他无法有效地管理伯克利,而拥有一个心不在焉的主人的大种植园是不可能发展壮大的。也许哈里森去世时的十分贫困正是他对国家的热爱和忠诚的最好证明。

在三个儿子当中,第一个儿子卷入了某桩历史已失去记载的丑闻,第二个儿子有一个短暂的政治生涯，而第三个儿子成为了美国的总统。

威廉·亨利·哈里森(William Henry Harrison)，瘦高个，土色皮肤，黑眼睛，父亲去世后被送往费城，跟随本杰明·拉什医生学习医学。显然，是本杰明·哈里森为小儿子选择了此项职业，因为这个年轻人一听到父亲去世消息马上就改变主意去从军。凭借理查德·亨利·李的影响力，他成为了一名海军少尉，军队持有委任状的最低一级军衔。

1791年11月这位18岁的新兵到达今日的辛辛那提(Cincinnati)所在地迎战印第安人。在军队的七年时间里哈里森晋升上校军衔，以作战勇敢著称，同时与安娜·西姆斯(Anna Symmes)结婚。

年轻新娘的父亲是来自新泽西的前大陆会议的代表和西北地区的法官约翰·克里夫斯·西姆斯(John Cleves Symmes)，他最近刚与苏珊·利文斯顿(Susan Livingston)结了婚(但是这位新泽西州长的女儿从未适应边疆生活，于1808年离开了丈夫)。

一听到他女儿结婚的消息，西姆斯就在信中说她“把这场婚姻弄得有点像是私奔一样，尽管她是在我的家里当着我面结的婚”。[8]这位有权势的法官认为他的新女婿前程有限。“假如我知道如何对待哈里森上校的话，我能很容易地为他的家庭作出恰当的安排，”西姆斯写信给这位年轻士兵的前卫兵罗伯特·莫里斯说，“他既不能流血牺牲、恳求申诉，也不能讲经布道，要是他能扶犁耕地的话我也会很满足。”[9]据传第二次见到哈里森的时候，西姆斯以像是一个父亲般的口吻问道：“先生，你准备怎样维持我女儿已经习惯的生活方式呢？”对此骄傲的弗吉尼亚人回到说：“用我的箭，先生，和我最最得力的助手。”[10]这一动人的回答，据传说，足以抛开任何反对意见。不幸的是，事实表明这两个人分离长达15年。

反讽的是，在其最后的岁月西姆斯陷入贫困，非常乐意接受他女婿的施舍。在法官受到过的许多挫折中，相当重要的是西姆斯城的失败。由于自己恋爱失败，他觉得自己的房地产风险投资也注定会因为恋爱事件而遭受失败。据他的外孙看法，地产开发是毁在“一个异想天开、反复无常、眼睛乌黑的姑娘手里”。当那个不知其名的妖艳女人离开西姆斯城去辛辛那提之后，负责卫戍部队的中尉跟在她后面，因为居民觉得有军队的地方最安全，所以他们也动身去辛辛那提。[11]但是，恋爱可能是作为土地推销商的西姆斯遭遇失败最不重要的原因。在与伊莱亚斯·布迪诺特(Elias Boudinot)合伙的情况下，他购买了一块处于大迈阿密河和小迈阿密河之间的100万英亩土地。但西姆斯易冲动和粗心。他瓜分了他不享有所有权的土地，最终遭到合伙人的起诉。经法院审理，布迪诺特获胜，而西姆斯为执行这一判决以及其他针对他的判决被迫在法院拍卖会上将其财产出售。[12]

上校威廉·亨利·哈里森赞同他岳父的看法，即军队不是维持一个不断壮大的家庭最有效的办法，1798 年他弄到一个担任西北地区（Northwest Territory）大臣薪俸一年 1 200 美元的职位。然后，当该地区的人口达到了获得国会席位的标准之后，哈里森被选入了众议院，在此他巧妙地安排让在他的选区的西半部创建一个印第安准洲（Indiana Territory）的法案获得了通过。1800 年亚当斯总统任命他为该州的第一任州长。在刚满 27 岁的年龄，哈里森州长就接手管理相当于今天的印第安纳州、伊利诺伊州、威斯康星州，密歇根州的大半部，明尼苏达的若干地区——人口 5 641 人，以及很多印第安部落，包括波塔瓦托米人、迈阿密人、索克人、福克斯人、基卡普人、肖尼人、皮安卡肖人、特拉华人、韦阿人、鳗鱼河人（Eel River）、怀恩多特人，及奇珀瓦人。

作为《西北法令》下的“第一等”领地的州长，他将全部的行政、司法和管理权都揽在自己的手里。在罗阿诺克，已经为他的亲戚准备了他最严厉的抨击词语的约翰·伦道夫把他的姻亲称为“一个从没忘记他是一个主管的主管人”。[13]但当独裁者并不符合哈里森的天性。

虽然比他的父亲瘦和矮个几英寸，但他却拥有那位独立宣言签署人的随和、乐呵的个性。此外，哈里森需要这份工作，这意味着要跟随当政的国民政府政策。他接受过亚当斯、杰斐逊和麦迪逊的任命，并且对每一位都很忠诚，尽管他们的目标并不总是一致。抱着取悦对方的宗旨，他总是送一些小礼物给他的恩人——一袋美洲山核桃，几样印第安人的小玩意，以杰斐逊的名字命名某个市镇和某种狗熊。得到的回报是他的任职期限得以连续在 1803 年、1806 年和 1809 年被三次延长。在其中一次的获得延长机会之后，他写信给杰斐逊，“我恳求你接受我对你这再一次对我的信任和友好，表示的最热烈的感谢。我的职务薪金给予我相当的供养能力，我谨希望……它能使我为孩子的教育留存一笔小小的基金。迄今为止，我发现我的保育室比我的保险箱长得快”[14]（哈里森家族有 10 个孩子，4 个女孩。6 个男孩，其中一个在幼儿期死去）。

在担任印第安准州州长的四个任期里，哈里森最重要的工作是占有印第安的土地。这是为了执行杰斐逊总统的指示，尽管有的时候他执行命令的热情超出了所要求的程度。他的主要问题是由骄傲的肖尼人（Shawnee）的领袖和一种红色伊斯兰教（Red Muslimism）的实践者，特库姆塞（Tecumseh）和田斯克瓦塔瓦(Tenskwatawa)两兄弟带来的。1811 年 11 月,哈里森,头戴一顶插着一大片鸵鸟羽毛的海狸皮帽,率领 1 020 名士兵向蒂皮卡诺进发——靠近今日印第安纳拉法耶特的地方。当硝烟散尽,37 名美国人已经阵亡,151 名受伤。印第安人遭遇大败,尽管他们只伤亡了 36 个人。在传说中的战役收获寥寥的同时,它确实造就了一名新的英雄——威廉·亨利·哈里森,蒂帕卡诺的英雄。[15]

1812 年的战争发生在这位英雄一生中的最好时期。一位州长在 12 年期间会树立一个数量多到令人不安的敌人,而一名军事指挥官可以很方便地减少这些不满的人或反抗者的人数。哈里森被任命为将军,主要是经亨利·克莱(Henry Clay)大量游说的结果。

在一种更多以政治活动而非战斗打仗闻名的战争中,哈里森在泰晤士战役中赢得了一场胜利。事实上,英国人撤退的速度如此之快,导致美国人根本就没能赶上他们,然而遭遇战才是让这个国家最感振奋的话题。哈里森以凯旋姿态出现在华盛顿、纽约和费城,然后回到他的"木屋"。在辛辛那提向南 16 英里的俄亥俄河河岸上的哈里森的家,在威廉·亨利从他岳父手里购来的那个时候,确实是一间简陋的木屋。但他对其进行了扩建改造,使之变成了一幢空间宽敞的拥有 16 个房间的大厦,而原来的木屋被用作一间宽敞的起居室。

从某种程度上说哈里森的 3 000 英亩地似乎从未能够充分满足他这人口众多又好客的家庭的需要,因此威廉·亨利总是瞄着除公职之外哪里还有弄点补充收入的机会。从 1816—1819 年他在众议院任职;从 1819—1821 年他在俄亥俄参议院;从 1825—1828 年他是一名美国参议员。他在立法机关的角色,在他看来,不是引导公众舆论,而是反映那些选举他的人的意愿。"我是作为代表我的选区的众议员或代言人待在这个议员席位上。在道义上,我想,完全有执行他们意志的义务。"[16]他特别关注的是退伍老兵和军事事务——给战争后的寡妇和孤儿的抚恤金,关于欠薪的私法法案,对新弹药库和要塞的推荐或建议。在国会工作期间他曾建议建立一所海军学院,以及在全国各个学校建立一套军训系统。

当不在职之后,哈里森就寻求公职。他三次竞选参议员失败,一次州长失败,两次众议员失败。1823 年和 1824 年他尝试获得驻墨西哥公使的职位,空手而归。1828 年他希望与约翰·昆西·亚当斯一起被选进副总统候选人名单,但结果该位置给了理查德·拉什。1827 年和 1828 年国务卿克莱推荐他担任驻哥伦比亚公使。最终一位被激怒的总统写道:"副总统、陆军少将、驻哥伦比亚公使——就在这一次会议期间他对以上每一个职位都穷追不舍，就像猎狗追逐野兔的香味一样。”照约翰·昆西·亚当斯看来，哈里森拥有“一种生动活泼然而肤浅的思维，是一个不缺乏才能，然而过于自信、讲究虚荣和不够慎重的政治冒险家。另外，他有广交朋友的能力，总是不停地强求他们利用他们的影响帮他自己的忙”。[17]哈里森对亚当斯的评价也不高：“他是一个令人作呕的交往对象……他的那些观点僵化又笼统，都是专门从书上搬下来的。”[18]然而，亚当斯欠哈里森一个人情。因为在一个以挫败总统为乐的立法机构中，参议员哈里森一直是亚当斯的国内改善方案的坚定支持者。所以粗暴生硬和总爱争吵的亚当斯便任命和蔼可亲和不拘礼节的哈里森为驻哥伦比亚公使。

哈里森并不隐瞒他渴望获得这个外交职务的原因。他欠了几千美元的债务。“我的主要目标就是积攒一点钱。”[19]他的公使薪金是 9 000 美元，再加同样数量的“一套装备”。1829 年 2 月这位新公使，以他十七岁的儿子为随员，到达偏远的坐落于山上的哥伦比亚首都波哥大。但一个月之后，安德鲁·杰克逊当了总统，他任命来自肯塔基的众议员接替哈里森的位置。这严格地讲是任命权的问题，而新国务卿马丁·范布伦又吩咐那位任期未满的公使继续履职，直到他的替代者出现，那已经是 9 月末了。

在哥伦比亚，哈里森花了大量时间在培育蔬菜园上面。他从俄亥俄农场进口种子，而这来自异域的物产就成为使馆的餐桌上固定不变的需求。但是，作为一名外交官他就不那么成功。已经夺得独裁权力的西蒙·玻利瓦尔发现自己抓住了老虎的尾巴——处境比预料的困难。因为 45 岁年纪的他已被军事和私生活方面的“丰功伟绩”弄得筋疲力尽，这位解放者正在暗中商谈寻求一位欧洲君主来统治哥伦比亚，从而使国家平稳度过朝代更替。这个计划与哈里森的共和党原则格格不入、无法相容，因此他在给玻利瓦尔的信中明确表达了他的意见。前总统亚当斯在日记中写道：“他的（玻利瓦尔的）政府原则一直是有君主政体的特点……哈里森只待在那边很短的时间，但已足够卷入了他们的一些党内分歧。或许是因为无法避免……（他的信）必定极度惹恼了那位解放者。”[20]哈里森随后被正式宣布赶出哥伦比亚。

如果说亚当斯对作为外交官的哈里森缺乏敬重的话，那么结合他自己的经历他对作为父亲的哈里森就只有同情了。因为哈里森一到家，他就面对着他两个儿子的几桩缠结在一起的事情。

他最大的男孩，约翰·克里夫斯·西姆斯（John Cleves Symmes Harrison），曾被温森斯土地局开除和被控盗用政府资金。要求他支付的赔偿金加上利息达到 12 803.63 美元。1830 年 11 月，在债务还没还清之前，32 岁的西姆斯·哈里森离开了人世。他留下了妻子克拉丽莎(Clarissa)——将军泽布伦·派克(Zebulon Pike)的女儿——和 6 个孩子。威廉·亨利将失去父亲的一家人接回他自己的家，然后再去应付针对他儿子的指控。他征得国会同意，对有争议的事项和支付项目先作一笔重大赊欠，18 年不计利息。最终，通过出售他的部分土地，他还清了债务。

哈里森现在将他的注意力转向他另一个挥霍成性的孩子小威廉·亨利的事情上来。照着或许约翰·昆西·亚当斯也会写得出来的一份手稿，哈里森对他的律师儿子说："我必须再一次规劝你放弃懒散拖延的生活方式，你这样已经有一段时间了。早上去你的办公室，然后待在那里直到吃饭，如果你没有其他事情，那就读读专业书籍，千万不要在专用于业务的那些时间里打开其他书籍。"[21]这位年轻人郑重地保证要洗心革面，然后又喝醉了。他放弃了律师业务，转而尝试从事农业。然而一个嗜酒如命的农民同一个嗜酒如命的律师一样，注定是要失败的。禁酒主义者的父亲知道改过自新是不可能的事了。1838 年小威廉·亨利·哈里森去世，享年 36 岁。他的父亲现在要养三个家庭。

来自四面八方的个人问题困扰着哈里森。另一个儿子本杰明，据报道说于 1836 年被墨西哥人杀害了。报道结果是假的，这位富有的年轻士兵只受了点轻伤。1840 年他正常死亡，一年后死神敲响了他弟弟，前随员卡特·巴西特·哈里森(Carter Bassett Harrison)的房门。到威廉入主白宫之时，6 个儿子中只剩下约翰·斯科特·哈里森(John Scott Harrison)尚存人世。

在一封写给他的好友国会议员詹姆斯·芬德利——他的侄女曾是他的那个无节制的儿子的妻子——哈里森写道，"在由对我两个儿子的希望破灭导致的痛苦上，又增添了日益使人难堪的环境的痛苦"。[22]他负债如此之重，以致当他被任派到西点军校监事会时，他不得不按 3%的月利率借了 220 美元作为去往东部的旅费。在陷入这样的低谷时，哈里森很感激他在汉密尔顿县普通诉讼法院还有个书记员的职位(很多工作是由一个女婿做的)。

然而突然有一天这位法院书记员获得了美国总统提名。惊奇之余，贝弗利·塔克(Beverley Tucker)在《里士满辉格党人报》(*Richmond Whig*)写道："为什么他会被这荒谬不讲情理的黎明之光从湮没无闻和沉睡状态中发现和叫醒？应当让哈里森继续沉睡……而醒来才发现他原来是个县法院的书记员。"[23]

总统竞选的声势浩大的场面同候选人的挑选一样出人意料。为了获得民主党提名，来自肯塔基的理查德·M. 约翰逊(Richard M. Johnson)正在被人当作候选人进行宣传，而他的宣传者试图将他变成泰晤士战役中真正的英雄。如果约翰逊占了上风，那哈里森就必然处于不利地位。对哈里森来说，约翰逊阵营的论点像将新奥尔良的胜利被归功于安迪·杰克逊的参谋班子中的某个上校一样荒谬。但是，这倒给了哈里森一个证明自己，重现他的战争经历，以及成为总统候选人的机会。

民主党提名由马丁·范布伦获得，约翰逊担任他的竞选伙伴。但是不管他在泰晤士战役中有如何英勇，约翰逊因为有一个黑人太太和两个黑白混血的女儿而在政治上处于不利地位。辉格党媒体把范布伦和约翰逊称为"黑名单上的人"，并竭尽一切手段着重宣传一个词——"肤色"。然而民主党是一个团结的党，而严重分裂的辉格党有四名候选人加入游说行列——来自田纳西的参议员休·L. 怀特(Hugh L. White)，北卡罗来纳的参议员威利·P. 曼格姆(Willie P. Mangum)，马萨诸塞的参议员丹尼尔·韦伯斯特(Daniel Webster)，以及县法院书记员亨利·哈里森(William Henry Harrison)。尽管范布伦当选总统，但哈里森获得的全民投票和选举团选票超过了三位参议员所得票数的总和。只要宾夕法尼亚的 2 000 张选票能掉转方向就能使得这次总统竞选交由辉格党控制的众议院裁决，那么总统位置就是哈里森的了。

到四年过后的 1840 年，哈里森成为辉格党的唯一提名人，而来自弗吉尼亚的一位民主党人约翰·泰勒成为了副总统候选人，这是为了把不满的南方人争取过来。辉格党连政党纲领也没制订——他们无法为任何事情达成一致。

当巴尔的摩的一份报纸意在贬损地建议应当发给哈里森"一桶发酵苹果汁和一年两千美元的养老金，我们保证，他会坐在小木屋里用'海运煤'生的炉火的旁边研读道德哲学，度过他的余生"。[24]这一期就够了，"木屋和发酵苹果汁"运动开始了。来自南卡罗来纳的爱炫耀的贵族国会议员休·S. 勒加雷(Hugh S. Legaré)戴上了浣熊毛皮制的帽子。甚至是丹尼尔·韦伯斯特也从他的祖先那里发掘出了一个木屋。费城的一家酿酒厂开始推销一种木屋形状的瓶子的酒，瓶上标有"E. C. Booz 老木屋威士忌"字样。一个里士满的扒手在去监狱的路上催促让"蒂珀卡诺加泰勒"(Tippecanoe and Tyler too)选举快点开始。参加哈里森集会人数的按英亩计算——1 英亩 1 万人。代顿(俄亥俄西南部城市)有十英亩。辉格党靠唱歌一路走向胜利(即使喜欢将泰勒加入候选人名单的贝弗利·塔克也创作了一首竞选歌曲)。一位报纸编辑回忆道,“男人,女人和孩子”光唱歌其他什么也不干。这种态势令民主党担忧、恼怒、慌乱,以致几乎快受不了了,但躲又躲不开逃也逃不掉。到处是不绝于耳的乐曲声,只有开始,没有结束。假如有民主党试图开口发言,提出论点,或者试图回答任何刚刚所说所做之事情,迎接他的只会是一首接一首的新创作的歌曲。[25]

什么引起了这偌大的骚动,动,动,
全国都沉浸其中?
那是竞选活动的声势隆隆,
蒂皮卡诺加泰勒——蒂皮卡诺加泰勒!

老蒂普他穿着一件家纺的上衣,
他没有褶边的标准衬衣-衣-衣,
但是马特他有镀金的金器,
而他是一个自大的小子-子-子。[26]

而这所有热情的接受者作了23次发言都没讲到重点上。所有想了解哈里森的观点的请求都由三人委员会处理,从而使得民主党把他称为“沉默将军”。然而,他之于范布伦所取得的胜利是压倒性的,因此在1840年12月份,这位当选总统辞去了汉密尔顿县法院书记员的工作。

在挑完其内阁成员之后,他选择了伯克利的一个侄外孙亨利·哈里森(Henry Harrison)任他的国务卿,然后回到他的弗吉尼亚出生地撰写他的就职演说稿子。[27]结果大都是爱国的言论,大量的典故和总体来说没有提供对当时棘手问题的解决办法。韦伯斯特试图修改草稿但最后承认所有他设法改动的地方都如同“彻底杀死十七个罗马总督”(kill seventeen Roman proconsuls as dead as smelts)一般,没法下手。[28]

一旦进入白宫,哈里森总统就从早上开始从事他自己的营生,就像他在担任驻哥伦比亚公使的时候做的那样。3月28日这天他感染了点风寒,这风寒很快就转变成了肺炎。4月4日,他死了。整个国家为之震惊。纽约大学校长西奥多·弗里林海森在吊文中宣告:“虽然阎王信差将他的飞镖投向社会其他所有部门,但是在此之前我们从未被召集到一起为一位故去的总统举行葬礼。

所有他身边的人，包括众议院、参议院以及法院，都有中标倒下的，但总统官邸没有。或许在人们的心中会逐渐形成某种自信，即这样尊贵的身份一定被赋予了某种特殊的免疫力——如此崇高的标记不会成为弓矢的目标。今天，这个幻觉消失了，符咒被解除了。”[29]约翰·泰勒宣布5月14日为斋戒日和祈祷日，纪念首位在任去世的总统。在路易斯维尔的第一座长老会教堂，牧师威廉·刘易斯(William Lewis Breckinridge)对集会参加者说：“在举国悲伤——整个民族悼念的概念中不仅有令人印象深刻的方面，我想还有真正伟大的内容。单独一个人的眼泪能令人感动和激起怜悯。我们无法见到，在缺乏深刻感情的情况下，全部一家人的悲伤，所有的家庭成员的叹息与眼泪交织在一起。我们的心灵几乎无法不承受看到整个城市陷入悲伤，听到每个公民和每个家庭的慨叹汇聚成一阵共同的呻吟回荡在天空之上。但当以上这些声音都逐渐壮大为一个国家的哭泣声之后，这个声音听上去就像是上帝发出的雷鸣。”[30]

让哈里森家族继续作为一个政治王朝存在的使命现在落在了已故总统的唯一幸存的儿子约翰·斯科特·哈里森宽阔的肩膀之上。安静与好沉思的他被训练成一名律师，但他更喜欢过农民的生活。当父亲去哥伦比亚之后他担当起了管理家庭土地的责任。

之后他担任过两届辉格党议员。然而从华盛顿他写信回来说：“我的思想一直在立法大厅到我的孩子和家庭之间来回徘徊。”[31]然而他工作勤勉极少请假。与父亲不同，他认为他的良心，而不是他所在选区的观点，才应当左右他的投票。他与《内布拉斯加法案》(Nebraska bill)作斗争，后者试图重新审议奴隶制问题，当众议员布鲁克斯(Brooks)攻击查尔斯·萨姆纳(Charles Sumner)在参议院的席位时，他告诉众议院：“据说，发言人先生，没有一个北方人敢于对将这位先生从南卡罗来纳驱逐出去投反对投票……先生，我敢做任何我认为正确的事情。当我的选区居民寻求剥夺我的这种特权时，我会对他们说：‘收回这个一文不值的公职吧，我不稀罕。’”[32]议员哈里森在下一次的选举中被击败。之后他再也没有竞选公职。

1856年一些守旧的辉格党人想要让约翰·斯科特成为总统竞选候选人。他迅速制止了这一建议，评论说他的支持者“过于看重名声的作用”。[33]1861年民主党提名让他担任俄亥俄副州长，他拒绝了。“我不想成为任何公职的候选人。如果说我曾经怀有追求这类荣誉的抱负的话，那我现在已经改掉了。”[34]

但是，约翰・斯科特・哈里森在历史上有一个非同寻常的地位。他是唯一一个既是美国总统的儿子又是总统的父亲的人。

还有第二件事让他声名远扬。1878年在他死后24个小时，人们发现他的尸体被吊住脖子挂在了俄亥俄医学院的门口的旗杆上。

是谁盗了他的墓？这一恐怖之谜成为轰动全国的新闻。"哈里森恐怖"，作为人们对此案件的称呼，揭开了一桩遍及全国的尸体贸易生意。辛辛那提是尸体贸易的运输中心，发现尸体的学院院长透露绝大多数美国医学院每年都与盗墓者订立年度合同，后者保证提供他们规定的尸体数量。随后经立法此种做法遭到禁止。在第一次听到约翰・斯科特・哈里森逝世的消息时，《辛辛那提资讯日报》(*Cincinnati Daily Enquirer*)写道，"大多数听到他死亡的消息的人都不知道他还活着"。然而在尸体被从坟墓中掘出之后，还是这份报纸又把他写成"俄亥俄河谷的荣誉公民和令人尊敬的社会成员"。[35]

约翰・斯科特・哈里森的13个孩子当中只有一个成为公众人物，而他就是漫长的家族历史上最不像哈里森家的人的那位。虽然来自于巨人部落，但本杰明・哈里森身高不到5.5英尺。"或许是因为这个原因，他老戴着丝绸帽。"他在白宫长期的助手，上校克鲁克认为。[36]虽然来自于一个天生乐呵呵亲热随便的部落，然而他却唐突失礼到粗暴野蛮的程度。参议员霍尔评论说"哈里森同意一项要求的方式似乎给人的感觉是他拒绝同意"。[37]他几乎是另一个亚当斯！

用一种以此出名的精彩的口头描述，堪萨斯编辑威廉・艾伦・怀特将本杰明・哈里森描绘成：

> 蓄着胡子，声音悦耳，骨骼不大，眼神温和，穿着和举止，讲话与思考皆非常仔细。他说话总是用完整的句子，并经常分成很匀称的几段。他和盘托出他的思想，绝不藏着掖着。他的办公桌到了晚上，不是清理得像一个实业巨头的桌子那样，因为他身上没有任何简短生硬，情绪激烈或者使人受不了的成分。他的桌子清理得像个绅士的桌子那样，包含着某种对明日的尊重。作为个人，他怕生，对人际关系极不自信，非常腼腆。[38]

在从俄亥俄州牛津市、迈阿密大学毕业，并在辛辛那提事务所学习了法律之后，哈里森与一位妇女高等教育先驱的女儿卡罗琳・斯科特(Caroline

Scott)结了婚，后者的祖先使她后来有资格担任美国革命女儿会(Daughters of the American Revolution)的第一任会长。

这对年轻夫妇定居在印第安纳波利斯，在此本成为了市检察官(city attorney)，并站在一个新政党一边决定与之共命运，尽管他的父亲警告他："我不相信在共和党的未来中，有任何事情能证明，一个为了维持它的不断衰退的态势而作出极大牺牲的人是正确的。"[39]

1860年，当林肯成为总统候选人之后，哈里森首次参加国家公职岗位竞选。他被选为印第安纳最高法院记者，这个职位给了他发表法院裁决和积攒收入的机会。听着老蒂帕卡诺的孙子政治演说的山地人(印第安纳州人的别称)为他的演讲风度、演讲风格和敏捷的反应而着迷。在一次露面期间，他徒劳地搜寻出自一个民主党州长候选人之口的诽谤性声明。"先生们，"他说，"我小心地把亨德里克先生讲话中的那一段粘在我的笔记本上，但现在没了，找不到了。这直接表明托马斯·A. 亨德里克讲的话一个字也靠不住(stick)。"[40]这里确实有个奇怪现象，因为正如参议员迪皮尤(Depew)日后提到的那样："假如哈里森对着10 000人以上的观众讲话，他会使他们中每一个人都成为他的朋友，但是假如过后把他们一个个介绍给他的话，那每一个人离开时都已成为他的敌人。"[41]

1862年哈里森以少尉身份加入联邦军队，三年后离开军队时他的身份是名誉晋级的陆军准将。他当兵的成功建立在认认真真的准备和对细节一丝不苟的态度之上。战争就像一场特大的诉讼，掌握最多基本要点的律师将最终获胜。但是一旦到了战场上他还表现出一种超越了勇气的勇敢，因为他无所畏惧。在一个月之内，在随谢尔曼向亚特兰大进发的途中，他参加的战斗比威廉·亨利·哈里森或者安德鲁·杰克逊一辈子的还要多。在桃树溪(Peach Tree Creek)他的胆识摧垮了胡德(Hood)的进攻，据说乔·胡克(Hooker)曾对他说："老天作证，为你这次战斗我要授予你准将军衔。"[42]

当联邦老兵政治时代开始之后，极少有明星比32岁的前将军——"小本"哈里森这颗星更加闪亮。然而他更喜欢韬光养晦，等待时机。他再次成为一名候选人已是十多年之后了，尽管在举行公职选举时他的名字一直有人提及。《芝加哥时报》(*Chicago Times*)觉得他有点像"印第安纳的查尔斯·弗朗西斯·亚当斯"。[43]

相反地，哈里森重返法院，应对州内最大最轰动的案件。在一次特别有名的审讯中他为被指控管理不善的印第安纳波利斯聋哑学校的负责人辩护。一位年轻学生控告她的一个老师勾引她。为澄清学校和他当事人的名誉，哈里森证明这个女孩与她的叔叔有过肉体关系，而不是与那位老师。《印第安纳波利斯哨兵》(*The Indianapolis Sentinel*)以《一个不会否决的沉默的无辜者》一文扩大了律师的名声。[44]

最终，在1876年，他迎来了他无法拒绝的政治召唤。

共和党州长候选人已被牵连进一桩丑闻，这样哈里森就被提名取代他的位置。印第安纳成了"小山羊皮手套"哈里森和"蓝色牛仔裤"威廉斯之间的激烈争夺的舞台。民主党候选人是一名身高6.4英尺的国会议员，以擅讲一些生活中的俏皮话和穿普通人的裤子而闻名，这使他成了人民的象征。而使哈里森他成为势利贵族象征的政治符号，来源于他在亚特兰大竞选期间曾中过毒，他现在戴着手套是为了防止感染。作为一名老兵，哈里森专门研究过"煽动复仇"，即将南方叛国罪的罪名归于民主党身上的技巧。但是，尽管有印第安纳战争老兵的热情支持，他还是被打败了，尽管他在共和党候选人中领先了几千张选票。

四年以后，当共和党人获得了对州立法机关的控制之后，他被送往华盛顿成为一名美国参议员。

除了卡丽·哈里森(Carrie Harrison)生病之外，在参议院的头几年是快乐的。他的两个孩子行将结婚。玛丽20几岁，与印第安纳波利斯的詹姆斯·麦基(James McKee)订了婚。而拉塞尔爱上了内布拉斯加的参议员阿尔文·桑德斯白肤金发碧眼的女儿，玛丽·桑德斯(Mary Saunders)。这是一桩有益的联姻，因为桑德斯是老派政治的支持者，1888年他帮助哈里森赢得了共和党总统竞选提名。1861年林肯曾任命他为内布拉斯加准州州长，据说总统最后一次公务行为——在他行将往福特戏院之前——是在桑德斯第二任的委任状上签名。

婚礼于1884年1月9日在奥马哈(Omaha)举行。新娘的戒指是用拉塞尔自己矿上的金子做的。他受雇于蒙大拿准州海伦娜美国鉴定局，私下里搞点采矿活动。这对夫妇随后坐上联合太平洋主管的火车去度蜜月了，这列火车的车厢被设计得如宫殿一般。

两个握有权力的参议员的孩子的结合，这桩婚姻带来的大量财富让拉塞尔明白，还有比当一个微不足道的政府雇员更快的致富方法。他很快就卷入了一桩金融纠纷，对这场纠纷的报道被《海伦娜独立报》(*Helena Independent*)的所有人控制，国家媒体未能插手。拉塞尔想出一个计划，让他的资本流出蒙大拿牲畜公司，同时又保持对企业的控制权。为方便他的操控，他在纽约开设了办事处，赢得了一位第二梯队的强盗资本家斯蒂芬・B. 埃尔金斯（Stephen B. Elkins）的帮助。参议员哈里森给儿子写了数封恳求信，并让埃尔金斯答应帮助处理那位年轻人的事情。

1888 年让本杰明・哈里森成为共和党总统候选人并不存在特别好的理由。他只是另一个参议员，甚至没有二次当选过。提名本应该给詹姆斯・G. 布莱恩，他曾与格罗弗・克利夫兰进行了一场激烈的竞争。但布莱恩抱恙了，从而退出了竞争。但是，他的话依然是会上最有力的声音。在一封写给他的主要政治助手埃尔金斯的信中，他粗略说明了从名单上排除了 9 个潜在候选人的理由，最后说："剩下的一个，——这个人据我判断最具竞争力，是本・哈里森。"[45]所以经过排除之后印第安纳的宠儿被州长艾伯特・G. 波特（Albert G. Porter,）放入提名名单之中，这位州长还提醒代表们，哈里森的名字"已成为美国历史中不可或缺的一部分"。[46]他在第八轮投票中入选。

共和党被提名者搞了一场"前门廊"运动，尽管当时哈里森在印第安纳波利斯的家没有门廊。卢・华莱士（Lew Wallace）写过官方传记。正如一名智者所言："他的《宾虚》写得这么好，以致我们可以委托他写写本本人（*Ben Him*）。"[47]除了关税之外，主要问题是威廉・亨利・哈里森的服装。民主党口中唱："外公的短裤不适合本尼。"而共和党则唱："啊，外公的帽子适合本——适合本。"

这是一次势均力敌的选举，费城商人约翰・沃纳梅克（John Wanamaker）则确定哈里森不会因为缺钱而被击败。当第一次印第安纳选举结果报告出来之后，《纽约时报》报道说："我们似乎没有正当的理由怀疑，贿赂加恐吓使哈里森获得了本州的大多数选票。"最终的结果是克利夫兰获得了大多数的大众投票，然而这是聊以慰藉而已。哈里森以 233 张对 168 张选举人票当选总统。

同往常一样，这个国家需要知道白宫占有者的个人生活。

同总统与哈里森夫人共住在他们的新家的有：第一夫人 90 岁的父亲，她的姐姐斯科特・洛德夫人（Scott Lord），洛德夫人丧夫的女儿迪米克夫人（Dimmick），哈里森夫妇的女儿麦基夫人（McKee），以及麦基夫人的两个婴儿。你听过女孩麦基(Baby McKee)的最新故事吗?一份重要文件从总统桌面上消失了,经过一番紧张万分的拼命寻找之后,发现麦基“手里正拿着这份珍贵的文件在搅动着一个巨大痰盂里的东西”。[48]克利夫兰《领袖报》(*Leader*)的弗兰克·G. 卡彭特(Frank G. Carpenter)最终报道说:“有传言说不让再报道这件事,以免这个国家的人民会认为,这个孩子身上的故事比内阁成员具有更大的影响。”[49](后来,白宫助手艾克·胡佛(Ike Hoover)透露总统和他的外孙很少待在一起,人们想象中他们之间的亲密关系被过分夸大了)。[50]

哈里森夫人同样成了供记者报道的好材料。她让白宫通上了电,尽管家里人因为担心触电害怕开关灯。她为华盛顿时尚妇女开中国画和法语会话课;她请人把落水管修理好;她编制了一份家具目录;她在全国范围内寻找白宫丢失的已落到私人手里的珍藏品。

只有总统很难让他变得有人情味。哈里森简直注定不会受大众喜欢。与借助于人民相反,他倚重国会领袖通过他的计划。在其任期的前半段时间中,他所在的党控制了国会,因而取得了重要成就——《谢尔曼反托拉斯法》(*Sherman Anti-TrustAct*),《收购白银法》(*the Silver Purchase Act*),《麦金利关税法》(*McKinley Tariff Act*),南北战争退伍老兵大额抚恤金制度。唯一遭遇到的严重失败是亨利·卡伯特·洛奇(Henry Cabot Lodge)为捍卫南方非洲裔美国人投票权的军力法案。从管理角度而言,他在行政部门方面的成绩让改革派失望。他引进年轻的西奥多·罗斯福作为行政部门专员,但是这两个人之间爆发了激烈的争吵。在一次会议之后,总统对一个朋友说:“我们俩关系好点了。我也会见机行事。”然后他接着说:“但是你要留心这个年轻人,他有一天会当总统,而且是的方式。”[51](之后,当罗斯福成为纽约州长之后,哈里森说:“我在驾驭他的过程中,遇到的唯一麻烦是他想结束日出和日落之间世界上所有的邪恶。”)[52]哈里森还将另一位年轻人威廉·霍华德·塔夫脱(William Howard Taft)带到了华盛顿,担任他的司法部副部长。

1892年秋,第一夫人去世。詹姆斯·惠特科姆·赖利(James Whitcomb Riley),山地人之州的吟游诗人,写了一首诗怀念她——“女性所有的纯洁与善良、温婉和芬芳,都荟萃在她的身上”[53]——而居丧的总统也放弃了他的竞选计划。出于尊敬,格罗弗·克利夫兰也取消了他的政治演讲。

回忆起哈里森与克利夫兰的第二次竞争,亨利·亚当斯写道:“这两个候选人是怪人,关于他们用常言说是,一个没有朋友,而另一个,只有敌人。”[54]鉴于这种选择,全体国民达成协议“我们爱那个树立了敌人的人”,从而选择了克利夫兰。

然而有一个哈里森为这次选举的结果感到高兴。他就是卡特·亨利·哈里森，前民主党议员，《芝加哥时报》的老板，以及前市长，是被击败的总统的三堂弟。

民主党哈里森与共和党哈里森有一个共同的高祖——本杰明四世，就是那位娶了金·卡特的女儿的弗吉尼亚绅士。总统的祖先为独立宣言的签署人，而总统的弟弟，芝加哥哈里森家族的祖先，也是一位像起草了第一篇公开要求与大不列颠脱离的弗吉尼亚坎伯兰县委员会主席那样的爱国者。1806 年他的儿子搬到了肯塔基州，这大概是应美国检察总长约翰·布雷肯里奇(John Breckinridge)的坚持，后者是他的姐夫，而他的外孙则创立了另一个哈里森政治王朝。[55]

芝加哥的哈里森父子共十次被选为芝加哥市长，他们在其建制以来的头 72 年中一起领导这座风城达 1/3 的时间。

本杰明·哈里森总统可被称为"白宫的冰山"，但他的民主党堂弟的血液中还是闪耀着弗吉尼亚和肯塔基炽热的阳光。他骑着一匹漂亮的母马穿过他移居入籍的芝加哥街道，手里挥动着他标志性的阔边帽。作为一个善于营造戏剧场景的魅力人物，他在政治演说的讲台上是如此浮夸，以致获得了一个绰号"鹰"，以示对他夸耀美国的夸张的演说风格的敬意。"让鹰自由翱翔吧！"他的热情支持者喊道。

尽管作为个人，他为人廉洁，但他随处结交盟友，这些盟友通常属于酒肉朋友。教会势力和改革派谴责他纵容邪恶。一位牧师指控说他让 3 万名妓女随便进出城市。但在 1893 年，正当他在主持芝加哥世界博览会、哥伦比亚博览会，将要以市长身份获得国家荣誉的时候，他在他的家门口遭到一位疯狂谋求公职者的刺杀。据说格罗弗·克利夫兰本来准备让他当 1896 年民主党总统提名候选人。[56]

他的儿子，名字也叫卡特·哈里森，漂亮得像个受女粉丝欢迎的男演员。当 1897 年他第一次参加市长竞选时，竞选海报上的他骑着一辆自行车，胸前挂着体育比赛的奖牌。两年后，竞选海报上画的却是他两手插在口袋里的肖像。下面的文字写道，"芝加哥有幸有一位双手插在口袋里的市长"。这可不是在盲目自夸。一次，他拒绝给他的妻子三张邮票。他跟她说，假如她真想从这个城市捞得好处，干吗在乎这 6 分钱？他可以很容易地为她弄到 100 万！

虽然他赞同他父亲的观点，邪恶不会通过立法而消失，但他最终还是被迫对城市里不断扩大的红灯区采取行动。在他第五个任期中的1991年，他关掉了一家由两个上流社会的姐妹经营的场所——埃弗莉俱乐部（Everleigh Club），这家俱乐部被认为是全球要价最高的妓院。[57]第二位哈里森市长也觉得，如果机缘凑巧，他或许已经当上总统，但他最接近差点影响全国选举的一次，是他在1912年伊利诺伊初选中事先安排让伍德罗威尔逊失败的那次。[58]

1893年当本杰明·哈里森离开总统职位之后，他再一次成为了印第安纳波利斯的一名律师，据报道称一年可挣得10万美元。

1896年4月6日，他与他已故妻子的侄女玛丽斯科特·迪米克（Mary Scott Lord Dimmick）结婚，后者在白宫时曾与哈里森夫妇住在一起。他那时已63岁，新娘38岁，是一个没有子女的寡妇，其首任丈夫死于蜜月期间。第二任哈里森夫人生了个女儿，但是这场婚姻还造成了前总统与他儿子之间的不和。1901年哈里森去世时，他的大部分遗产都留给了第二任妻子，拉塞尔被排除在遗嘱之外。

这位第二十三任总统的遗孀迁往了纽约。她活跃在共和党政坛，尽管她在1928年将票投给了艾尔·史密斯（她深信禁酒令是国家性的祸害，而这是她表达她的信念的方法）。[59]她的女儿伊丽莎白1919年从纽约大学法学院毕业，三年后嫁给了詹姆斯·G. 布莱恩的侄外孙，然后接着为女性投资者创立了一家每月新闻服务公司，稿件由银行向全国发行。[60]

拉塞尔·哈里森在白宫期间曾是他父亲的秘书，而他的妻子则帮助第一夫人处理一些社会义务。年轻的哈里森夫妇是一对快乐和富有吸引力的人，他们一望而知的富裕程度是数家报纸竞相报道的原因。据报道，拉塞尔曾接受德州的一家土地推广企业阿兰瑟斯海港市装修公司价值50万美元的股票，尽管他没有进行重大的投资，另外，在他不知情的情况下，黄石公园协会的经理将5 000股股票作为他的财产委托他人经营。[61]《布鲁克林每日鹰报》（*The Brooklyn Daily Eagle*）评论道，“过去三年来，年轻的哈里森先生连续获得了以上使人腐化的意外之物。他的尴尬一定就像孵卵的老母鸡发现，窝里有那么多的蛋它不知道该孵哪一个好一样”。[62]但是在父亲离职之后，哈里森的命运就没那么戏剧性了。他成为了特雷霍特（Terre Haute）一家街道铁路公司的总裁。

随着1898年战争的爆发,哈里森去了古巴,在此他将第一面美国国旗插在了莫罗城堡(Morro Castle)上,这一行为违背了与西班牙的协定,为此他受到了他的指挥官菲茨休·李少将的严厉训斥。但是之后他又升任陆军中校,被任命为圣地亚哥属地(Santiago Territory)监察长,然后又被任命为波多黎各的宪兵司令。但1900年他突然被军队开除。陆军部否认开除的事与前总统哈里森拒绝支持麦金利参加再次选举有任何关系。

回到印第安纳,拉塞尔取得了律师资格,并作为墨西哥政府代表很多年。他同时还踏入政界,先是成为印第安纳众议院的成员,之后又成为一名州参议员。

当1927年拉塞尔在印第安纳参议院就职之时,他的儿子赢得了印第安纳众议院选举。威廉·亨利·哈里森,31岁,是本杰明·哈里森一世的八代外孙,后者在1642年被选入弗吉尼亚下议院。

最末一个留在政界的哈里森与和他同名同姓的总统哈里森,或者与在签署独立宣言时开玩笑的祖先哈里森一点都不像。产生这些具有伟大直率个性的巨人的基因似乎已经退化。他更多地有点像小本杰明,当过总统的祖父。

他选择在1932年,一个对共和党来说很坏的年份,参加国会竞选,试图成为第七个在国会中就职的哈里森。他输了,像他父亲一样,后者正在同党派的候选人名单上的候选人竞争参加州立法机构的机会。[63]四年后,威廉·亨利·哈里森搬往怀俄明州,购买了一个养牛场。1945年他被选入怀俄明州众议院开始三个任期中的第一届任期,1950年升级到美国国会,赢得重新选举,然后在1954年与约瑟夫·C. 奥马霍尼(Joseph C. O'Mahoney)竞选参议院席位,未获成功。1960年和1962年他再次被选入国会。

被人视为极端保守的哈里森是较早支持巴里·戈德华特(Barry Goldwater)竞选总统的人,对1964年的《民权法》投了反对票,因为他认为该法的公共设施和公平就业部分违反了宪法。1964年哈里森的民主党对手是特诺·龙卡利奥(Teno Roncalio)。两任总统的后代与一个意大利移民的儿子之间展开的这场斗争完全就是自由主义和保守主义之间的交锋。人们预计保守派会在怀俄明州取胜。早期的预测是假如戈德华特获得尼克松1960年得票数的一半的话,哈里森就安全了。但是在一个相差1 000张票就被视为是溃败的州,戈德华特却以相差1.7万票被击败,而哈里森,虽然在他所在的党的总统候选人中得票遥遥领先,却仍以相差2 000张票输掉了竞选。[64]

在历经十代人,美国已走过了 322 年的时间中,哈里森家族以伊阿宋觅取金羊毛的顽强精神寻求着公职。

他们不属于大才,即使能数出两个总统和一个独立宣言签署人,他们也既不是能左右舆论的人,也不是铸造历史的人物。他们展示的是作为政治家的令人惊异的机敏和智谋。他们从失败中奋起,重整旗鼓,对通过选举获得的公职再次发起冲击。他们志在四方,不受地理因素的限制。与大多数政治家庭不同,他们拒绝守株待兔,空等选民对他们的支持。而他们的努力得到了回报,那就是 5 个州的选民的支持:弗吉尼亚、俄亥俄、印第安纳、伊利诺伊和怀俄明。在这持续的争取过程中,适应能力是他们的主要武器。

第九章 布雷肯里奇王朝

我还没有决定。但决定之后，相信我，我们绝不退让！

——迪沙·布雷肯里奇[1]

《列克星敦先驱报》(*Lexington Herald*)的编辑还没有决定的问题可能是国际联盟(League of Nations)，或是对肯塔基赛马场的同注分彩赌博①。但这其实一点不重要——布雷肯里奇家族对具有重大意义的问题和对一时一刻的问题都抱有同样的热情。

长老会牧师罗伯特·杰斐逊·布雷肯里奇(Robert Jefferson Breckinridge)对宗教仪式上器乐曲的使用有非常明确态度。当他的弟弟，同为长老会牧师的威廉·刘易斯·布雷肯里奇将管风琴引入教堂之后，罗伯特就跑到教会法院(synod)指控他。[2]他不想伤害弟弟，但这是**原则**问题。

正是这种对几乎任何吸引他们的问题毫不退让的能力，使得他们成为最富有色彩和最富于刺激性的政治王朝。“这个布雷肯里奇家族就是一个卓越的家族，”内战期间的《华盛顿每日记事报》(*Washington Daily Chronicle*)在他们一家人代表两个不同阵营参加同样激烈的战斗时评论道。[3]

除了他们持有的坚定信念之外，还有两个家庭特征一直引起当代人对它们的评论。第一个是布雷肯里奇家族的外表：男人通常六英尺以上，相貌英俊，赤褐色或红棕色头发过早变成了银灰或铁灰，眼睛敏锐而深陷，宽肩膀，身材笔直，体格强壮。“很有点苏格兰酋长的派头”，一位观察家这样描绘约翰·

① 同注分彩赌博(parimutuel betting)：赛马或赛狗中对前三名优胜者押赌注的那些人按所下赌注的比例分享扣除管理费和捐税等后的全部赌金。——译注

C. 布雷肯里奇。[4]

第二是布雷肯里奇家族作为演说家的能力：凡听过他们演说的人无不对那种体验挥之不去，记忆犹新。“叔叔”布恩·布拉德利 1856 年听过约翰·C. 布雷肯里奇讲演，数年之后他又带了一位当地的诗人到现场再现当时场景。结果，这首诗句的结尾以老人永恒的祝愿结束。

假如天上真有演说家，
当我到达那里并获准，
能够聆听他们的演讲，
我要对老约翰 C. 说：
“请把你在鹰溪的演讲
再给我演讲一趟。”[5]

在一个狂热的爱慕者看来，为了能听到威廉·C. 布雷肯里发“watah”的声音，哪怕从 100 英里路开外赶来也值得。另一位崇拜者说，他能够让 3 个字所表达的内容，比如“the Democratic Pahty(民主党)”，比大多数演说家一个小时所讲的内容还要多。悼文就是他催人泪下的声调的理想工具。一天，那故事说，众议院的那位脾气暴躁的发言人，“沙皇”托马斯·里德，走进了大厅，这时威廉正在发言。他听了一会儿，然后怒声道：“谁死了，刚刚？”[6]

1728 年到达弗吉尼亚的布雷肯里奇家族与李氏家族、哈里森家族等其他的东部贵族基本没有什么共同之处。弗吉尼亚有句古老的格言：“绅士与蛤蜊止于瀑布线(Gentlemen and clams end at the fall line)。”布雷肯里奇家族，深居内陆，远离大片拥有奴隶的种植园，他们这两个类别都不属于。他们对于生存的兴趣要大于对奢华的兴趣。因此他们之所以搬到肯塔基，不是出于对冒险、印第安争斗以及边疆生活的热爱，而是为了过更好的生活，为了将来能给他们的孩子留下一片优质的土地。[7]

1781 年在从英国囚船被释放之后不久，两个第三代的布雷肯里奇家族成员，罗伯特与亚历山大，翻过山区进入了满是 6 月禾的乡村。兄弟俩有一样是共同的——他们都乐意向寡妇弗洛伊德(Floyd)求婚。[8]行将退休的亚历山大娶了心目中埋想的女子，看得出来他正躺在桂冠上度过他的余生。单身汉罗伯特由于不再受浪漫追求的牵绊，后来当过一名民兵将军(militia general)，又成为联邦宪法的批准人和肯塔基州第一部宪法的作者之一。他还是州众议院的首位发言人。

两个同父异母的兄弟詹姆斯和约翰，留在了弗吉尼亚。结合布雷肯里奇家族后来发生在王朝内部的争吵的历史来看，他们当中一个成了最重要的联邦党人，另一个则成了最重要的共和党人。这一点都不意外。联邦党人詹姆斯十三次参加下议院会议，在竞争州长职位时输给詹姆斯·门罗(James Monroe)，又担任过四届国会议员。尽管他对杰斐逊抱有政治上的敌意，但他是总统筹建弗吉尼亚大学计划的坚定拥护者。他帮助选址，后又成为首批监事会成员。[9]共和党人弟弟约翰 1793 年迁往肯塔基，开创了政治王朝。

去肯塔基对罗伯特和亚历山大兄弟俩不是什么困难的决定。战前他们曾做过木匠。[10]弗吉尼亚这边没什么机会。但是当约翰·布雷肯里奇离开他的家乡州的时候，他已经是一名当选议员。他曾担任过四年州立法机关成员，第一次当选时他才 19 岁。一直有一个传说，说他之所以失去席位是因为年龄不足，只是当坚决支持他的选区居民第三次选举他的时候，他才当选。尽管这个故事已被证明是假的，但毋庸置疑这位年轻的立法者有过一段不寻常的经历在包括像本杰明·哈里森和帕特里克·亨利这样成熟的老者的机构中工作过。[11]布雷肯里奇是战时立法院的一分子，经常比敌军领先一步，参与了导致建立战后弗吉尼亚政策的数次争论，执行过好几项委员会委派的重要任务。[12]

但是，政治成功并不能保证经济上也能获得丰收。约翰做律师做得很轻松但不赚钱，同时他在阿尔伯马尔(Albemarle)县的 400 英亩农场几乎要赔本了。此外，当启程前往肯塔基州时，他已经有了一个妻子和四个孩子。

因此，1793 年 3 月，在预先将大部分奴隶送走之后，布雷肯里奇一家横越大陆 150 英里到达莫农加希拉河(Monongahela River)的码头雷德斯通(Red Stone)，加入了一家平底船商队驶往下游的匹兹堡和俄亥俄州。约翰私下透露他的妻子打自离开家了之后就从没笑过。印第安人的袭击仍然是真正的危险(印第安人喜欢玩的一个诡计，是逼迫一个白人俘虏站在岸边，将船上的人引过来然后打他们的伏击)。但布雷肯里奇家人这次没遇到印第安人，所以这个日后成就了肯塔基最伟大的政治王朝的一家人在 4 月末安全抵达了列克星敦。

在其移居入州的第一年将要结束之前，约翰·布雷肯里奇被任命为肯塔基的检察总长。他的公务“不费力，且与他的私人业务一点不冲突”。[13]他发了，主要是因为在处女地的所有权问题上存在着大量相互冲突的主张，而他自己拥有的土地已上升到了 3 万英亩。

1797 年约翰·布雷肯里奇被选入肯塔基众议院，任职四年，其中有一半时间他担任的是发言人职务。就是在这里，他引入了著名的《1798 年肯塔基决议》(Kentucky Resolutions)。当时约翰·亚当斯总统及联邦党已经通过了《客籍法》和《镇压叛乱法》，杰斐逊和共和党人正在寻找一个能对抗镇压措施并将它们变成竞选议题的一个途径。布雷肯里奇的决议宣称，美国是州之间的一个协定，“每一方都有同样自己判定国会法案好坏的权利”，肯塔基州判定《客籍法》与《镇压叛乱法》“完全无效且没有约束力”。[14]此决议没有提到“拒绝执行”(nullification)，但从国会席上的争论来看，显然这就是布雷肯里奇的意思。

在 19 世纪的大部分时间里，历史学家一直在对布雷肯里奇是否写过肯塔基决议争论不休。他没写，决议的作者是杰斐逊。但是美国的副总统必须受到保护：公开宣布作者身份就会构成煽动行为并提供弹劾的基础。[15]所以布雷肯里奇接过了杰斐逊的草稿，作了几处修改，然后这份草稿获得了通过。

用这种方法，约翰·布雷肯里奇将州权利的学说引入了美国政治界。62 年之后，他的孙子领导蓄奴州脱离了民主党，作为州权利学说的倡导者参加总统竞选。

在其去世时，布雷肯里奇拥有 57 个奴隶。在肯塔基的第二部宪法中——这基本上属于他的作品——他提出保护奴隶利益。22 岁的亨利·克莱徒劳地为解放事业奋斗着，然而他不是老练的布雷肯里奇的对手。

布雷肯里奇的简短生涯中的最重要的工作始于 1801 年进入美国参议院。他很快就成为杰斐逊国会中的党派领袖，并证明是他是善于将他一群易兴奋的手下组合成一个团结的大集体的专家。亨利·亚当斯称他是“共和党参议员中最有才干的一位”。[16]他的两项最大的成就，是导致 1802 年《司法条例》(*Judiciary Act*)被废除以及使路易斯安那购买获得通过。关于后者，在布雷肯里奇给蒸汽压路机的引擎加了油之后，联邦党参议员普卢默(Plumer)埋怨说，共和党“花较少时间思考这项重要条约，而将更多时间放在履行最不重要的印第安人合同上面”。[17]

然后在 1805 年他成为了美国的检察总长。将布雷肯里奇视为自家代表的西部，对获得内阁认可感到很高兴。但杰斐逊犯了个错误将布雷肯里奇逐出国会，这位总统再也不能找到这样一位有效率的参议院领袖了。布雷肯里奇的新工作的薪俸是一年3 000美元，他必须靠它为员工以及他的职位提供必需品。他的职责要求他将政府案件递交给最高法院审理。在他经手的6个案件中，他输了4个，但都无足轻重。他的检察总长任期太短，以致对这个职位本身没有任何影响。

稍晚的一个布雷肯里奇说，家族中有个信念，说杰斐逊的愿望是让麦迪逊接替他的总统职位，然后再让布雷肯里奇接替麦迪逊。[18]但是1806年一个更高的权威插手干预了。约翰·布雷肯里奇突然在46岁时死了。同大多数早期布雷肯里奇家的人一样，他也在壮年离开了这个世界。

已故检察总长的那些失去父亲的儿子们，在肯塔基人的认识中永远是“布雷肯里奇兄弟”。[19]父亲去世时他们的年龄在3—18岁。其中的三个长大后成为著名的牧师和大学校长，第四个儿子成为地方的政治领袖。

还有一个女儿叫利蒂希娅(Letitia)，她第一次嫁给了肯塔基的阿尔弗雷德·格雷森(Alfred Grayson)，和他生了一个儿子，取名约翰·布雷肯里奇·格雷森(John Breckinridge Grayson)。在她丈夫去世之后，她嫁给了彼得·B.波特(Peter B. Porter)，1812年战争中的一名将军，她与他也生了个儿子，名叫彼得·奥古斯塔斯·波特(Peter Augustus Porter)。1828年约翰·昆西·亚当斯总统任命波特将军为战争部长，而利蒂希娅则成了首都大美人。玛格丽特·贝阿德·史密斯认为她是自麦迪逊夫人多利·麦迪逊(Dolley Madison)以来华盛顿上流社会最受欢迎的女人。《国民通讯员报》“对她大肆吹捧”。这样做是正确的，史密斯夫人认为，她对利蒂希娅的描绘是“欢快、坦率、健谈、善良。她受所有人喜欢，如果她不在，宴会的存在感很低，毫无意义”。[20]在亚当斯政府快结束之时波特夫妇回到了尼亚加拉瀑布城，在此将军幻想着一个大水电站在此建立的情景。

在利蒂希娅去世很多年之后，她的两个儿子竟代表一场伟大战争中的不同阵营战死沙场。她那位的支持南方的儿子，一个曾与塞米诺尔人、墨西哥人打过仗的西点军校士兵，辞去他美国陆军委员会的职务，当上了邦联军队的陆军准将，负责指挥佛罗里达州中东部军区。在塔拉哈西(Tallahassee)，他患上了肺病，于1861年1月去世。她支持北部的儿子是纽约州的一名立法者，他成了一名联邦军上校，1862年8月在科尔德港指挥他的部队时被杀。

检察总长布雷肯里奇的孩子中排在利蒂希娅下面的是约瑟夫·卡贝尔·布雷肯里奇(Joseph Cabell Breckinridge)。他被送往北方的普林斯顿大学读书，他在那既得到了教育，又获得了一个妻子。新娘是玛丽·克莱·史密斯（Mary Clay Smith），她是两个著名的普雷斯顿大学校长的女儿和孙女。她的祖父是脾气暴躁的斯科特·约翰·威瑟斯庞（Scot John Witherspoon），《独立宣言》的签署人，后者声称在他母亲这边他的直系祖先一直可以追溯到约翰·诺克斯①。他的父亲是威瑟斯庞在普雷斯顿的继任者，“最优雅的”塞缪尔·斯坦诺普·史密斯（Samuel Stanhope Smith）。[21]

同他普雷斯顿大学的新娘一道，布雷肯里奇回到了肯塔基，在此，他第一次尝试竞选州立法机关，并以到当时为止费耶特县最大的多数票入选。招人喜欢和富于魅力的约瑟夫很快就被任命为发言人，然后是肯塔基州的州长秘书。这一大有可为的生涯却因他在34岁时因去世而中断（他的儿子约翰·卡贝尔·布雷肯里奇成为了美国的副总统）。[22]

关于家族背景中无任何可导致检察总长的三个儿子进入牧师界的因素，意见有相当的分歧。一位作者认为家族中没有神职人员，他们是在战胜了来自家里相当大的反对意见之后才进入牧师界[23]；另一个作者则认为男孩子的母亲是一位虔诚的基督徒，他们是在一个几乎持续不断的宗教复兴的氛围中长大成人[24]。不管是因为家庭熏陶还是由于对家庭的背叛，布雷肯里奇家中的第一位牧师是约翰，玛格丽特·贝亚德·史密斯觉得他是位“充满热情，像圣人一样的人”。[25]除了在华盛顿担任过一届众议院的牧师之外，他最重要的岁月是在巴尔的摩第二长老会教堂担任本堂牧师中度过的。在这里他获得了一个杰出的布道演说家的美誉，成为“像美国任何宣讲福音的牧师一样广为人知的人物”。[26]就在他44岁即将去世的1841年，约翰被选为佐治亚州奥格尔索普大学的校长。

他最大的名声是在作为一名尖刻的全体基督教徒批评家之后获得的。然而在他死后5年，一个全无根据的谣言到处流传，说他在临终前皈依了天主教。他没有看到这种嘲讽言论，因为作为他一生的总结，这位牧师最后的话是：“我是一个勤奋工作了一生的可怜的罪人，我的脑海中一直有一个伟大的目标——全世界的皈依。”[27]

牧师罗伯特·杰斐逊·布雷肯里奇，是所有布雷肯里奇家族成员中脾气最暴的一个，人们既称他为“该家族中伟人中的伟人”，又被人称为“冒牌货和伪君子，不仅是他的教堂的耻辱，同时也是他族类的耻辱”。[28]他从不保持中立，

① 约翰·诺克斯（John knox）：1514—1572，苏格兰宗教改革家河史学家。——译注

他的爱憎根深蒂固，情绪强烈。反过来，也极少有人能对他保持无动于衷。飘垂的胡子，铁灰色的脸侧，颏下一片雪白，他看上去就像旧约中的预言家一样。然而他是一名分裂了他的教会的教士，一个分开他的家庭的有妻子儿女的男人。他还被当作是国民教育的开发者而比肩霍拉斯·曼①，对将肯塔基州留在联邦中居功至伟。他广泛的学术兴趣可通过“书籍、辩论、文章、小册子，以及对于奴隶制、节欲、罗马天主教(Popery)、普世主义、长老制、教育、农业、政治等多方面的爱好反映出来，这方面的书籍足以占满一个五英尺高的书架”[29]。

虽然学的是法律，但罗伯特·杰斐逊的第一爱好是政治。1825 年他进入肯塔基州立法机关，而在提出逐渐解放奴隶建言之后，他结束了他的经选举获得的生涯。这次失败，卡修斯·马塞勒斯·克莱(Cassius Marcellus Clay)说：“驱使他迈入教堂。”[30]这件事对亨利·克莱也有深远影响。三十年前他曾违背罗伯特·杰斐逊的父亲参加了解放战争。但是，当废奴主义者詹姆斯·G. 伯尼(James G. Birney)现在请求他的支持时，克莱拒绝了，他引用罗伯特·杰斐逊的例子，“后者因为支持解放奴隶而降低了自己在人们心目中的地位”，从而使他失去了发挥“政治作用”的“资格”。[31]这不是亨利·克莱想要的命运。

布雷肯里奇不是技术意义上的废奴主义者。他信奉的是逐渐解放思想。当 1833 年 96 名奴隶被从肯塔基送往利比里亚的时候，其中 11 名是他放出去的。为了获得殖民协会的支持，威廉·劳埃德·加里森(William Lloyd Garrison)按一贯的风格对他破口大骂，而波士顿市长则警告说假如他代表那边说话的话，他将会遭到群体围攻。对废奴主义者而言，布雷肯里奇是拥有奴隶者的盟友；而对拥有奴隶的人来说，他是他的阶层中的叛徒；对广大公众而言，他属于扰乱安宁分子。

作为反奴隶制度的候选人，罗伯特·杰斐逊 1849 年试图在政治上东山再起，他以候选人身份竞选肯塔基宪法会议代表。他遭到他能言善辩的 28 岁的侄子，约翰·卡贝尔·布雷肯里奇的反对，当时约翰正在参加他的第一次州立法机关竞选。这是一次充满血腥的竞选运动。在帕迪尤卡(Paducah)县城，一位候选人曾拔出手枪向对手射击。在狐狸城的一次集会上，“卡什”·克莱胸部被刺，头部受到重击。就在他要被第二次刺中的时候，克莱抓住那把鲍伊猎

① 霍拉斯·曼(Horace Mann)：1871—1950，美国教育家，主张建立义务国民教育体制，为近代公共教育奠定了基础。——译注

刀(单刃猎刀),猛一下子将其全部刺入了折磨他的人的身体。这个支持奴隶制的男人几小时后死去,但他的党在选举中大获全胜。约翰·坎贝尔·布雷肯里奇当选,罗伯特·杰斐逊被击败。

牧师对于奴隶制的立场还使长老会发生分裂。当肯塔基的教会法院不同意解放奴隶之后,罗伯特·杰斐逊·布雷肯里奇怒气冲冲地退出了会议。“上帝抛弃了你们,我现在也离开你们。”[32]

进入牧师界不久他就去巴尔的摩接替他弟弟的职务。在马里兰州,罗伯特继续他的反对奴隶制的斗争,继续推进宽容运动,还抽出时间从事他弟弟的反天主教运动。他从事运动的激烈程度远远超过约翰,后者多少显得有点温和。他的支持者为他的安全担忧。天主教徒以诽谤罪将他送至法庭审讯,但在他的律师约翰·J. 克里滕登帮助下,布雷肯里奇被宣判无罪。

1845 年他迁往宾夕法尼亚州,成为了杰斐逊学院的校长。附加福利是使他的年薪增加到了 1 600 美元一年。管理小组成员还答应给他建一座房屋,关于这他坚持要求门上不要用镶板。镶板,他觉得“象征着十字架,因此也就等于是天主教”。[33]管理小组成员尊重了他的愿望。

在他动身往卡农斯堡(Canonsburg)前夕,罗伯特·杰斐逊的妻子死了。索福尼斯巴·普雷斯顿,弗吉尼亚国会议员的女儿,留下了一笔 12.8 万美元的遗产和 8 个孩子,孩子们去与亲戚住在一起。但这是一次困难的分离,两年之后布雷肯里奇回到肯塔基使一家人又团聚在一起,同时开始了与弗吉尼娅·哈特·谢尔比(Virginia Hart Shelby)的新浪漫史。[34]在历经一段起起伏伏的求爱过程之后他们终于结婚。第二任布雷肯里奇夫人为这场婚姻带来 2.5 万美元,还为罗伯特又增添了三个孩子。

罗伯特·J. 布雷肯里奇的生命中最富有成效的 6 年从 1847 年开始,这年他被任命为公共教育州监督员。当他接任这个岗位时,法兰克福《每日州报》(*Daily Commonwealth*)评论说“公立学校体制已成笑柄”。[35]在 5—16 岁的学生中只有 1/8 的人在校。肯塔基没有履行它在教育公债方面的承诺。这是一种能让他发挥他的爱尔兰人式热情和苏格兰人式坚韧的事业。尽管有来自州长的反对,他还是让立法院将应当归于学校的利息作为对国库的第一项控告。他让投票人对自己的每 100 美元财产征收 2 美分的税收。他让宪法作了修改,从而国家再也不能不履行它在教育公债方面的承诺。他留心是否已让旧的债券持有人获得了利息。他使每年的教育经费从 630 万美元增加到了 1.37 亿美元,学校出席人数从 2 万人增加到了 20.1 万人。[36]

罗伯特·杰斐逊·布雷肯里奇与约翰·卡贝尔·布雷肯里奇之间的政治斗争始于1849年,该年侄子赢得了他人生中第一个经选举担任的公职,而叔叔则遭遇了他最后一次选举失利。尽管他们之间存在分歧,但他们之间有一种深厚的爱。罗伯特为约翰·卡贝尔的迅速崛起——美国政坛中无人可敌的上升速度(1849年首次被选入州立法机关,1856年当选为美国副总统)——感到自豪。但是他从未将自豪与支持混淆——他自始至终都在与他侄子争斗。约翰·卡贝尔是民主党。罗伯特·杰斐逊先是辉格党,然后是一无所知党①,最后是共和党。[37]

1851年民主党推举他进入亨利·克莱的旧区阿什兰的国会,约翰·C.布雷肯里奇登上国家舞台。以一种令人惊异的反常规的方式,这位年轻英俊的民主党在该州由辉格党把持的坚强据点以超出500张的选票赢得了胜利。

两年之后,因想着要报复,辉格党举荐前州长罗伯特·P.莱彻(Robert P. Letcher)为候选人,想让这位新议员清醒清醒。然而莱彻已过壮年。卡修斯·克莱描绘了两个候选人之间的一场值得纪念的辩论:莱彻因为年龄和吃得太多的关系已发福,以致他似乎时不时地处在窒息或者中风的边缘。天气十分炎热。布雷肯里奇带着一种技术熟练的剑客的沉着对他发起攻击,刺向要害部位,并冷静观察每一刺的效果。莱彻方寸大乱,极为愤怒,然后就像一个失去了全部肌肉力量甚至视力的人那样,进行反击。大量的汗水从他身上流出来,他真的是在"滋润大地"。他的声音粗噶,喉音很重,似乎是从装满了比例没有配好的湿粉和干粉混合物的肺中发出来的。他的追随者们喊道:"'停一停,让他吸点新鲜空气!'这一幕着实令人同情"!布雷肯里奇的支持者快活地回到布恩溪,用波旁威士忌酒和薄荷斯林酒庆祝这场必然的选举胜利。[38]

这位国会议员在华盛顿举止迷人、谦恭有礼。然而这是严重歪曲良好举止的时代。1854年1月参议员斯蒂芬·A.道格拉斯(Stephen A. Douglas)引入了堪萨斯-内布拉斯加法案,打开了阻止讨论奴隶问题的防洪闸。国会历经了四个月的激烈辩论已不胜其累,中途来自纽约的众议员弗兰克·B.卡廷(Frank B. Cutting)陈述布雷肯里奇"隐伏在参议院法案的后面"。这话很不客气了。不可避免的决斗于是就约下了。布雷肯里奇选择了六十码内用来复枪决斗。但是助手们聪明地故意争论起技术细节,直到两位立法者都冷静下来,从而避免了一场名誉决斗。[39]

① 一无所知党(Know-Nothing):又称美国党,盛行于19世纪50年代,主张限制移民。——译注

布雷肯里奇决定在第二任期末退休。然而命运与地理因素却作出了不同的决定。1856 年的民主党大会提名詹姆斯·布坎南(James Buchanan),来自宾夕法尼亚的"老公务员"作为它的旗手。因而,他们还需要一名南方人来使候选人名单保持平衡。代表们将目标转向高大英俊的布雷肯里奇,后者在 1857 年 3 月 4 日成了美国历史上最年轻的副总统。

既然他才 39 岁,还有大量的时间,布雷肯里奇不想在 1860 年获得总统提名。此外,他从未拥有像克莱或韦伯斯特心中的那种策励向上的抱负。然而一次总统提名过程本身会逐渐积聚一种动能,以致后来它拥有了它自己的速度和个性,而不管党的公认领袖的愿望。斯蒂芬·A. 道格拉斯分裂了民主党,导致查尔斯顿会议休会,没有举行提名,之后代表在巴尔的摩再次尝试,然而结果已无可避免。北方与南方肯定会有不同的总统候选人名单。道格拉斯为前者之首;南方人的残余会议(rump convention)则推选布雷肯里奇作为反击。提名一结束,这位南方候选人马上转向杰斐逊·戴维斯夫人:"我相信我有勇气率领一帮敢死队员。"[40]

这位候选人获得了一个来自意想不到的方面的支持,罗伯特·杰斐逊·布雷肯里奇在信中说他会投他侄子的票:"不是赞同他所有的观点——而是彻底确信这是我唯一的路。"[41]脾气暴躁的牧师知道约翰·卡贝尔支持奴隶制,但是他同时也觉得他支持联邦。在这危机时代,你必须认真考虑原则问题。在支持他侄子的同时他选择了联邦,而放弃了奴隶解放观点。

这种支持让这位候选人需要作出许多解释。在经过对南部各州一番洋洋得意的巡视到达列克星敦之后,约翰·卡贝尔被安排在 15 000 人的烤全牲野宴上讲话。当群众饱尝了烤牛肉、羊肉和杂烩浓汤之后,年轻的候选人宣布了对他叔叔的尊敬和爱戴,然后坚决否认他曾在任何时候支持罗伯特·杰斐逊·布雷肯里奇的反奴隶制学说。热情的观众回应他:"是这样的,约翰·C.。"[42]

这是一场四方参与的竞赛:布雷肯里奇,南方民主党;道格拉斯,北方民主党;约翰·贝尔,立宪联邦党人;林肯,共和党。奴隶们唱起一首竞选小曲:

约翰·C.
布雷肯里奇,伊
敲响了钟声在那田纳西[43]

在有限程度上,它代表的是正统观念。他在他的管辖区、选区、市以及所在区都获得了大多数票，但他将在肯塔基输给了贝尔，将全国输给了林肯。布雷肯里奇在大众选票得票中排名第三，在选举人票得票中排名第二。

到1861年2月13日，选举团票计票的这一天的早晨8点钟，有一群人已经聚集在国会山门口。有谣言传来，说南方人会利用这次机会阻止林肯当选。众议院各个入口都派了武装警卫。中午参议员进入会议厅，按半圆形围坐在发言人的桌前。副总统布雷肯里奇宣布："在参众两院面前打开选举证明，是我的职责所在。"

一个南方议员喊道："对选举团票的计算是在威胁之下进行的吗？在让斯科特将军的亲信撤出大厅之前，是否应当要求议员履行一项宪法义务？""程序问题不可持续。"布雷肯里奇回应道。这位南方的前总统候选人不容干扰。当最后一个密封的信封被打开并宣读之后，这位副总统挺直身体，宣布："亚伯拉罕·林肯，获得了全部选举人票中的大多数票，正式当选美国总统。"[44]再过不到一百年后，又有一位副总统被要求正式宣布他自己竞选总统失败。

内战开始时，约翰·C.布雷肯里奇是一名美国参议员，这个位置是肯塔基立法院在1859年12月将其选入的，此时距他副总统任期结束还有一年半时间。在华盛顿还有两个杰出的参议员来自奴隶州——分别是田纳西的安德鲁·约翰逊和肯塔基的布雷肯里奇。田纳西已经退出联邦，但没有人怀疑约翰逊对联邦的绝对忠诚；肯塔基没有退出联邦，北方想看一看布雷肯里奇是否会保持忠心。

1861年8月6日，在国会会期的最后一天，布雷肯里奇跟他的朋友，《华盛顿每日记事》的编辑约翰·W.福尼(John W. Forney)说再见。"不，"福尼说，"不是再见，布雷肯里奇，而是告别。你再也不会获得美国参议院的席位了。"

肯塔基人似乎很意外。"你什么意思？我肯定会在12月份回到我的岗位。"

"不，我亲爱的先生，"这位联邦编辑回答道，"你会遵照你的主义进入邦联军队。"

"假如我越界(越过了防线)，"布雷肯里奇回答，"那是去将我那逃跑的儿子卡贝尔带回来，他跑到另外一边的军队完全是违背了我的意志。但是我们会见面的，假如我们活着，就在这冬天里。"[45]

然而到了12月份，约翰·C.布雷肯里奇已是邦联军队中的一名将军，美国参议院正式将其作为叛徒驱逐出去。布雷肯里奇的决定让林肯很悲伤。这位肯塔基人曾是玛丽·托德·林肯儿时的朋友。当布雷肯里奇的一个侄子访问白宫时，总统告诉他："我喜欢约翰，很遗憾他站到南方一边。"林肯停顿了一会儿。眼中出现一丝恍惚的神色。"这是个错误。"他缓慢地说。[46]

然而布雷肯里奇在8月份已诚实地回答了福尼的问题。加入邦联不是轻松的决定。虽然他决定为"注定要失败的斗争"尽职彰显了勇气，然而有证据表明他从未肯定他作出了正确的决定。数年之后，经过失败与流亡，布雷肯里奇坐在新泽西州一个度假酒店的阳台上回首过去。现在"好得多"了，他总结说："我们还作为一个民族而活着……曾有多少寂寞的时光，我待在午夜的伦敦和巴黎的街头，期待着我能再一次看一眼星条旗，我祖辈的旗帜的到来，我现在最希望的就是永远躺在它那上帝赋予的褶皱之下。"[47]

在邦联军队的政府将领中，布雷肯里奇被证明是最杰出者之一。[48]他在夏洛(Shiloh)、默弗里斯伯勒(Murfreesboro)、奇克莫加(Chickamauga)，以及传教士山脉(Missionary Ridge)作战勇敢，动作熟练。在1864年的一段时间，他负责指挥弗吉尼亚西南军区。在对华盛顿郊区发起的突袭期间，他与朱巴尔·厄尔利(Jubal Early)在一起。这场突袭捣毁了他的一个远亲，老弗朗西斯·普雷斯顿·布莱尔的庄园——银泉(Silve Spring)。他天生有一种招士兵喜欢的本领。在夏洛的战场上看见了布雷肯里奇之后，乔丹将军说："当他坐在马鞍上的时候，我觉得他基本上是我一生见过的人当中最有派头的一个。"[49]

似乎是要补偿他犯下的支持约翰·C.布雷肯里奇当总统的罪过一样，他的叔叔将他拥有的巨大能量中的每一份都用到了支持林肯的事业上。正值肯塔基徘徊在联邦与邦联边缘之际，牧师大人罗伯特·杰斐逊·布雷肯里奇不断地向州灌输他的话。他到处发言，并把他的教会刊物改变成了联邦在肯塔基的主要舆论工具。南部支持者毁掉了他的邮寄名单，威胁说要绑架他的小儿子约翰，并对他大肆辱骂。一份报纸称他为"肯塔基牧师总顾问阁下，既想扮演红衣主教沃尔西(Cardinal Wolsey)又有想扮演残忍的杰弗里斯就是他的理想"。另一家报纸写道，"废奴主义者谈论'可尊敬的布雷肯里奇神学家'。什么使他令人尊敬？他的年龄？比魔鬼如何"？[50]

但到了1861年9月，罗伯特·杰斐逊·布雷肯里奇已赢得了第一轮。肯塔基州终结了它令人心神不安的中立立场，宣布它将加入联邦这边的战斗行列。约翰·卡贝尔·布雷肯里奇被迫逃离该州躲避追捕。

联邦这边的布雷肯里奇成为了肯塔基州美军司令斯蒂芬·伯布里奇的首席平民顾问。总统的一位姻亲暗示布雷肯里奇将是下一任战争部长的人选。还有人暗示他是林肯1864年副总统考虑中的第一人选。然而他唯一获得的正式荣誉是被任命为全国联邦大会①的临时主席。

1864年6月来到巴尔的摩推举林肯连任的汗水淋淋的代表在他们的大会主席介绍了“肯塔基的老兵”之后疯狂欢呼。与声音深沉柔和的约翰·C.布雷肯里奇不同,罗伯特·杰斐逊说话的声音显得有点粗暴,这是早年生过场病的结果。但是他与侄子一样都有表演意识。他通过把自己高大的身躯弯曲,然后在到达极限时突然弹起挺直,很快获得了听众的同情。当这位南方绅士对他们讲了下面这番话之后,全体与会者都已如痴如醉:

> 凭你每发出的一击,你每杀死的一个叛军,你每赢取的一场战役,虽然当时可怕,却为政府的生命以及你们子孙的自由,增添了也许是一年,也许是十年,也许是一个世纪,也许是一千年的时间。[51]

“神学家布雷肯里奇的发言,”詹姆斯·G.布莱恩回忆说,“是大会上最激动人心的话。”[52]因为代表们知道在他命令他们杀掉的叛军中,有两个分别是他自己的儿子和一个女婿。

内战是“兄弟之战”。在肯塔基州,三个重要的政治家庭——布雷肯里奇家族、克莱家族,以及克里滕登家族都一分为二,化成两个不同阵营。总统林肯在肯塔基的姻亲托德家族,也各按冲突一方站在了彼此的对立面,但是大多数是站在了南方这一边。在罗伯特·杰斐逊·布雷肯里奇的到达军事年龄的四个儿子当中,最大的两个加入了邦联军队,最小的两个加入了联邦军队。在他的女婿当中,一个代表南方作战,一个代表北方作战。三个儿子和一个女婿都曾被敌方俘虏。

第一个拿起武器的是长子小罗伯特。他是列克星敦的市检察官和1860年他的堂弟约翰·卡贝尔发起的运动的积极参加者。未跟他的父亲说再见,他就招纳了第一批肯塔基公司中的一个加入了邦联。要“尽可能地宽容”,在一封信中他这样关照父亲。[53]情绪激烈的老人报之以还清了儿子的债务,并邀请他的邦联女婿到家做客。在打了一年仗之后,年轻的罗伯特的军队选举他进入邦联国会(Confederate Congress)。但一年之后他选择重当现役士兵,在1865年华盛顿生日这天,在肯塔基执行一项秘密任务时,他被俘虏了。一位女

---

① 全国联邦大会(National Union Convention):1866年8月在费城举行的支持安德鲁·约翰逊总统的政治集会,对战败的南方表示和解。——译注

友拔出手枪瞄准抓他的人试图阻止他被抓，上校布雷肯里奇上去挡在这位女士和联邦军官之间，然后投降。[54]

第二个儿子威廉·坎贝尔·普雷斯顿·布雷肯里奇，对南方事业深为同情。[55]但出于对父亲的尊重他对战争保持着一种“超然物外”的态度。他的妻子伊萨(Issa)对她的公公怀有强烈的敌意。威利责备她说，她应该感激罗伯特·杰斐逊的“爱与仁慈和影响”。接着在1862年7月约翰·摩根将军侵犯肯塔基，年轻的布雷肯里奇作出了“可怕然而不可避免的”决定：拿起武器去迎战他的父亲。威利晋升上校，并在战争的最后时刻成为一名保卫人员，护送杰斐逊·戴维斯和他的内阁成员向南撤退。[56]

1864年10月罗伯特·杰斐逊·布雷肯里奇从马上摔下，身负重伤。这位老人继续在床上指导林肯在肯塔基的连任竞选运动。一天早晨，一位意想不到的客人闯进他的卧室。“父亲，”邦联上校小罗伯特·杰斐逊·布雷肯里奇喊道，“我听说你受了重伤，我马不停蹄赶了八十英里过来再次拥抱您。”这位联邦领袖与他的叛军儿子在分开了4年之后又拥抱在了一起。

还来了一位客人。邦联少校西奥菲勒斯·斯蒂尔(Theophilus Steele)来看他的妻子，索福尼斯巴·布雷肯里奇。在他离开后几分钟，他就被联邦军队活捉。索菲请求父亲放了斯蒂尔。“我女儿的痛苦令我心情沉重，”他说，“但少校斯蒂尔是我的女婿，我个人也很疼爱他，但这个事实并不能让我们将他与其他任何叛军士兵区分开来另眼相看。”[57]

就在此前一个月，布雷肯里奇还对一群列克星敦的人说：“当西蒙·德蒙特福特(Simon de Montfort)在法国南部屠杀新教徒的时候，某些人要求对他进行裁决，认为他的士兵弄错了，很多被他们杀害的人是善良的天主教徒。对此他回答说：‘将他们全部杀光，上帝会处理的。’这就是我们对付这些家伙应当采取的办法：对其统一看待，假如他们当中有任何人实际上并非叛军，上帝会照管他们，并最终拯救他们。”[58]

负责路易斯维尔监狱的联邦司令给少校斯蒂尔带上镣铐，单独关押。他将被当作间谍审讯，惩罚是绞刑。罗伯特·杰斐逊·布雷肯里奇面对考验。他是选择站在蒙特福特这边，还是选择站在他女儿这边？他的答案包含在致总统的一封信中。少校穿着制服被俘，他争辩说，应当作为一名普通战俘看待。林肯立即行动，针对布雷肯里奇女婿的指控被放弃了。

罗伯特·杰斐逊在联邦阵营的两个儿子是查尔斯，西点军校的一名上尉，和约瑟夫·卡贝尔，一名志愿者，一次以作战勇敢受到嘉奖，两次获得名誉晋升。1864年7月21岁的约瑟夫在佐治亚州被俘。他的弟弟威利彻夜驱马赶来帮他。当罗伯特·杰斐逊听到他的邦联儿子对他的联邦儿子的这份心之后，他写信给威利："我感谢上帝让你度过如此多的险境，感谢上帝对约瑟夫的关怀。如果我微弱的祈祷能够起到任何作用的话，但愿你们俩都能挺过这可怕的时代继续活下去……我的儿，假如有任何事情降落到你们身上，而这件事一个慈爱的父亲可能会对你们有个别作用，无论我活着还是已去世——让我知道……我写这些几乎没有流泪。那么还有什么能难倒你慈爱的父亲？"[59]

布雷肯里奇牧师大人祈祷上帝对他的国家进行报复。对他的儿子，他祈祷上帝的爱。

在战场上取得卓越的成绩之后，1865年2月约翰·C.布雷肯里奇被召回里士满，担任邦联的最后一任战争部长。他试图说服杰斐逊，再打下去只会使战争延长，而不会赢得战争。"这是一首壮丽的史诗，"布雷肯里奇对参议员乔治·维斯特(George Vest)说，"以上帝的名义，让它不要在一场闹剧中收场。"[60]

1865年4月2日，邦联内阁成员开始从里士满撤离。对战争部长而言，它是"读上去像北欧海盗的浪漫史而不像真实发生的故事"的两个月的冒险历程的开始。

通过走南部"地道"，这队人马成功逃脱了弗吉尼亚和卡罗来纳军队的追捕。在夏洛特，他们听到了林肯遇刺的消息。邦联领导人马上将其视作为对南部的一场灾难。1860年安德鲁·约翰逊曾支持国布雷肯里奇的事实不起安慰作用。5月10日，在佐治亚州的欧文维尔(Irwinville)，南方总统戴维斯被捉。同一天，在梅肯以南十一英里的地方，布雷肯里奇的儿子克利夫顿也被活捉。战争部长在得知戴维斯的命运之后，解雇了他的45人卫队。"我不想让这些年轻人中的一个为了我的缘故再遭遇一次危险，"据传他这样说。[61]

在逃的布雷肯里奇现在是邦联中的头号逃犯，他与助手上校詹姆斯·威尔逊，加上一个黑佣，一起逃进了佛罗里达。不久上校约翰·泰勒·伍德(John Taylor Wood)——总统扎卡里·泰勒的外孙和罗伯·E.李的一个堂兄弟，也加入了进来。作为美国海军学院的一名毕业生，伍德是邦联海军中胆量最大、技术最娴熟的海员。当3个士兵又加入进来之后，这队人马增长为7人，这3个士兵是中士杰里·奥图尔(Jerry O'Toole)，下士迪克·拉塞尔(Dick Russell)和二等兵帕特·墨菲(Pat Murphy)。[62]

现在"北欧海盗的浪漫故事"开始了。当他们在佛罗里达大沼泽地高高的克拉莎草中穿行的时候，布雷肯里奇突然想起，假如一个人的四肢被捆而他的脸露在外面，他两个晚上就会被昆虫吃掉。待他们到达今日的棕榈滩这个地方时，面包没有了，他们就靠吃从沙地里挖出来的巨型绿龟的蛋活着。一次他们被一艘联邦汽船发现，他们就扮作猎人和"失事现场清理人"蒙混过关逃过了一劫。6 月 6 日一大早，饥饿的邦联支持者遇到了一群塞米诺尔(Seminole)印第安人，他们获得了一些像玉米糊(*koonti*)一样的东西(布雷肯里奇说它就像厚煎饼，只不过"它要比一般的煎饼要硬十倍")。他们还搜寻到印第安人早餐后剩下的一些鱼片。在德尔雷(Delray)这个地方，邦联战争部长和他的助手摇身一变成了海盗，用枪胁迫夺得了一艘单桅帆船。6 月 8 日，他们离开基斯(Keys)前往古巴。公海上的浪头有 20 英尺高，他们的脚和腿都因为炎热和盐水而化了脓肿了起来。最终，在 1865 年 6 月 11 日，这位美国的前副总统到达了哈瓦那东面 75 英里的卡德纳斯(Cardenas)。[63]

仅有两名邦联内阁官员成功地逃离了美国。还有一个是朱达·P. 本杰明(Judah P. Benjamin)，有才能的州政府秘书长，他在 7 月 10 日达到巴哈马群岛的比米尼群岛(Bimini Island)，8 月份前往英国。在伦敦，以 54 岁的年纪，又没了往日大量的财富，本杰明作为一名法律系学生开始了他新的生活。在其 1884 年去世时，他是律师界公认的领军人物和英格兰薪俸最高的律师之一。他再没回到过美国。

但布雷肯里奇不想过一个人的侨民的生活。他的妻子和他的两个孩子陪他一起流亡。他在明尼苏达拥有若干土地，他将其交托给一个非脱离论者的(nonsecessionist)朋友，后者逐步将一块块地产变卖，资助布雷肯里奇漫游了英国、法国、希腊、埃及、圣地和加拿大等地。他的朋友以及甚至他以前的一些敌人都敦促他回来。《纽约论坛报》的编辑霍勒斯·格里利(Horace Greeley)在信中写道："可惜的是布雷肯里奇不在身边，听不到他的意见。我们需要他……包括他自己的肯塔基故乡，在此，一次最不幸的试图使阶层划分永久化的举动有引起仇恨和斗争的危险。"[64]最终，在离开家乡将近 8 年之后，布雷肯里奇开始返家。在从卡温顿俄亥俄河回到他的故乡费耶特县的一路上，他都受到了热烈的欢呼。

这个曾在 6 年之内从州立法者变为副总统的男人，从此再也没有从事过公务，虽然卡修斯·克莱(Cassius Clay)说肯塔基州能有效消灭三 k 党是他的功劳。[65]在列克星敦，他做律师，担任伊丽莎白镇，列克星敦和大桑德铁路的副总裁。

1875年约翰·C.布雷肯里奇去世，时年54岁，他是那个时代中肯塔基州最受爱戴的人，他的伟大承诺大都未能实现。

至于牧师大人罗伯特·杰斐逊·布雷肯里奇，他在1869年辞去了他在丹维尔神学院的职务。他的头衔曾是解经学、争辩学和教学理论教授，但事实上他是神学院的院长。长老会曾经对丹维尔神学院抱有很大期望。丹维尔神学院本可以是西部的普林斯顿神学院。但是内战，以及罗伯特·杰斐逊在其中的派性、作用，葬送了学校的前程。因为学生太少，从1867—1870年就没有正常的学期，仅在1868年和1869年有过简短的夏季上课时间。这位好斗的老人于1871年离世。虽然他曾是列克星敦第一长老会教堂的本堂牧师，但他留下指示要将他埋在第二长老会教堂。第一长老会倾向南方，第二长老会倾向北方联邦。罗伯特·杰斐逊·布雷肯里奇没有让步。

罗伯特·杰斐逊·布雷肯里奇留下8个孩子。在两个支持邦联的儿子中，小罗伯特·杰斐逊成为了一名地方法官和州参议员，他1900年当选肯塔基检察总长的结果的有效性遭到质疑；威廉·坎贝尔·普雷斯顿（William Campbell Preston）成为一名拥有复杂性生活的国会议员。

在他支持联邦的儿子当中，查尔斯死于1867。约瑟夫·坎贝尔则留在军队，晋升少将军衔，成为监察长，在西美战争期间他身下的马被射杀在圣地亚哥。他一脸严峻和充满威严的气势让人对他的职业或信念丝毫不加怀疑。一天在丹弗，一位路过的陌生人问他："人类的主要目的是什么?"布雷肯里奇未有一刻迟疑地厉声说："人类的主要目的，就是荣耀上帝并永远以上帝为乐。"提问者伸出他的手："我通过你的神态和姿势就知道你是一名军官和长老会信徒。"[66]

第五个儿子同时也是罗伯特·杰斐逊第二次婚姻唯一幸存的孩子，在试图对一家小酒馆发生的争吵进行劝架时被杀。

邦联战争部长约翰·C.布雷肯里奇将他年轻的堂弟威廉·坎贝尔·普雷斯顿·布雷肯里奇送回了列克星敦，然后再奔往古巴。罗伯特·杰斐逊张开双臂欢迎儿子归来。但是威利的妻子伊萨·迪沙·布雷肯里奇还没有原谅她的公公对联邦事业的拥护。直到1867年他们的第三个孩子，取名迪沙的儿子出生之后，她才开始宽容，允许公公来看他的孙子。

1869年威利第一次参加公职竞选。他未能获得县检察官这个职位，因为他倾向于承认非洲裔美国人在法庭作证的资格。但是人们开始谈论他作为一个演说家的惊人才能。牧师大人威廉·埃利奥特·奈特(William Eliot Knight)问:"你听到过他说话吗? 他是他这个时代的西塞罗……说他是个天才无意义……他能在眨眼间改变观众的看法。这一刻他看上去像是条缓缓流淌的静静的小溪……过一刻他又像是水势浩大的奔涌的急流。他纵身而入,他猛冲猛扑,他穷追不舍……再过一刻他又像是一阵夏日清风,从某个青翠碧绿,充满木兰、茉莉和柑橘的香味的果园,轻轻地吹来。再看现在,他突然变得像是一场发了疯的令人惊恐不安的飓风!"[67]

1884 年雄辩的威利被选入国会。连续十年他都是自由贸易的主要倡导者,即使在违背他所在选区利益的时候。他是托拉斯坚决的敌人。[68]据当时一名华盛顿的记者的看法,作为一名才华横溢的富于经验的议员,"能与他比肩,每年让一个重要的拨款法案在众议院,以及在委员会全体成员中通过的人,在一代人时间里还没有在国会两院出现过"。[69]"感觉敏锐,精力充沛,"《北美评论》(*North American Review*)编辑写道,"在生命中的最好时期,他毫无疑问注定要获得比卓越的成就还要更高的成就。"[70]

然而突然一下子,他的生涯毁了。威廉·坎贝尔·普雷斯顿·布雷肯里奇一直在过着一种双重生活。十年来这位政治家兼演说家一直养着一位年轻女子,这位年轻女子声称她已为他怀孕三次。当 1892 年伊萨去世之后,这位情妇,玛德琳·波拉德(Madeline Pollard),说威利曾答应要娶她。结果他却暗地里与另外一位女子结了婚。波拉德小姐以提起涉及 5 万美元赔偿的毁约诉讼作为反击。案件审理持续了一个多月,全体国民都在享受一个配得上最色色鬼的丑闻的乐趣。一本声称"迎合腐化堕落和邪恶之徒的口味并非是我们的初衷的"平装书将以下文字作为它扉页上的内容:

著名的审讯
玛德琳·波拉德
诉
布雷肯里奇
法庭记录史上
最著名的毁约诉讼
包含
一个发生在现已出名的诉讼当事人

共同生活中的生动的
轰动性事件的故事——
按他们自己的叙述

关于案件重要事实两个故事出入
很大。肯塔基女学生的证词与
巧舌如簧的演说家和政治家
的故事直接矛盾——来自
各州的重要证人的证词
揭开了原告与被告的
生活中惊人的秘密

出人意料的揭发和各种戏剧性的场面
让法庭挤满了一群激动的旁听者
这在书中都有详尽描述——最
轰动的证词——在法庭
记录史上。

1894年3月8日，在华盛顿巡回法院，审讯开始了。自玛丽·萨拉特(Mary Surratt)因在林肯被刺一案中犯有同谋罪在此受审以来，草黄色的审判室并无多大改变。布雷肯里奇走了进来，一脸微笑继而大笑，身边陪伴的是他的儿子迪沙和7个随从律师。他的首席律师是前俄亥俄国会议员本杰明·巴特沃斯(Benjamin Butterworth)。波拉德小姐进来了，一脸严肃加一身黑衣，陪伴她来的是来自仁慈堂(House of Mercy)的一位女总管和她的一批律师。她的首席律师是前印第安纳国会议员杰里迈亚·威尔逊(Jeremiah Wilson)。

法警拦住人群。法官布拉德利(Bradley)下令将许多希望聆听骇人听闻的证词的妇女挡在外面。老人们，看上去像教堂的长老，来得较早，所以先占了硬板凳和藤椅这些较好的座位。一些不太幸运的人站在窗口朝里看，尽管他们看不到证人席。

玛德琳·波拉德有何魔力？布雷肯里奇的律师在仁慈堂安插了一个内线，仁慈堂是美国新教圣公会为未婚妈妈准备的家，波拉德小姐就住在里面。审讯过后，一家专门出版“通俗小说”(疯狂的婚姻，受冤屈的妻子)的出版社推出了一册售价 50 美分的关于布雷肯里奇内线的故事的书，取名为《一本关于与真正的玛德琳·波拉德密切交往十周的日记》，作者阿格尼丝·帕克（Agnes Parker），以下是作者对波拉德小姐的第一印象：

> 多么平常，普通的女人！她的脸很粗糙，几乎令人厌恶。她的两只眼睛间距太远，眼睛呈灰色，一双睫毛又浓又黑。尤其丑的是她的鼻子，它向上翻起，进而露出两个特别大的圆鼻孔。她的两颊又胖又圆，使她的脸侧面看去像个面团毫无表情。她的嘴无疑是粗俗的，而同时她的上嘴唇很厚，往下耷拉快要盖住下嘴唇。在她笑的时候，她的脸会失去很多僵硬的内容。她的声音无疑很轻柔且富于乐感。这当中有一种特别的难以言说的吸引人的东西。她说话时带有明显的做作，对每个字的发音都不自然地小心谨慎，有点像“乡村女教师”给学生做听讲练习一样。[71]

其他证人都一致认为：玛德琳·波拉德不算美人。

辩护方的策略是，指出波拉德小姐是一个放荡的女子，显然不属于一个尊贵的国会议员会与之成婚的类型。

“波拉德小姐，”巴特沃斯开始问，“在见到布雷肯里奇上校之前，你是否曾经在任何时间或任何地点，与任何男人有过任何性关系？”

“不！没有，从来没有。”

“波拉德小姐，在见到布雷肯里奇上校之后，你是否在任何时间或任何地点，与任何其他男人有过性关系？”

“不！没有，从来没有。”她说话伴有送气音，听上去很流利。[72]

她表现得像一个令人信服的证人。她甚至不失时机地晕倒以便给 22 人陪审团留下深刻影响。此外，她提供了两个重要证人，他们听到过布雷肯里奇宣布他想结婚的意向。

第三天的审讯因双方律师代表队之间爆发的一场拳斗而活跃起来。唯一损失的东西是杰里·威尔逊（Jere Wilson）的缎面礼帽，它已被摔烂没法修了。第二天，布雷肯里奇的律师不得不向法官正式宣布，他们身上没藏武器。

辩护在第九天开始。布雷肯里奇上校站在证人席上已第十五天了。他现在被迫改变策略。没有时间高兴和微笑了，他应该坦白和认真对待。他要把一切都说出来。

“我是一个有激情的男人。她是一个富于激情的女人。”布雷肯里奇开始了。

“不存在勾引，”他说，“两边都不存在勾引。它就是人类激情的一个例子。”[73]然而这一恋爱事件冷却了下来，而任何一次谈到婚姻都是因为处于胁迫之下的结果。波拉德小姐两次拿枪对着他。

在第二十八天下午 3 时零 7 分，陪审团离席，1 小时又 23 分钟之后回来。判决支持原告。波拉德小姐获得 1.5 万美元赔偿金。

1894 年威廉·坎贝尔·普雷斯顿·布雷肯里奇竞选连任。这位国会议员恳求他的选民。“我犯了罪，”他说，因为只有他能这么说，“我痛心疾首地悔悟。”[74]玛德琳·波拉德跟阿格尼丝·帕克说她觉得他会赢。但政治预言不是她的专长。他被击败了。

两年后当 1896 年民主党大会提名威廉·詹宁斯·布莱恩之后，他就与国家民主党(national Democrats)断绝了关系。他以拥护独立派候选人名单的民主党人(Gold Democrat)竞选国会议员，再次被击败。

1897 年，当威利的儿子迪沙成为一家处境艰难的民主党报纸《列克星敦先驱报》的出版商之后，他任命这位前国会议员做首席社论作者。迪沙在审讯期间一直待在他父亲的身边，还放弃了他的法律生涯，一心宣传他父亲的政治抱负。现在他又给了他一份工作。

战后一代在国会中也有代表，那就是著名的约翰·卡贝尔·布雷肯里奇的儿子，克利夫顿·罗兹·布雷肯里奇。[75]两个布雷肯里奇议员，威利和克利夫顿，留在人们的记忆中的是“满怀激情地致力于普通人的利益”。[76]在威利在肯塔基获得祖宗传下的阿什兰(Ashland)席位时，克利夫顿也从阿肯色州入选。

克利夫顿加入邦联军队时只有 15 岁。战后他去了华盛顿学院，跟随罗伯特·E. 李学习。将军另外在他身上注入了一种对他在那里被击败地区的爱。当他因为视力问题离开学校后，他决定定居南方腹地(Deep South)而不是肯塔基，后者受南部重建(1865—1877)的影响程度较轻。他先在新奥尔良工作，然后和弟弟卡贝尔一样成了阿肯色的一名种植园主。随着南部重建的结束，阿肯色将克利夫顿送回了众议院。

他 6 次当选。但 1888 年的胜利受到他的共和党对手约翰·M. 克莱顿(John M. Clayton)的质疑，后者声称选举结果被篡改了。克莱顿在取证期间遭暗杀，凶手一直没找到。一个议员委员会，在调查了 1 200 名证人之后，裁定布雷肯里奇无权享有他现在的席位。

当投票交由众议院全体决定之后，民主党少数派中的许多人试图通过不出席来阻止达到法定人数，从而阻止某项决定。克利夫顿反对这种议会争吵，继而经党内投票失去了席位。他选区的选民很快重新选举了他。

1894年他辞去众议院席位而成为了美国驻俄公使，他在这个外交职位上工作了三年。1900年麦金利总统任命他为五开化部落(Five Civilized Tribes)专员，他在这里终结了他的公职生涯，转而思考在现今奥克拉荷马州这块地方的印第安事务。

在本王朝迈入20世纪之后，布雷肯里奇家族中有5名美国众议员，2名参议员，1名内阁成员，和1名副总统。另外还有大学校长、牧师、士兵，以及为数众多的地方官员。

在内战后的年代，好几个布雷肯里奇转而以军事为业。这使他们以及他们的孩子远离了肯塔基。还有人离开肯塔基是因为，在饱受战争摧残的南方之外有更好的发展机会。肯塔基最伟大的政治王朝失去了根基。

这个家族从未形成一股单独的力量，以一条连续的直线在时间的长河中奔涌，总是有蜿蜒曲折的支流。主流先是由杰斐逊的检察总长约翰·布雷肯里奇开创。到世纪中，随着罗伯特·杰斐逊和约翰·坎贝尔在支持北方还是支持南方问题上发生决裂，从而导致家族中出现了分裂。如今到了20世纪这条线又变成了三个叉，因为家族中的三个旁支开始当家了。

他们是威廉·坎贝尔·普雷斯顿·布雷肯里奇的孩子，克利夫顿·罗兹·布雷肯里奇的孩子，以及约瑟夫·卡贝尔·布雷肯里奇的孩子——西美战争中挂满勋章的监察长。

虽然主要不再从事政治，但他们将会继续，按照卡修斯·克莱的说法，“以才华和人品著称”。[77]

威廉·坎贝尔·普雷斯顿·布雷肯里奇两个优秀的孩子是迪沙和索福尼斯巴。

“尼斯巴”1888年从韦尔斯利(wellesley)学院毕业，尽管送女儿上大学不符合布雷肯里奇家的传统。克利夫顿·布雷肯里奇夫人说大学本身无害，但是后来尼斯巴不想待在家里。[78]当然，她是对的。尼斯巴继而学习法律，成为进入列克星敦律师界的首位女性，以及获准在肯塔基上诉法院做律师的首位女性。

她还获得了芝加哥大学博士学位，并成为芝加哥公民与慈善学校——后被芝加哥大学合并——的校长。在她的引导下这所学校成为了世界上最为杰出的社会服务学校之一。

她的主要精力都放在了研究上。她从不度假，撰写或编著了多部作品，包括第一本社会工作案例选辑，参加在全世界举行的各种会议。当1933年富兰克林·罗斯福总统派她去参加在蒙得维的亚举行的泛美会议(Pan American Conference)之后，她就成为了首位代表美国参加国家会议的女性。1948年这位社会工作先驱、律师、教育家以及作家兼一身的女性逝世，享年82岁。据美国儿童局的凯瑟琳·伦鲁特的看法，她已经跻身于"美国伟大女性之列"。[79]

1897年尼斯巴的弟弟迪沙成了《列克星敦先驱报》的出版商，1904年成为编辑兼出版商。除了西美战争期间的一个短暂时期，他担任过他叔叔，少将约瑟夫·坎贝尔·布雷肯里奇的副官之外，迪沙一直在管理《先驱报》事务，直到他1935年去世。

他的生活与报纸不可逆转地被他与亨利·克莱的孙女玛德琳·麦克道尔(Madeline McDowell)的婚姻改变了。"在亨利克莱的后代中，"他的一位堂兄弟写到玛德琳·布雷肯里奇，"她一人继承了他驾驭语言的能力，他左右和说服的能力。作为一个思想家她是最深刻的。"[80] 当《纽约晚报》(*New York Evening Post*)那位厉害的编辑奥斯瓦尔德·G. 维拉德(Oswald G. Villard)听到她1911年的讲话时，他评论道："在有一刻她竟然让听众流下了眼泪，她对女子投票权的呼吁据说动摇了《展望》(*Outlook*)一位反普选权的编辑的信念。"[81]

"玛奇"·布雷肯里奇，同她的嫂嫂索福尼斯巴一样——她后来写了关玛奇的传记——是本世纪头二十年间所有社会立法运动的先锋。由于感染了结核，她对治疗这种疾病的方案特别积极。她在列克星敦创立了肯塔基肺结核协会和六月禾疗养院(Blue Grass)，还是州肺结核委员会的组织者。

在她的敦促下，迪沙将《先驱报》改造成了南方改革和社会立法的引领者。该报积极支持她为要求颁布童工修正案和建立国际联盟而进行的种种奋斗。在1920年10月18—23日，玛奇·布雷肯里奇走遍全州，对美国加入国际联盟作了12次发言。经过这番艰苦的努力之后两天，在感恩节的早晨，她走了。迪沙写了一篇感人的社论——《她走了》。他用不着提她的名字。列克星敦知道。

迪沙两次有当州长的机会，两次他都拒绝了。他更喜欢在幕后活动和通过他的报纸讲话。他成功地恢复了肯塔基的赛马运动。一次,他坐在浴缸里主持的会议导致了一个州赛马委员会和同注分彩赌博法的诞生。他拒绝了赛马委员主席的职务。但是他对体育的热情从未让他的赛马赢得肯塔基赛马比赛。到1935年去世时,迪沙已经他曾经处境艰难的《先驱报》打造成了州中的一个主要力量。他的父亲说过"一份报纸应当像个绅士"。在迪沙的领导下,欧文·迪拉德(Irving Dilliard)写道:"这位绅士直言不讳,肩负使命。"[82]

国会议员克利夫顿布雷肯里奇的四个孩子当中,最引人注目的是玛丽。威尔罗杰斯曾经跟她说:"我读你比读圣雄甘地还多。"[83]

在他两个孩子死亡和离婚一次之后,玛丽·布雷肯里奇恢复了她的娘家姓氏,开始找寻新的生活目标。它应该是一种全心全意于帮助孩子的生活,她觉得。因此,在接受了护理和助产学培训之后,1925年她创建了边远地区护理中心,这是一个独一无二的为偏远乡村地区提供医疗服务的计划。

她选择用来进行实验的地块是肯塔基山区的一片700平方英里的土地,其中大多数地方汽车开不进去。她在这找了1万名群众,他们当中几乎没人见过医生或者护士,1930年时家庭收入一般在85.7美元。

她开始募集资金,训练员工,然后建起了一个小医院和五个护理中心。她的分散管理模式要求每个护理中心覆盖5英里半径,一个中心分配两个护士,最远的病人骑马不能超过一小时必须到达。在其头四十年时间里玛丽·布雷肯里奇的边远地区护理中心的成就包括接生了万名婴儿。[84]

少将约瑟夫·卡贝尔·布雷肯里奇有13个孩子,其中最不寻常的是亨利。27岁时,他被威尔逊总统任命为战争部部长助理。随着1914年8月第一次世界大战的爆发,总统派布雷肯里奇率领两艘巡洋舰和带着价值将近800万美元的黄金,去监督"在欧洲的美国公民的救济保护和交通情况"[85]。战争部长加里森和他的第一任助手想要威尔逊总统扩充军队规模。但威尔逊的竞选连任的口号是"他让我们避开了战争"。加里森和布雷肯里奇辞职抗议。"这些辞职行为引起了轰动,"海军部长丹尼尔斯回忆说,"连续几天这件事成为人们唯一谈论的事情。""你听到关于亨利·布雷肯里奇的悲惨消息吗?"参议员奥利·詹姆斯(Ollie James)问道,"他患了重感冒……感冒是由于他整夜把头伸在窗外,期望听到报童叫喊'战争部部长助理亨利·布雷肯里奇辞职了,政府陷入危机的声音'。"[86]

直到1932年民主党大会他才重新踏入政界，这次会议上他设法让哈里·F. 伯德(Harry F. Byrd)参加了总统提名的竞选运动。正如阿瑟·克罗克所言，"上校布雷肯里奇不太像个政治家"。他甚至不认识参议员卡特·格拉斯(Carter Glass)，后者提名由他作为候选人。[87]伯德在第一轮投票中获得了25票——弗吉尼亚代表团的全部票数和印第安纳的一张孤票。富兰克林·德兰诺·罗斯福也获得提名，布雷肯里奇的努力未起作用。

1927年布雷肯里奇与艾达·迪阿科斯塔·鲁特(Aida de Acosta Root)结婚。作为巴黎上流社会的一名年轻姑娘，富于冒险精神的艾达·迪阿科斯塔·鲁特曾乘有动力装置的可操纵气球独自飞行。当她返回地面之后，她的指导老师告诉她："小姐，你是世界上第一个女飞行员。"这没有成为她让家人为之自豪的英勇业绩，而且她把这个秘密从1903年保持到1932年。[88]布雷肯里奇同第二个妻子一样也爱好飞行。[89]1931年在他44岁的时候，他获得了领取飞行执照的资格。两年后，他去华盛顿成为飞船灾难联合调查委员会顾问。当时，美国的阿克伦号(*Akron*)飞船坠落大西洋，74名机务人员丧生。在进行了12天的听证之后，布雷肯里奇无法确定失事的精确原因——很可能是恶劣天气导致。因此他建议进一步扩大此项计划。[90]

1932年3月1日，查尔斯·A. 林德伯格发现他还是婴儿的儿子丢了，他马上打了两个电话。第一个是打给新泽西州警察局。第二个是打给他的密友亨利·布雷肯里奇。布雷肯里奇立刻被卷入了林德伯格绑架案，第三张赎金通知被送到他的办公室。当孩子被发现已遭杀害之后，他被任命为专为纪念婴儿而建立的基金管理小组成员。[91]

林德伯格引着他的朋友围着纽约州转的时候，布雷肯里奇参加了他的第一次公职竞选。因为此前从未高看过富兰克林，所以到1934年时他的罗斯福恐惧症已到达了爆发点。他随后宣布他将参加参议院竞选以便"抵抗美国的政治腐败化趋势"，并且为此目的，他还组成了宪法党，以"自由的松树"作为它的象征。[92]《纽约时报》在社论中说："上校布雷肯里奇是一个能干的人，熟谙公共事务与法律。但是他必须明白在这件事上，他正在试图领导一支敢死队去完成一项几乎无成功希望的计划。"[93]右翼候选人的姓名孤苦伶仃地排在选举机器的第七排。当纽约市的选举机器打开之后诺曼·托马斯，长年谋求公职的社会党人，获得了九倍于宪法党候选人之上的得票数。1936年布雷肯里奇在马里兰总统初选中是富兰克林的对手，获得了16%的选票。1939年和1940年，随着欧洲的战火重燃，布雷肯里奇与他的密友林德伯格断绝了关系，后者是美国第一委员会成员①,领导着争取不让美国卷入战争的行动。随后布雷肯里奇代表对德国、意大利和日本采取战争行动的一方走上讲台发表政治演说。这是亨利·布雷肯里奇的最后一次公开战斗,而且是最好的一次。[94]

在政坛还有最后一个布雷肯里奇。约翰·贝恩·布雷肯里奇距离1728年第一个布雷肯里奇到达美国已经相隔六代了。在直系这条线上创始人是亚历山大(死于1747年);罗伯特(1720—1772),法国与印第安人战争中的一名陆军上尉;约翰(1760—1806),美国参议员和检察总长;罗伯特·杰斐逊(1800—1871),那位让肯塔基留在联邦中的狂暴的本堂牧师;约瑟夫·卡贝尔(1842—1920),西美战争中的一名将军;斯科特·达德利(Scott Dudley)(1882—1941),列克星敦的一名医生。最后是约翰·贝恩·布雷肯里奇(1913—1979)(John Bayne Breckinridge),1956年进入肯塔基众议院,在此他发起了光明正大选举法,国家机关工作人员实效考绩制度,以及地方自治等运动。

在变动不居的肯塔基政坛,布雷肯里奇作为青年土耳其党的领袖,于1959年当选检察总长,进而又将肯塔基的法律处从一个纯粹的咨询机关改变成了一个查获犯罪的政府部门。他在扫除肯塔基州纽波特的赌博卖淫等伤害风化的行为方面取得了很大的成功。然而作为一名报纸编辑,在接受布雷肯里奇是他一生中遇到的最好的检察总长的同时,觉得他有一个严重的政治缺陷——缺乏幽默感。1963年他作为一名无党派人士参加副州长竞选,未能成功。[95]他又一次当选为检察总长。然后他又一次竞选副州长失利。随后他三次当选美国众议员,而在民主党初选过程中竞选第四个任期时遭遇失败。在众议院他支持越南战争,反对限制战争权力法案,对反对用校车接送跨区学童的(antibusing)修正案投了否决票,跟随大多数投票挫败降低最低工资法案,以及拒绝在专门小组要求公布反堕胎修正案的请愿书上签字。他走了一条前后不一致的道路,然却是独立的道路。[96] 20世纪中的布雷肯里奇将家族的人物——著名的有索福尼斯巴(Sophonisba),迪沙,玛奇(Madge)和玛丽——累积了惊人的杰出成就记录。但他们不再是一个政治王朝。

① 美国第一委员会成员(America Firster):全称America First Committee即美国第一委员会委员,该委员会于1940年成立,它反对美国加入二战,反对对二战中的盟友进行援助。——译注

第十章 贝阿德王朝

多少代以来，我们的家族一直是在参议院的代表，既不靠财富，也不靠对获得这个职位的乞求，这是令人愉悦的而且我想这也是我们可以理直气壮地感到自豪的来源。它同样表明了……遍布于州中的那种健全的情绪。

——詹姆斯·A. 贝阿德致儿子，1869 年[1]

对他的家族充满理直气壮的自豪感的参议员詹姆斯·A. 贝阿德是来自特拉华州的美国参议员的儿子、兄弟、父亲和祖父。在写给儿子的这封信六周后，特拉华立法院将他们父子俩都送到了美国参议院。这还是美国历史上唯一一次父亲与儿子在同一天被选人参议院，也是第一次一个参议员的席位被他的儿子接替。

"在特拉华，"一位对该州最为精通的学生写道，"历史学家必须同时也是一名系谱学家或家谱学者。"[2]特拉华的政治史主要是几个起支配作用的王朝——克莱顿家族，罗德尼家族，索尔兹伯里家族，杜邦家族和贝阿德家族。53 年余，跨过 4 代，贝阿德家族是特拉华在参议院的代表。在 1804—1929 年的一半时间中，华盛顿都有一个来自特拉华的贝阿德参议员。

该家族中第一个到达新大陆的是安娜·施托伊弗桑特·贝阿德(Anna Stuyvesant Bayard)和她的四个孩子，1647 年他们乘大乌鸦号(*Great Crow*)到达新阿姆斯特丹(New Amsterdam)。她是一位富裕的法国胡格诺商人塞缪尔·贝阿德(Samuel Bayard)的遗孀。该王朝喜欢认为他们是皮埃尔·杜弗雷尔，拜亚尔领主(Pierre du Ferrail，Seigneur de Bayard)——15 世纪法国一个著名的骑士"无畏无暇骑士"(*sans peur et sans reproche*)的后代。事实上，特拉华的第一位贝阿德参议员就被人取了个绰号"骑士"。但它更多表达的是对他在时装、美酒以及靠运气决定胜负的游戏的鉴赏力将信将疑的认可，而非为了向他想象中的祖宗家系表示敬意。

贝阿德夫人来到美国的理由是她的弟弟彼得·施托伊弗桑特已被任命为新荷兰①的总督。娶了贝阿德妹妹的施托伊弗桑特是一个严厉又顽固的殖民地管理者。在担任库拉索岛②总督时，他曾将自己的右腿砍去，他那条木头做的假腿上还装饰着一个银环。这是他极少的世俗爱好之一。他的箴言是"宁信上帝不信人类"。如果荷兰殖民者有任何关于在哪里他们与他站在一起的问题，很快就会给你解答。"我们的权力来自上帝和西印度公司，"他告诉他们，"而不是来自于一些无知臣民的快乐。"[3]这不太像是沃尔特·休斯顿(Walter Huston)在《荷兰人的假期》(*Knickerbocker Holiday*)中描绘的形象。在美国殖民地编年史中，他以"我们伟大的俄国公爵"形象留在人们的记忆中。[4]

贝阿德夫人具有很多她弟弟的特点。她是一个仪态威严的女人，信教，受过高等教育，有敏锐的经商头脑和专横的个性。但是，她看上去似乎不大愿意粗暴对待那些与她有不同意见的人。当施托伊弗桑特让人对贵格会教徒罗伯特·霍奇森严刑拷打时，她向他弟弟求情，从而使这位教徒获得释放。[5]

第一个贝阿德政治家是尼古拉斯(Nicholas)，是安娜三个儿子中的一个。他还是唯一一个与一个因做女巫而被囚禁起来的妇女结婚的贝阿德！这位美丽的术士叫朱迪丝·弗利特(Judith Verlet)。1662 年她受到的指控是"住在一个荷兰人家庭附近的约翰·科尔的女儿安，以一种奇怪的方式突然被一种情绪控制，然后她的舌头被魔鬼加以了改进……魔鬼搞乱了她的语言，这样她就开始用荷兰语说话了，之前对于这种语言她一无所知。"[6]因为朱迪丝讲荷兰语，显然她就是那个改进了安·科尔讲话的魔鬼。她的弟弟尼古拉斯·弗利特(Nicholas Verlet)，新阿姆斯特丹最富裕的商人之一和安娜·施托伊弗桑特的第二任丈夫，赶来为他的姐姐辩护。他身上带了一封由施托伊弗桑特写给康涅狄格州的温斯罗普(Winthrop)总督的信："在我的内弟不得不第二次航行去救他因虚假的巫术指控而遭到囚禁——他们是这么说的——痛苦中的姐姐朱迪丝·弗利特之际，我们真诚地相信，以及出于信念，我们敢于保证，她没有

① 新荷兰(New Netherland)：北美哈得孙河一线与特拉瓦河下游的荷兰殖民地。——译注
② 库拉索岛(Curaçao)：拉丁美洲荷兰殖民地。——译注

犯这种罪行。”[7]朱迪丝被释放了。

尼古拉斯·贝阿德在政坛一波三折的生涯包括三次被囚禁，一次被判处死刑。他从担任他叔叔的私人秘书开始，后来在施托伊弗桑特将殖民地丢给了英国人之后，设法当上了纽约市长和总督咨询委员会的成员。当雅各布·莱斯勒以奥兰治的威廉的名义接管政府以后，贝阿德被戴上重镣重铐，投进地牢。“偶尔，为给他放风，他被带出去，一路经过城堡，登上土墙，供一帮嘲笑他的暴民的观赏。”[8]莱斯勒倒台之后，贝阿德将他的锁链“穿在莱斯勒的腿上”，对让他以叛国罪被处以绞刑起了推动作用。[9]

这个贝阿德家族的旁支一直表现很好，直到在独立战争中站错了队。尼古拉斯的儿子娶了范科特兰特家族的人；他的孙子，纽约市的一名市长，娶了罗伯特·利文斯顿的孙女；他的曾孙威廉拥有新泽西州的整个霍博肯这块地方。这位绅士，通常被人称为“哭泣的比利”贝阿德，还拥有纽约市和霍博肯之间的渡运垄断权。[10]他的设想是将霍博肯改变成一个旅游景点。他在他的地块上种了一千株果树，并在广告上宣传说纽约人会在这里找到“供旅行者享受的一切便利”。[11]当涉猎季节开始之后，他喜欢回到英格兰。他庞大的财产被没收，以 9 000 美元卖给了约翰·史蒂文斯(他原来的家的这个地方现在是史蒂文斯技术学院)。在和谈结束之后，他的一个堂弟约翰·杰伊，在伦敦大街上看见了贝阿德。“我们完全像陌生人一样从对方身旁走过。”这位美国外交官回忆说。[12]

纽约的这几个贝阿德并没有完全随着美国独立的结束而消失。“哭泣的比利”的一个儿子积聚了一笔可观的财富(部分是通过 1812 年战争期间明智地掠捕对方商船)；一个贝阿德嫁给了阿瑟·圣·克莱尔将军(Arthur St. Clair)(他不管妻子有大量嫁妆还是设法让自己破了产)。另一位嫁给了纽约州中部的最后一个地主，斯蒂芬·范伦塞勒(Stephen Van Rensselaer)。但是随着美国从殖民地转变为国家，是安娜·施托伊弗桑特·贝阿德的另一个儿子的后代将这个家族变成了一个伟大的政治王朝。[13]

喜欢发号施令的彼得·施托伊弗桑特最直言不讳的反对者之一是奥古斯丁·赫尔曼(Augustin Herrman)，一家规模较大的荷兰商行的代理。1621 年他出生于布拉格，1644 年前迁往新阿姆斯特丹，娶了那位被控告的女巫朱迪丝·弗利特的妹妹。尽管政治上存在分歧，施托伊弗桑特尊重赫尔曼的外交才能，派遣他去执行了好几项需要小心处理的任务，包括为马里兰州解决了一次土地争端的任务。这位使者被他在切萨皮克湾(Chesapeake Bay)一带看到的景象深深吸引，以致他提议要为整个地区画一幅地图，并以其作为换取5 000英亩优质土地的条件。巴尔的摩勋爵(Lord Baltimore)接受了提议。赫尔曼的财产最终超过了2.5万英亩，而且，由于命运的拨弄，他间接地成了创立贝阿德政治王朝的背后的有功之臣。[14]

这位大地主有一个精神错乱的儿子，名叫伊弗雷姆(Ephraim)，他狂热地迷恋上了一个神秘的宗教派别，叫拉巴第派(Labadists)。这个派别由一个名叫让·德·拉巴第(Jean de Labadie)的怪人创立，他是一名法国人，某段时间是耶稣会会士。他完全靠吃草维持生命，他的追随者非常看重“灵光”(inward light)和斯巴达式的行为准则。1680年，在遭受了欧洲绝大多数国家的迫害之后，拉巴第信徒派了两名侍者到美国寻找合适的土壤。[15]在伊弗雷姆·赫尔曼身上他们既找到了资助人又找到了归附者，而伊弗雷姆又将他们介绍给了安娜·施托伊弗桑特·贝阿德的一个儿子。

虽然是荷兰教会的一名执事，彼得勒斯·贝阿德(Petrus Bayard)仍然处在相当程度的宗教混乱之中，而这种状态又让他不喜欢城市生活而加重了。一个人怎么可能在新阿姆斯特丹，一个商人的城市，侍奉上帝?[16]

与他良好的判断大相违背的是，奥古斯丁·赫尔曼将他的3 750英亩土地立契转让给了他儿子的教友，而以彼得勒斯·贝阿德作为他们的受托人之一。随后拉巴第教徒接着在新大陆建立了第一个“共产主义”者的居住地。这个派别还实行信教和不信教的人隔离的做法。“共产主义”者彼得勒斯很快就离开了他的妻子(对本王朝来说幸运的是，他后来又回到了她的身边)。这块聚居地存在了仅半个世纪，并从未超过100人。但是，它使贝阿德家族来到了特拉华河河岸。[17]

彼得勒斯·贝阿德的后代不像他们在纽约的堂兄弟那样社交或经济往来密切，尽管他们设法积累了足够的土地。彼得勒斯有一对孪生曾孙，约翰·布本海姆·贝阿德(John Bubenheim Bayard)和詹姆斯·阿什顿·贝阿德(James Asheton Bayard)，他们娶了一对姐妹花。当詹姆斯和他的妻子在早年去世之后，约翰承继了他们的三个孩子，其中一个，詹姆斯·阿什顿·贝阿德，成为了来自特拉华州的首位贝阿德参议员。

约翰·布本海姆·贝阿德是费城商界领袖之一，是美国独立的早期拥护者，是“自由之子”社的成员，是本王朝中首位在国会就职的人，是独立战争期间的一名民兵上校，他在普林斯顿战役中的英勇行为受到了华盛顿的注意。

独立战争之后他居住在新泽西州，此举乃受金融挫折所迫，后者又部分的是他对美国的事业作出的大量贡献以及部分的是一个儿子的企业管理不善的结果。他成为了新不伦瑞克的市长，并与他的朋友亚历山大·汉密尔顿一起创立了佩特森之城，一个带来灾难性经济后果的风险企业，企业的取名是为了纪念贝阿德的内弟威廉·佩特森(William Patterson)，宪法的签署人之一。[18]

贝阿德对国家的贡献是独一无二的。他既不是一名原创的思想家，也不是一位杰出的立法者，也不是一名伟大的士兵。但他是一个天才的东道主。在费城的岁月中，他的家成为了独立战争领导人的会面地点。约翰·亚当斯在写给阿比盖尔的信中说到他的好客。他的酒和中上级的牛肉都一样受到汉考克、萨姆·亚当斯、格里、拉法耶特、利文斯顿兄弟、斯托克顿、霍普金森、温斯罗普以及詹姆斯威尔逊的喜欢。为爱国者提供一个令人愉悦的共同场地讨论他们的分歧或干脆忘了分歧是一个不算重要然而也是显著的成就。

在他的五个儿子当中，有两个超出了一般才能之上：安德鲁担任费城商业银行行长很多年；塞缪尔娶了理查德(“签署人”)·斯托克顿的侄女，然后被华盛顿总统派往伦敦依法提出《杰伊条约》中规定的美国战争权利的要求。后来他成为了纽约州和新泽西州的一名地方法官，普林斯顿大学的财务主管，以及普林斯顿神学院的创建人之一。[19]

但贝阿德的杰出子女是他的女儿简(Jane)和玛格丽特(Margaret)。“我见到过简·贝阿德小姐，她是个非常迷人的姑娘。”本杰明·拉什在1791年写给他妻子的信中说。“她的阅读能力，她的口才，以及她的虔诚，都让我觉得很舒服，而我很少第一次见到什么人有这么高兴。她似乎是被用来以她的才能和德行既装饰社会又丰富社会。”[20]这位迷人的女士将她一生中的很长时间花在了伺候她那英俊又爱虚荣的丈夫，安德鲁·柯克帕特里克(Andrew Kirkpatrick)上面，他担任新泽西州的首席法官将近20年时间。[21]她拒绝在她活着的时候将她的任何作品发表，但是一部她死后发表的作品透露出一种摆脱了那个年代的那种文学花体的强劲有力的风格。它表明了，她的女儿说，一个“或许带着一丝犹豫”的大脑。[22]简·贝阿德·柯克帕特里克的一个儿子作为新泽西州的民主党众议员在国会工作了一个任期。

玛格丽特，约翰·贝阿德的另一个有才华的女儿，是本王朝中诞生的最有才能的作家。18岁时，这个贪玩和易怒的姑娘就爱上了塞缪尔·哈里森·史密斯(Samuel Harrison Smith)，一名书生气的报纸编辑。即使他的母亲和玛格丽特的父亲是嫡堂兄妹，而且他的父亲还与玛格丽特的父亲一起在国会共事以及都在普林斯顿大学管理小组委员会名单里，父母还是强烈反对他们结婚。[23]父亲贝阿德的反对大概有三层意思：这位年轻人缺乏足以维持女儿生活的经济能力，他是一位充满激情的杰斐逊的追随者，同时还是一名视基督教为“寓言”的“无宗教信仰者”。让她扮演朱丽叶的角色必定对浪漫的玛格丽特充满吸引力。她写信给她的恋人：“当我听着我尊敬一如我爱他的父亲，和我最亲近的朋友说话，并发现他们所有的感情和政治原则都直接与你对立，我的心里不是滋味……我怎么敢奢望**你**能独自一人超越这些家庭利益、教育和党派的偏见呢？”[24]托马斯·杰斐逊粗心地成为了这对不幸恋人的红娘。

在一个绝大多数报纸都只是小道消息和党派争论汇编的年代，年轻的史密斯却表现出了对新闻的一种冷静而有远见的观察。此外，他是一名富于想象力的革新家和美国第一份出版早晚刊的报纸的创立者（通过在一页上印刷两份报纸，然后再将其剪成两半，他使得他的《新大陆》（*New World*）的征订者每天可以收到两份完全不同的报纸）。这样的承诺没有逃过杰斐逊的注意。1800年总统选举前夕他为史密斯提供经济资助让他在华盛顿创办一份报纸。既然他现在具备了养活妻子的能力，塞缪尔和玛格丽特就完了婚，然后启程往刚刚新建的首都创办《国民通讯员》（*National Inteuigencer*）。

作为一名重要编辑的妻子，玛格丽特·贝阿德·史密斯（Margaret Bayard Smith）成为了华盛顿上流社会的台柱之一。她的最亲密的朋友包括19世纪头四十年中的主要政治人物——杰斐逊，詹姆斯和多利·麦迪逊，亨利·克莱，内阁成员，参议员，以及众议员。史密斯夫妇是蒙蒂塞洛（Monticello）和蒙彼利埃（Montpelier）著名种植园留宿的宾客。玛格丽特给她妹妹的信中描绘了一幅在大人物以及他们的侍臣中生活的迷人画面[25]，许多她首次透露给他们的名人轶事后来都被纳入了两卷本小说《华盛顿的一个冬天；或者，西蒙家庭回忆录》（*A Winter in Washington; or, Memoirs of the Seymour Family*），它是1824年的文学杰作。四年之后她发表了她的第二部小说《何谓高贵？一个道德寓言》（*What is Gentility? A Moral Tale*），她在其中写道：“欧洲人指责我们是赚钱的民族。如果说这种指责有道理的话，那是由于财富造成的差别环境：取消财富的这种权力，并引导人们从教育中寻求财富，那我们就是一个寻求知识的，而不是一个挣钱的民族。”[26]

当约翰·B.贝阿德承继了他兄弟的孩子之后，他也就成为了四代贝阿德参议员中的第一代的继父。詹姆斯·阿什顿·贝阿德 1784 年毕业于普林斯顿大学。三年之后——他现在是一名律师——这位未来的参议员定居在特拉华州。此举也许是由他的养父疏远引起的。一位传记作者在接下来的 20 年中连一封詹姆斯写给老上校的信也没找到。在他到达特拉华州不久，他写信给叔叔："我要让自己放纵一下，好好体验能在圣诞节见到您和我其余的朋友的那种期待中的快乐，假如我认为他们会同意和允许的话。"[27]然而对于为何与养育他以及提供他上学的人中断关系没有提供解释。矛盾的一个可能原因或许是詹姆斯的宗教信仰，它对于费城和新不伦瑞克极为虔诚的贝阿德家族是不可能被接受的。一名参议院同事，来自新罕布什尔州的威廉·普卢默(William Plumer)，后来写过关于贝阿德的事："在认真研究了基督教神学之后，他成为了一名自然神论者——并公开表示和坦率地坚持他对于这个话题的观点。"[28]

他搬到威尔明顿之后 8 年，詹姆斯·A. 贝阿德走了一步使他牢固确立了他在其移居入籍的州政治生活中的地位——他娶了一个拥有相当财富的男人和宪法的签署人理查德·巴塞特唯一的孩子，安·巴塞特。另一名建国元勋说到巴塞特，"他有足够的管住他舌头的节制能力"。[29]这句话是对"他对重要的审议事项贡献寥寥"这一意思的委婉表达。但是，巴塞特是使他所在的州成为首个批准宪法的州的最重要人物，后来又担任特拉华州的第一对参议员当中的一个参议员，以及担任该州的州长。贝阿德与巴塞特之间一直有一种紧密的关系。这位年轻人从他妻子的父亲那里获得了大量的法律知识。有时巴塞特会试试打击一下他那颇有雄心壮志的女婿，他对詹姆斯说："你知道的都是我教你的。"对此贝阿德的回答是："你把你知道的都教给了我，而我除了已知道的之外我还自学。"[30]

高个子、白皮肤、身材匀称的贝阿德是一个具有相当魅力的男人。"但是，"清教徒式的参议员普卢默以为，"他生活太随便。他热衷餐桌和美酒之乐……他好玩牌。"普卢默对这些嗜好能说的最好的话是贝阿德似乎从未哪怕"最低程度"地喝醉，以及尽管"他经常整夜坐在牌桌旁"，但这从未妨碍他履行他在参议院的职责。贝阿德另一个经常被人提到的特点是他拥有出色的演说家的能力。法国代办(chargé d'affaires)跟他说，虽然大多数人仅在一个项目上"优秀"，"但你贝阿德先生却在国会大厅、在餐桌上、在喝酒玩牌等方面都很优秀"。[31]

伴随着他的绅士的恶习，贝阿德同时还有一种绅士的荣誉感，这再正当不过了。1800 年，在已作为众议院议员三年之后，他与一位来自罗德岛的议员进行了一场决斗。众议员钱普林(Champlin)提议,应当降低威尔明顿港口的收税员的薪水。众议员贝阿德这是对于他个人的侮辱,于是两人约好去一个锯木车间,因为天在下雨。在子弹互射过程中,贝阿德伤了大腿,钱普林伤了脸颊。现在名誉恢复了,两个难捉摸的议员躲了起来。"一项起诉被发起了。"众议院发言人塞奇威克(Sedgwick)写道。贝阿德逃到了威尔明顿。他的助手,来自南卡罗来纳的小约翰·拉特利奇,报告说钱普林夫人,"在夜深人静,问心无愧的男人已沉浸在甜蜜梦乡的时候,将她的丈夫包裹起来,神不知鬼不觉地偷偷带出了城市。"两个月之后,贝阿德仍然害怕回到费城,他写信给他的表弟安德鲁说:"这次之前,假如我完全摆脱了个人恐惧的话,我很可能已造访过这座城市了。但是因为我非常厌恶做苦工,所以我宁愿放弃这种快乐也不愿冒任何风险。如果州长会说无论如何应当允许原告撤回诉讼,我将会感觉到自己恢复到我往昔的旅行特权。"[32]贝阿德很快就重新参加活动了。

虽然刚进入国会时只有30岁,贝阿德很快成为了众议院联邦党主要发言人之一。虽然也表现出了一些独立性,但总的来说他支持亚当斯总统的各项政策。"这位老人喜欢时不时地被人逗一下。"贝阿德在给岳父的信中说。[33]这位国会议员懂得如何把人逗乐。但随着亚当斯向法国主动示好,身为联邦党人的贝阿德颇终于醒悟。1800年8月他写信给汉密尔顿:"我想我们必须投他的票,所以我们无法很有把握地对每个人讲出我们对他的真实看法。但是他现在已让我们党的运作陷于瘫痪,而假如我能信得过我不祥预感的话,我相信在又一届总统任期开始之前,他会给它带来致命的伤害。"[34]贝阿德的预言是正确的。1800年选举正是联邦党的"致命伤害",而贝阿德在选举下届总统中的作用对他自己和他的国家都有长期的影响。

亚当斯被击败了。但在就职典礼日到来之前,他还拥有任命权,因此有功的联邦党人需要奖励。贝阿德为他的岳父弄到了一个联邦地区法院法官的职位。"2 000美元胜过任何特拉华州能给你的东西,"他提醒巴塞特,"应付生活应当足够了。"[35]他在为他的表弟塞缪尔争取一个法官职位这件事上不太成功。虽然他亲自向总统提起此事,但它还是遭到了纽约议会代表团的否决,后者都有他们自己的候选人选。亚当斯总统也考虑让贝阿德当他的战争部长,但随后又任命他为美国驻法公使。不久出现的种种理由使得这位特拉华的议员拒绝了这份荣誉。

亚当斯被击败。但杰斐逊还没有当选。他和阿伦·伯尔(Aaron Burr)获得同样多的选举人票数,因为投票没有规定哪种票就意味着当选了总统这种宪法上的缺陷不久就得到了纠正。同时，一个总统的当选必须经过众议院投票确定，一个州只能投一票。作为特拉华州唯一的众议员，贝阿德的票相当于宾夕法尼亚 13 人代表团的票。1801 年 2 月 11 日当投票开始之后，杰斐逊拥有 8 个州——当选需要 9 个州。贝阿德的票会决定谁当总统，但是他决定随他的党一起投票，而联邦党决定投给伯尔。杰斐逊，作为他们共同的敌人，心里那个说不出的苦。

8 轮投票过后，众议员约翰·伦道夫(John Randolph)给他的继父圣乔治塔克寄去一张匆匆写就的表决条："8 个州支持杰斐逊——6 个州支持伯尔——有两个州，马里兰和佛蒙特州，意见分歧。"[36]在意见分歧的州中，联邦党国会议员达成一致决定以贝阿德马首是瞻，来自特拉华州的众议员现在控制着三张关键选票。

投票继续单调地进行，没有变化：周三，周四，周五，周六，直到周日。

贝阿德确信伯尔会取得突破。他同样确信这个国家在 3 月 4 日这天肯定会诞生一个总统。贝阿德能够让杰斐逊成为总统，但是，作为一名重实际的政治家，他希望"不要被迫因为审慎而屈服，相反我们不妨获得投降的条件"。[37]贝阿德想要杰斐逊同意，继续执行联邦党的财政制度，在英国与法国之间保持中立，维持海军规模，以及留住下级官员的职位。他特别担心阿伦·麦克莱恩，威尔明顿港口收税员的这个岗位，他已经为了他的薪金决斗过一次了。贝阿德与杰斐逊之间的使者是塞缪尔·史密斯将军，一位来自马里兰州的国会议员，他在与杰斐逊谈过之后，向贝阿德保证他的条件能够接受。这位联邦党议员随后向党的领导人秘密预备会议宣布了他的决定。"这个党已经制造了很大的喧嚣，"贝阿德告诉岳父说，"党内的暴力分子骂我是党内的逃兵。"[38]

第 36 轮投票结果一公布，贝阿德就写信给收税员麦克莱恩："杰斐逊先生是我们的总统……我已经很照顾你了，我想，如果保持谨慎，你是安全的。"[39]编辑塞缪尔·哈里森·史密斯告诉他的读者："人民的声音占了上风"。[40]

贝阿德写信给他的堂弟安德鲁："我们选定了一位总统。"[41]更准确但不够谦虚地，他不妨可以说："我选定了一位总统。"而他的行为很快就给他自己，他的岳父，他的堂妹玛格丽特的丈夫塞缪尔·哈里森·史密斯带来了影响。在被提名并确定为驻法公使之后，贝阿德现在拒绝了这个职位。"因为我已经将**机会**给了选举，"他写道，"让我接受将要在杰斐逊先生的快乐任期中担任职位是不可能的。我的抱负绝不会以怀疑为代价而得到实现。"[42]当共和党废止了《司法条例》之后，理查德·巴塞特也失去了工作，尽管有贝阿德据理力争，而且还被约翰·亚当斯称为“全面、熟练、高超”。[43]杰斐逊的当选对塞缪尔·哈里森·史密斯来说更加令人满意。新政府给他的报纸带来了政府的印刷业务，后来麦迪逊总统还任命他为税务局长。

作为一名联邦党人，贝阿德现在成为了一个永久的少数派成员。他写信给他的好友凯撒·A. 罗德尼(Caesar A. Rodney)说：“仅仅作为一名旁观者，我用沿路看到的风景愉悦自己。”[44]但尽管他抱怨他的被动角色，但他并没有将他在国会中的工作认真看待，通常都要在一届会议开始了两三个月之后才到达华盛顿。“这是他和特拉华人民之间达成的一种默契或协定。”参议员普卢默说。[45]但并非所有特拉华人都陶醉于这种协定。“一个可怜的农民”在威尔明顿的一份出版物《美国守望者》(*American Watchman*)上抱怨，贝阿德“靠在纽卡斯尔弄点鸡毛蒜皮”一天挣 15—20 美元，而不是在国会上班一天挣 6 美元。[46]1802 年这位漫不经心的议员在席位争夺中以 15 票之差输给了罗德尼。当结果在威尔明顿被宣布时，“一大群人”游行，放炮，包括一门装着土豆和鳕鱼的炮。[47]但是，回到特拉华对贝阿德来说并不是不合意的工作。几个月后，他写信给罗德尼：

> 我已在日常地从事能够挣钱的苦活累活，而你还处在追求荣誉和名誉的高尚优雅的职业之中。我通过报纸清楚地看到你在实现你的目标方面没有失败(我知道你不会)，我对此就像对我自己的目标一样毫不失望。我们都是奇怪的人，我的朋友。我们力争实现目标却不知道目标的价值何在或者是否毫无意义。事情的进程迫使我们展开竞争，在场这竞争中，成功的一方也是失败者。[48]

他们之间的竞争确实属于一种奇怪的类型，因为贝阿德和罗德尼都深爱对方。他们喜欢一起喝酒，找水龟，打鹬鸟，以及分享关于他们的朋友参议员奥特布里奇·霍西(Outerbridge Horsey)的一些下流的笑话，后者第一个实行晚婚。贝阿德坚决相信，正如他在给罗德尼的信中所写，“政治观点没必要对个人情感发生影响。我们来自不同的政党，这一事实有可能继续保持下去、是非常确定的……我认为你比我多一点人民的性质，但在你承担了一阵子你在政府的应尽职责之后，它就会逐渐消失”。[49]

无论贝阿德多么喜欢赚钱胜过在国会工作，他还是不知不觉在 1804 年回到了华盛顿——他已被选入参议院。他要在参议院待到 1813 年，当他无奈地看到政府一步步走向与大不列颠交战的境地，心里的受挫感越来越强。但参议院也不全是坏的。它确实提供了他让参议员约翰·昆西·亚当斯恼怒的快乐。这两个人打心眼里蔑视对方。他们不断谴责彼此背叛联邦党的主义，这经常是真的，因为他们俩都保持着个人的独立性一面。有一次，在受到了贝阿德的攻击之后，亚当斯私下在日记中写道："我相信我比他有才，除了未经事先考虑的即兴口才之外。这方面的能力我基本不具备，而他这方面则比我在国会听到的任何人都要强。"约翰·昆西继续安慰自己："我知道我的道德和政治原则比他的更加纯洁。而这样说还太客气，因为他那些方面太不严谨了。"[50]

因此具有反讽意味的是，詹姆斯·阿什顿·贝阿德和约翰·昆西·亚当斯竟能在终结了1812年战争的委员会中，和睦相处一同共事。对贝阿德而言，他在根特的工作是一个尊贵的公职生涯过早地结束。对亚当斯来说，它是将其带向总统生涯的真正开始。对贝阿德的任命是为了赋予和平谈判一种得到了两党拥护的性质。他应该代表联邦党的观点。因觉得自己不再合适留在参议院席位上和在委员会中任职，贝阿德辞去了在参议院的职务。在根特，亚当斯发现他的老对手现在"完全是**另外一个人**，身体好，精神也好，脾气也好，总是通情达理"，成了"标准的美国人"。[51]尽管没有艾伯特·加勒廷，亨利·克莱或亚当斯的天才，但贝阿德还是具有很高的才能，而且是一个不稳定的团体中脾气最好的一个。在新英格兰和西方的利益发生冲突的时候，他尤其善于让亚当斯和克莱冷静下来。他是唯一一个其他人一直愿意结交的特使。贝阿德为让这个他希望从未进入战争的国家尽可能地不因战争而丧失荣耀作出了很大贡献。当和平协议最终得以达成了之后，麦迪逊总统将亚当斯从俄国公使馆撤出转而派往伦敦，同时令贝阿德成为了驻俄公使。然而贝阿德已得了绝症，因此拒绝了这个职位。1815年8月在他胜利返回特拉华州不到一周时间内，贝阿德逝世。他才48岁。他的岳父理查德·巴塞特在一周后去世，人们为两位政治家举行了一场联合葬礼。

被普林斯顿大学录取已成为贝阿德家族的传统。然而单单家族关系还不足以让爱玩的理查德·亨利·贝阿德摆脱困境。1812年参议员詹姆斯·A.贝阿德写到最大的儿子时说："来自普林斯顿大学的情报已引起我一点焦虑……我已给理查德写了一封富于感情又言辞尖锐的信，以最明确的态度表示禁止饮用任何烈性酒或者吸雪茄烟。"[52]酒精与烟草还不是挡在理查德路上的唯一诱惑。参议员的警告信之后一年，愤怒的全体教员"因为非法响起的学校铃声而在凌晨三点聚集在一起”。[53]教授们顺着绑在铃锤上的线团一直追踪到了理查德的房间。这构成了开除的理由。但是，几个月后，他又恢复了学籍，并在1814年与同学一起毕业。

同一个贝阿德接下来应该学习法律。但眼下正进行着一场战争，理查德无法将注意力集中在《塔克对布莱克斯通的评述》(*Tucker's Commentaries on Blackstone*)上面。

因此，当他的父亲在就和平问题达成协议，安·巴塞特·贝阿德为她的儿子弄了个军队差使。1818年理查德最终进入律师界，同时带着两个相对于其他年轻律师的独特优势：第一，他接过了他已故父亲的客户；第二，他娶了独立宣言签署人中最富裕的人，卡罗尔顿的查尔斯·卡罗尔(Mary Sophia Carroll)的孙女，有名的美女玛丽·索菲·卡罗尔(Mary Sophia Carroll)。这对年轻夫妇购买了印花税法时期的“宾夕法尼亚农场主”，约翰·迪金森(John Dickinson)的威尔明顿大厦，并取得了他们在上流社会的恰当地位。

理查德·亨利·贝阿德之被引入美国参议院不是作为一个当选的议员，而是作为一个他父亲的辩护者身份。1830年杰斐逊回忆录出版，在其中这位蒙蒂塞洛的智者坚决否认他和贝阿德曾为1801年总统竞选达成过交易。儿子带着文件赶往华盛顿为家族名誉正名。调停人史密斯将军的意向是坚决支持贝阿德的说法。争议归结到杰斐逊是否实际上知道史密斯会为贝阿德辩护，还是只是为了自己的修养而测试这位总统候选人。贝阿德当然**认为**史密斯安排了交易，杰斐逊后来的否认站不住脚。数年之后，艾伯特·加勒廷对亨利·A.穆伦贝尔格写过贝阿德：“尽管他是联邦党中主要的和最热心的领导人之一，并且他个人不喜欢杰斐逊先生，但正是他带头并从纯粹的爱国主义出发指导了联邦党中所有那些更恰当和更明智的运动，最终在一片平和中让杰斐逊先生当选了总统。”[54]

1832年威尔明顿被特许设立为一个城市，而理查德·亨利·贝阿德被选举为该市的第一位市长，拥有开庭和主婚之权。这是他历时20年的公职生涯的开始。1836年他被选入参议院，三年后他辞去职务，成为了特拉华州最高法院的首席法官。随后，在1841年，其主要是因为约翰·M.克莱顿的支持，贝阿德再次入选参议院。但当1845年他任期结束之后，克莱顿自己想要获得这个席位。理查德想抵抗，但他不是克莱顿的政治机器的对手。他再也没被选入公职岗位，尽管他从1850—1853年一直担任美国驻比利时代办。特拉华王朝的支持者，称职的辉格党人然而是一个无足轻重的政治家。

第二代特拉华王朝的主要推动力是由理查德·亨利的弟弟，小詹姆斯·阿什顿·贝阿德提供的。理查德是辉格党，而詹姆斯则是民主党。而因为特拉华州一直是一个坚定的保守主义州，詹姆斯的成功必须要等到他的党采取了保守主义立场之后。只要民主党是杰克逊和范布伦的党，詹姆斯 A. 贝阿德在特拉华就注定失败（他在 1828 年、1832 年和 1834 年争取众议院席位时被击败）。1834 年杰克逊任命他为美国银行 5 名政府主管之一。但是，当其他四个未能获得参议院批准之后，贝阿德请求总统撤销对他的任命。1838 年他本可以成为一名参议员，但辉格党把持的州参议院宁愿让这位置空缺也不愿选举一个民主党。只有当民主党成为了皮尔士和布坎南的党之后，才确保了贝阿德的政治成功。

作为家族中的第三名美国参议员，他在 1851 年入选参议院，1857 年和 1863 年重新当选，然后一直担任到他 1864 年辞去职务。他代表着一个奴隶州，尽管 1860 年特拉华州只占了全国 112 216 个奴隶中的 1 798 个奴隶。在日益加大的针对奴隶制度的争议过程中，特拉华州的人民宁愿不发表意见，保持观望。第二位詹姆斯·A. 贝阿德代他们说出了他们关注的方面："我在意的只是不要让州成为废奴主义或者人民主权论的州①。"[55]

当民主党在查尔斯顿开会，选举参加 1860 年总统竞选候选人的时候，贝阿德的一个私心是不让斯蒂芬·A. 道格拉斯入选。在这被证明是不可能的之后，这位来自特拉华的参议员，同来自阿拉巴马、密西西比、佛罗里达、南卡罗来纳、路易斯安那和佐治亚州的代表一起，退出会议，然后提名来自肯塔基州的约翰·布雷肯里奇。[56]随后他成功地让布雷肯里奇获得来自特拉华州的民主党的支持。实际上，这件难办的事是交由他年轻能干的代理官员，他的儿子托马斯·A. 贝阿德去完成的，当时他自己正在萨拉托加斯普林斯和纽波特度假。[57]

展望秋季选举，一名得到共和党支持的海军军官，上尉塞缪尔·弗朗西斯·杜邦（Samuel Francis Du Pont），预测在特拉华州，"支持道格拉斯的票将仅限于爱尔兰人，但这不会产生足够影响，使中坚民主党人的候选人名单彻底改变"。[58]他是正确的：布雷肯里奇获得州的多数票，而道格拉斯只获得可怜的第四。

1861 年 4 月，正待"火药桶"要爆发之际，参议员贝阿德幼稚地跑到南部经商兼快乐旅行。在蒙哥马利，他听到萨姆特要塞（Fort Sumter）遭到炮击的消

① 人民主权论化（squatter sovereignized）：南北战争前一种政治学说，主张加入联邦的各州可以废奴，也可以蓄奴，由各州人民自己决定。——译注

息。他反对林肯给军队的宣言,并写信说来自一次北方的入侵将是“一次代价昂贵的实验,完全行不通”。假如特拉华州屈服于北方的专制,他说,那它就不是适合他居住的州。他的儿子回答说“废奴主义者横行霸道”以及参议员应当在任何时候都将左轮枪随身带着,改变回家路线,以防止可能的暴力行为。几天之后在费城还确有一个愤怒的暴徒威胁过说要他的命。[59]

参议员贝阿德被迫在公开声明中进一步阐发他的立场。就两个选择:要么战争,要么和平分离,承认南部诸州的独立地位。和平分离,他说,要优于战争。托马斯·F.贝阿德在多佛(Dover)的一次发言中附和他父亲的观点,从而为他后来的政治生涯带来了困扰。

贝阿德家族在整个战争中坚守他们的信念。在参议院,詹姆斯反对所有的反奴隶制度措施。哥伦比亚特区的解放,他宣称是对财产权的粗暴侵犯,可能会导致边境州的不忠行为。他是唯一一个不对联邦政府进行“雷打不动的”效忠宣誓的参议员。随后在1864年1月,参议院通过了一个决议,要求所有议员必须宣誓。贝阿德屈服,然后辞职了。在参议院工作了13年之后,他对同事说,他对为“我的国家或我的州”效劳“失去了希望”。[60]眼中噙着泪水,这位资深参议员说道别了(1960年参议员约翰·F.肯尼迪曾援引贝阿德的行为作为他反对大学里举行效忠宣誓的论据)[61]。

在特拉华州参议员的儿子是该州南方支持者非正式的头头。托马斯·F.贝阿德是特拉华警卫队(Delaware Guard)的一名陆军中尉,这支警卫队是州的民兵组织,联邦政府担心它当中有一伙不忠于联邦的人。但当亨利·杜邦将军——日后因为在锡达河(Cedar Creek)战役的英雄行为而获得了国会荣誉勋章——下令解散这些部队之后,年轻的贝阿德拒绝交出装备而遭到逮捕。他的父亲将这一情况向战争部长汇报,他获得了假释。索菲·杜邦夫人写信给她的海军上尉丈夫说,托马斯想要做烈士,直到他发现他有可能被囚禁在“弗吉尼亚阿科马克县有趣的沙漠中”,然后他才改变了主意。[62]

但詹姆斯与托马斯·贝阿德比杜邦夫妇更加准确地反映了特拉华州的情绪。1867年戈夫·索尔斯伯里(Gove Saulsbury)任命詹姆斯到美国参议院就职。1869年1月特拉华州立法机关选举他继续五年前未完成的任期。同一天立法机关选举他的儿子托马斯接替他的职位,任期6年。1869年3月4日小詹姆斯·A.贝阿德的经选举诞生的公职生涯结束,托马斯·F.贝阿德的选举公职生涯开始。来自特拉华的第四个贝阿德参议员将会比他辉煌的先祖中任何一位都攀升得更高,发出更加夺目的光芒。

这位新参议员，照《纽约世界》(*New York World*)的看法，拥有“一个纯贝阿德的无意识的优雅”。[63]尤金·菲尔德(Eugene Field)，诗人与记者，1872年第一次见到托马斯这样形容他：“他过去苍白的脸，他富于光泽的眼睛，他那古怪地随意分布在头上的又长又黑又密的头发，给这个男人某种特别的魅力。”[64]而他的参议员同事，乔治·霍尔(George Hoar)则在他身上看到了贝阿德家的另一个特征——一种在向人宣布“一条日常道德原则时弄得它像是人们第一次听到的东西，并且青春时期的他是最初的发现者一样”的能力。[65]

托马斯·F.贝阿德成了参议院的常驻人物。他在这待了16年。后来，当他当了国务卿之后，他对华盛顿的一位报社从业人员说，他接受内阁这一职务是犯了严重错误，他的位置在参议院，他应该留在那边。[66]然而同此前他的父亲和他的祖父一样，参议员贝阿德极少在某项争议中成为获胜的一方。

在高关税时期他支持更加自由化的贸易——只要杜邦家族的利益不受负面影响(他反对降低弹药税以及降低为那些并非杰出人物举行比赛的税额)[67]。

在南方重建时期他坚决支持州的权利。当参议员萨姆纳引入民权法案，包括提供均等服务条款时，贝阿德回答：

> 宪法中据以授权美国国会插手州事务，并将包括在本法案中的各项国内制度，掌控在他们的手中的权力规定在哪？学校，公共娱乐场所，公共运输工具，娱乐场所，甚至先生们，包括墓地，都不能如己所愿地得到应有的尊重……你们正在把属于州的全部治安管理权让联邦抓在手里。[68]

只有在格兰特政府的腐败问题上，贝阿德获得了有限的成功。他对纽约海关诈骗案的调查导致收税员墨菲被免职，他的位置被切斯特·A.阿瑟取代。

作为一种独特的保守主义声音，贝阿德三次成为总统提名候选人。他的事业得到持有“正常的金融观点”的人士的支持。[69]按《沃拉沃拉政治家》(*Walla Walla Statesman*)的表述，其中包括了像菲茨休·李，奥古斯特·贝尔蒙特，马里兰的州长卡罗尔，马萨诸塞的索顿斯托尔(Saltonstall)，新泽西的斯托克顿，南卡罗来纳的汉普顿，以及在巴尔的摩的被蒙哥马利·布莱尔称为“马里兰俱乐部和城市贵族圈子”中的那些人。[70]在以西奥多·罗斯福为执行主席的哈佛大学，学生团体一边倒地支持贝阿德。

然而贝阿德想当总统的愿望注定受挫。在1876年民主党大会上他只获得了33票。1880年他距目标更近，第一轮获得153票加半票，但随后被支持温菲尔德·汉考克将军的得势派抛弃。1884 年他充分展示出了他的优势，获得 168 票，仅在第二轮输给了格罗弗·克利夫兰。贝阿德面临太多的不利条件。特拉华州的意见对全国没有影响。他在内战中的经历使他在北方魅力全无，这里的俄亥俄新闻记者就此进行了有代表性的解释："由于生活在北方与南方之间交界地带，对贝阿德来说，当一名叛军他不够强悍，当一名联邦士兵他又胆气不足。他最终落得成为美国政坛最不幸的杂交品种——铜头蛇①。"[71]然而贝阿德的同情未能换来南方全力的支持。迪克西政治家有他们自身的问题。他们处于来自引起通货膨胀的绿背党人(Greenbackers)不断增大的压力之下，后者倡导一种只受美国政府支持的纸币，而贝阿德的"硬通货"立场行不通。

此外，贝阿德不再愿意积极地寻求公职。1880 年他竟授权《巴尔的摩太阳报》(*Baltimore Sun*)社论作家汇编一本他的竞选传记，但即使这个也似乎已为时太晚，它未能对代表造成影响。[72]1884 年显示他候选人资格的一套装备——几顶插有小小的蓝色羽毛的白色的帽子，若干印刻有蓝母鸡的缎子徽章——根本不能与克利夫兰的一套运转通畅的机器相比。《旧金山之声》(*San Francisco Call*)评论说："贝阿德……有点太像查尔斯·弗朗西斯·亚当斯那种类型的政治家，所以他不能在任何像目前这样的作为政党组织存在的政党中取得成功。"[73]代表们热爱贝阿德，他曾在党低潮的时期毫无畏惧地为党说话。但是是否让他做总统候选人？他们的首要义务是挑选一个获胜者。正如国会议员史蒂文斯对《纽约论坛报》所说："没有人比我更崇拜贝阿德……然而如果选举他做总统候选人，那种行为无异于自杀。"[74]1876 年，马萨诸塞代表团的主席在为党的职业人士辩护时说："如果这是一个挑选总统的机构，而不是提名候选人的机构的话，我相信贝阿德先生将是会议全体一致的选择。"[75](在接下来的一个世纪，另一位参议员，罗伯特·A. 塔夫脱也遭遇了同样的命运)。

当民主党最终拿下了白宫之后，格罗弗·克利夫兰任命贝阿德为国务卿。从社交角度说他非常适合这个职位——有风度、有教养、有尊严。[76]《克利夫兰领袖》的"牢骚"栏目写道："他从未穿着任何劣于燕尾服和白领带规格的正式服装坐下吃饭。他的家族血液中流着最蓝的蓝血，我毫不怀疑英国的《纹章大全》(*Book of Heraldry*)中有一部分是关于他们家客厅餐桌的介绍。"[77]实质上，贝阿德不是一个合适的选择。他曾是参议院金融委员会的主席，而不是外

① 铜头蛇(Copperhead)：指南北战争中同情南方的北方人。——译注

交关系委员会的主席。他在对外事务方面最大的一次冒险是在美国对亚拉巴马索赔案的诉讼要点这方面,曾为国务卿汉密尔顿·菲什(Hamilton Fish),同时也是他的一个远房亲戚,担任过顾问。

尽管在不被承认的24年任职期内,党内对他的任命的职位吵吵嚷嚷、颇有微词,国务卿贝阿德总的来说还是做出了几项值得赞扬的外交任命。奥匈帝国政府拒绝接受他挑选的美国公使,安东尼·M. 基利(Anthony M. Keiley),原因是后者娶了一个犹太人。

帝国法庭发现,“他的国内关系排除了他被维也纳社会接纳的可能,这在我们看来有利于美国政府的形象”。贝阿德立即照会奥匈帝国驻华盛顿公使说,“宗教自由是美国制度的基石”。[78]随后他任命基利到埃及亚历山大国际法庭工作,并故意让维也纳的这个职位空缺了两年。

有一个例外——让俾斯麦从他对萨摩亚群岛的帝国主义要求中退出——贝阿德将这类外交关系中的重大问题留给了他的下任。诸如拟议中的巴拿马运河,阿拉斯加边界线,对海狗(fur-seal)捕捞的监管,与夏威夷岛屿的关系,以及委内瑞拉边界争端等问题都没能得到解决。他与英国签订用来解决关于东北部捕鱼权长期争议问题的条约遭到参议院拒绝。况且,这是总统选举年,正如一位共和党参议员所言:“我们不能让民主党将解决这样重大的争端问题归为他们的功劳。”[79]

1888年总统选举中还有一些外交上的不愉快事发生。这位英国公使受人蛊惑支持克利夫兰,引得共和党开怀大笑,迫使贝阿德请求伦敦将其召回。《纽约论坛》想象贝阿德会冒出一首打油诗:

> 相信我,我让他跑,
> 不因他写了点什么不好,
> 而只是因为,你也知道,
> 我担心那张自相矛盾的选票。[80]

四年以后,当克利夫兰再次回到白宫,贝阿德没有获得主要内阁成员资格。或许是为了减轻他的失望情绪,总统将英国公使馆提高到大使级别,然后任命他的前国务卿担任圣詹姆斯宫廷第一任美国大使。让富兰克林·德拉诺·罗斯福的同父异母兄弟,詹姆斯·罗斯福担任贝阿德的第一秘书。“罗西,”——照对这位年轻人的称呼——与约翰·雅各布·阿斯特的曾孙女以及鼎鼎大名的阿斯特夫人的女儿结了婚。在捐了1万美元给克利夫兰竞选基金之后,他接受了在伦敦的这个职位,也算是对他送出去的钱的回报。贝阿德对他的助手不满意。他写信给他的朋友:"罗斯福先生突然推迟了到美国的行程,而我相信他在回到这里之前打算先去埃及。还有私下里我只跟你说,可不能让别人知道,他不在一点都不可惜……幸好目前也没有什么严重的问题威胁到两国和平,而如果有的话,罗斯福先生很可能会站到我的对立面。"[81]

当贝阿德到达英格兰之后,美国进入了"大棒"时代。正如著名的涉外律师约翰·巴塞特·莫尔(John Bassett Moore)所说:"我们已经这么长时间没遇到战争了,我们的人民越来越紧张和烦躁,深怕世界以为我们不值得欺负。"[82]贝阿德与时代不合拍。他认为他的工作会加强他的国家与他被派往的国家之间的良好关系。这根本不符合西奥多·罗斯福与亨利·卡伯特·洛奇的计划,他们有他们自己的打击"英国狂"(Anglomaniacs)的理由。在伦敦度假期间,洛奇给家里写信:"你听说过有这样一个傻瓜吗?你不知道贝阿德在这边是多么没用。没有一个重要人物知道他或注意到他,他到学校节日以及其他二流的地方发表讲话并歌颂克利夫兰和女王。"[83]众议院的共和党也寻机攻击大使。当贝阿德讲"保护"与"国家社会主义"等同之后,高关税的拥护者们引入了一项谴责决议,尽管有国会议员亨利·圣·乔治·塔克为贝阿德作了有力辩护,这项动议还是以182票对72票获得通过。

1897年贝阿德在克利夫兰政府第二任任期末退休。英国人赠送给他一个巨大的银制爱杯(loving cup),高19.5英寸,上面有大不列颠和哥伦比亚人一边握手一边对着托马斯·F.贝阿德的半身像举起橄榄枝的图案。时年他69岁,据《纽约世界》报道,有一笔价值约30万美元左右的财产。[84]然而他享有它的时间只有一年。他死于1898年9月28日。一名体面的对手,其曾取代他担任圣詹姆斯宫廷大使,约翰·海(John Hay)发表了一篇悼文:

> 他嘲讽一切庸俗或低级;他不重结果只追求他认为对的;他真诚期待他非常乐意给予的同情;他相信他人的真诚,自己也绝对真诚——所有这些品质,甚至超过他英俊的面容和绅士的风度,给人不仅是一种年轻人的印象,而且是一个愿意永远年轻的人的形象。[85]

已故大使有两个具有政治倾向的孩子将家族传统带到20世纪。他的女儿,直言不讳的弗洛伦丝·贝阿德·希尔斯(Florence Bayard Hilles),成为了一名重要的主张妇女参政者,1915 年她领导了第一支为妇女投票的游行队伍穿过威尔明顿街道,1917 年因领导在白宫附近的游行活动而入狱,1933 年至 1938 年她成为全国妇女党(National Woman's Party)主席。在第一次世界大战期间,她还跑到军工厂上班,震惊了威尔明顿上流社会。她说在非常时期,代替男人从事这项行业是每一个体格健全的妇女的爱国主义义务。[86]

他的弟弟小托马斯·F. 贝阿德(Thomas F. Bayard)——日后成为了第五个叫贝阿德的来自特拉华州的美国参议员,与杜邦公司(E. I. Du Pont de Nemours and Company)创建人的曾孙女结了婚。贝阿德的岳父,亚历克斯·伊雷内·杜邦(Alexis Irénée Du Pont),在 1901 年他哥哥尤金(Eugène)去世时是家族企业副总裁以及 20%的股权拥有者。企业总裁尤金的过世,给眼下的家族留下了领导权真空,尚活着的亲戚被第二个堂弟科尔曼·杜邦(Coleman Du Pont)收买,后者立刻通过交易挣得了 400 多万美元,而他自己没投资一分钱。

但是作为一个拉伯雷式的人物,科尔曼并不满足于只是极为富有而已。在他住的纽约市麦卡尔平旅馆的 21 层套间——这家旅馆是他与查尔斯·P. 塔夫脱合建的,科尔曼为"百老汇剧团的半个合唱队"举行宴会。[87]他还有政治抱负,有一度他甚至认为自己可以当总统。这个是钱买不到的。但在 1921 年当一位在任者辞职之后,他真的让自己获得了美国参议院的任命。

将近一个世纪以来,特拉华州的人民一直以为在贝阿德和杜邦家族之间会爆发一场直接的冲突。1922 年在特拉华的选举中出现了两名参议员的竞争。一是竞争由参议员科尔曼·杜邦留下的未满任期。另一个是竞争完整的从 1923 年 3 月 4 日开始的 6 年任期。共和党提名杜邦担任两个任期。民主党选择小托马斯·F. 贝阿德——也是两个任期。

汤姆·贝阿德有点太生硬,不能完全得到职业政客的赏识。而人们不太知道,如何看待一个放弃传统的四指领结不用而喜欢用一条松垂的黑丝带盖在他翻领上的人。但是正如他告诉一位记者的:"我终生都活在和呼吸在政治中。"他知道如何发起一场聪明的竞选。有两件事对他有利——国内有一股强大的民主党倾向以及特拉华州的共和党议员反对反凌迟法案的选票,这将促使非洲裔美国人投向民主党阵营。另一个重要因素是他自己带来的:科尔曼·杜邦曾修建了特拉华的公路,并将其作为他献给州的礼物。随着公路每一段的竣工,一个动画摄像机录下了这位献礼人趾高气扬地走在路边的情形。这些成为了杜邦竞选不可分割的部分胶卷,却给了贝阿德一个充分表达一个有效观点的机会。"我的对手,"他说,"正在用公路贿赂你,以便提醒你,当行驶过这条路的时候，得为他投票。"到了选举日，杜邦被迫激动地宣布："如果你们投票给我只是为了我修筑了道路，那么我不想要你们的选票。"[88]

选举结果证明，尽管杜邦可能会拥有州，但是管理和经营它的却是贝阿德——即使汤姆·贝阿德的竞选主要是由他的岳母伊丽莎白·布拉德福德·杜邦夫人资助的。[89]他以多出60票赢得了短任期，以多出325票赢得了长任期。

在华盛顿，参议员贝阿德继续捍卫州的各项权利，坚持已成为他家族代名词的保守主义传统。1925年他对纽约的一群观众说："我是一名老派的民主党人。我甚至可以说我是一名反动的民主党，因为我追随杰斐逊的原则。"[90]第五位贝阿德参议员仅担任了一个任期。他在1928年胡佛大溃败中遭遇惨重失败。《纽约时报》一篇社论说："我们不能指望时代浪潮会偏向某一方。它们潮起潮落，超然物外。它们有可能带来改进也有可能导致损害。特拉华有资格自由选择，正如她被允许就参议员选择方面进行活动，但是在用有时作为共和党的州长小约翰·G.汤森(John G. Townsend)取代托马斯·弗朗西斯·贝阿德的过程中，她得到的好处并不明显。而给参议院和公众带来的损失则清楚而重大。他不止一次拒绝跟随党内的大多数追逐各种主义，崇拜奇怪的神灵，以及疏忽政治目的价值等行为。"[91]

1952年一个贝阿德尝试成为家族中第六位美国参议员。阿历克斯·I.杜邦，第五位参议员的儿子，是在任的约翰·J.威廉斯的民主党对手。莱克斯·贝阿德有一项记录：1941年他从普林斯顿进入海军队伍，从二等兵晋升到上校，是部队中将旗子插上山的那个人，在交战中腿部受伤。战后他在弗吉尼亚大学和获得法律学位，然后一头扎进特拉华州政界。一名威尔明顿期刊——《每日晚报》(*A Wilmington Journal-Every Evening*)记者在1948年写道："贝阿德承认他从来没忘过，总有一天他要进入政界。"[92]那年，他被选为副州长，他30岁，是特拉华州历史上最年轻的副州长。

但是参议员威廉斯(Williams)，作为米尔斯伯勒(Millsboro)的鸡饲料经销商和对政府失职、不作为和渎职行为的无情揭露者，是挡在这位野心勃勃的年轻人路上移不去的绊脚石。1952年，威廉斯因为揭露复兴金融公司和国内收入署(美国国税局)的贪污和权力交易而大受欢迎。贝阿德将会面临什么，从《特拉华州新闻》(*Delaware State News*)在拥护他对手的用词即可看出来："参议员威廉斯在美国参议院表现极为出色。他的调查和随后对丑闻、贿赂以及逃税的揭露让他赢得了全国声誉。在证明杜鲁门政府内部的腐烂方面，威廉斯比整个政府中的其他任何人都做得更好。”[93]

这位年轻的民主党候选人紧紧抓住威廉斯“孤立主义者”的履历展开攻击，称他为“我们时代最大的政治鸵鸟之一”。[94]在与他的政治前辈决裂之后，他继续奉行自由主义政策。他为了市民权利、对外援助，以及反对《麦卡伦移民法案》(McCarran Immigration Act)而苦干。他告诉农民，他们从未有像现在这样过得舒心快乐，并得到来自包括本州和全国范围内的工会会员的全力支持。美国劳工联合会(AFL)下属的“政治教育联盟”给了他最大一份的赞助。[95]威廉斯回答说：“不懂谋生为何意的贝阿德先生不可能理解工人阶级的问题。”[96]哈里·杜鲁门短暂经过特拉华州，对一大早就在威尔明顿火车站的一小群人说：“贝阿德和史蒂文斯的祖父曾在克利夫兰总统手下任职。”[97]这显然是一件让这位历史爱好者总统感到钦佩的事实，但对选民毫无影响。艾森豪威尔将军轻松获得了州大多数票，参议员威廉斯斯在候选人名单中排行第一。贝阿德活跃在民主党内，甚至还担任州议长两年，但他从未再次竞选公职，他也成为了家族中最后一个被选入公职的成员。[98]

按照修养和传统，贝阿德家族属于“将自己更多地视为人民的保卫者和保护者，而非他们代表的绅士阶层的一部分”——詹姆斯·G. 威尔逊这样评论本王朝第一代在国会任职的情况。[99]这些年来，他们通过婚姻将命运与弗吉尼亚的华盛顿，马里兰的卡罗尔、霍华德和沃特家族，特拉华的巴塞特和杜邦家族，新泽西的肯布尔、柯克帕特里克、史蒂文斯和斯托克顿家族，纽约的施托伊弗桑特、德兰西、杰伊、利文斯顿、平塔德和斯凯勒家族，马萨诸塞的鲍登和温斯罗普家族联系在一起。

在特拉华州这么小的地方，贝阿德家族兴盛了整整五代人。是特拉华州孕育出了这个家族颇具特色的保守主义。无论是作为联邦党、辉格党或民主党，钻石州(特拉华州的别称)及州内最重要的政治家族都是向右倾。由于确信他们自己的正确以及拥有政治拥趸支持他们的信念，贝阿德家族从未将自身利害置于信念之上。第一个詹姆斯·A. 贝阿德在1801年站在他的党中强大的反杰阵营的对立面，支持杰斐逊；第二个詹姆斯·A. 贝阿德在内战期间反对整个参议院；第一位托马斯·F. 贝阿德与一种新美国帝国主义的力量作斗争。在联邦主义时期结束之后，他们是有趣但不重要的持异见者而非推动者。在参议院的125年中，贝阿德家族从未有福享受过处于多数的滋味。

第十一章 塔夫脱王朝

没有一个塔夫脱，据我所知，曾经为了满足私欲而疏忽公务。

——阿方索·塔夫脱夫人[1]

“要想了解辛辛那提这个城市，那么它的某种韵味你是一定会感受得到的，”乔治·塞申斯·佩里写道，“它风平浪静，拥有某种朴素的镇定气质，对此城中最谨慎小心的人士称之为太平无事，而进步势力则称其为沾沾自喜。虽然不受打扰、自在快活，但多少有些源于刻意和墨守成规，既非出自本能也非出于冲动。”[2]辛辛那提的塔夫脱家族同样适合这一描述。因为辛辛那提这座城市与塔夫脱家族之间的关系，同其他长期的婚姻关系一样，使相互都带有了对方的特点。他们在一起的岁月使得这种相近相似如此彻底，以致很难说是谁像谁。

这座城市似乎是作为怀念该市第一家族的纪念碑而一步步发展起来的。街道、大楼以及机构都在怀念着塔夫脱家族的三代人：辛辛那提大学法律学院的阿方索塔夫脱教学大楼；威廉·霍华德·塔夫脱路，穿过郊区通往沃尔纳特山的一条主要街道；塔夫脱博物馆，纪念查尔斯费尔普斯和安妮·辛顿·塔夫脱；罗伯特·A.塔夫脱中学；安娜·路易丝客栈，一家根据兄长查尔斯·塔夫脱女儿的名字起名的女工住所；塔夫脱大道，靠近塔夫脱运动场；塔夫脱戏院；塔夫脱运动场酒店和塔夫脱路酒店；塔夫脱卫生工程中心；塔夫脱小学和塔夫脱邮电分局。

塔夫脱家族行走到离家很远的地方，在这块国土上收获了政治和司法的最高荣誉，而他们所在的城市也沐浴在因他们而获得的荣耀之中。同时在家乡，从阿方索·塔夫脱19世纪40年代在市政会担任职位到他的孙子查尔斯

20 世纪 20 年代以来为实现宪章政府而进行的斗争，他们一路拼搏终于按照他们的形象建立了那个中心城市(Queen City)——整洁、有序、开放。

但是在住在辛辛那提之前，早期五代的塔夫脱家族成员是坚定不移的新英格兰人。他们的性格中很多方面是从佛蒙特的采石场中获得的，即使在他们的名字已成为中西部的同义词之后，他们仍然保留着一种最基本的美国特性。

当 1636 年美国第一个亚当斯定居在马萨诸塞州布伦特里之后约 40 年，美国第一个塔夫脱也到达这里。他就是罗伯特・塔夫脱，一个苏格兰人和一个木匠，同时他也是一个小心谨慎的人，他将他的财产留给了他的妻子萨拉——只要她不再结婚，考虑到他写遗嘱的时候她已经过了 80 岁，这是一个了不起的附带条件。[3]后来，当一个塔夫脱成为总统之后，勤奋的五月花协会的古文物研究者发现，该家族有加入成员的资格，但塔夫脱家族不这么认为。[4]

罗伯特和萨拉有 5 个儿子，5 个儿子都活到高龄，所以他们总共有 45 个孩子。罗伯特的儿子罗伯特有 12 个孩子，44 个孙子，128 个曾孙，以及 320 个高孙，出生时都起了塔夫脱的名字。他们中大多数待在农村或从事卑微的职业。当查尔斯・P. 塔夫脱 1960 年在一次家族聚会上讲话时，他对他的 260 名在场的亲戚说："塔夫脱家族不是名人要人或巨头大亨。他们是木匠，旅店老板，农民——换言之，是平凡的普通人。"[5]

1874 年，在第一次家族团聚会上，阿方索・塔夫脱说："我们家谱中的美国分支并没有因为许多杰出的从事公职的经历而助长我们的虚荣心……我们家族出现在全国政治舞台上的次数并不多。"[6]

然而一个世纪过后这个家族中诞生了 1 位美国总统，1 名美国最高法院首席法官，3 名内阁成员，3 名美国众议员，两名参议员，3 个外交使团的负责人，以及不久之后还会有一位州长。

对 1839 年到达辛辛那提，然后创建了一个政治王朝的阿方索・塔夫脱，最常见的描述是"阴郁""勤劳"和"节制"——按出现的频率。在个性方面，阿方索・塔夫脱更接近他母亲，一个令人生畏，一本正经的浸礼会教友，而不太像他父亲，后者是一个本性敦厚不太成功的农场主，对公共事务具有浓厚兴趣[7](塔夫脱家族的婚姻通常是相反性格的人的结合，这完全是按照宪法的制衡原则来运作的)。阿方索在家中第一个从大学毕业的。由于体格魁梧，他经常从在佛蒙特的家走到新。作为一个家族各项传统的创立者，继他在耶鲁就读之后，后面至少还有 20 个塔夫脱来耶鲁读书。[8]

他一旦确定了从事律师业务之后，阿方索就回到了新英格兰挑选了一个出生于真正世家的妻子。这就是范妮·费尔普斯(Fanny Phelps)。他们生了两个儿子，查尔斯·费尔普斯·塔夫脱(Charles Phelps Taft)和彼得·罗森·塔夫脱(Peter Rawson Taft)。在她 29 岁那年范妮死于肺结核。为了婚姻目的他再次返回新英格兰。[9]

路易丝·托里(Louise Torrey)，阿方索·塔夫脱的第二任夫人，有一个意志坚强的母亲，据说她曾违抗丈夫的愿望用一把斧头将门劈开，并曾与霍勒斯·格里利交流过关于唯灵论的解释。他的波士顿商人父亲，在 40 岁的时候因听医生建议说他只能再活很短的时间，搬到了马萨诸塞州的米尔伯里(Millbury)的一个小村子里。凭着他标志性的顽固，他在接下来的四十九年里身体非常健康。

威廉·霍华德·塔夫脱(William Howard Taft)，亨利·沃特斯·塔夫脱(Henry Waters Taft)，以及霍勒斯·达顿·塔夫脱(Horace Dutton Taft)的母亲是一名具有罕见行政能力的女子。她当总统的儿子曾将写道："当妇女的领域扩大时，母亲，你肯定会成为一名铁路公司的总裁。"[10]作为她生命力旺盛的一个例子，在她 74 岁的时候，她在通知后的 24 小时之内赶到罗马做他儿子家的正式女主人，因为儿子要被派往梵蒂冈执行外交任务。她是一个宁静快乐的人，她对她的 4 个孩子，两个继子，和两个姻亲一视同仁，不分彼此(她丈夫的父母的最后 20 年也是在她辛辛那提的家里度过的)。

塔夫脱家的男孩经常随祖父托里在米尔伯里度夏，祖父家的房子由他的未出阁的女儿迪莉娅(Delia)当家，她信奉那个令人怀疑的论点，即"思想强大的女子很少结婚"。在她的侄子进入白宫之后，迪莉娅的幽默感受到了全国的注意，媒体起劲地报道"迪莉娅婶婶"的观点。有一阵，当人们在采用花哨的地名时，比如海边的曼彻斯特以及哈得孙河上的帝沃利，迪莉娅婶婶则选择给她的信加个标题"阴沟旁的米尔伯里"来抗议玷污性或大不敬的黑石河的叫法。[11]但是，祖父托里(Torrey)却是一个更为严厉的人，他相信培养男孩的最好办法就是遵照"清教徒的格言，即以悲伤的态度对待快乐，对灵魂有利"。典型的祖父家餐桌前的对话是这样的：

"亨利，你是要肉馅饼还是要苹果馅饼?"

"哦,我不在乎,爷爷。"

"假如你不在乎,我们就不切饼。"[12]

当男孩子在听他们的长辈讲演,读奥利弗·奥普蒂克(Oliver Optic)的书,在一位论教堂(Unitarian Church)上礼拜日课/时,阿方索·塔夫脱正在争取获得一个独立的城市理事会成员,和辛辛那提最高法院三任期的法官的荣誉。他最重要的决定是支持城市教育局禁止在公共教育课中使用钦定《圣经》的权利。塔夫脱的立场受到天主教徒的赞扬但得罪了他的政党,后者倾向于敬爱那个天主教与民主党等同,这使他付出了失去 1875 年州长提名的代价。[13]

政治上他是一名共和党。他帮助成立了辛辛那提的政党,担任第一届总统候选人大会代表,1856 年参加国会竞选未获成功,当林肯获得提名后他是替补代表。这是塔夫脱家族和共和党之间的一场风流韵事的开始。在所有的美国政治王朝中,塔夫脱王朝是最具党派导向的。当塔夫脱支持民主党,就像霍勒斯·达顿·塔夫脱投格罗弗克利夫兰的票时一样,它是造成内部不和的缘由。后来有了塔夫脱共和党,这个形容词代表"正宗",但是对很多人而言它是多余的——塔夫脱就是共和党,反之亦然。

1876 年 3 月,当塔夫脱法官 65 岁的时候,格兰特总统任命他为战争部长。前部长趁在弹劾程序开始之前,先一步辞职了。《华盛顿纪事报》(*Washington Chronicle*)对这位未来的内阁成员发表评论:"他接手部长职位能激励凡知道他的地方的人重拾信心。"[14]在一个为丑闻所累的政府,这正是此项任命想要达到的目的。此外,华盛顿喜欢个子高高的,黑头发的,塔夫脱夫人。三个月后塔夫脱离开战争部成为了检察总长,在这她的主要成就是设法让一个选举委员会答应解决蒂尔登-海斯总统选举争端问题。

在 72 岁的年龄,没有任何外交经验,一个外语单词也不认识,但有在国外的一个夏天中了解的第一手关于欧洲事务的知识,阿方索·塔夫脱就被选为奥匈帝国特命全权公使。[15]"你好像乘上了云雀。"他儿子威廉·霍华德·塔夫脱写道。[16]

幸运的是,外交问题都不严重,主要是一些次要的贸易摩擦。而特使与妻子整天忙于学习掌握欧洲最为贵族化的宫廷生活礼仪。塔夫脱夫人学得很快,但阿方索对一个全权公使不能在街角买水果而是用包装回家就很难搞懂。他从未真正学会对奥地利贵族留下深刻的影响。"在这儿一个男爵的地位相当于，我判断，佛蒙特州的一个地方法官。”他从维也纳写的家信中这样说。[17]但是这个家庭还是设法让自己过得开心。婶婶迪莉娅过来住了；威廉霍华德·塔夫脱利用到欧洲度夏期间也过来看看；霍勒斯·达顿·塔夫脱从耶鲁毕业后在这待了一年，并骄傲地报告说，在宫廷舞厅他只有一次称呼皇后“殿下”。[18]

随后在1884年，阿方索被提升为圣彼得堡大使。但是，要想打动这位来自辛辛那提的阴郁的新英格兰人恐怕即使奉上沙皇的广大领地也还不够。“大平原使我想起了艾奥瓦州。”他写道。[19]除了一般的宫廷礼仪问题之外，他现在面对着一个棘手的外交问题：已被接收入籍成为美国公民的俄罗斯犹太人回到俄罗斯从事贸易的权利。俄国人觉得美国公民身份正在被用来当作一种规避他们针对犹太人国内法律的工具，而美国政府觉得美国的公民不应当受到歧视。问题尚未解决，而公使塔夫脱的健康状况在经过俄罗斯一个严寒的冬天之后恶化了，他被迫返回国内。他死于1891年。

这个为家族带来第一个重要荣誉的男人留下了包括一间房屋和482.80美元的遗产。

“作为家族的创始人，”阿方索写道，“是一件大事。”[20]他和妻子自觉重任在肩，不敢怠慢，他们深爱他们的儿子，但他们同时也是严格的纪律执行者，鼓励中也不忘夹带些批评。当男孩子没有在班级中高居首位之时，父母会了解是什么原因。儿子们不断收到亚当斯风格的信件。写信，威廉霍华德对他的耶鲁同学解释说，是他父亲的消遣。“我认为在这过去的一年，你没有充分利用机会完成你应该完成的目标，”这位未来的总统被父亲通知，“我们对你的成就期待很大，而据我所知要想实现目标方法只有一个，那就是忘我和充满热情地努力工作。”[21]

父亲的鞭策使得在出版、政治、法律和教育领域产生了四位杰出的领袖。但是，同发生在约翰昆西亚当斯的一个儿子身上的情况一样，它也导致了一个不幸的后果。

彼得·罗森·塔夫脱，人称“罗西”(“Rossy”)，和查尔斯·费尔普斯·塔夫脱是阿方索第一个妻子的儿子，他们每人从他们的祖父费尔普斯那里继承了5万美元遗产。罗西曾是耶鲁大学时他班级的第一名，后来，与查尔斯一道，他编撰了辛辛那提高级法院报告。罗西娶了一位粗鲁而又专横的资本家的女儿，美丽的玛蒂尔达·赫尔伯特(Matilda Hulbert)。他们生了一个儿子，取名赫尔伯特。然后罗西的健康状况恶化了。起初他抱怨说，头疼眼睛不舒服。他突然有一种犯罪感，觉得他违背了他父亲的期望。他写信给威廉·霍华德："我们期望你们这些有我们教育经历的年轻小伙去干伟大的事情。绝不要满足，直到你完成你能做到的最好的地步……努力工作，为家族的荣誉尽到你的力量。"[22]最终，在赫尔伯特出生之后不久，他整个人都崩溃了，被关进了一家精神病院。在得到塔夫脱家人的理解情况下，他的妻子离开了他。1889年，在他53岁的时候，罗西离开了这个世界。

同样的父母，一样的环境，教育和机会，甚至拥有同样背景的妻子，罗西·塔夫脱患了精神病，而查利·塔夫脱却进而成为一名伟大的出版商、理财家和慈善家。

1871年查尔斯·费尔普斯·塔夫脱被选入州立法机关，在此他促成了第一次将俄亥俄学校规章制度编集成典。两年之后他与爱好玩乐说话风趣的安妮·辛顿结了婚。"她是俄亥俄州最大的继承人之一，"阿奇·巴特(Archie Butt)后来写道，"但是她非常的轻松自如又和蔼可亲，以致从未有人会猜疑她拥有大笔财富，或者拥有很高的地位。"[23]她曾经把一位求婚者甩了，原因是后者试图用一张新版的美元纸币点雪茄来博得她的芳心。她的父亲据称是辛辛那提最富裕的人。辛顿家族的钱加塔夫脱的抱负、智力以及公职意识足以建立一个政治王朝。威廉·霍华德·塔夫脱晋升总统职位将会获得哥哥查尔斯的资金支持。

辛顿家族的钱是由一个没有受过正规教育的爱尔兰移民挣来的。粗壮、吝啬的大卫·辛顿在十八岁时去俄亥俄州艾恩顿(Ironton)当了一名高炉工。不久他就有了自己的锅炉。他利用自己资本中的每一分钱，和他能借到的每一分钱，精明地储备了生铁物资，等待内战的爆发，然后在飞涨的价格上全部抛出。随后他搬到辛辛那提，购买了派克大街上的朗沃斯房屋——由霍本(Hoban)设计的仿白宫的微型建筑。安妮是他唯一的孩子，她的母亲在她还是婴儿的时候就去世了，而她父亲将她当作自己最珍贵的财产加以呵护。他缺什么，她就有什么——热心、自然、慷慨、浪漫。

然而专横的辛顿同意他女儿挑的丈夫，尽管他认为塔夫脱家族过于奢侈。这对新婚夫妇搬进了他在辛辛那提的那幢白宫建筑，而查利则买下了一份晚报《时代》(*Times*)，原名叫《时代精神》(*The Spirit of the Times*)。次年，即1880年，他接管了《晚星》(*Evening Star*)，并将两报合二为一。在辛顿去世时，他的全部财产，大概在1 500万美元，留给了安妮。因不想让丈夫自卑，安妮将自己在报纸中的股权转让给了他。当《时代星报》与塔夫脱家族分手时，凭借78年来的所有人身份，它可以因从未支持一个民主党参加州或国家公职竞选的连续记录而感到自豪。查利·塔夫脱对新闻业的另一项贡献是想到了出租电报线换取新闻收集和新闻发布的点子。他在纽约和辛辛那提之间对这项发明进行了试验。

查利·塔夫脱家族历史上的第一位富翁。他的商业利益最终涵盖辛辛那提与郊区电报电话公司，辛辛那提燃气与电气公司，哥伦比亚燃气与电气公司，以及辛辛那提铁路公司。他接管了他岳父在德州拥有的19.7万英亩土地的管理权。在这他建起了塔夫脱镇，创办了塔夫脱石油公司，塔夫脱杜松子酒公司，塔夫脱食品加工包装厂，以及塔夫脱晶体切割厂。他买下了芝加哥小熊队，而他们给他的回报是三座国家联盟冠军杯，两座世界系列大奖赛奖杯，以及丰厚的红利。

他和他的妻子将大量的精力放在艺术品收藏和慈善事业上。他们的家里备有柯罗、米勒、透纳、庚斯博罗、伦勃朗、凡·戴克、哈尔斯、卢梭的画，还有中国的瓷器和16世纪的水晶玻璃和利摩日(Limoges)搪瓷。随后他们将他们的收藏品，他们的家，以及270万美元一并转让给了本市博物馆。辛辛那提大学和辛辛那提交响乐团获得了数百万美元，几十万美元给了辛辛那提动物园。

这些是“有钱的塔夫脱”。辛辛那提的部分城市遗产和文化遗产受惠于他们。“没钱的塔夫脱”——威廉·霍华德·塔夫脱和他的后代——离家是为了求名而不是为了图利。他们也取得了成功，并得到了他们在辛辛那提的亲戚在道义和经济方面的衷心支持。然而时常让他们觉得尴尬的是，他们发现公众老是将家族中的这两个分支搞混(例如，约翰·L.刘易斯说鲍勃·塔夫脱“生下来就穿着丝绒短裤”——这个说明不像是为了缓和参议员冷若冰霜的政治形象而作的)。[24]

在阿方索·塔夫脱去世的时候，他四个尚在人世的儿子都还正在通向成功的路上。父亲曾一直觉得他的儿子注定会从事法律，结果所有的儿子都获得了法律学位。亨利·沃特斯·塔夫脱已经担任俄亥俄高级法院法官三年之久，而且，让弥留的父亲非常欣慰的是，他刚刚被提名担任美国的副司法部长。查利是个百万富翁，这个不用说。

在阿方索对赚钱之事从来不太在意的同时，查利的生涯至少是可以解释的。然而他最小的儿子，霍勒斯·达顿·塔夫脱，则是一个难解之谜了。“我无法理解霍勒斯创建一所私立学校的想法，或者他究竟想从中得到什么，”阿方索写道。“法律才是他的正当领域。他的计划是空想……我们似乎觉得它是对理智和机会的唯一一次误用。”[25]

然而霍勒斯开始着手并建立了一所学校。他想教孩子。这将是对他一生的“唯一一次误用”。他有他自己如何教孩子的一套想法。他的一个合伙人说:“塔夫脱学校一贯代表公益服务,并且有一套基本是老式的课程。我们认为教育不应通过人为的手段实现目标,我们已经被若干进步学校谴责为过时了。”[26]他的学生称他为“国王”。威廉学院在授予他名誉学位时——他有很多名誉学位,称他为“校长中的校长”。1936年,在他退休的时候,耶鲁承认“他的计划是空想”——但与众不同:

> 1890年他让一个梦想得以实现。他以一种类似于上帝创造世界的方式,根据他的意志创建了**塔夫脱学校**,而他担任该校的校长长达46年。它像呼气一样一下崛起。塔夫脱学校是全国名校之一,它不妨以下面这句话作为它的格言,“在此我们不仅追求学问,也学习生活”。[27]

他从未见过有哪家兄弟比塔夫脱家族的兄弟之间更加相互爱戴,阿奇·巴特,一个老练的名人观察家(celebrity-watcher)如是说。[28]即使当美国总统让威尔·塔夫脱担任菲律宾文官政府首脑的时候,这位年轻的法官也会跟麦金利说,他要花一个星期等一个回答——他首先要跟他的兄弟商量一下这事。[29]

1903年塔夫脱家族召集举行家庭会议。威廉·霍华德·塔夫脱没来,但阿方索·塔夫脱夫人,迪莉娅·托里婶婶,查尔斯·P. 塔夫脱先生及夫人,以及亨利·W. 塔夫脱都到场了。经过充分的考虑,他们起草了一份报告:威廉·霍华德·塔夫脱将要担任美国总统。[30]鉴于两个理由,这是一个非凡的决定:塔夫脱距离进入白宫还差60多年,以及他还不想当总统。然而自从威尔还是个孩子时候起,塔夫脱家人从未有任何怀疑家族的荣誉和命运都系于他一身。

同样有决心让塔夫脱当总统的是他的妻子,以前的那个海伦·赫伦(Helen Herron),“令人着迷的内莉(Nellie)”。她不算美人。她的嘴看上去很倔强。她也不随便交友,皆因矜持和精通文学——或许,对觉得她的五个姐妹更为轻佻的年轻人而言,她又太有知识了。“我有一个宝藏。”威尔·塔夫脱在他们订婚后写道——直到生命最后一刻他也从未修正过他的判断。

内莉对她丈夫的野心也不是轻率产生的。她很了解白宫。她的父亲曾是本杰明·哈里森的同学和拉瑟福德·B.海斯的法律合伙人,她的母亲作为海斯夫人的密友,也是国会议员的女儿和姐妹。在17岁的时候,作为总统和海斯夫人的暂住客人,内莉宣布她被白宫深深吸引,所以她决定要嫁给一位注定会当总统的人。[31]

威廉·霍华德·塔夫脱——那个所有家庭梦想都集中于一身的男人——生得高大又丰满,在有精神压力的情况下,他的体重将近要达到325磅。他的两条腿相对于其身躯显得过短,他红润的脸上配有略带金黄颜色极浅的八字须和浅黑色的汗毛。尽管身躯庞大,但他脚下轻盈是个灵活的舞者。他动辄对他的庞大身躯开些玩笑。当在耶鲁有人请他担任肯特法学院法律教授时,他回答说恐怕不合适,但一个"法律沙发"(sofa of law)也许倒正好。[32]随后塔夫脱很可能会发出一阵令人着迷的、拼命压着的、不可仿佛的咯咯咯的轻笑,"这是美国政坛最有感染力的轻笑"。[33]艾伦·斯莱登(Ellen Slayden)说——她是来自德州的一位国会议员的妻子:"这使我想起了(北美)三声夜鹰(whippoorwill)发出的咯咯声,它是自己对自己笑,此时它正怀着一种特别的力量和恶作剧的心情轻轻啭鸣。"[34]

一个胖乎乎乐呵呵的人的思维定式让许多人误以为他的核心部分就是果酱而不是用回火钢做的。识人者曰:非也。他是将温和与强硬融为了一体。当威廉·艾伦·怀特(William Allen White),这位堪萨斯的编辑从他掩藏在微笑背后的塔夫脱的眼中"看到了一道几乎是如同蛇蝎般的光芒"。[35]特迪·罗斯福,在他们还是朋友的时候,曾经说过塔夫脱是他所知道的人当中"最有效的仇恨者之一"。[36]

在年轻的威尔·塔夫脱来到华盛顿宣誓就任副司法部长这天,他迎来了来自纽约的参议员,同时也是美国律师界领袖的威廉·M.埃瓦茨(William M. Evarts)的造访。"塔夫脱先生,"参议员说,"我认识你的父亲,我非常珍视与他的友谊。"然后他直接说明来意。埃瓦茨利用这种友谊叫他去参加当晚的一个宴会,因为宴会上缺了一个人。因此威廉·霍华德·塔夫脱在华盛顿的第一个夜晚是在与亨利·卡伯特·洛奇夫人和约翰·海夫人共同就餐中度过的,但她们对他的身份一无所知。[37]

在成为战争部长之后,有人请塔夫脱解释他政治地位惊人攀升的原因。他回答说:"我在政治上的影响力,首先地,是借我父亲的名望。"[38]数年之后,他的参议员儿子罗伯特对一名采访者说:"我的父亲是总统和美国最高法院首席法官的事实对我的公职生涯是一个巨大的帮助和鼓舞。”[39]塔夫脱父子显示了他们一贯的坦率：父亲的名声确实为我们打开了机会之门。但是，正如罗伯特在第一次被选入参议院后所指出的，这种重大的优势“提供了一个人启动的动力，但这种动力不会延续永久。在启动完成之后，只有靠他自己的努力这个人才会继续前进，而一个拥有家族声望的人有很多东西需要遵守”。[40]

如果我们将威廉·霍华德·塔夫脱的生涯绘制在一张平面图上，这根线会急速陡直地向上升，没有一次下落，直到他到达美国公务的顶点。23岁时他成为汉密尔顿县的助理检察官，25岁时成为辛辛那提国内税收收税员，29岁时任俄亥俄州高级法院法官，32岁时成为美国司法部副部长，34岁时担任联邦巡回法院法官，42岁时任菲律宾委员会主席，43岁时任菲律宾行政长官(civil governor)，46岁时成为战争部长，最后在51岁时成为了美国总统。每一份工作似乎都是它之前工作的逻辑发展，每一次新的机会似乎都只是为了等待它之前的机会成功的结论。

1901年当副总统西奥多·罗斯福手中有大把时间时，他为《展望》杂志(*Outlook*)写了一篇文章，题目是《州长威廉·H.塔夫脱》。文章这样开始：“一年前一个既熟悉美国公务又熟悉美国公众人物的人说，菲律宾的第一任总督应该同时具有成为美国一流总统的素质和成为美国最高法院首席法官的素质，而据他所知唯一具有所有这些素质的人士俄亥俄州的法官威廉·H.塔夫脱。这一叙述是完全正确的。”[41]到文章发表之时，麦金利已被刺杀，而它的作者是美国总统。

关于这两个伟人之间的友谊有某种特别吸引人的东西，一如这种友谊解体时又有某种悲剧性的东西。在罗斯福与塔夫脱间的友谊如花盛开之时，这时的友谊比亚当斯和杰斐逊之间的友谊更加高尚，因为他们俩都毫无保留地奉出自己。而友谊之花所以凋零乃更多的是个人变质，早期的总统因为相互冲突的意识形态而闹翻，而后期的总统则主要是因为相互冲突的抱负而闹翻。

哈里森政府期间这两个同在下属职位上为国效劳而走到一起的年轻人，相互的差异引人瞩目。罗斯福易激动，有创造性，极度不讲逻辑；塔夫脱非常友好，认真扎实，逻辑性极强。是他们的理想和抱负必定让他们走到了一起。假如有一个人曾经想象过自己注定要当美国总统，假如有一个人觉得自己已被上帝选定要担任美国最高法院首席法官，这个人就是塔夫脱。他们相辅相成，相得益彰。塔夫脱为罗斯福争取到了海军助理部长的职位，之后又在这位莽骑兵已经觉得遥不可及的时候鼓励他的白宫之梦。当罗斯福成为总统之后，他对塔夫脱的偏爱胜过任何人，并且实际上使他成为了——尽管没有头衔——“总统助理”。他两次为他提供在高院的职位，但其职责加上他妻子的野心迫使塔夫脱拒绝了此份好意。然后罗斯福犯了一个注定要毁了他们的友谊的错误：他让塔夫脱当上了总统。

塔夫脱通向白宫之路铺满了比自范布伦以来的任何总统更重的公务。他的著作表明他是关于低级联邦法院研究方面最杰出的法学家。他曾去领导一个被征服的殖民地国家——菲律宾。据卡洛斯·罗米洛(Carlos Romulo)的报道，他离开之后被“菲律宾人当作神明一样铭记在心中”。[42]他制订了一项政策。这项政策最终导致了自治和独立，但在此期间至少也是善意的并得到了响应。这方面他受到美国军队司令道格拉斯·麦克阿瑟将军的反对，后者对“我们的亚裔小兄弟”的地位有不同观点。他士兵中的一首歌最后一句是：“他或许是威廉·H. 塔夫脱的兄弟，但他绝对不是我的朋友！”[43]作为战争部长回到华盛顿之后，他担任罗斯福的首席纠纷调停人(trouble-shooter)。一般喜欢画他硕大外形的社论页漫画家通常将他画成拎着一个公文包，匆匆赶往遥远的某地灭火的形象——去巴拿马“搅乱局势”，去古巴达成脆弱的和平，去西部各州为罗斯福国会营造声势。

这也是塔夫脱三个孩子的成长时期，他们看到的世界比从约翰·昆西·亚当斯跟他父亲一起去欧洲以来的任何未来总统的孩子都要多。在访问日本时，鲍勃会记地震日志，一天要记录 13 次，在梵蒂冈，他告诉教皇他长大以后想做美国最高法院首席法官。在马尼拉，孩子们将在马拉卡南宫的网球场改成了养鹿的公园，还养了只猴子，直到它挣脱并毁掉了宫中所有的香槟杯子。男孩查理，当他不站在镜子面前说，“我是菲律群岛的总督的时候”，[44]就会当花园主人的儿子的头，将他们差来遣去，然后学习一种他母亲以为“将会令人敬畏地和奇妙地由他加禄语、西班牙语和英语混合形成的一种语言”。[45]

罗伯特·阿方索·塔夫脱生于 1889 年，这年他父亲是在辛辛那提工作的一名州法官，两年后海伦出生在华盛顿，此时威尔(Will)正担任副司法部长。1897 年在哈里森总统任命威尔为新设置的联邦法官之后，查尔斯·费尔普斯出生。

作为一个小男孩，鲍勃很有条理并且严谨，同时拥有用不完的自娱自乐的能力。他像她的母亲，长一张大嘴，使他看上去非常严肃，牙齿稍稍外突，大眼睛。六岁时，他住在辛辛那提一家消防站的对面，他积累了关于每辆消防车跑了多少英里的数据，然后将一份包含12月数据的报告送给消防员。他还精心制作了一份图表，将每一个区的应急报警电话的位置标在上面。7岁时他写了一首关于内战英雄的诗，每个联邦将军都有一个对句(couplet)，其中包括几句值得纪念的诗："将军波普，他洗手用的是象牙色泡沫。"[46] 10岁前他已经学会下棋，玩桥牌，而且还是个数学神童。他的数学家叔叔路易斯·莫尔(Louis More)后来说："鲍勃是我见到的人当中最有数字天赋的人。"[47]小鲍勃的性格当中还有一种温柔的方面。在他大约四岁的时候，他父亲觉得他应当为某个不当行为接受惩戒。

"爸爸，"孩子问，"你要打我屁股吗？"

"是的，"威廉·霍华德·塔夫脱说，"这是为你好，痛的人是我而不是你。"

"那么，"鲍勃答道，"我能先吻你一下吗？"[48]

哥哥查利是一个完全不同类型的男孩。他遗传了他父亲轻轻一笑露出两个小酒窝的特点。他是外向型性格，通常也是搬弄是非和制造不和者。他在八岁以前随父母两次环游世界，而且根据她妹妹的说法："每到一站他都要接受报纸采访，还要摆姿势让摄影师拍照。"[49]后来他加入了白宫中让人难堪的坏孩子昆廷·罗斯福一伙，玩白宫中的消遣游戏，比如将仿安德鲁·杰克逊的肖像画上的肉瘤做成的纸团贴得满墙都是。[50]

从菲律宾鲍勃被独自送上船横渡太平洋，来到霍勒斯叔叔在康涅狄克特州沃特镇的学校，13年之后塔夫脱学校还不到一百个学生，但它已经吸引了来自一些富裕家庭的男孩，包括马克·汉娜的儿子。罗伯特的学习成绩毫不费力地排在第一。1904年对他有如此评语：

他说希腊语和拉丁语，
比猪吃橡果子
和家鸽吃豆子
还要轻松。[51]

而在操场上，他的能力就不那么突出了。毕业学年时他在橄榄球队做替补后卫，叔叔霍勒斯写信给他的父母："鲍勃不会成为一个优秀的橄榄球运动员，但他对比赛非常投入以致他提升了球队的士气。"[52]查利则是家中天生的运动员。

鲍勃的同学钦佩他，但他们不能理解他为何对他们的嬉闹取乐无动于衷。他们试图把他拉进他们的小圈子中是有一个特别理由。一位同学回忆说："无论我们什么时候想要尝试任何特别好玩的东西，比如说抽了几小时烟、喝干姜水过后偷偷接近'顶塔'，以及其他'勇敢'的事情，我们总是想把鲍勃弄进来跟我们一起干，因为我们想假如校长的侄子跟我们在一起，如果我们一旦被抓住我们受到的惩罚会因此减轻一些。"[53]当比他弟弟大 7 岁的查利进入塔夫脱学校之后，他们的校长叔叔试图将他们作一番比较。查利，他认为，"对各种简单的健康的乐趣都很喜欢……同时他稳重，专心商业。他是否具有鲍勃那样的坚强的意志值得怀疑……但是他会发现他投身任何事情都比鲍勃要容易。在大多数方面他更加灵活"。[54]

1908 年总统选举前一年，威尔·塔夫脱的弟弟查利为他在俄亥俄和华盛顿设立了竞选大本营。查理曾在 1895—1897 年在国会担任过一届议员。他想要一个众议院席位的动机似乎主要是想表现他岳父的独立性，后者反对进驻华盛顿。查利总是根据大卫·辛顿(David Sinton)的要求安排自己的生活。现在他写信给威尔："竞选开始了。辛顿老兄只好忍一忍了。"[55]但是他不寻求连任。只有一次，查利企图再次赢得经选举担任的公职。在他弟弟被选为总统之后，他宣布他将是参议院的候选人。此举让当选总统政治上陷入尴尬。有许多报道说威尔试图从比赛中除掉他弟弟的主要对手，国会议员西奥多·伯顿，而给他在内阁安排一个职务。查理最后退出了，而伯顿轻松当选。[56]然而这些只是短暂的昙花一现式的个人抱负。查利和他父亲一样深深为家族感到自豪，他心甘情愿地放下自己的政治抱负转而帮助和支持他弟弟的事业。自威尔当上司法部副部长的日子以来，查利一直在为他提供资助，每年大概要花 6 000—10 000 美元。

据说他的弟弟这场为当总统而进行的运动花去了查利 80 万美元。1999 年华盛顿烤架俱乐部宴会上，记者开始拿这种铺张的花费进行取笑。在一个滑稽片段中宴会上一位顾客要点"带翅膀的鸡胸脯肉加煮熟的汤团"。

"带面团(或带钱)的天使。"服务员喊道。

"查尔斯·P. 塔夫脱，比如说。"厨师应声道。[57]

这位理财家也当得起这个笑话。后来他跟巴特上尉说："(南太平洋铁路的)亨廷顿以为家中有一位王子开销就很大。他应当试试家里出个总统会怎么样!"[58]

当1908年共和党大会6月在芝加哥开幕之后，耶鲁高年级学生鲍勃·塔夫脱报告说："我以前从未见过我们家族有这么多人聚在一起。"[59]鲍勃睡在叔叔查利在大礼堂办公室的一张折叠床上。候选人与他的妻子在战争部办公室通过电话听着会议进程。塔夫脱夫人还不相信罗斯福不打算为他自己获得提名，她听到代表为总统的名字欢呼的时候她抽搐了一下。但罗斯福毫无保留地选择了塔夫脱，而他的代表洛奇牢牢控制着会议进程。威尔轻松地在第一轮就获得提名。霍勒斯从塔夫脱学校打电报给提名人："我们欣喜若狂。规章制度全被打破了。"[60]

在就职典礼之前，霍勒斯举行了一次教职员工会议改变了学校的规定，这样侄子查利就可以看着她的父亲成为总统了（这个行为促使50年后的一家新闻杂志这样写道塔夫脱学校："规定是如此之严，以致为数不多的学生缺席的有效借口之一就是参加他父亲的总统就职典礼。"）。[61]霍勒斯叔叔没必要这样关心。因为在去参加典礼的路上海伦注意到她的小弟弟身上带着一本《金银岛》（*Treasure Island*）。"这件事情会很枯燥，我想带点书看看。"他说。[62]另外一边，罗伯特正全神贯注地注视着每一个细节。在返回白宫的路上，塔夫脱夫人打破先例，坚持与总统同坐一辆敞篷汽车。"典礼委员会中的有些人表达了他们的不满，"她写道，"但是我有我的方式，因而无视抗议在我丈夫身边的位置坐下。"[63]

在由罗斯福占用的期间，总统的办公室体现了一个有教养的人发奋追求的凌乱的生活状态。角落里有一个网球拍和几堆书——历史小说甚至还有诗歌，但是当记者雷·斯坦纳德·贝克（Ray Stannard Baker）来采访新总统时，他发现这里已发生了彻底的变化。"现在的办公室已变成，当然不是毫无意义，一间法律办公室。在房间的四面都是装满法律书的架子，全是法律书，其他什么书也没有。"[64]而新内阁——对此塔夫脱极为自豪，包含5名"优秀的一流的律师"，其中包括亨利·塔夫脱的合伙人乔治·威克沙姆（George Wickersham）。"法律之于总统塔夫脱，"他的军事助手认为，"就如同有些狂热分子从伟大的宗教信仰中获得的支撑一样。"[65]

很快就清楚的是，罗斯福与被他选作继任者的这个人，对于总统职位有着截然相反的看法。塔夫脱觉得，"总统不享有宪法或国会法中没有明确阐明的权力"。[66]"我拒绝接受这种观点，"罗斯福说，"我的信念是除非受宪法或法律禁止的行为，做任何符合国家需要的事情都不仅是他的权利而且还是他的责任。”[67]有两类总统，罗斯福后来写道，“林肯式的总统”和“布坎南式的总统”。他宣称自己属于前一个队列，他将塔夫脱归于詹姆斯·布坎南队列。假如罗斯福没将自己与林肯归为一类，塔夫脱说：“那么自我认同也许就不会引人注意。”这使他想起了那个告诉她的父亲她是班上最好的学者的小姑娘。是她们老师告诉她的吗？“哦！不是，”她回答，“老师没告诉我——我就是自己注意到的。”[68]

但是塔夫脱，尽管他对于总统的功能有他自己严格的阐释，但他也提议，并且在某些区域，实现了比罗斯福更大的改革。他促成了关税修改，其总体而言是对现存规定的轻微放宽，完成了邮政储蓄银行系统，成为“联邦预算之父”，说服参议院批准了与加拿大的互惠条约，尽管后来又被加拿大的立法机构否决，根据反托拉斯法案提起了比以往任何时候都更多的诉讼案件，尝试说服各国通过国际仲裁解决争端。

但作为一个政治家塔夫脱他很笨拙。“牌桌上诚实的新手”是《纽约时报》记者查尔斯·汤普森对他的称呼。[69]发言人卡农厌恶地说：“假如塔夫脱是教皇的话，他会任命若干新教徒到红衣主教团任教。”[70]

罗斯福所以能被称伟大，塔夫脱认为，主要是他唤醒公众良知的力量——一种他身上完全没有的能力。罗斯福是媒体关系的大师，塔夫脱与媒体的关系糟透了。任何有可能给他带来声望或让他讨人喜欢的行为，他都认为是蛊惑人心。罗斯福是善于创造警句的大师，是他那个王朝与生俱来的才能，塔夫脱的公开声明枯燥乏味，这是家族的遗传。莽骑兵曾对斯廷森(Stimson)说：“真讨厌，哈里，竞选演说是海报，不是蚀刻！”[71]塔夫脱，像斯廷森一样，是蚀刻师。他用长篇大论的法律性言语为他的计划辩护，然后，在关于这个话题该说的都说完之后，他觉得他不需要再说什么。他不懂得如何迁就自己阵营中的反对派，在其任期的中途他完全失去了对国会的控制。新民主党国会无意让这位共和党总统过安生日子。一个国会委员会甚至翻出10年前发生在国务院的一桩无关紧要的丑闻，试图让他难堪。塔夫脱说这使他想起那个服务员问他是否想要牛尾汤。这个汤，服务员对他解释，是单单用公牛的尾巴做的汤。“朋友，”这位主顾回答，“你不认为这是一万年前的汤吗？”[72]

他的总统岁月，塔夫脱的女儿认为，“是他一生中唯一一段不愉快的日子”。[73]

总统的薪水刚从7.5万美元提高到10万美元，塔夫脱终于可以挣到足够舒舒服服养家的钱了。他强烈地爱上了驾车。“孩子们，”他说，“尽情享受吧，因为再过四年多时间你们又不得不开始走路了。”[74]他开玩笑地对内莉说，在离开白宫之后他们将回到“下等的中产阶级”，并坚持认为她不应该在衣着装扮方面过于节俭，出乎他意料的是，她还真听从了他的意见。塔夫脱夫人让总统官邸塞满了来自东方国家家具、地毯以及屏风。[75]

她用**稻草垫子**铺地毯，让房间里布满了植物、蕨类以及外来花草。以至于仆佣们敢怒不敢言，她们不久就将白宫称为“马拉卡南宫”。

塔夫脱夫妇招待十分铺张。他们在银婚纪念日举行的草坪宴会是白宫举办的最大的事件之一。当迪莉娅婶婶到达的时候，《华盛顿星报》(*Washington Star*)发表社论说，现在宴会是“可以确保的成功”，因为她会监督她著名的苹果馅饼的制作过程。这位老太太很享受她的声名远扬，但她对家里人坦白说，“她已四十年没做苹果馅饼了，真的不知道怎样做好一个馅饼”。[76]总统与第一夫人站在鲜艳夺目的“1886—1911”牌子下欢迎纷至沓来的客人，而来自财政部和国务院大楼的探照灯让草坪像白天正午一样明亮。这种效果，斯莱登(Slayden)夫人评论说，“像在集市或马戏团一样”粗俗，这让她颇感意外，因为“塔夫脱夫妇平日的趣味非常高雅”。[77]

但是17岁时就觉得注定要当第一夫人的威廉·霍华德·塔夫脱夫人，却注定不能享受她的至尊地位。就职典礼之后3个月她就患了中风。总统钟爱又精心地教她再次说话，但是，尽管她后来一直活到差一周82岁还比她丈夫多活了13年。在慢慢康复之后，她后来的生活一直有语言障碍。

海伦·塔夫脱从布林莫尔学院辍学取代母亲成为白宫的正式女主人。总统认为她非常像他。坦诚聪明，观念比他父母更加开放，她曾经因为替受侵害的做衬衫的人说话而上了头条。但是，通常时候，她保持着安静与谨慎。报纸试图煽动对“海伦红”(Helen pink)的热情，但公众还不愿意放弃“艾丽斯蓝”(Alice blue)，在父亲当政行将结束的时候，海伦无怨无悔地回到学术界，开始了作为一名教育工作者的尊贵的生涯。

在海伦不自在地被置于聚光灯下，以及小查利一直喜欢它的光焰的同时，鲍勃·塔夫脱继续在为出人头地而拼命地努力着。他毕业于耶鲁大学(班级第一个，伯克利拉丁语作文优秀奖，伍尔西拉丁及希腊语作文考试第一名，原创数学问题解答驳船奖，辩论大赛坦恩·艾克奖二等奖，一次总体学术水平哲学演说)，然后上了哈佛法学院(班级第一个，《法律评论》(*Law Review*)的编辑)。波士顿宴会上的一位没有听清他的名字的一个年轻女子利用难以置信的时间试图通过巧妙的提问探明他的身份：**他住在哪**？他老家在俄亥俄。**过**

节回去吗？不，家现在在华盛顿，他现在在那过节。**你们家在华盛顿干什么？**他父亲在政府工作。**在华盛顿他们住在哪？**“在宾夕法尼亚大街。”鲍勃回答。[78]他不是要故意隐瞒，他只是宁愿不让人家知道他是总统的儿子，如果可以的话。

在假日期间，鲍勃带了几个朋友回家，而海伦跟他们约了时间。在他的好友圈中可以发现有这样一个人，朋友们总是争论说他才是“真正的”鲍勃·塔夫脱。他有一种让人油然地觉得快乐同时又让人觉得有点异想天开的幽默感（很久以后一个旅馆的门卫在引领一辆配有司机的汽车的时候，见到了塔夫脱。“参议员，我可以把你的车叫过来吗？”“那是一辆非常棒的小汽车，”鲍勃回答，“不过我认为如果你叫它的话它会过来。”）[79]。

在白宫年轻的塔夫脱夫妇与他们的朋友特别好玩字谜游戏，而游戏队伍中领头的是玛莎·鲍尔斯（Martha Bowers）。她是美国副司法部长劳埃德·惠顿·鲍尔斯（Lloyd Wheaton Bowers）的女儿，这位副司法部长拥有一张浅黑色的布满皱纹的脸和一副又浓又黑的眉毛，是个引人瞩目的人物，被费利克斯·法兰克福特认为是他这一代人当中美国最杰出的律师。[80]玛莎还是耶鲁校长蒂莫西·德怀特（Timothy Dwight）隔了五代的孙女和托马斯·威尔逊的外孙女，后者是一位爱尔兰移民和一位著名的智者，曾担任明尼苏达州最高法院的首席法官。她不久就成了罗伯特·A. 塔夫脱夫人，终于有一天被称为了“塔夫脱家族中最明亮的星星”。[81]

罗斯福的问题是他太年轻。他退出白宫的时候才 51 岁，还在生命的壮年，还拥有最杰出的直至具有传奇性的推动美国历史前进的能力。所以他去非洲寻找大猎物打猎放松自己。当他离开华盛顿时，有几个议员为他共同举杯：“为了狮子！”

罗斯福真诚地希望塔夫脱好，于是决定让他掌管一切。但这很难。他（指罗斯福）的合适位置一直是大总管和总指挥。然后还有许多老朋友，他们带着个人或意识形态上受到总统冷落的故事匆匆赶往牡蛎湾。还有人带着同样类型的意在为自己利益服务的闲言碎语跑到塔夫脱身边报告。一点小事被他们说成是重大的分歧。他在当选之后，立即给罗斯福写了封热情洋溢的感谢信：“你和我的兄弟让我当上了总统。”[82]现据传罗斯福对塔夫脱将他和他（指塔夫脱）的兄弟并称为拥立国王的人（kingmaker）怒不可遏。因此分裂开始出现。“太难过了，阿奇，看到忠诚的友谊突然失去了任何凝聚力而彻底破裂，真的太难过了。”塔夫脱说。[83]亨利·L. 斯廷森（Henry L. Stimson）宣称：“不是原则而是个性，不是目的而是方法，才是将塔夫脱先生和罗斯福先生分开的原因。”[84]许多人，像斯廷森一样，在对于两人的忠诚之间感到左右为难。玛吉的女儿，白宫的第二位侍女，报告说，“一半的仆人向着塔夫脱，一半向着西奥多·罗斯福”。[85]阿奇·巴特对他们俩都忠心耿耿，觉得他只好先离开一段时间。他去了欧洲某地度假，返程票登记的是乘坐泰坦尼克号。但他再也没回来。

指控两个塔夫脱，威廉·霍华德和他的儿子罗伯特，说他们俩都想**窃取**总统提名，包含一个绝大的讽刺。鲍勃曾被称为“正直先生”，而这当然是遗传的特征。然而在1912年大会上以及在四十年之后，他们的对手声称塔夫脱父子是靠不正当的手段才获得了南方代表的支持。“你不可偷盗！”特迪·罗斯福叫道，而到1952年，艾森豪威尔势力竟又老调重弹。塔夫脱父子为这种指控感到困惑，因为他们一直只是按照早已确立的规定在行事。然而，两次质疑的结果却不同。老塔夫脱，也许不太受欢迎，但还是在任的总统，因此还控制着党的运行。在塔夫脱的提名得到确保的情况下，罗斯福退出大会，宣称他将“准备迎接大决战”，代表第三方的候选人参加竞选。玩世不恭的政客兼实业家昌西·迪皮尤(Chauncey Depew)宣称：“现在唯一的问题是哪个灵柩得到的鲜花最多。”[86]

塔夫脱只获得了两个小州的选举人票。“我将此视为某种成就，”一名记者评论，“并将乐意祝贺犹他州和佛蒙特州，假如不是摩门教组织让犹他州渡过难关以及投票给佛蒙特州第三方候选人是死罪的话。”[87]

在一所由华盛顿烤架俱乐部在1913年2月创办的“新闻学校”中，“教授”被问道：

“何谓惊人的巧合？”

“1913年最为惊人的巧合是，”教授回答，“就在威尔逊教授成为威尔逊校长的那一刻，塔夫脱总统成为了塔夫脱教授。”[88]

在耶鲁的岁月对前总统是愉快和富有成效的。塔夫脱在任总统期间积攒了10万美元，这笔收入，加上担任法律系教授的薪水，他觉得，足够“免于挨饿，尤其是考虑到我没有料到在离开白宫之后还这么能吃”。[89]他还通过发表演讲来补充收入。他的秘书设立了一个“一人演讲社”，任何想要听他演讲的人都赠送一张包括30个可供选择题目的演讲单，从“公民的责任”到“首创精神和全民公投”等涉及范围很广。塔夫脱的收费从150—1 000美元，平均一次约400美元。[90]

耶鲁大学对它唯一担任过总统的校友给予盛大的欢迎。“不亚于恺撒的任何一次胜利游行，胜过牛津、剑桥大学历史上任何一次庆祝。”《纽黑文日报-信使报》(*New Haven Journal-Courier*)写道。[91]学校为这位尊贵的教职员工——他在他哥哥塔夫脱的旅馆设立了一个办公室——提供特大号的椅子，有25英寸高的座位。不久他就为一年级新生辩论队——后来输给了哈佛和普林斯顿大学——当教练，然后在大三学生舞会、学生宴会、抽烟聚会，以及球类项目中过得很开心。

海伦·塔夫脱从耶鲁获得了硕士和博士学位。她的论文后来以《美国独立战争之后的英国殖民政府，1782—1820》(*British Colonial Government after the American Revolution*，1782—1820)为题目被发表。1917年，当她25岁时，布林莫尔学院任命她担任系主任，次年担任代理校长。1920年她与耶鲁的一名教员弗雷德里克·J. 曼宁(Frederick J. Manning)结婚，他后来成为斯沃斯莫尔学院的历史学教授，因投票支持艾尔·史密斯让岳父大为愤慨。

家中的男孩现在已有六英尺高，宽肩膀，是目前为止塔夫脱家族中最英俊的一个。人们预计查利将成为一名学者，然而他同时还是一名运动员，耶鲁大学橄榄球代表队的阻截队员以及篮球队中的队长。然后，在读过了三年级之后，因一场战争已在欧洲爆发，他离开了学校，应募参军当了一名列兵(buck private)。几周之后，他与蓬松头发、蓝眼睛的埃莉诺·蔡斯(Eleanor Chase)结了婚，后者是英格索尔手表公司总裁的女儿，其家族靠黄铜与紫铜起家。查利的父亲感到很高兴，因为“这类结合加强了一个男孩抵制军队中不断出现在身边的种种诱惑的能力”。1918年20岁的军士长塔夫脱乘船去法国。“好了查利，我可爱的儿子，再见了直到我们下次再见。你是无畏无暇骑士。上帝保佑你，照顾你。”[92]

鲍勃与玛莎·鲍尔斯现在已结了婚，并有了两个男孩。威廉·霍华德·塔夫脱三世1915年出生，生下来时身材娇小，不过，据他骄傲的祖父的看法，“他体重增加很快，体现了家族特征”。[93]两年之后，罗伯特出生(他没有取他父亲的中间名字而是在后面加了个“小”)。

战争爆发后这位未来的参议员试图从军，但几次都因为视力问题而被拒绝。于是鲍勃去了华盛顿，与赫尔伯特·胡佛(Herbert Hoover)，那个作为食物与救济管理员而获得了国际声誉的矿业工程师在一起。在停火6天之后，塔夫脱作为他的法律顾问，刘易斯·施特劳斯(Lewis Strauss)作为他的私人秘书，胡佛乘船赴欧洲巴黎设立大本营。[94]玛莎后来到了她丈夫的身边，并且几乎每周一次设法诱惑鲍勃以及年轻的施特劳斯抛开养活一个正在挨饿的大陆的问题，去听夜晚的喜歌剧。11个月之后鲍勃塔夫脱回到了家，现在他有资格戴上波兰、比利时和芬兰政府颁发的勋章了(他从未戴过)。

在一生遵从家族愿望和他自己的责任感之后，威廉·霍华德·塔夫脱终于实现了他的理想。他被任命为美国最高法院首席法官。“塔夫脱先生终于到达了他旅程的终点，”华盛顿一名记者写道，“他在路上已很长时间了。”[95]

塔夫脱发现他在高院的日子与他此前一直梦想的样子完全一样。政界的激烈争吵已被他抛诸脑后。“实际情况是，”他在1925年写道，“在我目前的生活中我已不记得我曾当过总统。”一个不太可靠的故事是，说有一个小男孩在他每天去法院的路上挡住了他，对他说：“我知道你是谁。你过去是柯立芝总统！”[96]

他结果是一名保守主义者，正如所预料的一样。[97]从法学上他无法说服霍尔姆斯，布兰代斯和斯通(Stone)争取到他们的支持，但是他谦恭和悦的性格还是使他和他们交上了朋友，而且他特别意外地发现，他是那样地不喜欢布兰代斯，连他在法院的任命他都强烈反对。

随着岁月的流逝，正上年纪的首席法官决定他要按照迪莉娅婶婶的原则庆祝他的生日(这位活到92岁的老太太，在她80岁生日的时候举行了一场宴会，目的是不让人家以为她已90岁)。

终于，在1930年初，他的健康状况下降，鲍勃·塔夫脱向胡佛总统递交了他父亲的辞职信。法院借奥利弗·温德尔·霍尔姆斯(Oliver Wendell Holmes)流畅的文笔，当时这样写他：“我们仍然称你为首席大法官——因为我们无法放弃这个我们通过它了解了后来的全部这些年的你，以及你使之让我们觉得珍贵和亲切的头衔。我们不能不试图告诉你已让它变得多么珍贵就让你离开我们。你带着在其他领域取得的成就和你不久前担任的辉煌职位的威望来到我们中间，你以新的形式向我们展示了你无尽的工作能力，你缓解不幸处境的幽默，你因此而从各方面尤其是从你已经使他们的任务变得愉快和轻松的同行那里获得了爱的金子般的心灵。我们为你患病感到难过，但是你的精神已赋予生命一种动力，从而无论你是否与我们在或不在一起，你的生命将继续存在下去。”[98]

他死于1930年3月8号，是唯一既担任过美国总统又担任过美国大法官的人。

另一篇应会使他大为愉悦的颂辞出自幽默作家威尔·罗杰斯(Will Rogers):

> 塔夫脱先生,多么可爱的一个人!就像一个男人和一个真实的真正的人一样,塔夫脱先生将带着比我们的任何总统更多真实明确的爱和更少的敌人走进坟墓。
>
> 能够伟大是伟大的,但具有人性则更伟大。他是我们人类当中的伟人,因为他具有更多的人性。我们将300磅的实心的施舍捐给每一个人,而将爱与喜爱留给他所有的人类同胞。[99]

20世纪20年代决定了鲍勃和查利·塔夫脱的政治前途。他们现在是法律合伙人,专门研究如何代表查利叔叔和安妮婶婶的多元化的利益。

1921年鲍勃被选入俄亥俄州众议院,1925年他成为了多数派的领袖,1926年他成为发言人,1930年他被选入州参议院。他的政治风格正在形成。同他的声音一样,他的风格单调不和谐。至于拍背、握手,以及其他寻求选票的手段,塔夫脱一概拒绝考虑:“诚实之人毋需要巧。”[100]关于塔夫脱,据说他唯一具有欺骗性的事情是他梳头的方式(因为遗传了塔夫脱家族秃发的倾向,他成了他的朋友参议员米利金说的“顶级滑头”)。

然而他有无限的努力工作的耐性,而且,正如艾利斯·罗斯福·朗沃斯所言,他是一个始终愿意“大胆抓棘手的政治问题”的人。[101]作为一名州立法者,他重写了俄亥俄州的税收制度,就公共学校将《圣经》为必读书的规定与强大的三K党作斗争。他还越来越不喜欢政治失序,正如他不喜欢他的个人生活没有规律一样。政治是通过政党而形成秩序。在党外工作,无论目标多么宏伟,都将是持异见者和反叛者。

他的兄弟持不同的观点。辛辛那提当时处在由遥控指挥的老板鲁道夫·海尼克(Rudolph Hynick)指挥的共和党核心组织的掌控之中,他是纽约一家滑稽歌舞杂剧团的经理。鲍勃相信“改革来自内部”,查理相信“改革来自外部”。他成为了地方第三方团体租船契约运动(Charter movement)的领导人,同时他违背组织规定,于1926年当上了地方检察官。

不幸的是,查利的政治首秀选错了职位。正如一名资深的辛辛那提律师所言:“要做一名好的检察官,你必须相信惩罚,你必须是一名杀手。查利不是杀手。”[102]塔夫脱的检察官生涯在两次彻底的失败中终结——对非法制造酒类产品商法特·拉斯曼(Fat Wrassman)和乔治·雷默思(George Remus)的审讯。因证人突然离开了镇子,拉斯曼被宣布不曾犯下谋杀罪。雷默思承认杀害了他的妻子——她正打算与司法部的一名侦探结婚,但被宣布患有精神病。陪审团随后帮助他举办香槟宴会庆祝裁决结果。6个月之后,俄亥俄最高法院裁定雷默思奇迹般地康复,他被释放了。[103]

1928年以鲍勃·塔夫脱领衔的共和党组织轻松击败了查利·塔夫脱,又一次获得提名。

他的儿子之间的政治差异,大法官以为,是"实用之善"和"理想之善"之间的差异。威廉·霍华德·塔夫脱让我们明确,他觉得鲍勃正走在体现出更高智慧的道路之上。[104]

1929年除夕,查尔斯·费尔普斯·塔夫脱去世,两年后安妮·辛顿·塔夫脱去世。在暮年时期这对夫妇耳朵已完全聋了,安妮还变得非常古怪。他们的生活尽管丰富充实,也并非没有悲伤。他们唯一的儿子疯了,已经被送往社会公共机构。

"有钱的塔夫脱夫妇"留给侄子鲍勃和查利《辛辛那提时代星报》各5%的股份,10%留给了侄子赫尔伯特——不幸的罗西·塔夫脱的唯一的孩子。其余的股份传给了他们的两个女儿,简·英戈尔斯——现在是纽约中央铁路副总裁的妻子——和安娜·路易丝·森普尔,她的丈夫是辛辛那提大学的拉丁语教授。

又瘦又没有架子的赫尔伯特·塔夫脱成为了报纸的新编辑和出版商。他从记者身份开始,在他漫长的职业生涯中获得两次著名的专访机会,1929年在基吉宫(Chigi Palace)采访墨索里尼,后来又在墨西哥采访托洛茨基。在他的领导下,报纸的颜色不许改变。约翰·冈瑟(John Gunther)称他为"我在四十八个州见到的人当中最保守的一位"。他认为杜威是一个"激进分子"以及威尔基获得提名是"叛国行为"。[105]在地方政治上,他反对查利·塔夫脱的租船契约,同时经常对他的表弟作为候选人给予有限的支持。"虽然我可能偏向于共和党的观点,"这位一脸怪相矮小机灵的编辑在庆祝他在《时代星报》工作五十年时说,"作为一名报业人员我发现一个有趣的现象,那就是民主党中有很多可爱的人。"[106]

在1954年塔夫脱退休之后,大卫·S.英戈尔斯成为了新出版商,四年之后《时代星报》卖给了斯克里普斯-霍华德报系。老赫尔伯特激烈反对这个交易。新闻报道是他与生俱来的爱好,即使在大萧条期间他也无法使自己解雇一名报业人员。但是英戈尔斯作为家里其余人的代表,认为这份报纸原来就是一种令人提心吊胆的无利可图的商业冒险。赫尔伯特的儿子随后继承了家族在无线电和电视方面的利益,并将它们建成了一个大把挣钱的企业。他们的父亲,那个顽固守旧的报人,在《时代星报》被卖六个月之后去世,留下了 3 409 122 美元的遗产。[107]

1936 年成为鲍勃和查利·塔夫脱踏上全国政治舞台的标志年份。查利写了一本书,《你和我——及罗斯福》(*You and I — and Roosevelt*),呼吁共和党采取“为上次投罗斯福票的 1 000 万温和派准备的前瞻性计划”。[108]这正是对鲍勃憎恶的那种“我也是”竞选运动开出的药方。他觉得,反对派的角色就是反对,而他恶毒的反新政叙述正在使他成为俄亥俄共和党组织的宠儿。另一方面,查利在其观点被曝光之后,未获得在共和党宴会上讲话的邀请。“他们需要一个咒骂富兰克林·德拉诺·罗斯福以及他所有著作的人,”查理说,“我不能,我也不会,而有些咒骂罗斯福的共和党演说家和候选人,则令我讨厌极了。”[109]鲍勃成为了那年俄亥俄州最受人喜爱的总统候选人,这对一个在 1932 年罗斯福大溃败中失去席位的州参议员而言是一个非同寻常的荣誉。

1938 年鲍勃·塔夫脱击败在任的民主党参议员罗伯特·巴尔克利的机会很小。但是,他拥有一件秘密武器——他的妻子。约瑟夫·艾尔索普(Joseph Alsop)和罗伯特·金特纳(Robert Kintner)后来写道:“在一个巨大的类似杂耍般的美国政治舞台上,家族行为是一个新的变化形式,它作为一种旁观者立场通过富兰克林·德拉诺·罗斯福和安娜·埃莉诺·罗斯福得到普及,但真正使其臻于完善的是罗伯特·阿方索·塔夫脱和玛莎·鲍尔斯·塔夫脱。”[110]专栏作家多丽丝·弗利森(Doris Fleeson)接着说:“玛莎是党内诞生出来的最接近埃莉诺·罗斯福的人。”[111](这是一个经常听到的很让塔夫脱恼火的比较)玛莎在全州各地的讲话以及后来在全国各地的讲话,是鲍勃学术性的、充满细节的,经常是因过分简要而晦涩叙述的解药。他专门研究复杂事物,她则过分简化,比较粗略。

他的声音刺耳并带有鼻音,她的声音如女中音一般温暖;他看上去几乎就是一个牧师,她看上去就像是一个友好矮胖的家庭主妇。他抱怨道:“我想不起任何有趣的事。”而她的话总是闪烁着幽默的火花——“属于那种直接就让你发笑的类型。”艾利斯·罗斯福·朗沃斯(Alice Roosevelt Longworth)说[112]

(“自由的火炬就像你的丈夫或你的壁炉。如果你不为此做点什么,他就会熄灭”)。“是人(杜鲁门)就会犯错”(To err is Truman)。“我们在华盛顿的政府是个高脚五斗橱政府。一个局比一个局高,而抽屉里面全是白蚁。”[113]

在参议员巴尔克利(Bulkley)的妻子因为她丈夫是一个只有简单趣味的卑微之人,没有受过高等教育而让一群煤矿工人为她的丈夫投票之后,塔夫脱夫人起身说,“我丈夫不是一个简单的人。他没有从卑微的起点开始。我丈夫是一个非常具有才华的人。他在耶鲁受过良好教育。他为他的工作接受过良好的训练。这难道不是你们在挑选为你们服务的领袖时更加喜欢的品质吗?”她“博得了矿工的喝彩”,据《时代》杂志报道。[114]当投票结果出来之后,克利夫兰的一家报纸将结果作为头条新闻:“鲍勃和玛莎·塔夫脱被选入参议院”。[115]

这位当选参议员,戴着圆顶高帽帽和一副无框眼镜,走下停在华盛顿的火车时发现。因为在1939年在96人的参议院中有73名民主党。这个心灰意懒的少数派非常愿意给予塔夫脱重要的委员会职位以及所有他希望担任的国家领导人的位置。在不到一年时间内,这位毫无经验的来自俄亥俄州的参议员就成了该党居首的总统提名候选人。哈罗德·伊克斯(Harold Ickes)问罗斯福总统他认为谁会是他的对手。罗斯福回答:“塔夫脱。”[116]“来自俄亥俄的鲍勃·塔夫脱现在是共和党总统提名第一号人选。”《时代》杂志报道,“除了发生奇迹才会将提名给予温德尔·威尔基。”[117]塔夫脱阵营对胜利如此自信,以致候选人的华盛顿电话号码都改成了“我-1940”(ME-1940)。[118]鲍勃的远房亲戚大卫·辛顿·英戈尔斯(David Sinton Ingalls)是他的竞选经理和个人帮手。作为一名低调的百万富翁,“有钱的塔夫脱夫妇”的孙子以及标准石油哈克尼斯家女人的丈夫,英戈尔斯是第一个因为在第一次世界大战中的英勇事迹而赢得海军十字勋章的飞行员。后来胡佛总统任命他为海军助理部长,这个岗位通常是为罗斯福家族的人保留着的。

现已是辛辛那提市政会会员的弟弟查利热情地投入进来,正如他在鲍勃全部的几次想当总统的尝试中一贯表现的那样。候选人的母亲与姐妹去参加见证另一个塔夫脱竞选总统职位的大会,尽管前第一夫人——曾非常渴望住在白宫,然后在那里又过得很不愉快——从不希望他的儿子当上总统。

支持鲍勃的选票连续五轮稳定攀升,但一个名叫威尔基(Willkie)的“来自华尔街的赤脚男孩”也是这样。到第六轮塔夫脱在他寻求到的三次总统提名中第一次被否决。

除了1936年一次帮助兰登的行动失败，以及1940年为他的弟弟的候选人资格奔走，查利·塔夫脱的活动范围都不出辛辛那提。在这，如果说有什么为任何值得做的事业而发起的某种运动而他没担任主席、资金募集者或者法律顾问，那是不可想象的。他为主日学校（Sunday school）授课，调停罢工，组织发起争取社区福利基金的运动，建造廉价住房。有人称他为斗士，还有人说："如果他的名字不叫塔夫脱的话，他会是基督教青年会①的秘书。"[119]

1941年民主党政府引领他走向华盛顿从事战时服务。在大量的二线工作中，他帮助经营因军营和国防工业而扩大的区域的卫生和娱乐项目，加强用于海外救济的资金募集工作，并成为国务院经济交通和通讯问题的顾问。他是参加旧金山会议的美国代表团的顾问，会议期间，参议员范登伯格在日记中写道："查尔斯·塔夫脱首次路面就建议对设立（联合国）社会经济理事会的语言进行修改。他想向全世界讲清楚一个空想社会改良家的计划……代表团一致否决了新建议……我们没打算用一个文件或一口气就让世界改头换面。"[120]

查利也被分派了在国会通过重订《互惠贸易协定法》的任务。主要的反对者是参议员罗伯特·塔夫脱，他经过慎重考虑还是在查利声明的时候缺席了委员会。"我还是那个小弟弟，"查理告诉记者，"他根本不理我。当我想跟他说明什么的时候，我只能派一个他信任的人去跟他说。但我再也不想跟他说什么了。"第二天鲍勃回应说："查利的问题是他接受任何他位于其中的群体的意见。他似乎对目前的国务院中的官员的信念极为感兴趣。但我不。"[121]但是总体而言他们避开了冲突的领域，依然保持亲密的同伴关系。查利坚定地认为他们在意识形态方面的分歧不像报纸媒体上说的那样大。

假如，按大多数人所说，鲍勃更像他的母亲，而查利像他的父亲的话，那么他们俩之间的差异又因为他们所娶的女人而加大了。另外，按照塔夫脱家族的传统，他们喜欢使对立面融为一体的感觉。这正是让罗伯特·塔夫脱夫妇成为一个杰出政治团队的原因。玛莎，作为天生的活动家和外向性格，是一个好抛头露面的人，而温和的埃莉诺则是一个非常孤僻的人，从不参与政治，总是忙于教堂事务，人道主义事业以及她的7个孩子。妯娌的差异强化了两个家庭在政治上的分离。

---

① 基督教青年会（YMCA）：以通过团体活动和公民训练发扬基督徒高尚品德为宗旨的跨教派的组织。——译注

“塔夫脱因为与成功成为他那个时代最有影响的参议员的同样原因，而未能赢得总统职位。”埃尔莫·罗珀(Elmo Roper)写道，此前他调查了从1939年一直到1952年全体国民对于鲍勃·塔夫脱的感情。[122]精明的民意调查人意味着参议院作为少数派观点的汇集之地，能够对一个具有很高的正义感和逻辑性的人敞开心扉，甚至敞开思想，即使绝大多数人认为他的理念与他们的经验无关。在一个国家正在走向历史上最严重的国际冲突时，这位俄亥俄参议员看到了它不同于世界其他地方的命运。当国家正在经受最大的危机的煎熬时，他还是坚守自由放任经济学的理想。塔夫脱对生命和政府的观点是完全一致、无懈可击，而人民四次选举富兰克林·D.罗斯福，后者极少关心自己是否前后一致的问题。对塔夫脱这个理性的人而言，这个参议院的偶像，正在沿着一条僻静的小路前行，而美国正随着罗斯福走向了另外一个方向。

但是除了意识形态差异之外，几乎所有的罗斯福都违犯了几乎所有的塔夫脱的秩序意识。“他提出一个又一个意在为了人民的最终利益的计划，”鲍勃说起富兰克林，“但是他对实现这个计划的方式却不感兴趣。”[123]罗斯福家族一般关注目的，而塔夫脱家族关注手段。还有，富兰克林具有第五个表弟的制造有组织的疯狂的习惯。这是令人光火的。“新政发现了永恒情感的秘密。”鲍勃说，尽管这俏皮话有点玛莎的印记。[124]

然而塔夫脱是一个不断自相矛盾的人。一个在绝大多数公共问题上如此保守的人竟然在两个重要领域是一名杰出的自由主义者：廉价公共住房——一个他认为没有得到私有企业制度足够服务的领域，和联邦教育援助。教育，塔夫脱以为，是青年人与生俱来的权利，他们需要政府以一种成年人不会考虑的方式给予特别的帮助。此外，教育是符合“宪政社会主义”的，与美国邮政部非常像。[125]

约翰·F.肯尼迪看到了另一个自相矛盾：“已故的俄亥俄州参议员罗伯特·A.塔夫脱绝无可能当上美国总统。他的个人悲剧就在这里。他之成为民族英雄也在这里。”[126]塔夫脱对他的总统梦从未犹豫，然而他又绝不愿意为实现这个梦而作出必要的妥协。政治家们或许会认为它是一种拙语症形式，但塔夫脱执意要说只能让他与他的大多数同胞疏远的那些话。塔夫脱给肯尼迪留下的“勇敢的形象”是基于塔夫脱在1946年议会选举前夕，以及在纳粹领导人被处以绞刑十天之前所作的发言，在发言中他谴责纽伦堡战争罪审讯是对法律的公平正义的歪曲。从政治上而言，共和党是在错误的时间选择了错误的主题。“然而作为在一个坦率直言不受欢迎时期一种纯粹的直言，就像在不容忍异说和充满敌意的时期的一种对正义的大胆恳求一样”,“它是值得我们记住的”。[127]

1940年代以塔夫脱竞选总统提名失败开始,又以它为结束。在这中间,讣告栏发出早期一代逝去的噩耗。81岁的老校长霍勒斯·达顿·塔夫脱,死于1943年1月。自他1936年退休以来,他一直以一名锲而不舍给编辑写信的作家身份以及为自由事业工作的人身份忙忙碌碌,国际联盟、行政部门改革、生育控制等。威廉·霍华德·塔夫脱曾经说他拥有“一个纯理论的空谈家”的政治观点,他还是四个著名的兄弟中最开放的。[128]威廉·霍华德夫人在1943年5月份过世。亨利·沃特斯·塔夫脱死于1945年,时年86岁。这位著名的纽约律师曾经写道:“我涉足文学领域是断断续续的,职业生涯所迫让我很少有时间写作。”[129]然而他还是设法写出了八本书——几本关于法律,一本属于家庭回忆录,两本关于日本,还有两本论及谈话艺术。[130]他本可以走上从政的道路,但他拒绝了担任纽约州州长的共和党提名。他的妻子朱莉娅喜欢过奢华的生活,这个只有公司而非公职领域才更有可能提供(家里其他人都认为她是一个很难相处的人,而她皈依天主教之后也没有使她变得更加让人容易接受)。

鲍勃·塔夫脱的四个儿子都去打仗了。最大的比尔在军事情报部门;看上去最像母亲的小鲍勃离开了哈佛法学院当了海军,在瓜达尔卡纳尔,西西里,萨莱诺,诺曼底和冲绳登陆期间是一名下级军官;劳埃德也是美国船**衣阿华号**上的海军军官;而最像他父亲的霍勒斯(“霍兹”)是一名军士长,参加了菲律宾的行动。

在国内,1944年参议员塔夫脱决定再次回避另一次共和党总统提名竞选运动。“我觉得有义务允许约翰·布里克(John Bricker)竞选,”他写道,“而我也不希望放弃我在参议院的席位。我准备竞选连任。”[131]他的对手称他为“我们的著名笨蛋”,一个“思维没有超越上世纪中叶”的“孤立主义的托利党”。[132]然而他以获得17 000张选票勉强通过。

第二年查利·塔夫脱从华盛顿返回,在争夺辛辛那提城市议会旧席位时被击败。失利有各种原因:比例投票制的特性,他加入竞选时间较晚,或者直接的就是因为辛辛那提对塔夫脱家族有点厌倦了。

但是,当1946年共和党夺得国会控制权之后,王朝的命运开始转好。鲍勃更喜欢让缅因州的老华莱士·怀特担任少数派领袖,但是他对参议院的控制如此明显,以至于一位新闻记者暗示怀特应该“在他的办公桌上装一个反射镜以便即刻领会塔夫脱的指示”。[133]正是在第80次国会会议上塔夫脱完成了他最重要的一项立法，塔夫脱哈特莱法案，该法案是对恢复劳资关系平衡的尝试。工会将其称为“奴隶法案”，在它变成法律的一周之后，他的儿子劳埃德在密歇根州圣约瑟夫大教堂结婚。产业工会联合会地方分会包括931名员工的美国电气、无线电及机器工人联合会宣布，它要在教堂外设置纠察队以示抗议。标语都准备好了：**塔夫脱与全国制造商协会结婚！塔夫脱要与美国人民离婚！**出动了周围六个镇的警察维持秩序。然而只有15名纠察队员到场，他们被淹没在一群祝福者的队伍当中。[134]参议员似乎并未受到这场喧闹的惊扰。劳埃德是他的儿子当中第二个娶了一位密歇根州的姑娘，他曾在招待会上对参议员范登堡打趣说，“范，你可能是密歇根州喜欢的儿子，但我是密歇根州喜欢的岳父。”[135]

1948年共和党再一次拒绝了鲍勃。在谁将获胜还悬而未决的情况下，代表们把心掏给了塔夫脱，把票投给了杜威。他们责无旁贷，必须挑选一个胜者，他们一直确信，塔夫脱不可能获胜。威廉·霍华德·塔夫脱三世就在会议上，在此他见到了派往爱尔兰的马歇尔计划代表团的团长。他告诉团长他已经将学习盖尔语(Gaelic)作为一种嗜好，并在都柏林获得了一份工作。比尔是家族中唯一一个从那次共和党大会没有获得任何收获的塔夫脱，这使他成了一个家族笑谈。[136]年轻的鲍勃也在那里。“一个跑腿的男孩，密使，以及细节的处理者。”他后来说道。[137]他现在是他父亲辛辛那提律师事务所的一名合伙人。劳埃德是《时代星报》的一名记者，霍勒斯在耶鲁，学习物理学。

当1949年国会开会时，一小群自由主义共和党人参议员，以亨利·卡伯特·洛奇为首，试图将塔夫脱从共和党政策委员会主席位置上弄下来。塔夫脱毫不费力地打退了他们的进攻。这年后来玛莎患了中风。从医院回来后她成了一名永久性的瘫痪病人，不能起床了，只有右臂没有瘫痪。“但是鲍勃·塔夫脱待她如同她还是那个过去他生活中完全的伙伴。”一个家族的老朋友达拉·邓纳姆·旺德(Darrah Dunham Wunder)回忆道，他当时与塔夫脱一家住在一起。[138]每天晚上他推着轮椅上的玛莎去饭桌，读书给她听直到十点，然后送她去就寝。专栏作家霍尔姆斯·亚历山大(Holmes Alexander)记得在塔夫脱家的乔治敦家里举行过一次宴会：“参议员站在那，赫然的身躯，满脸的热诚，与他人一起非正式地迎接着客人。他旁边的轮椅上坐着玛莎·塔夫脱夫人，她曾经活泼动人的脸现在因为瘫痪而下垂。她看上去令人可怜，但塔夫脱不管这些。玛莎是他个人的财富。他以最隆重的形式将她介绍给大家，使今天的她成为了她这辈子当中最迷人的女主人。”[139]

1950 年“塔夫脱加塔夫脱”团队不得不单独行动。鲍勃竞选连任受到工会和一个惊人地没有文化的州审计员“弹簧乔”(Jumpin' Joe)·弗格森的全力反对。各工会共发行了 100 万册的喜剧著作,书中用了尽可能具有诽谤性的语言描绘塔夫脱的生涯(一个工会向参议员挑战,问他有没有种去告他,但参议员从未接受他的挑战)。许多重要的民主党人,包括副总统巴克利,都来到俄亥俄声援反对塔夫脱的运动。他的回应是更加勤奋地工作,一天发表多达十四次的讲话,让所有的助手和记者都感到筋疲力尽。结果是他取得了最大的胜利,在每一个重要的工业重镇都获得了大多数选票——克利夫兰、阿克伦、扬斯敦、代顿、托莱多、坎顿——累积多出 43 万票。[140]这就是他对“塔夫脱不可能获胜”的论调的回答,和他最后一次竞选总统的开头第一炮。

当鲍勃着手准备赢取 1952 年共和党总统提名时,查利·塔夫脱为自己制订了成为俄亥俄州共和党州长提名的计划。两名候选人受到党的忠诚党员不同程度的欢迎。盖罗普问卷表明鲍勃是 1 727 名县主席当中的 1 027 名的喜欢对象,俄亥俄共和党组织说道,查利,“他的政治背景已经并不断与民主党联系在一起”。[141]中坚分子对查利 1948 年在市议会中的投票特别愤怒,这次会议为辛辛那提选出了一个民主党市长。在当时一个共和党市政务会的委员对他喊道:“你在帮助敌人!……你的兄弟是总统职位的主要竞争者之一。然而今天,由于你的投票,你将这个社区中最支持罗斯福新政机器的人选为了市长。”查理回答:“一段时间以来我一直持有这样的信念,即伤害我兄弟的候选人资格的因素之一是他家乡的共和党组织对好政府的贡献不足。”[142]查利在全州展开竞选过程中不放过任何称颂他弟弟的机会,但是鲍勃说:“我不打算参与任何支持或反对我兄弟的行动。”[143]在 5 月份,在没有资深美国参议员支持以及在州组织的反对之下,查尔斯·塔夫脱轻松击败前州长和一名州参议员,成为共和党州长提名人选。

1952 年 7 月在芝加哥举行的共和党总统选举大会的关键是三个南方代表团的座位安排。1912 年罗斯福曾围绕 72 张有争议的选票;艾森豪威尔现在从佐治亚,路易斯安那和德克萨斯挑出了 68 张选票。1952 年的反塔夫脱口号“你不应偷盗”被艾森豪威尔的首席政治参谋亨利·卡伯特·洛奇抛弃了。当鲍勃主动提议投两党或两党以上候选人的票之后,洛奇斩钉截铁地回答:“艾森豪威尔将军不是个生意人。”[144]争议可能是在幕后产生的,但在白天的冷光下它有一种干净清晰的道德光环。艾森豪威尔在对相互争夺的代表团的席位上取得的胜利是引发一场声势浩大的运动的推手。当亨利·杜鲁门听到这个消息之后，他满面笑容地说："恐怕我喜欢的候选人要被击败了。"[145]这位来自密苏里州的资深专业人士是对的；塔夫脱在第一轮投票中就遭遇失败。

鲍勃的失败对查利想当俄亥俄州州长的希望是个打击。"假如鲍勃获得提名的话，钱会大量地涌进来，而查理将会受益，"《克利夫兰新闻》(*Cleveland Press*)的理查德·L. 马厄(Richard L. Maher)写道，"有多喜欢他的兄弟就有多不喜欢查利的共和党出于对鲍勃的衷心竟走在了一起，今天鲍勃在俄亥俄的心腹拒绝帮助查利。因此今年秋天在俄亥俄会出现奇怪的事情：有些民主党会支持塔夫脱任州长，而有些共和党，受他的'新政主义'刺激，会反对他。"[146]塔夫脱竞选州长被击败，甚至在他自己家乡的汉密尔顿县也丢了将近20 000张票。

虽然查利在1956年和1957年当选为辛辛那提市长，但州长位置的丢失终结了他更高的政治抱负。假如人们单单考虑两个兄弟的政治条件，则令人吃惊的是鲍勃成为了政治领袖，而查理竟待在了权力的边缘，而从未真正拥有权力。两个人都享有家族名声，都有勇气、能力、精力。但查利拥有相貌、个性、演讲能力以及战争履历。在他身上，《财富》(*Fortune*)杂志写道："有一点圣乔治和圣保罗的味道，外加少许弗兰克·梅里威尔(Frank Merriwell)的成分。"[147]这类叙述绝不会用到鲍勃的身上。然而有三个因素影响了塔夫脱总统的这位小儿子的发展：第一，他的兄弟总是在他前面("俄亥俄州只能有一位塔夫脱参议员。"他曾经说[148])；第二，他选择在党外渠道之外的一个以有凝聚力的党组织而闻名的共和党州内活动；第三，他是一个半吊子，是将一道道灿烂鲜艳的光束散落在大地上的罗马焰火筒，而他的弟弟则给政界带来了忠贞，它常是一个成功政治家的标志。

在1952年被击败后留给鲍勃获得总统提名还剩一年时间了。这是他人生中最为辉煌的一年。就是在这一年他他运用惊人的议会知识，使那个曾夺走了一生梦想的人的计划获得了通过。在摆脱了失利的痛苦之后，他成为了艾森豪威尔领导下的参议院的领袖。20世纪没有哪位总统有过更有效率的立法机构领袖。[149]就是在这年中，他那面对死亡的勇气激励了一个民族，它甚至成为了一本书的主题。4月19日这天，当他正在与艾森豪威尔总统在奥古斯塔打高尔夫的时候，塔夫脱感到髋部一阵疼痛。结果是癌症。7月31日，他去世了。他的一个医生说："他大概是我见过的人当中最高尚的失败者。他给我们大家上了一堂如何死亡的课。"[150]

罗伯特·A. 塔夫脱。他的尸体躺在国会山圆形大厅中的一个铜棺材里面，就像他23年前的父亲一样。经过投票，参议员们选举他为至今在参议院就职人员当中最为杰出之人。一个以参议员约翰·F. 肯尼迪为首的委员会挑出塔夫脱、克莱、韦伯斯特、卡尔霍恩和拉·福莱特(La Follette)为参议院"不朽人物"，他们的肖像将悬挂在参议院接待室。一个顶上挂有27口钟的大理石墓碑横放在国会中央供人瞻仰。华盛顿、杰斐逊和林肯曾享有过如此待遇，但从来没有为哪位参议员树立这样一个硕大的纪念碑。在其活着时通常一直要与其争辩的沃尔特·李普曼说：

> 全体国民终于将他的人品作为他的政治能力之外的东西加以信赖，同时信赖他的思想品质，而非他的政治观点。
>
> 他是那种带有虚假人格的空心人的真正反面。灵魂是塔夫脱最坚固的部分，在其核心他是如此真诚、如此正义、如此理性和如此富有同情心，以致他获得了那些他从未能真正说服的人的信任。[151]

年轻的鲍勃·塔夫脱本可以接替父亲在参议院的席位——对这样一个举动有大量的情绪化热情——但是他宁愿等待时机和慢慢熟悉政治领域的事情。与年轻一代的罗斯福家族不一样，塔夫脱家族从不利用尊贵的父辈给子孙带来的短期好处。政坛需要奠基石，除非它们被牢固地安放到位，否则即连最精致的大厦也会倾覆。鲍勃拒绝国家公职的举动就有可参照的先例。他的父亲在他朋友胡佛的政府中本可以获得重要任命但他还是留在了俄亥俄州立法机关。

所以1954年鲍勃竞争州议会中的一个席位。在其他候选人都在谈论地方问题之际，他强调全国性问题。他对记者解释说："这是我了解最多的领域。毕竟，自从我是一个孩子时起我就在我们自己家的寝室里听到过专家们讨论这些问题。"[152]他担任了四届，最后一届是作为议会中的多数派领袖，并倡议了将近四十个成功的法案，涉及内容包括确保存放在银行中的公共基金能获得更高利息，到给予癫痫患者获得驾驶员执照的权利等很广的范围。

与王朝中通常奉行的程序——肯尼迪家族坚决遵守——即长者为先的原则不同的是，塔夫脱家族喜欢遵循自然政治选择的规则。查尔斯·费尔普斯·塔夫脱服从威廉·霍华德·塔夫脱，而现在是小罗伯特·塔夫脱，而非威廉·霍华德·塔夫脱三世，被选中作为继续将家庭传统发扬光大的人。

比尔·塔夫脱——参议员的四个儿子当中最大的一位——已作好了以英语教师为业的准备。他在普林斯顿大学写了关于文学批评家利顿的博士论文，之后在马里兰大学、哈弗福德学院和耶鲁大学任教。但他并未完全抛弃政治。当1952年参议员塔夫脱参加总统提名竞选时，他的儿子花了三周时间在南达科他州竞选。他离开教室的主要理由，他说，是想看一看他是否喜欢政治职业。这位参议员以多出816票赢得初选，但比尔总结说："我不喜欢一直保持微笑——至少不是职业性的微笑。"[153]

但是，比尔还是不太热衷于学术生活。作为凯尔特文化专业的一名学生，他对爱尔兰语的兴趣又被他担任驻都柏林"马歇尔计划"官员的经历加强了，在艾森豪威尔当选总统之后，他决定，他要设法获得驻爱尔兰大使的职位。他发起了一场接近于全面的政治运动。大约有50名候选人，包括几个有钱的政治捐助人参加。但是此时37岁的塔夫脱，抢在了他的竞争者之前并从未放松。他争取到了康涅狄克特参议员(他是纽黑文的居民)的支持，又获得了重要的爱尔兰美国人组织的力挺。他的父亲被逗乐了，对他的抱负感到自豪，但他并没有积极支持他。然而家族名声帮忙，就如他的经验也帮了忙一样，而"肥猫"们往往起了相互抵消的作用。1953年3月威廉·霍华德·塔夫脱三世赢得了第一位说爱尔兰语的美国驻爱尔兰大使的职位。

这位高大的新外交官是爱尔兰的知名人物。生活令人愉快，人们受宠若惊，美国人能够讲他们的古代的原因——经常比他们自己还说得好。当艾森豪威尔重新当选之后，国务卿杜勒斯叫他继续留在都柏林，但塔夫脱担心过于舒适。随后杜勒斯建议他去锡兰大使馆。塔夫脱拒绝了，因为他担心他对亚洲的了解太少(这个职位后来给了一位连首相名字也没听说过的商人)。但是，比尔作了一个积极的决定：他将以外交为业。他的儿子威廉·霍华德·塔夫脱四世，也有从事国际关系的经历，包括在里根政府中担任美国驻北约的永久代表以及副国防部长。

在政界第四代塔夫脱中，小罗伯特·塔夫脱于1962年首次向联邦职务发起冲击，竞选俄亥俄议员，主要对手是理查德·D.肯尼迪。他的民主党对手在十一人竞争中赢得了党内提名。选民们直接选他们熟悉的名字。选择肯尼迪，一个来自克利夫兰的种族隔离主义者，没有其他解释，他也不是马萨诸塞王朝的亲戚。[154]但是尽管塔夫脱实际上是通过缺席当选(他以超过对方62万票的幅度而获胜)，他证明是一个有效率的竞选人。尽管不算英俊，但他个子高、身材魁梧，有一副宽下巴和乐观率直的个性。他与他父亲的差异几乎一下就能看出来。“我想他们说我容易接近是正确的,”年轻的鲍勃说,“这并不是说我父亲不是个热心的人。他是。但他过于专注,还有点腼腆。”[155]

在华盛顿,初出茅庐的立法者,像维多利亚的孩子一样,当时有望被人看见但听不到他们说话,但是鲍勃是个著名的例外。1963年和1964年他的演说计划使他到了密歇根州、印第安纳州、伊利诺伊州、马里兰州、缅因州、纽约州、康涅狄克特州、弗吉尼亚州和加利福尼亚州。人们希望听到这个名字。许多王朝强调带着一个尊贵的标签是很大的痛苦,而塔夫脱家族则大大方方地承认家族名望是一个“既定的优势”。

塔夫脱对国内问题的陈述和意见与父亲的意识形态保持一致。他称自己为“一个思考的保守主义者”,在反对减税态度上直言不讳,他认为减税将进一步导致联邦预算的失衡。[156]他还是民权措施的强烈拥护者,他已经引入了一个范围比原来肯尼迪建议更宽的法案。如果媒体称他为“温和的共和党”,那恰与巴里·戈德华特而不是与他的父亲相反。但是,在外交政策上,他比上一位参议员更加具有国际倾向。

作为1964年共和党参议院提名人,塔夫脱挑战民主党在任者75岁的斯蒂芬·杨(Stephen Young),后者曾在1912年赢得第一个经选举诞生的岗位,是年鲍勃的祖父进驻了白宫。作为一个善于粗暴伤人和恶言谩骂的政治演说专家,杨带着彻底的不屑,称他的对手只是“小辈”,试图让鲍勃湮没在他所在党的总统竞选候选人的观点之中。“小辈没有没有反驳他们(约翰·伯奇协会),也不会反驳他们,”他断言,“俄亥俄州戈德华特的极端主义和塔夫脱的晚辈主义是一回事。”[157]查利·塔夫脱,支持温和派共和党委员会主席,试图为他的侄子的竞选募集资金,但是鲍勃的政治问题不是来自经济方面。林登·约翰逊在俄亥俄州获得有史以来总统候选人获得的最大多数票,总票数超过了100万张,而杨坚定地依附于他的提携。在380万投给参议员的票中,塔夫脱以差16 000票失利。尽管人口增加了,投票人数还是比1960年少了17.5万。经常待在家里的人主要是俄亥俄乡下和小镇上的人,在这些地方共和党人拒绝为约翰逊或者戈德华特投票。塔夫脱是无辜的牺牲品。塔夫脱最终在1970年进入参议院,这年杨没有竞选连任。第二位塔夫脱参议员担任了一期,1976年被霍华德·梅岑鲍姆(Howard Metzenbaum)击败。[158]

他的儿子,罗伯特·阿方索·“鲍勃”·塔夫脱三世(Robert Alphonso "Bob" Taft III),在塔夫脱家族通常的一段经历之后——从塔夫脱学校和耶鲁大学毕业然后赢得俄亥俄州众议院选举——干了一件其他任何一个塔夫脱没有干过的事情：他当选了俄亥俄州的州长，先是在1998年，然后在2002年重新当选。他的政府以后来人人皆知的“货币门丑闻”告终，涉及一个名叫汤姆·诺埃(Tom Noe)的共和党重要捐款人，他搞了一个罕见货币基金。一家州代理机构，俄亥俄州工人薪资局(Ohio Bureau of Workers' Compensation)，对它进行了大量投资。最终原来的5 000万美元投资中只剩下1 300万能够收回，诺埃被判犯有经营犯法企业罪。诺埃和塔夫脱两人一起进行了45次未报告的高尔夫旅行，塔夫脱还接受了若干其他礼物，总价值估计在5 800美元左右。塔夫脱被控犯有4项轻罪罪行。塔夫脱对被控罪名申明不抗辩。塔夫脱被罚款4 000美元，外加法庭成本。这是首次有一位在任的俄亥俄州长受到犯罪指控。塔夫脱在判决之后发表公开道歉：“我找不到语言表达我对我给我的政府以及俄亥俄州的人民带来的难堪的深深后悔。我表示真诚衷心的道歉，我希望人民会明白这些错误。虽说是重大的和严重的错误，是无心的，我希望并祈祷他们能接受我的道歉。”[159]

这对一个深入致力于公务的伟大王朝历史是一个不幸的结论。没有罗斯福家族的奢华或肯尼迪家族庞大的可持续财富，塔夫脱家族属于一种给人印象不深的领袖的典型：稳重、坚定、富于献身精神。

第十二章 弗里林海森王朝

过来，你们这些粗心、身处罪孽还悠闲自在的人，你们这些在意肉身和尘世的人，你们这些拉皮条者、通奸者，你们这些骄傲的、自负的男人和女人，你们这些一心贪图享乐之人，酒鬼，赌徒，你们这些不服从的人，你们这些邪恶的拒绝接受福音书的人，你们这些伪君子和掩饰者，你们怎么敢想它会与你站在一边？

——牧师西奥多勒斯·雅各布斯·弗里林海森致教民[1]

以上是18世纪席卷全国并成为美国历史上第一次自发的群众运动的宗教复兴运动“大觉醒”(Great Awakening)中的话。它的领导人是乔治·惠特菲尔德(George Whitfield)，循道宗信徒(Methodist)；乔纳森·爱德华兹(Jonathan Edwards)，公理会教友(Congregationalist)；威廉和吉尔伯特·坦南特(William and Gilbert Tennent)，长老会信徒(Presbyterians)；以及荷兰新教教会归正会(Dutch Reformed Church)的西奥多勒斯·雅各布斯·弗里林海森(Theodorus Jacobus Frelinghuysen)。他们宣讲福音传道者的虔诚，形式主义的可鄙，以及道德的重建等。

另一个在该运动鼎盛期到达美国的年轻人是梅尔基奥尔·穆伦贝尔格，他极其赞成这个新近卫团的目标。很可能穆伦贝尔格与弗里林海森见过面，因为这位德国路德教牧师在弗里林海森一生时间内两次访问了拉里坦(Raritan)。[2]这两个伟大的政治王朝的传教士创始人有很多共同之处。穆伦贝尔格，“德国在美国的路德教会的牧首”，弗里林海森，“拉里坦的第一个传教士”，都受过德国虔诚派教义的训练。但是穆伦贝尔格主要是以教会管理者身份而闻名，而弗里林海森主要是一名福音传道者。

弗里林海森比穆伦贝尔格早十八年到美国。弗里林海森一家也是来自德国,住在与荷兰相邻的威斯特伐利亚,但他们在文化和宗教方面完全与荷兰人相同,正是荷兰归正宗将第一个弗里林海森派往美国负责新泽西拉里坦谷(Raritan Valley)的四个教区。1720年1月西奥多勒斯·雅各布斯定居在今天的萨默维尔,也就是今天的与他相隔五代的曾孙,国会议员罗德尼·弗里林海森所代表的选区。

29岁的年轻牧师弗里林海森几乎刚一下船就发现自己惹恼了他的教民。正统的荷兰农民对热心的弗里林海森暗示他们是拉皮条者、通奸者、酒鬼以及赌徒等并不感激。1725年他们给在阿姆斯特丹的大教堂(mother church)寄了一份正式的控诉信。信中,他们首先控告的是他们的本堂牧师任凭一个犹太人躺在泥沼之中,不符合行善的人(Good Samaritan)的榜样;控告他鼓励孩子违抗他们的父母;控告他在教堂礼拜仪式中示意他的朋友占取更好的座位(146页的申诉在纽约出版,这是约翰·彼得·曾格印刷的第一本书)。[3]

由于对哪些人属于上帝的人胸有成竹,弗里林海森将他的敌人逐出了教会;建造了一个坚固的牧师寓所以防自己受到攻击,在阁楼安一个可熏鱼肉的烟熏室(smokehouse),以防自己在受到教友包围的情况下可自己熏点肉;在他的雪橇背面画了一个挑衅性的铃铛形象:

> 没有人的舌头也没有人的笔,
> 能使我变成不是我自己,
> 说吧,邪恶的演讲者,不要停,
> 你所有的诽谤都是枉费心机。[4]

拉里坦的第一位传教士最终征服了他的敌人,但也付出了相当的代价。他使荷兰归正会产生了裂缝,这种裂缝直到1771年才愈合,此时是约翰·亨利·利文斯顿将敌对的派别统一在一起。

弗里林海森有五个儿子和两个女儿,他们要么成为了牧师,要么就嫁给了牧师。所有的儿子都在1748西奥多勒斯·雅各布斯死后的13年内死去,其中两个死在正从荷兰返回的路上,他们已在荷兰被委任为牧师。然而在他们短暂的生命中,在第二代牧师中有两人,西奥多与约翰,朝他父亲最珍视的理想之一——对荷兰在美国的新教牧师界进行教育——迈出了巨大的一步又一步。

殖民地时期的美国高等教育是由宗教带来的。哈佛和耶鲁的创始人是公理会教友，汉普顿-悉尼和普林斯顿的创始人是长老会信徒，威廉、玛丽和哥伦比亚是圣公会信徒，布朗大学的创始人是浸礼会教友，罗格斯大学创始人是荷兰归正会。而罗格斯大学——原名叫皇后学院——的创立，反映的是弗里林海森家族的经历。

西奥多·弗里林海森作为拉里坦第一位传教士的长子，他的经历是由安妮·麦克维卡·格兰特按照当时纽约奥尔巴尼的公民都会认可的看法讲述的。1746 年年轻的弗里林海森成了奥尔巴尼的堂区负责牧师，而高原女诗人格兰特夫人就在奥尔巴尼度过了她的童年。她记忆中的他是“无常与革新的殉道者”。当时一队英国士兵威胁说要给他的堂区居民树立一套不落俗套的作风。当英国军队上演了一场《两个纨绔子弟的计谋》之后，西奥多感到特别愤怒。“这有可能很快就会使所有优秀本堂牧师的辛勤努力归零，”格兰特夫人说，“邪恶日益在增长。可是，唉，荷兰牧师弗里林海森除了布道还能干什么呢！这方面他做得非常认真，甚至带着愤怒，然而不起作用。”[5]

在一个星期一的上午，在弗里林海森对戏剧娱乐进行了一番大肆攻击之后，他在他的门口发现了一根棍子、一双旧鞋、一片黑面包和一美元。“这位优秀的本堂牧师苦思冥想这到底是什么意思。但他很快就明白了。这是一条象征性的口信，表示他们有想请他离开的愿望。棍子是赶他走，穿鞋上路，面包与钱备路上用。”[6]

有一个传说宣称，牧师将这条口信看得太重以致他想自杀——这个信念被编成了一本 1875 伦敦出版的小说。[7]实际上，正如格兰特夫人的解释，他启程去航海，结果从船上掉下了水。

奥尔巴尼的人将他的失踪编成了一个传说。有人说他落在一个岛上，成为了一名隐士。还有人声称他被另一条船救了起来，某一天会回来的。这正是对一个具有写诗天赋的小姑娘具有很大吸引力的浪漫故事类型，而且，格兰特夫人写道：“我还记得我最初因为全神贯注于这个苦命的本堂牧师神秘的失踪而陷入沉思的一些情形。”[8]

然而西奥多·弗里林海森的死与留在门口的“象征性口信”没有任何关系。在其去世前的 6 年，他非常积极地为一所美国大学进行游说。1755 年冬天他骑着马沿哈得孙河谷到另一端，去召集牧师与教友开会讨论他的事。他的牧师同伴派他去将这个情况向阿姆斯特丹大教堂报告。1759 年在纽约市的时候刚好有一个航行的机会。他没有先返回奥尔巴尼而是直接启航前往荷兰，而正是在他返回的路上，他神秘地失踪了。

在西奥多为了一个美国大学的原则而工作在荷兰归正会内的时候，他的兄弟约翰在他家里开办了一个研究班，它就是罗格斯大学的前身，正如坦南特的"木屋学院"导致了普林斯顿神学院的诞生一样。

西奥多勒斯·雅各布斯的第二个儿子约翰·弗里林海森赴荷兰接受牧师训练，回到家乡后接管了他已故父亲的三个教区。他在拉里坦教堂的第一次布道的圣经文句包括以下这句，"你的子孙要接续你的列祖"。他还带回美国一个荷兰妻子，黛娜·范·伯格(Dinah Van Bergh)。虔诚的黛娜生育了第一位弗里林海森参议员；强烈地影响了她的孙子，第二个弗里林海森参议员的生活；对弗里林海森的建立一个美国大学的梦起到了重要作用。

"这个不同寻常的女人的日常生活中的每一桩小事都对宗教产生了影响，"安德鲁·D. 梅里克(Andrew D. Mellick)写道，"似乎她所有的经历都能带来一种独特的祝福。纵观她的一生，她对特别的天命绝对信任，有许多她声称经历过她的祈祷得到了上帝毫无疑问的直接回应的证据例子是相互联系的。事情无论轻重大小都让它成为具有个人魅力的事情，呈现在上帝面前是她持之以恒的习惯。"[9]

最令人吃惊的神帮助她的例子发生在她去美国度蜜月的旅程中。这时船裂了一个缝，船长已放弃了希望。黛娜"回到她的船舱，将事情向她的天父说明"。随后她很镇静地等待结果。奇迹般地，水不再往船里涌了。仔细一查，据说，发现一条箭鱼(swordfish)被塞进了那开裂的船缝，从而有效地堵住了漏洞，船不再进水。

1754 年当约翰·弗里林海森过世之后，黛娜决定带着她的两个婴儿，伊芙和弗雷德里克，回荷兰。随后她收到一个最出人意料的来自她丈夫的学生雅各布·拉特森·哈登伯格(Jacob Rutsen Hardenbergh)的求婚。当这 18 岁的后生鼓起勇同这位他已故导师的遗孀联系时，她回答道："我说孩子，你想什么呢！"(弗里林海森夫人当时近 30 岁)。但是，她自己经过进一步的考虑，决定接受——将她的孩子带到她未婚夫父亲的家里，直到这位小伙得到了大多数人的同意之后，才准备结婚。

雅各布·拉特森·哈登伯格属于"纽约的荷兰贵族"。他是哈登伯格特许公有土地(Hardenbergh Patent)的获得者的孙子。哈登伯格特许公有土地是殖民地时期最大的政府赠地之一，它包括哈得孙河西岸的阿尔斯特的大部，特拉瓦，沙利文以及格林县，面积大约 100 万英亩。[10] 年轻的哈登伯格接过的约翰·弗里林海森的牧师职业，抚育他的孩子，并实现了弗里林海森在美国建立一所荷兰新教学校的梦想。他成为了罗格斯大学的实际创立人和第一任校长。

这所建在新不伦瑞克的学院最终在有红狮子为标志的前小客栈里开学了。1771年管理小组成员任命了由一人组成的教员班子，这个人应该"从语法角度教授英语"，以及教授"学者语言、大学文科以及科学"等课程。这个被选中的通才型学者是弗雷德里克·弗里林海森，是约翰·弗里林海森和黛娜·范伯格·弗里林海森·哈登伯格的儿子。他当时18岁，一年前刚从普林斯顿大学毕业。1772年4月30日，"弗雷德里克·弗里林海森，辅导老师"在《纽约时报》上刊登了一篇广告：

> 尊敬的公众，现谨通知：与去年11月，以皇后学院名义登出的前一个广告一致，一个学问研究班在新不伦瑞克开学了……任何有意将其孩子送往本校的父母或监护人，都可以相信他们的孩子将在我们最精心和最勤奋的照顾下学习到通常在公立学校教授的文科及科学课程。他们的道德品行，(概言之)任何能够使他们给朋友带来愉悦，给同类增添光彩的事情，都将会受到最严格的关照。[11]

弗雷德里克·弗里林海森在罗格斯大学只待了很短一段时间。1786年雅各布·拉特森·哈登伯格成为大学首任校长，但四年后就去世了。在接下来的三十年时间里学校发展缓慢，艰难前行，其中一半的时间里是处在约翰·亨利·利文斯顿校长的领导下，后者是利文斯顿庄园第一任领主的曾孙。尽管是一个高度世俗的王朝中的一员(虽然来自一个"没钱的"分支)，但是他却成为了他这一代中最重要的荷兰新教牧师。借着一个"和平大使"的角色，利文斯顿设法让这个被相互争斗的弗里林海森分裂成许多派别的教会重新统一了起来。[12]但是在罗格斯大学，他的主要兴趣是神学院，而他对世俗事务的漠不关心迫使大学关闭了几年。

1793年一个来自饱受战争折磨的普林斯顿大学和罗格斯大学的联合委员会提议将两个学校合并，但是罗格斯大学理事会成员拒绝接受这一计划。[13]1824年，在州议会的特许下，罗格斯大学不得不依靠发彩票募集资金。理事会成员将彩票的经营交给了职业经理人，他们在保证交给大学25 000美元的前提下留存他们募集到的资金。[14]1825年4月经营人售出了336 977美元的彩票

(15 000 美元的最高奖被号码 14 - 15 - 28 的持有者获得)。然而,州不久就指控经营者“违规操作”,彩票发行被叫停。学校是否收到足数的 25 000 美元令人怀疑。发彩票这阵子过后学校短暂复兴,到 1850 年另一个弗里林海森担任校长时,学校成为了一家开张营业的公司。

独立战争最后证明,荷兰新教牧师是独立的有力拥护者。新泽西州长威廉·利文斯顿写道:“低微的荷兰牧师,无论在本州还是纽约州,几乎都是美国人民的朋友。”荷兰牧师界的三位爱国领袖是雅各布·拉特森·哈登伯格和西奥多·勒斯·雅各布,斯弗里林海森的两个女婿,威廉·杰克逊和托马斯·罗梅因(Thomas Romeyn)。[15]

哈登伯格,作为曾批准了独立宣言的新泽西临时国会的代表,连睡觉时也将火枪放在床边,因为英国人正在悬赏他的人头。他几次被迫从家里逃走,他在拉里坦的教堂被皇家巡逻队烧毁。

但是与安·弗里林海森的丈夫,威廉·杰克逊不一样,他逃脱了追捕。杰克逊在纽约被洛德·豪(Lord Howe)俘虏,然后被指控在布道时进行暴力煽动。他成功地为自己辩护,说他这样做是为了听从自己的良心。在他被释放之后,一位教友抱怨他还在不断地攻击国王。“洛德·豪已宽恕我了,”杰克逊回答说,“你干吗不?”[16]

另一位荷兰爱国者是弗雷德里克·弗里林海森,年轻的罗格斯大学辅导老师和普林斯顿大学毕业生。在约翰·威瑟斯庞的领导下,普林斯顿大学已成了激进主义的温床。正如本人是耶鲁毕业生的威廉·霍华德·塔夫脱所言:“耶鲁的姊妹大学中没有一个能像普林斯顿大学那样,成为独立事业而奋斗的历史中的重要组成部分。”[17]该校学生坚持原则到如此地步,他们在毕业典礼期间只穿美国生产的布料——这是一个难对付的令人头痛的政策,因为这样的布料很难找到。在弗雷德里克的毕业学年,他们公开焚烧了一封来自纽约商人的信件,信中宣布他们打算从大不列颠订货(这些 18 世纪的普林斯顿大学生后来将他们惊人的记录汇编成册,这当中包括 27 名大陆会议代表,30 名美国参议员,55 名众议员,17 名州长,以及 14 名内阁官员。在宪法作者中,9 名来自普林斯顿大学,耶鲁 4 名,哈佛 3 名)。[18]后来成为参议员和将军的弗雷德里克·弗里林海森说,他在普林斯顿大学的威瑟斯庞不仅学到了希腊语,还学到了爱国主义。

让他成为一名像他父亲和祖父那样的牧师是弗雷德里克的母亲,虔诚的黛娜的愿望。但是他的哈登伯格继父家里的刻板与严厉，尤其是在对安息日的遵守方面，压制了这位年轻人。他选择学习法律。一开始他很可能是跟从理查德·斯托克顿学习法律，后来当斯托克顿成为州议会常设委员会(Legislative Council)成员之后，他又转到威廉·帕特森事务所学习法律。[19]

22岁的时候，弗雷德里克，威瑟斯庞·帕特森和乔纳森·D.萨金特(Jonathan D. Sergeant)一道，被选入省议会(Provincial Congress)工作。他在1775年和1776年的得票表明他是立场最坚定的美国独立支持者之一。然后在1778年他被任命为大陆会议成员。几个月之后，另一名新泽西代表约翰·费尔(John Fell)寄给利文斯顿总督一封嘀嘀咕咕抱怨的信："我禁不住要向大人抱怨来自我们州的一些代表的行为，其不仅给我们的州带来耻辱，而且以我浅见，也是对我本人的极为不尊重。他们想什么时候离开会议就离开会议，从不请假，这不是本州的特点。上个星期六，威瑟斯庞博士没跟我打一声招呼就回了家，而今天上校弗里林海森也是这样一声没吭就离开了。"[20]在大陆会议待了仅仅八个月之后，弗里林海森就辞职了。在一份奇特的写给州议会发言人的信中他给出了他的理由：(1)他的年轻；(2)"另一项由新泽西议会乐意赐予我的到萨默塞特郡任职带来的压力"；(3)"出席会议的惊人费用以及本人承担能力的不足"；(4)费尔的反对，"他热情又冷静地表达了他的意见"；(5)"其他一些环境因素，它们使得我待在这里特别地不舒服，但是我担心由我就这个话题表达我的观点所可能导致的坏处会超过它或许可能会带来的益处。不过我相信，来自新泽西的代表不会认为我在这里对他们宣布美国的利益，要求他们保持高度的警觉是文不对题。"[21]

显然，弗里林海森对于立法涉及的那套把戏没有兴趣，尽管我们可能无从精确地知道是哪种把戏使他转变了兴趣。至于他的其他责任，既然萨默赛特郡唯一的"王室专款"(Civil List)没有提到任何官职，弗雷德里克指的就有可能是在县民兵中的差使。对一个26岁的年轻人来说，一名战士的生活远远要比一个立法者的生活更加惬意。他在特伦顿、普林斯顿以及蒙茅斯战役中表现优异。一个公认的传说是，在特伦顿大捷中是他射出的子弹打死了海斯军队的司令。

到战争末期，弗雷德里克被公认为是这个国家中最重要的荷兰裔美国人。在新泽西这并不是一项微不足道的荣誉，因为荷兰人占到了当地人口的1/6以上。当这位来自荷兰的牧师到达美国后，大陆会议让弗里林海森在典礼上用荷兰语宣读他的证件完全正常。1793年弗里林海森被选入美国参议院。

在每一代人中都有一位弗里林海森进入国会。在从弗雷德里克到现在的六代人的四代人中，总有一位来自新泽西的弗里林海森参议员。然而没有一项重要的立法与家族的名字有关，而本王朝中只有一位成员的参议员任期超过了一届。

第一位参议员弗里林海森，一位忠心的联邦党人，严格意义上讲是名普通的议员。只有一次有证据表明他对所在党的政策感到不满。当亚当斯总统采取措施安抚法国人之后，弗里林海森写信给乔纳森·代顿(Jonathan Dayton)："我有充分的理由相信，那个可怕的国家(法国)将会被我们在西印度群岛的海军战士的无耻行为激怒，以致会对我们宣战。"然而，也许是考虑到以他的卑微的身份不太适合对总统进行事后评论，所以他又接着说："但是我想想算了。我要服从**现实**权力，而不对基督(Lord's annointed)说三道四。"[22]

当弗里林海森在参议院就职期间，华盛顿让他担任抗击西部印第安人战役中的一名陆军准将。在"威士忌酒反抗"风潮中他被任命为新泽西民兵队伍中的一名少将。作为最后一次引起公众注意的行为，他又去参加与宾夕法尼亚州西部的贫苦农民的战斗，一路可能还唱着州长理查德·豪厄尔(Richard Howell)亲自为新泽西部队创作的行军歌曲：

再拿起武器吧，我们的英雄在喊，
煽动闹事者昌则秩序将亡。
那就向和平与安逸道别吧
并冲上山顶，泽西的蓝军，
冲上山顶去，泽西的蓝军
泽西的蓝军，泽西的蓝军
一定要冲上山顶，泽西的蓝军。[23]

当弗雷德里克·弗里林海森在51岁生日这天去世之后，正如他曾经一直预测他会有这么一天，他留下了6个孩子。他的两个女儿嫁给了牧师，而玛丽亚·弗里林海森·康奈尔创建了美国最早的禁酒组织之一，宾夕法尼亚阿伦敦禁酒协会(Sober Society of Allentown)。约翰成为1812年战争中的一位专横的民兵将领；弗雷德里克成为一名律师和第三位弗里林海森参议员的父亲；西奥多成为第二位弗里林海森参议员。

假如说黛娜在儿子弗雷德里克放弃了牧师职业之后感到失望的话，那么她没有理由再为她孙子西奥多的笃信宗教而悲叹。这位年事已高的女家长——她于1807年去世,享年82岁——对他的成长影响最大,而且实际上,当西奥多1862年去世之后,那位致悼词的牧师在悼词中说道他是如何"喜欢谈论他的祖母……以及他有多么感激她的祈祷和教诲"。坎贝尔医生接着说:"他一定是毫无保留地接受了它们。"[24]

西奥多·弗里林海森被人称为"基督徒政治家"。即使是罗阿诺克的毒舌约翰·伦道夫(John Randolph of Roanoke)也说他:"这个男人不吹嘘他的宗教,但他悟到了,他**悟**到了!"西奥多将一本《圣经》放在他的剃须刀边上,他家里的一个成员说:"我相信如果他早上没有对经文进行一番沉思的话,他是不会考虑将胡子好好刮一下的。"在每天的中午,四十年来从未间断,他会留出15分钟的时间用于祈祷,在这段时间中他会高声祈祷,因为,依他所说,他发觉它是"防止思想走上歧路的最佳方法"。每天晚上吃完饭后他都要花半个小时阅读《圣经》。[25]

正如他父亲跟随斯托克顿的父亲学习法律一样,他跟随叔叔理查德·斯托克顿学习法律,在纽瓦克建立了一家能够赚钱的律师事务所,然后成为新泽西的检查总长。在担任州法律官员12年之后,1829年他晋升至美国参议院。这是一个产生立法巨人——韦伯斯特,克莱,卡尔霍恩——和巨大法律问题的时代。但是弗里林海森却将他的活动局限在一些具有强烈个人色彩的宗教与道德性质的问题之上,比如说他为了阻止安息日这天投递邮件所作的无望的斗争。杰里迈亚·埃瓦茨(Jeremiah Evarts),美国国外传教理事会(American Board of Commissioners for Foreign Missions)秘书,当时就在华盛顿,汇报说西奥多"讲了一个半小时,或再多点,都深得要领,切中肯綮。利文斯顿先生用三刻钟时间的发言作了回答,但发言没有为他赢得赞许。它是一种类似在酒吧间里进行的关于教会与国家,康涅狄克特州的蓝色法规,塞勒姆(Salem)绞死巫师等诸如此类的低水平讨论。弗里林海森先生以简短地回应,让利文斯顿先生为他的长篇指责性发言感到羞愧。"[26]

然而凭借一个问题让弗里林海森开始闻名全国。在长达5个小时,跨过了1830年4月的3天时间的发言中,他为阻止佐治亚州将切罗基人从他们的土地上赶出去做无望的战斗。这是一篇值得纪念的发言,它的最后一句是:"我宁可得到一个贫困的切罗基人的祝福……也不愿躺在印刻着所有暴君的大理石碑下睡觉。"[27]参议员托马斯·哈特·本顿认为他是一个"假扮仁慈的多管闲事之人"。[28]但是年轻的威廉·劳埃德·加里森(William Lloyd Garrison)

作了一首诗，诗的名字是《致可尊敬的西奥多·弗里林海森——读为捍卫印第安权利的雄辩讲演》。这位未来的废奴主义领袖写道：

然而，弗里林海森，我们应当感激你，
给予你超越语言的赞扬。
有罪者谴责你有罪诽谤者对你恶语中伤，
用发放年金收买的厚颜无耻者贬损你的光芒，
你明亮又纯净，子孙后代看你，
如同暴风雨般的天空之中一颗美丽的行星。[29]

1834年这位“基督徒政治家”没有回到参议院，原因很可能是因为他在“贵格会教徒要案”——针对在正统贵格会教徒和一个小派别，即伊莱亚斯·希克斯(Elias Hicks)的追随者两者之间谁拥有教会财产的争端——中担任的顾问角色。弗里林海森为正统派赢得了官司，而希克斯追随者则对他的党投了反对票。记日记者菲利普·霍恩(Philip Hone)写道：“这些希克斯的追随者，以与他们所拥有的温顺和藐视世俗政治不相称的精神，剥夺了国家享受一个最有德行和最开明的政治家的服务的机会。”[30]

回到纽瓦克，这位前参议员再做律师，成为市长，忙于许多慈善和宗教事务：美国国外传教理事会(American Board of Commissioners for Foreign Missions)主席、美国圣经协会主席、美国殖民协会副主席、美国福音传单协会主席、美国主日学校联合会副主席以及美国戒酒同盟执行委员会主席。

1844年辉格党大会唯一没解决的事情就是选举一个副总统候选人。一个预料之中的必然结局是总统提名将由亨利·克莱获得。竞选伙伴(副总统候选人)提了四个名字：西奥多·弗里林海森；马萨诸塞州州长约翰·戴维斯，人称“诚实的约翰”(“Honest John”)，反对奴隶制，坚决支持劳工一方；纽约州的米勒德·菲尔莫尔(Millard Fillmore)，持保护主义立场的众议院筹款委员会主席；约翰·萨金特(John Sergeant)，曾在1832年就与克莱结交的费城律师，其强烈的社会公德意识堪舆弗里林海森比肩(萨金特曾经在宾夕法尼亚州议会引入一项宣布化装舞会为非法的法案，他觉得化装舞会会导致违法犯罪行为)。所有候选人都合格，但都不突出。在第三轮投票时大会选举了弗里林海森。他的家族名望可能对代表们产生影响：辉格党的纲领提醒投票人，它的副总统候选人继承了“一个父亲的原则和名声，这位父亲曾与华盛顿一起在特伦顿和蒙茅斯战场冒着生命的危险为了夺得自由而战斗，以及后来，在作为美国参议员的时候，又与华盛顿一起共同确立和推进这种自由”。[31]

总统提名人克莱写信给纽约的老板瑟洛·威德(Thurlow Weed)：“弗里林海森先生获得提名毫无疑问出乎你的意料也出乎我的意料之外。不过，我想，这是一个最明智的选择，假如他不补充点力量——不过我想他会的——他就不会对名单上的其他人造成任何威胁。”[32]华尔街律师乔治·坦普尔顿·斯特朗(George Templeton Strong)对弗里林海森的得票能力评价更高。“合适的提名当属弗里林海森，他明显更精明，”他在日记中写道，“被朋友认为处于遥遥领先的克莱，即使找个执事来嘲弄折磨他也丝毫不影响他参加竞选。”[33]

虽然绝大多数会议寻求地理或意识形态平衡，但辉格党却设法形成了一种道德平衡。克莱靠以赌博和决斗为乐而闻名，他与美国圣经协会主席组成一队。民主党漫画家迅速指出这一配对不适宜，有亵渎神圣之嫌。有幅作品画的是魔鬼曾附在克莱耳边轻声说：“这就对了哈里！好好隐蔽，找个替身。我们要让‘所有的人才’都站到我们这边走来，如果我们能将弗里林海森争取过来我们就有相当的‘体面’。”对此，克莱回答说：“‘正直就是我的保护工具。’——经文上如是说。”[34]

然而，克莱发现结交弗里林海森有其缺陷。这位“基督徒政治家”对改造这位肯塔基人的可能性具有纠缠不休的兴趣，在接下来的八年时间里，他接连不断地给克莱写关于道德提升的短笺。生活豪华的克莱接受弗里林海森好心的关怀，回信时永远是这句：“我非常感激，我亲爱的朋友，你对我的精神生活的善意的兴趣。”[35]

辉格党宣传员关于弗里林海森还有另外一个问题——他的名字！它特别不适合竞选歌曲和音韵铿锵的诗词语句。该党最终决定反复吟唱以下这句与詹姆斯·K. 波尔克对抗：

> 万岁！万岁！全体国民都起身，
> 欢迎亨利·克莱与弗里林海森！

这是一次实力非常接近的选举。詹姆斯·伯尼，废奴主义者候选人，在纽约获得 15 812 张票。假使这个当中有 1/3 的票投给了克莱的话，他就将当选为总统了。在事后分析中，弗里林海森写信给克莱：“国外的票和所有组织中最无实际意义的组织——废奴主义者的结合，打败了我们。”[36]代表美国殖民协会的弗里林海森的活动削弱了辉格党对反对奴隶制人士的吸引力，而他代表新教福音派运动的活动又削弱了辉格党爱尔兰天主教徒的吸引力。纽约的天主教大主教说他肯投克莱的票但不会投弗里林海森的票。[37]当被告知这不可能时，他回答说那么他就不投给克莱。弗里林海森的正直结果却变成了一种政治缺陷。

“西奥多·弗里林海森曾对我说，”牧师大人威廉·布劳维尔特（William Blauvelt）说，“他从不喜欢做律师，并打算逐渐从中摆脱出来。”[38]1839年他被任命为纽约大学的校长，但他未能提供这所年轻学校所需要的那种强有力的领导能力。正如一位教授所言：“这确实是这位伟人和纯洁的基督徒身上的缺陷，即他有一种不断听从别人的处事习惯。这是将第一位传教士的格言贯彻过了头：‘让每一个尊重别人都比尊重自己更多一些。’。”[39]他在纽约大学的11年期间，学校理事会主席在对学校进行了一番特别严厉的抨击之后辞职，几个顶尖教授去了其他学校，州里面也减少了对大学的财政援助。研究该大学的历史学家写道，到1850年，弗里林海森“欣然接受自由往来的门户开放政策……罗格斯学院的召唤就是那扇开着的门——校长退出了学校”。[40]之后弗里林海森担任罗格斯大学校长，直至1862年去世。

西奥多·弗里林海森没有子女。但是当他的哥哥弗雷德里克去世之后，他便承继了兄弟三岁的儿子。[41]男孩名叫弗雷德里克·西奥多，后来在他叔叔的办公室学习法律，在叔叔当了纽约大学校长之后他便接手了现成的律师业务。他还追随他养父的脚步，1861年被任命为新泽西检察总长以及1866年成为美国参议员。

但是在政治上，弗雷德里克·T.弗里林海森违背了家族传统。在连续两代就职于参议院的弗里林海森代表的都是保守派立场。第一个弗里林海森是联邦党；他的儿子西奥多是辉格党，1860年曾支持立宪联邦党人（Constitutional Unionists）。但是西奥多的养子加入了新共和党，在参议院供职两届期间是激进共和党多数派中的一员。他支持对安德鲁·约翰逊进行弹劾，尽管他与参议员艾拉·哈里斯（Ira Harris）说，“在针对总统的反对声中没有任何方面可以称之为犯罪或者轻罪，但总统是一个令人讨厌的人”，以及“多数派利用技术优势赶走他是正当的”。[42]弗里林海森还在萨姆纳因伤残失去资格之后接管了对市民权利法案的管理事务，并成功护航使之在参议院获得了通过。

1869年当弗里林海森任期结束之后，新泽西民主党立法机关派人取代了弗里林海森的职位。格兰特总统随后任命他为驻大不列颠公使,参议院也批准了此项任命,但是弗里林海森拒绝了这份荣誉——他对外的理由是弗里林海森夫人不希望让他们的孩子受到圣詹姆斯宫廷生活的影响。[43]但更可能的是他宁愿留在新泽西,紧盯1871年下届参议院的空缺。

在共和党立法预备会议上,弗里林海森的参议院提名遭到科尼利厄斯·沃尔什(Cornelius Walsh)的反对,一个靠自己生产卡车奋斗成功的百万富翁。特伦顿(Trenton)一个观察家报告说沃尔什"因获得州长提名承诺而被收买退出了竞争"[44],弗里林海森随后被选为参议员(沃尔什在周庄普选中被击败)。

1877年当弗里林海森寻求连任时,民主党占有一票多数地位。他本来还是可以渡过难关。国家当时正处于蒂尔登-海斯选举争议时期。共和党弗里林海森本可以支持蒂尔登以换取能让他留在参议院所需要的一张民主党选票。他甚至可以主张既然蒂尔登获得了新泽西的多数票,那么当总统选举被交由国会决定时,他在道义上必然会支持他。在这种氛围下共和党预备会议提名弗里林海森;民主党选择了约翰·R.麦克弗森(John R. McPherson)——牛车的发明人。

在提名与选举之间,弗里林海森采取了坚定地公开支持拉瑟福德·B.海斯的立场。他被推选为将决定竞争结果的选举委员会成员,他彻底支持他的党了。委员会由10个民主党员、10个共和党员以及最高法院法官约瑟夫·布拉德利组成,后者起打破平衡作用。在新泽西立法机关不知情的情况下,弗里林海森与海军部长乔治·M.罗伯逊(George M. Robeson)就很可能使选举倾向于海斯。在第一次关键投票前的晚上他们访问了布拉德利的家,通过谈话使他放弃了支持蒂尔登的观点。[45]

虽然弗里林海森现在与被打败了几乎一样,但新泽西参议院的竞争发生了出人意料的转折。州立法机关开会前一天,罗伯逊出现在特伦顿,他"极其高调地"宣布假如共和党让他成为他们的候选人,他能够获得必要的民主党选票。共和党月被回忆再次开会,放弃了弗里林海森。当时有传言说有6万人等着这位会投罗伯逊票的民主党。但是党的路线起了作用。第一轮投票41名民主党支持麦克弗森,40名共和党支持罗伯逊。

在他最后一次竞选参议员席位失败后不到五年时间,弗雷德里克·T.弗里林海森被切斯特·A.阿瑟总统任命为他内阁中的国务卿。此项任命是基于弗里林海森对本党的忠诚而并非他在外交事务方面的经验和能力。

国家当时不需要强大的外交领导地位。美国人民太专注于源自远西地区

(Far West)开拓以及从农业社会向工业社会过渡的国内问题。《斯普林菲尔德(马萨诸塞州)共和党》(*Springfield* (Massachusetts)*Republican*)欣喜地指出:"听说弗里林海森先生认为秃鹰不应当通过突然的尖叫以及偶尔拉长的尖叫声来过分拉伸它那天生的好声音。"[46]还有人觉得弗里林海森将"这只鹰"看作是"一只母鸡——而且已过了中年"。[47]

他在外交上的数项任命值得称道。他保留了詹姆斯·拉塞尔·洛威尔(James Russell Lowell)和卢·华莱士(Lew Wallace)分别驻大不列颠和土耳其公使的职位;任命了两个百万富翁,威廉·沃尔多夫·阿斯特(William Waldorf Astor)和列维·P.莫顿(Levi P. Morton),分别担任驻罗马和驻巴黎的公使职位;任命前战争部长阿方索·塔夫脱担任驻奥匈帝国公使。在国内,参与外交部的日常运作的有96名员工,包括信使、巡夜人、办事员,以及"一名电梯引导员"。[48]弗里林海森的助理国务卿是一个名叫约翰·戴维斯(John Davis)的年轻人,也是他的女婿。

在社交方面,国务卿维持了国家的荣誉。他的妻子,一位优雅的女主人,是此前的一个曾在西奥多·弗里林海森担任纽约大学校长期间作为理事会成员之一的富裕商人的女儿,玛蒂尔达·E.格里斯沃尔德。弗里林海森在眼睛街1731号的家成为了极棒的外交接待地点,尤其受阿瑟总统的欢迎。

在他担任国务卿的三年半时间内,弗里林海森通过谈判确定建立了珍珠港海军基地,与韩国建立了条约关系,调停墨西哥与危地马拉之间的边界争端,参与了在刚果举行的柏林会议,在此,在探险家亨利·斯坦利(Henry Stanley)的帮助下,美国代表帮助促成了像废除奴隶贸易、贸易自由,以及战争时期的区域中立等原则的通过。

阿瑟政府终结于1885年3月4日。弗雷德里克·F.弗里林海森在将国务院的控制权移交给他的继任者托马斯·F.贝阿德之后不到3个月即告去世。

约翰·戴维斯,作为弗雷德里克·T.弗里林海森的助理国务卿,成了两个重要的政治王朝,弗里林海森王朝和洛奇王朝之间的纽带。萨拉·海伦·"萨莉"·弗里林海森的丈夫是"诚实的约翰"戴维斯的孙子,后者曾是头发蓬乱的马萨诸塞州的州长、参议员,以及曾在1844年竞选副总统提名被西奥多·弗里林海森击败的众议员。此外,他与历史学家兼外交家乔治·班克罗夫特(George Bancroft)有双重关系,他们各自娶了对方的妹妹(但是,这种关系并未阻止这两个政治对手不留情面地相互指控。班克罗夫特谴责他的小舅子公开贪污，甚至在1814年英国人焚烧国会山的时候发出欢呼。戴维斯极其坦然地接受他的指控）。[49]

“诚实的约翰”戴维斯有四个出类拔萃的儿子：班克罗夫特·戴维斯，格兰特政府中的助理国务卿和叔叔乔治·班克罗夫特驻柏林公使职位的接替者；霍勒斯·戴维斯（Horace Davis），加利福尼亚大学校长；安德鲁·麦克法兰·戴维斯，关于货币与银行业历史的几本重要著作的作者；哈斯布鲁克·戴维斯（Hasbrouck Davis），内战行将结束时期的名誉晋级的准将。萨莉·弗里林海森嫁给了联邦将军的儿子。在国务院担任工作过后，从1885年起他担任了华盛顿的联邦法官，直至其1920年去世。

国务卿的女儿萨莉·弗里林海森·戴维斯（Sally Frelinghuysen），是阿瑟政府中的美人之一。人们甚至说总统已不可救药地热恋上了她。[50]在丈夫去世四年之后，她嫁给了查尔斯·麦考利（Charles McCawley），一位比他小十五岁的海军陆战队少校。婚礼在华盛顿普罗维登斯医院（Providence Hospital）举行，新郎刚刚在这里从一场伤寒病中恢复过来。虽然她的第二任丈夫拥有值得称赞的服役记录，而且后来在第一次世界大战期间担任了海军陆战队陆军军需兵少将司令，但他在公众的认知中主要是麦金利和西奥多·罗斯福政府中的像博布鲁梅尔那样的花花公子。他是罗斯福的“网球内阁”（Tennis Cabinet）的一部分，但这位莽骑兵只有在当他竞技状态特别好的时候才同他较量。[51]作为一名总统助手，麦金利经常扮演白宫招待会上的男总管。并殷勤地将他手中的箭奉给艾丽斯·罗斯福·朗沃斯去切开她的结婚蛋糕。[52]

弗里林海森家与洛奇家族之间的联姻发生在1900年，这一年萨莉·弗里林海森的女儿贝茜·戴维斯（Bessie Davis），嫁给了参议员亨利·卡伯特·洛奇的诗人儿子。她生育了两个未来的政治家。通过王朝之间的通婚，参议员小亨利·卡伯特·洛奇，州长约翰戴维斯洛奇，以及国会议员彼得弗里林海森都成了国务卿弗雷德里克·T.弗里林海森的曾孙。

第一位弗里林海森参议员有可能是骑着马去国会山的；第二位很可能是坐马车去的；第三位极可能是乘火车。第四位弗里林海森参议员，同时也是第一位直接由人民选举出来的官员，穿着防尘外衣和戴着护目镜，开着小汽车竞选公职，在新泽西留有很深车辙的沙土路上平均车速达到要令人头晕的每小时20英里。他是约瑟夫·谢尔曼·弗里林海森，是1812年战争中民兵将领约翰·弗里林海森的孙子和弗雷德里克·J.弗里林海森的儿子,后者跟着理查德·斯托克顿·菲尔德学习法律。

沃尔特·E.埃奇(Walter E. Edge)后来回忆道,他当时代表共和党候选人之一,同参议员候选人乔·弗里林海森一起竞选州长:"1916年的时候,爱国主义的雄辩还为人赞赏,而玩世不恭者也还没有将其归为沙文主义。事实上,即使实际生活中挥动一下国旗也会迎来赞许的目光。"埃奇和弗里林海森在州中作巡回演说的每个夜晚,乔总是通过先为听众表演朗诵诗歌《你的国旗与我的国旗》来热场,最后挥动刚刚由埃奇的秘书交给他的美国国旗让现场气氛达到高潮。有一天晚上秘书没有来,"由于手中无旗,乔只好用挥手代替,但那种戏剧化的效果就没有了"。于是这支流动的队伍中又增加了一名"举旗男孩"。[53]

在以悬殊的优势击败在任者詹姆斯·E."农民吉姆"·马丁内(James E. "Farmer Jim" Martine)之后,乔·弗里林海森发现参议院是一个工作和玩耍两可的快活之地。一有时间他就和他的三个同事,参议员沃伦·G.哈丁(Warren G. Harding)、斯蒂芬·B.埃尔金斯(Stephen B. Elkins)和尤金·黑尔(Eugene Hale)一起去切维蔡斯俱乐部。在高尔夫四人二球赛中,哈丁,一个小镇的出版商,与埃尔金斯,一个铁路和矿业,他们两搭档对黑尔和弗里林海森。在1919年圣诞节的早晨,弗里林海森在俄罗斯外交官鲍里斯·巴哈梅特夫(Boris Bakhmeteff)面前作了一个惊人的预测:哈丁将成为美国下一任总统。[54]因此他对他的朋友以黑马姿态获得1920年共和党大会提名不无自豪。"感谢上帝这个国家能够有望产生一位领袖而不是一个贵族。"弗里林海森说。他这是在将这位俄亥俄的参议员与伍德罗·威尔逊相比较。[55]

哈丁获胜后,这位当选总统乘参议员弗里林海森的88英尺居住船(houseboat)维多利亚号,准备赴佛罗里达作12日游——这次快乐的短途游览成了《纽约时报》重要新闻:《哈丁船全天陷入泥滩》《居住船再遭不幸延误哈定行程》《哈丁将放弃搁浅的维多利亚号》。[56]

总统没有因为维多利亚号遭遇不幸而怨恨船的主人,而且弗里林海森还成为了哈丁两周一次的(扑克)牌桌上的常客。财政部长安德鲁·W.麦伦(Andrew W. Mellon)偶尔替他一下,虽说他一再声明对玩牌一点不精通,然而通常他老是桌上的赢家。[57]

自大觉醒以来发生在拉里坦的最重大事件发生在1921年的7月2日,周六的下午。哈丁总统正在对弗里林海森一家进行周末拜访。当主客都在高尔夫球场的时候,白宫的一位助手,"文件"·史密瑟斯("Doc" Smithers),从华盛顿带着一个官方文件袋过来了。他等了总统1小时又43分钟。哈丁身着一套棕榈滩衣装，里穿一件饰有可拆卸的金纽扣的衬衫，再加上绿色配红色的蝶形领结，终于现身。他坐下来阅读史密瑟斯刚送来的文件，而帕齐(Patsy)，弗里林海森的粗毛狐梗，在嗅着总统白色的鞋子。随后总统走进了起居室，弗里林海森夫人正在里面清理一张小红木桌子。哈丁在敞开的羊皮纸文件下面签字，一滴墨水落在了他的签名中的"G"字字母上面。"好了。"这位美国总统在回高尔夫球场的路上说。他刚签字的文件是这样开头的："德意志帝国政府和美国之间终止战争状态的联合决定。"《纽约时报》评论说："即连在家用《圣经》中新添一个条目，或者一位首次进入社交界的青年女子使用剪贴簿所需要的准备工作，也比伴随这次签字所花费的功夫要多，而这个签字终结了一场战争，一场夺去了480万美国人的生命的战争。"[58]

参议员乔·弗里林海森支持高关税，反对国际联盟。他赞成给予妇女普选权，反对给予士兵奖金。他支持普遍军训，反对联合矿工工会。但当他于1921年准备竞选连任时碰到一个首要问题——禁酒(Prohibition)。弗里林海森是一个"禁酒令的支持者"("dry")；他的对手州长爱德华·I. 爱德华兹，是一个"反禁酒令的支持者"("wet")。这是一次肮脏的竞选，早在六月，弗里林海森的经济就否认他的候选人的地窖里有相当于30 000美元的酒精饮料。爱德华兹否认他是一个"朗姆酒成瘾者"，并邀请他的听众检查他的面容。"当参议员弗里林海森来这的时候，"他接着说，"我想请你们看一下他的脸。不要相信他说的脸色发红是因为刚打完高尔夫回来。这个脸色是用钱换来的！"[59]

《纽约时报》一篇社论说：

> 他(弗里林海森)是一个和蔼可亲的成功人士，对拉里坦或者波托马克河从未有过任何方面令人激动的煽动性设计，他是强加给国家的一个庸人。
>
> 他的政治家风度很大程度上来源于他的供热能力，而基本以对高尔夫的专一精神组成……他同样是一名重要的禁酒令支持者……他有一间面积很大的酒窖，但他保证在酒窖中的存货消费完之后他不会再进新货。
>
> 州长爱德华兹……是一个坦诚的言行一致的反禁酒令支持者……他自己不饮酒，但他不反对其他人饮酒。所以在反禁酒令支持者和禁酒令支持者之间将会展开一场光明正大的较量。人们希望在后者当中能有一个在信念和实践上都比弗里林海森更加有力的代表。[60]

起初形势对弗里林海森有利。随后它们甚至转变成了钱的事。到选举前夕百老汇大街上两个最重要的赌注登记经纪人以 6 比 5 的赔率押爱德华兹胜。他们估计为纽约和新泽西的争夺而投下的赌注达到 300 万美元。打赌业在布鲁克林特别兴旺，据报道说。[61]但赌徒们也过于谨慎了，弗里林海森以差对方 89 133 票的绝对劣势被彻底击败。

1928 年乔·弗里林海森尝试东山再起。他在参议院初选中的竞争对手是汉密尔顿·菲什·基恩(Hamilton Fish Kean)，一位共和党全国委员会长驻委员，和前州长爱德华·C. 斯托克斯(Edward C. Stokes)，后者得到组织中大多数人的支持。现在该州的州长和两名参议员都是反禁酒法令的支持者。弗里林海森调整了他的立场，转而支持全民公投。这一立场既不能让反禁酒法令支持者也不能让禁酒法令支持者满意。基恩赢得了胜利，但这位前参议员可是参加了一场异常激烈的竞选。弗里林海森指控共和党领袖与泽西市市长弗兰克·黑格(Frank Hague)之间存在一场交易，有 3 万名民主党参加了共和党预选中的投票。除非共和党进行内部清洗、整顿组织，他就不会支持基恩。按《纽约时报》的观点："弗里林海森担任改革者角色有百利而无一害。但是选举团会认真看待他扮演的这个角色吗?"[62]弗里林海森与基恩当着参议院委员会作证，两人都陈述他们在预选中花费了属于他们自己的 5 万美元——这是法定的最高数额。弗里林海森接着说他已返还了其他所有的捐赠现金。他同时还在州议会委员会面前露过面。到此他已完成了作为一名改革者的任务，鉴于职责所在，他支持基恩。

弗里林海森为了公职作最后一搏。在 1930 年共和党初选中，他与驻墨西哥大使德怀特·莫罗(Dwight Morrow)，以及众议员富兰克林·福特(Franklin Fort)——新泽西州长的儿子和反沙龙联盟的候选人——争夺参议院席位。这一次他以反禁酒法令的支持者身份积极投身竞选，同时他还攻击由"美国最重要的国际银行，J. P. 摩根公司"(德怀特·莫罗是摩根的原合伙人)控制的"电力与照明市场垄断"。选举日这天下雨了。"好了，这是适合弗里林海森的天气。"弗里林海森说。当他承认选举失败之际，选票的情况分别是：莫罗，222 674 票；福特 67 233 票；弗里林海森 25 525 票。[63]

小彼得·胡德·巴兰坦·弗里林海森作为"其曾祖父曾是提名林肯的 1860 年会议的会议代表"而被引入 1964 年共和党大会。这位 1952 年第一次当选的国会议员来自新泽西选区，他的家人曾在这居住了两个半世纪。

他是一位自封的“温和路线的”共和党人，对外贸易自由化的信奉者，众议院外交事务委员会国际成员，以及1964年民权法案[64]的支持者。他还领导了反对约翰逊总统“反贫穷”项目的斗争，因为他觉得这个项目会“造成自身的官僚主义”以及“重复已有的联邦项目”。[65]

弗里林海森两次试图改善他在众议院统治层中的命运。当国会议员杰拉德·福特(Gerald Ford)离开共和党会议委员会主席职位而成为少数党领袖之后，弗里林海森就成了最后一分钟加入的候选人。他以62对75票失利，而他的赞助人认为这是一次道义上的胜利。但他随后参加的少数派领袖助手的竞选就绝对是一场灾难。即使是在得到福特充分支持的情况下，他仍然以59票对70票输掉了竞选。有些事后剖析觉得他的失利主要对温和派是一次打击。一名南方的共和党人指出弗里林海森适合打宪法诉讼官司的得分水平被右翼美国人排在37%。专栏作家伊文思(Evans)和诺瓦克(Novak)写道，他是一场“将其描述为自由东方成员的竞选运动的牺牲品”。[66]

在所有的弗里林海森中，可能要算彼得的“家族”意识最深。作为普林斯顿大学的一名四年级学生，他写过一本杰出的不落俗套的关于美国第一位弗里林海森，牧师大人西奥多勒斯·雅各布斯的传记。1975年他离开国会，最终经过在新泽西州州议会任职十年之后，其职位被1995年当选的儿子罗德尼接替。与他作为普通议员失意的父亲不同的是，2015年罗德尼成为了众议院拨款委员会国防分会的主席。也就是说，他负责监督五角大楼的开支情况。

弗里林海森家族的经济史分为三个阶段：两代卑微的本堂牧师，三代成功的律师兼政治家，三代千万富翁的女婿。

罗德尼作为国会中的第六位弗里林海森，是中间相隔两代的巴兰坦酿酒厂创始人彼得·巴兰坦的曾孙，后者是一名节俭的苏格兰人，1820年来到美国，凭一名酿酒厂工人身份十年时间内积攒了足够的钱，终于开创了他自己的公司，到1883年他去世时他拥有的个人财产计达560万美元(弗里林海森家族在禁酒时期末(1920—1933)卖出了他们在巴兰坦公司的股权)。

但是巴兰坦家族所拥有的与国会议员的祖父的姻亲相比不到后者的零头。1907年，以富兰克林·德拉诺·罗斯福作比，第一个彼得·胡德·巴兰坦·弗里林海森(Peter Hood Ballantine Frelinghuysen)娶了那位脾气暴躁的“糖业托拉斯”的创始人亨利·奥斯本·哈夫迈耶(Henry Osborne Havemeyer)的最大的女儿，这位创始人的工厂制造了占美国消费量一半的糖。“要知道何时将刀插到深处以及何时停手，"1903 年他的一位仰慕者也是他的传记作家写道，"是极少数人才能拥有的才能。哈夫迈耶先生的经历表明他在这方面拥有极高的才能。"[67]

哈里·哈夫迈耶的妻子路易辛(Louisine,)，即罗德尼的曾祖母，帮助她的丈夫积累了大批的艺术收藏品，其中大多数现在就放在纽约大都市博物馆中。他死后她成为了一名最重要的主张妇女参政权的女子。1919 年她率领一支游行队伍走在宾夕法尼亚大街中间向另一端进发，因在白宫门前焚烧威尔逊总统画像而被投入监狱。这是她能够获得资格登上监狱专列的唯一方式，从而进行一次跨大陆的劝人改变政治信仰的巡回讲演。华盛顿警长恳求这位胖乎乎的小个老太别去点火。"他几乎是在苦恼地绞扭双手"。然而她已经决心做个殉道士。于是他们一下子将她扔进了一辆囚车，法官对她的判决是罚款 5 美元或蹲监狱 5 天。"当然，"她写道，"没有人会考虑付罚款。"别的犯人照顾她，比如给予她第一个上厕所的机会。"你还好吗，哈夫迈耶夫人?"另一位主张妇女参政权的女子问。"是的，我很好，"她回答，"但这也太滑稽了吧?"在"瘟疫似的监狱"待了一个晚上之后她改变了主意，付清了罚款。现在不管怎样，她已经获得了可乘上宣传选举权列车的资格。回想起她被关在监狱中的情形，她说："来自下水道中的毒蒸气漏出来了；来自火炉中的烟雾出来了；药水味道出来了……一切都出来了，除了犯人。"她决定离开监狱的主要理由是来自"家谱"的压力。她收到了发狂似的电报，电报中说她正在给本王朝的名誉投下阴影。回到家，她提醒她那些胆小的亲戚，说她并不是第一个因为坚持信念而遭囚禁之人。他们包括：约翰·班扬，伽利略，马丁·路德，圣女贞德。她不是一个容易压倒的女人。[68]

哈夫迈耶夫人决定她的第一个女儿阿达琳(未来的弗里林海森夫人)一定要接受教育，从而证明女人能比男人更聪明，而她的第二个女儿将继续延续她对艺术的兴趣。小女儿伊莱克特拉·哈夫迈耶·韦布(Electra Havemeyer Webb)后来确实成为了一名大收藏家，但是她的 12.5 万件收藏品让她的母亲大为震惊。她爱好美洲文物，专门收集上等品，比如棚桥(covered bridge)、灯塔、石头监狱以及超音速提康德罗加巡洋舰(*Ticonderoga*)——世界上最后一艘舷侧明轮船(side-wheeler)(它们现在陈列在她在佛蒙特州的谢尔本博物馆)。但是阿达琳违背叛了她母亲的知识决定论，反而选择了早婚并生了四个孩子。

她的弗里林海森丈夫将他的才能全部奉献给了他在靠近莫里斯敦的双橡

园农场的养牛事业。他连续九年获得全国冠军,他的一头公牛,弗恩的韦克斯福德贵族,是全国乳制品展览会上三年的总冠军。他还供养着一群赛马训练人员,以及在包括最佳高尔夫、网球、冲浪,以及乡镇俱乐部的一个庞大分类中的全体会员。[69]

这个爱好运动的人的儿子娶了比阿特丽斯·普罗克特(Beatrice Procter),使罗德尼成为了宝洁公司(Procter & Gamble)的共同创立者威廉·普罗克特的高孙。

弗里林海森家族非常富有。同肯尼迪家族一样,该家族设有它自己的慈善基金并在纽约设有业务处,处理自己的业务。他们的社会根基如此坚实以致他们具有嘲弄它的资本。一位远亲,苏西·弗里林海森·莫里斯(Suzy Frelinghuysen Morris)(国务卿弗雷德里克·T.弗里林海森的孙女),将她四岁的哈巴狗(京巴)罗斯列入了1936年的《社会名人录》。“没什么特别的理由,”她说,“我就是把它填了上去,结果成功了。”[70]

除了当前在任的国会议员之外,该家族不再具有政治性。弗里林海森家族起初是靠宗教和道德热情维持在政界的生存。这种一般来说,很难维持一段过长时间的性质,在经过了几代人之后,失去了它的潜能。这种丧失与社会通过长寿、积累的财富以及能带来利益的婚姻对家族的认可重合在一起。或许随后热情就被贵人行为理应高尚(或位高则任重)取代:该王朝觉得有义务向国家交纳什一税。在公职领域,他们算是克尽厥职而并非灿烂辉煌。然而自1778年进入大陆会议之后的一代又一代,他们凭着坚持不懈的精神创造了一项连续时间最长的公职记录。

第十三章 塔克王朝

……我国能引以为豪的最柔情和最有成就的家族之一。

——约翰·亚当斯致理查德·拉什[1]

一个叫作塔克的诺曼人自由民与征服者威廉一起跨过英吉利海峡，创立了一个坚强的令人尊敬的中产阶级英国人家族。在17世纪早期，一个家族分支迁往了百慕大岛，在此塔克成为了一名总督，以比他的任何选民都能骂人的能力而闻名。从这个家族中产生了5名美国国会议员和一大批著名的美国法学家、宗教领袖、教育家和文人作家。

上校亨利·塔克——这个军衔或许是由一个民兵组织授予的，因为上校这个职位当时在百慕大如同在后来的肯塔基一样时兴——代表了该岛自1779年以来五年中对伦敦的重要性，同时这个记录也表明了他对充满活力的宫廷生活的热爱。他一直保持着一个富于青春的热情，富于弹性的步伐，以及一副昂头挺身的姿态的男人的形象，甚至直到70岁还依然如此。事实上，他的风度暗示，一个外孙认为，他是“莫卧儿大帝(Great Mogul)的后人，或至少是金雀花王朝的后代”。[2]

但是，他完全不具备经商之才。[3]虽然他对他的四个儿子怀有极大的野心，并希望给予他们每个人受欧洲教育的便利，但是在将托马斯·图德·塔克(Thomas Tudor Tucker)送到爱丁堡学习医学之后，他的钱袋就空了。托马斯写信给他的弟弟圣·乔治(St. George)：“我们拥有最溺爱孩子的父亲……然而他的能力与他增进孩子的利益的欲望不匹配乃是他的大不幸。”[4]然而幸运的是，弗吉尼亚州威廉斯堡的一所学校主动降价招收学生。[5]因此在1771年，圣·乔治·塔克就被送往了威廉玛丽学院。他后来成为一个美国政治王朝的创始人。

塔克家的人有一个让人受不了的特点——疯狂地迷恋于某些教名。最终在美国有3个圣·乔治·塔克，5个亨利·圣·乔治·塔克，5个约翰·伦道夫·塔克，4个纳撒尼尔·贝弗利·塔克，和6个贝弗利·塔克(男性)。还有取名贝弗利·塔克的女性，甚至还有一个叫亨利·塔克的女性。

这种混乱的状况又因为这个家族旺盛的生育能力而变得更加严重。一位曾拒绝了某个塔克的求爱的年轻女子据传曾经说过："即使他是世界上最好的男人，即使他的每根头发上都挂着一颗钻石，我也不愿意嫁给他。"当被问起她为何感受如此强烈时，她回答说："因为他的曾祖父有14个孩子，他的祖父有10个孩子，而他的父亲有13个孩子。"[6]

上校亨利·塔克的家庭相对正常：4个儿子和两个女儿。女儿伊莉莎(Eliza)始终未婚，享有溺爱的婶婶的声名。女儿弗朗西丝(Frances)，美貌出众，有一双黑色的大眼睛和一个高高的额头。她嫁给了一个远房亲戚，另一个亨利·塔克，后者的主要特征是甘受贿赂且肆无忌惮。他在处理百慕大事务过程中攀升到很高的位置。他们的婚姻属于不幸的，但弗朗西丝从比她丈夫多活了30年中得到了补偿。在他们的7个孩子当中，有4个与另外的塔克结了婚。

上校的一个儿子留在了百慕大。他也叫亨利，他娶了总督乔治·布鲁埃尔(George Bruere)的长女(也叫弗朗西丝)。布鲁埃尔总督是一名脾气暴躁的老战士，统治该岛近达二十年，他以——经过大量的酗酒之后——对他在，卡洛登战役①的成就的表演，再配上游行、反游行、对胜利的欢呼，以及对《英国掷弹兵》②的欢快有力的演唱而闻名。在百慕大的历史上，找一个更好的总督比找这样一个易怒的绅士容易，但也更糟。

布鲁埃尔家族与塔克家族是政敌(政治对手)，塔克家的人深深卷入美国独立事业，而总督的一个儿子却在邦克山与起义者作战中失去了生命。然而讲究实际，同时性情平和又有意调和的亨利·塔克设法与他的岳父和睦相处，并且还在老人家的赞助下，升任该岛议会的主席。在布鲁埃尔与塔克愉快婚姻的结晶中有一个女儿，她的不朽声名通过亨利·雷伯恩(Henry Raeburn)一

① 卡洛登战役(battle of Culloden)：1745—1746，在该战役中，坎伯兰公爵率领的汉诺威王室军队彻底打败了斯图亚特的军队。——译注

② 《英国掷弹兵》(The British Grenadiers)：17世纪末的英国歌曲。——译注

幅可爱的肖像画得以确保，这幅画就挂在伦敦的国家画廊之中。他们的一个儿子成了英国的上将，在1812年战争中被美国人打成重伤；另一个儿子亨利·圣乔治·塔克是孟加拉的会计主任和东印度公司的主席。

“印度亨利”还因强奸未遂被判处了6个月的监禁，但这并未特别影响他在印度政府部门的攀升速度。他和他的妻子简·鲍斯威尔(Jane Boswell)，约翰逊传记作家的亲戚，有一大家子人口，其中大多数在印度反英暴动中被杀死。但是，一个幸存的女儿成为一名成功的儿童故事作家，即A. L. O. E.，这是她的笔名(代表的是A Lady of England)。她在1854年至1893年期间创作出版了142本书，其中最有名的是《翅膀与弓弦》(*Wings and Strings*)和《一个老鼠的漫笔》(*The Rambles of a Rat*)。

上校塔克的另一个儿子定居英格兰，没在本王朝的故事中扮演角色，只知道他同情美国革命者，他还写了一个意在赞扬革命者然而文字晦涩的讽喻剧，取名《鸽子》(*Columbinus*)。纳撒尼尔的职业是医生，副业是诗人，尽管甚至他的传记作者也将他列为“18世纪的一个很不起眼的具有文学野心的人……没有很大的原创能力”。[7]他虽然缺乏实用的指引是他兄弟走向成功的方向舵，但在快接近其人生的终点之时他确实获得了一定的名声：他把伊曼纽尔·史威登堡(Emanuel Swedenborg)超验层面的启示从拉丁文翻译成了英语。这些译作引起了威廉·布莱克和塞缪尔·泰勒·柯尔律治(Samuel Taylor Coleridge)的贪婪阅读，然而却让塔克的兄弟们感到困惑。托马斯·图德写道：“你怎么看待纳蒂?”亨利回答：“可怜的纳蒂似乎转向了宗教——他似乎想让我们相信他很满足，但他这样做恰恰(照我看来)说明了他很不满甚至表示厌恶。”[8]

塔克家族中第一个定居美国的是托马斯·图德，他在1770年从爱丁堡大学获得医学学位之后，不久就到达了南卡罗来纳的查尔斯顿。奇怪的是，作为一个在阳光充足的百慕大岛上土生土长的居民，他的拉丁文论文却是《论寒冷对于人体的影响》(“*Dissertatio ... de frigoris in corpus humanum viribus.*”)。

查尔斯顿的人民对这位新医生并不热情。1773年他被一个富裕的律师以未能对一个天花病例采取恰当的预防措施的罪名送法庭审理。比病人更加自负的年轻医生当即提出要与诋毁者进行一场决斗。当遭到律师威廉斯拒绝之后，塔克迅速在一家咖啡馆的“最公开的地方”贴出一张通知：

> 初级律师罗伯特·威廉斯，根据法律是一个撒谎者，

一个流氓和懦夫——任何人揭下这份通知，
都是想将他的名字取代通知上的人。

塔克因发出决斗邀请和发表诽谤被判有罪。[9]

在为革命军担任外科医生以及当了一年的战俘之后，塔克参加了新宪法之后的第一届国会竞选。他被选上了，然而此前他在一次与对手他的侄子的决斗当中左大腿严重受伤。这位当选国会议员对能走出查尔斯顿感到双倍的高兴，因为他开诊所"是如此欠考虑"，以致它几乎不能维持他的生计。[10]在国会的四年期间，他证明自己是一个坚定的反联邦党党员。因此当杰斐逊成为总统之后，作为对塔克的回报，他任命塔克为美国的财政部长。其后塔克一直担任这个职位，直至1828年去世。他的投资在其从事公务之后也有了丰硕回报。因为他的妻子和两个孩子死在了他的前面，他就为他的约值10万美元的财产立下遗嘱，言明其由所有亲戚均分。

尽管托马斯·图德·塔克取得了一定的成就，但这个美国政治王朝的实际创始人是他的弟弟圣乔治。这其中包含着某种反讽，因为，与那位狂暴骚动的查尔斯顿国会议员不同，圣乔治试图避开政治，并告诫他儿子也要这样做。出于法官的气质，他劝告说不要同时成为"1 000支毒箭的靶子"。"我不会为做教皇就向人献吻，"他说，"做皇帝就更不会。"[11]

只有一次他置审慎判断于不顾，踏入政界。作为弗吉尼亚代表团成员之一（另外还有詹姆斯·麦迪逊，埃德蒙德·伦道夫，以及乔治·梅森），他动身去安纳波利斯为将要制订美国宪法的会议作好准备。[12]然而他过着一种"美国的布莱克·斯通"似的生活——法官、教授、法学家。他的名声如此之大，以致他1827年的讣告成了伦敦的一条新闻。

在圣乔治身上融合了许多他的兄弟令人感兴趣的品质：亨利的讲究实用，托马斯·图德的慷慨大方，以及纳撒尼尔那诗人般的想象力。在他到达威廉斯堡后，进入威廉玛丽学院读书没过多久，他迷人的风度、临场的机智，以及良好的判断使他跻身于弗吉尼亚杰出人才之列。

同所有叫塔克的人一样，他也擅长作诗。他有一首诗被本杰明·富兰克林引用在他的自传当中[13]；另一首则引发了约翰·亚当斯极为夸张的诗行："我不知道我最欣赏哪一方面，它的简洁，它的优美，它的哀婉，它的哲理，它的寓意，它的宗教，还是它的崇高——在荷马、维吉尔、弥尔顿、莎士比亚，或者蒲柏的作品中，是否有同样多的诗行，值得以更加不可磨灭的字母，铭刻在青春与老年的记忆之中?"[14]这首让美国第二任总统快乐到失控的诗叫作《与世无争》或《我的青葱岁月》，在一些美国文集中至今仍能找到它。[15]

圣乔治在独立战争期间执行了几项特别的任务。他组织了一次成功的偷取藏在百慕大弹药的行动，但这并没有让总督布鲁埃尔进一步增添对塔克的好感。他以特别贸易代表团成员身份被派往西印度群岛，然而非但没有得到帕特里克·亨利的感谢，反而这位弗吉尼亚的总督告诉他："我认为你在靛蓝(indigo)上花的钱太多了。"[16]（假如帕特里克·亨利能知道圣乔治确保了他在历史上将留下一席之地的话，他或许会更欣赏他一点：1775年的那段著名的发言"不自由，毋宁死"是即兴的，主要是根据塔克的笔记重新组织的，塔克当时是一个站在走廊里听讲的青年学生）。[17]

作为一名民兵中校，他参加了盖尔德福德县城战役中的战斗，战斗中他阻挡住一个擅离职守的美国士兵的去路，腿部被刺刀轻微刺伤。这到底是"故意设计还是事故"塔克说他无法告知。后来他参加了攻打约克顿的战斗。[18]

但他最独特的任务是担任法语翻译，因为罗尚博的一帮青年冒险家的需求是多样化的。有一次，当德·庞特维斯·琴(Vicomte de Pontevés Gien)子爵希望向约克敦的一位纳尔逊小姐示爱然而不会说英语时，指导他如何进行诱导式谈话就是塔克的任务。这段关于法美之间联手的记录，配上子爵用他自己的语音拼写出来的译文，表明法国人的技巧是慢慢地一步步加大热情：

> "我想去波士顿，但是，唉，我的心却留在了约克敦。"
> (*Je vais à Boston, mais, hélas! mon coeur reste à York.*)
> "你的眼睛已穿透了我的心。"
> (*Vos yeux m'ont percé le coeur.*)
> "我非常爱你。"
> (*Je suis véritablement amoureux de vous.*)
> "我太爱你了，我已无法掩藏我对你的激情。"
> (*Je vous aime trop, pour pouvoir cacher l'excès de mon amour.*)[19]

发生在圣乔治自己身上的一场感情是与马托克斯(Matoax)的约翰·伦道夫的美丽的遗孀，25岁的弗朗西丝·布兰德(Frances Bland)在一起时产生的。在靠近威廉斯堡教区教堂的钟楼的入口立着一根大理石箭杆，这是这场婚姻带来的子女之一的坟墓的标志。在它的南侧写着,"弗吉尼亚名门之后"。名门指布兰德家族。因为贫困的塔克结婚后成为了老自治领最古老最尊贵的家族中的一员。第一位布兰德据说在1635年经乘船航行来到弗吉尼亚购买了大块的土地。轻骑兵哈里·李有一个布兰德祖母。弗朗西丝·布兰德的父亲为了给革命者购买弹药卖掉他的部分奴隶。她的叔叔是大陆会议成员,而她的弟弟被选入了新宪法下的第一届国会。

弗朗西丝第一次婚姻嫁给了一个姓伦道夫的人,她与他有双边的血缘关系。这对讲究优生(eugenistic)的夫妇生了三个纤弱清秀、十分敏感的男孩——理查德,西奥多里克(Theodorick)和约翰(后来一般被叫作罗阿诺克的约翰·伦道夫)。当他们的母亲再婚时,他们分别是8岁,7岁和5岁。圣乔治给予了这些继子大量的爱,不过当有必要时他也会很严厉。几个孩子,反过来,后来将会给他的平静的生活带来他所知道的唯一一次悲剧。

作为她第一任丈夫在阿波马托克斯河岸的1305英亩的马托克斯庄园的继承人,可爱的弗朗西丝不仅富有,而且当圣乔治去打仗之后她还是有人情味和有才能的种植园的监督着。在已处妊娠后期的时候,她还行走五十英里去保护一个逃跑的奴隶不受他监工的暴行。[20]她和塔克有一个女儿和两个年幼的儿子。她死于35岁。

三年后圣乔治·塔克娶了另一位富有魅力的来自贵族家庭并拥有大量家产的年轻寡妇。莱利亚·斯基普威思(Lelia Skipwith)曾是乔治·卡特(George Carter),一个涵盖7 000英亩土地的种植园科罗特曼(Corrotoman)的主人以及弗吉尼亚历史上最大的地主"金"卡特("King" Carter)的曾孙的妻子。她自己的祖先同样令人肃然起敬:佩顿·斯基普威思(Peyton Skipwith)爵士,她的父亲,拥有当时弗吉尼亚唯一的准男爵爵位;她的母亲,一名脾气急躁的苏格兰妇女,据说至今仍然作为幽灵徘徊在威廉斯堡威思住宅(Wythe House)的台阶上。

圣乔治·塔克的法官生涯始于1788年,除中断了两年之外,一直延续了他人生最后的39年。[21]有8年他担任州最高法官,即弗吉尼亚最高上诉法院院长,有将近15年他担任联邦法官。同时期间,他于1800年接替他自己的重要导师乔治·威思(George Wythe)的职位,担任了威廉玛丽学院的法律教授。

这种法官兼教授的传统将会传给他的几个儿子,一个孙子和一个曾孙。政治是随他们的法律才能自然而来的副产品。但他们难得寻求经选举担任的公职,只是因为他们极少能够抵抗住公职的召唤。然而正是在法庭和教室而不是在立法大厅才能发挥他们最大的作用。一个多世纪以来弗吉尼亚的塔克家族不断培养出南方最优秀的法律人才，包括南部邦联国务卿 R. M. T. 亨特(R. M. T. Hunter)，弗吉尼亚州长亨利·A. 怀斯(Henry A. Wise)，西弗吉尼亚州长威廉·A. 麦科克尔(William A. MacCorkle)，来自密苏里州的参议员托马斯·哈特·本顿(Thomas Hart Benton)，弗吉尼亚州的参议员约翰·S. 巴伯(John S. Barbour)，威尔逊的战争部长牛顿·D. 贝克尔(Newton D. Baker)，以及 1924 年民主党总统候选人约翰·W. 戴维斯(John W. Davis)。

圣乔治，同所有愿意跟随他的塔克一样，是一个多产作家。他最著名的著作是含注释的五卷本《关于布莱克斯通的评述》(俗称《塔克伦·布莱克斯通》)，里面包含了一种对美国宪法最早的法律阐释，成为了弗吉尼亚所有法律系学生的标准教材。他还献给州议会一本著作，书名是《论奴隶制兼对其逐渐废除的建议》(*Dissertation on Slavery: With a Proposal for Its Gradual Abolition*)。正如这位有远见的法学家所言，这是一个“头等重要”的课题，“这不仅是指对于我们的道德品质和国内和平，甚至也包括对于我们的政治救赎在内”。[22]

弗吉尼亚州有一句俗语，只有伦道夫配得上伦道夫(only a Randolph was good enough for a Randolph)在该殖民地和这个国家的早期历史中几乎没有家庭能比该家族更为杰出：[23]托马斯·杰斐逊有一个伦道夫母亲；约翰·马歇尔有一个伦道夫祖母；大陆会议第一任主席是一个伦道夫，美国的第一位检察总长也是。

而圣乔治·塔克有三个伦道夫继子，其中一个，即来自罗阿诺克的约翰·伦道夫，是美国历史上最奇怪，或许还是最有才华的人物之一。

在担任杰斐逊的在众议院的党派领袖的一小段时间内，约翰·伦道夫是国家政治中的一股强大积极的力量。但是，在他与当总统的亲戚闹翻之后，他的影响就再没超过一个危险的牛虻，后者锋利的螯针还会给肉体造成伤害。在本杰明·拉什眼里，他似乎是“一个手里拿着玩具手枪的恶作剧的男孩，将里面的脏东西喷进任何一个看过他的人的眼睛里面”。[24]他的目标中有两个叫亚当斯的总统，他想摧毁的目标准确得可怕。

他在国会 25 年中，借着酒精与麻醉剂的助力，伦道夫变得越来越古怪。有些人将他的古怪行为归因于性无能。他将他的狗带进国会；他与亨利·克莱等其他人进行无谓的决斗；他对如何正确使用英语变得如此认真，以致他临终竟从他的床上愤怒地坐起来纠正医生的发音："OmnIPotent(全能的)，先生，请永远读 OmnIPotent，先生！"而这实际上就是他临终遗言[25](这与塔克家的人大不相同，后者有一个非同寻常的习惯，他们总是在临死前还讲着笑话)。

伦道夫与圣乔治·塔克的关系起初很亲密。男孩的母亲在他十四岁时就去世了，继父尝试着填补这一空白。他毫无疑问比对他自己的儿子还溺爱约翰，甚至还给他钱去付赌债(反之，塔克在听说他的一个儿子参加了一个友谊性质的纸牌游戏之后大发雷霆，即使他赢了)。

23 岁时约翰·伦道夫写信给塔克："上帝保佑你我的父亲，我永远敬爱的朋友。只要这颗心脏还在跳动，它将永远充满对你最热烈的爱。"[26]然而 10 年之后他竟恶毒地公开谴责塔克滥用由他父亲留给他的奴隶，阴谋夺取他的财产以留给塔克的孩子。这些指控显然是荒谬的。对伦道夫的行为的一个解释是他憎恨他继父的再婚——他称第二位塔克夫人为"一个泼妇和刁妇"，但这还是在他与圣乔治决裂了很长时间后的事情，他早期的信件提到她时还怀着喜爱。另一个解释是痛苦是由政治引起的，伦道夫一直是支持门罗当总统的主要代表，而他则支持麦迪逊当总统，不过这也被伦道夫在 1808 年总统竞选之后寄给继父对他表示了高度尊敬的信件所否认。最直接的解释就是伦道夫患有精神病，他针对塔克的行为由疾病引起的。

进了棺材还要继续控告的伦道夫在遗嘱中再次对圣乔治提出不实指控，而为了保护父亲的名誉，塔克家的子女通过法庭打起了官司。经过十二年的诉讼之后关于这份财产的问题终于尘埃落定，罗阿诺克的约翰·伦道夫死后在法律上被宣布患有精神病。

圣乔治的继子当中最大的一位也是个不让人省心的主。理查德·伦道夫，性情温和、意志薄弱，他成了 18 世纪美国最大的丑闻三角中的一个顶点。在一封致法官塔克的公开信中，理查德宣称，鉴于说他"犯有人类无法容忍的罪行"的恶毒的谣言，他愿意到县法院回答任何他的指控者希望指控他的指控。

1793 年 4 月 29 号，他被正式控告犯有杀害婴儿罪而被关押，并不得保释。理查德娶了一位远方亲戚的女儿，朱迪丝·伦道夫，她的妹妹南希与他们住在一起。[27]州试图证明的事实是他与他 16 岁的小姨子发生了暧昧关系，致她产下一子，而他杀死了孩子。事实毫无疑问是确凿的，不过孩子很可能生下来就死了。伦道夫聘约翰·马歇尔和帕特里克·亨利为他的法律顾问。他被宣告无罪，主要是因为朱迪丝作了伪证(她发誓她的妹妹没有生孩子)，而且还因为发现胎儿的那位仆人的证词在弗吉尼亚法院不被承认。

三年后理查德突然死亡。一本经过仔细研究的小说认为他是被毒死的。这次谋杀，故事说，是由他的妻子策划，然而却由于疏忽死在了他情人的手里。朱迪丝将药方上写的半粒吐酒石(tartar emetic)改为了十粒，这是致死的剂量，然后叫南希搅一下就去送给他服下。在他已在极为痛苦地扭动的时候，朱迪丝拖延了去叫医生的时间。[28]

理查德的遗嘱，受法官塔克的废奴主义观点的影响，是已有的反对奴隶制的文献中写得最雄辩、最有说服力的文献之一。他的奴隶被释放，被安置在与他的种植园隔河相对的一块土地上。但是这个区域，通常称它为以色列山，不久就成为了贫困与堕落的代名词。伦道夫的唯一一次的高尚行为讽刺性地后来被奴隶制的拥护者作为解放奴隶的弊端的主要证据之一。[29]

理查德与朱迪丝·伦道夫的婚姻带来两个孩子。最大的，圣乔治(St. George)，生下时又聋又哑。23岁时他彻底疯了，被送往精神病院收容。然而他活到高龄，作为一个没有危害性的疯子住在弗吉尼亚夏洛特县府大院度过了他的最后岁月，在这里，凭着飘逸的胡须和雪白的长发，他还在邻里中获得了某种浪漫的光环。小儿子，个子高高皮肤黝黑的图德·伦道夫(Tudor Randolph)，上了哈佛，在后来当了哈佛校长的贾里德·斯帕克斯(Jared Sparks)的记忆中，他"或许是曾在我了解的剑桥大学读过书的人当中最有希望的年轻人"。[30]然而，在毕业学年，他因患肺炎去世了。

在他不幸夭折之后，他罗阿诺克的叔叔约翰·伦道夫写道："然而上帝会为此高兴：我的骄傲受到了抑制……除了在一个疯子的血液中，况且他还'又聋又哑'似中魔咒，我父亲的血液一滴也不容流入除我之外的任何生物体的身上。"[31]

朱迪丝·伦道夫死于1816年。曾经有一个求婚者说她的皮肤之白"并不亚于当曙光女神行将将她发射出的光线送往整个生命世界的那一刻出现在天空东方的那种颜色"。[32]然而随着她的日子在痛苦和失败中度过，即连她的脸也变得平常，不再好看了。

在这些不幸的伦道夫中，只有任性和脾气暴躁的南希还捞到了部分幸福。但首先她在她妹妹家里过了15年，在此她一直处于蒙受屈辱的状态——独自一人在厨房吃饭，倒尿盆等。随后在1809年4月她被富裕的古弗尼尔莫里斯雇为女管家。在圣诞这天，她嫁给了那位曾经的联邦党人外交官。这场婚姻因遭约翰·伦道夫疯狂的责骂而经受了考验同时也得到了巩固，后者写信给莫里斯说她杀了她的兄弟，并与一个奴隶有暧昧关系。南希给了她丈夫一样他终生缺乏的东西——一个儿子和一个继承人。在他去世的那天这位老于世故的贵族不仅留给他的遗孀一笔不错的收入，而且在他的遗嘱里规定倘若她再婚的话，收入还应增加。

还有一个远房亲戚、为塔克家族增添了荣誉。双亲都与圣乔治有亲戚关系的乔治·塔克，于1790年十五六岁的时候从百慕大来到弗吉尼亚，并经他取得成功的堂哥的赞助而被引入了上流社会。乔治日后成为一名国会议员，杰斐逊在弗吉尼亚大学的第一批教员之一，以及涉足历史、哲学、经济学以及小说等领域的多产作家。

对一位未来"道德哲学"教授而言，乔治的早期生活并未以高尚著称。法官塔克不断地帮他摆脱债务，一家贷款公司有一次甚至将其扣了起来。他想方设法将获自他第一任妻子的一笔可观遗产挥霍一空。在华盛顿，他从1819—1825年在国会就职，而他的大部分时间花在了赌博上(他一次就输给一个职业老千1 000美元)。

极少有人会对这位塔克不感兴趣。司法部长威廉·沃特(William Wirt)称他是"一个很好的人"。[33]但是一个跟他在弗吉尼亚大学度过了一天的年轻人报告说塔克"虚荣又自私"。另外，他还说，教授与他的妻子"在从头到脚浑身没有一点显示真正友好热情的地方，尽管他们装模作样摆出银器餐具再加上一点时尚的花样"。[34]

无论个人可能会有的什么缺陷，乔治·塔克的写作还是显示出一个充满活力和富有想象力的大脑以及一种略带古怪的幽默感。他的20几本著作和数百篇文章包括两卷本的第一本杰斐逊传记；一篇小说《谢楠多厄谷》(*The Valley of Shenandoah*)，是用小说来描写弗吉尼亚生活的早期尝试；《月亮之旅：对摩罗索菲亚及其他月球居民的行为与习惯，科学与哲学的若干叙述》(*A Voyage to the Moon: With Some Account of the Manners and Customs, Science and Philosophy, of the People of Morosofia, and Other Lunarians*)，这是对某些今天早已被遗忘的当代机构的讽刺剧。在另一篇未发表的科幻小说《今后一百年：或1941年的浪漫故事》(*A Century Hence: Or a Romance of 1941*)中，塔克预见到像在空中飞过的飞车，利用太阳射线生产辐射热，多种方法利用废料制作食品，照亮纽约市的煤气灯，以及美、俄、英为了制作第一台可观察月球的巨型望远镜而展开激烈竞争等未来奇观。[35]

圣乔治·塔克的三个孩子——亨利，纳撒尼尔·贝弗利(一般称贝弗利)，和弗朗西丝——由一位节俭的苏格兰裔的爱尔兰农民的儿子当他们的辅导老师，后者后来到威廉斯堡与他们住在了一起。起初塔克支付约翰·科尔特(John Coalter)一年30英镑，但之后他们想出了一个服务互换的办法，法官教这位年轻人学习法律。科尔特学习进步很快，最终接替了他的老师在弗吉尼亚最高诉讼法院的位置。他后来还成为了弗朗西丝·塔克的丈夫。

法官塔克的两个儿子在外观和气质上都大相径庭。长四岁的亨利很像他的父亲——温和，幽默，思想开阔。贝弗利呢，急躁，孤僻，行为古怪，似乎颇像被他理想化的继父，罗阿诺克的约翰·伦道夫。在贝弗利日后成为首屈一指的州权理论家——用弗农·帕林顿(Vernon Parrington)的话说，他"将弗吉尼亚的地平线折叠成哈得孙湾一样的地毯裹在身上，蔑视来自北方的寒风"——的同时，他的弟弟亨利则持更加宽容开明的宪法观点，支持杰克逊的全国性的内部改良制度，反对州有权拒绝执行联邦法令的理论。[36]

亨利全部的政治生涯包括在弗吉尼亚下议院的2年，国会的4年，以及州参议院的4年。在地方层面上，他提出了一个逐步解放奴隶的建议，同他父亲以前做的一样——这个建议在州议会以一票之差被击败。

1815年他以3∶1的优势被选入国会，尽管他生病在床，没去参加竞选。在华盛顿，亨利反对提高议员薪金，这个立场使他站在了罗阿诺克的约翰·伦道夫的对立面，后者尖刻地向同事发问："难道被广大人民视作为了每小时不到一美元而工作的临时工的感觉真的那么美妙?"[37]加薪方案通过了，但亨利拒绝同意提高自己的薪水。

伦道夫与亨利的父亲的宿怨进一步加大了他们的紧张关系，即使圣乔治也劝他的儿子"不要加入到我的痛苦中来"。但是亨利在1819年写道，他的继兄弟在国会的存在"使我更加为我的引退感到高兴"。[38]

但在封闭的弗吉尼亚政坛，要想避开冲突并不容易。当议会1825年为新的美国参议员进行投票时，继兄弟是对手。塔克在头两轮投票中领先，伦道夫第三轮当选。在对最后一轮投票进行点票之前，塔克的一位支持者试图撤回他的名字，说他是在严格按照候选人的指令在行动。有理由相信立法者听说过塔克不想与他的继兄弟一起进行一场谁可以自由参加辩论的愿望，而这可能对结果产生了影响。[39]但即使亨利实际上并没有故意输掉竞选，他大度的胸怀还是有大量的文件可证明的。一听说伦道夫当选，他写道："我本希望，真的，我的名字已被撤下来，然而又希望它的被撤下，即使是在当时其发生的时候，不要太迟，以致未能显示出我对他的尊敬。上帝保留了他的位置以作为适合他身份以及给予老自治领的荣誉。”[40]

亨利欣然放弃了通过选举获得议会席位的机会，在一名州法官的位置上干了十七年。有部分时间他是弗吉尼亚最高上诉法院的院长——圣乔治曾经担任过的职位。他的名声如此之大，以致他的三名同事都热烈地欢迎他担任他们的主审官，即使他是法院中最年轻的成员。

这也是他作为一名作家最有收获的时期。每天从早上四点工作到中午，他完成了两卷本的《弗吉尼亚法律评论》(*Commentaries on the Laws of Virginia*)，以及还有他的《宪法学讲义》(*Lectures on Constitutional Law*)。

杰克逊总统想让他担任美国司法部长，但塔克拒绝了。他说他对他现在的工作很满意[41](随后罗杰·托尼接任了这个联邦职位，而几年之后他接替约翰·马歇尔担任美国最高法院首席大法官)。

圣乔治·塔克曾经这样写他的第二个儿子，贝弗利，“他定是在某个灾星的掌控下生下来的”![42]他是一个喜怒无常和早熟的孩子，常常犯错。他渴望他父亲的爱，然而圣乔治对他的冷落和漠不关心让他感受到了不公平。这方面，或许使得他与约翰·伦道夫走得更近。然而这两个都是暴脾气的人之间的关系注定了会是不断的一会儿高峰一会儿低谷。在一次争吵之后，塔克搬到了圣路易斯，在这他将一个律师事务所建在了一个空心的树干里面。尽管各种古怪，但他成功地为各个州法院服务将近 13 年。

贝弗利的第一任妻子是波莉·科尔特(Polly Coalter)，是他儿时的老师和姐夫的长红头发的妹妹。当她于结婚后的第十八年 1827 年去世之后，他又娶了她年轻的侄女，伊莉莎·内勒(Eliza Naylor)。这场婚姻因被认为违反了教规和神的法律而受到内勒家族的强烈反对。新娘在婚后四个月死于肺炎，而内勒家与塔克之间郁积的不和又持续了数年，并导致伊莉莎的父亲和兄弟被停止参加长老会活动。

第三任妻子，塔克选择了露西·安·史密斯(Lucy Ann Smith)，她是一名杰出的军事家——阿肯色的史密斯要塞就是以他命名的——托马斯·亚当斯·史密斯(Thomas Adams Smith)将军 18 岁的美丽女儿。露西还是来自田纳西的著名参议员，休·劳森·怀特(Hugh Lawson White)的侄女，塔克在 1836 年曾支持后者竞选总统。

这次婚姻产生了 6 个孩子，三男三女，全部以贝弗利作为中间名字。“我一直被我的家里人当作一个外来的人，"贝弗利写道，"因此我就留心给我所有的孩子指定一个能分辨出我的家族分支的名字。"[43]

最后是伦道夫诱使贝弗利回到了弗吉尼亚。伦道夫有次写信给他："你似乎没有意识到我是如何将你当作我全部的幸福的基础。"[44]到1833年，当他临终的时候，他恳求贝弗利回来照顾他。正当贝弗利将他一家迁往罗阿诺克的时候，他的继母去世了。有人建议让纳撒尼尔·霍桑写伦道夫的传记。贝弗利否决了这个建议，觉得这就像是将拜伦最庄重、最悲观的诗之一交给"一个穿着宽松长裤的小女孩去唱而她的小弟弟则在一边吹着八孔竖笛(flageolet)为她伴奏"的味道。[45]更恰当的纪念，他觉得，就是让他继续从事伦道夫在国会的工作。但贝弗利以737票对1 038票被击败，他将这次失利归因于杰克逊总统在"下层阶级"中较受欢迎。[46]

然后有关方面请他担任他父亲在威廉玛丽学院的旧职位——法学教授。这个职位的薪俸是600美元，另外再加上向上他课的每个学生收取的30美元的费用。1834年他刚开始上课时只有三个学生，然而事实证明他是一个广受欢迎的教师，1840年选他的课的学生上升到36名。但是第二年，当他的弟弟亨利从上诉法院辞职成为弗吉尼亚大学法学教授之后，贝弗利面临的竞争陡然增加了。

亨利的动机基于一大家子人日益增大的需要。他的儿子现在已到了上大学的年龄，假如他搬往夏洛茨维尔(Charlottesville)的话，他的开销将大为减少。大学为他提供了优越的条件以吸引这位有名望的法学家，因为大学的声誉现在还处在一个低点。一位法学教授刚刚在一次学生暴动中遭到谋杀(暗杀者表面上并非出于个人积怨，但是据说在暴动期间他打算向教职员工中第一个试图扯下他的面具的成员开枪射击)。[47]

塔克兄弟，利用他们父亲的笔记本，现在几乎对弗吉尼亚的法律教学实现了垄断。贝弗利在听到两个本有希望到他这边来的学生流到了亨利那边之后写道："我希望我一直能够为他的成功感到高兴，尽管我稍有牺牲。"[48]亨利的健康状况迫使他在1845年退休。在他短暂的大学生涯中他推出了诚信制度，这是首次在美国出现的一种制度，对于废除要求学生穿校服、早起床等陈旧的规则起到了重要作用，同时这也必然会使他在学生中大受欢迎。

贝弗利持久的荣誉是一名作家。在政治小册子和小说中他阐述了一种部分是约翰·伦道夫，部分属于威廉玛丽学院的一个同事托马斯·R. 迪尤(Thomas R. Dew)的哲学。从他的继弟那里他学到了一种对州权利的热情

（正如伦道夫所言，“让某个州交出部分主权就像让一个女子交出部分贞洁一样”）。从迪尤那里他获得了这样的信念，即奴隶制是“一种绝对的善”。[49]这种教义学说上的综合势头并未因最轻微的让自己不那么彻底严肃的一时松懈而有缓解，反而因完全缺乏塔克的那种幽默感而加强了。

他对北方的那种几乎病态式的仇恨可以通过他希望被纳入密苏里州宪法的一项条款，即禁止所有的北方佬（Yankees）进入这个新诞生的州中得到说明。当被问起他怎样能阻止他们跨过密西西比河时，他回答说：“我会指示河两岸的所有渡船工人，每当有乘客跑过来想要过河时，就让这位申请摆渡的人发‘cow’（母牛）这个单词的声音，如果他发出‘keow’的声音，就不让他过河。”[50]

使贝弗利不只是一个怪人的因素是他作为一个作家的不俗的才能。埃德加·爱伦坡曾将塔克的一篇小说称作是“迄今为止美国人写的最最卓越的小说之一”。[51]他最著名的作品是《党派领袖》（*The Partisan Leader*），这篇小说本是作为1836年总统竞选中反对范布伦的宣传文章而创作出来的。虽然它写于炮轰萨姆特堡之前二十年，但他预见到了脱离与内战（南北战争）。本书还包含几乎未加掩饰的贝弗利和亨利的形象在里面：那位虚构的大哥，公务领域有建树并家境富裕，默认联邦对州的蚕食，相信统一在任何情况下都好于分裂；弟弟，没那么富裕也没那么受人尊重，鲁莽、易怒，拥有坚定的州权信念。亨利深受性格伤害，而贝弗利则深为亨利的轻视所伤。

亨利，作为南方最后一批温和派领导人之一，死于1848年。贝弗利于三年后去世，他是南方第一批吞火魔术师之一。

亨利作为年轻人以为他自己热烈地爱上了他的继妹波莉·卡特（Polly Carter）。但对王朝来说幸运的是，她回绝了他的求爱。因为她的婚姻没有带来孩子，而亨利与他的妻子安妮·埃维莉娜·亨特（Anne Evelina Hunter）有十三个孩子。除了生育率之外，亨利的妻子还拥有一个坚强的性格和一把绿色的伞，后者被用作一把轻剑防止子女在教堂做礼拜时打瞌睡。[52]

同样地，从质量的角度，亨利也有一个非同寻常的家庭。他的孩子包括：

——大卫·亨特·塔克（1815—1871），弗吉尼亚医学院教授，他跟他的学生说一个听诊器“只不过是一根一个病人在这头一个十足的笨蛋在另一头的管子”；在“石壁”杰克逊最后一次生病时是他在身边照料他；《助产学基本原理与实践》（Elements of the Principles and Prac-tices of Midwifery）的作者；美国副总统乔治·达拉斯的女婿。

——亨利·圣乔治·塔克(1828—1863),人称"圣徒"律师;弗吉尼亚参议院和下议院的书记员;《汉斯福德:培根反叛的故事》(*Hansford: A Tale of Bacon's Rebellion*)的作者,重版书名改为《虔诚的新娘》(*The Devoted Bride*),这是美国历史小说中对现实主义手法运用的里程碑;弗吉尼亚州长的女婿;南方邦联中校;死于半岛地区运动感染的痨病(consumption)。[53]

——纳撒尼尔·贝弗利·塔克(1820—1890),人称贝弗利,报纸编辑、外交官、华盛顿说客、院外活动集团成员;邦联特工;被诬告为刺杀林肯行动的同谋。

——约翰·伦道夫·塔克(1823—1897),人称"兰"(Ran),弗吉尼亚检察总长、美国众议员、法学教授、美国律师协会会长、作家。

第二位贝弗利·塔克是一个魁梧、乐呵呵的人,一点都不像他取了其名字的叔叔。他身着黑斗篷、头戴海狸皮帽的巨人般形象在华盛顿家喻户晓。在华盛顿他是《哨兵》(*Sentinel*)的编辑,他欢腾活泼的个性与好脾气使他成为首都最受欢迎的花花公子。作为对他支持总统的社论的奖赏,布坎南总统派他去利物浦取代纳撒尼尔·霍桑担任美国领事。

当内战爆发后,贝弗利赶回弗吉尼亚的家,但是杰斐逊·戴维斯马上派人叫他回来欧洲担任采购代理人。后来他被调到加拿大负责棉花换腊肉贸易。[54]在加拿大时当他听说南方已经投降,美国政府正悬赏25 000美元捉拿他,无论死活。

1865年5月10号的上午,少将大卫·亨特宣读正式的起诉书,控告杰斐逊·戴维斯,贝弗利·塔克等其他人与约翰·威尔克斯·布思(John Wilkes Booth)"联合,结盟然后合谋"杀害了林肯总统。被提到名字的四个人,包括塔克在内,是所谓的"加拿大内阁"——蒙特利尔邦联特工伪外交集团——的一部分。这个将他们与暗杀联系在一起的诉状依靠的是一个不可信赖的双重间谍和一位无道德原则的江湖医生的证词。[55]这种诉状在法庭上不可能站得住脚,因而塔克从来没有接受审讯。

塔克在回答对于他的荒谬指控时称,安德鲁·杰克逊"是唯一一个有可能从做出这件恶劣的事获益或得到好处的人"。[56]这一说法被这位总统的敌人利用,继后对对约翰逊的弹劾案产生了重要影响。[57]

但是贝弗利保留了对控告他的特别法庭的首席法官大卫·亨特的全部愤怒。这位严厉的联邦将军因为焚烧了弗吉尼亚军事学院(V. M. I.),那所被称为"南部的西点军校"(the West Point of the South)的院校已经赢得了每一位弗吉尼亚人永久的仇恨。正如一个列克星敦的本地人安妮·布龙(Annie

Broun)所言:“我能说:‘愿上帝宽恕吗?’假如人类可以用嘴唇将他的名字举上天,则天使就会将这邪恶之人再推下去。无数人的诅咒将会永远伴随着他,并给那个叫亨特的名字烙上耻辱的标记:亨特耻辱。”[58]塔克又接着说将军没有子女是因为“上帝的英明规定,即丧失人性的禽兽不应繁殖后代”。此外,他指控说亨特已经“用被他焚烧掉的对他无害的自己宗族亲属的房屋的灰烬玷污了他的灵魂和烧焦了他的手,在那,在他们当中,他度过了他的青少年和成年岁月,受到了最优裕和最慷慨的款待”。[59]在接下来的7年时间里塔克居无定所。他尝试管理在墨西哥的一个大牧场,但由于墨西哥皇帝马克西米连被推翻而受阻;他在加拿大开了一家旅馆,然而被占便宜吃白食的南部流亡者逼得走投无路。最终,在1872年,他回到了华盛顿当了一名说客,或者,按照他妻子比较好听的说法,“在各部门和国会面前倡导各种权利的人”[60](他的主要客户是托马斯·斯科特,宾夕法尼亚铁路总裁)。

华盛顿对久违的朋友敞开了心扉。在他众多的知己中包括格罗弗·克利夫兰。一个流传的故事是,这位当选总统对塔克说:“那么,贝弗,明天我宣誓就职了,能为你做点什么呢?”“格罗弗,”这位说客回答,“当你宣誓就任美国总统的时候,我将作为一个卑微的旁观者站在国会山的台阶上。当你宣誓完毕之后,我要你做的只是向我招手致意。我将拾阶而上,然后请当着一大群在场观众的面,张开你的双臂抱住我,叫我贝弗,就像你今天晚上做的一样。这就是我所要你做的!”[61]

然而他唯一得到的总统恩惠却好景不长。在1890年塔克去世前的一年,本杰明·哈里森就让他加入赴海地外交代表团。但是,当一名颇有事业心的记者又将他与他人串通参与刺杀林肯计划的老故事搬出来之后,总统撤回了对他的安排。

贝弗利的弟弟兰也是格罗弗·克利夫兰的朋友。据说,要不是担心过于轻浮与威严的法庭不太相称这一点的话,总统原本要委派他到高等法院工作的。因为兰·塔克这个家伙太喜欢逗乐,他开的玩笑经常令人不快、伤人感情。1875年当他第一次被选入国会是时,一位头脑清醒的选民告诫他:“假如你希望你做的事能提高你的名誉,或为了这个老大州做点事,先生,我希望当你到达华盛顿之后,你再也不要跟人家讲什么趣闻轶事。”[62]这个好心好意的劝告没被兰听进去。塔克不久就抱怨要求听他讲故事的人实在太多,以致接受所有的“边吃饭,边吹吹牛,讲讲笑话”的邀请就占完了他为国会尽职的时间。

在一次宴会上，帕德雷夫斯基是贵宾，兰押赌10美元让抑郁的波兰人笑出来。但他就是没笑。最后塔克问钢琴家他是否愿意听听他来演奏一首高难度的曲子。然后他就对帕德雷夫斯基作了惟妙惟肖和极其夸张的模仿——双手乱舞，头不住地摇晃，头发盖住了他的脸。这位大音乐家爆发出一阵阵狂笑，模仿者赢得了赌注。[63]

詹姆斯·G.布莱恩是很多发现要想战胜塔克的语言是不可能的人当中的一个。在他们之间一次激烈的国会辩论之后，这位缅因州议员最后说："算了，发言人先生，我不是律师。"对此兰回答："发言人先生，对本院所有律师而言，这位来自缅因州的绅士透露的信息肯定是完全多余的。"[64]

塔克可能是他那个时代最杰出的审讯律师。[65]他担任弗吉尼亚检察总长八年，包括在南北战争期间。即使是最沉着稳重的美国律师协会——他曾经是会长，也承认塔克"让陪审员着迷，以致他们忘记了他们对正义事业的应尽义务"。[66]然而塔克也有过几次重大的历史性失败。他在1877年选举团会议上代表蒂尔登，然后在最该法院为芝加哥秣市（Haymarket）的无政府主义者辩护。当被问起他为何要接后面这个案子，他回答说："我不是为无政府主义辩护，我是在捍卫宪法。"

同他所有的父辈一样，兰也是一名严格的立宪主义（拥护）者，这个类型的人到他进入众议院时已经被认为"过时"了。他在国会的第一次发言就为他在华盛顿的12年定下了基调。众议院正考虑拨出150美元在费城举办百年纪念博览会。对这一举措的爱国主义拥护者正在到处大肆演说。伊利诺伊州的卡特·哈里森刚刚宣布周年庆祝将会带来一个新的秃鹰（American eagles）品种，"它以圆形的额头划过一片蓝色的天空飞翔在远方雄伟壮丽的苍穹之下"（据推测是指国会大楼）。塔克的回答更加实在。"给我看看授予的权力在哪，"他说，"或者证明该法案对实施这种公开授予的权力有多么必要和多么恰当，或者在上帝面前以及在我立誓的情况下我不能对它投赞成票。"[67]7月4日的庆祝在宪法中并未要求，因此它是违宪的。这种推理让詹姆斯·A.加菲尔德张口结舌同时十分愤怒。然而这两人，尽管在国会拼命地斗嘴，却成为忠实的朋友，同时总统指定塔克做他孩子的监护人。[68]

塔克进入国会实属偶然。他的选区（选举）陷入僵局，作为妥协，兰获得提名，全体通过。他五次获得提名都未遭遇反对，进而凭借资历和心智的敏锐成为了众议院握有实权的议员：在不同的时代担任众议院筹款委员会和司法委员会主席，塔克-埃德蒙德法案的共同作者，该法案废除了犹他州的多配偶制的合法性，以及塔克法案的共同作者，该法案制订了选举团票计算的相关规则。他在议会的发言是他那个时代中最为出彩、最显才华的发言，尽管当中不时会夹杂几句拉丁文和经典语录，这方面他特别自负。一位同事曾经逗趣地指出："不进则退（*Nulla vestigia retrorsa*），这位绅士用他的祖先波卡洪塔斯女士的语言大喊。"身体内并无流淌着印第安血液的塔克干巴巴地说："波卡洪塔斯的后代从不讲 *retrorsa* 而是讲 *retrorsum*。"[69]

最终在1887年塔克放弃了他的议员席位。他曾是在一个具有强大的贸易保护主义倾向的小区中一位坚定的自由贸易支持者（"保护是一种特权"）。他觉得，是到了让他的选民拥有一个与他们的思想更加合拍的代表的时候了。他最后的十年是在华盛顿和李氏大学担任法学教授中度过的——进入国会前他就是在这里授课，同时撰写他的两卷本著作《美国宪法》（*The Constitution of the United States*），一般称《塔克论宪法》（*Tucker on the Constitution*），这本著作由他的儿子哈里在他死后经过编辑然后出版。

兰·塔克离开国会之后两年，哈里·塔克被选入他原来的席位。从父亲到儿子的更换是难以察觉的。当国会希望通过一项次要的职业康复项目之际，哈里持异议："我们注意到宪法中没有赋予我们可让这样一种法案通过的权力。"[70]老会员觉得他们似乎又听到了兰独自一人反对百年纪念博览会①的声音。这丝毫不是说哈里更有资本让自己的观点屈从于他的选民。1896年塔克反对他的选区强烈支持不义之财（easy money）的情绪。他担心走过他们身边的时候会遭遇暴力袭击，原来的支持者会在他的面前举起拳头。"假如他愿意接受以投票支持银币自由铸造为条件，那么塔克先生将获得提名，"一名弗吉尼亚国会议员同事说，"塔克先生拒绝接受交换条件，故而失去了提名资格。"[71]

像他父亲此前做的一样，他回到华盛顿和李氏大学，在1900年和1901年的短时间内他担任学校代理校长。之后他成为乔治·华盛顿大学法律系主任，美国律师协会会长，詹姆斯敦三百周年纪念博览会主席，在此他的职责主要是"首席广告宣传员和亲善大使"。[72]这项任务使温文尔雅的哈里大为愉悦，他还保持着塔克家族乐观开朗的传统。一听到格罗弗·克利夫兰当选的消

① 百年纪念博览会（Centennial Exposition）：1876年为庆祝美国独立一百周年在费城举行的博览会。——译注

息，哈里就准备去送他一瓶好酒，但他被堵在了人群中。酒瓶摔碎在地上，塔克大声地宣布："格罗弗·克利夫兰，我命名你为美国总统！"[73]

哈里还抽出时间从事该王朝的第一副业——著述。他于1915年发表的《美国宪法下制定条约权力的限制》(*Limitations on the Treaty-Making Power under the Constitution of the United States*)具有里程碑式的意义。很有可能以前从未有过法律学者能够几乎单单依靠他自己的祖先的权威——从他的曾祖父的《塔克论布莱克斯通》到他父亲的《塔克论宪法》。

塔克两次寻求弗吉尼亚州长民主党提名。参议员托马斯·S. 马丁(Thomas S. Martin)，该州的党魁，给了他"死亡之吻"："除了激烈反对，我对塔克不作其他指望。他这个人，依我看，除了对我以及我的朋友充满敌意之外，还心胸狭窄，十分偏执。"1909年塔克被马丁和主教詹姆斯·坎农(James Cannon)的"支持禁酒的弥赛亚"的联盟击败，后者当时是弗吉尼亚反沙龙联盟(Virginia Anti-Saloon League)的监管人。[74]

但是在1922年他再次被选入国会，在此他一直履职至他离世。他的同事为了给他腾出空间而扩大了众议院司法委员会。他最被人记住的是作为美国宪法《第17修正案》的起草者。1929年，当他76岁的时候，塔克第三次结婚。一位朋友评论说，他在这个年龄还有勇气结婚。对此亨利回答说："任何年龄结婚都需要勇气。但记住，正是这个76岁的精神造就了美国人民。"[75]他在三年后去世。从墓地回来的路上，卡特·格拉斯(Carter Glass)、威尔斯·罗伯逊(Willis Robertson)等其他弗吉尼亚政治家开始讲关于哈里的故事。"没有人，"参议员格拉斯说，他擦掉眼中的一滴高兴的泪水，"比哈里·塔克更加欣赏他自己的葬礼。"[76]

圣乔治·塔克到达美国三年后，这位年轻人参观了普林斯顿大学。他参加了毕业典礼，然后在威瑟斯庞家里吃饭。他简短记录了这次事件："赞美诗，圣经，晚饭前祈祷。我从未受到如此高级的款待。"[77]半个世纪之后塔克的儿子贝弗利因三项关于跳舞的罪状被带到密苏里州教务评议会上——"给教会带来耻辱，损害了基督的事业以及对教会的戒律表现出轻蔑"。[78]舞蹈者的侄子，圣徒塔克，当时是威廉玛丽学院的一名学生，据称曾在一次上午礼拜期间在布鲁顿教堂的纵直通道中表演阔步舞(cakewalk)。他推说是因为喝醉了酒，从而在被训斥了几句之后就被释放了。[79]之后，到了第四代，一个新的出人意料的情况改变了王朝的走向——塔克家族爱上了宗教。

他们曾是按时去教堂做礼拜的人，但100多年来他们更多是以舞蹈而非笃信宗教而闻名。但1875年贝弗利·丹德里奇·塔克成为了美国长老会的一名牧师（他是曾被指控作为同谋参与了刺杀林肯行动的贝弗利·塔克的儿子）。为何年轻的贝弗利会选择这个新的职业并不清楚，但是他给予了以前曾是世俗化的王朝一个新方向，这一点是毋庸置疑的。

但是，换了服装似乎并没有改变塔克的个性。事实上，当了南弗吉尼亚主教的贝弗利经常不穿牧师服装。一次在火车上的时候这位助教开始背诵法国诗歌。最后坐在他旁边的女士起身对其他旅客宣布："我再也无法忍受坐在一个喝醉的外国人身边！"[80]

这位主教还喜欢写诗，并发表了两本小册子，其中一本中包含了他年轻时候的爱情诗。下面这首诗，《男孩的心：宴会，在她离开之后！》（*Ad Puerum*：The Dinner，after She Left）说明了他有限的诗才以及世俗的观念：

> 我一点也不在乎雪利酒，先生——
> 我一直在喊心爱的过来，但白喊了——
> 我的心痛得真要裂了，先生，
> 我才不需要香槟呢。
> 我不愿用无花果换取葡萄干，——
> 这样的理由你是在逗我玩——
> 我悲伤的心现像是在沙漠
> 一点甜点岂能解我心烦！
> 但是看哪！当暮色逐渐加深，
> 夜晚来将白天驱赶
> 我要点一杯小酒，侍者
> 以散去我所有的悲伤。[81]

青年期的放纵过后，贝弗利与瘦骨嶙峋的高个、聪明的玛丽亚结了婚。一次在教会里面，另一位主教的妻子问玛丽亚她父亲的职业，得到的回答是农场主。之后这位好打探的妻子对她的丈夫说："我不能明白那位迷人的塔克主教怎么会与一个农场主的女儿结了婚。"

"他告诉你，她父亲拥有哪个农场吗？"丈夫问。

"没有，这有什么区别吗？"

“是这样，”他回答，“她父亲是约翰·奥古斯丁·华盛顿(John Augustine Washington)，乔治·华盛顿的曾侄孙(great-great-nephew)，那个农场是弗农山庄。”[82]玛丽亚是出生在弗农山庄的最后一个华盛顿。

塔克家族有13个孩子，其中9个是男孩，四个成为委任牧师，还有两个是在中国的平信徒传教士。两个儿子成为主教，第三个拒绝了主教职位。小贝弗利·丹德里奇·塔克(Beverley Dandridge Tucker)是俄亥俄州的主教。亨利·圣乔治·塔克是京都的主教，在这他仅用日语布道，然后是弗吉尼亚主教，最后是美国圣公会(Protestant Episcopal Church)的大主教。[83]

连续四代每一位塔克几乎都被给予了同等的机会(拿到了一手同样的牌)。作为个人，他们一个接一个地成为一名律师、法官、法学教授，以及一篇关于法律学术论文的作者。作为集体，他们共同编成了一份惊人的同质性纪录——沿着一条连续的法律研究加公职的路线。

时常地，人们会预计某个塔克可能会离开教室或法庭去到联邦立法机关就职。然而让他们着迷的是政府问题，而不是政治技巧。政治不是可能性的艺术，而是他们凭借着它为他们心目中的绝对的善而奋斗的渠道。光光有一点，不是总比没有好，而是会令人不快。如果他们的选民不同意他们的观点，他们自愿退却，或欣然接受失败。他们能够真正地说，他们不追求权力或更高的职位。虽然他们在美国国会服务的时间加起来达到44年，但经选举诞生的公职本身绝不是目的，容易上头的酒也绝非难以克制，每一位都给华盛顿留下了某种轻松感。

圣乔治·塔克为他的家族树立了一个模式。虽然他太年轻，以致不能成为独立战争运动中的一股重要力量，同时在不断衰退的威廉斯堡市又太孤立，以致不能吸引广大公众的注意，但是他仍然通过纯粹的智力能力，成功地成为弗吉尼亚一种具有相当影响的声音。这种突出的地方特色也保留在他的后代身上。虽然都被选入国会，他们的声誉依然基本仅局限于地方，尽管全国立法有他们的名字，但他们在州之外无人知晓。

创始人的气质——他的后代不同程度地继承——倾向于学术，而他对家族的爱又进一步起到了阻碍他延长生活中公共部分的作用。连续几代人都在互相冲突的家与公职的牵引力之间挣扎。而比美国任何其他政治王朝更频繁的是，家庭胜出，同时塔克家族一致拒绝牺牲政治生活。

当贫困的年轻百慕大人圣乔治娶了弗朗西丝·布兰德·伦道夫之后，他就成为了一长串将塔克家族与弗吉尼亚贵族连接在一起的婚姻中的第一人。然而当塔克家族几乎立刻就成为了寡头统治集团的同时，他们再也不属于贵族，后者的地位来自种植园生活。他们到达得太晚，既没有进入不断需要更多土地和更多劳力的种植烟草的行业所需要的巨大财富，也没有对农业和商业事务的那份兴趣。

他们的位置在职业界。1942 年在美国 49 名男性塔克，有 30 名是律师、医生、牧师或者工程师。在 11 名律师中，8 个曾是法学家或法学教授或两者都是；在 10 名医生中，有 5 个曾是医院的负责人或医学教授或两者都是；在 6 名牧师中，3 位曾是主教。12 名塔克发表过著作或曾是编辑，有 4 位是诗人。

只要主要职业是法律，塔克家族就是政治风波的一部分。当家族的主要职业转向牧师界之后，塔克家族就失去了政治冲动。与早期的穆伦贝尔格家族和弗里林海森家族不一样，布道坛没有成为公职的工具，而塔克王朝，或许在智力能力仅次于亚当斯王朝，不久就终结了。

1801 年，当第一位贝弗利·塔克还是威廉玛丽学院的一名学生时，他就在撰写关于他的家族历史的简要介绍。在前言中他陈述："当今，怀念自己的祖先被认为是自负。但潮流会变，而假如我的一个家庭为他的祖先增添了荣耀，世界可能会感到好奇，想追踪它的过去。"[84] 将近一个半世纪过去了，他的远见被美国的一位司法部长承认。在为新建于华盛顿和李氏大学的塔克法律大楼举行落成仪式时，霍默·S. 卡明斯(Homer S. Cummings)说："极少有哪个美国家庭曾拥有这样辉煌的历史。"[85]

第十四章 斯托克顿王朝

假如我竟忘了我的斯托克顿，那将是彻底的堕落……

——罗伯特·路易斯·史蒂文森[1]

大概在1755年完成的安妮斯·布迪诺特（Annis Boudinot）和理查德·斯托克顿（Richard Stockton）之间的这场婚姻并不属于门当户对的那种结合。新娘，在一首求爱的诗中，对新郎写道："我发现我喜欢你的一切，无论他们说什么。他们的冷酷无情的心灵总是想让我们分开。"[2]

虽然布迪诺特一家人在1700年前已到达美国并实现了一定程度的富裕，但他们拥有的土地无法与斯托克顿家的相比，后者于1656年从英格兰来到这里，经过三代人时间他们已经拥有了今日的普林斯顿和新泽西的大部分地区。沉着镇定、知书识礼、交往广泛，再带点傲慢，他们已经表现出贵族的那些气质。[3]理查德·斯托克顿的父亲和祖父当过法官，而他曾是1748年普林斯顿大学第一届毕业班的成员之一。后来他成为了在国会的斯托克顿家族四代人的第一代。

虽然理查德·斯托克顿后来是独立宣言的签署人，然而偶尔值得历史一提的倒是他妻子的作诗才能，从而说明了本王朝中一种经常性的特点，即关于斯托克顿家族更值得注意的是他们与谁结了婚。

安妮斯·布迪诺特·斯托克顿的诗起初打动了乔治·华盛顿，他称她是"莫文（Morven）优雅的缪斯"——莫文是斯托克顿在普林斯顿的家（今日新泽西州长的官邸）。据历史学家L. H. 巴特菲尔德（L. H. Butterfield）的观点，这位独立战争司令曾寄给她"很可能是他写过的最长的文学批评片段"，从风格之优雅和语调之勇武来看，它是受到了第四代切斯菲尔德伯爵的影响。[4]但华盛顿毫无疑问更为斯托克顿的爱国主义情怀而非为她的文学成就吸引。她的许多作品是对独立战争诸多事件的纪念，比如邦克山战役中沃伦之死（“带来不幸的手射出了这残忍的一箭，刺穿了勇敢的沃伦那宽大仁厚的胸膛”）。[5]但是，随着这位可爱的女诗人继续向华盛顿不断寄出她的拟古颂歌，她明显变成了一个令人讨厌的人，而他的感谢信也越来越短、越来越没有温度了。[6]

由于与妻子具有同样高尚的情趣，1776 年理查德·斯托克顿带着一封引荐信去见伦敦一家出版商，向他提出要求希望“一睹塞缪尔·约翰逊的尊容……因为我们美国人在去英国的时候都有一种很大的好奇心，想见到一位活着的作家，就如同英国人怀着同样的好奇心想见到一只活的鸵鸟或者一位切罗基人的酋长一样”。[7]在国外时斯托克顿还试图让约翰·威瑟斯庞确信他应该接受普林斯顿大学校长的位置。这位苏格兰传道士欣然同意，但威瑟斯庞夫人不同意，说服这位犹豫的妻子的事只好留给爱丁堡大学的一名学生本杰明·拉什去完成了。

独立战争刚爆发时，斯托克顿是一名著名的律师和当地统治集团的一员——新泽西高等法院的一名法官和地方政务会委员。他被选入大陆会议，刚好赶上参与关于《独立宣言》的终结辩论。据约翰·亚当斯记录，他作了“简短有力的发言”，表示支持约翰·亚当斯这一方。将近有 6 英尺高的斯托克顿在具有重大历史意义的羊皮纸文稿上签下了自己的名字，他很可能认同本杰明·哈里森的信念，即他上了绞架会很快死去。

1776 年 8 月新泽西州议会开会选举本州的第一任州长。斯托克顿和威廉·利文斯顿在第一轮投票中打个平手。假使议会没有采取异乎寻常的允许其议长（议会主席）投票的程序，斯托克顿将会当选。约翰·史蒂文斯（John Stevens），议会主席，当晚拜访了斯托克顿，要他退出竞选让位给利文斯顿。他暗示斯托克顿随后即可获得州的首席法官职位。斯托克顿的回答是模棱两可的不，对此史蒂文斯理解为他并不是不喜欢担任州长。事后斯托克顿声称他是告诉史蒂文斯“他没有一点想担任州长职位的意思”，他希望被立法机关召见以便表达他情愿自我牺牲的谢绝的意思。召唤从未到来。利文斯顿被选为州长，而斯托克顿被选为首席法官。斯托克顿随后谴责史蒂文斯错误地表达他的立场，剥夺了他显示宽宏大量的机会。史蒂文斯回答说：“假如他有权通知斯托克顿被选为州长……他可能也不会像现在这样如此懊恼。”争吵的结果是斯托克顿拒绝了首席法官的职位，继续留在国会。[8]

接下来一个月国会派他去考查北方军队。在萨拉托加，看见赤脚的士兵，他写道：“我的心随着我对英勇的同胞的同情而融化了，他们如此冒着生命的危险投身于公益事业，然而境况却如此悲惨。”[9]到 11 月他返回家乡时，英国人正在向新泽西挺进。斯托克顿一家人只好放弃莫文，迅速避开敌人。安妮斯埋掉了家里一些最值钱的东西。就在离开普林斯顿之前，她还将关于该大学美国辉格-克里欧辩论会(American Whig Cliosophic Society)的档案隐藏了起来——这一行为为她赢得了世界最古老大学辩论俱乐部荣誉会员的资格。

斯托克顿一家逃到了蒙茅斯县一个朋友的家里，在此理查德被一伙亲英分子捉住，有人说是某个通常被人称为“双重间谍”(Double Dick)斯托克顿的那个亲戚告的密。他是四个独立宣言签署人当中第一个被英国人捉住的俘虏。

在冰冻严寒的天气他被从珀斯安博伊(Perth Amboy)押往纽约监狱，一路受到严厉对待。野蛮程度不得而知。但伊莱亚斯·布迪诺特于 1777 年秋在受停火协议保护情况下去了纽约，给华盛顿带回了第一手关于美国战俘状况的报道，他写道这位英国宪兵司令是个暴君，他曾经“以最微不足道的口实，比如在平日炎热的某一天多要了点饮用水，而将囚犯关进地牢”长达 14 个星期。[10]本杰明·拉什被激怒了！他对理查德·亨利·李写道斯托克顿所受到的待遇：“我血液中的每一个原子都已带上了报复之电，如果不能以任何其他方式还他正义，我宣布，我将不顾国会的授权和军队的权力，将我见到的第一个亲英恶棍赤脚驱赶一百英里，穿过落在我们国土上的第一场厚重的大雪。”[11]国会表示，假如斯托克顿没有受到与他的军衔相应的待遇，就将采取报复措施，英国人随后将他送回了家乡。[12]

但是在监狱中的时候，他在宣誓效忠国王的誓言上签了字。无论是在胁迫之下还是出于对家人的担忧，斯托克顿都宣誓“保持甘心服从国王陛下，不拿起武器，不鼓励他人拿起武器反对国王的权威”。[13]这一行为终结了他的政治生涯，他被迫从国会辞职。

在莫文，据拉什的说法，“全部斯托克顿先生的家具，衣服甚至值钱的文字成果都被付之一炬。他所有的牛、马、猪、羊、粮食及饲料都被他们拿走了。他的损失不下 5 000 英镑”。[14]三个被埋在地下的贵重物品箱子有两个被一个仆佣透露了英国人，遭洗劫一空。但是在破坏中这位莫文的女主人也发现了一丝的安慰。伊丽莎白·埃利特夫人，那个不屈不挠的独立战争妇女的编撰人，写道：“当斯托克顿夫人听说她尊贵的图书馆被毁了以后，她据说曾说过有两本书她特别珍视——《圣经》和扬①的《夜思》(*Night Thoughts*)，如果这两本书

① 扬(Young)：E. 扬，1683—1765，英国诗人及作家，代表作《夜思》为论死亡的长篇讽喻诗。——译注

没被烧掉，她就不会为其他损失的书而感到悲伤。据传说，当她回到她荒芜的房屋时，就这两本书是唯一剩下的书籍。”[15]

斯托克顿慢慢恢复了健康，结果却又在1781年患上了癌症。他死于51岁。他对与他一同签署独立宣言的人关于生活、财富以及神圣的荣誉的誓言完成得如何？有一个观点来自他的女婿以及共同签署人拉什医生：

> 理查德·斯托克顿，一位开明的政治家和一个正确的优雅的演讲者。他在需要采取果敢措施时不够果敢，但他在任何时候总是真诚地致力于他的国家的自由事业。[16]

安妮斯·布迪诺特·斯托克顿在丈夫死后继续生活了20年。每年她都写一首哀诗怀念他。

1789年普林斯顿大学老校长约翰·威瑟斯庞失去了妻子，决定向充满魅力的寡妇斯托克顿求爱，碰碰运气。这成为了一个类似家族笑话一样的话题。一个朋友给安妮斯的女儿玛丽寄了首小诗。

> 这个小爱神是一个淘气的精灵：
> 他让老年看似像他本人一样尽犯傻劲。
> 对着六十二岁的人——
> 哦，不走运的命运——
> 他的弓拉开了
> 他真的射出了
> 嘣的一声——弦响了，
> 嘶的一声——箭飞了，
> 带着灰雁的羽裳，
> 射中了一个老人的心房。

不过，这件事持续时间不长。博学的学究兼爱国者娶了一位来自费城的24岁的美女。另一位朋友写信给玛丽·斯托克顿：“我听说你妈妈失去了她年轻的护花使者，威瑟斯庞博士。”[17]

正如本王朝中经常会发生的情况一样，女人的婚姻比对男人的事业更值得我们注意。在理查德·"签署人"·斯托克顿的姐妹中，丽贝卡(Rebecca)嫁给了坦南特(William Tennent)，苏珊娜嫁给了刘易斯·平塔德(Lewis Pintard)，而汉娜嫁给了伊莱亚斯·布迪诺特(Elias Boudinot)。

坦南特家族是美国历史上最重要的神职家庭之一。[18]第一个威廉·坦南特于1716年左右来自爱尔兰，然后在宾夕法尼亚州内沙米尼创建了"木屋学院"，而它就是后来美国的普林斯顿神学院和第一所长老会大学的发端。他有四个儿子，全是著名的长老会牧师，其中包括威廉，后者在生命后期与丽贝卡·斯托克顿结婚。[19]

丽贝卡的丈夫，据目击者说，在连续四天出现各种死亡症状之后又苏醒了过来，死而复生之后，他讲述了他见到的天堂的模样。

据坦南特的传记作家，伊莱亚斯·布迪诺特的说法，这位年轻的牧师失去意识后一直在用拉丁语与他的兄弟吉尔伯特交谈。一切唤醒他的努力都失败了，他还是——用吉尔伯特的话说——"像一个木桩一样又冷又硬"。在葬礼已安排妥当的当口，他突然有了生命迹象。虽然表面上看已死亡，坦南特汇报说，他却听到了天宫中的主人唱起了"歌曲和哈利路亚(hallelujahs)，包括感恩的和赞美的，带着无法言传的狂喜。我感到说不出来的快乐和无上的光荣。我随后向我的管理人申请，要求准许加入这愉快的一群人当中。听此他拍拍我的肩膀，说：'你必须回到地球。'这听上去像是有一把剑刺穿了我的胸膛。刹那间我就记得看见我的兄弟站在我面前与医生争论着。我失去生命迹象的这三天时间，我似乎感觉它都不超过10或20分钟。"[20]

苏珊娜的丈夫刘易斯·平塔德不属于那种听得见来自天国的声音的类型。他是一名富裕的纽约商人，一度还是美国马德拉白葡萄酒的主要进口商(平塔德家的女儿玛莎嫁给了塞缪尔·J.贝阿德，即那个王朝中根据《杰伊条约》依法对大不列颠提出美国的权利要求的成员)。[21]在独立战争期间，刘易斯·平塔德在伊莱亚斯·布迪诺特手下担任纽约的战俘副军需官，并很可能是华盛顿将军在敌后间谍网络中的一员。

第三位著名的斯托克顿的姻亲，伊莱亚斯·布迪诺特写道，如果没有他的妻子他就觉得自己"像是旷野中的鹈鹕"。妻子汉娜·斯托克顿在不太想听的时候可能会有点听觉不灵。[22]布迪诺特跟着理查德·斯托克顿学习法律，他与他有双重关系，因为安妮斯，那位女诗人是他的妹妹。在有过一番成功的从事法律的经历之后，1777年布迪诺特被选入大陆会议，5年后他成了大陆会议的主持人。他能获得此项荣誉主要归功于这个职位在州之间轮流担任的制度。

他是以一个勤奋的工作者而不是一个一流政治家而闻名。这一点他欣然接受。“我没有推选我自己，也没有请求其他任何人推选我，”他在给妻子的信中写道，“所以在我待在这个重要位置上的同时，我要通过正直或勤奋来弥补我能获得这种重要的信任所需要的其他我还缺少的资质条件。”[23] 布迪诺特政治生涯的最后一站是铸币局局长。

部分通过与约翰·克里夫斯·西姆斯合伙（西姆斯却因此成了一位穷人）从事西部土地交易发了一笔大财之后，布迪诺特将他最后的十六年献给了慈善和文学事业。在他的多本著作中有一本叫《西方之星》（*A Star in the West*），是他 75 岁时写的，在本书中他试图证明北美印第安人士是以色列失落的部落的后代。[24]

但是他对于国家最不同寻常的服务是作为美国最早的情报官员。1777 年国会任命他为战俘军需官，授予上校军衔。作为英美之间的联络员，布迪诺特拥有一个可用来“掩护”他刺探情报的方便身份。

他向敌人传递散布错误信息，讯问战俘，对来自敌后特工的情报筛选，同时提醒市政当局和军事机构英国间谍的动向。正是通过布迪诺特，华盛顿才有可能将刘易斯·平塔德招募进来参加间谍活动。1779 年 5 月 3 号，将军写信给布迪诺特：“尽早并准确掌握敌人的实力和动向，以及尽可能的掌握他们的意图，加上设法通过不同的渠道获得这些情报，是一件非常重要的事。你认为通过平什么德这位先生获得这些可行吗？”乔治·华盛顿，这位“不可能撒谎的男人”，接着对独立战争中的情报工作发表了若干（深刻的）洞见：“假如平先生有意从事这类事务，我就将选定一种能够最方便、最安全和最有效地传递情报，以提防可能会发生灾祸的联络方式的任务交给你和他了。你们在联络时可以用假名字，用数字（代表人和物）符号或其他你能同意的方式。我相信，我能设法搞到一种液体——它只能通过一种反液体（过后在纸上摩擦）才能清晰显示出来——在我的权限之内。火能将酸橙汁、牛奶等其他这类物体显影，但对这种液体没有作用。一封用普通墨水书写，谈论的只是些琐碎的生意事件的信件，有可能包含着重要的情报，如果不使用对立物，或这里提到的液体，它是发现不了的。”[25]

布迪诺特夫妇只有一个孩子，即女儿苏珊。苏珊 9 岁时，她的父母带着她去参加一个在新泽西亲英派州长威廉·富兰克林家里举行的社交聚会，在会上她将她的茶杯扔出了窗外——爱国者不喝茶。[26] 这位小爱国者后来嫁给了威廉·布拉德福德——美国第二位检察总长以及美国最重要的报纸出版王朝的成员之一。[27]约翰·布本海姆·贝阿德记得，布拉德福德夫人在费城与纽约之间穿梭时，总会在他们的新不伦瑞克家停留，"后面跟着各种箱子和盒子"以及"还有她屈尊给我们看上一眼的华丽衣服"。[28]当她的丈夫在40岁死于黄热病，接着拒绝了拉什医生的"宽慰方式"之后，布拉德福德一家与布迪诺特一家就布拉德福德的遗产问题陷入了一场长期而激烈的法庭争吵。这份遗产同时还造成了伊莱亚斯·布迪诺特和本杰明·拉什之间的长期不和。

斯托克顿家族圈子中最有名的新增人员是本杰明·拉什，他娶了朱莉娅·斯托克顿(Julia Stockton)，签署人理查德和安妮斯·布迪诺特·斯托克顿的第一个孩子。五十年中，在创造美国历史的任何地点，通常都可以发现拉什博士的影子。是拉什说服威瑟斯庞来到美国；是拉什说服汤姆·潘恩写一本关于独立的小册子并给书起名《常识》(*Common Sense*)(潘恩本想用《素朴的真理》做书名)；是拉什记录了本杰明·哈里森在签署《独立宣言》时讲的笑话；是拉什描述了亨利·穆伦贝尔格担任富兰克林学院校长的就职典礼，同时是这所新学校的特许理事(charter trustee)；是拉什在他们的最后岁月使约翰·亚当斯和托马斯·杰斐逊坐在了一起。

拉什在他从普林斯顿大学毕业那天遇到了他未来的妻子。在离开毕业典礼时他看见一个四岁的"小生物""有被人群践踏的危险"。他把她抱了起来，带她回了家，"一路上非常开心地听着她发出咿咿呀呀的声音"。[29]孩子长成了一个可爱的年轻女子，有"棕色的头发，褐色的眼睛，白里透红的皮肤，同时表情轻松又活泼，嗓音温和并富于音乐性，发音时伴有一点舌音"。[30]12年之后，当朱莉娅16岁时，拉什30岁，他们在威瑟斯庞博士的主持下结了婚。不到6个月，新郎、新娘的父亲，以及他们的牧师就在《独立宣言》上签下了他们的名字。

在68年的职业生涯中，本杰明·拉什是一个国会议员，《独立宣言》签署人，以及独立战争部队中的总医师，联邦宪法的主要推动者，费城宾夕法尼亚医院的创建人，费城医学协会的主席，卡莱尔的狄金森学院的创始人，第一个乡村免费诊所的创始人，美国第一个非洲人美以美会①创始人，美国铸币局财政部长，禁酒与废奴主义运动中的重要人物，监狱改革者，教育革新人士，精神科医生，多产作家，数位总统和哲学家的至交。而自始至终，他都是一个极爱争吵的人。

---

① 非洲人美以美会(African Methodist Episcopal church)：美国基督教卫斯理宗教会。——译注

他想要处在争议的中心的心态也几乎是病态的。在不同的时期他分别与乔治·华盛顿、伊莱亚斯·布迪诺特、威廉·科贝特以及威廉·希彭，即弗吉尼亚著名的李氏家族的女婿等进行过较量，他谴责威廉·希彭在独立战争军队医务部时管理不善。

拉什职业生涯中的一个转折点源于他与威廉·科贝特（William Cobbett），通常叫作"彼得·豪猪"（Peter Porcupine）之间的不和，后者是美国黄色办报作风（yellow journalism）的早期提供者之一。在1790年代中席卷费城的黄热病大流行期间，科贝特的报纸，《豪猪公报》（*Porcupine's Gazette*），恶毒地攻击拉什的放血疗法。拉什的医疗理论是运用柳叶刀就像倒空一个拼命想把自己提起来的人的口袋。科贝特对误入歧途的拉什毫不客气。一篇标题为《拉什与他的病人》的文章对此的描述堪称典型："一个医生发出悬赏，要征召一拨全新的病人，他原来的病人已将他甩了。还需要一套比放血疗法更慢地打发他们的方法，方法太快会造成没有时间**开出账单**。"[31]拉什控告出版商诽谤，获得了5 000美元的赔偿（他最终只拿到了4 250美元）。这是徒有其名的胜利。基于审讯引起的注意，科贝特创办了《微光》（*Rush-Light*），一份专事攻击拉什的报纸。它的成功使得科贝特成为了一个有钱人，然后他回到了他的故土英格兰。然而对于拉什而言，与科贝特的争议对他的开业具有灾难性的影响，从而使他陷入了严重的经济困境。

此时，约翰·亚当斯总统介入了。亚当斯与拉什的友谊长久又亲密，最早可追溯到1774年，当时昆西律师来到费城参加大陆会议第一次会议，拉什在大风中护送他入城。但是在独立战争结束之后，这两位爱国者逐渐加入了两个不同的政治阵营。1879年拉什不得不给亚当斯写信："我找到了你而我必须同意不各自保留不同意见，或者我们必须停止讨论政治问题。"[32]1796年拉什曾支持杰斐逊担任总统。但他现在需要一份工作。而总统任命他为铸币局的财政部长，一个领干薪的政治职位，每年的薪俸为1 200美元，每周只要上班三到四次，每次只要待几分钟。[33]数年之后拉什写信给亚当斯："假如不是因为你给我的职位所带来的报酬，我肯定已退出了这座城市，在农场中结束我的一生。"1812年，当拉什送给前总统1/4桶酒和止呕胡，他写道："关于这酒我要说……上次我为你给我在铸币局安排工作打电话感谢你时，你对我说的话：'你在收到酒时的快乐不如我将它送给一个独立战争中忠诚的老辉格党时的快乐。'"对此亚当斯作了经典型的亚当斯式回答："当你为'我的任命'感谢我时，从严格的行为适当的角度你错了。你做错了，我什么也没有给你。我是我们国家的托管人。假如我知道有一个人比你更合适，更加值得帮助，我就不会挑选你。你已给了我你自己的东西。我接受了你自己的东西。所以我应该给你一万个一千个谢谢，而你真的什么也不用给我。”[34]

拉什与伊莱亚斯·布迪诺特之间激烈的争吵具有悲剧性的意义，因为两位爱国者都真诚地喜欢对方。这种关系远远超出了对两人都娶了斯托克顿家的人的家族自尊。当战争期间他们的家受到英国人威胁之时，伊莱亚斯和汉娜·斯托克顿将他们唯一的孩子送到拉什家里住了5个月。拉什喜欢小苏珊，称呼她“王妃(Dauphina)”，以表示对她父亲担任大陆会议主席由衷的赏识。后来，当费城遭黄热病席卷。本杰明和朱莉娅·斯托克顿·拉什将他们的两个孩子送往布迪诺特家里居住。在1797年，拉什还称布迪诺特为“我极好的朋友”。

争议是由苏珊·布迪诺特的丈夫和本杰明·拉什的病人，威廉·布拉德福德(William Bradford)的遗嘱引起的。首位遗产继承人照理说应当是他的妻子。但是在他临终时他宣布了死后不留遗嘱的意向，他的一大笔钱将会留给他的弟弟托马斯，他知道后者目前经济困难。但是，他同时还在最后一分钟给了他的妹妹和某位里德小姐大额的本票，以及还给了拉什1 000美元的支票，条件是这笔收入将用于次慈善目的。为何布拉德福德在临死时与妻子反目不得而知。里德小姐的身份从未得到确认。有可能布拉德福德觉得他的妻子作为她父亲的财产继承人应当会生活得很好。

威廉·布拉德福德，美国的司法部长，身后留下了一大堆的法律纠纷，为了解开这些纠纷花了整整十六年的时间和至少进行了三次法庭审讯。“布迪诺特诉T.布拉德福德”的案子从死亡者在死亡时是否心智健全开始。作为本案中的医生，拉什的证词成为关键。他陈述威廉·布拉德福德心智健全，法庭作出了有利于托马斯·布拉德福德的裁决。

布迪诺特与拉什之间的仇恨又因工作上的关系而加深了。因为作为铸币局局长，布迪诺特是拉什的上级。拉什谴责他曾经的朋友在管理铸币局基金时贪婪、撒谎、腐化、贪污，在处理布拉德福德财产时玩弄诈骗。一项具体的指控是布迪诺特“将铸币局马厩中的所有粪肥连续几年为自己所用，而没有给铸币局带来荣誉”[35](粪肥以前是由铸币局花钱拉走的，而布迪诺特的做法为政府节约了资金)。布迪诺特认为拉什是个疯子，但他对医生具体指控的细节没能流传下来。拉什于1813年去世，布迪诺特死于1821年。在拉什生命的最后13年中，两家人相互之间不说话。这次没有愉快的结尾，没有美国总统将拉什从爱争论性格的后果中挽救出来。

本杰明与朱莉娅·斯托克顿拉什有十三个孩子,他们的生涯从辉煌从陷入疯狂各不相同。约翰,他们中年龄最长的一个,第一个被送往普林斯顿大学读书,但当校方因为他在安息日玩纸牌对他进行了谴责之后,他的父亲鉴于这种丑闻式的行为,迅即让他退出了学校。约翰后来获得了一个医学学位并当上了一名海军士兵。但是,在一次决斗中杀死了作为同学的军官然后企图自杀之后,他被鉴定为精神失常而被送回了家。拉什博士将他儿子回家的消息向他的密友约翰·亚当斯作了汇报:"在去年1810年的二月份他在一种深刻的忧郁和严重的错乱中回到了费城。他在进入他父亲的房间时那种神态就像是《旧约》中描述的国王的样子。他长长的没有梳过的头发和长长的指甲还有胡子使他遭受折磨的父母和家人为之惊恐不已。无论如何怎么恳求他也没能让他对我们中的任何人说出一个字。在花了三天试图改变他的容貌但没有取得成功之后,我们将他送往宾夕法尼亚医院,从此他就一直住在这。"[36]约翰·拉什留在医院照顾他将近三十年时间。这一悲剧加快了本杰明·拉什对精神病治疗的新进展的研究。

第二个儿子理查德——这个名字是随他的祖父理查德·斯托克顿起的,是祖母安妮斯·布迪诺特·斯托克顿的特别宠儿。1811年理查德无视父亲的恳求被任命为财政部审计员。本杰明立刻斩断了他儿子的继承权。拉什博士为何反应如此强烈并不清楚,但他在他的自传中为我们留下了线索,他写道:"给我的儿子,我留下一个父亲的经验之谈,我恳求他们除了在选举中投票之外不要公开或积极参与国家的各种争端。假如他们会如此不幸以致居住在一个被内战搞得心烦意乱的国家,又假如他们没有因良心上的顾虑而阻止他们拿起武器,我愿意建议他们宁可做士兵也不要做政客。在战争中人们相互杀戮,并不伴有相互仇恨;在政治竞争中人们仇恨而不伴有杀戮,但在这种仇恨过程中他们糟蹋了生命中的每个小时。"[37]

理查德·拉什在政界突然蹿红。麦迪逊任命他为司法部长,门罗任命他为驻大不列颠公使,约翰·昆西·亚当斯选择他担任财政部长,波尔克任命他为驻法公使。但是,罗阿诺克的约翰·伦道夫则认为他才能有限。"远在平庸水平之下的能力却获得了如此大的奖赏,实乃亘古未有,"这位弗吉尼亚毒舌说道,"没有,卡里古拉①的马被任命为领事以来就没有。"[38]然而尽管偶尔有诋

① 卡里古拉(Caligula):12—41,专横残暴的罗马皇帝。——译注

毁者，他还是通过谈判与大不列颠签订了《拉什-巴戈特协定》①以限制五大湖上的军事力量，它对门罗主义的制订具有重要影响。约翰·昆西·亚当斯和理查德·拉什在1828年的总统竞选中被击败。这对竞选伙伴之间的热烈友谊堪比存在于他们父亲之间的那种亲密关系。而尽管他不愿承认，本杰明·拉什对他天才儿子的前程还是有着强烈的兴趣。

第三个儿子詹姆斯·拉什是位开业医生，直到娶了那个时代美国第二个最有钱的人的女儿菲比·里奇伟(Phoebe Ridgway)。拉什夫人——人们都这么叫她，建造了一幢拥有一个可放25张桌子的餐厅的大厦，她的丈夫被隐没在她肥胖和矫揉造作的影子背后。[39]埃利特夫人(Ellet)在《美国社交界的女王》(*The Queens of American Society*)一书中指出，社交界的领导地位的获得很少"不伴有美貌和迷人的个人品质，很少不伴有与任何重大社会事件或机构的关联往来"——拉什夫人的情况除外。[40]

每年这位被"公认的费城时尚人士社交圈的"女王都要举行一次超级舞会，在此期间她的丈夫"经常是一个人独自坐在图书馆里"。她极少举办小型舞会——"除非针对绅士"。但每个周六的上午她都要举行一个招待会，会上她会用当时的一些奇珍异品来愉悦客人，比如一伙阿兹特克印第安人。"尽管关于她与男人们之间如何的议论则从未停止过，"埃利特夫人赶紧加上一句，"那些对她有任何一丁了解的人都不得不承认她的那种亲昵与调情之类丝毫不沾边。作为个人她身上没有什么吸引人的地方，因而从不指望被人欣赏。"[41]

被孤立在社交圈之外的詹姆斯·拉什写了两本书：《人类声音的哲学》(*The Philosophy of the Human Voice*)，这是一篇关于演讲的论文，它在流行激辩、慷慨呈词的年代极受欢迎；还有一本两卷本的《人类智力分析纲要》(*A Brief Outline of an Analysis of the Human Intellect*)，这是在早期心理学迈向科学阶段途中的一本重要著作。在他妻子去世后，詹姆斯成为了一名愤怒的隐士，他在遗嘱中写明将他的财产用于在费城修建一座图书馆分馆，另附规定，"请不要让图书馆的软座位留给浪费时间和没精打采的读者，也不要让图书馆成为阅读通俗小说、玷污思想的评论、有争议的政治观点、潦草写成的诗与散文、无名之辈的传记等内容充斥的地方，也不要成为没有连贯的思想，每天看看日报的那些教师的常去之所"。[42]

① 《拉什-巴戈特协定》(Rush-Bagot Convention)：1817年美国国务卿拉什与英国驻美公使巴戈特关于限制两国在五大湖上的海军力量的换文。——译注

在朱莉娅·斯托克顿在照顾拉什一家脾气暴躁的人的同时，她的妹妹玛丽嫁给了安德鲁·亨特，他是一名牧师，也是普林斯顿大学的一名教授，拉什博士曾试图说服他当迪金森学院的校长没有成功（他们的儿子大卫在内战期间成为了一名联邦将军）；她的妹妹阿比盖尔嫁给了罗伯特·菲尔德（Robert Field），他是将哥白尼天文学引入英格兰的人的后代。将哥白尼天文学引入英格兰为他们这个家族赢得了一枚饰章（crest），上面画着一个红色的国徽，它从云层中发出光芒，衬托出一个金色的天空（他们的儿子理查德·斯托克顿·菲尔德成为了美国参议员），约翰·亚当斯在他任期的最后几天任命他为战争部长——在杰斐逊执政之后此项任命没有得到参议院批准——之后，弟弟卢修斯·霍雷肖·斯托克顿短时间内成了公众注意的中心。

但是，王朝的第二代从政人员中的精神支柱是第二位理查德·斯托克顿。[43]人称理查德"公爵"，这个绰号是律师里面的年轻人员给他起的，它准确地反应了他的不苟言笑和刚正不阿，接近于自负的尊严，对下层社会行业中的人员的拘谨的态度，以及他高大结实、一副权威的架势。签署人理查德的这位儿子将才华横溢的法律头脑与崇高的联邦党的原则以及对于家族的绝对忠心融合在了一起。20 年来他担负着对处于经济困境的弟弟卢修斯·霍雷肖（Lucius Horatio）的资助任务。当他的女儿因为顽皮对其他女孩子说她是秘密结婚并怀孕而被驱逐出寄宿学校之后，公爵将女校长和她的丈夫告上了法庭，然后连续多年毫不留情地烦扰他们，以致最终他们只好在报纸上登出广告抗议他的迫害。

1796 年理查德公爵被选入美国参议院，接替弗雷德里克·海森的席位在参议院任职了两年半的时间。1801 年亚当斯总统对他作出"午夜"任命（卸任前的任命），让他去巡回法院工作，但他拒绝了，宁愿竞选新泽西州州长。同他父亲一样，他被击败了。他四次成为州候选人，最接近获胜的一次是 1802 年，这年投票结果是平局。他的共和党对手拒绝谈判或举行新的选举。[44]

1812 年当联邦党的命运暂时好转之后，理查德被选入了众议院。他的这一任期恰好与大不列颠的第二次战争重合，这场战争在他看来是"政治错乱"（political insanity）。对和平条约他也不喜欢，他称它"只是哄骗敌人借机脱身的一个诱饵"。他支持的是乔治·卡伯特，埃塞克斯派①以及"在哈特福德发生的事"。[45]他最后一次受到的政治关注是在 1820 年，是年他获得了 8 张恭维性

① 埃塞克斯派（Essex Junto）：马萨诸塞州联邦党中的一个派别，支持中立，以及与英国友好。——译注

的来自马萨诸塞州联邦党的副总统选举团的选票。

政治领袖的位置本应当从《独立宣言》签署人理查德传给理查德公爵再传给公爵最大的儿子理查德·斯托克顿三世。但是这位年轻人，尽管可爱又能干，却受到自身种种弱点的困扰，好赌即是其中之一。在与父亲激烈争吵一番之后，理查德搬到了密西西比。离开了公爵，他在纳奇兹(Natchez)的生活似乎创造出了奇迹。年轻的斯托克顿被选为州最高法院的一名法官，随后又被任命为密西西比的检察总长。1827 年有消息传到莫文，说他在一次决斗中被杀死了。此外，依据塞缪尔·贝阿德的报道，理查德"负有重要责任"。[46]而理查德最后时刻的光明磊落行为则可能会给人带来了少许的安慰：他没有射出子弹，并留一下一张便条说，这本就是他的打算。

因此王朝的名声与命运就交到公爵的第二个儿子海军准将罗伯特·菲尔德·斯托克顿(Robert Field Stockton)的手上。他在美国海军服役，人们对他的称呼有各种各样，"斗士鲍勃""海军的问题孩子""伟大的罗伯特"等。

1826 年当两人同住在华盛顿家庭旅馆中时，罗伯特·菲尔德·斯托克顿的高涨的情绪、豪华的生活、抱负、进取心以及勇气迷住了波士顿的乔赛亚·昆西(Josiah Quincy)。在其生命的最后一年，昆西回忆起年轻人(他当时 24 岁，斯托克顿 31 岁)"坐在那里缓缓地一口一口喝着首都的医生认为能杀死流感病毒的药——对此我只能勉强给出一个不加装饰的英文翻译'威士忌·潘趣(whisky punch)'——一直坐到深夜的情形"。[47]当"药对叙述的流畅起到一定作用之后，这位水手给他的同伴讲在 1812 年战争中，当他还只是个见习船员(midshipman)的时候，他如何在保卫巴尔的摩的战斗中因表现英勇而受到嘉奖；他如何勇敢地对付阿尔及利亚海盗；[48]他怎样用一支枪对着一位非洲酋长的脑袋为美国殖民协会"获得了包括现今整个利比里亚的土地；以及他如何帮助镇压了西印度群岛的奴隶贩子等一系列的故事。瞪得眼睛的昆西想："假如水手辛巴德(Sinbad the Sailor)是一个毋庸置疑的真实的人，我愿意承认那些听到他亲口讲的航海故事的人会比斯托克顿上尉的同伴更加感到惊奇和发生兴趣。但是有一个值得一提的例外，显然没有哪个 30 岁的水手曾经有过如此传奇的经历。"[49]

之后斯托克顿为了建造蒸汽战舰与海军高级军官进行斗争。当他成功建成普林斯顿号汽船之后，在斯托克顿指挥下，他的一门炮爆炸了，炸死了州秘书、海军部长，以及泰勒总统未来的岳父。[50]这位总裁被送往主甲板下面的舱室扣留。

在墨西哥战争期间，与弗里蒙特(Frémont)和卡尼(Kearny)一起，斯托克顿攻下了加利福尼亚，从而为他自己赢得了州长和总司令的头衔(还为他的家族赢得了用他们的名字命名一个城市地名的荣誉：圣华金河谷①)。1850年他离开海军进入政界。

政治上，这位海军准将是人所皆知的一贯不一致。他不断摇摆的忠心对象从约翰·昆西·亚当斯变到安德鲁·杰克逊，又变到威廉·亨利·哈里森，再到约翰·泰勒到一无所知党(Know-Nothing Party)到立宪联邦党人。然而斯托克顿的政治权力不是来自党派忠诚，亦非军事业绩，也不是尊贵的家族门庭，而是来自卡姆登和安博伊铁路(卡-安铁路)(Camden and Amboy Railroad)。

当约翰·史蒂文斯(John Stevens)(他是那位阻止独立宣言签署人理查德成为新泽西第一任州长的人的儿子)被罗伯特·富尔顿和大法官利文斯顿被挤出哈得孙河汽船贸易之后，他将他在汽船上的股份转交给了儿子，而将自己的发明头脑放在了修建第一条美国蒸汽铁路上面。儿子们——罗伯特·利文斯顿·史蒂文斯，他继承了他父亲机械方面的天才，和埃德温·奥古斯塔斯·史蒂文斯(Edwin Augustus Stevens)，他被认为是“金融和组织天才”——在最高法院宣布富尔顿-利文斯顿垄断权无效之后，就成为了东北部汽船制造的主要力量。1828年，在掌握了相当的资源之后，他们加入了父亲打造的新泽西铁路帝国的事业。

他们的计划与海军准将斯托克顿特别倾心的工程利益发生了冲突，后者是想通过运河系统来控制州的交通。1823年，年轻的海军军官娶了哈丽雅特·玛利亚·波特(Harriet Maria Potter)，一个来自南卡罗来纳州查尔斯顿美丽的女继承人。他将她带回了普林斯顿和一个位于斯托克顿街、贝阿德弄的家，不久新娘的父亲约翰·波特(John Potter)也住了进来。这位老人被人劝说，在他女婿提出的特拉华和拉里坦运河公司投资了50万美元。因此一场金融巨头之间的战斗开始了。

在1829—1830新泽西立法机关会议上两个强大的院外活动集团开始碰撞。“在冬天，”J. E. 沃特金斯(J. E. Watkins)写道，“两大公司的重要朋友认为有必要佩带武器走在夜间特伦顿的大街上。”[51] 作为理性的男人，没过多少时

① 圣华金河谷(San Joaquin Valley)：San Joaquin 为美国加利福尼亚南部河流。——译注

间史蒂文斯兄弟就与斯托克顿就达成一致，他们应当利润共享。人们一般都想当然地以为他们是在纽约市公园剧院(Park Theater)的走廊里碰头的，他们决定铁路与运河应当作为一家联合公司共同前进。[52]斯托克顿显然是用谋略胜过了史蒂文斯兄弟，因为毕竟铁路是更珍贵的资产。当立法机关批准了"联合行为"之后，《普林斯顿信使和文学登记》(*Princeton Courier and Literary Register*)宣布："特伦顿的婚礼，15 日，由尊敬的新泽西立法机关举办，马格努斯・弗卢维厄斯(Magnus Fluvius)运河先生迎娶阿吉里丝铁路小姐。"随后报纸抛出一首诗：

> 这盖世无双的一对放弃了相互的嫉妒，
> 将各自的所有来联合，从而使他们的智慧显出。
> 他们用围成圈的臂膀将州拥抱，
> 他们神奇的魔力要让世界知晓。[53]

翌年，立法机关批准了卡-安铁路在纽约到费城之间的独立经营权。史蒂文斯兄弟曾与富尔顿-利文斯顿汽船垄断经营作斗争，认为他们违宪。但这次不一样：**他们**是垄断者！而只要他们控制着新泽西立法机关，他们就控制着南部与西部通向美国两个大都市的门户。纽瓦克的一份报纸《自由哨兵》(*Sentinel of Freedom*)提醒阅读铁路政治权力的读者："我们禁不住注意到成群的院外活动集团成员挤在我们州议会大厦中的过道和大厅里，他们吹嘘已经在我们政府所在地形成了'第三议会'，它比我们其他两院加起来的人数还要多，比两院加起来的实力还要大，而它的维持费用据说要超过整个立法机关的成本。现已联合起来的这家巨型公司的技工在任何地方都能看得到，其影响比其他利益集团的雇佣工更强大也更加持久。"[54]在接下来的四十年中，新泽西据说是由特伦顿 10 号公寓斯诺登旅馆——铁路院外活动集团总部来管理的。在由卡-安公司为纪念 1860 年立法会议结束而举办的"午夜狂欢"上，在场的人一起高唱一首令人激动的歌曲，其副歌部分是这样：

> 我们都是一伙强盗，
> 我们都是一伙强盗，
> 来自卡姆登-安博伊州。[55]

1851年卡姆登和安博伊州立法机关将铁路的主要推动人，海军准将罗伯特·菲尔德·斯托克顿选入美国参议院。他在华盛顿的一项值得一提的成就是引入了一项废除海军鞭打行为的法案。不到两年之后他辞去职务早早开始准备参加1856年总统提名竞选。但是民主党不想与他有任何瓜葛，于是他转而求助于美国党或一无所知党。“不管美国党现在处于什么样，”斯托克顿的竞选传记中说，“它最终的成功不容怀疑。假定美国人民会在更长时间内容忍，那些每年都会成群结队涌向我们的海岸而没有资格的外国人分享他们的主权是荒唐的。”[56]但是即使这些普通的本土文化保护主义者也舍弃斯托克顿而支持前总统菲尔莫尔①。海军准将最终获得了残余议会的总统提名，后者的计划是恢复《密苏里妥协案》②。他感谢了他极少数的支持者，主动退出转而支持菲尔莫尔，后者仅获得了马里兰州的8张选举人票。

海军准将在政坛的最后一次爆发是支持立宪联邦党。1861年12月11日，他在他的支持者大会上说北方应该退让而南方则应该等待。他攻击说，实际上，“非洲种族不值得我们与之或为之战斗，奴隶正在从奴隶制以及基督教中受益……上帝的旨意是应该借助美国殖民协会将他们遣会家乡——非洲。黑人是上帝的创造物当中最胆怯、最残忍和最寡廉鲜耻的一类”。[57]

斯托克顿在参议院的席位被约翰·伦肖·汤姆森(John Renshaw Thomson)占取，他是他的内弟和卡-安铁路多年的官员。这位喜爱娱乐爱好运动的人，作为费城的一个大茶商的儿子，年轻时曾是家庭在坎墩的代表。但就在他准备与安妮斯·斯托克顿结婚之前，他的父亲试图抢在债权人前面从国家逃走。此后汤姆森就为他的姻亲工作。

汤姆森作为1844年新泽西宪法的一名支持者享誉全州，这份不严格的文件也照顾到了卡-安公司的利益。这年他是民主党的州长候选人。一份辉格党的报纸《国家公报》(*State Gazette*)，指出：“所有人都知道上尉斯托克顿专横的个性，他会将汤姆森的任何反对意见都视为奴隶对主人的反叛。”[58]汤姆森失踪了。但是通过卡-安公司控制的议会进入美国参议院是一件更加容易的事。他1853年当选参议员，1857年再次当选，一直就职到他1862年去世，之后他

① 菲尔莫尔(Fillmore)：1800—1874，美国第十三任总统(1850—1853)。——译注

② 《密苏里妥协案》(Missouri Compromise)：1820年美国北南双方达成接受密苏里为美国第24个州的议案。——译注

的席位被海军准将的嫡堂兄弟理查德·斯托克顿·菲尔德填补。

新参议员只是半个斯托克顿，他的母亲是签署人理查德的女儿。但是，在教养方面，他比菲尔德更加斯托克顿，因为父亲在他还很小时就死了，而她母亲随即回到了在普林斯顿的斯托克顿大院。在这，他跟着叔叔，理查德公爵学习法律。作为一名律师，他大多数的业务都是来自斯托克顿商业利益集团。

但理查德·斯托克顿·菲尔德的观念与她母亲的家庭有极大的不同。在州议会的三个任期中，作为新泽西宪法会议的一名成员以及州的检察总长，他已证明了他是一个类似改革派和学者一样的人。他特别倾心的工程是创建一所州师范学校。1863年它实现了，由菲尔德担任董事会主席，直到去世。他还是新泽西历史协会的创始人和主席，并为协会刊物写了好几篇文章。

此外，虽然签署人理查德与理查德公爵是奴隶拥有者，理查德·斯托克顿·菲尔德是一名共和党，但他坚定地相信能通过武力将南方带回到联邦中来。正是因为他代表共和党的辛苦付出，菲尔德才在1862年11月被一位共和党州长派至参议院就职。州立法机关掌控在民主党手中，而众所周知，菲尔德将在1月份被辞退。然而他在华盛顿的短暂任职期间，菲尔德通过一篇支持总统有暂时取消人身保护令之权的有力发言扬名全国。还是在离开参议院之前，林肯任命他到新泽西州联邦区法院任职，在此他一直就职到1870年瘫痪为止。

斯托克顿政治王朝终结于第四代——海军准将的子女。罗伯特·菲尔德·斯托克顿是新泽西州的国民警卫队总指挥，然后是州审计员；约翰·波特·斯托克顿是家中第四个就职于国会的人。

海军准将用他岳父的名字为第二个儿子取名，岳父曾为他的铁路和运河公司提供资助。年轻的约翰·波特·斯托克顿在亲戚理查德·斯托克顿·菲尔德的事务所里学习法律。但是即使有了以上这些令人肃然起敬的证书证件，他不久就因为娶了一名17岁的犹太妻子，新奥尔良的萨拉·马克斯(Sarah Marks)而冒犯了他的社交圈的道德观念。一位与有影响人士有来往的普林斯顿人，认为马克斯小姐的父亲是一位提供饮食和服务的人，他说斯托克顿的纹章应当被改为一把刺穿牡蛎的刀叉。新的斯托克顿夫人从未完全被她丈夫家里人接受。

当海军准将的影响达到顶峰时，他将他的儿子送往意大利担任驻教皇国驻办公使。1865年新泽西立法机关将约翰·波特·斯托克顿送往美国参议院。詹姆斯·W. 沃尔(James W. Wall),斯托克顿的对手,写信给前总统布坎南,“卡姆登-安博伊铁路公司付出了高达40 000美元选举了海军准将的儿子”。一个月之后沃尔对价格重新想了一遍,再写信给布坎南,“海军准将吹嘘如果要花50 000美元的话他会让儿子担任这个职位”。[59]

在一次复杂的选举中选举结果备受质疑,问题归结为州立法机关是否有权通过相对多数而不是大多数票选举参议员。在通常环境下,参议院不会关注这些细节,而很快就会作出有利于斯托克顿的裁决。但是安德鲁·约翰逊总统对被解放黑奴事务管理局法案的否决在参议院刚刚被一票拉回(法案得以通过)。对被激进派把持的国会而言,由于迫不及待地想要阻止总统的南部重建计划,正常环境不存在。

一票制度势必会诞生,还有什么比这样取消作为一位总统支持者的斯托克顿的席位更好的方法吗?正如缅因州的威廉·皮特·费森登(William Pitt Fessenden)所言,“现在看来两院都实行2/3得票通过制度太重要了”。[60]

斯托克顿的新泽西同事,参议员威廉·怀特(William Wright),病了希望返回家乡。但在离开华盛顿之前他与参议员洛特·迈里克·莫里尔(Lot Myrick Morrill)订立了一个君子协定:只要民主党怀特不在,共和党莫里尔就放弃投票。当针对约翰·波特·斯托克顿进行点名之后,票数结果是21∶20,有利于斯托克顿,斯托克顿不参与投票。激进派恳求莫里尔投票。犹豫之下脸色发白的莫里尔叫书记员将斯托克顿赶出了参议院。现在票数结果21∶21打平。暴怒之下,斯托克顿大声让书记员叫出他的名字,伴随着对莫里尔的痛斥,他投了自己一票。

他犯了一个策略性的错误。假如斯托克顿让平局结果保持不变,他本可留住他的席位。因为破坏了行为规则和为自己投票他给了他的敌人重新审议争议问题的机会。第二天议院经投票将斯托克顿逐出参议院。参议员费森登写信给他的弟弟,“跟斯托克顿斗不容易,但我们终于扳倒他了”。[61]

关于斯托克顿的争议对南部重建有直接的影响。在接下来的一个月,当约翰逊否决了市民权利法案之后,参议院通过投票推翻了总统的否决。整个国家都投入了进来,变成了与攻击斯托克顿的对立一方的写手,或者以同样猛烈的态势与参议院的一场小册子战争之中。新泽西立法机关,鉴于主权遭到侮辱,试图撤回对第十四修正案的认可意见,未能成功。参议院通过了第一项规定参议院选举方法的法律,詹姆斯·G. 布莱恩宣称它是“斯托克顿争议案的直接成果”。[62]新的法律要到1913年第十七修正案将参议员选举权从州立法机关手中夺回之后才失效。

1869年新泽西立法机关让斯托克顿重返参议院。这一次，他的成员资格没有疑问。斯托克顿的席位在民主党这一侧的过道上，紧挨在特拉华州的托马斯·F.贝阿德的后面。从这个位置，按照贝阿德的传记作者的观点，“他无论是观察，还是着装，其举止都表现出了世界上有高度教养人士才有的那种优雅。他是一个聪明的辩手，从不放过向政治对手证明一个论点的机会”。[63]但是斯托克顿没有获得连任。他只好将就着担任新泽西州检察总长的位置，在这个位置上他待了十五年，对州的政治几乎没产生什么影响。

本王朝的终结恰好与新泽西卡姆登-安博伊统治地位的结束重合。1871年，急需一个通向纽约港的出口的宾夕法尼亚铁路，以相对于小公司而言属于极其优惠的条款租用卡-安公司999年。一直是卡安公司对手的《纽约先驱报》评论说：“新泽西的荣誉的光环离开了她。她的以迦博离开了。卡-安铁路，州的骄傲以及立法机关的统治者都已让给了宾夕法尼亚铁路。而宾夕法尼亚铁路总裁汤姆·斯科特(Tom Scott)就像从前的海军准将斯托克顿一样，将小自治村镇随身放在他的裤子口袋里。”[64]

到1900年约翰·波特·斯托克顿去世时，他的家族的名声在政治界已几乎无人知晓。[65]历史学家总是将王朝只记载在脚注里面——某个《独立宣言》的签署人，其对美国事业的否定极少得到评论[66]；某个冒险家，他曾帮助让加利福尼亚加入了联邦；某个参议员，他被从上议院驱逐可能会改变南部重建的进程。旁系的分支，尤其是充满活力的拉什家族，让斯托克顿家族相形见绌，后者至少也有与有趣人物结婚的本领。

在有四代人在国会任职的同时，斯托克顿家族加在一起担任公职的时间不到十四年，而假如说这个名字到了新的世纪还被一般美国人承认的话，那只是因为他是一个引人入胜的关于公主和她的恋人的故事的作者。

《女士，或老虎?》一个远房亲戚弗兰克·R.斯托克顿(Frank R. Stockton)写的短篇小说，在当时引起了一场全国性的争论。当斯托克顿政治王朝中的最后一位降落地面，全国的人民心里挂念着眼下一件更紧要之事：公主是选择让她的恋人被老虎吞掉，还是选择将他让给另一个女人?

第十五章 朗氏王朝

休伊·朗已经撒了够多的谎了，如果这是我活在世上要做的最后一件事，我绝不允许他毁掉整个朗氏家族。

——朱利叶斯·朗[1]

朱利叶斯……他一辈子都满腹牢骚。

——厄尔·朗[2]

厄尔·朗对我怀恨在心，就跟他对我父亲一样。

——拉塞尔·朗[3]

我亲兄弟姐妹攻击我的言论各大城市都有。我又能做什么呢？他们是我的亲人。

——休伊·朗[4]

1859年，约翰·M.朗举家从密西西比州迁到路易斯安那州维恩(Winn)堂区。在路易斯安那州，县被叫作堂区。维恩堂区位于该州中部靠北，并且注定要成为穷乡僻壤当中最穷的地区：当初进行土地划分的时候，维恩的土地全没人要。[5]这里是山区(库利奇总统1930年访问路易斯安那州时曾问休伊·朗他老家在哪。休伊回答说，"我是山区长大的——跟您一样")。[6]这里是浸信会教区(休伊回忆称一名卫理公会牧师曾来到维恩，并且多亏了他们家的施舍才没被饿死)。[7]这个堂区都是些小农场和树木被砍光了的山。这里的人曾说他们靠喝彼此的洗澡水度日。[8]维恩堂区……"的人惜财如命竟不放过跳蚤腹内的脂油"。[9]

维恩盛产异见人士。1861年路易斯安那州开会讨论，应不应该加入南方阵营。来自维恩的代表投票反对脱离联邦："谁愿意为那些富裕的农场主打仗,好让他们继续拥有黑奴?”[10]约翰·M.朗没有参加南方军队。他的儿子休伊·P.朗也强烈支持联邦。南北战争之后,维恩成了一个孤立的民粹主义者的地区。1908年,社会主义者选出了一半的堂区官员,1912年竞选总统的时候,尤金·德布斯(Eugene Debs)获得了维恩近36%的选票。

“这里需要一场革命,我跟你说,”老休伊·P.朗说,六英尺的他83岁的时候仍然身干笔挺,孔武有力,“我知道资本家处于统治地位,70年前我就知道了。这些富人在乎穷人吗?他们什么也不在乎——不在乎穷人的痛苦、病痛、生死……可能你听到这些还很吃惊。但是,我儿子就是在这种言论下长大的,我也是在这种言论影响下长大的。”[11]

用维恩的标准来看,老休伊是幸运的。铁路公司买下了他们家的土地,他得以将他九个孩子中的六个送去读大学。大儿子朱利叶斯(Julius)成了律师,乔治成了一名牙医。当轮到两个最小的儿子休伊和厄尔的时候,钱已经用光了。他们俩成了旅行推销员。休伊挨家挨户地兜售一种叫科托雷(Cottolene)的植物起酥油,厄尔比休伊小两岁,卖发酵粉。

休伊·朗是一个非常适合作家和漫画家去刻画的人物。A. J.利布林(Liebling),纽约的一个晚报记者,20世纪30年代曾在沃尔多夫采访过他。“圆胖脸,姜黄色的头发,紧致的皮肤,肤色有点像快要晒伤的那种。这种皮肤、头发颜色组合很不自然,就像穿粉红衬衫却打着橘黄色领结。他的脸部隐约让人觉得他得了腮腺炎。”[12]一头自然卷起的乱发之下是深陷的眼窝、棕黄色的眼睛,鼻子扁平,蒜头鼻,大嘴巴、厚嘴唇、双下巴。再往下,他有下意识地挠自己左边屁股的习惯。[13]

正是休伊·朗,让路易斯安那州的政界发生了翻天覆地的变化。是他,在被暗杀前,“对富兰克林·罗斯福和他的新政构成了最为严峻的挑战”。[14]从来没有美国人像他那样被这么多负责任的评论家称为独裁者。

卡尔顿·比尔斯(Carleton Beals)认为他是“臭鼬(pole-cat)、野驴、美国政界的弥赛亚和政坛之谜”。[15]约翰·冈瑟(John Gunther)认为他是“一个有魅力的怪物”,并将他比作希特勒、墨索里尼、戈林、戈培尔、萨拉查(Salazar)、佛朗哥、陶尔斐斯(Dollfuss)、凯末尔、梅塔克萨斯(Metaxas)、斯大林以及毕苏斯基。[16]另一方面,另一派学术观点持另一种极端的看法,甚至将朗比作雅克·马利坦①构

① 雅克·马利坦(Jacques Maritain):1882—1973,法国唯心主义哲学家,新托马斯主义主要代表,认为上帝是知识的唯一来源。——译注

想的思想领袖的形象，其使命是“唤醒人民，让他们放眼日常事务之外，追求更好的东西，让他们知道每个人都有一种超越个人的使命。”[17]

路易斯安那州政界的病态是朗氏现象的土壤。[18]在休伊之前，州政坛为富人和腐败分子联合把控。他们是黑土带的大农场主和新奥尔良的机械设备工厂主。新奥尔良市的市长马丁·贝尔曼(Martin Behrman)有关卖淫的言论堪称经典：“你可以将它变成非法活动，但是你无法让它变得不受欢迎。”[19]穷人，不论白人、黑人，从政府那儿得到的东西越是少得可怜，他们的期望值就越低。谈到那些统治全州的人时，休伊说：“他们会从脚脖子往上给你剥削个精光，再从脖子往下剥削一遍。”[20]站在曾给朗费罗灵感、传说中伊万杰琳曾经在橡树下等待她的情人，休伊向骨瘦如柴、表情麻木的法裔路易斯安那州人(阿卡迪亚人)(Cajuns)这样说道：

> 就是在这里，在这棵橡树下，伊万杰琳等待着她的情人加百利(Gabriel)。这是一棵长生不老的橡树，然而在橡树下久久等待却看不到希望的不只有伊万杰琳一人。你们掏了钱要修建的学校、道路、公路、残疾人收容所在哪里？伊万杰琳一生都在流泪等待——而你们，几代人了，一直都在流泪。请给我一次机会，让我来擦干那些仍在这儿哭泣等待的人儿的眼泪。[21]

是休伊让穷人成了一股可靠的政治力量，让贫穷的乡下白人、贫穷的阿卡迪亚人和黑人明白，他们共同的政治分母是“穷”，让他们明白他们必须联合起来投票。他是第一个将各种种族诱惑、战前的种种神话抛却一旁转而致力于解决社会和经济弊端的南方重要领导人。等到他结束任期的时候，路易斯安那州有了新学校、免费课本、道路、精神病院和桥梁，还有了一个秘密警察部门，一个例行公事的立法机关和一个俯首帖耳的司法部门。“美国历史上从来没有过，”汉密尔顿·巴索(Hamilton Basso)写道，“如此露骨地要求人民抛弃民主体制，取而代之以集权社会。”人们被要求“用政治自由来换取经济安全”。[22]对于那些一无所有的人而言，这似乎是一笔不错的交易。

休伊·皮尔斯·朗出生于1893年8月30日。他坚称自己是英、荷、威尔士、苏格兰、和法国混血(尽管最后一个法国更多的是为了路易斯安那州南部人的选票，而不是他真的有法国血统)。

他的第一份全职工作——推销烹饪调味料，使他得以认识北部堂区的山民，这些人将成为他在政治上的后盾，还使他认识了后来成了他妻子的罗丝·麦康奈尔(Rose McConnell)。这位来自什里夫波特市的未来的朗夫人是一个丰满、漂亮，生着一头黑发，有着淡蓝色眼睛的美女。他们在休伊组织的一次烘焙竞赛中相识，罗丝是竞赛中的获胜者。婚后，她说服休伊放弃销售，改读法律。休伊进入杜兰大学，三年的课程他只上了8个月(他的钱最多只能让他撑八个月)，之后靠他的口才参加了一场特殊的律师资格考试。他通过了。

“我，作为一名闪婚的已婚男士，被推入了政界。”休伊说。[23]几乎是刚把“律师”两字刻在一张价值50美分的锡质标牌上之后，他就开始寻找州政府内没有最低年龄限制的公职岗位。唯一向24岁的休开放的职位是铁路委员会(后来更名为公共服务委员会)。于是，1918年他参加选举，并从北路易斯安那州选区当选。他在资金方面的后台老板(捐款500美元)是奥斯卡·凯利·“O. K.”·艾伦(Oscar Kelly “O. K.”Allen)，温菲尔德的一名店主，曾把两具尸体——一具白人尸体、一具黑人尸体搞混而陷入麻烦之中，休伊让他摆脱了这一麻烦(奥斯卡不是太聪明，后来休伊让他当上了路易斯安那州州长)。当上了铁路委员会专员的朗立刻迫使标准石油公司这一巨头增加缴纳税负，并让公共事业公司降低收费价格。

在三十岁生日的时候，休伊宣布他将作为候选人竞选州长。1924年民主党初选那天雨下得很大。第一个选票箱打开的时候，投票结果是60∶1，朗只有1票。“我大吃一惊，”休伊说，“原本应该是100票选我，1票不选我才对。那个票箱中有我40%的农村选票。”[24]最后他位居第三位，但是他的农村选票被稀释了。[25]结果表明休伊仍然只是一名局部地区候选人。下次要想赢，他必须要强化在南部诸堂区法国裔天主教徒当中的影响力。于是，1926年，他为美国参议员埃德温·布卢萨德(他称埃德温为“埃德兄弟”)(“Couzain Ed”)辅选，并宣称在参议员的险胜当中有他的功劳。1928年他再次竞选州长时，他获得了43.9%的初选投票。在路易斯安那州，民主党提名相当于选举，如果候选人没有获得多数票，得票最多的两名竞争者将举行二次初选。但是休伊成功迫使他的对手退出决选。于是，在没有竞争对手的情况下，他成了路易斯安那州历史上最年轻的州长。

像休伊领导下的州政府不可能再会有第二个。对他的对手而言，休伊的州政府有点像面临大难时的幽默(gallows humor)——假如它不是那么严重，它或许会很滑稽。但是大部分民众都对此没意见。休伊借用电台节目《阿莫斯和安迪》①中的一个人物，把他自己称为“洛奇的月鱼”②。他曾带领路易斯安那州大学乐队游行、谱曲，半场的时候给橄榄球队员讲话打气（“如果你们断胳膊断腿，但却让他们断了脖子，那你们还有什么好在意的呢？”）。而有一次，路易斯安那州立大学队 7∶6 失败了，他在议会中提出一个议案，要宣布触地后的那一分无效。[26]“大部分人会笑而不是哭，”休伊说，“政治是悲剧，我认为调节一下氛围，轻松一下，无伤大雅。”[27]

他还曾穿着一身绿色丝质睡衣与一艘德国巡洋舰的舰长举行正式会晤，闹出了国际笑话。为了纠正这一失误，这位“月鱼”从一位酒店经理那儿借了一条条纹裤子，从一个服务员那儿借了一件礼服衬衫，从一位牧师那儿借了一件外套，还有一个“我要站在板凳上才能把口水吐出去的”高衣领，前去登门拜访这位恼怒的德国军官。[28]休伊的话语堪称无诚意道歉的经典之作：“你看，我来自温菲尔德，维恩堂区那边的山沟沟里。我对外交一无所知，更别说国际礼仪与国际交往了。实际上，我只是碰巧才当上的州长。这边没什么皇室传统，就是很简单，我碰巧比其他也想担任这一职位的人多获得了一些选票而已。”[29]人民就爱这个。休伊的仰慕者寄来的睡衣如雪片般飞来，后来，睡衣甚至上了他的竞选海报。然后，“月鱼”穿着内衣裤接待了一位美国将军和他的助手们。巴吞鲁日（Baton Rouge）的《路易斯安那州时报》（*State-Times*）评论道：“如果麦考伊将军不愿相信他是侥幸逃脱，不愿相信州长不会裸体接待来宾，那他就跟我们的州长不熟。”[30]

只有休伊才能引起一场关于肉汁或菜卤（pot liquor）——将芜菁叶和一片咸肉放锅里一起炖之后留下的汁——的全国性的争论。休伊称其“味道鲜美、给人力量、营养身心”。“月鱼”力主应将玉米面包“弄碎”放入肉汁中，而不是将它浸泡在里面。纽约州的富兰克林·罗斯福州长给《亚特兰大宪法报》（*Atlanta Constitution*）报社发电报表示他支持“弄碎”。弗吉尼亚州的波拉德（Pollard）州长拒绝被再次卷入“酒水”之类的问题。俄克拉荷马州的“苜蓿比尔”·默里（“Alfalfa Bill” Murray）州长请求停战，以便对猪颊肉和商陆鱼块儿沙拉（poke salad）进行调查。最后，埃米莉·波斯特（Emily Post）作出了裁决：“大家入乡随俗吧！”[31]

---

① 《阿莫斯和安迪》（*Amos 'n' Andy*）：美国 20 世纪 30 年代开始播出的广播和电视连续剧，是首批描写黑人的喜剧。——译注

② “洛奇的月鱼”（Kingfish of the Lodge）：“kingfish”另有“巨头，首领”的意思。——译注

《纽约时报》评论称休伊只“在轻松的政治闹剧中才是一名有实力的竞争者”。[32]这一评语就低估了这位州长。“月鱼”的闹剧是有其精心策划的目的。“我喜欢用笑话来搞定反对派。”[33]

那些没有被这位喜剧演员的伪装误导的人发现了他的智慧。1932 年爱德华・J. 弗林(Edward J. Flynn)曾听休伊在民主党全国大会证书委员会讲话，他表示：“我从未听过比这更好、更有逻辑的发言。”[34]当休伊在美国最高法院为一个案件辩护时，首席大法官塔夫脱“据称曾说，朗是最高法院见过的最有才华的律师”。雷蒙德・莫利(Raymond Moley)，罗斯福的智囊，在新政刚推出不久的时候曾被指派前去与休伊进行“友好接触”。[35]他写道，“月鱼”“拥有特别强大的脑力，足智多谋、头脑清醒、记忆力好，拥有从事困难脑力活动的出众能力。甚少有人拥有这种能力。”[36]

一名乡下白人农民这样总结他为什么钟爱“月鱼”。“起码我们得到了一些东西。在他之前，我们什么也没有得到过。”[37]向所有公立、私立和教会学校免费发放课本，是休伊当上州长后首先做的几件事情之一。他的对手们称这违宪，违反了州和教会分离的原则。休伊将这一案件诉诸最高法院。书本提供给孩子不是学校，他辩护成功(州里天主教人口众多，很多人突然发现了休伊的好——这种好之前从来没有这么明显过)。他开始铺设路易斯安那州的道路——但是只在通往堂区的道路上零碎地铺个五公里、十公里或十五公里。“人们一旦知道了在铺设公路路面上行走的乐趣，”休伊解释道，“他们就肯定会支持将这些零碎的铺设路段都连起来。”[38](他的图谋也让更多的选民看到了朗氏主义的好处。)但是，当他试图对标准石油公司课以重税的时候，议会觉得州里已经受够休伊了。他在议会被弹劾，针对他的指控，从重到轻到荒谬有 19 条。这些指控有：不当使用州政府资金，未经授权拆除行政官邸，私藏武器，咒骂、试图恐吓媒体，未经许可出现在议会发言席上，以及试图雇佣一个叫巴特林・波兹曼(Battling Bozeman)的人暗杀一名立法委员。[39]

休伊找来 15 名州参议员签署了一份联合声明，宣布无论有什么证据他们都不会投票反对“月鱼”，从而免除了定罪。“反对朗氏的人一直喋喋不休地称这一弹劾案的高潮(联合声明)是对公正的刻意嘲讽，”艾伦・辛德勒(Allan Sindler)写道，“这一观点随手就把这一事实忽略了：‘公正’就没有在场，因此没法嘲讽。这一弹劾案从头到尾都受到政治的影响，因此，联合声明玩的也是政治。”[40]因为他们的忠诚，签署联合声明的人都获得了很好的回报。有报纸宣称:“地上以及土地上生长的一切都是他们的了。”在忠诚的十五人中有一位又要求休伊给他所在的地区再修一条路时,休伊宣称他的回复是:“我的老天啊,雨果!你是不是会没完没了地要为你那个村子修路啊?我们已经给那个村铺了这么多路和鹅卵石,那儿现在都没翻路的地儿了。”[41]

下一步他试图通过竞选美国参议员来巩固他的政治地位,其对手是在位很长时间了的约瑟夫·兰斯德尔(Joseph Ransdell)。因为约瑟夫的山羊胡子,休伊将他称作“鸡毛掸子”和“老饭桶”。朗承诺,他若当选,他仍将担任州长,如败选,他将辞职。选举中唯一引起激烈争论的事项是一个叫山姆·厄比(Sam Irby)的人宣称他曾被“月鱼”绑架。厄比是艾丽斯·李·格罗琼让(Alice Lee Grosjean)的联姻(by marriage)叔叔。艾丽斯是一位活泼、充满青春气息的黑发美女,休伊将他从自己的私人秘书提拔成了路易斯安那州的州政府秘书长。就在选举日前夕,山姆叔叔表示一切都只是误会一场。

一个改革团体——宪法联盟(Constitutional League),指控休伊将 23 名亲戚安排进了州政府工作。[42]“月鱼”将攻击他的这个团体称为“便秘联盟”。休伊向记者们表示,考虑到他这些表兄弟姐妹和堂兄弟姐妹的数量,在政府单位工作的这些亲戚的比例已经很低了。“当然,我给我小舅子安排了一个工作,我要和他姐姐一起过日子呢。你也会这么做的。”[43]

参议员候选人选拔结束后第二天,这个宪法联盟便解散了。休伊现在既是州长又是当选参议员,很快还将成为民主党全国委员会委员和民主党路易斯安那州分部主席。现在谁是路易斯安那州的“月鱼”,已经没有任何疑问了。

之前一直被追求好政府的人士攻击(利用职务之便)为自己家族捞得大量好处,而现在休伊即将被家人公开指责做得不够。他之前已经任命他弟弟厄尔担任新奥尔良遗产税收税员,这个岗位好年头的时候一年可以拿到 15 000 美金(休伊早前曾许诺要废除这一岗位,用这笔钱在庞恰特雷恩湖边为肺结核病人建一座新医院。一份报纸曾打印了一张厄尔的照片,加了一个标题——《庞恰特雷恩湖边的肺结核病医院》)。[44] 1932 年,厄尔觉得是到了他该担任更高职务的时候了。休伊认为弟弟接替哥哥的职务将是政治上的灾难。但是,厄尔没有理会这一警告,而提交了成为副州长的申请。厄尔高瘦身材,爱打架,弹劾案争斗期间,他曾狠狠地咬了一名州众议员的脖子一口,以至于这名众议员只好去打了一针破伤风。[45]

朗氏家族成员,几个姐姐和哥哥朱利叶斯纷纷跑去支持厄尔。朱利叶斯大休伊 14 岁,曾经担任过维恩地区的地方检察官,是朗氏一家中第一个担任公职的人。他还曾和休伊一起作开业律师，后来休伊把他从赶走了。关于朱利叶斯，厄尔后来说："他比我们年长，他认为我们应该等他来开辟道路。如果那样的话，我们现在还在等他来开辟。在休伊当选铁路专员之前，朱利叶斯在竞选温菲尔德地区的法官。我和休伊四处跑去为他拉关系交朋友，他却以同样的速度四处树敌。"[46]在1932年的竞选中，朱利叶斯跨州攻击休伊（"自从他想装出内心深处还多少关心着自己的家人起，我就告诉过他。我发誓我从没听说或遇到过一个男人，或任何人，比休伊·P. 朗对自己家人更缺乏感情。"）。[47]休伊沉默以对，他有选票。O. K. 艾伦当选州长，厄尔·朗竞选副州长惨败。

1932年，休伊开始登上全国舞台。在总统提名大会上，"月鱼"鞭策阿肯色州和密西西比州的代表去支持F. D. 罗斯福。蒙大拿州的参议员惠勒(Wheeler)曾说："在我看来，要不是休伊·朗的话，罗斯福绝不可能赢得1932年民主党的总统提名。"（布朗克斯区的首领弗林对此表示认同。）[48]

但是，在美国参议院，"月鱼"就不那么成功了。田纳西州的肯尼思·麦凯勒(Kenneth McKellar)对他在立法委员同事心中的地位进行了总结："我认为在这个机构他连'主祷文'都通过不了。"[49]但是，人们仍然爱他。艾丽斯·罗斯福·朗沃思这样描述休伊进入参议院时边座上的情形："所有的脑袋立即转向他的方向，会场嗡嗡声清晰可闻。他步态奇特，步子灵活，身子摇摆。所有人的眼睛都盯着他，带着饶有兴趣、满是期待的表情。"这位伶牙俐齿的艾丽斯公主观察道："在看连环画的小孩眼中，我也曾见过这种眼神。小孩会盯着连环画看，看画中的淘气儿童和他们的小狗、山羊以及其他笨拙而有意思的小动物一起历险。"[50]观众们不会失望而去。休伊曾多次一个人发表长篇大论阻挠议案通过（有一次讲了超过15个小时）。他口述炸牡蛎和羊乳敷料的配方。他宣称："今天晚上任何参议员需要意见我都会满足。"他提议通过一份法律，强制谈单簧口琴的时候只能向外拨而不是向内拨弄。他会在报纸头版头条宣布从他任职的所有委员会辞职，而这都不是什么要紧事，因为给他分派的差使往往都是一些无关紧要的事，比如通洋运河(interoceanic canals)。当他坐下的时候，参议院会场的边座上都空了。"是的，你们可以走了！"副总统加纳向离场的看客说，"表演结束了。"[51]

"月鱼"几乎都还没有来得及加入支持罗斯福的阵营便退出了。休伊与罗斯福之间的分裂或分道扬镳不可避免的：一个入主白宫，另一个想要入主白宫。这位来自路易斯安那州的资历较浅的参议员现在转而刻薄地谩骂总统以及总统身边的人。朗将罗斯福称为“富兰克林王子、诺玛波尔(*Nourmahal*)(文森特·阿斯特的游艇的名字)骑士”;而将“新政”拥护者亨利·华莱士(Henry Wallace)、哈罗德·伊克斯(Harold Ickes)、休·约翰逊(Hugh Johnson)分别称为“玉米大人”“芝加哥臭虫”和“坐着的公牛”。“全国复兴工业总署”(The National Recovery Administration)被他改称为“一群统治美国的傻子”。[52]只有伊克斯的回击堪与休伊的有声有色谩骂匹敌。这位内政部长回击道,“这位路易斯安那州的皇帝只有知识分子的口臭”。[53]

然而,这可不只是一场骂战。休伊巧妙地炮制了一个对该国三分之一的民众都有巨大吸引力的方案。这些民众就是 F. D. 罗斯福称之为吃不饱、穿不暖、住房条件差的人。早在 1918 年,“分享我们的财富计划(The Share Our Wealth)”就开始在休伊的脑海里开始成形。虽然他一直在变动数字,但方案的总体框架是这样的:超过 500 万美元(或 300 万美元)的财富将被清算。从这笔资金中,每个家庭将获得 4 000 美元(或 5 000 美元)来购买房屋、汽车和收音机;最低年工资将达到 2 500 美元;允许获得的最高年收入将设定为 180 万美元;教育将免费,从幼儿园到大学;政府收购富余粮食,可以提供充足的食品;给老兵发放现金奖励。27 000 多个“分享财富”俱乐部在全美甚至加拿大如雨后春笋般出现,会员人数宣称达 7 682 768 人(不需要交会费)。有时一天收到的信件高达 37 000 封,休伊不得不雇佣 48 名速记员来处理这些邮件。该运动团体的报纸上刊登的广告比《周六晚间邮报》(*Saturday Evening Post*)上刊登的还多。受到威廉·詹宁斯“黄金十字架”演说的启发,休伊自己谱曲,写了一首朗朗上口的活动主题曲(“无论冬季还是春天,和平永无尽头,所有邻居都是朋友,每个人都活的跟皇帝一样”)。[54]

休伊还将他这种乌托邦式的设想写进了《我刚入主白宫的那些日子》(*My First Days in the White House*)一书中。该书直到 1935 年在休伊死后才出版。用过去式写的这本书一开头便是“月鱼”在国会大厦发表就职演说。之后,他挑选了内阁成员:赫伯特·胡佛,商务部长;艾尔·史密斯,预算总监;富兰克林·罗斯福,海军部长。罗斯福质问道:“我当总统的时候,你说我那么多坏话,你又给了我一个内阁职位你究竟是什么意思?”休伊回答:“我只是给你一个我认为你能胜任的职位而已。”[55]“休伊总统”把梅奥兄弟(Mayo brothers)叫来华盛顿,监管免费医疗服务,让约翰·D. 洛克菲勒和安德鲁·梅隆一起当他的助理,高高兴兴地指导财富再分配工作。

美国总统和民主党全国主席吉米·法利(Jim Farley)可没觉得“月鱼”的

搞怪动作、夸张的噱头或是他的方案多么好笑。罗斯福写信给豪斯上校称，共和党人很可能给休伊提供了资金，而法利则下令进行了一次秘密的民意测验来确定朗的实力。令法利大为吃惊的是，民意测验显示，如果休伊1936年凭第三党选票竞选总统，他可能获得300万到400万票。“他的支持者不仅限于路易斯安那州和附近各州，”法利称，“而他的‘共享财富’计划正吸引北方工业区和农业区更多民众对他的支持。”[56]

休伊总是对暗杀有一种病态的恐惧，他身边常年抢手环卫。1935年7月，他向参议院声称，他的政敌聚集在新奥尔良的一家酒店，筹划用“一人、一枪、一颗子弹”来暗杀他。（如果真有这么一凶手的话）罗斯福会为暗杀者动用总统赦免权。当月，一名反对朗的不太重要的州众议员在路易斯安那州议会表示：

> 我没有遇见未来的能力。我昨天晚上观月也没有看到血红色的点。但是我可以想见州议会大厦磨光地板上的血迹。因为，如果你们硬要闯关通过的话，你们只会骑着死神的白马。[57]

9月8日星期日的晚上，为了亲自指导州立法会的一次特殊会议，朗参议员来到巴吞鲁日。O. K. 艾伦是州长，但休伊将他的职能仅限于在他面前的东西上签字，无论那是什么（“一片叶子从窗户飘进艾伦的办公室，落在他的办公桌上，”厄尔·朗说，“他也在上面签上字。”[58]）。正当由他的枪手保镖跟随，走在后面的休伊沿着国会大厦光滑的地板匆匆往前赶的时候，29岁的卡尔·奥斯丁·韦斯(Carl Austin Weiss)医生走到“月鱼”跟前，一把22口径的比利时自动手枪顶着他的腹部，发射了一颗子弹。枪击案发生的第二天早上，休伊·P. 朗离世。

暗杀的消息传到海德公园，罗斯福正和约瑟夫·P. 肯尼迪用午餐。28年后，拉塞尔·朗(Russell Long)站在美国参议院说：“上个月那个不祥的星期五，达拉斯发生了不幸的事件，这一消息带回了我对另一天的所有记忆。那是1935年，当时的案发现场是巴吞鲁日(Baton Rouge)，一名高级政府官员被谋杀。肯尼迪家族会为约翰·F. 肯尼迪1963年的逝世而悲痛万分。这种特殊的悲痛我再了解不过了。”[59]

休伊葬在34层楼高的州议会大厦遮蔽处。他花了500万美元建造了这座大厦（“只有一座建筑可与其媲美，”他当时曾说，“那就是意大利罗马的圣彼得大教堂。”厄尔称这座大楼为“导弹发射井”)。[60]

那些来自德赖普朗、拿破仑维尔和温菲尔德的敬爱他的穷人达15万之众,这些人看着他的棺材落入匆忙挖就的墓穴之中,听杰拉德·L. K. 史密斯神父——“分享财富”活动的组织者之一,吟诵了一段对他自己有利的葬词:

> 他死的时候我就在他身边。我说完“阿门”他咽下的最后一口气。他最后的祷告是:“啊!神啊!不要让我死,我还有一些事情要做。”他身后留下未竟的事业,我们必须完成。我没有什么政治抱负,也不想从政府那里领什么赏钱,但是,我的同志们,我们一定要完成这一使命。[61]

一名传记作者对纪录进行了纠正:“朗参议员死了,在某种糊里糊涂的歇斯底里中,不情不愿地死了,嘴里含糊念叨着。他床边的一名蠢汉将这篡改成了一段关于‘月鱼’未竟使命的豪言壮语。”[62]

对路易斯安那州北部地区的山民来说,休伊·朗一直有点像偏远堂区的罗宾汉。在路易斯安那州南部地区,阿卡迪亚人这样唱道:“啊,他们说他是个骗子,但他给我们发放免费课本。现在有谁能告诉我,他们为什么要杀了休伊·朗?”[63]在休伊·朗的神话上,一个政治王朝上建立了起来。

如果休伊没有在42岁的时候被谋杀,他的未来会是怎样的呢?路易斯安那州参议员艾伦·埃伦德认为,法律上的障碍原本就不可能让他在1936年启动第三党运动。[64]休伊的朋友兼秘书,厄尔·克里森伯里(Earle Christenberry)认为,他原本在1940年会参加总统竞选。[65]很可能到那个时候,战争和繁荣已经侵蚀了“月鱼”的政治影响力。其他人认为他原本可能会进监狱。美国特勤部门的负责人以及财政部情报与执法部门的负责人称他们已经掌握休伊逃税的确凿证据。[66]“总统还是囚犯”?这种选择休伊原本会很喜欢。但是朗自己的评价可能是最到位的:“就说我举世无双就行了,别人说什么管它呢。”[67]

马上继承“月鱼”立场的那个人并非别人,而是安静的家庭主妇休伊·P. 朗太太——有没有继承他的能量就另当别论。州长迅速指定她来接替死去的丈夫完成参议员剩下的任期。罗丝和他们的孩子在休伊当上州长后不久就被打发到了什里夫波特市,等他到了华盛顿,他们还一直留在什里夫波特市。直到他开始图谋入主白宫后,休伊才开始以顾家男人的形象在纽约度了一个有大批媒体报道的“第二蜜月”。在这里罗丝向记者们表示,“月鱼”是一位疼老婆、心肠好的人生好伴侣,喜欢砍柴锻炼,他跟她从来不谈政治。[68]

现在她成了罗丝·朗参议员。“我完全支持劳动工人和农民，只要是能帮到他们的我都会投票支持，”她宣布，“对于要做的事情我脑海里已经有了一个大致的构想，只是我还没准备宣布。”[69]但是，罗丝不是那种只需要华盛顿湿润的气候就能开放的政治壁花。她只在参议院做过一次演讲，一份400字的呼吁，请求拓宽新奥尔良市的沙尔梅特公园。在此次讲话期间，她的舌头很奇怪的不听使唤——“屋外草坪上兴高采烈地聚会”变成了“帕提奥上高兴的小馅饼”。就这样，第二位朗氏参议员的政治生涯便结束了。正如他们在路易斯安那州说的那样，起码这让罗丝“换了个不错的环境”。[70]

朗氏组织中那些竞相争夺休伊战袍的人，终于确定了参加1936年选举的人员：杰拉德·L. K. 史密斯被排挤出局(这使得路易斯安那州又成了美国最反犹太人的州)；胖胖的理查德·莱什，一名州法官，成了州长候选人；厄尔·龙被提名担任副州长。就在休伊死前不久，两兄弟重新和解——或者用“月鱼”的话说，“试用”一下厄尔。[71]

为了表明迪克·莱什是“月鱼”真正的继承人，休伊17岁的儿子拉塞尔，当时还是路易斯安那州州立大学的大一新生，出现在全州各地的政治会议上(休伊的大儿子帕尔默对政治从来不感兴趣，尽管他的第一任妻子电影演员克利奥·穆尔曾经考虑以“白人女神”的形象竞选路易斯安那州的州长)。人人都说年轻的拉塞尔跟他父亲“活脱脱一个样”。拉塞尔出生的时候，休伊正在外面竞选，到拉塞尔会走路的时候，就有人教他折叠和邮寄政治宣传材料。他在全州各地最初的露脸就证明，他将会成为一个真正大有希望的人。他做过一次简短而得体的发言，为他招来了雷鸣般的掌声：“我很想和大家见面，和大家握手，但当我真的来到这里，我只想感谢你们对我父亲的支持。”[72]

竞选活动只有一个议题——那就是休伊的死。杰拉德·史密斯正确地预料到了“烈士的鲜血就是胜利的种子”。[73]支持朗的发言人带着一盆盆的红色燃料，红色液体顺着他们的指尖流下，他们慷慨陈词：“看这里，这就像休伊·朗为你们所流的鲜血，从他身体里喷涌而出流了一地的鲜血。你们打算投票支持那些谋划、实施这种卑鄙行径的人吗？”[74]莱什夸张地一举囊括了67.1%的选票。厄尔·朗的票数则要少12 000张，这表明并不是每个人都能原谅他曾与他哥哥争吵。

在谈到他这些追随者的时候，休伊的预测能力肯定处于最佳状态：“如果那些家伙试图使用我给他们的那些权力而我又不去管他们的话，他们都会进监狱。"[75]莱什宣称,"当我宣誓就职州长时,我并没有发誓要贫穷。"[76]既然现在休伊已经走了,罗斯福便想要结束他与路易斯安那州的政治战争。于是他撤销了收入税的相关起诉活动,这些原本即将针对朗氏一派的领导人展开——这一安排被称为"第二次购买路易斯安那州"。随即便是一场狂欢,"允许贪污范围的模糊界限"明显被僭越了。[77]

最后,华盛顿不得不派了年轻的总检察长助理,O·约翰·罗格(O. John Rogge)来收拾乱局。结果发现,莱什(Leche)1938年的收入达28.2万美元,而当州长一年的薪水才7 500美元。州政府一直在建大楼并两次支付他们薪水——这种做法叫作"双重支薪"(double dip)。詹姆斯·门罗·史密斯,路易斯安那州立大学校长,一直在秘密印刷州政府债券以填补他大手笔股票投机的亏空。莱什被判在联邦监狱服刑10年;民主党全国委员会委员被判刑4年;路易斯安那州立大学的史密斯"医生"入狱两年半。其他人被发现用支票从事非法商业活动,因而违反了联邦邮政法。"重案犯不应该犯小罪。"正义的罗格宣称。[78]

而在这些丑闻爆发后不久,就在莱什往监狱进发的时候,副州长厄尔·朗成了路易斯安那州的新州长。

后来,《时代》杂志这样评论朗氏的第二位州长:"厄尔跟马戏团一只学轮滑的狒狒一样,皱着眉头勤勤勉勉地模仿他哥哥。就像伏都教徒用'快速骰子油'涂抹全身一样,厄尔将伟大的休伊的传奇涂抹在身上。"[79]厄尔生活在他哥哥的阴影之中。即便他到了州长的高位上,休伊仍旧在他办公室的窗户下面,灯光照在身着对襟西装的"月鱼"巨大的铜像上,铜像由州政府修建,立在他的坟墓上。休伊既是可以沾光的魔力又是可以比较的对象。在厄尔成为该州唯一担任过三次州长的人后,他的第一个想法是"休伊从来没有做到过这一点"。休伊总是被放在那儿进行对比。"我不像休伊,我得慢一些。可能我没他那么聪明,但我有更多的常识。""休伊曾经像买土豆那样把议会收买了。我一辈子也不会收买他们。我只会租用他们,这种方式更便宜。""我为本州的穷苦人民做的贡献比其他任何州长都要多。唯一一位跟我差不多的就是我哥哥,休伊,而他当初也才刚刚开始做这个工作。我有他的经验,我也有我自己的经验,你们会发现,我当州长可以做得更好。"[80]

当副州长时,厄尔从来都不是核心圈子里的人。"副州长的职位是一个兼职工作,每个月发200美元,"厄尔说。"我当副州长的时候,我20%的时间都待在巴吞鲁日。其他时间我待在温菲尔德的一片豌豆农场上或是在新奥尔良当律师。”[81]他从未卷入丑闻当中。“我不反对小偷小摸，”厄尔开玩笑说，“但是偷窃需要两个人，而另一个人可能会告发我。”[82]朗氏家族的人总是对权力更感兴趣。

当厄尔接手莱什丑闻缠身的州政府时，他宣布他的格言是“宁可廉洁收入少点，也不要腐败换来的高收入”。[83]但是，人们很快就会发现，新州长并不是什么改革者。他需要这个机构，好让他能在1940年当选州长，而这个机构最不需要的东西就是一把新扫帚。在路易斯安那州立大学校长将学术袍改为横条纹的之后，厄尔评论道，“不要怪罪他人。看看耶稣，他选了12个人，而其中一个是婊子的儿子。”[84]

1940年的州长选举证明了两件事：路易斯安那州暂时受够了休伊的那些继承人，尽管厄尔第一次初选获得了40.9%的选票，另外就是厄尔·朗在谩骂方面确实是“月鱼”的合格继承人。对于他的对手，一位成功的小城市律师——山姆·琼斯，厄尔是这样称呼的他：“他是‘戴高帽的’山姆。”“上流社会的小孩，身手高超，高大、强大、狡猾的山姆、那个往胳肢窝下喷香水的家伙”。[85]这位州长向山区农民称，“你们要投票支持从这里、从维恩堂区出来的山区年轻好小伙，这样的人才能跟你们想到一块，周六的时候身上才会跟你们一个味道。”[86]一位不友好的漫画家画了一幅漫画，画上一群邋遢的人在一家咖啡馆里，咖啡馆贴着的标牌上写着“投票支持正直的厄尔吧，他跟我们这些窃贼可不一样。”还有一张厄尔弹钢琴的漫画，画中厄尔说：“我只是在这里工作而已。我下馆子吃。”[87]厄尔在第二次初选中失败，票数略超19 000张。就在此次选举之后，他试图获得州政府秘书长的职务，但未能成功。接下来，他无事可做，只得回到他位于温菲尔德的豌豆农场。这是自1912年朱利叶斯当选维恩堂区检察官以来，朗氏家族首次无人任公职。

到1948年，路易斯安那州的人民已经受够了“善政”分子。山姆·琼斯的州长一职之前已由《你是我的阳光》的作曲者吉米·戴维斯(Jimmie Davis)接替。如果说改革者的优点是正直的话，他们也犯下了政治罪孽——政坛太沉闷了(此外，戴维斯证明是一个经常开小差的州长，1946—1947年一年中他有108天不在州内，而是待在好莱坞拍电影)。

厄尔再次竞选州长，这次决心不能再因给的承诺过少而败选。他的竞选平台提出给老兵发奖金、给学龄儿童免费午餐、给老师涨工资、增加养老金、拓宽公路、改善精神病院、修建更多更好的医院和监狱。

他还获得了家人的支持。罗丝从隐居中走出来为她小叔子说好话;哥哥乔治也短暂加入选战;现在已经是一名海军二战退伍老兵的侄儿拉塞尔回来四处为他演讲拉票;并且还出现了一个新面孔——堂兄弟吉利斯·朗(Gillis Long)也来前来助阵。在第二次初选中,该州 64 个堂区中有 2/3,539 个分区中只有 33 个除外,全部被厄尔收入囊中。

为了庆祝朗氏家族在豌豆农场上度过 8 年时光后重新掌权,厄尔在路易斯安那州立大学的橄榄球馆内举行了一场盛大的就职典礼。典礼有牛仔、小丑表演,举行了棒球赛和两个小时的游行,140 只高中乐队参与表演,消耗了大量点心、1.6 万加仑酸奶、24 万瓶汽水、20 万只热狗。典礼上发生了一件令人尴尬的事:拉塞尔·朗比新州长得到的掌声还多。

做休伊·P. 朗的儿子不是件容易的事。这位年轻人为了维护家族的名声,上学期间打了不少架。他的蒜头鼻、双下巴、乱蓬蓬的头发跟他父亲的画像一模一样。13 岁的时候,当大多数小孩还认为报纸就是连环画的载体的时候,拉塞尔·朗接受了他的首次媒体采访。"自从我父亲去华盛顿了以后,我非常想念他。"他将记者送到门口,完了还加了一句,"等我长大了竞选职位,我希望你要记得你说的要选我的承诺。"[88]到 1938 年,他成了一名候选人——竞选路易斯安那州立大学学生会主席。拉塞尔雇了飞机在校园发传单、从外面请来了特德·刘易斯(电影《大家都快乐吗》)的舞蹈乐队、在一群泳装美女的裸背上写上大大的"朗"字。他竞选学生会主席成功,后来又在路易斯安那州立大学获得了法律学位,再后来进入海军服役,在登陆艇上担任一名军官,到过北非、西西里、安奇奥和法国南部。

叔叔州长厄尔让他当他的行政法律顾问,在这个岗位上他帮着起草了厄尔承诺的项目方案,还有八千万美金的税金申请,用来支付这些项目。两个月后,美国参议员约翰·奥弗顿(John Overton)去世,于是拉塞尔卷起衬衫袖子、松开领带、手臂像风车那样抡起,开始模仿他父亲参加竞选。他将其竞争对手比作一只"闪躲弗利特杀虫喷雾泵火力网的蚊子"。他的幽默中少了休伊的锐劲。[89]他是一个城市男孩、一名大学生,冒充维恩堂区的乡下人。利布林发现,他是"低调版"的朗。[90]但是,即便周六他身上的气味不太对(不像乡下的农民),起码他取了对的名字,有了对的相貌。

1948 年 11 月 2 日,拉塞尔·B. 朗当选美国参议员,第二天他庆祝 30 岁生日。他成了第一位父母都当过参议员的美国人。在华盛顿,年轻的参议员朗在他父亲休伊·P.朗曾用过的桌子后面选了个座位。

1952年,当法律不允许厄尔·朗再次续任州长时,厄尔和拉塞尔之间产生了分裂,这让人想到了1932年那场家族内部斗争。厄尔支持卡洛斯·斯帕特(Carlos Spaht)法官来接替自己;而他的侄子则支持众议员黑尔·博格斯(Hale Boggs)。朗氏家族的内部斗争,跟往常一样,让参选者本身变得无足轻重。厄尔:“拉塞尔就像藤上的瓜,摘早了。”拉塞尔:“如果我摘早了的话,那么厄尔叔叔就熟透了,应该马上摘掉。”[91]结果朗氏叔侄分别支持的两个候选人都没赢。朗氏家族的票仓被一分为二,而罗伯特·肯农(Robert Kennon),那个在1948年朗氏族人团结时输给了拉塞尔的人,成了州长。

这一年对朗氏家族来说并不算是彻底的灾难性的一年。因为乔治,那个和朱利叶斯和休伊关系都不错的兄弟从第八选区当选了美国众议员。朗氏家族的祖宅就在这一选区。在休伊·朗主政时那些动荡的日子里,他一直不在路易斯安那州,他在俄克拉荷马州做牙医,并在俄克拉荷马州议会担任过一届议员。在回到路易斯安那州之后,乔治曾两次试图竞选众议员,但每次都没有得到弟弟厄尔的支持。在厄尔1948年当选州长后,他让乔治做了派恩维尔州立聚居地培训学校的校长,后来两人就食品采购问题发生口角,厄尔又把他开除了。乔治有自己的生意,他发明了一款叫作“维他朗”的专利药品,这种药品跟雪莉酒惊人的相似。终于,在1952年,厄尔同意支持他哥哥,于是乔治作为朗氏家族的第四位议员前往华盛顿。“毫无疑问,我的当选代表着路易斯安那州朗氏家族的回归。”乔治宣称。[92]

大多数的观察人士都认为,被众议院同事称为“医生”的乔治是朗氏家族里最和蔼可亲的人。[93]他担任众议员一直到1958年去世。每年他都会在家组织鹌鹑宴招待路易斯安那州的代表,在国会大厦祷告室里祷告,是众议院管理委员会和退伍老兵事务委员会的成员,甚至提请了一份成为公共法的议案(放宽要求为出院老兵获得牙科护理提供方便)。他在国会受到交口称赞,伊利诺伊州的巴拉特·奥哈拉(Barratt O'Hara)表示:“我会怀恋他在众议院的发言,他手臂挥动的幅度反映他感情的深度,生动地配合着他的措辞。虽然他的措辞常常不是很尖锐,但从他口中说出,振聋发聩,有真正演说家的抑扬顿挫,就像从机关枪中喷射而出的子弹。”山姆·雷伯恩(Sam Rayburn)众议员说话不拖泥带水,他说:“乔治·朗医生是一个有着高尚品格的人,能力出众,各方面都很好。”[94]

1956年的朗氏家族如同一只棒球队，遇到了一个垒上有三个跑垒人的尴尬境地。厄尔想要竞选州长，拉塞尔也想，乔治也想。在彼此一番恶言恶语之后，厄尔成了家族的候选人，一举击溃新奥尔良市市长德莱塞普斯·S.莫里森(deLesseps S. Morrison)。乔治在他的就职典礼上表示："我们似乎总是会在每年的这个时候聚到一起，尤其是相隔三年后的这个时候。"[95]

当了三次路易斯安那州州长("休伊从未做到这一点")的厄尔·朗，让他妻子选上了民主党全国委员会委员。甚至有传言，他希望乔治辞职，好让他给"布兰奇女士"一个众议员的位子。厄尔在法学院的时候遇见了一头黑发的布兰奇·里维尔(Blanche Revere)，当时她是新奥尔良市蒙特莱昂酒店雪茄卖台的服务员，长得十分漂亮。与罗丝·朗不一样，罗丝宣称她从不和休伊谈论政治，而布兰奇是她丈夫在政治上的可靠知己。"我想朗氏家族的人就是会自然而然地喜欢政治，"布兰奇表示，"即便我是嫁进来的，我想我(一嫁进来)也就开始喜欢上了政治。"[96]1948年，她负责管理厄尔的州长竞选总部，在厄尔当州长的中间那个任期，曾经出现过很多谈论"巾帼政治"(petticoat politics)的社论。

到1959年春，厄尔·朗的情况越来越糟糕。已经出现过一次血栓，他成了个病人，又垂垂老矣，法律禁止他再次竞选州长，而这是他的生命线，还无儿无女。"家族没有后代的这一支，承受着这方面的各种压力(一名精神病医师曾说)。"[97]而他突然成了孤家寡人，独自面对大众仇恨的可怕幽灵。在美国最高法院出台有关取消学校种族隔离的决定之后，美国南方民众恐惧不已，各种势力纷纷出现。白人公民委员会产生了。而在路易斯安纳州，一名种族主义州参议员，威利·莱纳克(Willie Rainach)试图将他们的种族偏见变成当地法律。朗氏家族虽然常常口头支持取消种族隔离，但是这从来都不是他们的信仰的主要支柱("我父亲和我母亲支持联邦政府，"老休伊·朗曾说，"为什么不呢？他们又没有奴隶。他们甚至连块像样的地都没有。")。[98]莱纳克不断在议会强行通过各种反黑人的法案，在这个时候，这位前州长把他一度十分孔武的身躯挡在了它们前进的道路上。"很多人跟着你，并不是因为他们认同你，而是因为人家害怕你，"厄尔朝莱纳克吼道，"我百分之百支持种族隔离，但是我不认为你应该靠这个来竞选。"[99]

飚着嗓音，厄尔·朗在全州电视机前的观众面甩了州立法委员们一通脏话。而在他惊恐万分的妻子面前，他将一辈子的个人特点丢弃一旁。他开始一根接一根地抽烟，带着一个汽水瓶，里面灌满了葡萄汁和杜松子酒（“高纯度可卡因。”一名记者称），还有广为人知的事——跟一个名叫布莱兹·斯塔尔(Blaze Starr)的红头发脱衣舞娘约会。这些都成了国际新闻报道的内容。一份法国报纸的大标题就是《这位可怕的州长》。[100]一位州长要死了，也是应该给点关注。

在跟拉塞尔商量后，布兰奇安排了一架国民警卫队的飞机跨州将厄尔送到了加尔维斯顿的一座精神病院。她向《生活》杂志描述了这位州长精神崩溃的情况：“他们说在厄尔出院的时候，他会带着他的健康证明，带着它一路参加竞选。到时候他就可以说他是选战中唯一一个真的可以证明自己是清醒的人。人们又会开怀大笑，因为他们知道他是路易斯安那州唯一一个真的了解他们所需所想的人。而我也会再次变得幸福。我会打心里知道他又好了。我已经与这个混乱的家伙生活了 27 年，还是非常爱他。”[101]但是，故事并没有一个“他们从此幸福地生活下去”的结局。接下来发生的事更像是一群“饭桶警察”的灾难性表演。厄尔许诺将到新奥尔良市的欧诗内医疗中心就医，骗加尔维斯顿的医院放他出了院，之后又迅速从欧诗内医院跑了出来。布兰奇将他委托给州内的一家精神病医院，厄尔立即解雇了医院的看护，换上了一个签字让他出院的医生。

作为候选人竞选副州长一职，是厄尔·朗最后一次参加州内的竞选。在 6 名候选人中，他只能排到第三位。但是还可以最后努力一把。在第八国会选区，年轻的哈罗德·B. 麦克斯温(Harold B. McSween)当选众议员，占了乔治·朗死后留下的空缺。1959 年，在竞选副州长失败后，厄尔决定挑战麦克斯温。就初选前一天晚上，厄尔心脏病又发作了一次，但是他拒绝去医院，担心去医院可能不利于选情。8 月 27 日选民前去投票的时候，厄尔·朗躺在亚历山大本特利酒店的一张床上痛苦地喘息。最终，投票结束，消息不会影响到他的胜率之后，厄尔才去了医院。他以大约 6 000 票赢得了初选。这一年的早些时候他曾宣称：“我会一直参加竞选直到我死。”[102]没人会怀疑他的这一预言。9 月 5 日，他去世了。

第八选区是朗氏家族的心脏，不太可能会长时间没有朗氏家族的代表。1962 年，吉利斯·朗，参议员拉塞尔·朗的一位远房亲戚，击败哈罗德·麦克斯温成为家族第五位在国会任职的人。

这位新晋国会议员的父亲曾是一家咖啡馆的夜班服务员，咖啡馆在大萧条期间破产了。之后他举家迁到了一座 40 英亩的农场上，尽管这片土地即便用维恩堂区的标准来看也是无法耕种的。但他一直在上面耕种，直到厄尔给了他一份在精神病院当护理的工作。1940 年，吉利斯开始靠打工在路易斯安那州立大学上学。战争打断了他的学业，成了一名步兵军官前往欧洲战场，在战争中受了伤，后来参加了纽伦堡审判。回国后，他完成了大学学业并获得了法律学位。他也曾当选路易斯安那州立大学学生会主席，还参加了 1948 年厄尔的竞选活动，后来去了华盛顿，在拉塞尔担任委员的一个参议院委员会做工作人员。

四十多岁仍然是一张娃娃脸，留着平头，方下巴，稍微有点双下巴，眼窝深陷，棕色眼珠，眼神有穿透力，吉利斯·朗长得跟厄尔有点像。吉利斯也喜欢发表政治演说，强调的时候嗓门会加大甚至劈嗓，而他的双手没有在空中抡的时候，会下意识地放在两边屁股上。

朗氏一族一路如过山车般起起伏伏地从路易斯安那州的政坛走来，到 1963 年，家族纷争再次威胁着朗氏家族。有布兰奇·朗作为竞选经理，朗氏家族一部分人支持州长候选人约翰·J. 麦基森(John J. McKeithen)，而此人对拉塞尔来说不可接受。拉塞尔玩味着自己参加竞选，追随他父亲和叔叔的脚步入主巴吞鲁日的行政官邸一直是他的抱负。但是，他现在又在另一条道路上走得太远。他在参议院已经有 13 个年头了，既是其论资排辈体系的受益者也是受害人。只有老掉牙的哈里·博德排在他前面，拉塞尔可以指望担任位高权重的财务委员会主席。1963 年是其职业生涯的一个转折点：他没有参加州长竞选，并宣布他支持新任众议员吉利斯·朗竞选州长。

九个人参加了此次竞赛。除了朗和麦基森之外，主要的竞赛选手有前州长罗伯特·坎农和前新奥尔良市长莫里森。路易斯安那州为种族问题困扰，为迎合州内民众敏感的神经，麦基森攻击莫里森和朗，称他们为"肯尼迪双胞胎"。[103]朗比较克制，没有将总统当作一颗政治皮球来踢。"从政治上来讲，我应该这样做，"吉利斯表示，"但是我就是不明白一位民主党的州长候选人为什么要攻击一位民主党的总统。"[104]距离初选还有两周，肯尼迪总统被暗杀。吉利斯分析认为是德克萨斯州的这颗子弹致使他在路易斯安那州竞选失败。他认为，莫里森既是天主教徒，之前又是肯尼迪政府的官员，所以他原本指望的那些天主教徒和黑人都转身投莫里森去了。吉利斯·朗位列第三。

作为麦基森的竞选经理，布兰奇·朗全州四处奔波，有时做做演讲，更多的时候都是跟那些政客沟通交流。“厄尔出去竞选的时候,他知道在路易斯安那州各个选区都应该去拜访谁,”她说,“能做到这点的人不多。但我就可以。”[105]她支持的候选人在第二次初选中击败了莫里森。新州长立刻给了布兰奇回报,将她安排进了州税务委员会,担任路易斯安那州住宅和工业地产估税员,这个职位一年可以拿一万美元。1964年民主党召开全国会议的时候,她代表路易斯安那州进入“证书委员会”。那年底,一位新奥尔良市的政客向记者表示:“有人说路易斯安那州朗氏现在最有权势的人是布兰奇女士。”[106]

朗氏族人的增多也催生了家族政治人口的猛增。这个家族似乎有无穷无尽的人在渴望获得那些有限的政府职位。这就像抢椅子游戏,当音乐停下时,根据游戏规则,有人就得没椅子坐(出局)。

当吉利斯在拉塞尔的支持下和另一位获得布兰奇支持的候选人相争竞选州长时,朗氏家族的另一人也在首次尝试竞选州政府职位。这个人就是斯皮迪·O.朗(Speedy O. Long),拉塞尔的另一位远方亲戚。1928年6月出生的时候,早产两个半月,体重才两斤多,他祖母用毯子把他包住放在仍然温热的炉灶里过了一夜。这个早产儿被取名为“斯皮迪”(他的第一位老师连续一周每天都送他回家,终于确信她这位新学生的教名是真的)。

他的父亲是图勒斯镇上的理发师,还是镇议会成员,并被厄尔·朗安排到州理发师管理委员会任职,也算涉足政界。他们家有9个小孩(其中一人后来当了成员多达9.5万人的州政府职员工会主任)。[107]“我们吃早饭的时候聊的全是政事,”斯皮迪说,“从小到大,家里人都以为休伊·朗就是全能的上帝,厄尔就是耶稣基督,乔治就是圣彼得。”[108]他7岁时,乔治·朗带着他参加竞选,11岁时,他跟着乔治四处发表政治演说,跟了两个星期,上大学的时候,有一个学期他住在乔治位于佩恩斯维尔的家中。

1951年,他从西北州立学院毕业,为了糊口曾在油田工作过。1955年,他和弗洛伦兹·玛丽·塞里奥特(Florence Marie Theriot)结婚,边度蜜月边竞选,成功当选州参议员。三年后,斯皮迪竞选国会议员失败,第二年再次赢得州众议员选举,并从路易斯安那州立大学法学院毕业。1963年布兰奇组织麦基森的竞选活动期间,斯皮迪加入她的阵营,竞选州保险专员一职,一周所作演说多达70次。虽然竞选最后失败,但是在第八国会选区下面的很多堂区,他的票数要领先州长候选人吉利斯·朗。这为朗氏族人首次面对面竞选搭建了舞台。

1964年《美国民权法案》通过三周之后就是至关重要的民主党国会初选。州内情绪高涨。两位朗氏候选人都是种族隔离主义者，但是斯皮迪对此直言不讳，而吉利斯，按路易斯安那州中部的标准来看，说得还不够大声。国会议员朗（吉利斯）反对这一措施（“这一法案会在我们土地上、在各个社区的生活中创造出一支异族力量。”[109]），但是他的对手朗（斯皮迪）指责他曾投票支持往众院规则委员会塞人——将其成员从12名扩充至15名（根据斯皮迪的说法，这冲淡了南方的影响力），间接帮助了方案的通过。他的口号宣称：“不要投票支持那个投票反对美国南方的人。”押韵的“路易斯安那领土上最初的三K党骑士”这样写道：

不要管吉利斯啊！
选斯皮迪吧！[110]

在进入美国国会之前的11年，吉利斯大部分时间都在华盛顿，担任参议院和众议院各个委员会的工作人员。当选众议员之后不到一年，他就要竞选州长。而在这期间，斯皮迪跋涉在路易斯安那州中部的各种石子路和泥巴路上。一位新奥尔良市的州参议员这样总结两位朗氏族人之间的区别：“斯皮迪是位乡下白人农民。他想的都是地方的事。吉利斯与各地区各行各业的人接触，思维更开阔。”[111]

路易斯安那州第八国会选区这样眼界更开阔的人不多。当偏远地区的投票结果出来时，斯皮迪以4 900票击败了吉利斯·朗。在大选中，斯皮迪的竞选活动在电视上只出现了一次，时长两分半钟。尽管共和党人戈德华特以2.5∶1的优势拿下了这一选区，民主党人朗仍然轻松当选，成为家族第六位进入美国国会的人。他一直担任国会议员直至1972年选举前国会选区重新划分，这次重新划分增加了自由选民的人数。斯皮迪自此选择回到路易斯安那州，并当选拉萨尔堂区的地区检察官。吉利斯，“这位朗氏自由派”后来回到华盛顿，一直担任众议员直到1985年去世。[112]他的寡妻，凯瑟琳·斯莫尔·朗（Catherine Small Long），参加了一场特殊的选举，完成了他剩下的任期。人称“凯茜”（Cathy）的她是当选进入美国国会的第一位女性退伍老兵，她之前曾加入志愿紧急服役妇女队。她还是朗氏家族的第七位国会议员。

当30岁的拉塞尔·朗于1948年成为美国参议员的时候，他踏入的是一个各种民主程序规则被他父亲强行改变并嘲笑的立法机构。他一些年纪更大的同事曾是亲眼见证休伊的长篇大论。而现在又一个年轻人来到了华盛顿，维护“月鱼”的名声是其公开的意图。维护他父亲的名声是他内心深入非常认同的事。他曾对《纽约时报》的卡贝尔·菲利普斯(Cabell Phillips)表示：“我认为我父亲是他那个时代最伟大的人物之一。他肯定是我知道的最伟大的人。”[113]

但是拉塞尔是第二代立法委员，跟父亲是白手起家的其他人一样，为了维持这一新获得的体面和荣誉，他辛苦打拼。如果说他父亲是卷袖子工作的劳动者的话，他就是穿着灰色法兰绒的人——路易斯安那州的风格。“我认为我和我父亲的主要区别就是，他只知道要获得他想要的东西，唯一方式就是去拼抢，去为此闹个天翻地覆。他希望所有这些好事情立刻实现——就一个字，快。”拉塞尔说，“而我知道这么快是不可能的，我也愿意慢慢来。如果我慢慢来，做一个称职的参议员，到时，我想人们肯定会说，‘休伊·朗肯定也不是那么差劲。’”[114]

到他在参议院的第三届任期时，拉塞尔已经超越了做“王子鱼”的冲动，他只是休伊的儿子而已。“我有父亲温暖而深情的回忆，”他在 1963 年表示，“但我有自己的事要做，到现在已经有很长一段时间了，我一直在为拉塞尔·朗工作，而不是为休伊·朗。”[115] 1964 年在他主导下参议院通过了总统的税收计划，该计划的反对者威斯康星州的普罗克斯迈尔(Proxmire)称他为“立法行动艺术家”[116]，后来里根总统回忆称他为“历史上最熟练的立法委员、立法战略家，懂得如何妥协”。拉塞尔七次当选参议员，直至 1987 年退休。[117]

路易斯安那州的朗氏家族：休伊、厄尔、乔治、罗丝、布兰奇、拉塞尔、吉利斯、斯皮迪、和凯茜——两位州长，一位副州长，三位参议员，8 次当选；4 位众议员，16 次当选。这些全是两代人的事！

休伊是那个巨人，没有他就不会有什么王朝。有些政治王朝的君王是家族内部的驱动力量，为他们的子孙注入对公职的渴望和公共服务意识，但却未曾留下任何时代的印记；有些人成为君王是因为他们所留下的时代印记。他们耀眼的个性或是成就召唤着他们的子孙后代。休伊·朗就是后者。没有任何记录显示他是奔着创造政治王朝去的。但就因为有了休伊，这个政治王朝便创立了。在路易斯安那州，他的名字就是竞选公职的通行证。

这并不是说朗氏家族没有家族荣誉。但是对朗氏族人来说，家族荣誉在各自相冲突的抱负面前常常就没那么重要了。就像小孩的万花筒，松散的各个部分能够组成数不清的图案，随着朗氏族人彼此争斗、团结、再争斗，家族内部的政治关系也处于不断的变化、组织和重组的过程中。作为一个整体，他们点亮了路易斯安那州的夜空。休伊曾说过："政治是悲剧，我认为调节一下氛围，轻松一下，无伤大雅。"但是到拉塞尔离开参议院到纽约证券交易所董事会任职的时候，家族对政治的热情已经所剩无几了。

第十六章 洛奇王朝

啊！美丽而古老的波士顿！
豆子和鳕鱼的故乡！
洛维尔斯家的人只跟卡伯特家的攀谈，
卡伯特家的只向上帝祷告。

——约翰·柯林斯·博西迪[1]

洛奇家族第一个亨利·卡伯特·洛奇1879年竞选马萨诸塞州议会议员的时候，他的竞争对手们称他为“带脂粉气的”洛奇，那个“梳着中分头”“含着金钥匙出生的年轻人”。[2]1936年洛奇家族第二个亨利·卡伯特·洛奇竞选美国参议员的时候，他的竞争对手称他“小男孩布卢(Blue)……一个出身名门的可爱小伙”。[3]两个卡伯特·洛奇都成功当选，这表明他们的名门出身、财富和社会地位并非跟他们的竞争对手想象的那样是多么沉重的负担。

洛奇家族的人可能身上还带着点快速帆船的海水腥味，绅士俱乐部的些许印记以及清教徒父辈根深蒂固的责任感，但是按照海湾州①的标准，他们尚算不上古老家族，而卡伯特家族，虽然是一个古老的家族，却不像亚当斯家族和洛维尔家族那样在波士顿之外的地区仍有极高声望。洛奇家族第一代在独立战争之后才来到美国。卡伯特家族是1700年来的美国。

但是“卡伯特家的人差不多一来美国就有了联姻的习惯，这一习惯他们一直延续到今天”。[4]这一习惯洛奇家族也有。到小亨利·卡伯特·洛奇的儿子乔治·卡伯特·洛奇1962年与特德·肯尼迪竞争选举参议员时，他的直系先

① 海湾州(Bay State)：马萨诸塞州的别称。——译注

祖中在美国国会担任过议员的可以数出8名，其中只有3人是洛奇家族的人，另有1人是卡伯特家族的人。

洛奇家族出的第一个参议员是乔治·卡伯特，第三代美国人。“利用私掠船从事利润颇丰的爱国活动”，他成功将美国独立战争变成了他发财的好机会。忠于英国皇室反对美国独立的柯温法官(Curwen)1779年在伦敦写道：“贝弗利的卡伯特家族5年前还没多少资产，现在据称已经是国内最富有的家族了。”[5]

乔治·卡伯特身高六英尺(约183cm)，体格庞大，在他同时代的人看来，他无论到哪儿“都是瑞士的勃朗峰，俯瞰着周边的群山”。亚当斯家族的人都是矮胖型，而卡伯特和洛奇家族的人一般都是瘦高个。乔治·卡伯特看起来还非常像乔治·华盛顿，“就像斯图尔特画上的那个华盛顿从画像中走了出来一样”。冷静、和蔼，他一说话的时候，“所有人都似乎渴望听到他美妙的嗓音、抓住他思想的智慧之光，人们的注意力都会转向他。”[6]

这位引人注目的绅士的政治生涯甚是令人好奇又费解。在参议院，他确立了自己全国性领导人的影响力和一个懂得如何照顾自己选民利益的政治家的形象。[7]他成了汉密尔顿和华盛顿的密友和备受信任的顾问。当年拉斐特(Lafayette)把他儿子派来美国，华盛顿就请了卡伯特来照顾的他。“排在汉密尔顿之后，与鲁弗斯·金(Rufus King)齐名，”亨利·亚当斯写道，“在那个时候他是联邦党人的神使(oracle)。”[8]之后，在他44岁担任参议员5年之后，卡伯特从参议院辞职，成了“一名真正的隐士”。他不喜欢“外部世界的纷扰”，再也受不了了。[9]约翰·亚当斯认为他的退休是某种谋略：“似乎退休是一种成就伟大的方式。”他这么说的时候很可能想到了蒙蒂塞洛的杰弗逊。“我认为，卡伯特先生默默提升自己的声望几年之后，会变得很伟大……人们会惊讶于一株政治植物在阴凉处所能获得的成长——而持续的白昼和阳光会将我们的过错暴露无遗，记录在案。”[10]

亚当斯曾试图利用首任海军部长的职务将他重新引诱进公务领域，参议院也一致通过了对他的提名，但是他拒绝了。

只有一次，他的朋友们能够动摇他天性中的懒散。出于对1812年战争的强烈反对，他被人从退休状态中请了出来，担任了哈特福德会议的主席——这一不合时宜的会议被人不公正地认为是分离主义的温床。“乔治·卡伯特深藏不露的野心忠于暴露了，”约翰·亚当斯宣称，“他想当新英格兰的总统，好一个家伙!”[11]但是亚当斯又错了。事实证明,卡伯特发挥了调和的作用。当友人问到他在哈特福德打算做什么时,他答复称:“我们的目的是不让你们这些被热血冲昏了头脑的年轻人受伤。”[12]随后他再次退休,这次是永久性的。

乔治·卡伯特有一双儿女,伊丽莎白和亨利。女儿嫁给了约翰·桑顿·柯克兰(John Thornton Kirkland),此人担任哈佛大学校长18年,可圈可点之处是成立了哈佛大学法学院和神学院,却也因学生暴动给职业生涯留下了污点。1823年的“大叛乱”是学生暴动的高潮,当时大四的学生中有超过半数在毕业前夕被开除(约翰·昆西·亚当斯的一个儿子也参与了这次的骚乱,但即便是总统的影响力也不能让柯克兰给这个年轻人复学)。[13]亨利·卡伯特也曾因参与学生骚乱而被扔出哈佛,虽然不是在他姐夫当校长期间。亨利将靠继承的庞大遗产舒舒服服地度过他人生的大部分时光。至于他的名声,他可以宣称在他还是小孩的时候,乔治·华盛顿有一次拜访他父亲,他曾藏在他们会面的桌子底下。亨利的女儿嫁到了洛奇家族,亨利的外孙将成为那个看起来最不太可能莅临美国政坛的“老板”。

在乔治·卡伯特1791年当选参议员的时候,洛奇家族的第一人出乎意料地抵达了波士顿。这个移民匆匆从圣多明哥逃了出来,那里的奴隶当时正起义反抗他们的主人。此人那顽固而又脾气火爆的儿子约翰·埃勒顿·洛奇(John Ellerton Lodge)花费了大量的精力打造了一支快速帆船船队,这支船队当时跑中国航线的速度最快、最成功的船队之一。他还娶了安娜·卡伯特。他们俩是老亨利·卡伯特·洛奇的父亲。

对于这位未来的美国参议院领袖,一名记者是这样写的:“亨利·卡伯特·洛奇总是给人这种感觉:似乎他认为让上帝创造一个不被卡伯特家族、洛奇家族和这两个家族的亲属完全拥有的世界是他对上帝的屈尊俯就。”[14]即便是他最亲密的朋友也对他“高傲”和“缺乏社会民主”的行为举止颇有微词。[15]他的这种态度是在他母亲的培养和鼓励下养成的。在亨利·卡伯特·洛奇十二岁的时候,安娜·卡伯特·洛奇便成了寡妇。此后,娇惯亨利便是她人生的全部。对于亨利的超凡天赋,她深信不疑。据对洛奇生平描述最为详尽的传记作者的说法,到1900年她去世的时候,他已经成了“美国政坛被宠坏的小孩”。[16]

对卡伯特·洛奇影响最大的另一个人就是他的妻子,安娜·卡伯特·米尔斯·戴维斯。他们俩是一对无可挑剔的社交搭档。戴维斯家族早在1630年就来到了新英格兰定居。安娜的父亲是海军少将查尔斯·亨利·戴维斯,科学家、内战英雄、华盛顿海军气象天文台台长；她母亲是一位不太起眼的联邦党参议员的女儿。她的兄弟后来也成了一名海军将官（被人蔑称为“不可靠”·戴维斯“Shakey” Davis），她的姐妹嫁到了亚当斯家族，做了布鲁克斯·亚当斯太太。[17]

就她自身而言，安娜有着金色的头发、紫蓝色的眼睛，美艳无比，是一位相当不平凡的女人。约翰·辛格尔·萨金特一直渴望给她画像。在众多对她的甜美、温柔和优雅称赞有加的人当中就有西奥多·罗斯福、布赖斯勋爵（Lord Bryce）和亨利·亚当斯。温思罗普·钱勒夫人（Winthrop Chanler）就曾说：“她是我所知道的最有魅力的女性，这个平凡世界的尤物。她有着不同寻常的美，苍白的脸上五官端正，眼眸的黑色如同星星开始闪耀时的夜空。她聪慧无比，这也是她唯一用以自卫的武器，卡伯特也有点怕。作为海军将领的女儿和妹妹，她可能从他们身上学到了一些自律意识，遵从着某种隐秘而高尚的行为准则，这种准则指引着她，她却从不强压于别人身上。个性欢快又热情好客，那些能让人高兴的事儿都能让她感到愉快，但她却又从不会在激情的迷雾中失去举止的风度。敏锐的头脑和热心肠这些通常相互抵触的品质集于她一身。我从未发现有像她一样善解人意、富有同情心的人。”[18]

当洛奇参议员夫人可不是什么简单的事。有一次在“烤架俱乐部”的晚宴上，有人问道：“你知道洛奇参议员是‘不朽者学会’（Academy of Immortals）里的唯一一名参议员吗？”“先生，我知道，”她回答道，“（因为）洛奇参议员进了那份名单。”[19]安娜·洛奇从来不怕揭露她丈夫平凡的一面。有一次，在让她丈夫将讲话稿写到第三遍的时候，她说：“我看这也就是你能写的最高水准了，我可怜的孩子！”[20]而似乎是要让他显得更平凡一点，她称他为“小指”（Pinky）。对这位身材高大、留着翘胡子、给别人说教的政界显贵来说，这是一种相当不靠谱的称谓。据说有人是这样描述他的，“如果扔件斗篷到洛奇的左肩，他穿着步入西班牙普拉多博物馆的委拉斯凯兹①群像，他就活脱脱一个委拉斯凯兹”。[21]

1871 年他从哈佛毕业之后的第二天，他俩就结婚了，紧接着就去了欧洲蜜月旅行。卡伯特没有工作也不知道怎样找工作。这让他颇为苦恼，尤其是在他们的第一个孩子康斯坦丝（Constance）出生之后。他不需要更多的钱。但是他有一种抱负，这种抱负虽无头绪却一直驱策着他。他有吃苦耐劳的品质。在这个时候，他给亨利·亚当斯写信寻求建议——亚当斯曾在哈佛教中世纪

① 委拉斯凯兹（Velasquez）：1559—1660，西班牙画家。——译注

历史。亚当斯认为他可以成为波士顿的“文学名人”,并提出请他担任《北美评论》的主编助理。洛奇回忆称:“我走路都轻飘飘的,如同漫步云端,整个世界都变了。”[22]

亚当斯激励鞭策着他的门徒——变换句子结构、将谓语放到首位、删掉冗余字词、提炼句子。洛奇成了学者、编辑、老师、作家。他获得了哈佛大学授予的第一个政治学博士学位,接过了他导师手中的教鞭——亚当斯自己从口袋里掏钱请的他。他撰写了大量历史文章,包括华盛顿、汉密尔顿、韦伯斯特、以及他曾外祖父乔治·卡伯特的传记。

之后,洛奇开始涉猎政治学。随着洛奇对政治的涉猎日深,他学术研究的火药味也变得越来越重。亚当斯认为洛奇的这种转变是他的一大损失,对此他深感痛惜。即便在洛奇当了参议员之后,他仍写道:“他原本应该当哈佛大学教授的,我当初教他的时候就是想让他当教授。”[23]亚当斯甚至还向人透露洛奇的政治学功底不足,后者淡然以对。他们一直是朋友,亚当斯对洛奇夫人的敬重也是他们能够维持友谊的部分原因。[24]但是当初在哈佛的那种感觉一去不复返了。随着年岁的流逝,亚当斯将他的爱转移到了洛奇的大儿子身上。

洛奇成为政治家不是什么随意或是偶然的事,就像他曾经那么专注地学习日耳曼法和盎格鲁-撒克逊法那样,他为这一公共舞台带来了他的专注和投入。诚然,他的个性使他不太可能受大众欢迎。“我一直搞不明白这些作者为什么一定要说我冷漠、沉默寡言,称我是个婆罗门。”他有一次跟西奥多·罗斯福说。“我可以告诉你,卡伯特,”总统答道,“因为你就是这样的。”[25]然而,他会用比他的对手更努力地工作来作为他傲慢的压舱石。他做事不留遗漏。在29岁时,洛奇当选马萨诸塞州议会议员;33岁时他成了马萨诸塞州的共和党党魁。

老亨利·卡伯特·洛奇步入政坛的时候是一个开明主义者,后来日渐变得保守。小亨利卡伯特·洛奇的历程跟他祖父恰好相反。在1964年的共和党全国会议上,小洛奇反对巴里·戈德华特,结束了他的政治生涯,老亨利·卡伯特·洛奇在1884年的共和党全国会议上反对詹姆斯·G. 布莱恩,却成就了他的全国性威望。虽然两人都失败了,但是19世纪的这次更加严峻,因为这时卡伯特·洛奇原本前程似锦的职业生涯才刚刚开始起步。

布莱恩这位“来自缅因州的有污点的人”使洛奇做出了第一个重大政治决定:是和身边的其他人那样在大选中反对这位共和党候选人还是和党保持一致?他选择了后者,从而将自己与正统波士顿人(Proper Boston)切割开来。

虽然外部世界视其为后湾的典型人物，而在他的大本营内部，萨默塞特俱乐部成员多年来为了躲开他会跨过街道从另一侧走。洛奇感觉深受伤害，但他既不道歉也不解释。“他自己态度非常冷漠、超然，显然认为自己的决定是正确的，并且对此感到非常满意，”劳伦斯主教写道，“他似乎认为我们愚昧、目光短浅。”[26]如果洛奇脱党，他就会终结自己的政治生涯，当然这对劳伦斯而言无关紧要。洛奇采取这样的立场有其明显的原因：他认为，作为一名大会代表他已经进行了斗争并失败了，那他在道德上就有义务支持共和党的提名人，另外，他有进入国会的雄心抱负。他是第六马萨诸塞州选区的众议员候选人。在当年 11 月的选举中，他以 225 票败给了当时在职的民主党众议员。

如果说 1884 年这一年洛奇人在波士顿但却不再是它的一分子了，那他还结识了一位了不起的新朋友。这位朋友会给他的人生带来一些他从未想象过的激动和冒险。在这次的共和党全国会议上，他与一位 25 岁的纽约人西奥多·罗斯福并肩战斗。更重要的是，在会议结束之后，他们作出了同样的决定——支持党内提名人。结识之初，罗斯福更加依赖洛奇，洛奇更加年长、更加务实、能够搞定罗斯福的情绪波动，无论他是高兴还是沮丧。罗斯福能够担任民事服务专员和海军部长助理背后的主要推手就是洛奇。早在 1895 年，当时罗斯福还是纽约市警察专员，远处于政治权力等级的底层，洛奇就写信给他：“我不是梦想家……我不是说你明天就能当美国总统。我确实说你会成为美国总统——我敢肯定有这个可能并且你能够当美国总统。”[27]洛奇经常向罗斯福提起他的这一愿景。所有精明的政客都跟罗斯福说不要担任副总统。只有洛奇力促他接受这一职务。在麦金利被刺杀之后，罗斯福成了美国总统。

之后罗斯福成了显耀人物。洛奇不想从他的总统朋友那儿获得任何职务，他很优雅地接受了这种角色的反转。他很忠诚地支持着罗斯福政府。即便罗斯福在 1912 年与共和党决裂也没有伤害到他们之间的友谊，虽然对此洛奇并不支持。罗斯福自己备忘录中的一段文字可作为两者友谊的见证：“从那时起（1884 年布莱恩的党内提名），他就是我的最亲密的朋友，从私人感情上、政治上，各方面都是。我们之间深厚的关系没有其他人能够比拟，也不会有人能够比拟。”[28]

1884 年之后，洛奇再未曾失掉过任何选举。两年后，他实现了进入美国国会的愿望，担任了二届众议员，之后他进入美国参议院，在这里他待了 31 年。在参议院的最后 6 年他一直是多数党领袖。从 1919 年直至 1924 年去世，他一直是参议院外事委员会主席。

洛奇不是一个那么在乎政治立场一致性的人。他是参议院最主要的扩张主义者，因而是一个国际主义者；同时又是参议院最主要的挑头反对威尔逊的国联倡议的人，因此又是一个民族主义者；他是众议院民事服务改革的主要支持者、是谢尔曼反托拉斯法案和纯净食品药品法案的起草人之一，因此是一个自由主义者；他是一个顽固的贸易保护主义者并且反对妇女投票权以及参议员直选，因此又是一个保守主义者。但是，他首先是一个党派分子——冷血无情、报复心强。终其一生在家乡他都未遇到正儿八经的政治反对势力，加上他在社会、经济以及教育等方面的高信誉度，他原本可以寻求成就伟业，然而他却几乎是在故意回避。

他既没有高超的思想也没有宽阔的视野。"很是遗憾，"一名记者不留情面地写道，"洛奇先生从未利用或是运用州里多年前就给了他的发展特权。"[29]亨利·亚当斯似乎总是能一语中的，他对他这位学生的职业生涯进行了总结："无论怎样站着，他都无法做到完全放松，两只脚换来换去，有时还会痛苦地发脾气，从一块敏感的肌肉换到另一块敏感的肌肉，没有把握，不知道是应该摆个不妥协的美国北方佬的姿势，还是一个美国人清教徒的姿势，或是更纯的爱尔兰、德国或是犹太爱国者的姿势，抑或是哈佛大学学者兼历史学家的姿势。"[30]《亨利·亚当斯之教育》一书中的这一评价惹得洛奇太太去问亚当斯："老哥，你为什么要对我们家可怜的洛奇这么苛刻呢？你不是真的那么认为的吧？"

1892 年，参议员的女儿康斯坦丝(Constance)嫁给了奥古斯塔·皮博迪·加德纳(Augustus Peabody Gardner)，又一个政治家进入了这个家族。"古斯"("Gussie")加德纳是最纯正的美国血统，安妮角种植园首任监工托马斯·加德纳的第十代后人，对总统约翰·亚当斯不忠的国务卿蒂莫西·皮克林(Timothy Pickering)的曾曾孙子，商人约翰·洛维尔·加德纳的孙子。约翰·洛维尔·加德纳摄取能力如此之强，以致有人说："如果把他赤身裸体放在道富街街口，当他走到老州政府大楼的时候，新衣服、鞋套、拐杖、高筒帽他就都有了，而且口袋里还会有钱。"[31](他的资产估值有 1 500 万美元，分给了他的两个儿子。)

此外，古斯·加德纳有个全波士顿最不可思议的养母。1875 年成为孤儿之后，十岁的古斯和他的两个弟兄搬去和他们的叔叔杰克和婶婶伊莎贝拉·斯图尔特·加德纳一起生活。个子不高、貌不惊人、一头红发、身材好、优雅无比，即便对最最冷淡的男性，伊莎贝拉婶婶也能起到异样的效果。“和你待一个小时，”亨利·亚当斯写道，“让我如醉云端，不知身在人间，空间、时间、思想都消失了。它让我感到平静、安宁，如置身梦中，就像吃了鸦片，重新吸入空气和尘土的感觉太痛苦了。”[32]她打算在波士顿建一座威尼斯宫殿，在帽子上贴红袜队的标志出现在交响音乐会上，在流行音乐会上喝啤酒，坐在前排位置观看吉姆·考伯特拳击赛，牵着头狮子散步，在大斋节期间满脸懊悔地擦拭“降临教堂”的台阶。就是这位怪异的女士会在去教堂前给小古斯穿装打扮，会听他讲在体育运动方面的战绩，会给他读狄更斯的小说。[33]

古斯年轻的时候“固执、好争论，并不总是易于相处”（他妻子对他的评语）[34]，根本看不出有一天能成为受人尊敬的国会议员的迹象。在哈佛的时候，他的同学认为他自负，毕业之后，他在家打理自家农场，打马球，骑马打猎。[35]然而，美西战争期间出色的部队服役经历使古斯改变了追求方向，因而有了更多成就。在马萨诸塞州参议院两届任期期满之后，1902年，他当选美国国会议员。亨利·亚当斯跟卡梅隆夫人扯闲话的时候说：“哈伊（Hay）跟我说，古斯买的众议院席位据说是有史以来的最高价。”[36]

一位与加德纳家族走得比较近的报纸编辑认为加德纳“有点玩闹，有点花花公子做派”，而他的妻子“相当有个性”，“写作风格带着她父亲的那种活泼，那种率性，甚至比其父亲更甚”。康斯坦丝和古斯在一起并不幸福，但是他们一直没有离婚，并育有一女。[37]

老亨利·卡伯特·洛奇对古斯的职业生涯“明显感到自豪”，尽管这位年轻人对两者之间的关系并不总是感到很自在。[38]正如艾丽斯·罗斯福的丈夫国会议员尼古拉斯·朗沃斯所言：“可怜的古斯，别人只知道我们是某某某的女婿，我们的命咋就这么惨。”[39]

谈到1895年有一次跟洛奇的母亲聊天，罗斯福给亨利·卡伯特·洛奇写道：“我跟她讲，得知你们要出国游玩我很高兴，对此，你母亲的回答是：‘是啊，亲爱的，这次旅行也是为了学习。他还很年轻。’”[40]（洛奇参议员当时已经做了祖父。）计划前往进行欧洲夏季启迪之旅的一行人有卡伯特和安娜·洛奇夫妇，他们的两个儿子和亨利·亚当斯。在伦敦，美国大使馆的接待不是那么热情——洛奇由衷地讨厌托马斯·F.贝亚德，而美国大使也将这一厌恶之情同样回馈给了洛奇。但是英国贵族们给了卡伯特皇室般的招待，来相应地向这一前殖民地最狂热的亲英分子致敬。换上了一副导游心态，洛奇参议员带领着他们这一行人参观游览了各种博物馆和教堂。对亨利·亚当斯而言，这是探索之旅的开端，后来他写成了《圣米歇尔山和沙特尔大教堂》(*Mont-Saint-Michel and Chartres*)这一重要著作。

而洛奇家的两个男孩自出生起就一直生活在这样一种氛围中，一种文化氛围浓烈的家庭环境中。

小儿子约翰·艾乐顿·洛奇当时19岁，将成为一名杰出的东方艺术与语言专家。他的品位简洁、无可挑剔，是华盛顿弗利尔艺术馆首任馆长(《波士顿先驱导报》的一名艺术评论员认为他："如果他不是亨利·卡伯特·洛奇的儿子的话，他的成就原本可以高很多，远不只是艺术馆馆长。人们会觉得他只是参议员的儿子而已，而其实他有很高的学术造诣。"[41])。在一次生病的时候，他娶了他的护士玛丽·康纳利，爱尔兰裔加拿大天主教徒，其兄长是有名的神学家。这个洛奇过着类似隐士的生活，把时间都花在地下办公室里钻研中国古代史和小说，给他妻子讲述帝王和瑜伽修行者的故事。他妻子一辈子没有生育，是一个"安静而优雅的女人"。[42]

但是，他22岁的哥哥乔治·洛奇，人称"贝"，是他们父母和亲友关注和欣赏的焦点。"年轻，有才华，爱他的家人都围在他身边，为他铺平道路。他就是最典型的这样的例子。"伊迪丝·华顿①评价道。[43]对贝·洛奇而言，青少年时期就意味着在他位于达科他州的爱尔康牧场上猎羚羊，在塔克纳克岛上和斯特吉斯·比奇洛(Sturgis Bigelow)这位著名的波士顿佛教徒一起的与世隔绝的日子，意味着来自布鲁克斯·亚当斯叔叔的建议——"去坠入已婚妇女的爱河"，意味着与亨利·亚当斯成立秘密政党"基督教保守无政府主义者"。身边全是他父亲那些有名的经常还有点古怪的朋友，他很少能呼吸到新鲜空气。

贝长大成了一位帅气、健美、有礼貌的魅力小伙，能让身边的人觉得舒服，口才好，爱动脑子，好哲思。在他父亲的怂恿下，美国与西班牙开战了。贝来到了他舅舅查尔斯·亨利·戴维斯的战舰上，之后在进攻波多黎各庞塞时他遇到了他的姐夫古斯·加德纳(当地人很高兴见到他们，战斗毫无必要)。跟特德·罗斯福一样，他享受了这一人生中最美好的时光。回家后，他做了他父亲的秘书，后来与国务卿弗雷德里克·西奥多·弗里林海森的外孙女——漂亮的女继承人"贝茜"·戴维斯私奔了。洛奇家族赢取了又一个政治家族。

贝认为他应该做一个诗人。他出版了多本小册子，包括诗剧《该隐》。剧

① 伊迪丝·华顿(Edith Wharton)：1862—1937，美国女作家，以描写上层社会的小说闻名。——译注

中顽固的亚当和富有同情心的夏娃可以找到参议员老亨利·卡伯特·洛奇夫妇的影子。(一个朋友曾问他怎么处置亚当。贝回答称:“我在替他粉饰。”)[44] 他的作品虽受到他父亲朋友的交口称赞,有时辞藻也很华美,但总体属于模仿他人,而且水平不高。现已被人遗忘的艾德蒙·威尔逊曾写道:“都不能说他是个蹩脚的诗人——他根本就不是诗人。”范·怀克·布鲁克斯(Van Wyck Brooks)的评论就没这么刻薄。[45]

他是否可能变成一流的天才这一疑问永远不可能有答案了。在36岁的时候,贝和他父亲独自待在斯特吉斯·比奇洛位于楠塔基特岛(Nantucket)旁边的岛上时,心脏病发作。“他就这样死了,”惊愕的洛奇参议员在给比奇洛的信中写道,“完全安静地躺在我怀中,坐在你客厅餐桌旁的大椅子上,没有挣扎,没有吃力地喘气。他就这样死在了我怀中。”诗是他内心不确定的呼唤,他所做的下面这一首或许可看作是他的自传:

……这是英年早逝的波浪之歌。
挥霍无度的你,将全部力气抛洒,
渴望成就。
骄傲如你,强大如你,信心满满,
壮志凌云,
于是你试图攀登那不可企及的高度,直至世界的尽头……[46]

亨利·詹姆斯的描述更加稳妥,他将他形容为“一位了不起的大方的社交稀缺人才。”玛格丽特·钱勒对此表示认同:“贝自身就是一首诗。”[47]

他的家人继续生活,或者或努力继续生活。年轻的寡妇(关于她,贝曾写道:“她在我思想的薄暮中前行,像一个悦耳的铃铛。”)有三个小孩要照顾:海伦娜(Helena)和两个儿子亨利·卡伯特·洛奇和约翰·戴维斯·洛奇,一个7岁,一个6岁。[48]但是,贝的母亲安娜·洛奇再也没有从悲痛中恢复过来,几年后就去世了,而贝的父亲为了他儿子身后的不朽声誉,拜访了亨利·亚当斯。对此,亚当斯却未能做到,《乔治·卡伯特·洛奇生平》(*The Life of George Cabot Lodge*)是亚当斯出版的最后一本书,书中未能再现他这位年轻朋友如星光般灿烂的身影,虽然这种灿烂他曾在信中有捕捉到过,虽然艾迪斯·华顿也会在她的回忆录中记录。但是,亚当斯借贝表达了他自身对这个世界的恐惧。

他认为这个世界是一个不欢迎他的陌生人。他在贝活着的时候给他的爱在贝死了后无法(或者不会)再给他。[49]亚当斯转而将他的爱给了贝的两个儿子。他称小卡伯特为“圣托马斯”,认为他长得非常像阿奎那。“你的孙子们够我为我所有的失败赎罪了,”他在给洛奇参议员的信中写道,“他们对我很好,但是我认为自己真是个可怜的家伙。对这些小巨人们来说,这一定是个美妙的世界。”[50]这两个小孩——未来的参议员和州长,发现他们的叔祖父布鲁克斯·亚当斯相当讨厌,但是喜欢讲信誉的亨利·亚当斯叔叔,不知什么原因,反正他们叫他“多蒂(Dordy)”。[51]

贝·洛奇的人生是不圆满的。古斯·加德纳的死就没有必要了。在与坎农的高压手段斗争的过程中,作为反抗人士的领袖,加德纳打出了自己的名头。[52]但是他真正的使命是要让美国人民明白武装的必要性。早在1914年,他就在以比利·森戴传教般的热情在向民众宣传战备的重要性。英国大使塞西尔·斯普林·赖斯(Cecil Spring-Rice)写了一首打油诗来打趣他这位好战的议员朋友:

> 天一亮还躺在床上的时候,
> 古斯·加德纳就开始说什么呢?
> “醒醒吧,好男儿们,
> 买把双管猎枪,
> 去杀荷兰人或者日本鬼子,
> 或者其他外国家伙。”[53]

1917年威尔逊宣战一个月后,古斯从国会辞职去部队服现役。加德纳上校被派到距离乔治亚州梅肯市6英里的威勒营地,担任“大铁锅”师师长的副官。几个月后,他自降为少校,就为了能去前线。“如果我跑到国外只做个上校参谋,”他在给他妻子的信中写道,“我很可能就只会坐在位于夏隆的办公室椅子上打发时间,然后两眼一抹黑。”[54]

那个冬天是乔治亚州人记忆中最冷的冬天。1月8日,在担任第121步兵营营长的古斯感染了肺炎,六天后,他死了。当时他53岁,大家都知道他心脏不好。另一个仍然认为战斗就是冲上去攻占圣胡安山的战斗英雄在给加德纳妻子的信中写道:“对我自己的子孙后代来说,加德纳是我的朋友这是一件会令他们感到自豪的事。”信的署名人是“西奥多·罗斯福”。[55]

洛奇家族和肯尼迪家族之间的第一场大战是在1916年。当时洛奇参议员受到约翰·F. 菲茨杰拉德的挑战。菲茨杰拉德的女儿罗丝嫁给了约瑟夫·P. 肯尼迪。很长一段时间，局势都不利于“哈尼·菲茨”（“Honey Fitz”），以至于到十月中旬的时候，他都想撤出这场竞争了。菲茨甚至都指望不上波士顿的爱尔兰人对他团结一致的支持，因为“亨纳利·卡宾·洛奇”（“多利先生”就是这样称呼亨利·卡伯特·洛奇的），曾无数次领导圣帕特里克日的游行队伍，并且是在背后拉着英国的狮子尾巴的几个主要美国人之一。《波士顿环球报》（*Boston Globe*）的迈克·E. 亨尼西引用一名民主党人预测的话称：“他会把菲茨杰拉德埋得结结实实，要把铲工工会的所有人都拉来才能把他挖出来。”[56]菲茨杰拉德在竞选过程中用洛奇出身名门的事儿做文章，在群众集会上称他的竞争对手曾经“误入中世纪历史课，从此就再也没有出来”。[57]但是，洛奇没有理会他的对手，相反，在竞选中他以伍德罗·威尔逊为对手。

有一次在火车上，塔夫茨医学院一名叫贝利的博士从亨利·C. 布雷肯里奇那里听到了一则生动的政治轶事。这位前战争部长助理在火车的休息车厢里绘声绘色地透露，在卢西塔尼亚号（*Lusitania*）被击沉后，威尔逊总统曾向德国发出措辞强硬的抗议照会，但他又加上了缓和语气的秘密附言，威尔逊的内阁成员曾因此威胁辞职。当这一消息传到洛奇耳朵里时，他立即将这事变成了一个竞选话题。布雷肯里奇在媒体声明中斥责称此种“捯饬小道消息的行径为人所不齿”，而威尔逊称这一指控是“不真实的”（虽然有些细节不对，但实质性内容没错）。[58]双方的相互指责对选举结果没有多大影响。洛奇和威尔逊惊险胜出，出乎大家意料的是，菲茨杰拉德只落后了33 000票。

“布雷肯里奇事件”只是洛奇和威尔逊之间长期战争中的一次小规模冲突。当这两位“政治学学者”最终展开决战的时候，威尔逊倒下了，奄奄一息，国际联盟（League of Nations）流产了。当时洛奇被认为是杀死了国联的那个人，虽然后来人们判断，还有其他人要跟洛奇一起分享这一荣誉。加入国联一直是威尔逊的梦想，而洛奇声称原则上支持国联。然而，这两个固执的人为了这一问题一直争执到死。小亨利·卡伯特·洛奇后来顽强地捍卫他祖父的行动，就像老洛奇为乔治·卡伯特参加哈特福德会议辩护一样。小亨利·卡伯特·洛奇这位未来的美国驻联合国大使就把美国未能加入国联归咎于威尔逊健康状况的崩溃——这显然是非人力所能左右的一种状况，即便是老亨利·卡伯特·洛奇也无能为力。[59]人们可以这样推理：如果威尔逊总统没有中风，他大概是会接受《洛奇保留方案》(*Lodge Reservations*)的。但是在威尔逊总统中风前，当参议员沃森跟他说只有接受《洛奇保留方案》，参议院才可能批准加入国联时，威尔逊厉声道："《洛奇保留方案》？没门！我永远不会同意接受打上了那个人名字烙印的任何政策。"[60]

诚然，接受《洛奇保留方案》，美国肯定就加入了国联。但是在分析谁应为未能加入负责时，人们还必须看这位参议院领袖的动机。洛奇真的认为他是在为了美国的荣耀而战斗。但是，他强烈的党派性和报复性使得他的行动变得可疑。一些朋友，尤其是伊莱休·鲁特(Elihu Root)，认为如果南妮·洛奇还活着的话，他的做法可能又会不同。他的女儿康斯坦丝曾说："我父亲讨厌并害怕威尔逊的这个国联，其实他的内心还记着那些不可调和的仇恨。但是，他那时还不确定能不能用这种方式搞掉这个国联，他的保留方案的目的就是要把威尔逊的国联阉割掉，这样即便通过了也是毫无价值的，这样美国就名正言顺地得到保护。我父亲一直就不想要威尔逊的这个国联，当国联最终被挫败后，他似乎卸下了一副重担。"[61]

当然，洛奇的行动有不少支持者，但是他们显然不是卡伯特家族的成员，虽然洛奇非常在意他与这个古老家族的亲戚关系。在卡伯特家族的官方历史编写完成后，很不幸，对洛奇参议员的评语是"不是一个慷慨大度的人"，"小气、嫉妒"造成了他与威尔逊之间的斗争。这不是编写作者的观点，他说："而是家族深思熟虑后的结论。"[62]

除了与威尔逊之间的斗争，洛奇的政治生活是在王座的台阶上度过的。他一直是罗斯福的朝臣，但很显然不是他的继承人。1908 年，作为会议主席，他尽职尽责地主持了威廉·霍华德·塔夫脱的就职典礼。曾有一次，在 1916 年，罗斯福确曾提议提名洛奇为总统候选人，但是与会代表都认为这是一个笑话，人们甚至都有理由怀疑即便是罗斯福也没有将他自己的提议当真。

洛奇是拥立者，但不是帝王。1920 年，他再次担任共和党全国大会主席。大会在芝加哥酷热的天气里开得萎靡不振，洛奇主席在主席台上冷静地看着下面。尽管他每天早上都换一副新衣领，但是 H. L. 门肯(H. L. Mencken)认为这是"在情感上对哈佛传统的一种认可。他原本可能会一副衣领穿一整周的"。[63]潮湿和谦逊使他得以置身事外。在代表们彻底将事情搞成一团乱麻之后，洛奇也是其中一员的参议员集团便会介入。对党忠诚无私，"正确守护神、超级文法家卡伯特”(又是门肯的措辞)选择了沃伦·甘梅利尔·哈定，这位喜欢摧残英语的半文盲。[64]这是卡伯特·洛奇最后一个重大的政治举动。

到下一次共和党全国代表大会召开的时候，卡尔文·库利奇成了新的会议主席，并取代洛奇参议员成了马萨诸塞州的大佬。[65]洛奇——九次全国代表、三次常任主席、两次平台委员会主席、一次临时主席，就这样被他的党忽略了。在克利夫兰，在他的孙子一起住的一间酒店房间里，他坐在那儿平静地看着一卷《莎士比亚》。就在选举结果11月份出来不久后，他逝世了，留下了一处价值1 249 825美元的房产。[66]

贝茜·洛奇(贝·洛奇的寡妻)不得不承担起抚养卡伯特、约翰和海伦娜的重任，听他们讲笑话，将他们聚拢在钢琴周围唱吉尔伯特和苏利文的滑稽歌曲，每天给他们读一段《圣经·旧约》，还带他们去巴黎待了两年。但是，在抚养贝·洛奇的子女方面，老参议员承担的不仅是祖父的角色。而对于这一与他同名的孙子，他倾注了他特殊的期待。在卡伯特十岁的时候，他的祖父在给他的信中写道：“你知道纳罕特秋天的时候，会有成群成群的那种往南飞的鸟。嗯，他们叫作候鸟。其中有一只有一天飞过大洋，在我耳朵边悄悄跟我说你在学校学习不用功。”[67]他爷爷还曾因为他使用“will”一词而不是第一人称的“shall”一词给他上过课。但是，当卡伯特达到了预期的标准时，老洛奇也会有奖励。在哈佛的时候，他曾给卡伯特一件貂皮衬里的浣熊皮外套！难为情的大学生卡伯特认为应该把这件吊炸天的衣服换成两件普通的外套，一件给自己穿，一件给约翰。[68]

卡伯特的同学，戏剧批评家约翰·马森·布朗(John Mason Brown)记得大学时候的卡伯特是一个性格外向、自信满满的年轻人：“他的自信常常被人误以为是傲慢。”[69]他祖父反对国联，这让他在哈佛成了争议的焦点。鲍勃·塔夫脱在哈佛的时候极力躲开与他名字相关的狼藉声名，但年轻的洛奇对自己的名字就没那么讳莫如深。卡伯特和两个朋友有一次从舞会返回，因超速被警察逮到，警察问驾驶员的名字。

> “我叫亨利·卡伯特·洛奇，先生。”
> 接着警察问其他人的姓名。
> “亚历山大·汉密尔顿。”
> “保罗·里维尔”

"这就够了。"警察说,然后就把他们逮到了警局。[70]

还是小孩的时候,卡伯特曾给《波士顿先驱报》(*Boston Herald*)写过一篇介绍如何打蚊子的文章,占了半个版面(报社编辑曾想将文章命名为《洛奇家族在学术方面的兴趣多样性》)。[71]大学毕业之后,卡伯特从事新闻媒体行业的工作,在《文字记录》(*Transcript*)报当记者。这份上流社会的报刊一周7天除星期天外每天下午茶的时候会准时出现在每个体面的波士顿人家门口。(后湾的一个男管家有一次曾高声说:"来了两位报社的记者,还有一位《文字记录》的绅士。"这个故事可能不太真实,但却恰如其分。)其他稿子写手回忆称,那位新来的绅士四处乱转,想工作的时候就工作。[72]但洛奇也会创意满满地去揭露"3K"党,花样翻新地去评论巴甫洛娃的舞蹈。他祖父罩着他,在共和党1924年全国代表大会前夕,老参议员吩咐编辑西奥多·J·乔斯林(Theodore J. Joslin):"我想要卡伯特去报道大会的情况。我当然可以把他带在我身边,但是我宁愿他一个一个以新闻记者的身份去那儿。我向你提个私人请求:向对待其他任何人一样对待他、刁难他,因为我希望他学到在那儿能学到的所有东西。卡伯特认为他想做个新闻工作者。他认为有一天他会拥有他自己的报纸。那可能是他的职业,但是我想跟你说说我的心里话,我希望有一天他能坐在我现在坐的这个位置……我认为我预见了他的未来,我最大的愿望就是有一天他自己对未来的设想跟我预想的一样。"[73]

1926年,卡伯特已经是《纽约先驱论坛报》驻华盛顿的记者,他娶了高个、一头金发的艾米莉·西尔斯。她的家族可以追溯至理查德·西尔斯,"这位清教徒移民"1630年就到了鳕鱼角(Cape Cod)。跟嫁进洛奇家族的其他女人一样,她的祖辈中也有一名美国参议员——她的高祖父乔纳森·梅森(Jonathan Mason),虽然他在政界没有他在商界那么成功——他曾在1795年成功参与了贝肯山的开发,将其变成了波士顿的高档住宅区。

西尔斯和洛奇的婚礼是当年社交界的大事。他们的结婚地点选在贝弗利,当地的主街道就是以乔治·卡伯特的名字命名的。弗里林海森家族成员的名字赫然出现在婚礼引导员之列。招待会在海湾举行,这里是西尔斯家族的夏季避暑之地,很多宾客都是乘坐游艇来的。结婚之后,西尔斯家族会给年轻的洛奇夫妇建造他们自己的法式度假别墅。虽然贝茜·洛奇会留给她的三个小孩90万美元的资产,但对于一个已经有两代未曾经商的家族来说,西尔斯家族资金的注入肯定大受欢迎。[74]

1929年洛奇家族又举行了另外一场时髦的婚礼，虽没有那么时髦。八月份，在她位于巴港的夏季住宅，乔治·卡伯特·洛奇太太宣布女儿海伦娜与比利时大使馆一秘爱德华德·德·斯特里尔(Edouard de Streel)订婚。第二个月，两人的婚礼在洛奇参议员马萨诸塞州之前的住宅举行。比利时大使利涅亲王(Prince de Ligne)亲自从吉布森岛驱车前往华盛顿担任伴郎。[75]后来海伦娜的丈夫受封成了骑士。

约翰·戴维斯·洛奇娶了弗朗西丝卡·布拉吉奥提(Francesca Braggiotti)，一位美丽的金发舞蹈演员。从来没有像布拉吉奥提他们一家人那样的家庭，除了玛格丽特·肯尼迪的《永恒的少女》(*The Constant Nymph*)一书中杜撰的桑吉丝一家。女中音莉莉·施莱辛格(Lily Schlesinger)1900年嫁给男高音伊萨多·布拉吉奥提(Isadore Braggiotti)之后，他们搬到了山上一座涂着香草色泥灰的大房子，俯瞰佛罗伦萨。他们将房子变成了有钱的美国少女初次参加社交活动的聚会场所。他们还信仰印度哲学，大声诵读《薄伽梵歌》，吃素，生了八个儿女。

每周六，爸爸拉布吉奥提都会穿上紫色晚礼服主持家庭音乐会。小家伙们唱歌跳舞，弹钢琴，拉小提琴、大提琴。他们认为严苛的管教会束缚小孩子的创意思维。小家伙们还会做其他事情，比如为一群英国女士表演小树枝绑在“小屁股”上的“裸体小恶魔”。拉布吉奥提家的小孩，早在谢尔登的体质论出来之前，就别人更加关注人的体型，尤其是人的身体后侧。他们会对人的体型进行仔细分类：强健型、结实型、耷拉型、扁平型、宽阔型和一个叫乔伊的朋友那样的体型(左右摇摆像一个叫乔伊的朋友)。[76]他们被意大利人称为“那些美国疯子”。在1919年到波士顿后，他们被美国人认为是“那些疯狂的意大利人”。

弗朗西丝卡和她妹妹伯塔(Berta)在布鲁克林消防队的楼上开了间舞蹈工作室。有一次公开演出，获得了高级俱乐部文森特俱乐部的赞助，市长被请出来批准她们的演出服装——他们的演出服装过于暴露，不适合公开场合演出，但以教育目的为由获得了批准。埃米·洛厄尔(Amy Lowell)对弗朗西丝卡非常着迷，她还为她写了一首诗。伊莎贝拉·斯图尔特·加德纳曾请她们一起去她的博物馆欣赏艺术品。很快，她们就聚拢了一些社交女孩，在富丽堂皇的豪宅前的草坪上光着脚跳舞。

弗朗西丝卡·拉布吉奥提曾获邀参加哈佛的“法国俱乐部”举办的一次表演活动，约翰·戴维斯·洛奇是这个俱乐部的主席，在这里他们相遇了。后来去她家拜访时，他很享受她约会对象弟弟妹妹之间的那种打闹。而卡伯特就不太能够和这一家子打成一片。有一次吃晚饭，卡伯特在听弗朗西丝卡的父亲讲故事，他朝着其中一个小家伙说："歌莉娅，你为什么一定要笑这么大声呢？"语气明显有点恼火。[77]

约翰从哈佛法学院毕业之后和弗朗西丝卡结了婚。之后他们搬到了纽约，在这里他进了一家华尔街律师事务所，弗朗西丝卡参演了一部百老汇歌舞剧——《范德堡》(*Vanderbilt Review*)。

为了完成报社赋予的任务，小亨利·卡伯特·洛奇会跑去报道各种新闻，从波士顿市政厅到伦敦海军会议。他曾报道过三次总统提名大会，采访过墨索里尼，还曾去过远东报道殖民政府。他写过一本书《脆弱迷信》，一本小册子，谈论在没有准备的情况下和平所面临的危险（尽管《文字记录》报(Transcript)认为"这是一本很好的书，每位选民都应该读一读"，但销售量微乎其微）。[78]新闻行业，正如他祖父对他所讲："作为从政之前的训练，起码也比得上法律。"1932 年，他在埃塞克斯县参选马萨诸塞州众议院议员，挨家挨户拜票竞选，并成功当选。

那一年约翰·戴维斯·洛奇开始了他作为电影演员的职业生涯。弗朗西丝卡之前去了好莱坞为葛丽泰·嘉宝(Greta Garbo)做意大利语配音，当时这有一部她的影片为了出口正在进行配音。弗朗西丝卡的老公前来探班，片场让他试镜，结果派拉蒙影业公司和他签了一份合同。"洛奇先生进入演艺界的消息在这里让很多人大吃一惊，"《波士顿先驱报》报道称，"洛奇家族长期以来一直都与更正统的行业联系在一起。"[79]虽然外界预测电影《侬本多情》(*She Done Him Wrong*)将会成为这位帅气新人的首秀，他将会在该影片中与梅·韦斯特(Mae West)演对手戏，但是这一角色后来给了加里·格兰特，而洛奇进了一部叫作《动物园谋杀案件》的惊悚电影，他的角色在这部电影中被一条巨蟒"大曼巴"勒死了。后续他又在《Under the Tonto Rim》中扮演了一位偷牛贼，在《小上校》(*The Little Colonel*)中扮演了秀兰·邓波儿(Shirley Temple)的父亲，在《小妇人》(*Little Women*)中扮演弗朗西丝·迪伊(Frances Dee)的男朋友，在《放荡女皇》(*The Scarlet Empress*)中扮演马琳·迪特里希(Marlene Dietrich)的情人。但在好莱坞的三年，约翰·洛奇（他在影片中去掉了"戴维斯"这个中间名字），大部分时间都是领着薪水，等着那些一直未有出现的角色。派拉蒙公司有太多像他那样的演员，比如贾利·库珀、兰道夫·斯科特。于是 1935 年，洛奇去了欧洲，作为"那个被好莱坞遗忘的男人"在英国电影中重新开始他的演艺生涯。

当洛奇出现在经典影片当中时，比如《沙场义犬》(*Bulldog Drummond at Bay*)以及《奇怪的货物》(*Queer Cargo*)，他的兄弟宣布要作为共和党候选人竞选美国参议员。当时是1936年。富兰克林·D.罗斯福谋求总统连任，马萨诸塞州的共和党领袖乐见让这位34岁的州立法委员作牺牲品。民主党候选人是州长詹姆斯·M.柯利(James M. Curley)，一位拥有40载政治斗争经验的老手。卡伯特·洛奇很快就发现，他的对手没有学到他在哈佛所学到的政治学知识。柯利跟犹太团体讲这位共和党候选人的祖父反对任命刘易斯·D.布兰代斯为大法官，称卡伯特"小男孩布卢"和"小亨利"。他在春田市的一次集会上称："如果你们的祖先不是靠向中国卖鸦片、向印度人卖朗姆酒，或者买卖奴隶，你们这些年轻的共和党人加入萨默赛特俱乐部的机会不比我多。"[80]洛奇没有理会这些攻击。他的行程4.3万多英里，就各种全国性问题做了680场演说。在选票统计出来的时候，罗斯福以17.4万票将马萨诸塞州收入囊中，小亨利·卡伯特·洛奇以13.6万票当选，是唯一一个抢了民主党参议院席位的共和党人。柯利宣称他之所以失败是因为有另外一名获得库格林神父(Farther Coughlin)支持的候选人参选。柯利曾提出给对方1万美金让其退出，但未能成功。一名传记作家将他的失败归因于"他所犯的致命错误以及作州长时的放肆行为"，归因于他"与普通民众完全脱节"。[81]

美国民众发现，第二位亨利·卡伯特·洛奇参议员个子很高，近184 cm，跟他兄弟一样，有着阳刚男主角的样貌。作为一名政治家，他会跟人握手，但是不会跟人太过热情，因为身上有太多后湾贵族的气质。他的一位朋友曾说："他一直在很努力想做一名普通人，但是他就是没这个基因。人们不可能会误认为他一个普通民众。"[82]即便他是参议院第一个从会议主席椅子上摔倒的人，他也镇定自若、应对自如，为他的这种表现他的祖先也会感到高兴。1938年，当时北卡罗来纳州的参议员雷诺兹正在发言反对一份反私刑法案时，卡伯特身子向后倒得过多，梆的一声就翻过去了。停顿了片刻，洛奇参议员说："雷诺兹(Reynolds)参议员的讲话太口若悬河了。"然后站了起来。[83]

然而，他跟他的祖父一样，他从来不会忘记自己的选票来自哪里，并且南波士顿投他票的人越来越多。他永远不会错过任何一场重要的爱尔兰人葬礼，对此，杜鲁门总统的秘书大卫·K.尼尔斯(David K. Niles)曾说："你不应该去参加这么多爱尔兰人的葬礼，卡伯特，因为似乎这会让人觉得你只想看死了的爱尔兰人。”[84]即便在成为美国驻联合国大使之后，洛奇仍旧会在圣帕特里克日戴一条绿色领带。报道联合国事务的记者认为，洛奇的这个姿态表明他太过在乎国内的政治考量了。[85]

在国内问题上，洛奇参议员走的是居中路线——有时自由，有时保守，有时避而不谈。1937年，他是唯一两个投票支持《公平劳动标准法案》的共和党人之一，但是他又投票反对《贫民窟清除法案》(1937)；他支持增加公共工程拨款，以缓减失业问题(1939)，支持投票支持修改《社保法》，增加拨款用于照顾残障儿童(1942)。

他是一个坚定的孤立主义者：反对废除《中立法》，在1940年5月反对支持英国。“欧洲的战争不是我们的战斗，”他在1939年秋曾说，“如果英帝国和法帝国没有我们的帮助就会扛不住，那他们就该战败。”[86]但是他又支持建设强大国防。自1924年起，洛奇一直在陆军国民预备队服役。每年夏天，作为一名骑兵军官，他都会和他的队伍一起进行操练。1952年，他跟一个记者说：“我会一直怀恋骑兵机械化之前，在德克萨斯州和新墨西哥州进行骑兵机动训练的日子。在早晨第一缕晨光中醒来，看着远处马的耳朵慢慢变清晰，没有比这更愉快的经历了。”[87]一份杂志将他与军队的这种联系形容为“洛奇的本质”。[88]

在希特勒集结装甲师进攻法国的时候，约翰·戴维斯·洛奇正在法国里昂南部50英里的罗茫(Romans-sur-Isère)小镇上。自来到欧洲后，他已经在英国、法国、和意大利拍了15部电影。他的大部分角色都是硬汉型的——侦探、报社编辑、刑辩律师、船长。“面临威胁的男主角”，他称他们为。但是这次他演的是《从梅耶林到萨拉热窝》(*Mayerling to Sarajevo*)中运气不太好的费尔南德斯大公。1939年6月影片开始拍摄的时候，报纸上充斥的各种文章都在谈论25年前奥地利这次引发世界大战的刺杀事件。而现在欧洲又处于战争的边缘。在电影场景里担任群众演员的罗茫镇居民一天天减少，因为一拨又一拨人的人都被征召到了前线。电影最终于1940年5月在香榭丽舍大街上的玛丽格南影院上映。6月纳粹开进巴黎，由于影片同情哈普斯堡皇室，纳粹销毁了他们能找到的所有电影拷贝。[89]2月份的时候，和550名难民一起，洛奇搭乘“萨瓦公爵”号回到了美国。

这个做演员的洛奇在康涅狄格州韦斯特波特购置了一处9.5英亩的地产，房产三面为埃斯波塔克河所包围，有一座小岛，带游泳池，还有瀑布。他参演了一部百老汇舒伯特音乐剧《爱的夜晚》。虽然该剧上演6晚之后就失败了，但是他的表演使他得以在莉莉安·海尔曼的《守卫莱茵河》一剧中扮演重要角色，这是他演艺生涯的高峰。之后在 1942 年夏，他以上尉衔加入海军。

虽然仍是一名参议员，但亨利·卡伯特·洛奇也加入了现役部队。在德军的 9 架斯图卡飞机在托布鲁克附近朝他开火之后，他写道："一个荒唐的念头闪过我的脑海：我虽然没有受伤，但肯定不是因为我是参议员就拥有豁免权，只是运气和旁边的战壕而已。"[90]他继续在部队服役的请求被战争部长拒绝，于是他返回了华盛顿。

1942 年，洛奇谋求连任，他的竞争对手是约瑟夫·凯西(Joseph Casey)，众议院最闪耀的爱尔兰裔新政拥护者。这是战前孤立主义者和强力干涉主义者之间的一次直接竞争。"支持凯西公民委员会"中有四位卡伯特家族的成员。但是，大量支持洛奇的波士顿爱尔兰裔选民大大填补了族人背叛所造成的空缺。爱尔兰裔选民对孤立主义的坚定信念要强于他们对民主党的忠诚。洛奇以 8 万票赢得了选举。[91]

两年后，洛奇从参议院辞职，进入部队服役，他是自南北战争以来离开参议院进入部队服役的第一人。罗斯福总统在信中写道："亲爱的卡伯特，……如果可以的话，我会做跟你一样的事情。我怀念 1917—1918 年那段舞枪弄棒的日子。现在太晚了。我嫉妒你拥有这样的机会，也恭喜你作出了这样的决定。"[92]

洛奇中校在地中海和欧洲战场的服役表现为他赢得了一枚青铜勋章、一枚功绩勋章、六枚战斗勋章以及法国的荣誉勋章和军功十字章。约翰·戴维斯·洛奇的战争岁月虽没那么光彩夺目，但他也曾前往海外执行任务，在进攻西西里的战斗期间担任检查员，在萨勒诺登陆行动中担任海军史官，并担任过联系土伦地区法国海军的联络官。他也获得了戴高乐将军授予的勋章。

二战之后，卡伯特竞选参议员，他的对手是大卫·I. 沃尔什(David I. Walsh)。此人自赢取了由老洛奇死后留下的空位之后，一直在华盛顿当参议员。跟他年轻的竞争对手一样，在"珍珠港事件"之前沃尔什一直是一名坚定的孤立主义者，但他一直保持了他的这一立场。而卡伯特的立场已经发生了变化。"我之前以为我们能置身二战之外，但是我完全错了，"他说，"我现在年纪更大，也更加睿智。"[93]卡伯特以压倒性优势当选，一举囊括了 60%的选票。

战争也改变了约翰·戴维斯·洛奇。回家之后，他在纽约市获得了一份研究工作，几个月之后，康涅狄格州女国会议员克莱尔·布思·卢丝(Clare

Boothe Luce)决定不再寻求连任，于是他决定参加竞选。咱们这位前演员虽从来未曾对政治表现出兴趣，也从未做过任何政治演说，并且在他四年前就买了房子的这一地区，谁也不知道他是谁，但他运气不错。由于各种各样的原因，共和党领袖不赞同另外三位宣布将竞争共和党提名的候选人。于是经口头表决，洛奇获得了党内提名。戴着霍姆堡毡帽、邦德街时尚西装、哈佛口音、舞台行为风格，对该选区主要城市布里奇波特的工业工人而言，洛奇是一个新鲜事物。他的民主党对手是亨利·M.穆奇上校，意大利裔美国人，布里奇波特出生，西点军校出身，"巴丹死亡行军"幸存者的解救者。穆奇回国时，布里奇波特的市民组织铜管乐队在火车站欢迎他。他身着军装竞选国会议员，胸前挂满各种勋章和绶带。

当两位候选人在南诺瓦克哥伦布日意大利裔美国人的集会上发表讲话时，拐点出现了。穆奇首先发言，大谈其意大利裔身份和卑微的出身。洛奇对这位上校的战争履历表达了自己的敬意，称赞他自己在意大利作战时碰到的意大利人。之后，令人惊叹的事发生了：洛奇突然转换了语言，用纯正的佛罗伦萨意大利语完成了接下来的演说。

后来人们发现，可怜的穆奇根本不会说他父母的母语。洛奇的成就以及穆奇的窘迫，相关的新闻迅速传遍了该选区。从那以后，洛奇的竞选活动就像意大利街头的嘉年华活动。弗朗西丝卡也戴着特里维索团(这是她孩提时驻扎在佛罗伦萨的一支部队)的蓝色军帽出现在各种集会上，她会跳起塔兰台拉舞、唱起意大利名额、教人怎么做美容。洛奇之前曾被嘲讽地称呼为"马萨诸塞州的那个投机客"，但是他以36 000票赢得了选举，是康涅狄格州六个国会选区中得票最多的人。

在众议员约翰·戴维斯·洛奇在众议院的两届任期期间，他的兄弟在1949年挑战罗伯特·塔夫脱的参议院共和党领袖地位。塔夫脱以28比14的压倒性优势击败了洛奇。参议员亚瑟·范登堡在日记中写道："我深感抱歉这一次不能投洛奇的票。他是我最珍贵的朋友……我真诚期望他能作为共和党人当美国总统。我希望我能活得够久，这样就有机会帮他入主白宫。"[94]

在被问道他是否有此雄心时，洛奇向《波士顿邮报》的一名记者称："了解政府情况的人没一个想当总统的。看看罗斯福自当总统以来的照片就知道。你看看他脸上的皱纹、深陷的两颊以及脸上疲惫的表情。"洛奇夫人还补充道："你知道我都不愿谈及这事。它简直就是我的噩梦。"[95]

1950年,约翰·戴维斯·洛奇挑战康涅狄格州现任州长切斯特·鲍尔斯(Chester Bowles)。竞选广告牌称洛奇为"那个你可以信赖的人"。对一次非大选年的选举而言,投票人数创纪录的高。早期该州工业区的投票结果出来的时候,鲍尔斯大票领先。但是,小城镇投票结果逐渐出来后,差距稳步缩小,洛奇最终以17 000票当选。选民很可能更在意击败鲍尔斯而不是要选洛奇,因为鲍尔斯州长在其党内已经树敌颇多,并且开罪了不少很有势力的商业和行业团体。即便是这个原因,洛奇当选就意味着现在一个州有一个洛奇州长,还有另外一个州的洛奇在当参议员。

为了见证他兄弟康涅狄格州第75任州长的就职典礼,参议员洛奇去了哈特福特。作为从1771年延续至今的传统,当选州长将由近卫步兵身着殖民时代的制服护送至州行政大楼,近卫步还会用剑和燧发枪向州长致敬。但是盛装游行陷入了停顿。民主党控制的州参议员找了个理由将就职仪式推迟了10小时。参议员洛奇最终不得不乘火车返回华盛顿。到晚上12点前8分钟,参议员的弟弟才成为州长,并继续宣读了一份长长的文件,介绍他让州财政转入正轨的计划。

洛奇州长与民主党把控的州参议院以及共和党的一个派别搏斗了四年。除了建造康乃狄克收费公路之外,他厉行"节约型"政府。通过严打州政府内的公车私用一项,他就实现了每年20万美元的结余。在他离职的时候,他已经将1 100万美元的财政赤字变成了1 700万美元的财政盈余。

1951年9月4日,参议员洛奇在北约巴黎总部拜访了艾森豪威尔将军。洛奇的任务是要让将军相信他应当成为共和党的总统提名候选人。想着让参议员自己解释,艾森豪威尔反问洛奇参议员:"为什么自己不竞选?""因为我选不上。"洛奇毫不犹豫地回答了他。艾森豪威尔认为这次谈话是他职业生涯的转折点。[96]

对纽约州州长托马斯·杜威和宾夕法尼亚参议员詹姆斯·达福这两位互不信任的人来说,洛奇都是可接受的人选,主要因为这个原因,洛奇被提名为"选择艾森豪威尔"运动的负责人。作为竞选经理,洛奇毫不手软,他将有争议的塔夫脱团体称为"一群僵尸",称他们在运用"讼棍手段",正将提名大会变成"私设法庭"。艾森豪威尔赢得了总统提名,而洛奇也跟塔夫脱派别结下了深仇大恨。在他自己后来再次竞选参议员时,这种敌意一直困扰他。

1952年众议员约翰·菲茨杰拉德·肯尼迪和参议员亨利·卡伯特·洛奇

之间的竞争是两个家族之间的第二次对抗，36 年前，菲茨杰拉德的祖父输给了洛奇的祖父。除继承了政治上的地位之外，两位候选人还有其他一些外在的相似之处：高大、帅气、富有、哈佛出身，有新闻业从业经历，拥有出众的军旅履历。洛奇很明显更有希望获胜，之前马萨诸塞州内的竞选，面对三位重要的爱尔兰裔天主教徒政治家（柯利、凯西、沃尔什）时，他都赢了。

然而过去曾发生过一桩小事，这桩小事或许值得让洛奇反思一下竞选的结果。1938 年，驻英国大使约瑟夫 · P. 肯尼迪希望结束在圣詹姆斯宫引荐美国名媛的惯例，洛奇同意他的看法，两人决定采取这样的行动来结束这一惯常做法：洛奇请求引荐一名马萨诸塞州的女孩，肯尼迪写信拒绝这一请求。但是当信件登报后，洛奇吃惊地在报纸上看到，“他颐指气使地试图引荐波士顿后湾贵族血统的姑娘，但是他的请求遭到了一名强健的、红头发的、爱尔兰裔的、真正的波士顿民主党人的断然拒绝……肯尼迪家族和菲茨杰拉德家族给卡伯特家族和洛奇家族亲身示范了什么叫作真正的美国精神”。[97]在与这位大使儿子的选战中，洛奇能不能继续保持他在州内爱尔兰裔天主教徒选民中精心培育的欢迎度呢？

这不是一场围绕问题展开的斗争。在有些领域，肯尼迪的研究人员指出，他们候选人的立场要比他们的共和党对手更接近塔夫脱的立场。这是一次魅力之战。参议员的弟妹弗朗西丝卡 · 拉布吉奥提 · 洛奇也来到了马萨诸塞州对意大利裔美国人进行演说。但是洛奇家在人数和魅力上都抵不过他的对手。在一次已知的最为简短的政治演说中，鲍比 · 肯尼迪透露出来了家族巨大的储备力量：“我兄弟杰克不能出席，我妈不能来到现场，我姐尤妮思不能来到现场、我姐帕特不能来到这里、我姐吉恩不能来到这里，但是如果我兄弟杰克在这里的话，他会告诉你们，洛奇的投票记录糟糕得很。谢谢。”[98]肯尼迪以超过对手 70 737 票胜出。

洛奇吃了败仗。艾森豪威尔拿下了马萨诸塞州，当了总统。作为优先动作之一，新总统任命他的提名大会经理为美国驻联合国大使，并进入总统内阁，资历仅低于国务卿。与挫败国联提案联系最为紧密的一个名字现在却在联合国任职，很多人都认为这很讽刺。但是小亨利 · 卡伯特 · 洛奇却不这么认为。实际上，他辩称，仔细分析就会发现，他祖父有关《联盟公约》的保留意见都已被吸纳进了《联合国宪章》。“似乎本质上，是我祖父走在了那个时代的前列。”[99]

令职业外交人士懊恼的是，洛奇主张自己独立于美国国务院之外。在资深外交官罗伯特·墨菲看来:“我们的(联合国)使团不像是使馆,更像是美国政府的第二外交部。”[100]洛奇的策略是立即对共产党的指控进行驳斥。

在联合国安理会的一次会议上,察拉普金(Tsarapkin)寻求认可,洛奇问:“苏联的这位绅士发言是要干什么?”察拉普金愤怒地吼道:“我是一名代表,不是什么绅士!”洛奇回复道:“我还曾以为这两者并不冲突的呢。”[101]在洛奇任驻联合国大使的八年间,美国人能从洛奇身上期待的就是这种论调。洛奇的这种风格甚至变成了流行的电视娱乐节目。《记者报》的马亚·曼内斯(Marya Mannes)认为(这种交锋)就像西方电影一样——除了酒吧不是玻璃屋,吧台不是一张长桌,而好人与坏人之间的战斗用的是嘴而不是用枪。“美国人民在亨利·卡伯特·洛奇身上看到是一个根据他们的梦想量身定做的英雄,剧作家都不可能写得这么好。”[102]

约翰·戴维斯·洛奇州长 1954 年寻求连任时,他的民主党对手是哈特福特的美国众议员亚伯拉罕·A. 里比科夫(Abraham A. Ribicoff)。这是一场静悄悄的宣战,直至最后一周。洛奇以“那个认真做事的人”的形象在竞选,里比科夫呼吁节俭政府开支。之后在哈特福特的郊区柏林,在面对一群意大利裔美国人的时候,里比科夫宣称如果他当选了美国梦才会实现——“除了民主党,没有其他地方一个叫亚伯·里比科夫的男孩能够获得这个州的州长提名。”共和党人称这是一种反向偏执的表现。作为回复,里比科夫引用了纽约新闻报纸上的故事来为他的言辞辩护,证明他的对手们正在对他进行抹黑。洛奇一直在大谈其谈他当州长期间的表现。哈特福特的选举结果决定了选战的胜负,里比科夫在哈特福特比洛奇多出 25 000 票,洛奇最后以 3 115 票在选举中败北。[103]

艾森豪威尔政府迅速对顶层外交职位进行了调整,为这位败选的州长挪出了驻西班牙大使的职务。参议院立即同意由洛奇来担任这一年薪为 2.5 万美元的职务,只有北达科他州的兰杰参议员和爱达荷州的韦尔克(Welker)参议员对此表示反对。这两人抗议重要职位分配不公,小州没有获得其相应份额。

1960 年尼克松成为获得总统候选人提名后,立即召集了 36 名共和党领袖,他们一致认为卡伯特·洛奇的加入会为选举增添一枚最重的砝码。

他在东部地区很受欢迎,这里是尼克松认为自己实力最弱的地方。多亏了联合国的那些电视辩论，他成了知名人物，并且他会有助于将注意力聚焦到国际事务上。尼克松在会议上说："只要让他们（民主党人）围绕内政打选战，他们就会把我们打败——我们唯一的希望就是将选战固定在外交政策上。"[104]

在飞去芝加哥接受提名的时候，洛奇向记者表示，他很感激肯尼迪——民主党的总统候选人："如果我没有败给杰克（在 1952 年），我就不会有在联合国的这八年，我也不可能现在会竞选副总统。"他还咧嘴笑了笑："实际上，我们还算是亲戚呢。他的表兄弟的一个姐妹跟我一个儿媳的兄弟是亲戚。"还记得柯利曾叫他"小男孩布卢"的事，洛奇许诺："我永远、永远也不会在这次选举中提及杰克的年纪。（因为）我知道他的感受。"[105]

这位共和党的副总统候选人和他的妻子艾米莉一起参加竞选。艾米莉的姐/妹曾经向一名采访她的记者表示："我从来不知道有比她更加热爱生活的人。她就像从地里喷出的泉水。……她是真的从来不会感到厌烦，这近乎荒谬，但这就是她的可爱品质——似乎她是如此的热爱生活，所以她不会向厌烦屈服。"[106]尽管她几乎从未做过演说，但是观众们似乎能够感觉到洛奇夫人喜欢他们，而他们也喜欢她。

而另一方面，卡伯特常常给记者以藐视选举、傲慢、容易被激怒的印象。在记者问到他在"宗教问题"上的立场时，他压着怒火回答道："我不希望任何人因为宗教的原因投票支持我。我的三个孙子信天主教……因为宗教的原因未来就禁止他们当总统，我决绝接受这种提议……即便是记者，提及这一问题也违背了宪法的精神。"[107]但是他给大众留下的印象是，他是那种亲民的、为他们而战的贵族。洛奇将他的发言限制为一种基本演说，在他身边采访的记者很快便对此烂熟于胸。他通常的开篇是："在联合国工作 8 年之后，今晚我来到这里跟大家见面。在联合国我代表的是整个国家——南方和北方、东方和西方，不分党派。"末尾他会向大家致谢，感谢他们听"他谈论严肃的外交事务"。洛奇传递的都是那种简单而又表述笼统的爱国讯息，而他的听众对此反响热烈。除了他经常讲的讽刺肯尼迪年轻没经验的刻薄话——没有时间在白宫对他进行"上岗培训"，他很少开玩笑。[108]

洛奇并没在选战中扮演一种更加突出的角色，这让很多人感到惊讶。在东哈莱姆的一次街角集会上他宣称如果尼克松当选，会在内阁中任命一名非洲裔美国人，这是他制造的唯一一条头条新闻。"无论谁建议做哈勒姆的那次演讲，"弗吉尼亚州的一名共和党人称，"都应该在 25 000 英尺的高空被扔下飞机。"[109]尼克松后来写道："这一演说毫无疑问伤害到了我们在南方的选情。并且在北方也于选情没有什么好处。对黑人以及其他选民来说,不管其人是否有担任高职务的资质,就(盲目地)寻求黑人的支持,这是一种很粗糙的举动——洛奇之前从没表现出有这么做的意图。”[110]

在选举结束后不久,当再次讨论安排洛奇作为竞选全国性职务的候选人时,后果才变得明显:他1960年的表现在职业共和党人当中留下了苦涩的记忆。他被指在工作中偷懒,没有承担起选战中他的那份负担。洛奇每天下午睡两个小时的故事广为人知。西部的一名共和党人向专栏作家马奎斯·蔡尔兹(Marquis Childs)表示:“我们不在意他每天午饭后小睡一会。但是他为什么要穿睡衣呢?”[111]洛奇负责媒体事务的前秘书《每日新闻》(马萨诸塞州,林恩)的文森特·奥布赖恩(Vincent O'Brien)为他进行辩护:“他认为每天跟人握手毫无意义。对他来说,尼克松、肯尼迪、约翰逊在选举中的表现堪称狂热。他一开始就决定,他会在早上和下午、早上和晚上、下午和晚上开展选举活动,但是绝对不会全天三个时段都工作……但是中午那两个小时的午睡是个迷。”[112]有人对洛奇的支持是让人意想不到的。保守专栏作家小威廉·F.巴克利写道,如果他抽掉总统选战中的些许狂热,“就冲这种不屈不挠的举动,我对他深表敬意”。[113]

1960年共和党总统选举败北之后,前驻联合国大使亨利·卡伯特·洛奇做了“大西洋协会”总干事。这是一个私人团体,致力于促进西方国家之间的合作。而前大使约翰·戴维斯·洛奇担任了“青年成就”公司总裁——都是华而不实的工作,两人借此来展示他们对公益与生俱来的热心,直至出现新的在政府任职的机会。

到1963年年中,卡伯特·洛奇又回到了公共薪水支出名单上。他向新总统表示,他可以承担艰巨的外交任务。于是6月27日,在爱尔兰旅行的时候,肯尼迪宣布,他将任命他这位前对手为驻南越大使。34年前,洛奇还是《纽约先驱论坛报》记者的时候,他就曾访问过印度-中国这一带。他形容这一地区的丛林是“我在远东热带地区见过的最密、最顽固、最令人绝望的丛林”。[114]现在这些丛林里全是越共成员,而在西贡,吴庭艳政权(Diem regime)正在迫害佛教徒。民主党的一名政治家曾这样评论63岁的洛奇的这一任职:“反正都要失去这个国家了,我们放一名共和党人去那里也无妨。”[115]

于是当出现所谓的“洛奇现象”的时候,这位大使正在距离美国有11 000英里的越南。在1964年初的那几个月里,似乎他在政治上又复活了。“每场总统竞选活动似乎都有点不同凡响、不可思议和奇妙的味道,"《华盛顿邮报》写道,"今年最为惊奇的壮举必须属于这位在遥远国家任职的大使,虽然哪怕是一个可供公共消费的政治音节他也没说过——他就是亨利·卡伯特·洛奇。"[116]虽然外交服务规章制度禁止为自己拉选票,他的名字甚至没有出现在选票上,洛奇还是决定性地赢得了新罕布什尔州的总统初选。

两位宣布竞争共和党提名的人选巴里·戈德华特和尼纳尔逊·洛克菲勒(Nelson Rockefeller)曾在二月初的冰天雪地里做巡回演讲,两人总共花了近50万美金。而洛奇这一支人马,成员构成五花八门,都指望着卡伯特的儿子乔治做他们的领导,其预算只有25 000美元。他们用这点钱在全州范围内发了两封邮件,在电视上将1960年艾森豪威尔支持总统候选人的视频(切掉了尼克松的部分)展放了36遍。有人后来说新罕布什尔州的选民只是对隔壁马萨诸塞州的邻居客气了一下而已,有人说他们仅仅是在展示通常美国北方佬都有的那种专门与人作对的固执而已,还有人说他们想象着洛奇跟被人暗杀的肯尼迪总统有很多相似之处。但是,不论是何种原因,这一年的初选让洛奇在所有的全国性民意测验中都遥遥领先。忽然间,这位18年来一直未赢得过任何选举的政治家成了1964年共和党总统提名的领跑者。

这位"非候选人"没有做任何事情来鼓励他的支持者——但也没有做任何事情来打消他们的积极性。他曾有机会让自己从俄勒冈州的初选中脱身,但是他没有。[117]在约瑟夫·艾尔索普飞去西贡谈论政治问题的时候,洛奇选择谈论《亚当斯的论文》第二卷。[118]在家里,乔治·洛奇谈及作为候选人的可能性时,脸上露着谜一样的神秘微笑。最后从他父亲那儿收到的是一封信。"信中说我妈妈曾给我买过一盏灯。这根本不能被解读为有任何政治意义。"然而在即将有选民出发去投票的所有地方似乎都出现了年轻洛奇的身影。民主党全国主席约翰·贝利打趣道:"(卡伯特·洛奇的)共和党对手们一直要他回国战斗,但是他遵循着'让乔治来吧'这一明智的格言。"[119]

亨利·卡伯特·洛奇大使在宾夕法尼亚州、伊利诺伊州、新泽西州,甚至德克萨斯州都收到了大量选民自写选票。共和党全国会议代表中洛奇的一班人马,包括乔治·洛奇,在马萨诸塞州都当选了。之后,在俄勒冈州,初选泡沫破裂了。而在自由共和党人为了取代戈德华特换上威廉·斯克兰顿(William Scranton)之后,洛奇大使宣布他将回国。

他在西贡的10个月里,吴庭艳政权已经被军事政变废黜,取而代之的是军人集团。他认为,相对于他的共和主义,对越南人来说,事情正变得越来越好，因此为斯克兰顿州长助选成了他更加紧要的职责。对此，《纽约时报》评论道，这一行动值得称赞，但太迟了，“如果他和斯克兰顿州长在戈德华特参议员遥遥领先之前就为温和共和党人发声，今天共和党的情况可能会好很多”。[120] 洛奇在全国展开了他迟到的竞选活动。但是他的工作弊大于利。小鲍勃·塔夫脱是这么认为的。可能想到洛奇曾在1952年发挥重要作用，使他父亲遭受挫败，年轻的塔夫脱声称斯克兰顿犯下了“最致命的错误”，让洛奇加入选战。他总结道：“光这一步棋就足以让很多人疏远他，失掉很多斯克兰顿原本可以获得的潜在支持者。”[121]

如果卡伯特·洛奇在旧金山一直待到大会结束，他原本可能得知他弟弟约翰·戴维斯·洛奇敦促所有共和党人都支持巴里·戈德华特的消息。巴里·戈德华特成为了共和党总统候选人。约翰·戴维斯·洛奇现在是美国参议员候选人。

从劳动节开始一直到选举，每周六天，约翰·戴维斯·洛奇一大早就会从他位于康涅狄格州韦斯特波特的家中出发，坐在一辆车顶被放下来了的白色敞篷车的后座上。他的司机，一位退役的州骑兵，会先把他送到火车站，在这里他会问候坐车的上班族；之后会送他到一家工厂大门口，这里他会与抵达工厂的工人握手；接下来去购物中心、各种工厂，出席政治会议。他衣着华丽——格子纹西装、粉色衬衫、蓝色领结，或是犬牙运动夹克和灰色法兰绒宽松长裤。有时弗朗西丝卡会陪着他。

他的竞选活动比较低调。他支持共和党的所有提名人选，但却避免提及戈德华特的名字。一个右翼团体“戈德华特青年团”支持他的竞争对手托马斯·多德(Thomas Dodd)参议员。多德攻击他来支持戈德华特。这位温和的共和党人受困于意识形态方面的交锋。《纽约时报》对洛奇的支持也不是很积极：他曾是“一个有能力但没甚创意的州长”，以前当过驻西班牙大使，“尽管他展现出了对弗朗哥政权不加批判的热情，任上却也风平浪静”。[122] 洛奇失败了，他的选票比戈德华特少8万张。他现在也失掉了他最后的两场选战，跟他哥哥一样。

但是，到1965年，事实清楚地证明，洛奇家的人是压不倒的。约翰当选进入了康涅狄格州制宪会议并成为了共和党领袖助手。卡伯特再次被任命为美国驻越南大使，很快就有消息称他在大使馆招待来访的“俏红娘”剧组的玛丽·马丁，他还唱了一首粗俗的歌曲——《她是我的密友》。(他用英语、法语、德语和西班牙语演唱。)[123]

洛奇两兄弟已经年过60,如果这个家族要再有什么未来的话,未来也掌握在卡伯特的儿子乔治手上。

卡伯特·洛奇据说是一位“专注的父亲”(他的一位朋友认为,这是卡伯特幼年丧父的缘故)。[124]随着两个儿子逐渐长大,洛奇将所有空闲的时间都花在了家庭活动上。达格·哈马舍尔德(Dag Hammarskjold)在贝弗利与洛奇一家共度一周之后这样评论:“这是一个家族、一个部族。在这里每个人都相互独立,但每个人又都是整体的一分子。”非洲国家一位驻联合国的代表将他们比作“一群狮子”。[125]

他的小儿子亨利·西尔斯·洛奇表现得对政治毫无兴趣。但是乔治试图模仿他父亲的职业之路,从哈佛进入新闻行业再进入政府部门。1953年,在为《波士顿先驱报》采访完劳工部长米切尔(Mitchell)之后,乔治接受邀约进入劳工部信息办公室工作,1959年他被提拔为劳工部负责国际事务的助理部长。

在参议院劳工与公共福利委员会开会考虑这一提名的时候,委员会成员看到的人是乔治,但想到的却是卡伯特。父子俩在身材上惊人地相似。跟亚当斯家族和肯尼迪家族一样,洛奇家族的基因也很顽固——帅气、瘦高个,比6.5英尺矮一点,大脑门,讲话中带点哈佛的味道,以及小时候结巴的些许影响。索顿斯托尔参议员——他曾在1944年接手了他父亲的参议员位置,向委员会介绍了乔治的情况;肯尼迪参议员——曾在1952年击败了他父亲,支持这一任命(“我多年前就知道他……我认为他非常适合这一工作。”);委员会主席李斯特·希尔认为洛奇“继承了他祖辈的卓越传统,既有他父亲那一支的,又有他母亲那一支的”;参议员库珀(Cooper)回忆了他与洛奇一起共事的经历;兰道夫参议员向他家族“了不起的传统”致敬。只有密歇根州的迈克纳马拉参议员问了一点信息——提名人是否是积极的工会成员?乔治回答称他一直是美国报纸协会波士顿分会的成员,虽然“没有像他所应当的那样积极地参与工会的活动”。[126]任命获得一致通过。

乔治在肯尼迪政府上台后仍是劳工部助理部长。他此前已经当选了国际劳工组织管理机构主席,任期一年,如果让他从岗位去职的话,会相当难堪。他最后离开政府部门是在1962年,肯尼迪总统对他的出色工作表示感谢。乔治此去是要竞选参议员,竞争对手是肯尼迪总统的弟弟。

为竞争肯尼迪总统所留下的这一参议院席位,马萨诸塞州的选战可谓是政治望族满天飞。在民主党的初选中,爱德华·M. 肯尼迪,约瑟夫·肯尼迪最小的儿子,其对手是小爱德华·J. 麦考马克(Edward J. McCormack),众议院议长最喜欢的侄子;乔治·洛奇参加了共和党的初选。哈佛的斯图尔特·休斯教授是独立人参选,曾经一度是总统候选人的查尔斯·伊万斯·休斯(Charles Evans Hughes)的孙子。洛奇共和党的对手众议员劳伦斯·柯蒂斯表示:“我只是一个靠自己的名声和自己的履历竞选的候选人。”[127] 在《美国新闻与世界报道》问这些候选人他们对“政治王朝”问题的看法时,特德·肯尼迪(爱德华·M. 肯尼迪)回答道:“任何人暗示‘王朝’也就是在暗示一种继位系统。这些人没有理解我们国家的民主程序。”麦考马克的回答是:“我不会对肯尼迪‘王朝’这一问题进行评论……它不是我竞选战略的一部分。”而洛奇表示:“我没有什么王朝。我没有兄弟在白宫当总统,没有兄弟是司法部长。我也没有叔叔当众议院议长。我已经十多年了没有任何亲戚在需要选举产生才能就职的高位上。如果非要这么说的话,你可以说我属于一个沉睡的王朝,而我正试图为其注入一些生机。”[128]

初选的赢家,正如外界所料,是特德·肯尼迪和乔治·洛奇。两个家族之间第四次竞争的舞台已经准备好。这位民主党的候选人 30 岁,达到选美国参议员的最低法定年龄;他的共和党对手 35 岁。肯尼迪家族和洛奇家族的人通常在政治上都是早熟的:卡伯特·洛奇首次当选参议员是 34 岁;杰克·肯尼迪击败卡伯特的时候是 35 岁。与他父亲 1936 年的时候相比,可以说,乔治的经验要丰富得多。他现在是哈佛商学院的讲师,出版了一本介绍发展中国家劳工运动情况的书,反响不错,并且有近 10 年的政府工作经验。年轻的肯尼迪的资质就没这么令人印象深刻了。《时代杂事》援引乔治的话说:“为了自私的目的,特德这样厚颜无耻地利用与他哥哥的关系,我认为这是不当且拙劣的。他都做了些什么工作来了解这个世界或者了解马萨诸塞州呢?我第一次跟特德见面是在尼尔利亚,在国际劳工组织非洲地区的一次会议上。特德在那儿待了一天半。他讲起来好像这样他便是尼日利亚问题专家一样了。而我对他在那儿了解到了些什么情况知根知底,因为是我给他介绍的那边的情况。他根本不了解尼日利亚,但他却装得好像很懂一样。这是在吹牛。”[129]

这位共和党候选人会先发表简短、严肃的演说,之后会回答问题,在小细节上有着学者似的严谨。他一丝不苟、礼貌有加,但却没有家族那种屈尊俯就的神气。“如果我父亲在 1960 年当选副总统,”乔治表示,“我现在就不会竞选参议员。”[130] 两个家族区别不大。当一个洛奇家族的对仗一个肯尼迪家族的,很难在“王朝”问题上做文章。

在年轻的法学院毕业才三年的肯尼迪身上，洛奇吃惊地发现他面对的是一个盛产天然政治家的家族中最天然的政治家。特德浑身散发出神秘的个人魅力或领袖气质(Charisma)。“领袖气质，见鬼，”一名女记者高声道，“直白地说，就是性感而已。”[131]面对乔治那些乱说话的业余人士，特德的肯尼迪式的组织安静、高效，并且历经六次选战，已经炉火纯青。特德以超过25万票赢得了选战。“换个州，换个候选人，”斯图尔特·奥尔索普(Stewart Alsop)写道，“乔治·洛奇(原本可能)有胜算。”[132]乔治此后再未曾参加竞选。他一直在哈佛商学院教书，退休后仍是工商管理专业的荣誉教授。

除去其他生动但不足为道的人物，洛奇王朝基本上就是两个人的历史——老亨利·卡伯特·洛奇和小亨利·卡伯特·洛奇。但他们的历史可不是什么无关紧要的：他们总共三次当选众议员、九次当选美国参议员，他们在两位总统的选举产生以及两次世界大战后美国政策的制订过程中发挥了重要作用。他们没有马萨诸塞州另外两个政治家族——肯尼迪家族的那种天资和亚当斯家族的那种才华。他们的祖辈和姻亲使他们得以投身于公共服务。这是一种职业。他们很少受到其他职业的诱惑。

第十七章 肯尼迪王朝

乔(小乔)本该是那个政治家。他死后,我替代了他。如果我发生了什么,鲍比会替代我。如果鲍比发生了什么,特迪会替代他。

—约翰·F. 肯尼迪[1]

这是一个有名望的家族:美国第一批富有的爱尔兰天主教徒,大部分财产来自不动产,在政治领域出类拔萃,同一代人中有三人在国会就职,有两人在相同时期在国会就职。在参与教堂事务方面十分突出,因在社会上的优势地位,与英国贵族联姻。

肯尼迪家族后来具备了上述每一个特点,但与上面表述吻合的首先是马里兰州的卡罗尔家族。这个早期爱尔兰天主教的望族是爱尔兰古代王子的后裔。在清教徒登陆美洲约半个世纪后,他们来过美国。在詹姆斯国王二世统治时期,卡罗尔家族受巴尔摩勋爵的庇护来到马里兰。[2]

到独立战争发生之时,他们已占有绝大部分后来用于建立华盛顿市的土地。[3]约翰·亚当斯对他们的财富印象尤其深刻。亚当斯刚来到费城,为的是参加即将召开的第一届大陆议会会议,他在日记中写道:"今天蔡斯先生给我们介绍了一位安纳波利市的卡罗尔先生,是一位理智的绅士,也是罗马天主教徒,而且是美国第一桶金获得者。他的收入已是每年1万英镑,而且他们说两三年内就会达到1.4万英镑。此外,他的父亲拥有一大片不动产,父亲身后这一切将是他的。"[4]丹尼尔·卡罗尔签署了《联邦条款》,他的表弟克罗尔顿的查尔斯,亚当斯的朋友,签署了《独立宣言》。后者在签字时,另一个代表在旁评论道:"几百万英镑没了。"[5]

然而几十年后,当爱尔兰天主教王朝第二大家族的先辈来到美利坚合众国时,第一大家族的影响就结束了。第二大家族的发家经历与第一大家族表面上看很相似。

在参与立国的父辈这一代以后,只有两个卡罗尔被选为高官。这个家族更喜欢世袭的特权,而不是领袖身份。克罗尔顿的查尔斯的孙女们,期待着美国贵妇嫁给有贵族头衔英国绅士的风潮很快到来,她们变成了利兹女公爵、韦尔斯利侯爵夫人和斯坦福男爵夫人。因貌美迷人,在伦敦这三位以"美国优美女神"而知名。

17—18 世纪,一批爱尔兰人不断移民美洲,卡罗尔家族是他们的一部分。然后到 18 世纪 40 年代后期,由于突发的土豆绝产,移民潮涌现。在高水位时段,每年约 21.6 万人进入纽约港和波士顿港。这些新来的人不受欢迎,除了强壮的体力以外,其他方面没人需要。正如厂门口的招贴上写的"爱尔兰人不要申请",爱尔兰人喜欢加入政治领域。这是他们的人数发挥作用的地方,也是他们喜爱扎堆的才干能够体现价值的地方。

偏见起到了分流的作用,阻止他们进入这块土地上最有价值的私家生活领域,但将菲茨杰拉德家族和肯尼迪家族引入了公众生活领域。这最终导致选举产生了第一个信奉天主教的美国总统。这一事件社会学家 E·迪格比·巴尔策尔(E. Digby Baltzell)称之为:"我们历史上的转折点,象征着美国民间贵族执政的趋势。"[6]

肯尼迪总统及其参议员兄弟的曾祖父来到美国,不是因为土豆绝收,或传说中的大饥荒。曾祖父来自爱尔兰东南角,韦克斯福德郡的邓甘斯敦。这个地方相对富庶,遍布全国其他地方惨不忍睹的现象对此地没有影响。

1848 年 10 月,帕特里克·肯尼迪从他家到新罗斯港走了六英里,坐上了到美洲的轮船。他这么做可能的原因是他是家里最小的儿子。他家人在满足了那个地主提出的要求之后,给他剩下的东西几乎就没有了,即便还有土地,他也无法用以建立自己的农场。所以他到了波士顿,成了威士忌酒桶制造商,14 年后他死于霍乱,并未发财,并不比留在爱尔兰强。[7]

同一时间从韦克斯福德郡来到波士顿的另一个年轻人是托马斯·菲茨杰拉德。他先是在一家农场做苦力,每月领 6 美元的报酬,后来在诺森德开了一家卖杂货和酒的小店。他的小店离保罗·里维尔(Paul Revere)的房子不远。菲茨杰拉德也在 30 多岁时就去世了。

波士顿政治如同不断变化的马赛克。在这样的环境下,下一代的菲茨杰拉德家族和肯尼迪家族交替成为政敌和盟友。再下一代，他们两家会在婚姻上长久联系在一起，尽管在政治上不总是那么团结。然后在第四代，肯尼迪和菲茨杰拉德基因的组合将会产生全国性的影响。

约翰·F.菲茨杰拉德和帕特里克·J.肯尼迪是美国一代总统名字的来源。他们的名字不一样，而人们所熟知的他们的昵称也很不相同。菲茨杰拉德叫作“哈尼·菲茨”，一个很适合杂耍剧中的歌舞演员用的名字。肯尼迪叫作“P.J.”，这有点像颐指气使的老板，下级不想直呼其名而改用字母代之。

未来的总统回忆他的祖父肯尼迪：“不许我们在他跟前调皮甚至眨眼睛。”[8]这个古板、令人敬畏的人身高5英尺10英寸，体重185磅，栗色头发，蓝眼睛，唇上蓄着卷曲的大胡子。他先在码头做装卸工，不久在哈马卡特广场附近盘下了一家沙龙。但这个吧台老板很少自己动手。不用骂人和提高嗓门，他就能维持秩序，对闹事者绝不客气。最终P.J.挣得了三个沙龙、一个酒类批发公司、一个煤炭公司和一家本地银行。他的独子约瑟夫·肯尼迪长大后什么都不缺。他父亲还有一艘60英尺长可住宿的“埃莉诺号”游艇。

19世纪80年代的波士顿，爱尔兰裔的沙龙老板一定会从政，这是可以预测的，就像更早一代的扬基们会出海或去账房，也是可以预测的。P.J.肯尼迪三次参加民主党总统候选人提名大会，六次被选任公职，五次作为马萨诸塞州众议员，一次作为州参议员。但他压倒一切的兴趣在东波士顿。他把它作为邻里友好、实施福利制度的地方进行管理。作为它的头，他自动成为四人“战略董事会”的成员。这个董事会是“市长孵化器”，专职挑选竞选全市公职的民主党候选人，并管理波士顿。“董事会”的另一成员是约翰·F.菲茨杰拉德。肯尼迪私下认为他难以相处。

P.J.肯尼迪把尊严看得很重，与哈尼·菲茨一起共事一定感到非常难受。眼前是一位矮脚公鸡般的男人，矮小、高傲、自负，面容还不算难看，虽然他的嘴巴窄了点，两眼靠得近了些。这是一个不停在动的人：组织舞会，专挑羞涩不主动的人做舞伴；像个爱尔兰花栗鼠，说话带一点点口音，呱啦呱啦，每分钟能吐出200个词；总是不请自到，总在唱歌（除了守灵时），一般跑调；只要觉得合适，他就会流泪。这是个真正的大活宝，政治家们厌恶他，女士们则崇拜他。

讲述年轻时所受的苦，看似很符合哈尼·菲茨的胃口。事实正好相反。

他从有名的波士顿拉丁学校毕业，是桑塔耶那[①]和贝伦森[②]同时代人，在马球队当过队长，甚至还就读哈佛医学院，只是因父亲去世才被迫退学，学了不到一年。然后他参加了一次文职人员考试，成绩几乎高居榜首，然后去海关当了职员。哈尼·菲茨后来创办了一家很红火的保险公司，1892年入选州参议院。记者们给他贴上“诺西德拿破仑”的标签。这个代号让他欣喜若狂，竟然模仿起法国皇帝的动作。至此他是诺西德市毫无争议的老板，也是战略董事会的四巨头之一。

1894年，尽管遭到肯尼迪反对，菲茨杰拉德还是入选美国国会。他是来自新英格兰地区唯一一位民主党国会议员，也是众议院唯一的天主教徒。他在华盛顿连续工作六年，赢得了执着但却常常跑题的辩论者的名声，此外，他有效地捍卫了波士顿港的基本权益。尽管反对者指责他是“投机家”(因为他搬到了高档的康科德地区，离诺西德的选民有25英里的距离)，他还是赢得了第三个任期。

国会议员菲茨杰拉德同时也成为了一个出版商。他花500美元买下了《共和国》(*Republic*)杂志，把它改造成了一份爱尔兰裔美国人的周刊。读者没有蜂拥而至，但需要政治好处的广告商们却趋之若鹜。这位国会议员出版商很快净赚25 000美元一年。1914年，当沃尔特·李普曼、赫伯特·克罗利(Herbert Croly)和沃尔特·韦尔(Walter Weyl)决定创办一家发表自由意见的期刊，发现一家不起眼的波士顿周刊已经用了他们想用的名字，只能被迫把自己的杂志命名为《新共和国》(*New Republic*)。[9]

然而，国会任职仅仅是为真正重要的职位—波士顿市长—拉开的序幕。1905年，哈尼·菲茨成为“市长大人”，这次同样遭到P. J. 肯尼迪的反对。菲茨杰拉德并非任此职位的第一个爱尔兰人，在他前面已有两任杰出的市长休·奥布赖恩(Hugh O'Brien)和帕特里克·柯林斯，他们也是爱尔兰人。然而，他是该市第一位由出生在美国的爱尔兰裔人担任的市长。正如詹姆斯·M. 库尔勒指出的那样，他是第一位不留胡须的波士顿市长。

在菲茨杰拉德当选波士顿市长的那一年，据估计，波士顿的人口中，60%有爱尔兰血统，总人数比都柏林的还要多。库尔勒比哈尼·菲茨小10岁，性格更为刚强。他曾回忆菲茨杰拉德市长对波士顿爱尔兰同胞的控制。在给一

---

① 桑塔耶那(Santayana)：1863—1952，西班牙哲学家、文学家，1872年移居美国。——译注
② 贝伦森(Berenson)：1865—1959，美国艺术批评家。——译注

个班级讲爱尔兰移民归化问题的课上，库尔勒请一个学生告诉他谁制订了国家的法律。

“约翰·F. 菲茨杰拉德。”库尔勒想知道，谁制订了州的法律。“约翰·F. 菲茨杰拉德。”年轻人又一次回答。那么，谁是美国总统呢？“约翰·F. 菲茨杰拉德。”

“如果我没有就此打断那个年轻人的话，我敢肯定他会继续告诉我，约翰·F·菲茨杰拉德把蛇赶出了爱尔兰，然后发现了美洲。”[10]

在他任职前两年，菲茨杰拉德市长参加了 1 200 次晚宴，1 500 次舞会，200 次野炊，1 000 次会议。他发表了 3 000 次演讲，并与 5 000 个女孩子跳了舞。如果有人半夜把哈尼·菲茨叫醒并叫他就天下任何话题讲点什么的话，《波士顿邮报》的一个记者这样写道：“他会有准备地，不能说特别愿意地，从卧榻上爬起来，在他的睡衣外披上罩袍，立马就那个话题滔滔不绝，讲上两个小时十七分钟。”[11]

哈尼·菲茨的政府也许取得了艺术上的成功，但该市主张办好政府的人士并不喜欢。罗克斯伯里的一个浸礼会牧师说：“我们当今的市长，突出的地方是安排沙龙老板和酒吧侍从担任公职，比任何他的前任都多。”[12]一个医生从健康董事会被免职，为的是给一个沙龙老板腾位置。酒商被任命为公共建筑的主管和电报专员。一个粉刷匠被任命去管理下水道系统，一个酒吧侍从被立法机构开除，却被他提名为街道管理督察。他绕开行政部门民事机构的规定，发明了以下新的工作类别，如热茶人、爬树人、橡胶靴子修理工、监管看守人的看守人。弟弟亨利·菲茨杰拉德被任命为人事任免主管，弟弟吉姆·菲茨杰拉德得到了一张含金量很高的酒类销售许可证。弟弟迈克·菲茨杰拉德是查尔斯镇的警察，每天将一份交通情况的报告从沃伦大街桥送到市政厅，就可得到 1 100 美元一年的报酬。这个弟弟获得了“人形邮票”的名声。

该市发现，在这位迷人市长的领导下，仅一家煤炭公司就诈骗了 20 万美元，该市以每桶高出通常价格 60 美分的价格购进水泥。还有，市政工程的招标和合同可以通过口头批准，账单和发票会神秘失踪，此外还出现了多宗离奇的土地交易。

在此同时，在《共和国》周刊这一块，事业很是兴旺。广告费与流通量之比或许在全国是最高的。而它的广告，据弗朗西斯·拉塞尔说：“读起来像波士顿证券交易所的总结。”[13]波士顿银行业有一期买了整整哈尼·菲茨这份刊物 14 页的版面。

菲茨杰拉德市长1907年在选举中失利。

选举胜利使所谓“更佳人选”胆子大了起来，他们把市长任期翻了一倍变成四年。1909年，哈尼·菲茨东山再起，以1 402张选票的优势击败了一个比肯街的扬基。

第二任上，他有了一些扎扎实实的建树，盖起了市政厅附楼，创建了海洋馆、动物园和商业高级中学，而“波士顿禁用”则成为了传世佳话。哈尼·菲茨宣布火鸡跑比赛和探戈为非法，宣布《莎乐美》为亵渎神灵。同时他引进了一首名为《可爱的艾德琳》的主题歌曲，当时甚为流行，此歌是女儿罗斯教给老爹的。他从此出名，被认为是唯一在严肃冷静时能唱出该民谣且唱得还算过得去的男人。有一次富兰克林·D. 罗斯福见到他，叫他“杜尔塞·艾德琳娜”，并说自从哈尼·菲茨访问南美以后，当地人竟认为此歌是美国国歌。

据传一个晚上能做30次演讲的人，留给家人的时间自然就很少了。一次，一家杂志想报道市长的家庭生活，于是有一个晚上哈尼·菲茨就留在家里跟夫人和孩子们在一起，菲茨杰拉德夫人跟他说：“约翰，有你在家，感觉真好。你拍照片纪念这个夜晚我不遗憾。我会把其中一张装在相框里，上面别一张卡片，写着‘摄于他在家的那个晚上’。”玛丽·菲茨杰拉德是一个苗条、身材挺拔的女人，一头秀发，棕色眼睛炯炯有神，讨厌装腔作势，害怕抛头露面。她负责养大三个男孩和三个女孩。她告诉那家杂志的记者说：“我要让家成为全家人感到充满活力、备受鼓舞的地方。”“从哪方面看，我都是个家庭主妇。”[14]

菲茨杰拉德夫人竭力避开丈夫所享受的万众瞩目，哈尼·菲茨只好拉上女儿罗斯扮演官方女主人的角色。他在市政厅就职的两个任期之间，罗斯曾在欧洲一家修道院学习。如今她已长成亭亭玉立的姑娘，宗教造诣深厚，掌握音乐和多种外语。她陪伴父亲出席各种政治集会、宴会和追思会。16岁时，她主持了她首次新船首发仪式。她与威廉·H. 塔夫脱和其他名人打招呼。甚至有传闻她已与托马斯·利普顿订婚。

1912年，在菲茨杰拉德市长为市政委员会举办的一次晚宴上，不速之客詹姆斯·M. 库尔勒溜进了会场，并利用哈尼·菲茨的讲坛宣布了自己市长候选人的身份。在年轻的挑战者咄咄逼人的攻势下，菲茨杰拉德退出了竞争。他讨厌这样的争斗。库尔勒在贫民窟长大，练就了一股菲茨杰拉德身上完全缺乏的韧劲。菲茨杰拉德想要逗趣，库尔勒则想要权力。库尔勒的崛起标志着像约翰·F. 菲茨杰拉德和P. J. 肯尼迪那样的小政治明星的陨落。库尔勒想要而且会控制这个城市，而他们则是希望得到属于自己的那一份，既没有谋略去煽动，也没有能力去消除库尔勒操控自如的阶级仇恨。

离开市政厅后，菲茨杰拉德仍经常竞选公职，但运气和时间都差不多用尽了。1915 年，巴黎圣母院授予哈尼·菲茨"菲茨杰拉德博士"荣誉称号，他后来也喜欢人们这样称呼他。1916 年，他与老亨利·C. 罗杰·洛奇抗衡，竞选美国参议员。他南下华盛顿，在参议院室，他坐在令人敬畏的对手的座位上说："这感觉就是自然。"[15]但是《纽约时报》称菲茨杰拉德把选举变成了笑话，称他为"和蔼的布拉尼石的亲吻者（巧舌如簧）、唱《可爱的艾德琳》的颤音歌手、佛罗里达鲨鱼骑士、掠过波士顿壮汉头上什么都不在乎的蝴蝶"。[16]选民们算是同意了，但以落后 33 000 张选票惜败。

1917 年他想东山再起，与库尔勒抗衡，竞选市长。然而不久就打消了念头。原因是朝气蓬勃的詹姆斯·迈克宣布，他将发表一系列演讲，其中一场题为《伟大的情爱：从克莉奥帕特拉到土德勒斯》。土德勒斯姓瑞安（Ryan），是纽伯里波特收费公路边上费恩科洛福特旅店一个身材姣好、金发碧眼的卖香烟的女孩。有传闻她站在哈尼·菲茨身边，甚至有匿名的打油诗把他们联系在一起。前市长言之凿凿地说，有烟但没有相应的火焰，然后很快退出了竞选。库尔勒的演讲《伟大的情爱》只留下了一个标题。[17]

1918 年，哈尼·菲茨通过 238 张选票的优势当选国会众议员，算是东山再起吧。他对手的竞选经理乔·凯恩（Joe Kane）是 J. P. 肯尼迪的表弟（他们的母亲是姐妹），把争斗带到了华盛顿。他指责菲茨杰拉德的当选"通过作了假的选票，这些选票来自在他选区非法注册的酒商、酒吧侍从、其他城市就业者，以及住在廉价旅社里所谓的居民的投票记录"。[18]一个国会委员会同意了库尔勒的投诉，哈尼·菲茨的当选被取消。他并没有受到打击，并宣称："参议院现有五六位议员近年来曾遭去职，而在第 48 届国会去职的麦金利先生后来还被选为总统呢。"[19]

4 年后，哈尼·菲茨竞选州长失利。这场竞选本没有多大意义，除了提供了约翰·菲茨杰拉德·肯尼迪最早参与政治的记忆：他和祖父一起周游选区。1942 年，在民主党竞选美国参议员的初选中，79 岁的老兵被选中与众议员约瑟夫·凯西抗衡，他们的共和党对手是小亨利·C. 罗杰·洛奇。乔·凯恩认为，哈尼·菲茨会在初选时胜出，但他的岳父约瑟夫·P. 肯尼迪决定不再投入 20 万到 30 万美元，这是为了竞选成功必需的资金。

哈尼·菲茨活得够长。1946 年他孙子第一次入选国会，他在庆祝仪式上唱起了《可爱的艾德琳》。他于 1950 年去世，没能见到两年后杰克·肯尼迪击败参议员小亨利·C.罗杰·洛奇报了家族的一箭之仇。然而,他的夫人却有幸参加了孙子成为第一个天主教总统的就职典礼。他的死讯从来没跟她说,但儿子托马斯说:"我隐隐觉得她知道,但我们从来没有提起过。"[20]她于1964年8月8日逝世,享年98岁。

当罗斯嫁给约瑟夫·P.肯尼迪时,哈尼·菲茨并不高兴。他觉得一个有名市长的女儿应该嫁得更好,而不是嫁给一个选区政客和沙龙老板的儿子。他相中的女婿是一个有钱的承包商。

联姻进入菲茨杰拉德家族的年轻人是波士顿拉丁学校及哈佛1912班的毕业生。据罗伯特·本奇利(Robert Benchley)后来说,他们这个班出了"仅一位阿尔巴尼亚主教","仅一位捕获大熊猫的人"(克米特·罗斯福)和仅一位"长岛休利特港村级牧师"。[21]乔·肯尼迪未能加入最有名的俱乐部,哈佛也从未赐予他荣誉学位或让他进入监事会。但25岁时,媒体已把他描述为全国最年轻的银行总裁,虽然那只不过是波士顿他父亲拥有股份的一家小银行。乔的理想是到35岁时成为百万富翁。这一理想他很容易就实现了。在哈佛1912班第20次聚会上,肯尼迪把他的职业归为资本家。他一生的财路其资本主要来自四个渠道:电影、股票市场、白酒和地产业。

——**电影**。20世纪20年代中期,肯尼迪在新英格兰一系列剧院进行了投资,最终使他成为该领域的生产方。1928年他独自搬家到好莱坞,家人没有随行。看中他的管理能力,那里有三家公司分别支付他每周2 000美元的薪酬。他制作了一系列电影,推红了格洛里娅·斯旺森(Gloria Swanson),并促成了RKO的兼并。[22]传记作家理查德·J.惠伦(Richard J. Whalen)写道:"在电影业经营32个月以后,他瘦了30磅,但也许富了五百万美元。"[23]

——**股票市场**。在20世纪20年代兴旺发达的市场,乔·肯尼迪是个独来独往者和投机者。"他成为股票市场的奇才,熟稔有关股票的各种技巧,如市场操纵、订单配伍、边际操控、虚卖短卖,等等。"[24]然而到了1929年夏天,他突然离开了市场。若干年后,记者约瑟夫·丁尼恩(Joseph Dinneen)问他为什么。肯尼迪回答说:"很简单,我在华尔街走进一家擦皮鞋的店,给我擦鞋的小伙子不认识我……擦鞋布在鞋上打得啪啪作响,这时他抬头看我,并告诉我当天市场上的各种股票会怎样,出价会怎样……我边听边低头看着他。离开时我想:'一个擦鞋男孩对股市正在发生的事情了解得跟我一样多,并告诉我这一切,而且说得很对路,在这样的时候,我自己身上或是市场肯定要有事了,该是我退出市场的时候了。'于是我就退出了。"[25]当1929年10月大崩盘来临时，肯尼迪的财富没有受到影响。他用现金保住了从电影业挣得的巨额利润。

——**白酒**。1933年，很显然，撤销禁酒令的修正案即将生效。竞争英国酒窖在美国的代理权已趋白炽化。那年9月约瑟夫·肯尼迪夫妇和詹姆斯·罗斯福夫妇一同到了欧洲。总统的儿子及其朋友受到英国白酒财团皇室般的接待。他们回国时，乔·肯尼迪成为黑格和黑格、约翰·帝王和哥顿金酒的美国代理。禁酒令结束的三个月前他的仓库里堆满了大量白酒。

这些酒是根据华盛顿所颁发的"医用"许可证运进美国的。一个酒商竞争对手说："英国人不是随便挑选代理商的。他们觉得吉米·罗斯福是个好关系，所以把他们的销售网络给了肯尼迪。"如果吉米期待以合作伙伴进入该行业的话，他就想错了。当肯尼迪的"萨默塞特进口商"公司化的时候，乔没有合作伙伴。他对批评者说："在遇到吉米·肯尼迪·罗斯福之前，肯尼迪自己做得很好。"[26]肯尼迪对白酒生意原始投资是10万美元，1946年他以800万美元现金的价格卖掉了公司。

——**地产**。具有讽刺意味的是，当乔·肯尼迪走保险路线的时候，他反而比以往任何时候都挣得多。为防范困难时期的到来，他开始把钱投入地产，主要聚焦于曼哈顿岛。他的代理人估计他赚了一亿美元。乔的惯常做法是，进入前景看好的领域，好生经营，然后很快撤出。他以190万美元的价格购置了第59街和列克星敦大街交叉口的一套房产，只付了10万美元现金，然后再以600万美元的价格卖了出去。肯尼迪一直没有出手的房产是芝加哥的商品市场。1945年他以12 956 516美元的价格买下，首付约100万美元；到1966年，这栋房子估值为7 500万美元，每年的租金收入就超过了当年购置时的原价。

据《财富》杂志1957年对百万富翁的调查，肯尼迪的资产估计高于2.5亿美元，与艾琳和威廉杜邦、霍华德·休斯、希德·理查森(Sid Richardson)同属一个档次。具有天文数字级的财富，且财富并非来自继承或石油，美国这样的人很少，他是其中之一。而且肯尼迪的财富还有另一个不同。正如他某个至亲所说："这不是纸。这是真家伙。乔可以像那样开出900万美元的支票。"[27]

然而这是一位站在体制之外的资本家。他的财富不是来源于金融、生产或分配。他的钱没用来生产物品。没有产品印有肯尼迪的名字。这种远离商业圈的做法(一般来说他对商业圈有点鄙视)，对子女行为模式的形成同样起了重要的作用。不像很多通过自我奋斗发迹的人，肯尼迪引导儿子们不涉足父辈的生意，而是投身于公共服务事业。

很多人看不出他是个追求金钱的人。想发现他是财迷的人最后常常感到困惑不解。约瑟夫·P.肯尼迪是个复杂的人，天性悲观，却对家族发展前景抱有异常乐观的梦想。他受过良好的教育，对音乐有极好的鉴赏力，但却痴迷于那些粗俗的、带种族偏见的标签。他能瞬间展现迷人的笑容，但也有异常火爆的脾气。他是独裁者式的执政官，是个感情脆弱、容易动情的人，时而慷慨，时而小气。

孩子们小的时候，家中实行维多利亚时期所尊崇的唯父独尊的家道：他的话就是王法。但他常不在家。帕特丽夏出生一个月以后，乔才见到她。他在华尔道夫酒店忙得脱不开身，因为需要稳住出租车公司的股票。

1915年小乔出生了，两年后约翰出生。进入20世纪20年代，罗斯玛丽、凯瑟琳、尤妮斯(Eunice)、帕特丽夏、罗伯特和简，一个紧挨一个出生了。他们把家里的帆船叫作“我们十人”(Ten of us)。1932年又生下爱德华，这时需要一条更大的船，起名叫“又一人”(One More)。

乔不在家的时候，罗斯管事。多年后，她有三个儿子在全国最高的三个职位上任职。在华盛顿的一次宴会上，阿德莱·史蒂文森介绍她是“开始所有这一切的女人，现美国最高级别的人才事务所的头儿”。[28]已是总统的儿子提到母亲时，反复强调说“她是胶水”。[29]罗斯·肯尼迪长得小巧玲珑，深褐色的头发，高颧骨，身材显得年轻(“我现在可是相信像‘鹳’一样的说法了!”富兰克林·德拉诺·罗斯福的女婿约翰·伯蒂格在白宫见到她的时候说)。孩子们小时候，她围绕着他们忙个不停：教他们学习教义手册，听他们做祈祷，用卡片记录生病的情况，送他们上学，至少送那几个最大的孩子。她性格刚强，有点不苟言笑。杰克回忆说：“她有点冷淡。我想这是有9个孩子的必然反应，否则她就没法活了。”[30]乔在家的时候，他不失时机地灌输他的竞争哲学：哪个游戏好就玩哪个并不重要，重要的是只要玩就必须赢。罗斯不像她丈夫那样逼得太紧，而是掌握分寸。多年后，她在日记中回忆：“当孩子需要打屁股的时候，我常常用一根尺子，有时就用衣架，衣架往往更方便，因为每个房间都有衣柜，衣架伸手可及。”[31]

孩子们中间，乔是领袖，也是个天才运动员。鲍比说：“我哥哥对我们极有兴趣，教我们开帆船，游泳，打橄榄球和打篮球。”杰克补充说：“对父母来说，有乔做帮手，养大这么多孩子的事情变得容易多了，因为凡是父母教给他的，他都教给了我们，而且所教的东西不仅不走样，还是加强版。”[32]乔继承了母亲好看的容颜和体贴别人的品格，继承了父亲的冲劲和瞬间发怒的品性，继承了外祖父哈尼·菲茨逗笑的本领。他大学的室友说:“乔的个性太强了,即便你背对着门,而他一句话不说,你也能感受得到他进了房间。”[33]后来他爱上了抽雪茄,参加跑步比赛,谈论要当美国首个天主教总统。

被乔的风头盖住的是小两岁的杰克。这两个最大的男孩总是打架。父亲认为,这两个孩子完全不同。乔“更灵活,更随和,更善于交往”,而杰克则“比较害羞,内向,安静”。[34]父母都肯定杰克会当教师或作家。鲍比比杰克小八岁,个子最小,身体平衡条件最差,对学业最不感兴趣。他总在挣扎着试图赶上,试图融入大家中间。正如埃塞尔·肯尼迪后来解释的:“鲍比和兄弟们最大的不同是,他总是需要十分努力地去争取一切。”[35]特迪比最大的哥哥小17岁,年龄太小,和他们没有可比性。他参加不了帆船比赛,但他为其他人配备索具等,十分卖力,为的是讨别人喜欢。

最年长的女孩是罗斯玛丽,父母很快就发现她跟其他孩子不一样。她母亲回忆:“她做不到像其他孩子那样踩着雪橇不掉下来。她无法在自行车上平衡自己。在学校学习很吃力。我去了家庭医生那里,然后咨询了专家,好像没人能给出答案……夏天,其他孩子能坐船出去,她去不了,还不能理解为什么。舞蹈学校也一样。她会回到家里说:‘妈妈,男孩们跟尤妮斯、玛丽和简跳舞,就是不跟我跳。’”[36]全家人根据罗斯玛丽的所能调整活动内容,想把她拉进来一起参加。当乔当上驻大不列颠大使的时候,罗斯玛丽甚至还被正式地介绍给女王。但到了她23岁那年,她变得十分狂躁,很难管住。医生们告诉乔,前脑叶白质切除术或许能缓解她的情绪波动。但手术没能成功,还使她丧失了行动能力。她的余生只能在福利院中度过了。全家人编造各种故事解释她的失踪。罗斯玛丽2005年逝世,享年86岁,她的姐妹们和特迪当时在她身边。

在肯尼迪孩子们的世界里,女孩中排行第二的凯瑟琳担当了女孩子们的领袖。他们一家住在伦敦时结识他们的一个法国人说:“尤妮斯最聪明,帕特最漂亮,但凯瑟琳是你不会忘记的那个。”[37]

肯尼迪的一家人自成一体,是一个不断运动中的单元,有一次被描述为俄克拉荷马抢地游戏,游戏中每个人都争着得到属于他的那一份。戈尔·维达尔(Gore Vidal)记得:“我分不清他们谁是谁,他们总是在转着圈跑啊跑,像许多硬毛猎犬一样。”[38]一家人互相支撑,浑然一体。在他们看来,这个世界是由肯尼迪一家和其他人组成的。

1926年春天,这一家人离开了波士顿。夏天,他们仍会住在科德角海厄尼斯港那套凌乱但有18间卧室的房子里，但是孩子们的父亲则认为，波士顿“不是天主教儿童成长的地方”。[39]下一个十年，他们在纽约郊区布朗克斯维尔的里弗代尔安家。

在这一期间，乔为孩子们建立了信托基金。后来有所增加，这笔信托财产将留给每个孩子高达1 000万美元。乔说：“我做出安排，这样我的任何一个孩子，就钱方面来说，都可以看着我的眼睛告诉我：去见上帝吧。”后来当总统的儿子认为，父亲的解释是个“谜”。杰克说：“那是在1929年，那个时候他在做投机生意。”“这是件风险很大的事情。他在拼命做投机生意。那时他身体不那么好，这就是为什么要那么做的原因。除此以外没有其他原因。”[40]

然而，尽管乔·肯尼迪把精力集中在赚钱，他谈及财富时说财富本身不是目的，只是提升他家庭福祉的一种手段，是建构下一代的基础。“度量一个人的成功不是他能挣多少钱，”他说，“而是他培养的家庭是怎样的。”又说：“我夫人和我给财富抵押了9个人质。我们的子女……比世界上任何事情都重要。”这是在他一生中，以及在所有公开场合的表述中，一个不断反复提到的主题。正如他的朋友《纽约时报》的亚瑟·克罗克所说，约瑟夫·肯尼迪身上“有一种王朝的脉搏在跳动。”[41]

乔·肯尼迪和富兰克林·D.罗斯福第一次见面时是在一战期间。当时肯尼迪是马萨诸塞州昆西市伯利恒钢铁公司福尔河船坞的副经理，富兰克林·德拉诺·罗斯福是海军副部长。不像其他许多人那样，肯尼迪从未低估年轻的罗斯福。乔说罗斯福是“他遇到过的最勤快的贸易商”。[42]两人在背景、观点和风格上截然相反。然而在1932年，哈尼·菲茨和波士顿的政客们支持阿尔·史密斯当总统—并认为不这样就是叛国，这时肯尼迪成为了罗斯福的铁杆支持者。

肯尼迪天性悲观，担心经济体系会垮掉，随之而去的将是他的财富，随着财富的消失，他为家人建立的经济保障支柱也会倾覆，而随着这一倾覆，他为儿子们构筑的梦想也将终结。肯尼迪的结论是，能够阻止这一切发生的那个人是罗斯福：“这是一个干事的人，且有能力把事情做成。”[43]他为罗斯福竞选捐助2.5万美元，另借给他5万美元，还帮着筹措了额外的10万美元。运用他和朋友威廉·伦道夫·赫斯特的影响，肯尼迪帮助罗斯福获得了在芝加哥的提名。威廉掌握着关键的加利福尼亚州和德克萨斯州的代表。后来肯尼迪乘上罗斯福的竞选列车，随行陪伴。

肯尼迪自信满满，期待着被提名为财政部长。罗斯福却另有主意。肯尼迪等待着。最后，一年以后，总统委任他到新的股票和交易委员会，当时的共识是他将担任首位主席。宣布引来了惊讶：这位股票市场的大投机商竟然将负责严格管控股票市场的机构。这不像“让彼得兔干保护白菜地的工作一样吗”？有个民主党人这么说。[44]然而肯尼迪在股票和交易委员会干得非常漂亮。罗斯福下一个召唤是让他当新的海事委员会的头儿。国会急切希望他接受这个职位，以至通过了一项史无前例的决议，免除他必须出售托德船坞股票的要求、股票和这个职位有利益上的冲突。

那年春天回哈佛参加第二十五次同学聚会，乔的同学们上演了一出小喜剧《当年的海事多美好》，其间，肯尼迪专员告诉他的秘书，“给我接白宫的富兰克的电话”。他拿起电话：“富兰克，我在这里。现在是 9 点钟。让这个国家开始工作吧。”[45]

后来，爱尔兰移民的孙子乔・肯尼迪，被委任为美国驻圣杰姆斯法院(英国)的大使。

老哈尼・菲茨，此时他酒桶般的胸腔充满了骄傲。在波士顿商会的一次晚宴上，在查尔斯・F. 亚当斯介绍他以后，他宣布说：“我最近告诉过查里，我很快就将出国去见国王和王后，还有瓦立等，让他给出出主意。你们明白，在关系紧张时期，查理・亚当斯的曾祖父和他的祖父也都曾出任过驻大不列颠的大使。”[46]

哈尼・菲茨从此就被叫作“大使”了。此时他正处于公职事业的巅峰。英国人非常高兴，觉得这位略欠风度的波士顿人，他可爱的夫人还有 9 个孩子都很有趣。《生活》杂志评论道：“活蹦乱跳的孩子们使这一家成为政治上最受欢迎的一家，先前是西奥多・罗斯福一家。”“富兰克林・罗斯福事先是否想到过不得而知，现在的结果是，当他任命肯尼迪先生担任驻大不列颠大使的时候，他其实是派出了 11 个大使。”[47]

作为名人，肯尼迪一家甚至被百老汇一出歌剧取笑。杰克当时是哈佛的学生，他看了《留给我吧》里面的维克多・穆尔和苏菲・塔克以后，报告他的父母说：“关于我们一家的笑话，不管它意味着什么，引发了最大的笑声，远远超过其他内容。”[48]

华盛顿有小道消息称，肯尼迪大使有入主白宫的野心，理由是，既然富兰克林・德拉诺・罗斯福先期已被禁止谋求 1940 年开始的第三个任期，乔会以竞争者身份现身，因他有幸得到罗斯福和商业界的双重支持。欧内斯特·K. 林德利(Ernest K. Lindley)还写了一篇杂志文章，题为《肯尼迪将竞选总统吗？》。

然而，当希特勒在欧洲撒下大网的时候，肯尼迪以他的名望鼎力支持内维尔·张伯伦(Neville Chamberlain)"以任何代价换取和平"的政策。作为从来不隐藏自己观点的人，乔宣布："长久以来，我的主张是，民主国家也好，独裁国家也好，强调他们之间的差异，从而扩大他们之间现存的鸿沟，不会起到任何作用……反之，如果努力重建以全世界为出发点的良好关系，他们倒可以有精力去解决共同的问题，并都从中受益。"[49]

根据哈罗德·伊克斯，肯尼迪的孤立主义建立在一个假设和一个愿望之上。哈罗德目睹了乔和驻法大使威廉·布利特(William Bullitt)之间的争论。乔的假设是德国将赢得战争，他的愿望是拯救他的孩子们。[50]

为什么罗斯福继续让一个信口开河的"绥靖者"留在大使的位置上？专栏作家约瑟夫·阿尔索谱和罗伯特·金特纳的回答是："总统认为，肯尼迪在伦敦产生的有害影响要小于他回到纽约后所能产生的影响。"[51]

当英国参战以后，肯尼迪在伦敦的日子就屈指可数了。罗斯福开始绕开他的大使，直接与新首相丘吉尔联系。在与《波士顿环球报》的访谈后，乔最终辞职了。那场访谈他以为是不会公开的。访谈透露了他孤立主义思想的内涵和外延，有关丘吉尔喜欢白兰地的评论，国王演讲时的口吃，王后似家庭主妇般的样子，以及埃莉诺·罗斯福留下条子叫他在大使馆喝下午茶时来一点苏西·格洛茨。"[52]约瑟夫·肯尼迪自此再也没有成为独立的政治力量。

1940年是他两个大儿子政治上觉醒的一年。20年后，罗斯·肯尼迪会说她儿子们"在摇篮里就听政治摇篮曲"了。[53]但著名的晚餐"桌边谈话"(日后被描绘成几乎像小阿尔昆冈圆桌会议)是有关政治人物和政治行为，与实质性的现实问题无关。年轻的杰克能够写信给他父母了，说："今晚是波士顿别有意义的晚上，因为尊敬的约翰·F. 菲茨杰拉德正在为他好朋友詹姆斯·迈克尔发表演讲。"然而，与此同时，他却对大萧条没有丝毫察觉，以至要求父母给他寄一份《文学文摘》："因为直到很久以后我才知道市场萧条的事。"[54]

杰克·肯尼迪1936年进入哈佛，那一年小亨利·C. 洛奇被选入参议院。作为学生，在教他的某个教授看来，他可算是"相当不起眼"。[55]大学第三年他待在欧洲，部分是帮父亲打理大使馆的工作，回到哈佛时满脑子都是他父亲关于欧洲局势的看法。他的四年级论文题为《慕尼黑的绥靖主义：英国民主不进行解除武装政策改革的必然结果》。亚瑟·克罗克帮着把该文发表了，并建议把题目改为《英格兰为何睡着了?》。书的出版获得了成功，在美国和英格兰卖出了8万册。正如出版商亨利·卢斯(Henry Luce)在前言中写的，这是“一本出色的著作”，理由有两条：第一，由于它“冷静不狂热的”调子；第二，因为由“这么年轻的一位作者”写成。[56]这位年轻人第一次涉入公共课题领域，而且，虽然里面的思想主要还是他父亲的，他正在形成属于自己的一种典型风格。

1940年，小乔，一个25岁哈佛法律学院的学生，持与乃父相同的孤立主义观点，并同样坚决反对富兰克林·德拉诺·罗斯福。作为马萨诸塞州参加民主党全国大会的代表，这位年轻人反对在任总统进入第三个任期。罗斯福阵营对他无情打压，逼他改变投票立场。但在这场全国政治战火的洗礼中，乔立场坚定。在支持总统的代表一一唱票时，他叛逆地喊出了反对票，把票投给了詹姆斯·A.法利。[57]

珍珠港事件以后，肯尼迪们抛开了孤立主义路线，投入了战争。青年乔成了一名海军飞行员，尽管杰克背部留有打橄榄球时所受的伤，他最终说服了海军他符合服役的条件。杰克在华盛顿得到了一个在办公室工作的机会，但用他父亲的影响得以转到鱼雷快艇上去服役。甚至大使本人也打电报向罗斯福索要一个职位，但请求没得到批准。

凯瑟琳·肯尼迪(Kathleen Kennedy)回到伦敦在一家红十字餐厅工作，在那里与哈廷顿侯爵，第十代德文郡公爵之子比利·卡文迪什(Billy Cavendish)相爱了。卡文迪什家族是英格兰最富裕的地主。他们18万英亩的土地包括查茨沃斯庄园、哈德威克庄园、波尔顿修道院、康普顿庄园和爱尔兰的利斯摩城堡这些不动产。他们也是激进的新教教徒。第一代德文郡公爵曾因反对天主教的影响退出查尔斯二世国王的枢密院。第十代公爵是共济会的大导师。

不顾父母的反对，凯瑟琳坚持自己的选择结了婚。婚礼1944年五月在切尔西市登记处举行。小乔那时驻扎在英格兰，在这场家庭冲突中，他站在姐姐一边，因此婚礼上由他把新娘交给新郎。新郎穿着寒流卫士军装。凯瑟琳，作为未来的德文郡公爵夫人，有望某一天成为皇后身边的第一夫人以及身着皇家礼袍的女侍。而虔诚的罗斯有望成为共济会世界级会员的岳母。一位伦敦记者写道：“一棵英格兰最古老、最高贵的家族树明显晃动了。”在波士顿，罗斯说自己“太恶心了，不想讨论这场婚姻”。[58]

年轻的夫妇在一起生活了一个多月。卡文迪什返回法国作战，9月10日，在指挥一支骑兵巡逻队时，在战斗中身亡。

他的死晚于年轻的乔·肯尼迪三个星期。乔在参加一次旨在摧毁比利时海岸敌人潜水艇基地的行动中身亡。虽然当时他已可以轮换回国，他还是自愿驾驶一架携带 2.2 万磅高能炸药的解放者轰炸机执行任务。当时的计划是，正副飞行员在飞机接近海峡岸边时跳伞到安全地带，然后由其他飞机用遥控的方法将解放者导向目标。但在接近跳伞点的时候，乔的飞机突然爆炸了。

四年以后，悲剧又一次降临。在乘飞机去里维埃拉和父亲团聚的时候，凯瑟琳的飞机在阿尔代什山中坠毁。在莱昂斯去往马塞半路上的普里瓦村，约瑟夫·肯尼迪找到了他女儿的遗体。

"凯瑟琳和乔的特点是他们身上巨大的活力，"杰克后来说，"所有一切都向着他们走来……他们正生活在巅峰时期，然后生命戛然而止——那是巨大的震惊。"[59]

乔和凯瑟琳原是领导家中他们这一代人的标杆。他们的早逝促使比他们小的肯尼迪的孩子们开始了一场感人的奋战。1957 年有个朋友说："为了纪念乔，男孩们试图以他的形象为榜样……为仿效凯瑟琳，女孩子们也感到负有同样的责任。"[60]

战争结束时，如果作一番盘点的话，杰克会发现他接受过的训练没一样可称之为专业。在和平时期，他是战争英雄，在所在的 109 号鱼雷快艇被日本驱逐舰撞坏以后，他是船上所有水手的拯救者。他的健康状况很差，认为他可能想试试做点新闻报道之类的事，但发现这无法发挥自己的主动性。他对管理父亲的金融帝国不感兴趣。此外，他也不用顾虑钱的事情，或有必要打理他所继承的财产，因为乔·肯尼迪在纽约帕克大街的办公室甚至把替他付个人账单的事也管了。

1946 年，他到底该做什么的问题解决了。外祖父哈尼·菲茨的宿敌詹姆斯·M. 库尔勒决定放弃在众议院的职位，试图再任波士顿市长。到底是自己还是他父亲想让他竞选国会议员，媒体上有互相矛盾的引述。父亲说："我把杰克投入了政治，是我做的。""我告诉他乔去世了，因此他有责任竞选国会。他不想……但我跟他说他必须这么做。"对此杰克表示同意："事情就像被征兵一样。我父亲要他的大儿子从政。'要'字还不准确。他是下命令。"但后来，当他成为竞争总统的人，而整个过程大使被搁置一边时，杰克解释说："是我要竞选，很开心我能够这么做。"[61]

第十一国会选区民主党占压倒优势。它包括东波士顿、波士顿的北端和西端、剑桥、查尔斯顿、布莱顿和萨默维尔。人口构成是爱尔兰美国人、意大利美国人，另有33个民族，其名称之间带有连字符。这个区覆盖了邦克山、哈佛大学和该市最糟糕的贫民窟。这个地区也包括了属于P. J. 肯尼迪和约翰·F. 菲茨杰拉德先前的堡垒。当库尔勒听说有个候选人含上述两个名字，他说："他甚至不需要竞选了。他现在就可以去华盛顿，忘掉初选和选举，等等。"[62]

肯尼迪可不认为是理所当然的事。匹兹堡和三藩市的朋友前来帮助杰克。哈佛的学生也在助一臂之力。21岁的鲍比不久前是小约瑟夫·P. 肯尼迪号驱逐舰上的海员，他被指派负责三个东剑桥选区。根据戴夫·鲍尔斯(Dave Powers)的说法，肯尼迪的工作人员，在初选日穿的是艾森豪威尔式的夹克，为的是提醒选民，除了陆军妇女队的少校，杰克是竞争对手中唯一的老兵。选民们几乎不会忘掉这段历史：约翰·赫西(John Hersey)在《读者文摘》上描述的肯尼迪家族成员的英雄故事在这个地区深入人心。此外，该费的功夫和该花的钱都不遗余力。"州议会附近有人恶作剧，竟然在衣襟上别上20美元的纸币作为'肯尼迪竞选徽章'。"[63]杰克收到的选票几乎是他8个主要反对者收到的加起来的总和。大选已成走过场的形式。肯尼迪成为半个多世纪以来海湾州最年轻的国会议员，事实上，是自从他自己的祖父(外祖父)1894年当选同样的席位以来。

1946年是政治新秩序之年。在加利福尼亚州，另一个海军老兵理查德·尼克松出人意料赢得了国会一席之地。亨利·C. 洛奇从陆军服役回来，重拾他在参议院的席位。一个名叫乔·麦卡锡的海军陆战队士兵结束了威斯康星州的拉福莱特王朝。在罗伯特·A. 塔夫脱的带领下，共和党16年来第一次获得了国会控制权。29岁的约翰·F. 肯尼迪开始了为他死去的大哥保留的政治生涯。然而，对此约翰自感功力不足。

年轻的国会议员与他妹妹尤妮斯一起搬到了乔治敦的一座房子里。年轻人思路清晰，有分析能力(体现于那本书《为什么英格兰睡着了?》)，勇气超人(体现在战场上)，有耐力、性格讨人喜欢(体现于国会议员竞选)。专栏作家詹姆斯·雷斯顿(James Reston)写道："他对女选民的魅力有点色。"[64]但他缺乏一套治国理念和经验，对服务一个不发达的城区准备不足。他的区覆盖乔特、哈佛和棕榈海滩。他的社会地位稳固，可以穿着棕色便鞋出席珀尔·梅斯塔(Perle Mesta)饭店正式的晚宴，没有人会说三道四。经济上他的地位同样稳固，可以给红衣主教写一张100万美元的支票却没钱给出租车司机支付车费，人们也不会指责他。

杜鲁门行政班子中的自由劳工派和管理这个州的民间政客们发现他高深莫测。他当选是因为他是乔·肯尼迪的儿子、哈尼·菲茨的外孙。由于他没跟那些老政客打过交道，他们对他不信任。此外，他从来也没有喜欢过他父亲。（据说哈利·杜鲁门曾说过："还是喝波旁吧，每次你喝苏格兰威士忌都会使乔·肯尼迪更有钱！"）[65]

尽管杰克竞选时走的是讲究公平的正道，因为他的选区要求他这样做，但自由派质疑他信仰的深度。作为回复，他告诉《星期六晚间邮报》的一个作者："我会很开心地告诉他们我根本不是自由派……我从来没有加入过'民主行动美国人'或者'美国老兵委员会'这些组织。我跟这些人待在一起不舒服。"[66]

他出席国会活动的记录不佳。他没有人们对新国会众议员所期待的那种一呼百应的本能。进入国会两年以后，他开始在马萨诸塞州所有地方发表演讲。他还不知道他想谋求哪个更高的职位。他知道的一切就是他必须加快步伐，为了大展宏图，他不能坐等有资历后才去行动。

1952年机会来了。小亨利·C.洛奇出来谋求再次当选。肯尼迪本没有机会赢得提名，但没有其他人参与竞争。这位参议员太强大了。拉尔夫·布莱格登(Ralph Blagden)在《记者》(*Reporter*)中写道："很难想象洛奇该退休了。"[67]乔·肯尼迪敦促儿子对抗洛奇："如果你打败他，你就打败了最佳对手。"[68]半个世纪以来，洛奇家族与波士顿爱尔兰人的关系都如胶似漆。老参议员洛奇是第一个承认他们已日益强大的婆罗门政客。他和他的孙子擅长随机应变。乔·肯尼迪愤愤地说："我在波士顿长大时充斥耳膜的就是洛奇的祖父怎样帮着在南波士顿天堂教堂的大门上安装不透明玻璃，到了1952年，他们还在谈论这些不透明玻璃。"[69]

洛奇遭遇了肯尼迪家族坚不可摧的连环阵，连擅长谋略的克劳塞维茨知道了后者的厉害都会为之振奋。

——父亲。给予了大量的建议、关系和金钱。有一封宣传材料开头是这样的："信不信由你，杰克·肯尼迪需要钱。"但没人把它当真。力量强大的波士顿《邮报》打破共和党传统为杰克背书。后来才知道乔·肯尼迪在选举后借给这家报纸50万美元。[70]

——弟弟鲍比。当时是哈佛和弗吉尼亚大学法律学院的毕业生。放弃司法部的工作，专门来做杰克竞选的经理。他的口号是，"让杰克向他们展示风采”。[71]鲍比任劳任怨，将成为杰克的得力干将(弟弟特迪正在德国陆军服役)。

——肯尼迪家的女人。母亲罗斯、姐姐尤妮斯、帕特和简奉茶。茶是政治武器：有一次招待会喝掉了 8 600 杯茶。而该州每一个角落都举办了招待会。据报道，洛奇曾说过：“是那些该死的茶打败了我。”[72]埃塞尔，鲍比的夫人在福尔河发表了演讲，然后驱车到波士顿，生下一个孩子。洛奇的一个助理说：“就在选举前，当库欣主教(Archbishop Cushing)为婴儿洗礼的时候……我们的心都碎了。”[73]

——甚至肯尼迪家族的亡魂。一张竞选海报载有小乔的一张照片，下面写着：“哥哥乔在英吉利海峡上空罹难，乔的梦想将由约翰实现。”[74]

约翰·肯尼迪告诉听众：“我的外祖父，已故的约翰·F. 菲茨杰拉德，36 年前竞选美国参议院，抗衡的是我现在对手的祖父亨利·C. 洛奇。在一个不允许妇女投票的年代，外祖父以仅仅 3 万张选票落败。我希望通过给女性选民留下好的印象，我可以超越当年的这点差异。”[75]他的确做到了。肯尼迪以超出 7 万多张选票获胜。“终于成了，”罗斯·菲茨杰拉德·肯尼迪说，“菲茨杰拉德家族报了洛奇家族的一箭之仇!”[76]

约瑟夫·帕特里克二世，出生并受洗于一个值得庆贺的时期，其间的 1952 年他叔叔杰克竞选参议员获胜。他是肯尼迪家族新一代的第一个男孩。再向前一年，埃塞尔·肯尼迪生下一个女孩，名叫凯瑟琳·哈林顿。埃塞尔一共有 11 个孩子，两个孩子的生日恰巧是 7 月 4 日。她也像婆婆那样，给每个孩子建立卡片档案，记录他们生病、打针等细节。

苗条、运动员般的身材，棕色的眼睛和栗色的头发，埃塞尔很容易就适应了肯尼迪家族的一切。她也出身一个有钱的天主教的大家族。她父亲乔治·斯卡凯尔(George Skakel)靠自我奋斗成为百万富翁，从铁路职员起家，后成为煤炭运输专家，后来掌控了美国最大私营公司之一的“大湖碳业公司”。

埃塞尔曾是简·肯尼迪在圣心曼哈顿维尔学院的室友。她大学四年级的论文论述《为什么英国睡着了?》一书，并在 1946 年为杰克第一次进行州议会竞选工作，这为她作为肯尼迪家族一员做了铺垫。肯尼迪家的人开始了解，这位女士是接触式橄榄球的拼命三郎(甚至怀孕期间也打)；她是希科里山夫人，那里的住处养满了宠物(包括一头最喜欢的海狮)，还有“世界上唯一一个由建筑师设计的树屋”；她坚信生活讲究“方法”，无论这意味着对玛丽安·安德森(Marian Anderson)唱歌，还是拿着剃须用的喷雾罐，对欧洲王室的某个成员喷洒。有一个作家认为，埃塞尔是一个“货真价实的美洲原始人——活泼，随意，没心没肺，积极向上、开心并率性。”[77]

完全不同的是杰奎琳·布维尔(Jacqueline Bouvier)。这是个羞涩、大眼睛的美女，杰克·肯尼迪在1952年参议院竞选中向她秘密求婚。杰奎琳父亲这边的祖先是曾参加约克郡战役的法国老兵，她母亲这边早期的祖先是弗吉尼亚和马里兰的李(Lee)家族。亚瑟·克罗克记得她的父亲约翰·弗农·布维尔三世是纽约的股票掮客。这是一个有史以来“魅力最为有名的男人之一”。[78]东汉普顿一个社会消息记者认为，“他很像开罗那些开着劳斯莱斯轿车沿着尼罗河飙车的美男子”。[79]他在耶鲁大学以“黑兰花”闻名。杰奎琳的母亲珍妮特·李是一个保守的纽约银行家，中央储蓄银行总裁。1928年女儿出嫁时，她送了帕克大街一套复式公寓。

12年以后，“外界隐隐传来丑闻”，父母离婚了。[80]杰奎琳那时11岁，妹妹李7岁。她们天主教的父亲从此再未婚娶。但是到了1942年，她们的母亲，一个圣公会教徒，嫁给第三次结婚的休·D.奥金克洛斯(Hugh D. Auchincloss)。他是华盛顿的一个股票掮客，他在弗吉尼亚州的冬季别墅叫作欢乐林，在纽波特的夏季别墅叫汉默史密斯农场。奥金克洛斯已有三个孩子，后来跟杰奎琳的母亲又生了两个。未来的第一夫人认为：“尽管我们的家庭有非血缘、半血缘的孩子，我们并无感觉。这都是我母亲的功劳。我们相处很好。”[81]

杰奎琳就读的学校都是女校：纽约查宾学校、华盛顿霍尔顿阿莫斯学校、法明顿波特小姐学校。她自己的马就养在学校里。夏天她待在东汉普顿(和父亲一起)或纽波特(和继父在一起)。她正式进入社会时，赫斯特专栏作家乔莉·尼克博克(Cholly Knickerbocker)给她起名叫作“年度新女王”。当时她是瓦萨的学生。第三学年她在索邦大学度过。她因提交论文《但愿我能认识这些人》(指的是：迪亚吉列夫、奥斯卡·王尔德和波德莱尔)，赢得了《时尚》杂志的“巴黎大奖”。她在离家很近的乔治·华盛顿大学完成了学业。

然后她成了《华盛顿时报先驱报》的“摄像机前采访女郎”。每周获得42.5美元的报酬，她问那些摆拍的女士如：你认为摔跤运动对女子来说合适吗？你想加入上流社会吗？候选人的相貌影响你的投票吗？你觉得心理分析怎么样？“心理分析不是美国本土的。它从国外引入，从来没对这个国家人们心态的平和作出任何贡献。”她还到国会山去，去观察议员们对参议院门童是怎么看的。理查德·M.尼克松：“我想预测，将来的政治家将从门童的队伍中产生。”约翰·F.肯尼迪：“我好久以来经常想，要是参议员们和门童换换岗的话，我们的国家或许会更好。”[82]最大的一次独家报道是她等在一所华盛顿公立学校的门外采访当选总统艾森豪威尔的10岁到11岁的外甥。故事刊登在了首页,怒气冲冲的母亲给杰奎琳的编辑部打了电话,埋怨侵犯了她孩子的隐私。

国会议员肯尼迪对摄像机前采访女郎的求婚,显得很随便。他大部分时间都在外地竞选,偶尔会在某个路边付费电话亭打个电话,“还能听到硬币的当啷声”。没有情书,就是一张明信片:“杰奎,但愿你也这里。”当他正式求婚时,新上任的参议员说一年前他就决定跟她结婚了,她回答说:“你就吹牛吧!”[83]1953年6月,他们终于正式订婚了。订婚日期本来还要早一些,但推迟了,以便《星期六晚邮报》能够刊出有关杰克的文章,题为《参议院年轻、快活的单身汉》。婚礼9月份在纽波特举行。

新婚肯尼迪夫妇的新世界很快对年轻的妻子产生了问题,她喜欢打猎,比如狐狸——“这让我感到干净而且不用抛头露面”,她不喜欢接触式橄榄球。她试着去打,结果崴了脚踝。她说:“每个人都在说这件事,好像肯尼迪家族虐待新娘。”“可事情完全不是那样。是我自己沿着边线在开心地跑来跑去,结果滑了一下,摔了。在好几码范围内,没有一个肯尼迪家的人。”就这样,杰奎琳·肯尼迪橄榄球运动员的生涯就结束了。[84]

此外,约瑟夫·P.肯尼迪也遇到了问题。婚后一开始在一起生活时,杰奎琳吃午饭总是迟到,这在肯尼迪家,一个老套传统的家里,是不可原谅的罪过。他开始给她上课,可她马上就打断了他,把教训她的套话和说教故事反过来教训他。“你应该给孩子们写一套老爷爷故事,比如《鸭子和莫克西及驴在一起》《走不出电话亭去的驴》。”[85]人人都想约瑟夫这下要发火了,结果乔·肯尼迪反而扑哧一声笑了。新娘在这个王朝赢得了一席之地。后来她会特意给公公画水彩画,如有一幅的题目是:“你不能拿走,爹可都要了”。家人对杰奎琳的评价,鲍比做了总结:“她诗性,狡黠,好斗,独立,但却很有女人味。”杰奎一直保持着她的个性,就是与众不同。对一个女人来说这很重要。做丈夫的晚上回家,与他自己的影子说话,能有意思吗?杰克知道,她永远也不会见到他问:“老挝有什么新闻?”[86]

1953年,第83届国会召开的时候,有两个肯尼迪参加。除了来自马萨诸塞州的新参议员,还有一个参议院永久调查分委员会的助理律师,罗伯特·F.肯尼迪。

他们的父亲认为,“鲍比比杰克更直接。他比其他任何孩子都更像我。他恨我之所恨。”[87]杰克往往把问题看作是复杂、深浅不同的灰色，而他弟弟则把生活看成非黑即白。杰克冷静优雅，而鲍比则比较动情，有时脾气大。两人共同的特点是钟情于权力。但因为鲍比缺少杰克的城府，因此权力欲更为明显。这是一个在他兄长的事业中走得又快又远的年轻人。他走起来胳膊笔直。但那些十分了解他的人说其实他也有迷人的羞涩、他母亲身上那种深刻的宗教信仰，以及对家庭、朋友和同道的关心。

鲍比加入威斯康星州参议员麦卡锡的班子的时候，麦卡锡已经在他的语汇中增加了“主义”两字。三年前在西弗吉尼亚州惠灵市，他公布了国务院中“已知”共产党的数量。鲍比似乎不在意自己与麦卡锡主义的关联。肯尼迪一家过去认识也喜欢这个参议员。大使对麦卡锡再次当选的竞选活动出过力。帕特与他约会。鲍比曾邀请他到弗吉尼亚大学做演讲。6个月后当鲍比退出麦卡锡竞选班子的时候，并不是因为与委员会主席的不同政见，而是因为与主律师罗伊·科恩(Roy Cohn)性格上有冲突。

他于是去为胡佛委员会工作。该委员会提议重组政府，而且乔·肯尼迪也是委员会成员之一。但鲍比发现工作没有意思。八个月后他又返回麦卡锡委员会，充当民主党参议员麦克莱伦(McClellan)、杰克逊和辛明顿(Symington)等少数派的律师。以这个身份，他写了“陆军——麦卡锡报告”，挑出了两边的毛病。但当沃特金斯委员会投票谴责麦卡锡的时候，鲍比去西北太平洋捕鱼。杰克因在医院做背部手术也缺席了。他是没有投谴责麦卡锡票的两个人之一。参议员告诉詹姆斯·M.彭斯：“我要是在那里大喊麦卡锡在1952年和1953年都做了什么，我就显得没风度了。1953年我弟弟在他的工作班子里。”“那才是事情真正的原委。”[88]

在与死亡接吻后，杰克·肯尼迪慢慢开始恢复。在背部逐渐痊愈的时候，他开始写另一本书。他读到杰弗逊限制自己政党的政令，而参议员约翰·昆西·亚当斯如何投票支持他。他从中得到启发。为什么不写一系列的文章，论述美国立法者们所展示的政治勇气呢？他的清单包括参议员丹尼尔·韦伯斯特(为克莱有关北方和南方妥协的事)、埃德蒙·罗斯(Edmund Ross)(为投票反对弹劾安德鲁·约翰逊的事)、乔治·诺利斯(George Norris)(为支持阿尔·史密斯当总统的事)以及罗伯特·塔夫脱(为反对纽伦堡审判的事)。《勇气的剪影》立刻获得了成功。评论家阿尔弗雷德·卡津(Alfred Kazin)觉得，这本书使他想起了“《读者文摘》、星期天增刊，还有《美国退伍军人协会期刊》

中所描述的伟大人物生活中的那些小故事”。[89]有人质疑他的作者身份，肯尼迪感到很惊讶。“书还没有好到需要让人捉刀吧。”他说。[90]这本书获得了普利策奖。纽约的《时报》专栏作家阿瑟·克罗克说：“我是普利策评奖委员会的，我竭尽全力让他拿上这个奖。”[91]

在《勇气的剪影》(*Profiles in Courage*)一书中，杰克·肯尼迪写道：“在重要事件投票唱名时，参议员面临必须做出决定的最后关口，很少甚至没有人有那样痛苦的感觉……当名字被唱到时，他无法躲藏，无法犹豫，无法延宕。”[92]他没有经历最后表决麦卡锡问题时的痛苦，这位英俊的参议员兼作者不得不领教无数挖苦他的字面游戏(包括埃莉诺·罗斯福的)，“展示较少的剪影，但较多的勇气”云云。华盛顿美式橄榄球俱乐部，用“克莱门特”的腔调，这样调侃他：

> 你在哪儿，约翰，你在哪儿，约翰，
> 参议院什么时候审查了乔(注：麦卡锡)？

在第一个任期，杰克·肯尼迪在参议院确实投了使他够格写入修正版的《勇气的剪影》的一票。这是关于圣劳伦斯海道的票决。他觉得法案的通过事关国家利益，具有压倒一切的重要性，因此投票反对维护波士顿港和自己所在州的局部利益。1960年，他认为这是他做过的最难的决定。他的助手特德·索伦森(Ted Sorensen)说：“这代表着一个转折点，杰克从马萨诸塞州参议员到全国性政治家的转变。”[93]

从1953年到1956年，随着尤妮斯、帕特和简分别结婚成家，肯尼迪一家增加了三口人。乔·肯尼迪对他女儿尤妮斯有最高的评价：她“比杰克甚至鲍比更有冲劲”。[94]当这家人的其他女孩子都投入民间或慈善等事业的时候，尤妮斯最不愿意选择这类花园俱乐部类的事情去做。一次她在一家妇女教养院待了一个月，考察监狱环境，然后就当上了少年犯罪全国协商会议的执行秘书长。她与单身的国会议员弟弟住在华盛顿的一套房子里。

尤妮斯和杰克言谈举止都相似，甚至说话时都有左手食指戳向空中的习惯。两人讲话语速极快，带有波士顿口音，才智发展相同。尤妮斯的丈夫萨尔金特·施莱弗说，他们两人身上的毛病甚至都相似。萨尔金特·施莱弗来自马里兰一个老家族中天主教一支。他的父母都姓施莱弗，是二代表亲。外祖父是州参议员，曾在一段简短的神学院经历中与一个名叫詹姆斯·吉本斯的巴尔的摩年轻人同寝室(红衣主教吉本斯后来是萨尔金特·施莱弗的教父)。萨尔金特的父亲，一度是巴尔的摩信托公司的副总裁，在股票市场崩盘中受到严重冲击，迫使在耶鲁读书的儿子不得不边学习边工作，在一家很挣钱的学生报纸那里当编辑。不过他仍抽出时间到欧洲去过了几个暑假。就像肯尼迪家人一样，经历了欧洲的冲突，年轻的施莱弗也成了孤立主义者，但一旦美国参战就立刻参军成为潜艇水手了。

从海军退役后，粗犷英俊的年轻退伍兵一开始进入一家华尔街法律公司工作，发现工作没劲，又在《新闻周刊》找到一份工作。正当他的传记作家感到，周刊"在他管理下走下坡路"的时候，尤妮斯把他介绍给了父亲。[95]两人品味气质相投。乔喜欢年轻人乐于竞争的冲劲、他的坦诚、宗教信仰，也许也看好他做他的女婿。他给了他一份商品市场的工作。1953年，经过六年的恋爱，31岁的尤妮斯·肯尼迪和37岁的萨尔金特·施莱弗在圣帕特里克大教堂由红衣主教斯佩尔曼主持结了婚。新郎母亲对她儿子婚姻带来的这些有名的姻亲不以为然。她说："我们可比肯尼迪一家好。我们早在17世纪就来美国了。"[96]

三年后，圣帕特里克大教堂见证了另一次肯尼迪家族的婚礼。年龄最小，最文静，对政治最不感兴趣，也是杰克最疼爱的妹妹简，嫁给了史蒂芬·E.史密斯。大学毕业后，她曾试图在芝加哥和尤妮斯一起做少年犯的工作，但感到自己情感上不适宜做这份工作。于是他加入了克里斯托弗小组，这是一个天主教组织，宗旨是维护私有制、提升道德水准。丈夫史密斯是威廉·E.克利里(William E. Cleary)的外孙。克利里是布鲁克林的国会议员，反对禁酒法令，赞成河道和港口的改善。[97]"老比尔"创建了一个规模颇大的，名为"克利里兄弟"的拖船企业。在乔治敦大学毕业后，史蒂夫·史密斯先在空军服役，当一名军官，然后去那家拖船公司工作。他说："我真正的工作是监管那些船长不喝醉，然后趁着清醒把煤炭给装上船。"[98]

《纽约时报》的汤姆·威克(Tom Wicker)写道："他长得很英俊，让人想象他穿着法兰绒冲到百老汇的舞台上高喊：'有人打网球吗？'"[99]他像个时装模特，举止羞涩，说话短促、急切、几乎听不清。然而在这一切的背后是一个"冷面土匪"。杰克、鲍比和特迪都将大大得益于这位妹夫十分高超的竞选技巧。最终他还监管了肯尼迪家族的财富。但史密斯希望人们知道："在肯尼迪家族有钱之前，我的家族就已经有钱了。"[100]

《新共和国》的默里·开普顿(Murray Kempton)对简的丈夫是这样评价

的:“因为他很像肯尼迪家人,甚至连说话的腔调都一样。他给人的印象是很有个性,不会去模仿他的妻弟妻兄什么的。因此我们只能这样解释,这是另一个很好的例子,一个大家族的女孩子往往会选择像自己兄弟那样的男人做对象。”[101]尤妮斯就是适用开普顿法则的一个例子。在婚礼招待会上,她举杯向新郎祝酒。“我一辈子都在寻找像我父亲的某个人,”她说,“萨尔金特是最像的一个。”[102]

然而,没有人会把帕特的丈夫错当成一个肯尼迪家人。演员彼得·劳福德初次被介绍给未来的岳父时,他穿着蓝色的上装、白裤子、平底鞋和鲜红的袜子。劳福德说:“肯尼迪先生目不转睛地看着我的红袜子。”[103]彼得是悉尼爵士中将和劳福德夫人的独子。他多年来一直是米高梅电影公司的签约演员,出现在一系列很平庸的电影之中,出演如《玉女倾城》中伊丽莎白·泰勒的男朋友之类的角色。但在30岁时,他已不再合适出演大学男生的角色,他的事业开始坍塌。他的成名主要得益于成为法兰克·西纳特拉(Frank Sinatra)“鼠帮”中的一员,在这些人中他以“海豹查理”知名。彼得后来皈依天主教,1954年与帕特结婚。劳福德夫人说:“彼得进入肯尼迪家族我并不高兴。”显然,乔·肯尼迪的想法与她一样。他跟他儿子说:“如果彼得身上有让我讨厌的地方,那就是他是个演员,而比演员作为女婿更讨厌的事,那就是他还是一个英国演员。”[104]这场婚姻延续了11年。

对特德·索伦森而言,杰克·肯尼迪从代表马萨诸塞州的参议员到全国性政治家的转折点是对圣劳伦斯海道的那一票,但对不那么专注的观察者来说,这个转折点是1956年的民主党大会。当肯尼迪站起来把史蒂文森·阿德莱的名字放入总统提名栏里的时候,这是大部分美国人第一次见到这位英俊的年轻参议员。当史蒂文森提出副总统提名人选并让大家决定的时候,全场马上出现对肯尼迪一面倒的支持。

史蒂文森的决定使大会措手不及。肯尼迪们拉票只剩下一个晚上。北达科他州的昆廷·伯迪克(Quentin Burdick)说:“我永远也不会忘记投票期间的鲍比·肯尼迪。他眼含泪水站在我们的代表团前,恳请我们支持。”[105]甚至因为他在内华达州代表团有关系,彼得·劳福德都动员起来了。在第三轮投票中,当肯尼迪上升进入距所要求的选票数还差38张时,他的票数停止不动了,结果埃斯蒂斯·基福弗(Estes Kefauver)得到了提名。冷静,面带笑容,杰克·肯尼迪走上讲台,请求大家对提名人鼓掌表示欢迎。观看这场惊险对决的千千万万的电视观众，无不为这位优雅的失败者热烈鼓掌。

1956年的败选对肯尼迪产生了不同寻常的影响。它驱散了人们很有意思的想法，认为他不过是死去哥哥的一个影子。正如1957年他告诉鲍勃·康西丁(Bob Considine)的："乔是我们家的明星。他所有一切都做得比我们其他人要好。如果他还活着，他会继续他的政治生涯，会像我一样入选众议院和参议院。而且，像我一样，他也会在1956年的代表大会上争取副总统的提名。但是与我不同的是，他不会被打败。乔会赢得那次提名。"杰克停下来并笑道："然后他和史蒂文森将会被艾森豪威尔击败。到了今天，乔的政治生涯将一团糟，他会正在收拾残局。"[106]

1957年6月，杰克·肯尼迪成为民主党巡回宣讲最有人气的发言人，出现在19个州中。同行的参议员注意到："当你看到一个在外州做很多演讲的参议员时，这意味着两种情况之一：他需要钱或他在谋求更高的职位。杰克不需要钱。"[107] 1958年夏天，约瑟夫·阿尔索谱一次不经意间跟他说道："当然，下一次你只要提出，副总统的提名就是你的了。"杰克一笑，答道："我们不要讨论副职，好不好。我反对副职，各种形式的副职。"[108]

对一个非常年轻的人和天主教徒来说，总统职位的目标太遥远了。然而，甚至超越这一目标，似乎超出常理的前景，其模糊轮廓正在形成。早在1957年，哈罗德·马丁就在《星期六晚邮报》上写道：

> 随着肯尼迪们在全国声名崛起，狂热的崇拜者们坦言将乐见美国又一个伟大政治家族如花绽放，与亚当斯家族、洛奇家族、拉福莱特家族齐名。他们自信满满地期待那一天的到来：杰克(40岁)将入主白宫，鲍比(32岁)将入主内阁任司法部长，特迪(25岁)将担任代表马萨诸塞州的参议员。[109]

当肯尼迪和家人离开波士顿、纽约、华盛顿、洛杉矶、芝加哥和棕榈滩的家，一齐投入竞选总统十字军之旅的时候，休伯特·汉弗莱伤心地摇了摇头。他感觉他像是"独立的一家店商，在与一家连锁店进行斗争"，他说。

鲍比作为麦克莱伦劳工和管理劣行调查委员会的律师已经在全国有了自己的名气。他成为哥哥的竞选经理。1959年1月位于华盛顿的杰克的竞选指挥部开张，斯蒂夫·史密斯前去打理各种事务。他成为办公室主管、后勤专家，并是财务和人事管理员。特迪在兄弟中性格最好，他将负责联络西部各州代表。萨尔金特·施莱弗当时是芝加哥教育董事会的董事长，他负责威斯康星州大会两个区的工作。甚至候选人 95 岁的外祖母、哈尼·菲茨的遗孀，都在波士顿打电话向西弗吉尼亚州的一个晚餐会致意。

但是乔的角色呢？有一个内部人士估计，1960 年用于提名活动的花费达 115 万美元。可以肯定，这笔钱大部分来自家族的财富。[110]杰克在政治上有把劣势转换为优势的特殊本领，他对一次纽约集会的观众讲，我刚刚收到了父亲打来的电报，电报说："亲爱的杰克：选票只要够就可以了，别多买一张。要是压倒性多数获胜的话，我绝不会给一分钱。"[111]乔同时会利用纽约那些老伙伴，但指挥部作出了决定，限制这位有争议的前大使过多地参与。正如当时人们常说的两句打油诗：

> 杰克和鲍比会打理这场秀，
> 而特迪会负责背后的 Joe(注：乔·肯尼迪)。

这场秀打理得很有水平。幽默大师阿特·霍庇(Art Hoppe)写道，当肯尼迪指挥部一台咖啡机缺水三分半钟后，"在大部分观察者的记忆中，这还是第一次：与参议员肯尼迪竞选总统略有关联的一台机器出了故障，未能在最佳状态下运行。"[112]杰克魅力和鲍比韧性的组合——有个政客说："有点酸酸甜甜兄弟档的味道。"——发挥了作用，杰克成功赢得了提名第一次投票的胜利。

《纽约客》的一幅卡通画，上面的文字说明这样写道："当然，我是为尼克松投票，但是我也忍不住希望见到杰克问鼎白宫。"记者们在猜测，穿高级定制服装、坐喷气客机到处旅游、貌美如花的妻子是否会为他减分。衣阿华州 20 位家庭主妇联名给《纽约时报》写了一封信，信中写道："我们家有比杰奎琳蓬松发型更好看的地拖。"她对丈夫身边形形色色的人感到不舒服。政治成了她家庭生活的插足者。杰克参加竞选，总不在家。卡罗琳学会说的第一批词中有一半跟到处巡游有关：爹爹、飞机、汽车、鞋、帽子、谢谢你。然而，正如她的小叔子所说，杰奎琳·肯尼迪在政治上只会加分，而不是减分。鲍比说："从洛杉矶大会走出来，我们一伙看上去像一个硬邦邦、呆板的庞然大物，但只要杰奎琳在电视上温婉低调地出现几分钟，杰克的影响马上就软化了，聚光灯的焦点就会回到该去的地方——杰克和他的家人。"[113]

肯尼迪的战略是重塑富兰克林·德拉诺·罗斯福的制胜法宝——城市政治、机器、天主教、犹太人和其他少数族裔的联合，并寄希望于副总统候选人林登·约翰逊,靠他把握住曾属民主党天下的南方。有一个民主党老兵认为,肯尼迪们所冒的风险是精心策划的:“他们打算谈论宗教。他们是提起宗教话题并保持人们对此兴趣不减的人。这与共和党人不同。”[114]鲍比·肯尼迪在辛辛那提的指挥部开张的时候说:“在乔被击落之前,他们问他是不是天主教徒?”[115]当时,民权领袖马丁·路德·金正遭囚禁,萨尔金特·施莱弗说服候选人应该向他夫人表示同情。在那以后,争取黑人选票的工作取得了很大的突破。

尼克松试图给对手贴上不够成熟的标签,但第一场电视辩论粉碎了这一企图。千千万万的电视观众一致认为,杰克·肯尼迪表现突出,给人以很老练的印象。正如尼克松自己的民意调查者报告说:“肯尼迪……是作为不那么知名的候选人开始竞选的,很多他的支持者也担心他是否成熟。他(在电视辩论中)表现突出,摆脱了不成熟的标签……而且成功地激起了一种胜利的心理预期。”[116]

选举最后以0.2%的优势胜出。乔·肯尼迪没为压倒性多数买单。当反馈到达在海恩尼斯港肯尼迪家里的时候,杰奎琳对她丈夫说:“哦,小兔子,你现在是总统了哎!”[117]

家里有了一位总统必然带来变化。选举不久以后,乔·肯尼迪就决定孩子们应该去开帆船。杰克婉拒了。老爷子回应道:“我认为,如总统不想去,他没必要去。”[118]乔·肯尼迪对儿子们事关人生的决定有重要的影响。例如,杰克参加国会竞选,尽管杰克或许更希望这项决定是强加给他的;鲍比去为麦卡锡委员会工作,杰克是反对的;1952年杰克决定参选,与洛奇抗衡。而现在,乔将再一次引导他的羊群作出一个重要的决定。

另一个总统伍德罗·威尔逊,曾经经过一番“思想斗争”,拒绝让自己的弟弟当邮政局长,他说“那是抵制了亲情和诱惑的”。[119]然而,毫无疑问的是,罗伯特·F.肯尼迪将成为约翰·F.肯尼迪行政班子中的一员。问题是:干什么工作呢?父亲坚持说应该当司法部长,杰克勉强同意了。当鲍比犹豫时,杰克说了:“我们将会在半夜时分悄悄宣布,这样就没人会注意了。”后来杰克告诉苜蓿草俱乐部:“在他从事法律工作之前,我不觉得给他一点司法方面的经验有什么错。”鲍比却不认为这是件好玩的事情。[120]

这个任命迅即招致强烈反对。反对者们对强硬的竞选经理积怨已久。然而,正如专栏作家罗伯特·鲁阿克(Robert Ruark)所指出的:“许多人不喜欢鲍比，但没人必须喜爱司法部长。”更要命的是法律界专业人士的反对。耶鲁法学教授亚历山大·比克尔(Alexander Bickel)写道：“开诚布公地说，罗伯特·F.肯尼迪不适合这个职位。”[121]然而参议院通过了对他的任命，只有1票反对。鲍比·肯尼迪35岁时成为美国历史上第二年轻的司法部长，最年轻的是1814年詹姆斯·麦迪逊任命的33岁的理查德·拉什。

律师们不久就必须修正他们对新司法部长的评价了。虽然(抑或是因为)他没有经验，鲍比挑选了有极高声望的人担任高级助理。哥伦比亚大学法学教授威廉·L.卡里评价说：“我必须实话实说，自从弗朗西斯·比德尔(Francis Biddle)以来，还没有哪位司法部长网罗了如此出众的有一流素质助手组成的班子。”[122]于是鲍比取得了有历史意义的成功，特别是在公民权利和与犯罪作斗争方面，也有一些失误，如在公民自由方面。两年半以后，华盛顿记者约瑟夫·克拉夫特总结说：“在这个行政班子所有的部门中，数司法部的建树最大。”[123]

鲍比在他哥哥行政班子的作用，远超司法部的范围。他充当了杰克的避雷针，吸引了本来会针对总统的攻击。作为一个内部耳目，能亲耳听到那些在到达白宫之前原本会过滤掉的风言风语。作为可信任的智囊，他飞到印度尼西亚帮助解决西几内亚的争端，飞到巴西去讨论那里的经济危机。当猪湾入侵遭遇惨败时，他又成为抚慰者。看着鲍比所做的一切，《纽约时报》的安东尼·路易士总结道：“可以肯定地说，从未有过像他这样的司法部长。”[124]

同样，也从未见过哪位总统有像萨尔金特·施莱弗那样的妹夫。在1960年竞选后期，杰克建议创建和平工作队(Peace Corps)，几乎是临时起意。当上总统后，他让施莱弗负责酝酿这件事。这位创始人后来喜欢说，既然“所有有关的人”都确信这个项目会无果而终，杰克就任命了他，理由是“解雇一个亲戚比解雇一个朋友要来得容易”。[125]他曾是天主教族裔间协商会芝加哥分部的管事，遵循教父吉本斯主教的传统，他是该教派自由派一翼的虔诚支持者。和平工作队将是他所尊崇的社会责任的理想载体，而他像吉米·史都华那样英俊，对申请加入的年轻人极具魅力。

据说，乔·肯尼迪不久对他年长的儿子们说：“该轮到特迪了。不管他要什么，我都希望他能够得到。”[126]1962年，特迪想要的是杰克在美国参议院原来的席位。

年仅30岁就想到达如此高的位置，这被认为已经达到了政治企求的极限。尽管如此,美国总统和美国司法部长都勉强同意了。这是乔·肯尼迪最后一个重大决定,使他的儿子们成为同时占据这个国家最高公职的三驾马车,名垂美国历史。

最小的儿子几乎没有拿得出手的资历。18岁时,他被要求从哈佛退学,因为他被发现诱使另一个学生替他代考西班牙语考试。他然后参加陆军当了一名列兵,退伍后回到哈佛读到毕业。他还是弗吉尼亚大学法学院毕业生,并有一段很短的时间担任过萨福克郡的区司法局长助理。

罗斯喜欢告诉观众:"特迪是从教皇手中接过第一次圣餐的第一个美国男孩,我认为,有了这样一个开端,他会成为一个牧师或也许主教什么的,然后有一个晚上他遇到了一个漂亮的金发女郎,这一切就结束了。"[127]肯尼迪家族捐给曼哈顿维尔学院一座体育馆。在为体育馆揭幕时,特迪遇到了琼·贝内特。贝内特是该学院的学生,身材袅娜,淡褐色的眼睛,是纽约一个广告公司总裁的女儿。她是学钢琴的,对体育兴趣不大,因此决定不参加揭幕仪式。但是她的一个朋友说服她参加了肯尼迪家族举办的茶会,朋友说:"你最好参加,因为如果发现你缺席,他们可能给你打差分,而且你可能要延迟毕业。"[128]姑娘在暑假中为电视广告做模特,特迪不费力就找到了她。第二年,也就是1958年,斯佩尔曼(Spellman)红衣主教为他们主持了婚礼。

1962年,马萨诸塞州民主党大会在斯普林菲尔德召开,代表们将在特德和时任州司法部长的爱德华·麦考马克之间决定推举为全国参议员的人选。若干年后,特德回忆当年的竞争:"我认为我有充分合理的准备,因为我有三四个有利条件。我拼命工作,使得我的一个兄弟当上了总统,另一个当上了司法部长,使我得以选择诸如邮局、人事任命等工作,当然,我还有一个有钱的爹。"华盛顿的肯尼迪当局以官方名义宣布对此事的中立立场,但是正如JFK所说:"我们要TED(特德),而不是Ed(爱德华)。"[129]

特德赢得了大会的认可,但爱德华说他将通过"反滥权投票"赢得初选的胜利。然而最终特德以2∶1的优势获胜。[130]在第三轮投票中,特德面对的是乔治·洛奇。乔治是1952年败给杰克·肯尼迪的亨利·C.洛奇的儿子,是1916年击败哈尼·菲茨的亨利·C.洛奇(老)的曾孙。特德的竞选经理是妹夫史蒂夫·史密斯。史蒂夫作为"新边疆人"在国务院短暂任职,当时执掌肯尼迪家族的财政帝国。感觉胜券在握,史蒂夫取消了价值数万元的电视广告时间。如果结果表明是正确的,那么这正是肯尼迪们所赞赏的大胆决断。唯有乔治觉得他还有机会,但乔治错了。

马尔科姆·马格里奇为伦敦《新政治家》(*New Statesman*)写道:"当肯尼迪行政当局变成世袭时,继承人的头衔,相当于我们的威尔士王子,大概将是马萨诸塞州参议员。"[131]所以一个新肯尼迪参议员来到了华盛顿。他在妇女全国媒体俱乐部首次做重要演讲,他说:"我下午去了白宫,带去了对国情咨文演讲的建议,但我得到的回应是:'你还在用孩子用的那种油腻腻的头油吗?'"[132]

1963年上半年,《纽约时报》报告说:"在刚刚过去的六周内,几家出现在报摊上的杂志,封面没有刊登肯尼迪夫人的照片。"这只是短暂的间隙,并非趋势。那些八卦杂志煽动公众的好奇心。"杰奎琳·肯尼迪——美国最新的明星。你应知道的她所害怕的事情"(《玩照相》)"杰克将有另一个贝贝。全美都在等候的绝好消息"(《电影电视秘密》)"他们不让卡罗琳·肯尼迪知道的秘密"(《电影》)。这个"秘密"是,她是个名人。总统夫人自己说:"我想人们一定像我一样,对听到关于我们的事情时厌恶极了。"[133]她的想法只是一厢情愿而已。

公众对肯尼迪家族的痴迷是可以理解的。他们很迷人。第一夫人会在集会等活动时安排引人入胜的音乐会,会穿着熠熠生辉的长袍使白宫充满活力,会跟戴高乐用完美的法语交谈,会用西班牙语同委内瑞拉农场的农民们说话。人们见她有时在里维埃拉滑水,有时在弗吉尼亚度假地的猎场上,有时在印度或希腊岛旅行。埃莉诺·罗斯福的老笑话又复活了:"肯尼迪太太,晚安,不管你现在在哪里。"[134]据他在《新闻周刊》的朋友本杰明·布拉德利说:总统"可吃下10碗特制的鱼羹,不会消化不良,也不觉得尴尬,尽管他只是偶尔抽烟,但却可以兴之所至连抽三根雪茄。他的阅读能力具有传奇性。他打开礼物的速度要比5岁孩子还要快"。[135]

杰克在1964年连任的事被认为毫无悬念(尽管肯尼迪们可不这样想,被家族指定为总统竞选经理的史蒂夫·史密斯其实已经在开始工作了)。在杰克·肯尼迪任职第一年最后的几个小时,他父亲对记者谈到他:"我知道他身上什么也不可能发生。我四次站在他危重的病床前……如果你经历过像那样的事情,经历过太平洋,还有什么能伤害你呢?"[136]

1963年11月22日,约翰·F.肯尼迪,最年轻的美国当选总统在达拉斯遇害。

这愚蠢之举,它的残忍和突然引发了国际上震惊的浪潮。人们震惊,因为一条充满希望的生命戛然而止,也因为这位风度翩翩的年轻人在就职总统2

年10个月2天的时间里对世界造成的影响。

肯尼迪的任职记录中包括批准一项禁止核试验条约和一项扩大贸易法案，但在去世时，他的立法计划却不顺利。总统十分清楚，对他委任的基础并不牢固。他感到他与立法机构的领导人之间存在代沟，妨碍了他的行动。他从未做过立法部门的负责人，与他们说不到一块。立法部门用的主要是南方农村和中西部地区的语言。

在处理外交政策上，他达到了巅峰也经历了低谷。用武力推翻卡斯特罗，他赌了一把，但未用足成功所需的力量，因此功亏一篑。但当赫鲁晓夫把导弹引入古巴的时候，他采取了必要步骤，让其确信为保护自己国家的重大利益，他将不惜使用战争手段。导弹撤走了。英国首相麦克米兰认为："仅就凭这一个行动，他就确立了在历史上的地位。"[137]然而在他去世的时候，大西洋联盟正处于散伙的边缘，他在拉美的进步联盟也更像是个梦而非现实。

约翰·F. 肯尼迪是复杂的，也是充满矛盾的。凭着一种执着的优雅，他喜欢阅读19世纪一个不太出名的政治家的传记，喜爱年轻人的体育项目，赞赏夏尔·戴高乐精致的风格，欣赏伊恩·弗莱明有关詹姆斯·庞德性和阴谋故事，并从中感受到快乐。他感觉歌剧都应该用原创语言来演出，他还喜欢听恰比·切克(Chubby Checker)的唱片。他喜欢和施莱辛格、西纳特拉、罗伯特·弗罗斯特和奥莱格·卡西尼(Oleg Cassini)来往。他着迷于政府的统计数据，甚至能告诉彼得·劳福德在英格兰曼彻斯特放映的警匪片《大洋十一》的票房收入是多少。

他是个政治家，政治是他一生唯一尝试过的职业。他讨厌赘言和浮夸。1960年竞选期间，威廉·阿特伍德建议他应该"像其他政治人物那样挥动手臂，给人们有机会把欢呼从嗓子里赶出来。"肯尼迪借了一支铅笔(为了当天的演讲少用嗓子)，写道"我曾发誓有一件事我永远也不会做——"，然后在纸上画了一个手举在空中的男人。[138]在每一次的竞选手册上，他都会提醒选民他的不才，但他一场都没有输过。

她的秘书说过，她是"拥有一切，包括美国总统的女人"。[139]杰奎琳曾是排名第三年轻的第一夫人，而现在，她突然成了最年轻的总统遗孀。她的背景中有什么能使她从容地向全世界展示在丈夫墓前高贵的形象吗？凯瑟琳·A. 波特认为："她拒绝被剥夺在这一人生最恐怖时刻的权利，不想掩饰为告别和放开所经历的长期折磨，不想掩饰深切感知每一刻痛苦的愿望。她的坚忍不拔从未被放弃，直至最后，甚至更远。”[140]现在她要做的事就是把她两个年幼的孩子抚养成人，护卫她丈夫在历史上的地位。为纪念约翰·F·肯尼迪，为寻求应有的象征意义，她展现了少有的才能。她把墓地选择在弗吉尼亚一处高高的山坡上，俯瞰着这个国家的首都，并在那里安置了一盏长明灯，每当夜晚降临、下面的城市在沉睡时，灯光就会闪烁。在肯尼迪家族盾徽的顶部，她添加了象征总统的主题：一个紧握箭簇的拳头，周边簇拥着橄榄枝。

如果我发生了什么事的话，由鲍比接替我的位置。

——约翰·F. 肯尼迪

到了 1964 年初夏，鲍比终于从达拉斯的悲剧中解脱出来。纽约的一个政治人物说：“眼内没有了那空洞的眼神，说话也不像不久之前那样话题自动转向他的哥哥。”[141]家族内部已发展形成了像部落一样的归属感，这更增加了失去的痛苦。乔因中风瘫痪。小乔死了，杰克死了。而特迪，在 1964 年 6 月 19 日乘坐飞机去参加马萨诸塞州民主党大会时，飞机掉入一个苹果园。他的行政助理和飞行员罹难。然而印第安纳州参议员伯奇·贝赫(Birch Bayh)把肯尼迪从残骸中拖出来，他的脊椎断了。经历五个月痛苦、不能动弹的日子后特迪才回到了参议院。

对鲍比来说有一个做什么的政治问题。“我不想 38 岁就做一个退休的老政治人物。”[142]当特迪被选为代表马萨诸塞州的参议员后，鲍比得以走出与家族密切关联的州的束缚。因此，罗伯特·肯尼迪睡在弗吉尼亚，工作在华盛顿，投票在马萨诸塞州，却成了代表纽约州的美国参议员提名人。这是便利促成的联姻。纽约是民主党的州，却有共和党的州长和两个共和党参议员。民主党的领导班子因多年内讧一盘散沙。有一个肯尼迪家的心腹说：“他们根本不在意鲍比住在哪里，他们只想赢。”[143]所以，没有赢者的州的政党跟不从属任何州的赢者就这样联系了起来。

就像杰克和特迪的竞选一样，鲍比的竞选吹响了整个家族走上战场的进军号。史蒂夫·史密斯再一次成为竞选经理(他现在被开玩笑地称为“鲍比·肯尼迪的鲍比·肯尼迪”)[144]。埃塞尔已有 7 个月的身孕，怀着她的第九个孩子，在福尔顿街和帕尔街路口迎接布鲁克林区的投票者，后来又在长岛的家中每周举行三次茶会。她三个最大的儿子，分别是 12 岁、10 岁和 9 岁，戴着硕大的“肯尼迪当参议员”胸牌，从 44 街到 86 街自始至终参加了哥伦布日的游行。

杰奎琳出现在她小叔子指挥部开张的仪式上。有 9 个志愿者,按照交通时刻表和发表演讲的要求,精心安排了尤妮斯·施莱弗、帕特·劳福德和简·史密斯在全州的巡回旅行。但明星人物是罗斯·肯尼迪。在有些日子里,她为了鲍比出现在纽约,又为了特迪在同一天出现在马萨诸塞州。特迪正在为再次当选努力。她用的是同一份通用的演讲稿,只是在不同的场合改一下名字。有个肯尼迪班子的助理说,她的演讲是这样的:

> 总统的生命被截断了。杰克的热情、活泼、能力和信仰不再与我们同在。但是他传给我们的宝贵遗产是目标和勇气。他以无比的热情为崇高的理想而奋斗,现在我们将由(鲍比/特迪)来完成他的未竟事业。

美国内战后的重建以来已经很少使用的词——投机家——变成了 1964 年最有意思的政治竞争中的首要问题。肯尼思·基廷(Kenneth Keating),共和党在任参议员,提醒选民:"对啊,有人一直在世界交易会排队,他们在纽约待的时间比鲍比住在纽约的时间还长。"[145]肯尼迪则提醒选民说他小时候住在纽约,还到里弗代尔做了一次动人的、寻找童年老家的旅行,陪伴他的是三岁的小约翰·F. 肯尼迪。

但是使纽约人不安的不是转战纽约本身,而是转换地方的行动背后即将发生的事情。正如 9 月 2 日《时报》所说:鲍比是"一个对自己命运不懈的追求者"。后来,当竞选进入白炽化的时候,该报一改原本的客套,直接宣布:"娴熟的政治手腕,'肯尼迪'这一名字所带来的力量,能够随时调用的财富,这些都是他的资源。他的勃勃野心表明,他对谋求参议院公职的兴趣不在于其本身,而在于它是达到目标的一种手段。"[146]鲍比回答道:"让我们假定我正在利用它作为力量的基础……让我们假定最坏情况的发生。1968 年我不能去任何地方。我们有一位总统。他将是一位好总统,直到 1972 年……如果全国国民(打算)要求我成为(1972 年总统)候选人的话,此前我必须在参议院有突出的表现。所以我看不出纽约怎么就倒霉了。"[147]

鲍比给予纽约政治的是一颗明星的表现。在琼斯海滩,有 1 万个游泳者上前与他握手。无助的警察告诉他,他的存在会造成严重的受伤事件,因此他只好设法逃离现场。在凌晨一点到达州北部较为安静的小镇格伦斯福尔斯的时候,比预期时间晚了 4 个小时,他发现 4 000 人(占小镇人口的 1/5)在等着欢迎他。

鲍比以领先80万张选票获得当选。这是很不错的胜利，但算不上伟大：林登·约翰逊在纽约以领先2 500万张选票击败巴里·戈德华特。在整个竞选期间，特迪每天都从医院病床上跟他哥哥通话，给予建议和鼓励。胜利的规模较小，是前所未有的。杰克以创纪录的874 608张选票的优势赢得参议员的第二任期，特迪的优势是1 129 245张选票。杰克主要是靠自己的追随者，与他不同的是，最小的弟弟则靠不断努力来巩固常规的政党机制。[148]

1965年1月4日，在第89届国会的开幕仪式上，马萨诸塞州的爱德华·M.肯尼迪和纽约州的罗伯特·F.肯尼迪宣誓就任美国参议员。历史上此前只有一次，从1800—1803年，有兄弟两个同时在参议院任职。历史上也从来没有出现兄弟三人当过参议员的事例。

随着越南冲突的升级和美国国内对越战仇恨情绪的增长，鲍比在参议院产生潜在影响的时期将会很短。他对核扩散发表了重要的讲话，帮助开创了布鲁克林区"贝德福德-斯泰弗森特"的贫困救助项目，并为一个更大的争取公民权利的计划努力工作。他在南非的开普敦大学作过一次动人的演说："每一次，当一个男人为一个理想站立起来，为改变其他人的命运采取行动，或对不公正开战的时候，他都在激发一波希望的涟漪。"

鲍比面对着有关越南的重大决定。当时人们期待与他同一党派的总统寻求再次当选，他是否应该发起挑战？他与自己家人和随从不断辩论，他等待的时间太久了，以致失去了领导反战运动的机会。明尼苏达州的参议员尤金·麦卡锡的行动在他之先，并在3月12日的新罕布什尔州大会上逼使约翰逊只获得了优势很小的胜利。特迪飞往麦卡锡正在竞选的威斯康星州格林湾，提出类似肯尼迪-麦卡锡的提案，但很快遭到拒绝。鲍比然后在3月16日加入竞争，但被愤怒地斥责为机会主义分子。

3月31日，在总统约翰逊宣布他不再竞选以后，副总统汉弗莱就成为行政当局的候选人。但他进入初选已经太迟了。鲍比分别赢得了印第安纳州(5月7日)和内布拉斯加州(5月14日)的初选，但在俄勒冈州失利(5月28日)。如果他能在加利福尼亚州(6月4日)击败麦卡锡，他就能占据最好的位置，以便在8月在芝加哥举行的全国大会上与汉弗莱进行对抗。

他确实取得了加利福尼亚州的大胜。在选举日晚上，在国宾大酒店一个舞厅里，他的支持者们在庆祝胜利。但在离开时，他被打了三枪。1968年6月6日，罗伯特·F.肯尼迪在洛杉矶逝世。

在纽约圣帕特里克大教堂6月8日举行的安魂弥撒上，特德说到他希望人们怎样记住鲍比：

> 没必要理想化我的哥哥，也没必要在死后拔高他生前的形象。我们只要记住，他是一个好人，正派的人就可以了。他见到错就试图纠正，见到痛苦就试图消除，见到战争就试图阻止。我们中间爱他的人，今天来为他安魂的人，都祈祷，他对于我们的价值，以及他希望别人所能得到的，在将来的某一天在全世界都变成现实。

> 如果鲍比发生了什么事的话，由特迪接替他的位置。
>
> ——约翰·F. 肯尼迪

对于老约瑟夫·肯尼迪最后一个活着的儿子来说，这意味着现在该是他担起责任来呵护这个家庭的时候了，而且，如果可能的话，由他来当美国总统。特迪有3个孩子，27个侄子、侄女或外甥、外甥女。[149]他是向他们讲述家族传承的人，是大家聚在一起时，出面讲故事、唱歌的人，是只要需要就能到场的那个人。每一次竞选，他都选这些姻亲中的一位做经理：鲍比的孩子，1976年是乔，1982年是凯瑟琳·T. 汤森，2000年是马克斯；他自己的孩子，1988年是卡拉和特迪。是否竞选总统或什么时候竞选总统，在他需要做出这样的决定之前，家族成员就会聚在一起进行辩论。

1994年他们的母亲去世后，卡罗琳和小约翰需要叔叔的拥抱。被暗杀的总统幼小孩子们的生活常常遭到公众的侵扰，杰基成了抵御这种侵扰的堡垒。卡罗琳长大后获得了法律学位，嫁给了一个博物馆展品设计家，生了3个孩子，出版了有关权利法案、隐私权利的一些大众读物，编纂了一些选集，选题如她母亲喜爱的诗歌。此外，她还为慈善事业忙碌，例如为纽约市的公立学校系统向私人募捐。

2008年，在总统初选大会上，她和特德叔叔认可了贝拉克·奥巴马，他们俩的支持非常有用。然后奥巴马当上了总统，聘请希拉里·克林顿当他的国务卿，这就意味着纽约州长将任命某人填补她的参议院空缺。这时卡罗琳·肯尼迪，在她51岁时，决定"结束始终保持私密的生活"，"为当选美国参议员一搏，哪怕可能性极低"。[150]但是政治角逐灰色的一面不是为一个新手设计的。对于竞选，媒体不去关注公共政策，而是充满了她认为属于隐私的报道。她作为政治人物的生涯延续了六个星期。她发表了一个因"私人原因"退出竞争的声明。2013年奥巴马总统选择她为美国驻日本大使。这是继祖父老约瑟夫·肯尼迪和简·肯尼迪·史密斯姑妈以后，家族所贡献的第三位驻外大使。1993年特迪想为妹妹在驻都柏林大使馆谋职，克林顿总统提名她为美国驻爱尔兰大使，她在那里服务至1998年。她是推动北爱尔兰和平进程的关键人物。她成功地为新芬党主席格里·亚当斯(Gerry Adams)争取到了去美国的签证，很快使爱尔兰共和军在1994年宣布停火。

卡罗琳的弟弟小约翰·F.肯尼迪，同样通过努力获得了法律学位，干得很不错，例如担任为残疾人提供机会的某个组织的负责人。但他的主业是创办了一份名叫《乔治》的杂志。首期封面用了模特辛迪·克劳馥，她扮作带着扑粉假发的乔治·华盛顿。约翰生命的终结同样带有家族基因中的悲剧和鲁莽行事的特性。他买了一架派珀牌萨拉多加型的单螺旋桨飞机。在空中飞了53个小时以后——43个小时和教练在一起，10个小时独自驾驶——于1999年7月16日起飞，载着他妻子和弟媳妇去参加堂弟罗里·肯尼迪的婚礼。飞机永远也不可能抵达玛莎葡萄岛机场了。7月21日，海军潜水员打捞上了他们的遗体。全国交通安全委员会确定坠毁极有可能是飞行员操作失误造成的。约翰当时38岁。在一个公共悼念仪式上，他叔叔特德，套用威廉·巴特勒·叶芝的话，这样说他的侄子："像他父亲一样，拥有每一种天赋，却天年匮乏。"

作为一个杂志出版商，约翰是讲究准确的，但对鲍比的两个儿子并不是好事。1997年9月的那期《乔治》专门讨论诱惑的问题，在这一期上，他写道，他的侄子迈克尔·L.肯尼迪和小约瑟夫·P.肯尼迪是"因为做坏事而上了海报的男孩……对他们给予得多，期待得自然也多，不是吗"？这篇编者的话是由迈克尔和乔的事引发的。迈克尔被指控与帮助照看自己孩子的女孩有染，而那女孩还未成年，而乔的前妻则指控乔胁迫她同意他们的婚姻无效。乔声称在他们结婚时，自己在精神上没有能力接受那场婚姻。他妻子被男方企图单方面取消12年的婚姻给激怒了，她写了一本书《信仰成泡影：一个女人为阻止天主教教会取消她婚姻的斗争》(*Shattered Faith: A Woman's Struggle to Stop the Catholic Church from Annulling Her Marriage*)。乔是州国会议员，正计划竞选州长。他哥哥则会帮助他打理竞选。就像他们外曾祖父哈尼·菲茨1917年策划的那场告别竞选一样，这场竞选也无果而终。

迈克尔不久将在科罗拉多州阿斯彭一场奇怪的滑雪事故中丧生。每年新年到来的前一天，肯尼迪家族都会在那里聚会，举行一年一度的滚坡橄榄球比赛。滑雪地巡逻员曾警告他们有危险，但他们不管不顾组成两队，不用撑杆进行了比赛。由于滑行速度快，相互间的距离又近，在太阳快下山时，向临时搭起的球门射门。迈克尔撞到了一棵树上。罗里哀号道："迈克尔，现在该是我们出击的时候，别丢下我们。"她对他做了嘴对嘴的抢救，嘴唇沾满了他的血。迈克尔曾因酗酒和性瘾寻求治疗。他是另一个具有公共服务记录的肯尼迪人——在安哥拉创办了一所大学，并帮助实现了向波士顿无家可归者庇护中心供暖。他自己毁了自己。他的弟弟大卫，当年 28 岁，在佛罗里达州棕榈滩巴西庭院酒店因过量吸食可卡因去世，当时独自一人在房间里。他的弟弟罗伯特，29 岁，在南达科塔州的拉比德市因携带海洛因被捕，承认有罪，履行了 1 500 个小时的社区服务作为惩罚。他后来作为环保活动分子确定了自己的职业生涯。

鲍比和埃塞尔最大的女儿凯瑟琳·K. 汤森，与其他孩子有很大不同，家族内部称为"干净的凯瑟琳"或"修女"。在兄弟姐妹中，她以选举政治作为事业，并全身心投入。她两次被选为马里兰州副州长，但在争取本党州长候选人的竞争中落败。肯尼迪家的男孩无不陷于不良嗜好不能自拔，而他们家的女孩在抵御不良嗜好方面似乎比男孩们更有办法。最小的孩子罗里，从参与社会活动转向制作和导演电影纪录片，成果包括《阿布格莱布的鬼魂》(2007)和《在越南最后的日子》(2014)。同时她还制作了一部歌颂母亲的影片《埃塞尔》，2012 年由 HBO 公司放映。

为了马萨诸塞州的王朝后继有人，参议员肯尼迪希望说服他的儿子特德竞选国会议员。原先属于杰克·肯尼迪的波士顿的席位到 1986 年将可争取，而特迪的年龄也将符合宪法规定的 25 岁的最低年龄。12 岁的时候，特迪被诊断为骨癌，他的右腿做了外科手术被截肢了。他当时正考虑在耶鲁攻读森林和环境研究方面的研究生。但他父亲替他着急，然后他同意与能提供帮助的好友们共进几次早餐，但结果并不是参议员所希望的。家族就把希望转向鲍比的儿子乔。特迪叔叔说："那一个职位对我们家族来说有特殊的意义。我为乔自豪，而且我知道他父亲也会为他自豪。"[151] 小约瑟夫·肯尼迪小时候麻烦较多，包括在一次交通事故时造成一个姑娘终身瘫痪。1979 年他创建了"公民能源"组织，为低收入家庭提供打折的取暖用油。乔很容易就当选了，共做了六个任期，然后离开国会竞选州长。但这一计划夭折了。小特德，在完成了他耶鲁的学位和在哈特福德的酒精治疗以后，成为一个独立执业的律师。他也为"家族事业"改变了想法，入选康涅狄格州参议院。

他的弟弟帕特里克已经是一个政治人物。在普罗维登斯学院读大学二年级的时候,在他21岁生日前12天,他宣布将作为候选人角逐罗得岛州众议员。他雇了一个民意调查者以了解他赢得这个300美元年薪工作的可能性。竞选花了3万美元。他父亲在星期天下午返回华盛顿的途中在众议院的集会上发言,在选举日很多肯尼迪家的人出来捧场。特德在2 333张选票中获得315张当选,成为历史上当选公职最年轻的肯尼迪人。参议员说:“我整个政治生涯中所取得的胜利,没一场有今晚的这一场意义重大。”[152]

1994年帕特里克入选国会。2011年他离开国会时,是自1947年以来,华盛顿首次出现了没有肯尼迪人担任公职的时期(两年以后,另一个肯尼迪将来到华盛顿在国会任职)。2006年5月4日,凌晨2:45,帕特里克驾驶他绿色的福特野马敞篷车,撞到了国会山上的一处路障。此前他在附近的一家酒吧喝酒,但声称自己只是因吃了医生开的药以后失去了方向感。他然后进入梅奥医院的药物康复治疗所,而且将于2009年再次入院。帕特里克的药物和酒精癖好开始于17岁,还是个高中生的时候。2008年在克利夫兰的一次演讲中,他公开承认他患有抑郁狂躁型忧郁症。在国会帕特里克是《精神健康平等法案》的主要发起者。这个法案要求,大部分群体健康计划为精神疾病治疗提供的保障,应该与给实质性病症提供的保障一样。在国会以外,他是“一心研究”组织的共同创始人,该组织寻求增加脑疾患研究资源,提高效率。

卡拉是特迪和琼·肯尼迪的第三个孩子,她在华盛顿一家健康俱乐部锻炼时死于心脏病突发。她因肺癌受过强度很大的治疗,有媒体猜测这损害了她的心脏。她死时51岁。特迪和琼1977年分居,1981年宣布了离婚的计划,1982年最终离婚。在肯尼迪家的女人中,琼总有一种能力不够的感觉。特别因癌症失去了一条腿给她带来的压力,与政治人物结婚导致的寂寞,再加上丈夫在外作风不正的传言,这些使琼开始酗酒。[153]她不断进出疗养院。一开始她被判对孩子具有临时监护权,后来不得不同意法院做出的取消她监护权的裁决。

参议员自己的私事也一团糟:因在华盛顿的饭店沉溺于酒色,他的重量接近肥胖,两颊斑点明显。1991年复活节周末在他棕榈滩的别墅中发生的事情也无助于他的名声。肯尼迪深夜去当地一家酒吧,让他儿子帕特里克、外甥威廉·肯尼迪·史密斯陪伴他。史密斯是特迪最喜欢的妹妹简的儿子,刚刚从乔治敦大学获得硕士学位。两个年轻人带着他们结识的女人回来并分别上了床。与他发生关系的女人帕特丽夏·鲍曼(Patricia Bowman)后来告他强奸，而史密斯却说是双方同意的。事件闹得沸沸扬扬，媒体几近疯狂，直到几年后 O.J. 辛普森谋杀案出来，人们的注意力才有所转移。在这件事上，肯尼迪家族所有的成员"显示了空前的团结"。"我们是关系密切的大家庭。"他们全都一遍又一遍地这么说。[154]史密斯被宣布无罪。

肯尼迪的转折点发生在与维多利亚·安妮·雷吉(Victoria Anne Reggie)恋爱以后。维多利亚 37 岁，离婚，带有 5 岁和 8 岁两个孩子，是肯尼迪的合作伙伴，来自华盛顿一家法律公司。1992 年 7 月 3 日他们结婚。媒体带着怀疑的态度采访他们。《今日》栏目问参议员他是否"因政治的原因才结的婚"。他承认薇姬(Vicki)在政治上帮了他的忙："但是，你知道，维基知道我有多爱她。我也能感到她有多爱我。我的孩子们知道我们在一起意味着什么。她孩子们也有同感……而且我认为见到我们在一起的人们迟早也会这样想。对我来说这就够了。"[155]

特迪·肯尼迪能否成为美国总统这一终结性问题，在 1969 年 7 月 18 日有了答案。那天晚上发生了离奇的事情：夜间 11 点以后，参议员开着他的奥兹莫比尔，本应左拐走上一座没有灯光照明的拱桥，该桥连接查帕奎迪克岛和玛莎葡萄园岛上的埃德加敦，结果他鬼使神差向右拐去，开进了水中。

肯尼迪事前与一群参加过 1968 年鲍比竞选的年轻女士们派对。他离开时带上了 28 岁的玛丽·丘·科佩奇尼(Mary Jo Kopechne)。车翻了以后，肯尼迪说他不知道他是怎样逃生的，但是"一次一次潜到水中车的边上，看里面的人是否还在"。游到岸上后，他没有尽力去求助救人，尽管在回旅店的路上有好几幢房子。早饭时他也没有向其他客人提到这一事故。清晨垂钓者发现了倾覆的小车，埃德加敦消防局的潜水员带着装置下潜，发现了女人的遗体。

地区法庭法官接受了肯尼迪"逃离事故现场罪"的结论。法官宣判缓刑，说"他已经并将继续受到远超本庭所能判决的惩罚"。有一次电视采访，在他含混的讲述中，他承认，没有报告事故是"无法辩解的"，然后透露了"各种各样杂乱的想法"，包括"肯尼迪一家是否被某个可怕的魔咒笼罩了"。[156]

1980 年特德选择竞选总统时，开始时民意调查显示他领先在任的吉米·卡特。众议院发言人蒂普·奥尼尔(Tip O'Neill)提醒他的朋友，民意调查没有显示他所称的"道德问题"，建议肯尼迪别参加竞选。卡特的攻击性广告从未提及查帕奎迪克，但他们旁敲侧击，所指是什么毫无疑问。在芝加哥，他们总是可以指望戴利(Daley)市长，然而在保守的天主教教区，该问题大大降低了他的票数。在新英格兰，在电视上肯尼迪感到有必要说："你意识到你独自一人必须承担失去一条年轻生命的责任，没有比这更艰难的了。"肯尼迪的传记作家，亚当斯·克莱默做出的结论是："正如选民们所理解的，他本可以赢得总统职位，但查帕奎迪克(Chappaquiddick)排除了这种可能性。"[157]但卡特毫无悬念地输给了罗纳德·里根。

1984年支持者和他的班子鼓励肯尼迪再次竞选美国总统，1988年他再次成为候选人之一。但在参议院待了那么多年以后，他意识到当参议员是令人感到完美的事业。"我将谋求再次入选参议院。我知道这个决定意味着我永远也不会当总统了。但追求总统职位不是我的生活，为公众服务才是。"[158]

2009年特迪·肯尼迪去世时，他是参议院年龄排第二、史上任职时间排第三的成员。与三位肯尼迪都在参议院共事过的迈克·曼斯菲尔德说："在所有肯尼迪家族成员中，这个参议员过去和现在都是唯一一位真正的参议院人。"[159]有出色的班子作支持，特迪有300多件提案变成了法律。他练就了一门艺术，即找到原本几乎没有共识的共和党参议员并与他们合作。犹他州的奥林·哈奇(Orrin Hatch)在很多与医疗健康方面相关的措施上是密切的同盟军。亚利桑那州的约翰·麦凯恩回忆说，肯尼迪是怎样一个"有技巧、公正和大方的合作伙伴"。他的跨党派合作使一些自由主义追随者恼火。他恪守那句"永远不要让完美成为恰到好处的敌人"的格言。《时代》称他为"倔强的成功者"，"经过他努力且成功获得通过的法律法案数量之巨大，以至影响了这个国家几乎每一个男人、女人和孩子的生活"。[160]

特德是约瑟夫·P.肯尼迪和罗斯·菲茨杰拉德·肯尼迪出色的儿子中最后的一个。然而在2012年选举以后将有一个新的肯尼迪出现在华盛顿，彼时马萨诸塞州会选举约瑟夫·F.肯尼迪三世进入美国众议院。他是约瑟夫·F.肯尼迪二世的儿子，也是纽约州参议员的孙子。2011年帕特里克离开国会时，那些正在写"最后的肯尼迪"故事的人至少要加一个脚注，说明肯尼迪家族作为一个王朝的力量乃在于他们的人实在太多了。

第十八章 布什王朝

有人曾经说过，在被打败之前你是不懂政治的，此后所有的谜都迎刃而解。

———约翰·F.肯尼迪[1]

我继承了父亲所有的敌人和他一半的朋友。

———乔治·W.布什[2]

我想多数美国人不想容忍蓝血人——恕我直言，因为我喜欢布什家族。

———萨拉·佩林[3]

票已入箱，但票数接近，竞争太激烈，不宜立即确定结果，危险性太高。因此，票数落后（差距极小）的一方向州高级法院申诉要求重新计票。该党一个官员说："票数的接近和职位的重要使我们别无选择，只能重新审看人民的意愿，以确保结果能精确地反映这个意愿。"[4]这是布什王朝首次涉足选举政治——1950年普雷斯科特·布什参加康涅狄格州州参议院竞选。

在选民投票后的几天中，共和党提名人布什拒绝向他的对手威廉·本顿认输，坚持说自己有"真正的机会"。[5]从多方面来看，普雷斯科特能走这么远就已经令人吃惊了。与在当地生活已经几代人的传统家族相比，布什家族是刚到该州的新人。他住在格林威治他岳父买的房子里，以便可以从那里坐车去曼哈顿的"布朗兄弟哈里曼"公司上班。他是共和党的州金融委员会主席，也是格林威治镇会议的调解人。除此之外，普雷斯科特是政治上的新人。

普雷斯科特是身价百万的银行家，耶鲁毕业生，美国高尔夫协会会长，他是作为温和的保守派、有关系的外来者参加竞选的。他推出了一项反税收程序，打了一张平民牌。当杜鲁门当局和康涅狄格州民主党参议员在推高赤字的时候，“被忘却的人”即普通纳税人，在为下层少数弱势群体买单。普雷斯科特总结说：“我们相信，节约仍然是美德，应该受到鼓励而不是削弱。”他引用杰弗逊有关公共债务的语录，但说下面这番话时，听起来更像是弗雷德里希·冯·哈耶克(Friedrich von Hayek)。他说：“为了维护独立，我们必须禁止我们的领导人把长期的债务压到我们身上。我们必须在节俭和自由或挥霍和受奴役之间作个抉择。”[6]

本顿和布什之争在选举的乱局中呈拉锯状。全部重新计票找不到法律规定。据一个记者说：“康涅狄格州选举法律的复杂性让法官和律师都感到头疼。”[7]做这样没有把握的事情意味着共和党必须质疑康涅狄格州所有 169 个镇的计票结果。州最高法院很负责地逐个处理每一件申诉。但当他们因“证据不足”否决了最先三个质疑后，共和党很不情愿地撤回了申诉。普雷斯科特平静地给本顿写信表示祝贺，私下则在想将来是否还要再努力一把。

他后来确实努力了一次又一次，这一次参选实际上开启了整个家族投入政治的惯性，到写作本书时已进入第四代。布什家族的崛起非常了不起，不仅是因为成功，同样也是因为她的失败。1952 年，普雷斯科特试图再次竞选参议员，却甚至连提名都没获得。但那年下半年一次特殊的选举使他得以进入参议院。1964 年，他儿子乔治·布什竞选德克萨斯州参议院席位的时候，结果是惨败。1970 年结果一样。1978 年，他儿子乔治·W. 布什在竞选众议院席位时失利。老乔治差一点没有获得 1980 年共和党的总统提名，1992 年在执政一个任期后败给了比尔·克林顿。他儿子杰布·布什是家族传承火炬的希望，1994 年在竞选佛罗里达州州长时未果。

之所以成为王朝是因为布什家族有承受失败的能力。其他本有希望的王朝在同样情况下也许就退出战场了，而布什家族在抵御失败方面似乎打了预防针。每一代人都寻找新的发展契机。普雷斯科特本是中西部一个制造商的儿子，最终成为康涅狄格州的银行家。乔治·H. W 进军德克萨斯州开始做石油勘探。乔治·W 在商业领域没有获得真正的成功，直到买下了一支棒球队。杰布去了佛罗里达州，做起了不动产生意。

布什家族其实总有别的机会可选择，考虑到这一点，他们在政治领域的坚持就显得更了不起了。银行、石油、制造、体育、不动产，他们在这些领域都创造了财富。在任何时间节点上他们都可以撤出选举政治，回到他们能够展示才能的地方。然而，自普雷斯科特以来，家族精神决定了，生意成功的目的是为了进入政治,永远不是唯一的生活目标。这一不成文的法则给布什家族一种安全感,知道自己的家人在享用政治权力带来的好处的同时,也能够享用财富带来的好处。这一法则也使人们感到,布什家族是超凡脱俗的社会精英。

普雷斯科特当参议员的时候,多次讲话反对增加在国会担任公职人员的薪金,令人吃惊。有一次他发言之后,康涅狄格州他共和党的同事,参议员威廉·珀特尔(William Purtell)问了他一个尖锐的问题:“参议员,您是否觉得,当选国会议员的资格要么是世袭,要么是有钱?”珀特尔接着讲,有些国会议员要养两个家(一个在自己的选区,一个在华盛顿),孩子长大或增多,经济方面捉襟见肘。普雷斯科特回答说:“我提醒参议员,这些人如果不是出于自愿,没有人要求他们在众议院做事啊。如果他们对取得的报酬不满意或觉得自己生活艰难,没有人会逼他们继续当众议员啊。”[8]布什们——普雷斯科特、乔治·H. W、乔治·W——在进入政治之前都会确保在经济方面没有后顾之忧。

一旦满足了上述条件,普雷斯科特的子孙们就不得不积极挑战身为精英给他们带来的压力。但这个家族带有诸多显示他们社会地位的标志,例如预备学校、常春藤大学、秘密社团、高尔夫俱乐部、缅因州海边的夏日度假地。人们对他们先入为主的印象是有钱有势。作为对这种印象的抗争,乔治·H. W在新英格兰并不妨碍他发展的情况下,自愿迁往德克萨斯州,从头开始。这种抗争使乔治·W坚信,他应连根铲除与新英格兰的联系。这种抗争让一代接着一代的布什人表现为:一切都在靠自己努力,各人都在走自己的路,有必要形成独一无二的形象。为达此目的,甚至不惜充分利用家族广泛的人脉关系和财富力量。

挑战大众印象是布什家族的创造,其中最关键的是:根本不承认自己家族是一个王朝。乔治·H. W坚持说:“我们根本没往那边想。我们肯定没把自己看成是个王朝。D和L——王朝(Dynasty)和遗产(Legacy)——这两个词让我不舒服。”即便在当了总统以后,乔治·W也一而再、再而三,甚至逐字逐句地重申这一理念:“没有什么布什王朝,现在没有,永远都不会有。”杰布说得更简洁,他在当佛罗里达州州长时风趣地说:“王去他的朝(Dynasty schmynasty)。”当时他兄长正在竞选总统。

在解释为什么家族不是一个王朝时,乔治·H. W说:“我们并不感到有任何天生拥有的东西。除了为社会服务的愿望,我们没有传给后代的东西。”又补充说:“我们不会去动用任何权力。”乔治·W则坚持说:“谈论政治王朝是骄傲自大。”另据,杰布说:“它给人的印象好像是已经给你但实际上并没有的某个东西。我们一直非常努力,为的是我们能够为大众服务。”[9]

对王朝说法的不齿,有钱有势的感觉,从上到下家长式的指引,这些结合在一起,是家族各人经历中挥之不去的东西。乔治·H. W 在德克萨斯州与拉尔夫·亚伯勒(Ralph Yarborough)抗衡,竞争美国参议院席位的时候,最尖刻的攻击言论之一有关布什家族的裙带关系。亚伯勒嘲讽道:“可爱的老爹……出来花钱为自己买了个美国参议院的席位。让我们向世界表明,老参议员布什不可能派小乔治到这里来买一个参议院的席位。”[10] 1978 年,乔治·W 在竞选众议员的时候,面临了更多同样的质疑。初选时他的对手称呼他“小布什”,说他“骑在爹爹的燕尾上”。他的民主党对手说,联邦政府之所以一团糟,是“因为尽是耶鲁的那些家伙在管事。”[11]

做一个布什人对其他布什人没准也会带来问题。在乔治·W 不得不为他父亲的预科生形象做抗争的时候,杰布不得不为他总统兄长所做的决定和下降的支持率做辩解。意识到这个问题,在一次捐款者参加的闭门会议上,乔治·W 承诺,他将离开竞选,不再现身。因为,据一位与会者说:“他大致是说,与名字‘布什’纠缠,他会遇到不少麻烦。”另一位捐款人回忆乔治·W 当时还说:“这个国家不喜欢王朝,人们会说:‘哦! 又来了一位布什。’。”。[12]

普雷斯科特的销售一直做得相当成功,而且在与父亲塞缪尔·P. 布什保持距离方面也相当成功。普雷斯科特在一战服役后两人关系开始疏远。家族里传的是,这件事起因是普雷斯科特从欧洲寄来的一封信,信被莫名其妙地误解了。据说,年轻的炮兵军官在信中描述,他怎样只身一人用随身携带的大刀拨开了一发打过来的炮弹,救了福克将军、道格拉斯·黑格爵士和珀欣(Pershing)将军,并因此获得了法国、英国和美国颁发的最高荣誉。普雷斯科特的母亲显然不知道那是个玩笑,而当地的报纸竟在头版刊出了普雷斯科特的英雄故事。随之而来的撇清和道歉对居住在俄亥俄州哥伦布市的布什一家带来了莫大的尴尬。这一事件导致普雷斯科特和父亲之间的隔阂一辈子都未解开,也是促使儿子远走他乡开辟新天地的原因。

虽然拒绝接受与父亲直接有关的工作机会,父亲却发挥着间接的作用,特别是通过“骷髅会”的影响。耶鲁的这个秘密团体为什么要发展普雷斯科特也许有很多原因,但是塞缪尔是“巴克艾钢铁公司”的高管。这家公司是约翰·D. 洛克菲勒的兄弟富兰克·洛克菲勒开的。此外,塞缪尔把铁路大亨 E. H. 哈里曼列为公司的客户。这些促成了对普雷斯科特的选择。威廉的儿子珀西·洛克菲勒(Percy Rockefeller)是该秘密团体的成员,E. H. 哈里曼的儿子罗兰也是。个人成就和家族关系两者结合使普雷斯科特得以入会,在骷髅会中,他既可以利用家族的地位,也可以显示某种程度的独立。

普雷斯科特的第一份工作把这一优势发挥到了极致。骷髅会会员华莱士·西蒙斯(Wallace Simmons)创办了一家五金公司,普雷斯科特去为他工作。他没有像父亲那样去管理制造公司,而是去做了销售。他没有在家族社会地位牢固的哥伦布市发展,而是选择在圣路易斯创业,并与多罗茜·多蒂·沃克结婚。沃克小他 7 岁,但社会地位却高出他许多。很快他就成了多种产品的销售代理——锐利刀具、克里普卡特冰刀、水晶吊灯、卡普特金清扫机——这些产品互相之间没什么关联,但牌子名称巧妙地利用了改造后的拼写。婚后最早的几年里,他从事过许多工作,其中一个是接受父亲给的工作。塞缪尔让他回到哥伦布市,帮着挽救一家他买下来的地板公司,但公司生意失败了,赔本卖出。这件事对修复父子关系也没有产生什么效果。

在两年的时间里,他与多蒂辗转 4 个城市生活。在马萨诸塞州短暂居留期间,乔治·赫伯特·沃克·布什出生。结婚第二年年底,第二个孩子即将降生。美国橡胶公司提供的一个工作机会使普雷斯科特回到了康涅狄格州。这次往返住处到工作地点是从格林威治到纽约。在这同时他也回到了骷髅会所影响的范围。

罗兰·哈里曼与他弟弟在一家家族企业"哈里曼兄弟有限公司"一起工作。这家公司掌舵的是多蒂的父亲乔治·赫伯特·沃克。她父亲很风趣,但进取心极强。普雷斯科特可能更喜欢走自己的路——家族传说表明,他受这种冲动驱使——但是,那么多明星聚集在下曼哈顿地区,这对他是个诱惑,再加上家里不断添丁进口的压力,他很难拒绝"哈里曼兄弟公司"的工作机会。该公司是华尔街最大的公司之一,他以副总裁的身份加入。几年以后,股票市场垮台,哈里曼在"布朗兄弟有限公司"与骷髅会会员会合,策划了一场合并,由此创建了华尔街最大的投资银行之一。

此后约 40 年,普雷斯科特一直在"哈里曼布朗兄弟公司"任职,除了他担任参议员时期短暂的离开。他在 17 家公司的董事会兼职,包括 CBS、泛美航空。大萧条时期股票市场萎靡不振的时候,他以掮客的身份赚钱,调用他可列出长长单子的各种关系,也运用自己近乎职业水平的高尔夫球赛技术吸引新的生意机会。1931 年他岳父退休,他不再生活在任何人的阴影之下。

普雷斯科特献身公共服务的品质并非遗传。他父亲第一次世界大战期间曾在战争工业董事会短期工作，大萧条的早几年在胡佛的失业救济委员会工作，但时间最长、从未间断的工作是致力于高尔夫比赛，还创办了“赛欧托乡村俱乐部”。普雷斯科特的岳父是盖茨比式的人物，并以此闻名，对自己的富有或不参与公共服务都没有负罪感。他认为，享受财富的形式就是大宅第、游艇和度假别墅，财富不是用来在追求为公众服务的同时用来养家的。

普雷斯科特一度有过做神职人员的想法。这将意味着走祖父而不是父亲走过的路。被财富及其带来的一切所包围，普雷斯科特对岳父张扬的显摆和华尔街疯狂的竞争一直都很不适应。此外，到 1950 年时，有几件事情提醒普雷斯科特，他想从事公共服务的事情已经耽搁很久了。

就像一战时他那样，普雷斯科特的儿子抓住了为二战服务的机会。从菲利普斯学院毕业之前，乔治・H. W 像他很多同学那样，把自己的想法说得很清楚。普雷斯科特没那么热情高涨，但他记得他去了耶鲁，和几个同学一起参加了康涅狄格州国家警卫队，夏天接受了军训，回来后组成了耶鲁营。那个时候，美国陆军正在沿墨西哥的边界与非正规军开战，这些新出炉的常春藤学校的列兵非常希望受到召唤。耶鲁校长不动声色地压下了这种想法。普雷斯科特非常理解为什么他儿子会踊跃报名从军。

乔治正在铺设自己的道路，普雷斯科特在一旁看着。儿子进入飞行学校，被任命为海军少尉，就在 19 周岁生日的前几天，成为美国海军最小的飞行员。普雷斯科特看着儿子执行了 58 次飞行战斗任务，被击落，并获得“杰出飞行十字勋章”、三枚空军奖章，并与他飞行队的战友一起，获得“总统战斗集体表彰”奖。乔治成了货真价实的战斗英雄。1945 年回国休假时，儿子娶了芭芭拉・皮尔斯，做了丈夫。芭芭拉 19 岁，从史密斯女子学院辍学当他的战争新娘。她父亲是妇女杂志出版商“麦考尔公司”的总裁。从社会阶梯角度来说，布什家族比她家或许就高出那么一点点。

战争期间，普雷斯科特协助为“全国战争基金”和“联合服务组织”募集了数以百万计的款项。他敬佩那些从事公共服务的同事，他的周围有很多这样的人。与他一起在泛美航空董事会执业的塞缪尔・F. 普赖尔负责在北非和拉美监造几十个空军基地。另一个朋友艾伦・杜勒斯（Allen Dulles）在一个当时很时髦的间谍组织“战略服务局”工作，这个局的驻地是处于战时模糊地带的瑞士（在这里普雷斯科特协助秘密转移资金，也算是对盟军作战发挥了辅助的作用）。他在“布朗兄弟哈里曼”的合作伙伴埃夫里尔・哈里曼是驻苏联大使，罗伯特·洛维特(Robert Lovett)是副国务卿，然后是国防部长。

普雷斯科特通向公共服务之路是选举政治，1950年他竞选参议员，无意中开启了一个王朝。《华盛顿邮报》把1950年康涅狄格州州的选季叫作“三个圈的马戏团——一场闹剧”。政治新秀调用了耶鲁合唱团的帮助——他在其中唱第二男低音。合唱团唱的是《在镇上得到解脱时我将掀翻地球》。他们还请了布鲁克林交响乐团来帮忙。这是一帮小丑般的音乐狂人，出场时穿着奇装异服，有个男的上身穿了晚礼服，下身穿着蕾丝边的七分裤。普雷斯科特在其中演奏班卓琴。《华盛顿邮报》的编者发表评论说：“很多人都认为，一个前耶鲁董事以这样的方式出现在公众眼前太滑稽可笑了。”[13]

在竞选快结束的几天里，有个波士顿专栏作家写道，康涅狄格州有那么多的天主教人口，由于布什与“控制生育联盟”的关系，他是不可能赢的。布什家族说这是不可信的。在他们看来，这是日后新闻界对他们许许多多次吐槽的第一次。

再后来，共和党内部政治的丑陋也挑战了普雷斯科特精心打造的正派和公正感形象。在去华盛顿的旅途中，参议员欧文·布鲁斯特跟他说了共和党的策略，要把世界上发生的问题归咎于国务卿迪安·艾奇逊。据某个消息来源，他当时的反应是：“我认为你们不能用它说事。你们怎么知道艾奇逊需要负全责？你们有什么证据？”一个老兵记者曾评说，布什是“一个在政治大游戏中天真无知的人”。布鲁斯特让他放心，他们有国防部长路易斯·约翰逊的支持。[14]当然这样的说法不可能使布什心理上得到宽慰。艾奇逊是耶鲁董事会的董事，但是布什、布鲁斯特和约翰逊是通过泛美航空公司董事会相联系的。普雷斯科特长期致力于培养人脉，这在商业领域带来成功，但到了政治领域，却让他一次又一次陷于尴尬。

下一次竞选使他对此感受更深。1952年普雷斯科特再次参选，但没能得到提名。那年晚些时候，由于参议员布赖恩·麦克马洪(Brien McMahon)去世，他在一次特殊选举中成为共和党提名人。他的民主党对手是国会议员亚伯拉罕·里比科夫。如果政治角逐造就奇怪的朋友的话，也会造就奇怪的敌人。普雷斯科特长期的朋友和生意伙伴埃夫里尔·哈里曼造访了康涅狄格州民主党大会，力挺里比科夫而反对布什。这无疑像是背上被人捅了一刀。“哈里曼发表演讲，呼吁打败我。他为什么要那么做？”[15]两人从此见面不说话，达十多年之久。

共和党意在充分显示与民主党在外交政策方面的尖锐分歧，做法之一是在1952年年初,派乔·麦卡锡造访康涅狄格州。这一举动使共和党内的温和派心生恐惧。要不要与麦卡锡一起出现,普雷斯科特经受了巨大的压力。在当时的政治气候中,不这样做就等同于把自己归入共产主义的同路人。在布里奇波特市纪念大厦的集会上,普雷斯科特把麦卡锡请到台上来。正如他回忆的,"我走到台上去的时候,膝盖都在发抖",但他对麦卡锡表示了热情的欢迎。当欢呼声平息的时候,他说:"坦白说,我们中间有些人,尽管赞赏他跟共产主义斗争的目标,但都对他有时使用的方法有极大的保留。"反响几乎是可以想见的:"嘘声,口哨声,喝倒彩声,'叫他滚出去!''滚回俄罗斯去!'的喊声一片,屋顶差点给掀翻。"[16]

在1954年参议院的会场上,布什是首批明确站出来谴责麦卡锡的人之一:"要么你必须盲目地追随参议员麦卡锡,不敢有丝毫怀疑,也不能对他的行为持任何不同意见;要么,在他的眼里,你就一定是个共产主义者,一个共产主义的同情者,或是一个被共产主义宣传蒙骗了的傻瓜。"[17]

在1992年总统竞选的辩论中,普雷斯科特关于麦卡锡的立场问题被提了出来。当时乔治·H. W正攻击比尔·克林顿的反战行为和他的莫斯科之旅。克林顿回应说:"当乔·麦卡锡走遍全国,批评人们的爱国主义,他错了。他错了。这时有一个来自康涅狄格州的参议员公开反对他,这个人叫普雷斯科特。你父亲反对乔·麦卡锡是对的。你攻击我的爱国主义是错的。"[18]这是聪明也是让人防不胜防的一招。儿子非常赞赏父亲,以父亲为榜样塑造自己的政治形象,而且对此前辜负了父亲的政治原则而感到痛苦。他没有回答,但对克林顿有关的指责也就此停止了。

普雷斯科特在参议员的岗位上,安分地尽职尽责,表现了对本党的忠诚。共和党1956年的决议委员会负责起草该党的政治纲领,他任主席,因此短暂地出现在全国政治的聚光灯下。记者短暂的介绍提到了他在合唱团的表现,为的是说明他的实用主义政治:"大和谐是艾森豪威尔总统治下共和党的特点,这位是耶鲁最炙手可热的大和谐人物……完成大会要做的事情,他似乎是非常理想的选择。"[19]纲领最具争议的部分将是有关公民权利的部分。

最高法院最近就"布朗诉托皮卡教育局案"作出了裁决。民主党纲领对于公民权利和种族融合温和的陈述大家都不满意。普雷斯科特承诺将提出与民主党截然不同的意见。长期以来他是美国黑人学院基金的支持者,更晚近的时候,他与别人共同提出,建议赋予联邦政府在保障选举权利中起到直接的作用。[20]布什的条款写道:"在最高法院的结论中,我们一致提出,它指导取消学校种族隔离的决定，应当通过联邦地区法庭在各地迅速加以落实。”然而，在这同时，该纲领也提到了消除种族隔离“在国家的某些地区”会产生“复杂、尖锐的情感问题”。全国有色人种协进会（NAACP）执行主席罗伊·威尔金斯（Roy Wilkins）评价了共和党的纲领，说比民主党的“稍许好了一点点”。[21] 在普雷斯科特理想主义和实用主义的天平上，实用主义的分量还是更重一些。

与此同时，乔治·H. W 虽然跟着父亲的脚步走，但跟得却不那么紧。作为一个耶鲁杰出毕业生和银行家的儿子，他本可很容易地在“布朗兄弟哈里曼”公司或华尔街的某家银行开始他的事业。相反地，像父亲一样，他也走进了销售领域。同样像他父亲一样，他搬出了自己的州，然后不断搬家。像普雷斯科特一样，他只是跟随他能获得的机会，而不是热情。他和芭芭拉在德克萨斯州的米德兰市安家，为的是从石油中寻找财富。事业的这一段常被描画成草创期，这对在扬基家庭出生长大的夫妇几乎没有任何依靠，在许许多多像蒲公英花絮那样的人中间逐渐发迹。1951 年乔治和芭芭拉出现在《时尚》杂志的一期照片专辑上。该专辑详细介绍了大量从全国各地到米德兰落户的夫妇的生活。“他们带去的不仅是大学教育，也带去了极大的工作热情，希望假以时间，能在那里建立他们希望建立的一切。”他们来自普林斯顿大学、哈佛大学、耶鲁大学、达特茅斯大学、瓦瑟大学、史密斯大学，也来自德克萨斯大学、堪萨斯大学和亚利桑那州立大学。《时尚》杂志的记者评价说：“对于他们，一切都是新的，没有什么是静止的。这些人友善，开心，认真思考，有责任心，以积极向上的心态对待生活。”这种乐观精神从芭芭拉·布什身上就很容易见到。她是一个“穿着粗花呢、笑声爽朗的女孩”。[22]

普雷斯科特高傲地拒绝了父亲经济上的帮助但是却欢迎岳父资助他。乔治·H. W 则避免让人误以为普雷斯科特在花钱给他铺路，但从他同名的叔叔小乔治·赫伯特·沃克那里得到很多帮助。当他决定自立的时候，他和合伙人从“布什-欧佛贝石油发展公司”筹集了 35 万美元的资金，后来又与另一开发公司联手成立了“萨帕塔石油”公司。普雷斯科特为启动资金出了 5 万美元，小乔治·赫伯特·沃克提供了剩下的大部分。石油可不是低门槛行业。搞石油需要人脉和投资者。在地上钻一些井，看井下面是否藏着财富，这是高风险、高回报的游戏，投资者必须愿意冒这个风险。乔治·H. W 拼命干着，芭芭拉也作出了牺牲。然而不管怎么说，家族的名字还是给他创造了机会。

萨帕塔使乔治·H. W 得以在 40 岁前成为了百万富翁，然后他又一次仿效了父亲的做法。家庭在经济方面已经有了保障，他因此可以投入政治了，没必要等到 50 来岁再开始。1958 年，他搬到了休斯敦。自重建以来，该州一直是民主党巩固的地盘，但新的石油财富使共和党在那里跃跃欲试。像普雷斯科特一样，他首先在共和党的组织机构内开始工作。普雷斯科特曾是康涅狄格州共和党财政委员会主席，乔治·H. W 则担任了德克萨斯州哈里斯郡共和党的主席，了解当地风土人情，扩展他的人脉，树立自己作为团队一员的形象。他还利用职位的便利试图建立与该党极右派系的联系。这一时期该派系的代表是“约翰·伯奇社群”，这是一个仍然崇拜麦卡锡、极端反共的组织。

到了 1964 年他竞选参议员的时候，他父亲因健康原因已经离开政治舞台（他将在他的墓前表达对这一决定的惋惜），而乔治·H. W 正在建立自己纯粹、骨干保守派的形象。他称自己是“负责任的保守派”，但他的立场其实是极右的，他对对手的进攻集中在对方的自由主义上面。政治观察家注意到，他只是在性情上显得比较温和，专栏作家罗兰·埃文斯和罗伯特·诺瓦克称之为“稍有改良的戈德华特式的共和党人”。[23]他挑战拉尔夫·亚伯勒，后者是资深参议员，致力于抗争德克萨斯州选民中日益增长的保守倾向。布什在年初接受了巴里·戈德华特的政策，反对已在参议院 80 票对 19 票通过的禁止核试验条约，反对标志性的 1964 年公民权利法案。他称这个法案是“政治的产物”，是“超越宪法的坏的立法”。[24]他向一个朋友透露了采取这一立场政治方面的考量：“公民权利这个议题能确保打败亚伯勒。”[25]与此同时，他的立场得到极右种族隔离主义者们的支持，对此他感到不安。在一封私人信件中他问：“我该怎么办？我将怎样做？我想赢，但代价不能是得罪朋友，或教给孩子们我所没有的偏见。”[26]

乔治·H. W 宣传他战时的表现，不再穿纽扣一扣到底的衬衣，辩白对他的异地谋利者及在海外搞石油勘探的指控（后者在产油国是一项大错）。到十月底，他已经削弱了亚伯勒的领先地位，竞争到了胶着状态。但是他第一次竞争国家层面公职的努力以失败告终。民意调查和候选人都没想到非洲裔美国人的选票翻了两番还多。1960 年在德克萨斯州，大约 10.5 万名非洲裔美国人参加投票，到了 1964 年，这一选票数达到了 26 万张，其中 95%对民主党投了赞成票。[27]布什认为能够用以打败亚伯勒的议题反倒促成了后者的胜利。

在私下和公开场合，布什都后悔他的选择。他跟他的牧师说：“为了当选，我选择了极右的立场。我希望我永远不会再这样做。我很后悔。”在《国家评论》发表的一份公开的反思中，他鼓励共和党人：“重塑我们的哲学，突出正面，消除负面，对来自左的危险保持警醒，但是这样做的同时，不要总是去怀疑那些持自由观点人的爱国主义立场。"并说,"保守主义能够并将继续存活,但需要更加现实、积极和正面"。[28]两年后当他竞选国会职位时,他把党内资金放在了一家黑人开办的银行,把该党一个事务所放在了为黑人开办的德克萨斯南方学院附近,为的是争取那里的学生的支持。他发誓说"我不会去迎合白人选民的反对"。[29]

完成从商人到公职人员转变,乔治·H. W 比父亲早了 15 年。当美国众议员好像是一个不错的开端。他的选区是城市,很富有,他的选民有着与他相似的性情,持有他在《全国评论》中所宣示的现实、正面的保守主义立场。不同于覆盖全州的选举,他没有必要去迎合农村选民。不管他如何努力使自己听起来像是一个南方的伯奇人,这些选民只会把他看成是一个来自北方的投机客。1966 年,乔治·H. W 赢得了 57%的选票,引起了共和党全国性人物的注意。普雷斯科特向国会的熟人提议,让这个新手在权力很大的"方法和手段委员会"任职,他找对了人,而两个前总统福特和尼克松也表示赞同。

在当上众议员后,布什设法逆转了在 1964 年竞选中他受戈德华特影响所持的原则和立场。他投票赞成了 1968 年的公民权利法案。工作中他协调不同意见,拒绝极端主义,支持生育控制可选择权(立场非常强硬以至有个同事开始称他为"避孕套"),他的风格越来越像他的父亲。他的席位已很稳固,以致他敢于提出对 NASA 增税或减税的建议,而这些建议将直接影响他在休斯敦的选民。他的父亲在国会任职 11 年,没有升至更高位置的想法,而他在国会仅两年以后,乔治·H. W 就开始蠢蠢欲动了。

在 1968 年获得副总统提名有可能吗?有名望的商人和捐款者都迫不及待地暗示:布什可以充当尼克松正在寻找的竞选伙伴。尼克松不客气地打消了这些人的想法,但对这位雄心勃勃的国会议员有了印象,嘱咐他 1970 年再次与亚伯勒参议员进行较量。如果因此放弃了众议院本来保险的职位却又在较量中落败,尼克松答应让他"软着陆"。

这是乔治事业的转折口,有很高的政治风险。不出意料,普雷斯科特对这一动作持反对意见。乔治去拜访林登·约翰逊,后者告诉他当众议员和参议员的"差别好比鸡肉沙拉和鸡粪"。最后,设想中的亚伯勒和布什之争并没有发生,因为在民主党初选中亚伯勒输给了保守的劳埃德·本特森(Lloyd Bentsen)。而后者又令人信服地击败了布什。因此乔治失去了工作,非常沮丧,充满自我怀疑。他告诉支持者:"我经过自我检讨,感觉并不乐观,我一定是做错了什么。"[30]

他的儿子们也深受这次失败的影响。据报道，两个儿子在公开场合都哭了。他们参加了竞选，杰布专门从安杜佛学院请假来帮忙，而乔治·W穿着他的德克萨斯空军国家警卫队飞行夹克出现在竞选巡游中。与当年跟亚伯勒较量时相比，此次竞选中对他的吐槽还真算不上什么，但骄傲的父亲仍然面对着同样的指责：投机客、社会精英、不是真正的德克萨斯人，依靠父亲而不是自己的努力。杰布和乔治·W已经长大，完全知道他们也将不得不面对同样的评价。对家族具有扬基基因这一点，他们的感觉从不在乎已到了憎恶的地步，因此上述指责一定使他们更加感到不公平。

两人都在德克萨斯州长大，因此他们的身份与父亲完全不同。然而，当被送到安杜佛学院时，他们就发现自己原来并没有摆脱老爹留下的长长的影子，而这个影子他们完全不熟悉，且对他们没有丝毫吸引力。乔治·H. W曾经是棒球队和足球队队长，也当过班长，在这所贵族精英们就读的学校中显现了超人的气质。乔治·W在体育和学业上都很一般，他非常高兴能回到德克萨斯，他不理解，也不想去理解新英格兰的不成文的规则。“去安杜佛学院是我一生中感到最难的一件事，直到我竞选总统。”[31]杰布也遇到过同样的问题：“他们对外地去的人发出的信号并不微妙，而是很直接。”正如他们的父亲在德克萨斯努力挣扎以摆脱新英格兰出身的羁绊，儿子们则被新英格兰的预备生们定义为粗俗的德克萨斯人，同样经历了挣扎和痛苦。

杰布的安杜佛与乔治·W所知道的有本质的不同。年龄大的那位毕业于1964年，因组织一场未被批准的棍球比赛，被认为是不服从权威的捣乱者。那种棍球是对他父亲对棒球认真劲儿的亵渎，这越发加强了人们对这件事的负面看法。杰布在安杜佛时，全国反对越南战争的抗议如火如荼。学生们“手拉着手组成的队伍一直延伸到波士顿的联邦大楼。那时段不是就读该学院的好时候，那学院不是令人高兴的地方”。[32]乔治·W手上有父亲给的戈德华特的书《一个保守主义者的良心》(*Conscience of a Conservative*)，作者当时正作为一个极右候选人参加竞选。乔治发现书中有很多地方很对自己的胃口。杰布则参加了社会主义俱乐部，反对战争，并告诉父亲他或许会注册成为真正的反对者。

乔治·W以自己的方式，依靠讨人喜欢的幽默感和友好善良的品质成为校园里的大人物。他的经历还不至于糟糕到说服自己必须在毕业后回到德克萨斯。相反地，当安杜佛学院院长叫他列出三个大学作为选择时，他写下了“耶鲁、耶鲁、耶鲁”。院长认为他不可能被录取。但是，乔治填写申请时在一张纸的两面写上了所有曾是耶鲁校友的亲戚名单，其中包括他的祖父——美国参议员和耶鲁信托董事会董事，由此不加水分的C平均分看来就足够好了。[33]

乔治·W在安杜佛曾经用过的策略到了耶鲁却不大管用了。耶鲁校园正被反文化政治和越战抗议袭卷，在DKE兄弟会之外，一个持温和的保守主义观点、整天乐呵呵的富家子弟在那里没有市场。乔治·W被骷髅会相中，但他从来没有像他祖父和父亲那样深陷其中。他喝酒、抽烟、玩世不恭，消磨时间直到毕业，这时他可以驾驶战斗机了。一个耶鲁同学回忆说："当飞行员，那是他谈论的一切。"德克萨斯空军国家警卫队的一个军官问了一个很尖锐的问题，乔治回答说："我想当战斗机飞行员，因为我的父亲曾经是。"[34]

对乔治来说，走一条他父亲曾经选择的道路就足够了。此外，战斗机飞行员的角色在他脑子里生了根，他对自己的选择十分有把握。当他2003年在"亚伯拉罕·林肯号"航母上降落、宣布已完成伊拉克任务的时候，他没回避提及父亲在二战中的英勇行为，他试图把它与父亲反对萨达姆·侯赛因的战争相联系，更想把对伊拉克的占领与父亲参加的战争置于相同的道义高地上。乔治·W知道，这样的表白会引起人们注意他怎样设法避免去越南参战。令人惊奇的是，他似乎不在乎。他自己的成绩与他父亲的紧密联系在一起，他觉得这没有什么可以感到可耻的。

乔治·H.W第二次试图进入参议院失利后，尼克松确实安排了他所允诺的着陆，但绝对谈不上是软着陆。他将去纽约出任美国驻联合国代表，当时的联合国对美国充满敌意。作为外交关系领域的新手，他想得到一次学习的机会，这一经历将来某一天可能有用。据国家安全事务副助理亚历山大·黑格说，当亨利·基辛格得知布什的任命后问道："对这只火鸡，我该怎么办呢？"[35]在基辛格同时担任国家安全事务助理和国务卿时，布什的影响将很小。在几个关键问题上，基辛格让他完全蒙在鼓里。

然后，1973年年初，共和党全国委员会主席的位置有了空缺，布什得到了一个机会去打理自己政党的事务，这同样是对将来有用的角色。但他不得不搁置他的计划，由于"水门事件"丑闻，他需要出面扮演主要辩护人的角色，他也成了为麻烦缠身的总统减轻压力、降低损失的设计师。当丑闻的细节首次公开时，布什批评了尼克松的助理和顾问们，但仍坚守岗位，全然不顾他正冒着被危机拖下水的风险。在"烟雾枪"录音公布后，布什最终意识到尼克松已犯下渎职的罪行，并在一个内阁会议上要求他辞职，当时会议室里全是尼克松的保皇党。两天后，尼克松辞职。

杰拉德·福特此时当上了总统，在考虑谁当他的副手时，乔治·H·W的名字进入了他的名单（最终他选择了纳尔逊·洛克菲勒，因为他与尼克松和水门事件没有关联）。布什被邀担任他愿意去的欧洲某国的大使。他衡量了一下它的价值，要求转派中国。根据他在联合国任职积累的经验，以及他对基辛格和尼克松的观察，他确信打开中国会带来无穷无尽的机会，而且会进一步确立他外交政策方面的资格。此外，他也想离开华盛顿，一个仍留有丑闻余腥的地方。

据历史学家蒂莫西·纳夫塔利（Timothy Naftali）说："没有一个美国政客为当上副总统如此努力，结果还失败了。"[36]这一点特别令人关注，因为布什非常适合副总统这个角色。他反复证明了自己为本党和总统忠心耿耿，甚至不顾给自己的事业造成损失。他有头脑，胸怀大志，但从不去贬损自己的上司或同事。他正是一个总统所需要的人，但他的雄心壮志又一次受到了打击。

随时可任用的布什，下一步是从中国转到了中央情报局。他怎样去的中情局如今仍是个谜。大部分人认为，中央情报局局长的职位是政治生涯走到了头的地方，特别是该局当时正经受严格的调查，查过去几年中在诸如暗杀谋划、国内侦察、推翻外国政府方面有无违规的行为。布什在丑闻遗迹尚存的情况下离开华盛顿，又在另一个丑闻发酵的当口回来了。乔治和芭芭拉听到这个任命后很不开心，眼泪都掉下来了，好像在伤口上又抹了一把盐。参议员富兰克·丘奇（Frank Church）还坚持说，作为参议院确认中情局任命的条件，布什不能进入副总统候选人的考量名单。

因为乔治做出了贡献，当总统的老板们根据自己的想法，给他在政治上做出安慰或补偿，他因此换了一个又一个岗位。与此同时，乔治·W则是换了一个工作又一个工作。一般来说，这些工作都是父亲的关系网帮他搞定的。他称其中一个是"傻乎乎的外套和领带工作"。[37]他有失业的时段，没能被德克萨斯大学法律学院录取，饮酒问题还带来越来越严重的后果，包括一次载着十几岁的妹妹因醉驾被捕。他父亲对他说："你让我失望。"多年后，在回忆这段岁月的时候，乔治·W说："当你爱一个人而他也爱你时，那是所能说出口的最刺耳的几个词。"[38]

乔治·W没有告诉父母他在申请哈佛商业学院，也没告诉他们他被录取了。这个家庭的隐私多数时候并不外泄，但人们知道且经常提到的是1973年发生的一件事。他醉醺醺地开着车撞入了父母邻居家的车库，然后与随之而来的父亲发生冲突。他对着父亲喊："来吧，我们就在这里决斗。"杰布前来调解，告诉父母大哥被哈佛录取了。乔治·W坚持说去不去哈佛不是关键，"我只是想让大家看看我能做到"。[39]在获得了哈佛的MBA学位以后，他立刻走上了一条似曾相识的道路：1948年，乔治·H.W从耶鲁毕业，开着一辆红色的斯蒂庞克去了德克萨斯州的米德兰(这辆小车现在停放在他的总统图书馆内)；1975年，乔治·W开着一辆蓝色的卡特拉斯去往同样的地点，进入同样的行业。

像父亲一样，他在创办石油公司筹集投资资金时并不费力。不同于父亲的是，他没有获得成功。在这一行几个领域有了一些低端的经历后，乔治·W历尽艰辛建立了一家公司。他试图向高端冲击。石油勘探常常意味着运气，乔治·W貌似相信运气——这未尝不是合理的战略，但这一战略在这位布什身上失败了。

像父亲一样，乔治·H.W是在本党体制内积累了初步工作经验后才投入政治的，而且是在建立了宽裕的财富基础上运作的。1978年，乔治·W想进入这个竞技场时两者都不具备。米德兰的国会议员是个民主党人，在日渐共和党化的德克萨斯州，他43年来击败了一个又一个对手的挑战。他即将退休，给一个保守的共和党人带来极好的机会，这个共和党人拥有布什家族背景和人脉网络的支持。乔治·W在米德兰和敖德萨长大，期待着他被认可为德克萨斯人，但他没有被当作德克萨斯州人。他的民主党对手，州参议员肯特·汉斯，提倡与布什同样的保守政策。他提醒听众，布什在安杜佛、耶鲁和哈佛读大学，而他是在德克萨斯理工和德克萨斯州立大学就读。汉斯还喜欢讲牛倌的故事：有个开车的人问一个农夫进城怎么走，农夫告诉他在有牛倌的地方向右拐。司机没问牛倌穿什么颜色的衣服，等想起来开车回去问时又太晚了。汉斯接着说："我帮那可怜的家伙搞清楚了牛倌衣服的事情。他离开的时候，我没能分清楚他的牌照是马萨诸塞州的还是康涅狄格州的。"[40]

面对失败，两个布什处理的办法不一样。父亲会生闷气，怪自己无能，重新理清自己的政策和信仰。儿子似乎不受影响。然而在这次竞选中一些重要的事不得不提。他父亲在幕后操纵，将年轻的战略家卡尔·罗夫(Karl Rove)派去了米德兰，他母亲发动朋友的效率非凡，他弟弟内尔是负责竞选的副经理，他妹妹多罗在竞选巡游中敲着铃鼓翩翩起舞。整个家庭团结一致，聚光灯第一次指向了他而不是他的父亲。此外,他还有个新娘参加他的竞选。1977年,乔治·W. 布什与米德兰的劳拉·莱恩·韦尔奇(Laura Lane Welch)结婚。她父亲是个建房师,母亲是会计。她有南卫理公会大学教育学学位和奥斯汀德克萨斯州州立大学图书馆科学学位。

20世纪70年代,杰布的选择更加远离了布什家族传统和生活方式。这一切的主要原因是科伦巴·加尼卡·加洛(Columba Garnica de Gallo)。1974年她20岁杰布21岁时,她成为了科伦巴·布什。他后来会说他的人生被分成了两个阶段:"BC和AC——before Columba和after Columba(科伦巴前和科伦巴后)。"[41]为了调适在安杜佛遭遇的文化冲击,他到墨西哥旅行,17岁那年遇到了科伦巴,第一眼就有"触电"的感觉。尽管他们之间有地理、社会、文化方面巨大的差距(还有他父母的担心),他回国时就下定决心要追求她。他一改以往养成的愤世嫉俗的瘾君子的形象,用两年半的时间在德克萨斯州立大学修完了他的学士学位(他说耶鲁是他从来都没有想过的事情)。

父亲的关系帮杰布在德克萨斯商业银行找到了一份工作。这不是华尔街,但它是商业和银行业。他的银行在委内瑞拉首府加拉加斯开设分行,以处理从石油工业源源不断输出的金钱。这时他拉美研究方向的学士学位以及流利的西班牙语使他脱颖而出。他和科伦巴还有两个孩子搬了家,很快成为一个有魅力的销售行家。他说服德克萨斯商业董事会董事伯德·约翰逊夫人(Lady Bird Johnson)造访加拉加斯,美国大使馆为此举办了招待会,杰布因此结识了不少该国的商界精英。他本会待得更久一些,但这时他父亲正在竞选总统,这是家族的头等大事。他回忆说:"那是我开始成功的一刻,也许是我一生中最有价值的经历。"[42]

他在拓展人脉、凝聚人心方面是个天才,在拉丁裔听众前谈到他父亲时也很得体,特别是在迈阿密的小哈瓦那。"天哪,杰布做得棒极了!"他父亲赞叹道,"他判断力这么好,会与人打交道,对问题抓得这么准。"[43]家族的其他人也都动员起来:候选人的弟弟约翰尼担任财政委员会的共同主席,弟弟小普雷斯科特处理在康涅狄格州的财务,他女儿多罗学会了打字和速记,他儿子马文从弗吉尼亚大学请了假去衣阿华州拉票,他的儿子内尔加入了新罕布什尔州的博弈。芭芭拉应丈夫的要求自己安排旅行,根据从乔治在耶鲁时就建立起来的长长的朋友和关系的名单仔细设计自己的行程。相助的人远远超出了候选人自家的亲属。有个表弟把竞选办公室比作了家庭团聚。布什-沃克家族每个成员都具有竞争意识，每个人都相信他或她能比自己的兄弟姐妹、表兄弟表姐妹、堂兄弟堂姐妹，叔叔伯伯、阿姨婶婶贡献更大。竞选团队就是在这样的氛围中组成的。

然而，候选人有两大问题。他的对手，罗纳德·里根是那一代人中政治明星式的人物，而选民们也正在逐渐疏远乔治倡导的较为温和的政策。但是里根有充足的理由选择乔治当他的竞选伙伴。布什将对候选人硬邦邦的保守主义立场起到软化的作用，而且会给竞选纲领带来丰富的经验，特别是外交政策方面的经验。在丑闻像瘟疫一般蔓延的 20 世纪 70 年代，布什证明自己能协助总统渡过难关。当时，里根的白宫是充满内斗和性格冲突的沙漠，乔治站立其中可以说是忠诚的绿洲。副总统任职有可能走向总统任职，但能否完成这一步取决于里根做得如何，这在很大程度上不受布什的控制。

家族的主角前途未卜，他正等着机会再次竞选总统，于是布什家族活动的中心转向杰布·布什。他在佛罗里达州为父亲竞选全力以赴。由于一直光干活没有收入，选举以后，杰布几乎就破产了。但他承认，有个父亲当副总统没什么坏处。受一个古巴移民同时也是百万富翁的邀请，他进入了迈阿密的房地产行业。布什很快成了他的合伙人，并有了资本进军政治领域。追随他祖父和父亲的传统，他当了戴德(Dade)县共和党主席，表明他愿意在相对较低的位置上做起。他还坚持将谋划一个不用父亲帮助的事业。他告诉一个记者："我们家有不成文的规矩，家人互相提携。"[44]

公正地说，布什家族也不只是靠裙带关系。乔治·H. W 靠自己的努力入选众议院，然后在父亲的影响下，坐火箭似的进了"方法和手段委员会"。1986 年，杰布在迈阿密请父亲去佛罗里达州帮助共和党州长的竞选。马第尼斯州长然后任命 33 岁的杰布为佛罗里达州的商业部长。

历经 38 年，布什政治王朝已经成型，1988 年可能是乔治当上总统最后的机会。选举双方的实力接近。有一度，他落后民主党迈克尔·杜卡基斯 17 个点。共和党候选人的战略谋划师李·阿特沃特本能感觉应该调整方向，用广告等大幅度从反方向抨击杜卡基斯的爱国主义以及对犯罪的立场。面对不利的局势，候选人同意让李·阿特沃特(Lee Atwater)放手去做。布什家族温文尔雅的气质不见了，至少暂时如此。

第一个布什总统见证了冷战的结束和苏联的解体。这位总统讲究实用，温和，克制。他不搞浮夸，不说大话，即便在柏林墙推翻、他的助理们主张大张旗鼓庆祝时也是这样。前任给他留下了预算赤字,他认为是很严重的问题,希望通过与民主党国会议员们合作,能做到预算平衡。海湾战争在他看来可称作没有特点(玛格丽特·撒切尔认为,不介入该战争,他实际上是在摇摆),但他仍然中规中矩地谋划,通过联合国采取行动,避免大的风险,策划了成功地进入,而当更迭政权所带来的危险很明显的时候,他随即放弃了原本希望实现的该想法。

他争取提名的演讲很多共和党人认为十分到位,他在演讲中宣布:“大家听清楚了:不再增加新的税种。”但是到了 1990 年秋天,由于预算危机和上涨的债务,总统知道,税收的问题不得不摆到桌面上了。他与民主党多数派达成的预算提案遭到了少数派督导纽特·金里奇的反对。他领头的反对意见很快从少数人支持蔓延到了多数人支持。最终,布什赢得了参议员共和党 168 票中的 32 票的支持。总统亲见了,因海湾战争成功发动进攻,对他的支持率上升了近 90%,也看到了,因国家经济衰退、税赋增加,失业增长和持续的预算赤字,对他的支持率直线下跌。布什,待当选美国总统的第 41 人,在争取续任的竞争中输给了比尔·克林顿。王朝的未来就要看他儿子们的政治技巧了。

乔治·W 在 1988 年父亲的竞选中不知疲倦地工作,如果想要登台成为主角,酗酒的问题仍有待于解决。不沾酒的时段时有出现。20 世纪 80 年代中期以来他参加了《圣经》学习,并已经认为自己得到了重生。劳拉向他发出了最后通牒,而且随着父亲当上总统,机会来了,其中包括购买“德克萨斯棒球队”(他曾外祖父的哥哥赫伯·沃克曾经拥有“大都会队”)。该棒球队是德克萨斯州最受喜爱的组织。正如他对当地一家新闻节目所说:“这个工作具有高度的曝光度,能够化解我身上存在的政治问题:这孩子有了什么变化?”[45]尽管没有管理职业体育团体的经验,他很快筹集到了 7 500 万美元。他自己的资金有 60 万美元,但因为他把交易揉合在了一起,他从中得到了 10%的股份。所以一夜间他的 60 万美元变成了 750 万美元。他最终将收获 1 500 万美元。

他于是成了公众人物,有了成为州长候选人的资本。突然,一场在家庭内部持续发酵的争论浮出水面,进入公众视线。芭芭拉给儿子发了一条信息,首先是通过助手,然后是通过记者。“我希望,买下了棒球队,他会非常忙因此就别做其他事了。”乔治·W 没有掩饰自己的愤怒。也是通过一个记者给他母亲传递信息:“非常感谢您。您给我提了 42 年的建议,大部分我都没有采纳。”[46]芭芭拉希望那年代表布什家族的候选人是杰布,但小儿子不如乔治·W 上来的那么快。他所拥有的净资产远远低于棒球队带来的意外收入。同时,他的家庭需要他,他的夫人也强烈要求他淡出公众视野。

第41届布什总统续任下一届本来貌似铁板钉钉,失败带来的震惊使布什家族再一次团结起来,达成的共识是,杰布和乔治都等着自己的机会,不再争抢,以保持家族在政治领域的地位。杰布有条不紊地在佛罗里达州开始了州长的竞选,另一方面,在家人的全力支持和允准下,乔治·W则被要求在德克萨斯州先行撤出,部分是因为父母感到他会分流给弟弟的资金,也因为他们认为他不可能击败在任的安·理查德。理查德伶牙俐齿,在1988年民主党全国大会上他提醒大家乔治·H. W是"含着银靴子出生的"。杰布将要挑战的佛罗里达州州长劳顿·奇利斯(Lawton Chiles)则被认为容易击败。然而,到了11月,德克萨斯州和佛罗里达州的民意都显现了向没有预料到的反方向的变化。在选举夜,布什家族的预测逆反了:布什当上了德克萨斯州的州长,奇利斯则在佛罗里达州再次当选。乔治·W与父亲通话,父亲正为杰布的失败伤心,说这对他来说是多么可怕的消息,直到乔治打断他:"你为什么为杰布感到难过?你为什么不为我高兴呢?"[47]

乔治做成了他父亲两次没能做成的事,即赢得了德克萨斯州的多数票,现在进入了一个陌生的领域。尽管家族成员担任过各种各样的政治职位,却没有一个担任过州长。他现在成了王朝政治标杆的掌门人(至现在已是真正的王朝了),而家族历史上没有提供任何参照点。他成了自己的主宰。

在《休斯敦邮报》对他的采访中,他表示欣然接受福音派天主教的教义。他说:"天堂只为那些接受耶稣·基督的人敞开。"[48]他的表弟约翰·埃利斯不得不评论说:"每当人们说乔治·W说这说那都是为了讨好宗教右翼时,我都一笑置之。他现在就是宗教右翼。"[49]即便因选票的缘故他没有显示自己的信仰,但效果在那里,对德克萨斯州觉得自己一直被遗忘的那部分选民很有号召力。这也是与他父母、祖父母默许的主教教派的宗教立场彻底决裂的表现。他们没有公开讨论过信仰问题,因为那样不礼貌。乔治·W对公开自己的立场并无禁忌。杰布则已皈依天主教,这对布什王朝来说又增加了一个新的维度。

然而,他用了也许他父亲会采用的方式治理德克萨斯州。他不计政党间的前嫌和隔阂,与民主党紧密合作,与民主党副州长组成了真正的伙伴关系。

他拒绝在移民问题上采取强硬路线，甚至在清楚知道加利福尼亚州因激烈的争辩正收获政治红利的时候也不妥协。德州法院做出了在德州取消平权法案的裁决，他的回应是，签署一项法律，确保所有公办大学和学院，必须给德克萨斯州任何高中位列前百分之十的毕业生留下招生名额。他甚至建议增加其他税收以抵消财产税的降低。

第二个布什总统赢得的是小差额的胜利：600 万张选票中多得 537 票。这是最高法院 2000 年干预佛罗里达州重新计票后的结果。在这一非凡王朝历史上这一非凡时刻，布什家族日益增大的态势和影响已非常明显。杰布当时是佛罗里达州州长，已承诺将把该州的 25 张选举人票投给大哥。表弟约翰·埃利斯守在《福克斯新闻》选举专栏的办公桌前，不断向乔治通报计票时拉锯式上升的信息。当问题移交法院处理时，负责法律团队的是老布什总统手下的前国务卿詹姆斯·A. 贝克。历史上的一幕又离奇地重演了，50 年前，普雷斯科特重新计票的要求被法院否决，他输掉了一场差异微弱的选举。

乔治·W. 布什向右急转进入白宫。有一次他对一个记者说："别低估了从失败的总统任期你能够学到的东西。"显然指的是他父亲。所顾虑的还有，在奥斯汀州政府管用的东西如照搬到联邦政府，或将导致另一次不能连任的后果。[50]他的经济政策集中关注大规模的减税，他跟国会说，对此我不会和你们讨价还价。甚至当他成为战时总统的时候，他继续执行减税政策，大大增加了联邦赤字。

然而，在某种意义上说，2001 年 9 月 11 日，布什事实上重新开始了他的第 43 届总统任期。他站在双子座爆炸点(Ground Zero)，手中拿着麦克风，告诉消防员和警察们："我能听见你们的声音，全世界都听见你们的声音。那些使这些大楼倒塌的人会很快听见我们所有人的声音。"在那一时刻，他是全美国最受尊敬的人，或许在所有的民主世界都是。

两个布什总统留下的遗产，再没有比两场伊拉克战争更为影响深远的了。布什第 43 届的伊拉克战争实际上大部逆转了布什第 41 届的伊拉克战争——消除越战留下的综合征，美军的军事力量重新赢得全球的尊敬。乔治·W 的战争展示了美国力量的局限性，使得美国选民反对海外驻军，使得美国的敌人更加胆大妄为。开战的理据因新的信息不断受到削弱，使得公众的想象聚焦于一个非常糟糕的说法，即这场战争真正的原因是儿子想证明给老子看。这不应该是一个严重的指责，但当乔治·W说诸如“毕竟这是一个试图杀了我爹的家伙”的时候（指的是在萨达姆的伊拉克有可能正在策划一场暗杀行动），他并没能消除人们的上述怀疑。

1998年，杰布最终当选佛罗里达州州长，2002年再次当选。作为州长，在多数方面他比任何布什都要保守。他毫不手软地削减税收，减税达190亿美元，经常否决新的开支提案——大约在20亿美元。他促成了十几个新的法律，扩大持枪人的权益，包括引起争议的“坚守你的位置”的法律。他坚决反对对同性恋的法律保护，确保教育方案中含有教育补助金卷，通过行政手段取消平权行动法案，并使医疗补助计划私有化。他有两项甚至保守主义者们也难以接受的政策：一是移民（给那些没有身份材料的人建立成为公民或永久居民的渠道），二是教育（他支持本州的“共核”标准）。

这个王朝的未来会如何呢？已有两个布什总统了。还会有第三个吗？第四个？2016年以来，杰布和科伦巴的儿子乔治·普雷斯科特（在家族以“P”称呼）在德克萨斯州从事政治事业。他曾经是律师和前公立学校的教师，2014年他被选为德克萨斯州土地专员，一个并不显眼的工作，但在该州却具有政治上的重要性。他是德克萨斯州西班牙裔共和党的创始人之一。如果遗传算数的话，由一个布什做第一位西班牙裔的总统是合格的。

布什家族必须面对“总统王朝魔咒”的挑战。不是所有王朝都希望在家族树中包含一位总统。大多数对有参议员和州长就知足了。但是已有6个王朝拥有总统了：亚当斯、哈里森、罗斯福、布什（都是两位）、塔夫脱和肯尼迪（都是一位）（哈里森的情况也许不能算，对他们来说，当上总统差不多是事故使然）。每一个已出两位总统的家庭，追求第三个（第四个，比如有两个分支的罗斯福家族）当选；已有一个当总统的家族，往往有第二个谋求当选。这些全都失败了。失败要不是当事人本身的原因，要不就是时势使然，或许有时两个因素都有。幸运的是，有一本关于美国政治王朝的书指出了原因。如果布什家出三位总统，那么他们将是美国历史上最伟大的政治王朝。

第十九章 克林顿王朝

比尔·克林顿是个天才，他使它看上去极其轻松，哦，我真恨他！

——乔治·H.W.布什[1]

我不知道历史会怎样关注我们的婚姻。

——希拉里·罗德姆·克林顿，1980年代中致友人[2]

夏洛特·克林顿·梅兹文斯基(Charlotte Clinton Mezvinsky)现在还太小，不能登记投票，但假如2040年11月6号她被选入美国众议院的话，那么在她达到宪法允许参加竞选资格的第一天，这位新当选的女国会议员可能会愿意强调她的母亲和父亲两边的(外)祖父母都曾经在华盛顿担任高官。[3]这样克林顿-梅兹文斯基就跻身于被我们确定为属于美国历史上"混合搭配成套"的政治王朝的四十八个家庭之中：有三个或以上是通过婚姻，比如洛克菲勒与奥尔德里奇家族的联姻。

如果切尔茜·克林顿(Chelsea Clinton)，夏洛特的母亲，参加公职竞选，正如她曾暗示她会这样做的那样，并且竞选成功了，她将是一个像字典一样按顺序排列的(dictionary-correct)王朝的一部分(沿同一血统往下的一连串统治者)，从而加入到了三个同样姓名的成员担任国家公职超过一代人时间以上的75个其他美国家庭的行列。

比尔·克林顿和希拉里·罗德姆·克林顿，切尔茜的父母和夏洛特的祖父母，是同代的两个人，假如没有他们的家族在以前曾担任过经选举诞生的官员，他们就不算一个王朝。

当比尔和希拉里等着他们的后人靠行动来证明享有这项荣誉的时候，新闻工作者已急着误称其为一个王朝。媒体的诱惑也许太大了，尤其是在还需要另一个加以制衡的政治王朝的时候。候选人之间的冲突是标准的素材，相互竞争的家庭则让冲突的机会不断放大，而当这种冲突已持续存在于四分之一世纪的选举过程而且已经涉及了三位总统之后，它就是一条极棒的故事线。也许并不令人意外的是克林顿家族和布什家族对媒体的评价并不高。在1992年白宫的一次权力交接过程中，希拉里与芭芭拉漫步南草坪，迎面是乱哄哄的一群记者。“像避开瘟疫一样避开这群人。”芭芭拉建议。“是的，我已知道那种感觉。”希拉里同意了。[4]

1992年来到纽约市麦迪逊广场花园的全国民主党大会代表都入神地看着一部一个少年与约翰·F.肯尼迪握手的颗粒电影(grainy film)。肯尼迪是他们最不喜欢的一位总统，电影中的年轻人，比尔·克林顿，刚获得他们的总统提名。这幅画面似乎是为了眼下这一刻所拍的——在某种意义上，它是的。这不是一张关于白宫迎宾队列与站成一排的每位客人一一握手走过的照片。这是在玫瑰园举办的一次活动——1963年7月——其中100名少年男孩将要聚集成半圆形坐在发言人讲台的前面。16岁的比尔快速走下了公共汽车，大步地向前冲——他身高6英尺3英寸，体重200磅——终于让自己站到了前排，距总统15英尺，成为第一批与总统握手的人。碰巧，当11月肯尼迪总统遭谋杀之时，比尔刚好被安排在阿肯色州温泉城公民俱乐部午餐会上回忆那次握手。[5]

年轻时代的比尔就将华盛顿作为目标：乔治敦大学是他作为中学毕业班学生唯一申请的大学。一入大学他还利用担任他的州里的参议员J.威廉·福尔布莱特(J. William Fulbright)的书记员的非全日制工作跟着他学习第一手的国会山政治。这名曾是牛津大学罗兹奖学金获得者(Rhodes Scholar)的参议员鼓励他追求这份荣誉。

克林顿的出身背景是农村中产阶级下层：父亲是一名流动销售员，在比尔出生之前就在一次车祸中丧生，母亲是一个叫霍普的小镇上送冰人的女儿，还有一个继父是一个满口脏话的酒鬼。比尔出生时所拥有的，除了家庭不算高的社会地位之外，是极度的平易近人和亲切友善，而这经常是成功的政治家和销售员的标志。他自己经过努力获得的是在名校受到的一流教育。在乔治敦和牛津大学他结交了终生朋友，其中有几个在他迈向总统宝座的路上起到了突出的作用，这其中有几个在他一当上总统之后就被任命到重要位置。在耶鲁法学院他遇到了希拉里·罗德姆。

策励他不断向上实现抱负的动力从未消失。1972年夏天，当他还在法学院的时候，比尔就为麦戈文(McGovern)在德克萨斯参加总统竞选而工作。大卫·马拉尼斯(David Maraniss)的优秀传记讲到在休斯敦的一家墨西哥人旅馆中克林顿与一位名叫比利卡尔(Billy Carr)的政治组织者的一次午餐。"'我要告诉你一件事，你听了会笑的，'克林顿边说边咬了口卷饼(enchiladas)，'我一走出学校，我就踏上了回阿肯色的路。我爱阿肯色。我要住在那里。我要在那里竞选公职。有朝一日我会成为州长。然后有一天我会打电话给你，比利，告诉你啊我要竞选总统了，我需要你的帮助。'"[6]

假如克林顿家族会是一个王朝的话，那比尔·克林顿自己就将是该王朝的创始人。没有老约瑟夫·肯尼迪为他指路和提供资助；没有布什兄弟，姐妹，以及各路亲属一起为他摇旗呐喊；没有著名将领或最高法院法官为他的简历增添砝码。假若总统背景经历分成华盛顿和林肯两种类型的话，那么比尔会选择填在哪种类型应当是毫无疑问的。

或许年轻的希拉里·罗德姆也想有朝一日去竞选总统。她在芝加哥的一个中产阶级郊区长大，这里的邻居们做梦都想变得比他们现在更有钱，但从未想过去握有政治权力。但在少年时希拉里就积极参与政治——并且是在较比尔·克林顿(或者不在为父亲展开竞选时的任何布什)还小好几岁的年龄。她以赞许的态度阅读了巴里·戈德华特的《一个保守主义者的良心》(*Conscience of a Conservative*)，让父亲感到很高兴，后者经营一家专为旅馆做窗帘的小企业，对工会、政府、开支，以及税收等方面持坚定的保守主义立场。在1964年戈德华特总统竞选中，17岁的希拉里一户一户地走进固执而难对付的芝加哥邻居家里，仔细搜集关于民主党选民的信息，它有可能有助于通过竞选使他们失去资格。"我喜欢戈德华特参议员，因为他是一个坚强的能够逆政治潮流而动的男人。"希拉里回忆说，她将自己形容为"一个戈德华特女孩，全身一套牛仔女郎服外加一顶牛仔男孩的草帽，帽子上面饰有'AuH2O'的口号"。[7]同时，她慎重地强调："我积极参加帕克里奇第一联合卫理公会(First United Methodist Church of Park Ridge)活动让我的眼睛和心灵关注到他人的需要，有助于在我的信念中注入一种深深的社会责任意识。"[8]

到1971年希拉里与比尔在耶鲁法学院见面时，她已经经历了一个从戈德华特共和党到洛克菲勒共和党到"保守主义思想和自由主义的心灵"的逐步转变的过程，而在牛津大学的比尔则经历了一场如何避免被征召去参加一场他反对的战争的思想斗争。他们不同的经历却导致了他们惊人类似的观念。比尔对参议员在康涅狄格州竞选失败的影响对他单纯的理想主义是一种打击；希拉里倒向民主党是受到她的社会正义感的驱使，但她并没有完全抛弃她早期保守主义岁月中形成的实用主义哲学。[9]正如比尔后来回忆，他对她的第一印象是"她既重理想又讲究实际……她同我一样已经厌倦了我们这方遭遇失败，同时她将失败视作是道义德行和卓越的证明"。[10]

他们只约会了几个星期，他们的关系就认真到足以开始指引他们的生活了。希拉里已向加州的奥克兰一家具有左翼倾向的法律事务所报了名，准备夏季到该所实习。比尔获得了一份担任乔治·麦戈文(George McGovern)南部各州竞选协调员的工作。由于突然担心失去希拉里，比尔对"终生从政"表示绝望，他向希拉里宣布他要跟她去西海岸，假如她同意的话。[11]希拉里深为感动，之后她不再怀疑。她明白比尔在放弃什么，即使只是为了一个夏天。比尔的决定表明他们的关系已在一个短时间内变得多么认真，它让希拉里确信把自己交给这个男人未必意味着她一定要放弃部分的自己，而可以是合伙关系。

"合伙"的概念对克林顿夫妇是一个规定性的概念。妇女一直是积极参政的家庭中的引导和推动力量，但基本上是以妻子和母亲的身份。南妮·洛奇，老亨利·卡伯特·洛奇的妻子，对让一位参议院显要人物牢固地确立民主制信念起到了根本的作用。她称他"小指"(Pinky)。路易莎·凯瑟琳·约翰逊，约翰·昆西·亚当斯的妻子，认为她不够格(她丈夫不这么认为)，所以将她写的自传的名字取名为《一个无名小卒历险记》(*The Adventures of a Nobody*)。而有人具有额外的影响，比如玛莎·鲍尔斯，罗伯特·塔夫脱的妻子，是一位老练的活动家。有些人具有超出其角色之外的影响，比如政治妻子——埃莉诺·罗斯福，毫无疑问。大量的女性为了支持她们的丈夫个人作出了巨大的牺牲：芭芭拉·布什抽出无数的时间支持乔治·H. W. 布什的事业，而且，正如她承认的，这要付出感情的代价。然而妇女的角色在宪法上一直处于从属的地位，直到1920年第十九修正案获得通过才有了改变，但即使是投票权被写入了法律之后，观念仍然有待赶上。在起草宪法期间，阿比盖尔·亚当斯对约翰说，除非妇女的权利也包括在内，否则美国妇女"决心群起反抗"。她说这话的这一天，亚当斯肯定脑子在开小差。

是希拉里的密友，黛安娜·布莱尔(Diane Blair)，阿肯色大学的一位教授，写了那篇经典的文章《跨过他的尸体》(*Over His Dead Body*)，说明"至少从统计学意义上，对渴望到国会就职的妇女而言，最好的丈夫是死去的丈夫，最好是那个死亡时正在国会就职的人"。[12]"寡妇的接替"是打算用来作为一个非争议性的占位技巧以避免棘手的党内争斗。休伊·朗的遗孀罗斯在参议院任职将近一年也未引人注目，然后悄然退下。

能用来指导希拉里抱负的榜样并不多。她崇拜的偶像之一是玛格丽特·蔡斯·史密斯(Margaret Chase Smith)，来自缅因州的共和党，她是第一个在参众两院都就职过的女人。她在国会32年的生涯从接替她丈夫的席位开始。史密斯曾是一名成功的商业管理人员和缅因州妇女组织的领袖，为追随她的议员丈夫，她放弃了她的职业，到华盛顿担任他的秘书。在他死后，她在一次取代他的特别选举中未遭反对，随后连续获胜，而且通常都是以悬殊的优势取胜。这一势头并未保持到她与戈德华特竞选共和党总统提名的时候，竞选中她在进入的所有初选中均告失利。

希拉里与比尔于1975年的夏天结婚。年前他输掉了一次国会竞选。但是，据在州首府的美联社分社社长的看法，“他很快就会担任州公职职位，这是预料之中的必然结局”。[13]在他们结婚一年后，比尔即被选为阿肯色检察总长。希拉里此前曾住在华盛顿，为担任尼克松总统弹劾调查首席顾问的约翰·多尔(John Doar)工作，然后在剑桥为儿童保护基金工作。她还到国会担任关于儿童事务的法律顾问，同时逐渐累积了大量的关于家庭法和儿童权利的专业知识。她的过去能在多大程度上适应她目前在阿肯色的角色？什么可以与小石城嫁接起来？什么必须进一步提高以备将来之用？对采取什么样的政治和婚姻合伙的类型没有比尔与希拉里都想要的现成的路线图。他们的许多行动都是在踌躇和迟疑中临时完成的。

她知道她不会是按社会化，关系网角度要求的，比如做慈善，照顾孩子等这种类型的政治家的妻子。而眼下更急需要关心的是比尔一年担任检察总长的薪俸才区区26 500美元。他上次竞选国会议员失败让他负债40 000美元，另外还有欠法学院的债务。希拉里没有成为一名挣钱的律师，她在为儿童保护基金工作以及担任法律援助律师期间就避免这样做(挣钱)。现在一反过去，她去玫瑰律师事务所上班，这家机构在记者的报道中似乎总是要加上“令人尊敬的”字眼，而且此前从未雇佣过女性做伙伴。1979年她成了一名合伙人，挣的钱比比尔还多。然后当然，还有她如何给自己定位的问题。当1978年比尔当上州长之后，来自州长官邸的贺卡与请柬都出自希拉里·罗德姆之手。人们开始议论。比尔的一个最亲密的顾问弗农·乔丹劝她采用她丈夫的名字：希拉里·罗德姆·克林顿。“唯一没有问起我或跟我谈论我的名字的人是我的丈夫。他说我的名字是我自己的事”。[14]但在20世纪80年代早期南方的一个小州中这不是件小事。

到比尔竞选总统时，希拉里已是一名成熟的活动家。甚至在阿肯色之前，她就在1964年为了戈德华特一家一户地登门调查；1972年为麦戈文在德克萨斯州竞选奔走，当时她还在法学院；1976年她成为吉米·卡特(Jimmy Carter)在印第安纳州的现场协调员。尽管如此，她卷入比尔的总统竞选还是引起了争议。她雇佣和培训她自己的竞选班子，而不是接受大本营的指令。这不是候选人的妻子应该做的事情。适应新领域是痛苦的，这在政坛和在其他业务领域都是一样的。

一个人该如何试演总统的第一夫人角色？对第一夫人有无不同程度的例外？“单单是‘谁的妻子’”就是一种“古怪的体验。”她后来评论说。[15]这个角色时常会很不开心，而公众多少也能察觉到她的一些困扰。她不像泰咪·温妮特(《站在你男人的身边》*Stand by your Man*)；她不会待在家里烙饼或者倒茶。这些声明无意被脱离上下文看待，而是要放到更大的背景下面去理解：希拉里试图为“做一个妻子”作出一些调整，而我们大家也应当调整对于所谓第一夫人的期待。

当比尔作了一篇演讲称赞希拉里对于家庭和孩子所作出的贡献，并开玩笑说投他一票相当于“买一送一”之后，他让那些担心出现一个联合总统(copresidency)或者更糟，一个未经选举而诞生的斯文加利式人物的人背脊一阵阵发凉。克林顿夫妇很好地找到了能够有效地让希拉里的政策兴趣融入这位州长的行政职责当中。但华盛顿并不就是放大了的小石城，尽管有些来自小石城的人会这么想，克林顿夫妇的合伙制度将会受到严峻的考验。

当这位当选总统开始组建政府时，希拉里提出了一个象征性规定她的角色的方法，那就是将她的办公室放在西翼，白宫处理“商业”的这一侧，而不是东翼，即“社会方面”的这一侧，这里是以前的第一夫人供养她们工作人员的地方。但是当她暗示她想让这块空间象征性地留给副总统之后，所有关于联合总统局面的担心又有了新的可信性，包括白宫内外。尽管并非有意让公众了解，但这是一种失策，是构成克林顿任职过渡期特色的混乱的一部分。然而比尔对希拉里在过渡期中的角色毫不隐瞒。在宣布了他的第一批内阁任命之后，他说：“她对我的这些决定都提出过她的意见，如同对我过去20年中所作的每一项决定一样。”[16]

什么样的工作适合一个改变了作风的第一夫人？司法部长，比如说，就因为尼克松时期通过的一项法律而变得不可能，这项法律规定不允许重复约翰·菲茨杰拉德·肯尼迪(JFK)对他弟弟的任命。所以，她与克林顿达成一致，由她负责抓医疗保健改革，这是国内问题中涉及面最广和最令人忧虑的一项。

朋友圈经常将比尔描述为梦想家，希拉里为实用主义者；比尔是帆，希拉里是锚。某种程度上，他们两人都欣然接受给他们按的类型，而且似乎发挥作用了。它使他们走向了白宫，不管竞选途中听到过多少讥刺。但是当涉及医保改革问题时，他们达成的平衡就被打破了。两人都一同被普遍覆盖思想的崇高性深深吸引而难以自拔。当出现在国会面前，比尔掏出了那支钢笔，他要用这支笔否决任何未能完全覆盖 3 700 万缺乏医疗保险的美国人的法律。比尔与克林顿将他们自己逼到了墙角，宣称他们宁愿接受惩罚也不愿在这一点上进行妥协。他们的建议太复杂，提出的目标对共和党而言太大，也太会让人产生大政府的感觉。克林顿夫妇最终再也没有将医保法案递交国会，而希拉里的名字也与比尔在国内最大的失败挂上了钩。

如果是“右翼的一个巨大阴谋”，照希拉里的说法，捏造了所有这一切——比尔与一个实习生私通，就发生在西翼——那这个情节编得就太有才了，无与伦比。希拉里是这样一种力量的来源，她此前对丈夫的辩护是如此有效，以致事情变得非常清楚：扳倒比尔**必须**同时也扳倒希拉里——对她的羞辱达到她对她丈夫的这种信念和忠心至多也就变成了愚蠢，而最坏则是帮助她攀越权力的诡计而已的地步，才算成功。当然，这个来自右翼的巨大阴谋，假如真有过的话，未必一定要虚构出一个事先为他准备好的莫妮卡·莱温斯基性丑闻，它不仅会有损总统，而且会有损他身边的每一个人。他们没必要这样做，因为他们对比尔已经厌倦了。

但是，希拉里非但没有离开公务，而是选择扩大她的公务范围。非但没有放弃他与比尔形成的合作关系，她还想出种种办法使这种合作关系有利于她。这种局面所以能形成是因为她与比尔同时在几个层面进行运作的方式。假如他们的关系中的某一个方面被损害到了无法修复的地步，她还有其他愿意做的事情。“作为他的妻子，我想拧断他的脖子。但他不仅是我的丈夫，他还是我的总统，而且我认为，无论如何，比尔在以一种我愿意继续支持的方式领导着美国与世界。”[17] 1998 年 8 月，随着比尔公开承认了一系列的谎言和可耻的不忠之后，希拉里写道："我还没有决定是否为我的丈夫和我的婚姻而斗争，但是我已决意要为我的总统而斗争。"[18]

若按某种读法，这听上去像是律师在说话。曾经有人花钱请希拉里研究如何弹劾尼克松总统："我从对水门事件的研究中获得的一切使我确信，没有任何理由对比尔进行弹劾。"[19]这个定调结果正好与公众愿意止步的地方一致，而希拉里在这段难以想象的痛苦时间内无心地采取了正确的立场。

有多少眼睛盯着比尔，就有多少眼睛盯着她，小心地注视着她的反应和揣摩她的言辞。假如她决定离开他，或直接保持沉默，那么克林顿总统想要在弹劾的准备阶段获得他总统任期内的一定比例的最高支持率就不大可能。反之，假如她为他个人而不是只为他的总统职位辩护，她将不能说服任何人，并且可能促进形成这样的指责，即她只是因为婚姻赋予的权力才容忍了这位玩弄女性者的。同时，在小心翼翼将总统与这个男人分开的同时，她自己的情绪必须要合理。西德尼·布卢门撒尔(Sydney Blumenthal)，他们在新闻界的守卫人，评论说"希拉里必须在要么像个斗士，要么像个受伤的小鸟之间走钢丝"，[20]同时又充分意识到她的屈辱是无数人谈论、诽谤以及说下流笑话的话题。

公众对希拉里的姿态的偏重通过他们对肯尼斯·斯塔尔(Kenneth Starr)那份性描写比较隐晦的报告的愤怒就可以看得更加明显。细枝末节的塞入——包括雪茄烟、皮带和体液——很快就被希拉里使用的措辞来看待。这是对人身的攻击，而不是对总统的攻击。在注视到希拉里(不是以前人们熟知的那个以压力之下显出优雅的希拉里)不失端庄，重新将焦点放在更大的图景而不是她个人的痛苦上之后，很容易认为斯塔尔没完没了的抓住性变态不放对总统的人品构不成多大的攻击。

假如斯塔尔的意图一直是，正如他工作班子的一些成员后来承认的，毁掉比尔·克林顿以及与他有关的激进分子第一夫人，那么这个故事的最大讽刺就是，他帮助确保了克林顿夫妇不会在比尔的第二任期末离开全国舞台。希拉里的火箭串升的知名度减轻了民主党同事参加纽约参议院竞选的压力。她的偏好曾一度是找到一个涉及政策但不涉及政治的工作。一个像智库一样的学术环境就非常理想。而现在往私生活退一步似乎就相当于投降。当参议员为弹劾条款进行投票时——这一票希拉里肯定是不会投的——这一刻，她正面对着一份纽约州的地图为一个受信任的顾问倒茶，为日后或许会诞生的克林顿王朝打下基础。

从纽约参加美国参议院竞选是肯尼迪给希拉里的一个礼物。鲍比已证明的是对选举人团的吸引力胜过这个人口众多且多元化的州土生土长的优势。这里不像阿肯色,任何值得相信的人都来自阿肯色(除非你是洛克菲勒)。帝国州(纽约州的别称)的获胜的比例——55%对共和党的43%——给人的印象之深足够让她在国会山获得更多的行动自由。但是她对这次机会的利用使那些习惯于将她视作党派斗士的人大吃一惊。在乔治·W.布什的总统的高度极化的环境下,这种高度极化和直言不讳的人物选择默默地工作,同时寻求受到两党欢迎的机会,即使是与那些曾经不共戴天的仇敌。众议院领袖汤姆·迪莱(Tom DeLay),来自德克萨斯州的共和党,曾在国情咨文期间愤然离开克林顿总统,后来又帮助领导了弹劾运动。现在参议员克林顿和众议员迪莱正在一起致力于与对所领养孩子的照管有关的问题。在共和党这边,对希拉里的批评主要限于她对眼下审议的问题的立场,关于白水门事件(Whitewater),与罗斯律师事务所的往来,莫妮卡·莱温斯基或医疗保健改革等没听到任何意见。同时,希拉里,随随便便就委婉地表现了她的两极化品质,比如当她与他一起出现在台上时称赞他的工作,然后赶紧加上她不确定她的称赞是否会对家有父母双亲的议员有帮助。[21]

她同时避免了在比尔与第41任总统的乔治在前总统俱乐部正在建立诚挚友好的关系的时候,重提布什家族和克林顿家族之间的宿怨。但是当她投票批准在伊拉克使用武力的时候——这一票很可能使她失去获得2008年总统提名的资格——她可能发现第43任总统的乔治对于总统特权的吁请太感人太打动她了。

伊拉克,布什遗产中最突出和最值得纪念的方面,与那张投票一起融入了克林顿遗产。希拉里在试图解释她支持2008年的决议时难得地笨拙,称投赞成票是为了外交考虑,称这是打算给总统自由处置权,以及情报部门有论据证实。她拒绝承认她的投票是一个严重错误,直到2015年,该年要为第二次竞选民主党总统提名做准备。“在接下来的几年,很多参议员都开始宁愿自己对那项决议投了反对票。我也是其中之一。随着战争的拖延,随着我寄给纽约失去儿子或女儿,父亲或母亲的家庭的每一封信,我的错误都越发地令我痛苦。”[22]

2008年对民主党希拉里·克林顿来说应该是重要的一年。总统接替的游戏规则决定了今年注定是属于她的党的年,因为共和党已经执政8年了。因为宪法在1951年确立了两任的限制,没有哪个党能连续赢得三次选举,只有一次例外:共和党罗纳德·里根(1980,1984)和乔治·W.布什(1988)。非正式规则是“在野党”候选人在“执政党”当选再连任之后获胜,从而取得两次胜利。不只是说宪法限制了一个总统能担任多长时间,而是说选民们似乎也不希望一个总统的党在位的时间太长。所以2008年两任的共和党总统乔治·W.布什退下,而民主党希拉里克林顿是准备接替他的领先者。1992年,乔治·H.W.布什在“执政党”而比尔·克林顿是在“在野党”与他竞争的人。第41任总统的布什按照这个规则应当赢得连任,但是他没有,然后民主党克林顿当了八年总统,2000年被第43任总统共和党布什接替。克林顿夫妇与布什夫妇以及他们两对选手二人搭档的前景对听众热线节目和有线网络节目是极好的素材。但是这种执政和在野的政治猜谜室内游戏只是关于哪个党最有可能赢得总统选举,而不是用来帮助预测每个党内的那个候选人处于优势,希拉里·克林顿、贝拉克·奥巴马、约翰·爱德华兹、乔·拜登等人以后会发现这一点。

开头的选票,如所预料的一样,显示希拉里遥遥领先。她用一段录制好的坐在沙发上对她的支持者说话的口信宣布了她的候选人身份,“我被接受了,我被接受去赢得胜利”。这话让有些人觉得像应该的一样。此外,她的主要对手,贝拉克·奥巴马,2004被选入参议院后,在国家政治舞台上几乎还立足未稳。假如选民需要另外的理由想要希拉里当选,难道该到有一位女总统的时候了不就是吗?世界上充满了不同寻常的例子:印度的英迪拉·甘地,以色列的果尔达·梅厄(Golda Meir),英国的玛格丽特·撒切尔,德国的安杰拉·默克尔。令人尴尬的是,美国到今天还没有诞生这样一位女总统。“我不是作为一个女人参加竞选。我竞选是因为我相信我是最有资格和最有经验的人。”希拉里用她标准的竞选语言对观众说。

虽说她不像比尔那个愉快的斗士那样是一个天生的活动家,她也通过两次赢得参议院竞选而证明了自己。然而当争辩时的奥巴马说她“够可爱”时,选民们不难听懂这称赞背后的弦外之音。难的是弄懂她为什么进行了这样一次糟糕的竞选。比尔1996年的总统竞选完美无缺。随后的分析发现她的参谋班子更多地将精力放在争执而不是放在帮助取胜之上。[23]大量的钱被浪费了,以致最终她只好以个人的名义借了500万美元。比尔可能也是个问题。当他的妻子遭遇攻击之时他应对失当,尤其是当他试图排斥奥巴马在南卡罗来纳取得的关键胜利,将其比作杰西·杰克逊那样的胜利之后。

希拉里和奥巴马的投票率在主要的州都打破了纪录,但却是新手奥巴马竞选团队想出了如何在那些其代表是通过政党地区会议(caucuses)挑选出来的地方取胜的办法,希拉里的最好发言出现在6月,此时她已基本失去了提名资格,她站在华盛顿一群伤心的工人面前。“虽然我们这次没能打破那个最高的最坚固的‘玻璃天花板’,但由于你们,它已经出现了1 800万个裂缝,”她在雷鸣般的鼓掌声中说,“阳光正前所未有地照耀进来,让我们大家充满希望并确定,下一次我们的路将会走得更加轻松一点。”

因此贝拉克·奥巴马,“在野”党的候选人,成为了美国总统,然后选择他的提名人对手担任国务卿。在希拉里·克林顿能够为他的政府服务的所有方式中,据初步印象外交政策似乎是最不可能。她曾想担任比尔的国内政策首席顾问,通常只是这个,即使非正式的。然而除了在巴尔干半岛各国的行动之外,克林顿政府能够说出的重大对外政策成就寥寥无几。希拉里本人也被奥巴马的提议吓了一跳,尤其是因为他们之间的一个主要争论点就是针对她在参议院关于一项外交政策的投票。另外,她是世界上辨识度最高的人之一,她的忠诚和独立态度已经获得证明,而且,正如当选总统奥巴马所评论的,她是“我重塑美国外交承诺严肃性的朋友与敌人的符号”。[24]希拉里仅在奥巴马第一任期内担任内阁。她与这位总统的关系通常被媒体报道为良好,而非密切。她与国防部长的关系——在其他部门经常是一个失和的领域,也获得了好评。大多数情况下媒体会追踪报道她密集的出行。她以国务卿身份访问了112个国家,这可能已创了纪录。

当她第一次加入奥巴马政府之后,华盛顿内部人士预测,退休生活丰富多彩的比尔·克林顿对总统和他的国务卿将是一个“令人心神烦乱的因素”。但这没有发生。前总统以对有关她的事保持更为低调的态度来积极支持他的妻子。随后媒体基本作出了有利于希拉里的比较,比方说,“希拉里……不应当被与比尔混淆在一起。她是一匹役马(workhorse),不是用于参展评比的小马”。[25]

比尔·克林顿的前总统生活从做两件所有离开白宫的总统都必做的事开始:他撰写了一份对他担任总统期间成就的说明和建立了一个总统图书馆。他以克林顿式的风格做了这两件事。他的回忆录《我的一生》(*My Life*)长达955页(另加42页的致谢和索引)。他建立的图书馆醒目地矗立在阿肯色河两岸,拥有最多的档案以及完全模仿椭圆办公室和内阁房间的设计格式。它还是最昂贵的图书馆,靠私人投资花费1 650万美元建筑而成。

起初，写书和筹建图书馆让他忙忙碌碌。但按照前总统的标准他还年轻，才55岁左右，有希望当个前总统很多年。他最关注的人眼下都忙于自己的事：希拉里忙于当参议员；切尔茜忙于读书，先是在斯坦福，然后到牛津。他花了大量时间发表演讲，因为他的名望开始时与他与美国的距离呈正比，所以他在遥远的地方赚了大量的钱。最终，他的总统职位随着时间的推移和比较的效应而增添了分量，他开始更多地在国内演讲。

然而他的朋友和参谋人员发现还需要寻找一个更大规模的事业来填补生活中的空闲。这就是克林顿基金，它原来是为建立总统图书馆募集资金而设立的，但不久就扩大规模，将目标转向提高非洲的农作物的产量，为海地地震提供救济，降低艾滋病药物成本，帮助哈勒姆小企业，保护火地岛的森林，以及任何让这位不安分的前总统觉得有价值的事业上来。一个像比尔·盖茨这样的人才能用自身的钱去做这样美好的事情。比尔·克林顿，本着曾被希拉里称为"彻底破裂"的伙伴关系，必须想出如何最大限度利用他非同寻常的号召力，为他的美好事物计划争取到资金。

他的解决办法是召开年度会议，即克林顿全球倡议大会(Clinton Global Initiative)，它是可与著名的达沃斯论坛匹敌的一个平台，告诉有钱有势的人他们应当如何利用他们用于慈善的钱。没有总体计划(master plan)，按照比尔·克林顿的性格，计划是他从漫步和谈话中一个一个构思出来的。多么有趣，克林顿风格，竟然将博诺(Bono)、米克·贾格尔(Mick Jagger)和安吉丽娜·朱莉(Angelina Jolie)与卡洛斯·斯利姆(Carlos Slim)——墨西哥亿万富翁，或者弗兰克·朱斯特拉(Frank Giustra)——加拿大亿万富翁，以及在高盛和星巴克分发现金的人等聚集到了一起！

三位《华盛顿邮报》记者——大卫·A. 法伦霍尔德(David A. Fahrenthold)，汤姆·汉堡(Tom Hamburger)和罗莎琳德·S. 赫尔德曼(Rosalind S. Helderman)——在2015年6月发表了一篇绝妙的文章，揭示了前总统之杰作的宏伟的结构。"今天，克林顿基金与本国，以及或许世界历史上的任何其他事物都不一样。它是一个由一位美国前总统创办又与一位潜在的未来总统密切相关，以将地球各个角落最富裕、最耀眼、最有实力的人聚集到一起为手段，以解决当今世界上一些最棘手的问题为宏大目标的全球性慈善帝国。"记者称比尔·克林顿为"一个为解决穷人的问题而努力争取让富人掏腰包的会议召集人"。"该基金现在包括11个计划，……已募集了20亿美元，雇用了2 000多人，每年预算合计达到22 300万美元"。[26]根据克林顿基金的账单，它已至少让180多个国家的43 000万人受益。也有批评。有人担心来自外国政府的捐款,比如沙特和卡塔尔,以及公司。动员他们“做善事”是足够的奖赏,还是其中暗含了附加条件?还有人提出关于比尔的演讲收费和克林顿的随行人员的问题,比如有媒体报道从2009年担任基金宣扬克林顿总统遗产项目顾问开始西德尼·布卢门撒尔每月可得1万美元的收入。克林顿夫妇早就听到过这些。正如《华盛顿邮报》一篇社论指出,“克林顿夫妇长期受到对他们伦理行为的批评的困扰”。[27]

2015年中,基金的未来成为新首席执行官,已退休的迈阿密大学校长唐娜·莎拉拉(Donna Shalala)的当务之急,她曾在克林顿政府中连续担任了八年的美国卫生和人类服务部部长。莎拉拉注意到,该基金比她经营过的其他机构都要小。她对《慈善记事报》(*The Chronicle of Philanthropy*)说:“我爱杂乱的机构。”这里的“杂乱”(messy),她说她是指那些“复杂和多元化的机构”。[28]除了总是跟随在克林顿夫妇后面的标准问题之外,莎拉拉现在必须想出基金如何在比尔·克林顿离世之后还能继续生存和发展壮大的办法来。

我们时代的寓言

假如比尔·克林顿在青年时期救过一个瓶中的精灵,而精灵答应了帮他实现三个愿望,他的第一个愿望将是成为美国总统。这个愿望可以满足,除非他过于贪婪,还想成为一个伟大的总统,因为将克林顿放到危机年代,像华盛顿、林肯或富兰克林·德拉诺·罗斯福所处的时代,超出了精灵的权力范围。他的第二个愿望可能会有点粗俗。因为年轻的比尔欲望强烈,像他的偶像杰克·肯尼迪一样,后者有幸生活在一个不够透明的时代。最后一个愿望会是什么呢?假如比尔在较大年龄,比方说,60几岁的样子,救了那个精灵,他会希望被膜拜的亿万富翁、世界领导人、影星包围,他们都急着要听他的劝告吗?那么精灵将会给他“克林顿基金”。

任何对比尔和希拉里·克林顿的描述——即使是对于作为政治家的他们的描述——都需要指出他们的女儿对他们生活的重要性。没有哪一本总统回忆录会有一个孩子像在比尔·克林顿的《我的一生》中被一直提到。哈里·杜鲁门也只有一个孩子,即女儿,他对玛格丽特的爱能够被深深地感受到。杜鲁门总统同克林顿一样,写过很多关于他的总统任期的话。但是在杜鲁门的两卷本回忆录中提到玛格丽特的次数只有十八次,没有什么比哈里当上总统之后不久写给她母亲的一封信更能说明私下的他是什么样:“一个保镖一定要跟着贝丝(Bess)和玛格丽特(Margaret),走到哪跟到哪——可她们不喜欢这样。她们花了很多时间想摆脱出来,但就是不行。”[29]切尔茜从其出生开始,在他父亲的书中出现了81次。事实上,在《活着的历史》(*Living History*)中希拉里也写到女儿的出生,但是是从一个不同的视角。

比尔对切尔茜出生的描述

希拉里怀孕了——反应很大。我们急于想要一个孩子但尝试了一段时间没有成功。1979年夏,我们决定在百慕大的短假期结束后马上就回来约见旧金山的生育率专家,但我们玩得很开心,开心到根本没有与旧金山联系。我们回到家不久,希拉里发现她怀孕了……在她预产期前几周,希拉里出现了一些症状。她的医生对她说绝对不能旅行……不幸的是,那意味着她不能与我一起去参加一年一度的华盛顿全国州长会议,包括在白宫与总统和卡特夫人共进午餐。我去开会……然后以尽快的速度在2月27日晚间返回。

我走进州长官邸后15分钟,希拉里的羊水破了,比原来提早了三周。我紧张万分,像热砖上的猫……在大厦内上班的州警将我们及时送往医院。在我们到达后不久,我们便得知希拉里必须要剖腹产,因为胎儿“在臀位”,孩子在子宫中的位置是颠倒的。我被告知医院政策不允许父亲进入产房……我恳求医院管理人员让我进去……(希拉里)需要我在她身边。她们发了慈悲同意了。下午11点24分,我抓着希拉里的手越过不让她看见切割和流血的屏风看见医生将婴儿从她的身体中拿出来。那是我一生中最幸福的时刻。[30]

希拉里对切尔茜出生的描述

因为我三月份的预产期临近,我的医生说我不能旅行,这意味着我错过了一年一度在白宫举行的州长宴会。比尔在2月27日晚上回到小石城(Little Rock),刚好赶上我羊水破裂。这使他和州警们顿时陷入惊恐不安之中。比尔东奔西跑忙着去拿心理助产法目录上介绍的去医院应当带的东西。上面建议要带一个装满冰的小塑料袋,以用于分娩期间吮吸。

当我摇摇晃晃上了车,我看见一个州警将一个盛满冰的39加仑的黑垃圾袋放进了后部行李箱。

我们到达医院后,事情很明显我必须剖腹产,这是我们事先没有料到的。比尔请求医院允许他陪我进入手术室,但这在医院是没有先例的。他对管理部门说他曾经陪他母亲去看过做手术,知道他会没事。他是州长的事实,当然也帮助说服了浸礼会医院让他进去了……

我们的女儿的诞生是我一生中最神奇和最令人敬畏的事件。切尔茜·维多利亚·克林顿提早三周于1980年2月27日下午11点24分来到这个世界,给比尔和我们全家都带来极大的欢乐。在我身体恢复期间,比尔抱着切尔茜绕着医院一圈又一圈地跑,以期建立父女"亲密关系"。他会对着她唱歌,抱着她荡来荡去,给她扮各种表情,总之表明他已经在扮演父亲的角色。[31]

1981年和1982年,当切尔茜两三岁的时候,她的父亲在竞选州长。其他时候,从她出生一直到上大学,她都住在公共住房里面。作为州长的孩子,特别是在困难时期,是不一样的。当然如果你的父亲是总统,那就更不一样。或许还要不一样的是,就你一个孩子。特迪·罗斯福的家族一个个在白宫都度过了欢乐的时光。肯尼迪的孩子有很多远房亲戚。但许多王朝的孩子的历史,正如我们已看到的,经常是令人伤感,甚至是悲剧性的。少年岁月会比较艰难,然而切尔茜的生活似乎不是这样。当然有很多理由可以解释:她自己的优点,个性以及才能;她父母的关键决定,比如送她去华盛顿的私人学校——受到很多美国人的批评——让切尔茜避开了电视镜头和记者,后者是埃米·卡特在公共学校的生活的一部分;当比尔与希拉里不在家时,祖父母和家里的特别好的朋友有时会在这。甚至,事实上,包括白宫媒体团中通情达理的记者。

但还有一个理由可能是公共住房:打个比喻说,政治特殊身份,实际上从出生时起,就形成了一系列将特殊转化为普通的经历。你何时知道你的哪一个同学是你的真朋友,哪一个只想在州长官邸外晃悠?哪些礼品是合适的,哪些过分了不能接受?有没有缺乏名人父母的孩子不一定要学但对切尔西这样的孩子最好在年轻时学一学的公共行为?这些是富兰克林·德拉诺·罗斯福的孩子从未学过的课程?在1986年州长竞选期间,据希拉里的说法:"比尔和我试图帮助切尔茜了解她可能会从她父亲,或者与此相关的,从她母亲那里听到说什么。我们带着她坐在州长官邸的餐桌旁开始扮演角色，假装我们处在一场争辩之中，其中我们中的一个着装像是一个政治对手，攻击比尔不是一个好州长。”[32]这是为了一个6岁孩子的角色扮演，平时在一年级学生中不会出现的课程计划。切尔茜将满13岁时，一家人搬进了白宫。

比尔的回忆录中有一种可触摸得到的对女儿的自豪感。“加西亚·马尔克斯(Garcia Marquez)将他绝大部分的注意力放在切尔茜身上，切尔茜说她读了他的两本书。他后来告诉我他不相信一个14岁的孩子能读懂他的书，所以他与她进行了一场关于《百年孤独》(*One Hundred Years of Solitude*)的广泛的讨论。她给他的印象如此之深，以致他后来送给了她一套他全部的小说……我被(纳尔逊·曼德拉)对切尔茜的关注感动。我在白宫的八年时间中，他没有一次跟我谈话不问起她的情况。”比尔甚至还引用他女儿在斯坦福大学关于爱尔兰和平过程的毕业论文。[33]切尔茜的身影反复出现在脑海，即使是在提问时或者这种事情从未存在过的情况下。第一夫人预计要代表美国远赴国外。但是第一(少年期)女儿呢？“3月35日，希拉里开始她第一次在我不在身边的情况下的延续的海外之行，对巴基斯坦、印度、尼泊尔、孟加拉和斯里兰卡进行12天的访问。她在一次对美国很重要的行动以及对她们俩都是庄重而漫长的行程中带着切尔茜前行……希拉里在莫斯科与我碰头，她还带着切尔茜，因为我们不想在她奶奶刚去世之后就留下她一个人。一起待在克里姆林宫的客房，看着隆冬中的莫斯科的景色，对我们大家都是一个很好的忘记悲痛的机会……在月中，希拉里和切尔茜启程去挪威的利勒哈默尔(Lillehammer)，代表美国出席冬季奥林匹克运动会……22号，切尔茜和我飞往保加利亚，我是首个访问该国的美国总统……切尔茜与我一起到冲绳(参加八国集团会议)……在(哥伦比亚)卡塔赫纳(Cartagena)的街上，切尔茜和我(与一群年轻的音乐家)一起跳舞……几天之后，切尔茜与我去文莱参加一年一度的亚太经合组织(APEC)峰会……7月11号，我与埃胡德·巴拉克和亚西尔·阿拉法特一起在戴维营宣布本届峰会开幕，以期解决剩下的和平障碍……切尔茜整段时间内一直与我待在一起，招待我们的客人，帮助我应付无穷无尽的紧张时刻。”[34]这是见到切尔茜的机会和参加活动的一次抽样而已，还不包括参观白金汉宫，中国西安的兵马俑、长城、紫禁城、上海、泰姬陵、以弗所、雅典卫城、摩洛哥、伊斯坦布尔、越南和非洲等地。

在漫长痛苦的弹劾比尔·克林顿的前夜，在所有的眼睛都盯着希拉里的同时，切尔茜受到的监视就很少。甚至是对媒体强忍着怒火的希拉里，也觉得放切尔茜一马是一件正确的事。但是这当中的一幅景象引人注目。正是在真相被揭示之后比尔一直撒谎，切尔茜从斯坦福大学回家，一家人在回玛莎葡萄园的路上。希拉里还没有完全决定她是否要与比尔待在一起，但她可能知道只有这一条路线可走。希拉里戴着黑色太阳镜，他们穿过草坪走向等待着的直升机，切尔茜站在他俩中间，两手各拉着父母的一只手，她同时起到了缓冲器和纽带的作用。

2001 年切尔茜以历史最高荣誉从斯坦福大学毕业。2003 年她在牛津获得国际关系哲学硕士学位。2010 年她在哥伦比亚大学获得公共卫生硕士学位。2014 年她被牛津大学授予哲学博士学位，期间住在纽约撰写博士论文。她为麦金西咨询公司以及对冲基金艾威投资集团（Avenue Capital Group）工作过。有将近三年她是美国全国广播公司（NBC）的特派记者，每年的薪俸据说有 60 万美元。同相似年龄的年轻的布什夫妇一样，她的名字似乎对找工作很有用。2010 年她嫁给了马克·梅兹文斯基（Marc Mezvinsky），后者曾在她选择大学时领着她将斯坦福大学参观了一遍。他在高盛工作了八年然后才与人共同创立了伊格尔维尔对冲基金（Eaglevale Partners），这是一家试图从全球和经济趋势，比如希腊的“可持续的复苏”中赚钱的宏观基金。按华尔街的标准他将近 4 亿美元的基金规模并不算大。同任何与克林顿家族（或布什家族）有往来的人一样，他的投资者对媒体有吸引力。[35]公众也不断获知基本的事实：马克和切尔茜在 2013 年以 1 050 万美元购买了曼哈顿的一幢分套购置的公寓，确保了切尔茜再也不用被人谴责为纽约的投机家（carpetbagger）；她的女儿夏洛特·克林顿·梅兹文斯基于 2014 年 9 月 6 日出生；切尔茜与人签立合同写一本书，受众目标是 10—14 岁的读者，书名叫《这是你的世界：求知，求智，然后出发》（*It's Your World: Get Informed, Get Inspired & Get Going*），2015 年出版。

切尔茜会继承家族事业吗？有人已等不及了。2015 年《政客》（*Politico*）网站的一个标题写道，《为杰布和希拉里对决而激动吗？先等着切尔茜对乔治·P. 吧》。

2013 年切尔茜对美国有线广播公司（CNN）说她会考虑参加公职竞选，只是“不是现在”。对乔恩·斯图尔特（Jon Stewart），她把回避政治的时间限定为“我人生的此时此刻”。她的父亲没有那么一本正经，他觉得白宫归为希拉里很正常，但“从长期来看，归为切尔茜”。在解释为何她应该当总统时，他说，“她对一切都了解得比我们更多”。[36]在代表她的母亲对一百多大学发言的时候她已经证明她是一个精力充沛的活动家。年轻的观众觉得她迷人，有时还很坦率。在被问是否她的母亲会比她的父亲执政来得更好时，她回答说：“是的，我确实认为她会是个更好的总统。”当市民大会上的一个学生问是否希拉里的地位会因她父亲的才能而被削弱，她回答：“哇，在我去过的——我不肯定——也许 70 所大学校园中，你实际上是第一个问我这样问题的人。”然后她说：“不过我认为这与你没什么相干。”[37]

竞选公职是个高风险的选择。母亲会按与她们的丈夫同样的时间表参加竞选吗？何时以及在什么样的环境下选民会厌倦一个王朝？一个家族能留在顶层多久对亚当斯家族是一个痛苦的问题。布什家族竞选一直失利，一直又重新再来。但要付出代价。有益的工作伤害较小，比如某个肯尼迪成为大使或埃莉诺·罗斯福到联合国任职。塔夫脱家族和布雷肯里奇家族变化工到教育领域之后取得了优异的成就。

对于切尔茜还有一个选择一定充满诱惑。2013 年威廉·J. 克林顿基金改换了名称。它现在叫“比尔，希拉里及切尔茜·克林顿基金”。总有一天，这个基金会交由她来经营，这是一个充满机遇的重大挑战。她的父母 40 余年来一直保持着卓越的伙伴关系，并有望继续保持下去。然而迟早店面会出现一个新的招牌：“克林顿夫妇及女儿”。

注　释

亚当斯王朝

1. Quoted in William Manchester, *Portrait of a President: John F. Kennedy in Profile* (Boston: Little, Brown, 1962), p. 218.
2. Henry Cabot Lodge Sr., memorial address, November 17, 1915, published with Charles Francis Adams Jr., in *An Autobiography* (Boston: Houghton Mifflin, 1916), p. xiii.
3. Lodge, memorial address, in *An Autobiography*, p. 30.
4. Quoted in Ferris Greenslet, *The Lowells and Their Seven Worlds* (Boston: Houghton Mifflin, 1946), p. 415.
5. John Quincy Adams, *Memoirs* (Philadelphia: J. B. Lippincott, 1874 - 1877), vol. 4, p. 388.
6. Quoted in Martin B. Duberman, *Charles Francis Adams* (Boston: Houghton Mifflin, 1961), p. 143.
7. See also George W. Corner, ed., *The Autobiography of Benjamin Rush* (Princeton University Press, 1948), pp. 255 - 256. Rush, a good friend of John Adams and a fellow signer of the Declaration of Independence, dined with John Quincy Adams on September 10, 1801, and wrote: "Mr. J. Q. Adams was very entertaining. [He said] that temperance in eating was very common [in Prussia], that 6 persons had died at table while he was in Berlin of appoplexy, and one at a dance, a young man of 21, from too tight cloathes, especially a cravat tied round his neck by his servant."
8. J. Q. Adams, *Memoirs*, vol. 7, pp. 331 - 336.
9. Quoted in Samuel Flagg Bemis, *John Quincy Adams and the Union* (New York: Knopf, 1956), p. 139n.
10. Cleveland Amory, *The Proper Bostonians* (New York: Dutton, 1947), p. 144.
11. Henry Adams, *The Education of Henry Adams* (New York: Modern Library, 1931), p. 21.

12. The remark predates Charles Francis Adams. Charles Ⅱ said of Prince George of Denmark, "I have tried George drunk and I have tried him sober, and drunk or sober, there is nothing in him!" See John A. Garraty, *Henry Cabot Lodge* (New York: Knopf, 1953), p. 14n.
13. During the presidential campaign of 1828, John Quincy Adams's opponents added up his compensations, salary, and allowance for eight years of diplomatic service. He had received about $12,500 a year, which proved conclusively that he had grown fat at the public trough. See Bemis, *John Quincy Adams and the Union*, p. 134.
14. In his diary, Minister Adams suggests the cost of being accredited to the imperial court of Tsar Alexander: "We have a maitre d'hotel, or steward; a cook, who has under him two scullions — mujiks; a Swiss, or porter; two footmen; a mujik to make the fires; a coachman and postillion; and Thomas, the black man, to be my valet-de-chambre; Martha Godfred, the maid we brought with us from America; a femme-de-chambre of Mrs. Adams, a housemaid and a laundry-maid. The Swiss, the cook, and one of the footmen are married, and their wives all live in the house. The steward has two children, and the washerwoman a daughter, all of whom are kept in the house." John Quincy Adams later fired the cook, engaged a caterer to furnish dinners, and somehow managed to live within his modest means. See J. Q. Adams, *Memoirs*, vol. 2, p. 193.
15. Quoted in Arthur F. Beringause, *Brooks Adams* (New York: Knopf, 1955), pp. 189 - 190.
16. Quoted in Page Smith, *John Adams* (Garden City, N. Y.: Doubleday, 1962), p. 915.
17. Ibid., p. 857.
18. Quoted in Ernest Samuels, *The Young Henry Adams* (Harvard University Press, 1948), pp. 183, 184. Italics added.
19. Quoted in Bemis, *John Quincy Adams and the Union*, p. 136.
20. Lodge, memorial address, in *An Autobiography*, p. xv.
21. Quoted in Bemis, *John Quincy Adams and the Union*, pp. 192 - 193n.
22. Quoted in P. Smith, *John Adams*, p. 992.
23. When the first Henry Cabot Lodge was a young man, he visited the Adams home at Quincy and wrote in his diary: "I mooned over a lovely portrait of J. Adams daughter. If she looked like her picture everyone must have fallen in love with her straightway. I did. Grew profoundly jealous of her husband Col. Smith on the opposite [wall] and longed to write verses to her ... I acquired a solid hate for Smith. Common name to give such a lovely woman." Quoted in Garraty, *Henry Cabot Lodge*, pp. 39 - 40. Also see Lida Mayo, "Miss Adams in Love," *American Heritage*, February 1965, pp. 36 - 39, 80 - 89.
24. Quoted in Duberman, *Charles Francis Adams*, p. 22.

25. Quoted in Samuel Flagg Bemis, *John Quincy Adams and the Foundations of American Foreign Policy* (New York: Knopf, 1949), p. 85.
26. Quoted in Bemis, *John Quincy Adams and the Union*, p. 116.
27. Ibid., p. 180.
28. Ibid., p. 183n.
29. Ibid., p. 189.
30. Quoted in P. Smith, *John Adams*, p. 850.
31. Ibid., p. 838.
32. Ibid., p. 298.
33. Ibid., p. 333.
34. Woody Holton, *Abigail Adams* (Glencoe, Ill.: Free Press, 2009), pp. 141 - 155.
35. P. Smith, pp. 174 - 175.
36. Ibid., pp. 262 - 263.
37. Ibid., pp. 183 - 184.
38. Ibid., pp. 268 - 269.
39. Ibid., p. 966.
40. Quoted in James Truslow Adams, *The Adams Family* (Boston: Little, Brown, 1930), p. 85.
41. Quoted in P. Smith, *John Adams*, p. 844.
42. When John Quincy Adams was minister to Russia he took with him his sister Abby's son William Steuben Smith; in Great Britain, his assistant was another nephew, John Adams Smith. His own son John was his private secretary when he was president. In the next generation, Charles Francis Adams made his son Henry his secretary when he was a congressman and minister to Great Britain, and took son Brooks with him to Geneva for the *Alabama* claims arbitration.
43. Quoted in Bemis, *John Quincy Adams and the Foundations of American Foreign Policy*, p. 63.
44. Quoted in Frank Van Der Linden, *The Turning Point* (Washington: Luce, 1962), pp. 26 - 27.
45. Quoted in Bemis, *John Quincy Adams and the Foundations of American Foreign Policy*, pp. 88 - 89.
46. The president had John Quincy bypass the secretary of state and report directly to him on sensitive matters. "I wish you to continue the practice of writing freely to me, and cautiously to the office of State," he told his diplomat son. Ibid., p. 91.
47. Quoted in Van Der Linden, *The Turning Point*, p. 219.
48. Quoted in P. Smith, John Adams, p. 1057.
49. See Bemis, *John Quincy Adams and the Foundations of American Foreign Policy*,

pp. 80 – 81. Mrs. John Quincy Adams's sister, Maria Johnson, married John Pope (1770 – 1845), a U. S. senator from Kentucky (1807 – 1813), territorial governor of Arkansas (1829 – 1835), and Democratic member of the House of Representatives (1837 – 1843).

50. L. H. Butterfield, ed., *The Adams Papers* (Harvard University Press, 1961), ser. 1, vol. 1, p. xx; Adams, *Education*, pp. 16, 17, 18.
51. Quoted in Duberman, *Charles Francis Adams*, pp. 3 – 4.
52. J. Q. Adams, *Memoirs*, vol. 2, pp. 282 – 283.
53. Quoted in Bemis, *John Quincy Adams and the Union*, p. 301.
54. Quoted in John F. Kennedy, *Profiles in Courage* (New York: Harper, 1956), p. 41.
55. Also in the traveling party were John Quincy Adams's sister-in-law, Catherine Johnson, and his nephew, William Steuben Smith. Young Smith, who acted as the envoy's private secretary, did not live up to the high family ideals, proving to be careless with money. But in the eyes of Catherine he apparently had other attributes. They were soon married, thus making Smith the brother-in-law as well as the nephew of John Quincy Adams.
56. Quoted in P. Smith, *John Adams*, p. 1096.
57. In Russia, Adams was an eyewitness to the scene that Tolstoy would immortalize. As his mother's faithful correspondent, the American envoy reportedon the French emperor's retreat from Moscow: "Of the immense host with which six months since he invaded Russia, nine-tenths at least are prisoners or food for worms. They have been surrendering by ten thousands at a time, and at this moment there are at least one hundred and fifty thousand of them in the power of the Emperor Alexander. From Moscow to Prussia, eight hundred miles of road have been strewed with his artillery, baggage wagons, ammunition chests, dead and dying men, whom he has forced to abandon their fate — pursued all the time by three large regular armies of a most embittered and exasperated enemy, and by an almost numberless militia of peasants, stung by the destruction of their harvests and cottages which he had carried before him, and spurred to revenge at once themselves, their country, and their religion. To complete his disasters the season itself during the greatest part of his retreat has been unusually rigorous, even for this northern climate; so that it has become a sort of by-word among the common people here that the two Russian generals who have conquered Napoleon and all his Marshals are General Famine and General Frost." Quoted in Bemis, *John Quincy Adams and the Foundations of American Foreign Policy*, p. 178. Italics in original.
58. The United States, however, was not Britain's prime concern in 1815, and its top diplomatists were undoubtedly reserved for the conference that was to open at Vienna.

But of the American team at Ghent — Adams, Albert Gallatin, Henry Clay, James Bayard, and Jonathan Russell — only Russell was a second-rater. He was later to doctor some documents in an attempt to embarrass John Quincy Adams, but instead, Adams's savage counterattack wrecked Russell's political career.

59. Quoted in Bemis, *John Quincy Adams and the Foundations of American Foreign Policy*, p. 240.
60. Quoted in Charles Francis Adams Jr., *Charles Francis Adams* (Boston: Houghton Mifflin, 1900), p. 8.
61. Gallatin's liabilities were that he was foreign-born and had not supported Monroe's candidacy for president; while Clay, a southerner, was from the same region of the country as the president.
62. Quoted in Beringause, *Brooks Adams*, pp. 309 - 310.
63. Quoted in Bemis, *John Quincy Adams and the Foundations of American Foreign Policy*, p. 66n.
64. Lodge, memorial address, in *An Autobiography*, p. l.
65. Quoted in J. T. Adams, *The Adams Family*, p. 176.
66. J. Q. Adams, *Memoirs*, vol. 6, pp. 457 - 458, 452 - 453. Italics added.
67. Margaret Bayard Smith, *Forty Years of Washington Society* (New York: Scribner's, 1906), p. 183.
68. Quoted in Samuels, *The Young Henry Adams*, p. 78; H. Adams, *Education*, p. 104.
69. J. Q. Adams, *Memoirs*, vol. 7, p. 163.
70. Quoted in J. T. Adams, *The Adams Family*, p. 186.
71. Five years later another former president, James Monroe, would also die on July 4. At that time Henry Clay wrote to John Quincy Adams: "That your fourth may be far distant I most sincerely wish." Quoted in Bemis, *John Quincy Adams and the Union*, p. 109n.
72. Comparing his administration to Jefferson's, John Adams had said, "Mine, like Pope's woman, will have no character at all." Quoted in P. Smith, *John Adams*, p. 1111.
73. J. Q. Adams, *Memoirs*, vol. 10, pp. 450 - 451.
74. Ralph Waldo Emerson, *Journals* (Boston: Houghton Mifflin, 1909 - 1914), vol. 11, pp. 349 - 350.
75. Quoted in Bemis, *John Quincy Adams and the Union*, p. 258. Italics in original.
76. Quoted in Janet Whitney, *Abigail Adams* (Boston: Little, Brown, 1947), p. 93.
77. Quoted in J. J. Perling, *Presidents' Sons* (New York: Odyssey Press, 1947), pp. 18 - 19.
78. See Duberman, *Charles Francis Adams*, pp. 27, 430.
79. Quoted in Bemis, *John Quincy Adams and the Union*, pp. 95n, 192 - 193n.
80. Ibid., p. 480n.

81. Ibid., p. 524.
82. See Duberman, *Charles Francis Adams*, p. 151.
83. C. F. Adams Jr., *Charles Francis Adams*, pp. 95 - 97.
84. Quoted in Duberman, *Charles Francis Adams*, p. 142.
85. Quoted in C. F. Adams Jr., *Charles Francis Adams*, p. 133n.
86. Ibid., pp. 214 - 215.
87. Ibid., p. 401.
88. Quoted in Duberman, *Charles Francis Adams*, p. 390.
89. Quoted in J. T. Adams, *The Adams Family*, p. 326.
90. Quoted in Beringause, *Brooks Adams*, p. 334.
91. See C. F. Adams Jr., *Autobiography*, p. 16.
92. H. Adams, *Education*, p. 27.
93. She continued: "His [Charles Francis Adams's] oldest son, John Quincy, is the leader of the Democratic party in Massachusetts and I shall not be surprised to see him elected governor before long. Charles Adams is a very forcible & brilliant writer in the North American Review & is just appointed Commissioner of railroads for Mass. He is not more than 33 years old. Henry Adams, still younger, writes financial & other articles for the Edinburg & other foreign reviews as well as for our own & is rapidly rising as a clear & powerful thinker & writer ... and Brooks, the youngest boy, is now a senior in Harvard where every male Adams since & including John, in his direct line has graduated. I doubt if any family in England or America can show such a history." See Theodore Clarke Smith, *The Life and Letters of James Abram Garfield* (Yale University Press, 1925), vol. 2, p. 759.
94. C. F. Adams Jr., *Autobiography*, p. 29.
95. Butterfield, *The Adams Papers*, p. xxii.
96. Quoted in Mary Caroline Crawford, *Famous Families of Massachusetts* (Boston: Little, Brown, 1930), vol. 1, p. 36.
97. Worthington Chauncey Ford, ed., *Letters of Henry Adams* (Boston: Houghton Mifflin, 1930 - 1938), vol. 2, p. 55.
98. C. F. Adams Jr., *Autobiography*, p. 190.
99. Quoted in Richard O'Connor, *Gould's Millions* (Garden City, N. Y.: Doubleday, 1962), p. 67.
100. Ford, *Letters of Henry Adams*, vol. q, p. 271.
101. Quoted in Samuels, *The Young Henry Adams*, p. 194.
102. Ibid., pp. 228 and 216.
103. Quoted in Elizabeth Stevenson, *Henry Adams* (New York: Macmillan, 1955), p. 103.

104. Quoted in Ernest Samuels, *Henry Adams: The Major Phase* (Harvard University Press, 1964), p. 604.

105. Theodore Roosevelt wrote to Henry Cabot Lodge, September 2, 1905: "The other day I was reading *Democracy*, that novel which made a great furore among the educated incompetents and the pessimists generally about twenty-five years ago. It had a superficial and rotten cleverness, but it was essentially false, essentially mean and base." Lodge replied on September 7, 1905: "I have not read *Democracy* for years, but I remember when it came out it impressed me as very clever, probably more clever than I should think it today, and also extremely sordid in the view it took." (They didn't know at the time that it was written by their friend Adams.) See *Selections from the Correspondence of Theodore Roosevelt and Henry Cabot Lodge* (New York: Scribner's, 1925), vol. 2, pp. 189, 191.

106. Harold Dean Cater, ed., *Henry Adams and His Friends: A Collection of His Unpublished Letters* (Boston: Houghton Mifflin, 1947), p. 158.

107. Samuels, *Henry Adams*, p. 223. Elizabeth Cameron (1857 - 1944) was a niece of General William Tecumseh Sherman and Secretary of State John Sherman. Her husband, Donald Cameron, was a senator from Pennsylvania (1877 - 1897) and the son of Simon Cameron, senator from Pennsylvania (1857 - 1861, 1867 - 1877). The Camerons, father and son, were also secretaries of war.

108. Quoted in Beringause, *Brooks Adams*, p. 25.

109. Quoted in Amory, *Proper Bostonians*, p. 166.

110. Immediately after the wedding Brooks turned to the bride's brother, Admiral Charles Henry "Shakey" Davis, and said, "Mrs. Adams' name is Evelyn, not Daisy, and I expect her to be called that in the future." To which Davis replied, "My dear Brooks, you cannot expect me to change the habit of a lifetime for a comparative stranger." Mrs. Adams remained known as Daisy. Interview with John Davis Lodge, August 8, 1964, Washington, D. C. For the background of the Davis family, see Lodge Dynasty, pp. xxx-xxx. [[BIP: pp. to come]]

111. Quoted in Beringause, *Brooks Adams*, pp. 95 - 96.

112. Ibid., pp. 160, 340, 358 - 359.

113. Ibid., pp. 182, 130, 111 - 112.

114. Ibid., pp. 328, 359.

115. Ibid., pp. 312 - 313.

116. Ibid., pp. 370 - 372.

117. *New York Times*, February 22, 1929, p. 20.

118. "In personal appearance," wrote Herbert Hoover, "he was the image of his great ancestor, John Quincy Adams." Hoover, *The Memoirs of Herbert Hoover* (New

York: Macmillan, 1951 - 1952), vol. 2, p. 220.

119. George Crowninshield (1766 - 1817), a noted sea captain and merchant, built the *Jefferson* in 1800. He was a brother of Charles Francis Adams's great grandfather, Benjamin W. Crowninshield. George was also known for his unusual dress — bizarre waistcoat, shaggy beaver hat, and tasseled Hessian boots.

120. When the name of the dynastic Charles Francis Adams was proposed for membership in Boston's Tavern Club, the bulletin board identified him as "the right one." See Amory, *Proper Bostonians*, p. 150; also Dixon Wecter, *The Saga of American Society* (New York: Scribner's, 1937), p. 52.

121. *New York Times*, June 21, 1929, p. 1.

122. *New York Times*, March 9, 1929, p. 3. After a session with Secretary of the Navy Adams, portrait artist S. J. Woolf commented, "He sees reporters, but declines to be interviewed; he issues statements, but does not talk for publication ... The wall of silence was impossible to scale." S. J. Woolf, "The Silent Man Who Directs Our Navy," *New York Times Magazine*, December 13, 1931, p. 8.

123. *New York Times*, March 26, 1930, p. 26.

124. Hoover, *Memoirs*, p. 220; *New York Times*, June 12, 1954, p. 15.

125. Letter from Charles F. Adams to author, May 11, 1964.

126. Quoted in J. T. Adams, *The Adams Family*, p. 67.

127. Quoted in Beringause, *Brooks Adams*, p. 380.

128. Quoted in Samuels, *Henry Adams*, p. 154.

129. Francis Galton, *Hereditary Genius* (Cleveland: Meridian Books, 1962), pp. 170 - 171. First published in 1869.

李王朝

1. Quoted in Cleveland Amory, *Who Killed Society?* (New York: Harper, 1960), p. 304.
2. Franklin D. Roosevelt, foreword to Ethel Armes, *Stratford Hall, the Great House of the Lees* (Richmond, Va.: Garrett & Massie, 1936), p. xxv.
3. See James Truslow Adams, *The Adams Family* (Boston: Little, Brown, 1930), p. 5.
4. For the most comprehensive account of the first American Lee, see Ludwell Lee Montague, "Richard Lee, the Emigrant," *Virginia Magazine of History and Biography* 62, no. 1 (January 1954).
5. Quoted in Karl Schriftgiesser, *The Amazing Roosevelt Family* (New York: Funk, 1942), p. 31.
6. See Robert L. Preston, "Zachary Taylor," *Magazine of the Society of the Lees of Virginia* 4, no. 1 (May 1926).

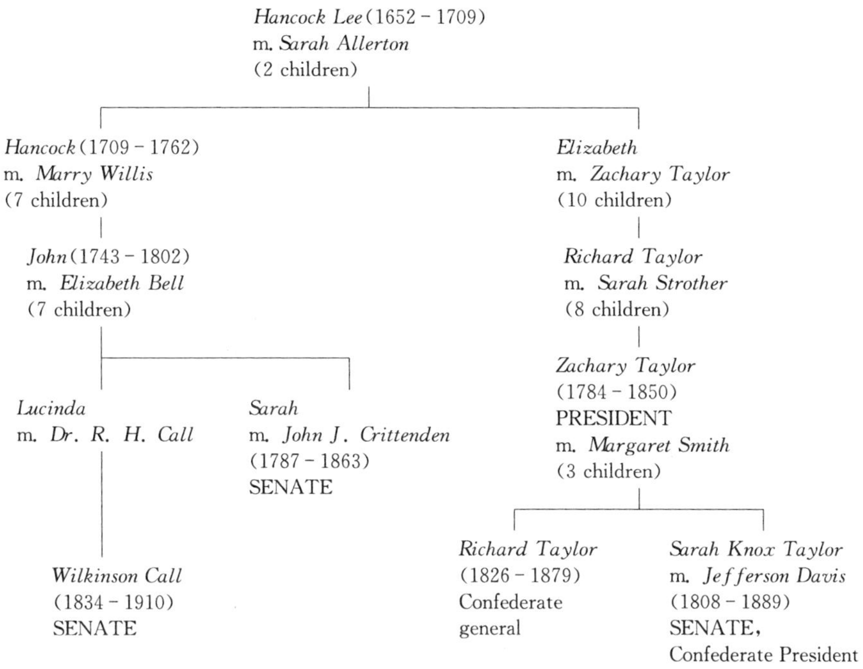

7. Quoted in Burton J. Hendrick, *The Lees of Virginia* (New York: Little, Brown, 1935), p. 32.
8. See Ethel Roby Hayden, "The Lees of Blenheim," *Maryland Historical Magazine* 37, no. 2 (June 1942).
9. Heinrich Ewald Buchholz, *Governors of Maryland* (Baltimore: Williams & Wilkins, 1908), p. 10.
10. For Philip Ludwell Lee's arrogant treatment of a Williamsburg tradesman, see "The Narrative of George Fisher," *William and Mary Quarterly*, 1st ser., 17, no. 2 (October 1908), pp. 135 - 137.
11. Quoted in Armes, *Stratford Hall*, p. 92.
12. See Edmund Jennings Lee, *Lee of Virginia*, 1642 - 1892 (Philadelphia: Franklin Printing, 1895), pp. 130 - 131.
13. See Agnes Rothery, *Houses Virginians Have Loved* (New York: Rinehart, 1954), pp. 219 - 221.
14. See Richard H. Lee, *Memoir of the Life of Richard Henry Lee* (Philadelphia: H. C. Carey & I. Lea, 1825), vol. 1, pp. 17 - 19. The author was a grandson of his subject.
15. For an account of the children of Hannah Ludwell and William Lee, see Earl G. Swem, "The Lee Free School and the College of William and Mary," *William and Mary Quarterly*, 3rd ser., 16, no. 2 (April 1959), pp. 207 - 213.

Philip Ludwell I (1640 - c. 1723)
Governor, North and South Carolina
1 st m. *Lucy Higginson* (d. 1674)
(2 children); 2 nd m. *Lady Berkeley* (no issue)

Philip Ludwell II (1672 - 1726)
Colonial legislature
m. *Hannah Harrison* (1678 - 1731)

Hannah Ludwell
m. *Thomas Lee* (1690 - 1750)
Acting Governor of Virgina

Philip Ludwell III (1716 - 1767)
Colonial legislature
m. *Frances Grymes*

William Lee (1739 - 1795) —— m. —— *Hannah Ludwell* (1737 - 1784)
(4 children; I d. y.)

16. Quoted in Hendrick, *The Lees of Virginia*, p. 173.
17. Ibid., p. 212.
18. For an account that debunks Arthur Lee's part in the negotiations with Beaumarchais and questions his sanity and William Lee's patriotism, see Helen Augur, *The Secret War of Independence* (New York: Duell, Sloan & Pearce, 1955).
19. See Cazenove Gardner Lee Jr., *Lee Chronicle* (New York University Press, 1957), pp. 177, 185.
20. For example, wrote Charles Carroll of Carrollton to William Carmichael: "The faction of the Lees is industriously propagating that their opponents are most of them engaged in mercantile connections with Deane and others." Quoted in Howard Swiggett, *The Extraordinary Mr. Morris* (Garden City, N. Y.: Doubleday, 1952), p. 69.
21. See L. H. Butterfield, ed., *Letters of Benjamin Rush* (Princeton University Press, 1951), vol. 1, pp. 21 - 22, 248 - 249, 256 - 260; vol. 2, pp. 1122, 1204 - 1205.
22. See Francis R. Packard, "William Shippen," in *Dictionary of American Biography* (New York: Charles Scribner, 1936), vol. 17, pp. 117 - 118.
23. See Nancy Shippen Livingston, *Nancy Shippen, Her Journal Book* (Philadelphia: Lippincott, 1935), p. 237.
24. See Page Smith, *John Adams* (Garden City, N. Y.: Doubleday, 1962), pp. 1011, 1015, 1064.
25. See Noble E. Cunningham Jr., *The Jeffersonian Republicans* (University of North Carolina Press, 1957), p. 5.
26. Quoted in Armes, *Stratford Hall*, p. 277.
27. Hendrick, *The Lees of Virginia*, p. 388.
28. Quoted in Armes, *Stratford Hall*, p. 308. Italics in original.

29. "The mother of General Lee, the well-known Confederate General in the American Civil War, was subject to trance seizures, and on one occasion was pronounced dead by the physician and 'buried.' Whilst, however, the sexton was filling in the grave, he heard loud crying and knocking, and Mrs. Lee was rescued from her perilous position and a horrible fate." William Tebb and Edward Perry Vollum, *Premature Burial and How It May Be Prevented*, 2nd ed., edited by Walter R. Hadwen (London: Swan Sonnerschein, 1905), p. 45.
30. See Armes, *Stratford Hall*, pp. 293 - 294; 546 - 547.
31. Quoted in Hendrick, *The Lees of Virginia*, p. 401.
32. Quoted in James Parton, *Life of Andrew Jackson* (New York: Mason Brothers, 1861), vol. 3, pp. 297 - 298.
33. Quoted in Marshall W. Fishwick, *Lee after the War* (New York: Dodd, Mead, 1963), p. 153.
34. Quoted in Douglas Southall Freeman, *R. E. Lee* (New York: Scribner's, 1934), vol. 1, p. 365.
35. Quoted in Murray H. Nelligan, "American Nationalism on the Stage: The Plays of George Washington Parke Custis," *Virginia Magazine of History and Biography* 58, no. 3 (July 1950), p. 317.
36. Henry Adams, *The Education of Henry Adams* (New York: Modern Library, 1931), p. 57.
37. Quoted in Philip Van Doren Stern, *Robert E. Lee, the Man and the Soldier: A Pictorial Biography* (New York: McGraw-Hill, 1963), p. 99.
38. See Virgil Carrington Jones, *The Civil War at Sea* (New York: Holt, Rinehart, Winston, 1961), vol. 2, pp. 252 - 253; Bern Anderson, By *Sea and by River*: The Naval History of the Civil War (New York: Knopf, 1962), p. 295.
39. For the Civil War correspondence between Admiral Samuel Phillips Lee and Assistant Secretary of the Navy Gustavus Vasa Fox, see Robert Means Thompson and Richard Wainwright, eds., *Confidential Correspondence of Gustavus Vasa Fox* (New York: Naval History Society, 1918 - 1919), vol. 2, pp. 205ff.
40. See William Ernest Smith, *The Francis Preston Blair Family in Politics* (New York: Macmillan, 1933), vol. 1, p. 62.
41. Joseph Gales Jr. (1786 - 1860) was the son of Joseph Gales Sr. (1761 - 1841), a radical English editor who came to America in 1795 and founded the *Raleigh* (North Carolina) *Register*. The paper was passed on to a son and a grandson, finally suspending operations about 1868. The second Joseph Gales's wife, Sarah, was the daughter of Theodoric Lee (1766 - 1849), the fourth son of Henry Lee and Lucy Grymes, "the Lowland Beauty."
42. Quoted in A. L. Long, *Memoirs of Robert E. Lee* (Philadelphia: J. M. Stoddart,

1887), p. 91.

43. Quoted in E. J. Lee, *Lee of Virginia*, pp. 490 - 491.
44. Quoted in Louise Pecquet du Bellet, *Some Prominent Virginia Families* (Lynchburg, Va.., 1907?), vol. 2, pp. 265 - 266.
45. Quoted in Robert E. Lee Jr., *My Father, General Lee* (Garden City, N. Y.: Doubleday, 1960), p. 77. Originally published as Recollections and Letters of General Robert E. Lee (1904).
46. Quoted in J. William Jones, *Virginia's Next Governor, Gen. Fitzhugh Lee* (New York: Cheap Publishing, 1885), pp. 11 - 12.
47. Quoted in Hendrick, *The Lees of Virginia*, p. 436.
48. R. E. Lee Jr., *My Father*, p. 333.
49. Ibid., p. 283.
50. Ibid., p. 245.
51. See *New York Times*, November 23, 1918, p. 11.
52. Mrs. Josephus Daniels, *Recollections of a Cabinet Minister's Wife, 1913 - 1921* (Raleigh, N. C.: Mitchell Printing, 1945), p. 78.
53. Quoted in R. E. Lee Jr., *My Father*, p. 405.
54. Charles Francis Adams, *Lee's Centennial. An Address delivered at Lexington, Virginia, Saturday, January 19, 1907, on the Invitation of the President and Faculty of Washington and Lee University* (Kessinger Publishing, 2010). Also see Charles Francis Adams, *Lee at Appomattox and Other Papers* (Boston: Houghton Mifflin, 1902).
55. *New York Times*, April 29, 1905, p. 10.
56. General Fitzhugh Lee's oldest daughter, Ellen, married Major General James Rhea. Her daughter, Ellen B. Rhea, married Rear Admiral John Milton Opie. Interview with Mrs. Fitzhugh Lee Opie, June 25, 1965.
57. See Samuel Eliot Morison, "Leyte, June 1944 - January 1945," in *History of United States Naval Operations in World War II* (Boston: Little, Brown, 1958), vol. 12, pp. 285 - 288; see also *New York Times*, August 24, 1952, p. 64, and January 27, 1960, p. 13; and letter from Vice Admiral Fitzhugh Lee, June 18, 1965.
58. Interview with Colonel E. Brooke Lee, June 25, 1965. See also New York Times, December 27, 1944, p. 19, and *Washington Post*, December 27, 1944, p. 10B.
59. See *Maryland Manual* 1924, pp. 197 - 198.

利文斯顿王朝

1. Theodore Roosevelt, *Gouverneur Morris* (Boston: Houghton Mifflin, 1892), pp. 14 - 15.
2. Livingston paid: "To wit, three hundred guilders in zewant [wampum], eight blankets,

and two children's blankets, five and twenty ells of duffels, and four garments of strouds, ten large shirts and ten small ditto, ten pairs of large stockings and ten pairs of small (ditto), six guns, fifty pounds of powder, fifty staves of lead, four caps, ten kettles, ten axes, ten adzes, two pounds of paint, twenty little scissors, twenty looking-glasses, one hundred fish hooks, awls and nails of each one hundred, four rolls of tobacco, one hundred pipes, ten bottles, three kegs of rum, one barrel of strong beer, and twenty knives, four stroud coats and two duffel coats, and four tin kettles." See Edwin Brockholst Livingston, *The Livingstons of Callendar* (Edinburgh: Scott & Ferguson, 1887 - 1892), vol. 1, pp. 364 - 365.

3. Joan Gordon, "The Livingstons of New York 1675 - 1860: Kinship and Class" (Ph. D. diss., Columbia University, 1959), p. 11.
4. Lawrence H. Leder, *Robert Livingston 1654 - 1728 and the Politics of Colonial New York* (University of North Carolina Press, 1961), p. 35.
5. Gustavus Myers, *History of the Supreme Court of the United States* (Chicago: C. H. Kerr, 1912), p. 139; George W. Schuyler, *Colonial New York, Philip Schuyler and His Family* (New York: Scribner's, 1885), vol. 1, p. 246; Thomas Allen Glenn, *Some Colonial Mansions and Those Who Lived in Them* (Philadelphia: H. T. Coates, 1898), pp. 301 - 302.
6. Schuyler, *Colonial New York*, vol. 1, p. 259; quoted in John A. Krout, "Robert Livingston," in *Dictionary of American Biography* (New York: Charles Scribner, 1936), vol. 11, p. 319.
7. The pre-American genealogy of the Livingstons:

William, 4th Lord Livingston of Callendar (d. c. 1514)

Alexander (d. 1550)
5th Lord of Callendar

James
(d. prior to Oct. 13, 1547)

Reverend Alexander (d. c. 1598)
Rector of Monyabroch

Reverend William (1576 - 1641)
Minister of Lanark

Reverend John (1603 - 1672)
of Ancrum

Robert (1654 - 1728)
1st Lord of Livingston Manor

The last male representative of the family in Scotland was Sir Thomas Livingstone, who died childless in 1853. Edwin Brockholst Livingston, *The Livingstons of Livingston Manor* (New York: Knickerbocker, 1910), pp. 6 - 9n.

8. Leder, *Robert Livingston*, p. 10; Thomas S. Clarkson, *A Biographical History of Clermont* (Clermont, N. Y.: Privately printed, 1869), p. 12.
9. Quoted in Leder, *Robert Livingston*, p. 5.
10. See James A. Padgett, "The Ancestry of Edward Livingston of Louisiana," *Louisiana Historical Quarterly 19*, no. 4 (October 1936), p. 11.
11. Schuyler, *Colonial New York*, vol. 1, pp. 185 - 86, 206; *Leder*, *Robert Livingston*, 21.

Philip Pieterse Schuyer (d. 1683) Founder of the line; substantial citizen of Albany. m. 1650 *Margarita Van Slicklenhorst* (1628 - 1700), daughter of resident director of Rensselaerwyck.

Gertrude (1654 - 1719) m. 1671 *Stephen Van Cortlandt* (1643 - 1700), 1st native-born mayor of New Tork City

Alida (1656 - 1729) 1st m *Nicholas Van Rensselaer*, son of 1st Patroon of Rensselaerwyck. 2nd m. 1679 *Robert Livingston*

12. Quoted in Leder, *Robert Livingston*, p. 93.
13. See Lawrence H. Leder, ed., *The Livingston Indian Records* (Gettysburg: Pennsylvania Historical Association, 1956), p. 7.
14. Quoted in E. B. Livingston, *The Livingstons of Callendar*, vol. 1, p. 329.
15. Lawrence H. Leder and Vincent P. Carosso, "Robert Livingston (1654 - 1728): Businessman of Colonial New York," *Business History Review* 30, no. 1 (March 1956), p. 44.
16. John A. Krout, "Behind the Coat of Arms, a Phase of Prestige in Colonial New York," *New York History* 16, no. 1 (January 1935), p. 49.
17. Representatives for Livingston Manor elected to the New York General Assembly, 1715 - 1776:

Date of Service	*Name*
1716 - 1726	Robert Livingston (1654 - 1728), 1st Lord of Livingston Manor
1726 - 1727	Robert Livingston of Clermont (1688 - 1775), son of 1st lord
1728 - 1737	Gilbert Livingston (1690 - 1746), son of 1st lord
1737 - 1758	Robert Livingston (1708 - 1790), 3rd lord, grandson of 1st lord
1759 - 1761	William Livingston (1723 - 1790), grandson of 1st lord, later governor of New Jersey
1761 - 1769	Peter R. Livingston (1737 - 1794), son of 3rd lord and great grandson of 1st lord
1769	Philip Livingston (1716 - 1778), grandson of 1st lord and later signer of Declaration of Independence

1769 - 1774	Judge Robert R. Livingston (1718 - 1775), son of Robert of Clermont and grandson of 1st lord
1774 - 1776	Peter R. Livingston (1737 - 1794) (see above)

18. Quoted in Schuyler, *Colonial New York*, vol. 1, p. 289.
19. Selected descendants of Robert the Nephew can be found on pages 612 - 613.
20. Quoted in Leder, *Robert Livingston*, p. 255.
21. See Lawrence H. Leder, ed., "Records of the Trials of Jacob Leisler and His Associates," *New-York Historical Society Quarterly* 36, no. 4 (October 1952), pp. 431 - 457.
22. See Lawrence Leder, "Captain Kidd and the Leisler Rebellion," *New-York Historical Society Quarterly* 38, no. 1 (January 1954).
23. Quoted in Dunbar Maury Hinrichs, *The Fateful Voyage of Captain Kidd* (New York: Bookman Associates, 1955), p. 30.
24. See Morton Pennypacker, "Captain Kidd: Hung, Not for Piracy but for Causing the Death of a Rebellious Seaman Hit with a Toy Bucket," *New York History* 25, no. 4 (October 1944).

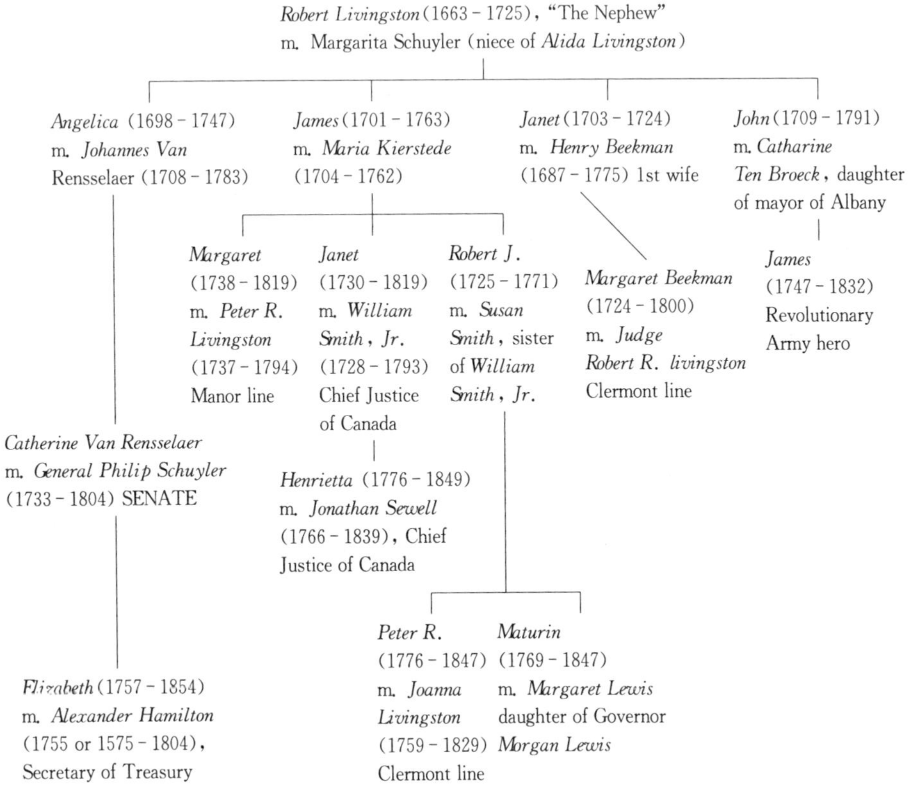

25. John Winthrop (1587 - 1649) genealogy

John Winthrop (1587 - 1649)
Governor of Massachusetts, 1631 - 1633, 1637 - 1639, 1642 - 1643

|

John Winthrop (1605 - 1676)
Governor of Connecticut, 1657 - 1658, 1659 - 1676

|

Fitz-John Winthrop (1638 - 1707)
Governor of Connexticut, 1698 - 1707

|

Mary Winthrop (d. 1712/1713)
m. 1701 *John Livingston* (1680 - 1720)

26. Quoted in Leder, *Robert Livingston*, p. 229.
27. See Anson Titus, "Madam Sarah Knight, Her Diary and Her Times, 1666 - 1726," *Bostonian Society Publications* (Boston, 1912), vol. 9.
28. Geraldine Brooks, *Dames and Daughters of Colonial Days* (New York: T. Y. Crowell, 1900), p. 85.
29.

Anna (Stuyvesant) Bayard (1615 - 1682)

Nicholas (1644 - 1707) | *Petrus* (d. 1699) Founder of the Delaware branch

Samuel (1699 - 1745) | *Margaret (Livingston) Vetch* (1681 - 1758)

Stephen (1700 - 1754) —— m. 1725 —— *Alida* (b. 1701)

William (1729 - 1804)
"The Loyalist"

30. Quoted in G. M. Waller, *Samuel Vetch, Colonial Enterpriser* (University of North Carolina Press, 1960), p. 252.
31. Mrs. Martha J. Lamb. Quoted in E. B. Livingston, *The Livingstons of Livingston Manor*, p. 138.
Philip married Catharine Van Brugh (1689 - 1756) in 1708. She was the daughter of Captain Peter Van Brugh (1666 - 1740), mayor of Albany in 1699 and 1721 - 1723. See *Pennsylvania Magazine of History and Biography* 7, no. 1 (1883), pp. 113 - 114.
32. Glenn, *Some Colonial Mansions*, p. 310.
33. John Henry Livingston, *Livingston Manor* (New York, 1914), p. 28.

34. Schuyler, *Colonial New York*, vol. 1, p. 203; also see Philip L. White, *The Beekmans of New York in Politics and Commerce, 1647 - 1877* (New York: New-York Historical Society, 1956), pp. 159 - 207.
35. Quoted in George Dangerfield, *Chancellor Robert R. Livingston, 1746 - 1813* (New York: Harcourt, Brace, 1960), p. 29.
36. See E. B. Livingston, *The Livingstons of Livingston Manor*, p. 149.
37. Ibid., p. 395.
38. Ibid., p. 527n.
39. Ibid., p. 199.
40. Quoted in John A. Krout, "William Livingston," in *Dictionary of American Biography*, vol. 11, p. 325.
41. Louis H. Patterson, "Governor William Livingston as Apprentice, Writer and Executive," *Proceedings of the New Jersey Historical Society* 9, no. 2 (April 1924), p. 105 - 106.
42. E. B. Livingston, *The Livingstons of Livingston Manor*, p. 201; Dorothy R. Dillon, *The New York Triumvirate: A Study of the Legal and Political Careers of William Livingston, John Morin Scott, William Smith, Jr.* (Columbia University Press, 1949), p. 16.
43. Quoted in Gordon, "The Livingstons of New York," p. 180.
44. See Theodore Sedgwick Jr., *A Memoir of the Life of William Livingston* (New York: Harper, 1833), pp. 52 - 53. The author was Livingston's great-grandson.
45. James Alexander (1691 - 1756), born in Scotland, came to America in 1716 on the same ship as William Smith, with whom he gained fame as the counsel for Peter Zenger. Alexander's distinguished career included service as surveyor general of both New Jersey and New York, a member of the Provincial Council in both provinces, and attorney general of New Jersey.
   Two of his children married children of the second Lord of Livingston Manor: William Alexander married Sarah Livingston and Mary Alexander (1721 - 1769) married Peter Van Brugh Livingston (1710 - 1792), president of the New York Provincial Congress, 1775. See George Rose Ⅲ, "James Alexander," in *Dictionary of American Biography*, vol. 1, pp. 167 - 168.
46. Gordon, "The Livingstons of New York," pp. 128 - 129; Sedgwick, *Memoir*, pp. 58n - 59n. William Smith Sr. (1697 - 1769) joined James Alexander in the defense of Peter Zenger for libel in 1735. Both were disbarred, but readmitted to the bar two years later. Smith was a member of the Provincial Council, 1753 - 1767, and an associate justice of New York from 1763 until his death. See Richard B. Morris, "William Smith," in *Dictionary of American Biography*, vol. 17, pp. 352 - 353.

Two of Judge Smith's children, William Jr. (1728 - 1793) and Susan, married grandchildren of Robert Livingston, the Nephew.

William Smith Jr., along with John Morin Scott and William Livingston, were called "the wicked triumvirate of New York" by Reverend Samuel Johnson, first president of King's College. But while Livingston became a Revolutionary War leader, Smith remained loyal to the Crown and was rewarded with an appointment as chief justice of New York (1779 - 1783) and later chief justice of Canada (1786 - 1793). See Richard B. Morris, "William Smith (Jr.)," in *Dictionary of American Biography*, vol. 17, pp. 357 - 358; Hilda Neatby, "Chief Justice William Smith: An Eighteenth Century Whig Imperialist," *Canadian Historical Review* 28, no. 1 (March 1947); and Hector L. Duff, *The Sewells in the New World* (Exeter: William Pollard, 1924).

47. Susanna French was the daughter of Susanna Brockholst and Philip French. Her paternal grandfather was mayor of New York and a Speaker of the New York Assembly; her maternal grandfather was a lieutenant governor of New York. Philip French lived well beyond his means and borrowed large sums from his Livingston son-in-law. See Milton Martin Klein, "The American Whig: William Livingston of New York" (Ph. D. diss., Columbia University, 1954), pp. 123, 128 - 129.
48. Gordon, "The Livingstons of New York," pp. 171, 201; Klein, *American Whig*, pp. 175 - 176.
49. Quoted in Sedgwick, *Memoir*, p. 75.
50. Ibid., pp. 63 - 64.
51. Gordon, "The Livingstons of New York," p. 172.
52. Quoted in Sedgwick, *Memoir*, p. 76n.
53. Ibid., pp. 88 - 89. The *Independent Reflector* ran from November 30, 1752, until November 22, 1753, when it was unable to get a printer because of pressure from the authorities. Dillon, *New York Triumvirate*, p. 34n.
54. Quoted in Peter H. B. Frelinghuysen Jr., *Theodorus Jacobus Frelinghuysen* (Princeton, N. J.: Privately printed, 1938), p. 77.
55. Quoted in Dillon, *New York Triumvirate*, p. 39.
56. *Philosophic Solitude* (Boston, 1762) was a series of rhymed couplets "obviously imitative of Pope." Despite its inferiority, the poem made Livingston the principal poet of colonial New York. See Klein, *American Whig*, pp. 103 and 106.
57. Quoted in E. B. Livingston, *The Livingstons of Livingston Manor*, pp. 457 - 458.
58. See Beverley W. Bond Jr., ed., *The Intimate Letters of John Cleves Symmes and His Family* (Cincinnati: Historical and Philosophical Society of Ohio, 1956), pp. xvii, xxv, xxvi.
59. Harry Emerson Wildes, *Twin Rivers, the Raritan and the Passaic* (New York: Farrar &

Rinehart, 1943), pp. 173 - 174.

60. Howard Swiggett, *The Extraordinary Mr. Morris* (Garden City, N. Y.: Doubleday, 1952), p. 352.

61. George Pellew, *John Jay* (Boston: Houghton Mifflin, 1890), pp. 203 - 204.

62. Lois Hobart, *Patriot's Lady: The Life of Sarah Livingston Jay* (New York: Funk & Wagnalls, 1960), pp. 124 - 125.

63. John Jay (1745 - 1829) was the grandson of Augustus Jay, a French Huguenot exile who settled in New York about 1686 and married Anna Maria Bayard, a granddaughter of Anna Stuyvesant Bayard, the founder of the Bayard dynasty in America. See Mrs. Anson Phelps Atterbury, *The Bayard Family* (Baltimore, Md., 1928), p. 11.
Jay's father was a rich merchant; his mother was a Van Cortlandt. An older brother, James (1732 - 1815), was knighted by George III in recognition of his work as a fund raiser for King's (Columbia) College. See Milton Halsey Thomas, "Sir James Jay," in *Dictionary of American Biography*, vol. 10, pp. 4 - 5.

64. Kenneth B. Umbreit, *Our Eleven Chief Justices* (New York: Harper, 1938), pp. 14 - 15.

65. Quoted in Frank Monaghan, ed., "Unpublished Correspondence of William Livingston and John Jay," *Proceedings of the New Jersey Historical Society* 52, no. 3 (July 1934), p. 143.

66. Quoted in Clarkson, *Biographical History of Clermont*, p. 265.

67. Thomas Tillotson (1752 - 1832) married Margaret Livingston (1749 - 1823) in 1779. He was surgeon general of the Northern Department of the army during the Revolutionary War; a member of the New York Assembly (1788 - 1790) and state Senate (1791 - 1799); elected to the House of Representatives in 1800 but did not serve; and secretary of state of New York (1801 - 1806, 1807 - 1808). Gouverneur Morris said that Tillotson's birth and talents were nothing extraordinary. Dangerfield, *Chancellor Robert R. Livingston*, p. 189.

68. Freeborn Garrettson (1752 - 1827) married Catharine Livingston (1752 - 1849) in 1793. He was well-to-do, his grandfather being one of the most important early settlers in Maryland. Garrettson was raised as an Anglican, but mystical revelations led him to the Methodist Church, in which he became an itinerant minister. His earnestness was said to have more than made up for his lack of oratorical talents. Bishop Asbury commented, "Brother Garrettson will let no man escape a religious lecture that comes in his way." His aggressive opposition to slaveholding caused him in 1820 to write an important tract on the subject, "A Dialogue between Do Justice and Professing Christian." See Harris Elwood Starr, "Freeborn Garrettson," in *Dictionary of American Biography*, vol. 7, pp. 166 - 167.

69. Morgan Lewis (1754 - 1844) married Gertrude Livingston (1757 - 1833) in 1779. He

was the son of Francis Lewis (1713 - 1803), who came to America from London in 1735, established prominent mercantile houses in New York and Philadelphia, and was a member of the Continental Congress (1774 - 1779). The younger Lewis was chief of staff for General Gates at Ticonderoga and Saratoga, chief justice of the New York Supreme Court (1801 - 1804), governor of the state (1804 - 1807), and a major general in the War of 1812. He was "a respectable, dignified man, who prided himself on his aristocratic connections, [and] was quite unfit for the governorship." Dangerfield, *Chancellor Robert R. Livingston*, p. 399. Also see *Biographical Directory of the American Congress*, 1774 - 1961, pp. 1315 - 1316, and Julia Delafield, *Biographies of Francis Lewis and Morgan Lewis* (New York: A. D. F. Randolph, 1877), 2 vols.

70. The son of an Irish immigrant who became a Revolutionary War general and a delegate to the Continental Congress, John Armstrong's career reflected a generous genius for intrigue. Among his many public offices were U. S. senator (1800 - 1802, 1803 - 1804), minister to France (1804 - 1810), and secretary of war (1813 - 1814). He distinguished himself in none of these offices, but his service as the head of the War Department during the War of 1812 was particularly unfortunate.

Armstrong's daughter Margaret married William Backhouse Astor in 1818. John Jacob Astor, the German fur trader, was delighted by his son's union with the socially prominent Miss Armstrong, though he made sure, through a marriage settlement, that the bride would surrender her dower rights to the Astor fortune if anything happened to her husband. The younger Astor was the industrious assistant to his father and later assumed his mantle of "Richest Man in America."

Through this line, the Livingstons and the Roosevelts can claim a connection:

John Jacob Astor (1763 - 1848)

John Armstrong (1758 - 1843)
m. *Alida Livingston* (1761 - 1822)

William Backhouse Astor (1792 - 1875) —— m. —— *Margaret Armstrong* (1800 - 1872)

John Jacob Astor (1822 - 1890)

William Astor (1829 - 1892)

William Waldorf Astor (1848 - 1919)
U. S. minister to Rome, 1882 - 1885
1st Viscount Astor

Helen Astor (1858 - 1893)
m. *James Roosevelt*
Roosevelt (half brother of F. D. R.)

See Freeman Cleaves, *Old Tippecanoe* (New York: Scribner's Sons, 1939), pp. 155 - 156; Julius W. Pratt, "John Armstrong," in *Dictionary of American Biography*, pp. 355 - 358; Kenneth Wiggins Porter, *John Jacob Astor, Business Man* (Harvard

University Press, 1931), vol. 1, p. 563; vol. 2, p. 1039; Cleveland Amory, *Who Killed Society?* (*New York*: *Harper*, 1960), *p*. 471.

71. Quoted in J. M. LeMoine, *The Sword of Brigadier-General Richard Montgomery* (Quebec, 1870), p. 36. Also see James Truslow Adams, "Richard Montgomery," in *Dictionary of American Biography*, vol. 13, pp. 98 - 99; John Armstrong, "Richard Montgomery," in *American Biography*, edited by Jared Sparks (New York: Harper and Brothers, 1902), vol. 11.

72. Quoted in Charles Leonard Lundin, *Cockpit of the Revolution: The War for Independence in New Jersey* (Princeton University Press, 1940), p. 90.

73. Quotations in Margaret Burnham Macmillan, *The War Governors in the American Revolution* (Columbia University Press, 1943), pp. 254 - 255, and Lundin, *Cockpit of the Revolution*, p. 89.

74. For a more favorable appraisal of Stirling as a soldier, see George H. Danforth, "The Rebel Earl" (Ph. D. diss., Columbia University, 1955), p. 3 (abstract): "That he was the outstanding commander in the defense of Long Island is generally acknowledged; his superior role in other operations, such as the battles of Trenton and Germantown, is less well known. In the Battle of the Brandywine and at Monmouth he was unsurpassed by any other American officer."

    When Stirling's daughter Catherine ("Lady Kitty") married William Duer in 1779, George Washington gave the bride away. Duer (1747 - 1799) was a member of the Continental Congress, 1777 - 1778, and assistant secretary of the Treasury under Hamilton, 1789 - 1790. His later dealings helped to cause the first financial panic in New York history and sent him to debtor's prison, where he died. His son, William Alexander Duer (1780 - 1858), a New York jurist, wrote a highly laudatory biography of his maternal grandfather, *The Life of William Alexander, Earl of Stirling* (New York: Wiley and Putnam, 1847).

75. Colonel James Livingston (1747 - 1832), a grandson of Robert the Nephew, raised a regiment of Canadian refugees, including his two brothers, and fought with valor under Montgomery at Quebec. He resigned from the army in 1781, later serving as a member of the first Board of Regents of New York University and as a state assemblyman (1786 - 1787, 1789 - 1791). He was the grandfather of Gerrit Smith (1797 - 1874), abolitionist leader and reformer for sundry causes, and Elizabeth Cady Stanton (1815 - 1902), first president of the National Woman Suffrage Association (1869 - 1890). See James Thomas Flexner, The Traitor and the Spy (New York: Harcourt, Brace, 1953), p. 350; also Katharine Elizabeth Crane, "James Livingston," in *Dictionary of American Biography*, vol. 11, pp. 313 - 314.

76. E. B. Livingston, *The Livingstons of Livingston Manor*, pp. 511 - 512.

77. Quotations in Swiggett, *The Extraordinary Mr. Morris*, p. 56, and Edward P. Alexander, *A Revolutionary Conservative: James Duane of New York* (Columbia University Press, 1938), p. 93.
78. Quoted in Nancy Shippen Livingston, *Nancy Shippen*, Her Journal Book (Philadelphia: Lippincott, 1935), p. 93.
79. Quoted in Alexander, *A Revolutionary Conservative*, p. 148. A grandson, General James Chatham Duane (1824 - 1897), was chief engineer of the Army of the Potomac during most of the Civil War, and later Chief of Engineers, U. S. Army. In 1850 he married Harriet W. Brewerton, daughter of General Henry Brewerton, then superintendent of the U. S. Military Academy. One of their three sons, Dr. Alexander Duane (1858 - 1926), was an important leader in the field of ophthalmology. See G. J. Fieberger, "James Chatham Duane," and John F. Fulton, "Alexander Duane," in *Dictionary of American Biography*, vol. 5, pp. 464 - 467.
80. Quotations in E. B. Livingston, *The Livingstons of Livingston Manor*, p. 200, and George W. Corner, ed., *The Autobiography of Benjamin Rush* (Princeton University Press, 1948), p. 146.
81. His estate in New York City was valued at £ 16,900, and he also owned 132,069 acres of rural land. See Gordon, "The Livingstons of New York," p. 160.
82. Quoted in John A. Krout, "Philip Livingston," in *Dictionary of American Biography*, vol. 11, p. 318.
83. See Richard P. McCormick, "The First Election of Governor William Livingston," *Proceedings of the New Jersey Historical Society* 65, no. 2 (April 1947).
84. E. B. Livingston, *The Livingstons of Livingston Manor*, p. 267.
85. Ibid., p. 266.
86. Quoted in Wildes, *Twin Rivers*, pp. 175 - 176.
87. See Julia Delafield, *Biographies of Francis Lewis and Morgan Lewis*, vol. 1, p. 150. This account was written by a great-granddaughter of Margaret Beekman Livingston. For the life of Mrs. Delafield (1801 - 1882), who taught herself Greek after she was seventy so that "she might read the Gospels in the original," and her husband, Joseph Delafield (1790 - 1875), founder of Fieldston, New York, see John Ross Delafield, *Delafield: The Family History* (New York: Privately printed, 1945), vol. 1, pp. 261 - 62; vol. 2, p. 478.
88. Quoted in Clarkson, *Biographical History of Clermont*, p. 89.
89. Quoted in Dangerfield, *Chancellor Robert R. Livingston*, pp. 46 - 47. Italics in original.
90. Quoted in Elizabeth F. Ellet, *The Queens of American Society* (New York: Scribner, 1867), p. 54.
91. Quoted in Hobart, *Patriot's Lady*, p. 161.

92. Quoted in Hampton L. Carson, *The Supreme Court of the United States: Its History* (Philadelphia: P. W. Ziegler, 1892), vol. 1, pp. 230 - 231.
93. Frank Monaghan, *John Jay, Defender of Liberty* (New York: Bobbs-Merrill, 1935), pp. 155 - 157.
94. Quoted in E. B. Livingston, *The Livingstons of Livingston Manor*, pp. 293 - 294.
95. Quoted in Pellew, *John Jay*, p. 223.
96. Quoted in Dangerfield, *Chancellor Robert R. Livingston*, p. 111.
97. Ethel Armes, *Stratford Hall, the Great House of the Lees* (Richmond: Garrett & Massie, 1936), pp. 18 - 19.
98. Ibid., p. 107.
99. Ibid., p. 219.
100. Louis Otto married Elizabeth (1761 - 1787), daughter of Mary Alexander and Peter Van Brugh Livingston, who was one of the founders of Princeton College. See Thomas J. Wertenbaker, *Princeton 1746 - 1896* (Princeton University Press, 1946), pp. 14 - 16.
101. Gordon, "The Livingstons of New York," p. 146. Hardest hit by the war was Susan Livingston, widow of a grandson of Robert the Nephew, who was reduced to taking boarders into her Princeton home. However, this didn't solve her problem, for a son wrote: "Dr. Witherspoon, who was her landlord, by renting the house in which she lives over her head without previous notice, because he could get a little more from some other person, has entirely cut off her resources; and where she and her family will put their heads after the first of May next, God only knows!" E. B. Livingston, *The Livingstons of Livingston Manor*, pp. 275 - 276.
102. Quoted in Gordon, "The Livingstons of New York," p. 147.
103. John R. Livingston (1755 - 1851) was a younger brother of the Chancellor. Dangerfield, *Chancellor Robert R. Livingston*, p. 194, writes that he "devoted his energies to making what he called 'something clever' out of the Revolution in the way of business." Also see Gordon, "The Livingstons of New York," pp. 224 - 225.
104. Macmillan, *The War Governors*, pp. 274, 285 - 286. The other top executives listed are Clinton of New York, Trumbull of Connecticut, Johnson of Maryland, Read and Rodney of Delaware, Rutledge of South Carolina, and Weare of New Hampshire. It is interesting that neither Patrick Henry nor Thomas Jefferson is on this list.
105. Quoted in Dillon, *New York Triumvirate*, p. 162.
106. Gordon, "The Livingstons of New York," pp. 296 - 298, 300, 302.
107. Ibid., pp. 303 - 304.
108. Dangerfield, *Chancellor Robert R. Livingston*, pp. 215 - 216, 240 - 241.
109. Quoted in William B. Hatcher, *Edward Livingston: Jeffersonian Republican and Jacksonian Democrat* (Louisiana State University Press, 1940), p. 14.

110. Quoted in Monaghan, *John Jay*, p. 336.
111. Ibid., p. 328.
112. Dangerfield, *Chancellor Robert R. Livingston*, p. 260.
113. Of the 1795 gubernatorial contest between Livingston and Jay, Jay's son writes, "No competitor could probably have been selected with whom he [Jay] would have been more reluctant to contend than the Chancellor. Ancient friendship and ancient associations must have rendered it peculiarly painful to him to find in his old companion and fellow-labourer a voluntary rival. But whatever may have been his reflections on the occasion, they were confined in his own bosom; and nothing unkind towards his opponent escaped from his lips or his pen." William Jay, *The Life of John Jay, with Selections from His Correspondence and Miscellaneous Papers* (New York: Harper, 1833), vol. 1, pp. 400 - 401.
William Jay (1789 - 1858) was a New York judge and important figure in the abolitionist movement. His only surviving son, John Jay (1817 - 1894), continued his work in the antislavery cause and later served as U. S. minister to Austria (1869 - 1874), a member of the New York Civil Service Commission (1884 - 1887), and president of the American Historical Association (1890). See A. Everett Peterson, "William Jay" and "John Jay," in *Dictionary of American Biography*, vol. 10, pp. 10 - 12.
114. Quoted in Milledge L. Bonham Jr., "A Forgotten American Statesman," *American Mercury* 2, no. 8 (August 1924), p. 493.
115. William Howard Taft, *Our Chief Magistrate* (Columbia University Press, 1925), p. 152.
116. Dangerfield, *Chancellor Robert R. Livingston*, p. 279.
117. Ibid., p. 278.
118. E. B. Livingston, *The Livingstons of Livingston Manor*, p. 397.
119. Ibid., p. 343. Seventy-five years later Livingston's speech was translated into Spanish and published in Mexico when a similar issue confronted that government. Bonham, "A Forgotten American Statesman," p. 494.
120. Quoted in Hatcher, *Edward Livingston*, p. 70.
121. Ibid., pp. 68 - 69. Italics in original.
122. Quoted in Charles R. King, ed., *The Life and Correspondence of Rufus King* (New York: Putnam's, 1894 - 1900), vol. 3, p. 460.
123. Smith Thompson (1768 - 1843) married Sarah Livingston (1777 - 1833), a great-granddaughter of Gilbert, youngest son of the First Lord.
Thompson was a state judge, 1802 - 1818, for the last four years serving as the chief justice of the New York Supreme Court. He was then appointed secretary of the navy

by President Monroe and offered the U. S. Supreme Court seat left vacant by the death of Brockholst Livingston in 1823. He hesitated, feeling that he had some chance for the presidential nomination, but finally concluded that he could not defeat John Quincy Adams, and accepted the court appointment. Although he remained on the bench until his death, he became the Republican nominee for governor of New York in 1828. His losing campaign against Martin Van Buren was one of the most bitter in the state's history, and he was sharply criticized for making the race without resigning from the court. At least one historian, Jabez D. Hammond, considered that "for legal acumen, clearness of perception, and logical power of mind, there are few if any men, in this or any other country, who can excel Judge Smith." See King, *Life and Correspondence of Rufus King*, vol. 6, pp. 508 – 510 (for presidential ambitions); Robert Livingston Nicholson, *Material Relating to the Livingston, Nicholson, Clack, Wheelock, Hamilton, Steele, Roosevelt, and Schuyler Families* (Typewritten manuscript, 1939, Library of Congress), pages unnumbered (for genealogy); Jabez D. Hammond, *The History of Political Parties in the State of New York* (Cooperstown, N. Y.: H. and E. Phinney, 1846), vol. 1, pp. 180 – 181.

124. William S. Carpenter, "Edward Livingston," in Dictionary of American Biography, vol. 11, p. 309; Hatcher, *Edward Livingston*, p. 185.

125. Quoted in King, *Life and Correspondence of Rufus King*, vol. 3, p. 459.

126. Quoted in Edwin B. Livingston, *The Livingstons of Livingston Manor*, p. 358. Italics in original.

When Morris was minister to France (1792 – 1794) he took Henry Livingston with him as his private secretary. Besides the $1,350 salary, the young man must have received a liberal education, for Morris and Talleyrand were having affairs with the novelist Adelaide de Flahaut at the same time. Swiggett, The Extraordinary Mr. Morris, p. 229; Charles Callan Tansill, *The Secret Loves of the Founding Fathers* (New York: Devin-Adair, 1964), pp. 123 – 164.

Henry Livingston (1768 – 1810), a grandson of the third lord of the manor, later became the fifth of his dynasty to serve in Congress, 1803 – 1807. See *Biographical Directory of the American Congress, 1774 – 1961*, p. 1226.

127. The marriage of the Chancellor's daughter to Edward Philip Livingston gave the Livingston dynasty a second link to the Roosevelt dynasty:

Edward Philip Livingston (1779 – 1843)
m. 1799 *Elizabeth S. Livingston* (1780 – 1839)

|

Elizabeth Livingston (1813 – 1896)
m. 1833 *Dr. Edward Hunter Ludlow* (1810 – 1884)

|

Mary Livingston (1843 - 1919)
m. 1861 *Valentine Gill Hall* (1834 - 1880)

|

Anna Rebecca Hall (1863 - 1892)
m. 1883 *Elliott Roosevelt* (1860 - 1893)

|

Eleanor Roosevelt (1884 - 1962)
m. 1905 *Franklin Delano Roosevelt* (1882 - 1945)

128. His father was Walter Livingston (1740 - 1797), ablest son of the third lord. He was a member of the Continental Congress, 1784 - 1785, and a commissioner of the U. S. Treasury, 1785. Walter became involved in the financial manipulations of William Duer, having endorsed Duer's notes to the extent of $375,000, and came close to joining his associate in debtor's prison. See Dangerfield, Chancellor Robert R. Livingston, pp. 280 - 281; see also *Biographical Directory of the American Congress, 1774 -1961*, pp. 1226 - 1227. (which incorrectly lists him as a son of Philip the Signer.)
129. Henry Adams, *History of the United States of America during the Administrations of Jefferson and Madison* (Boston: Houghton Mifflin, 1947), vol. 2, p. 48.
130. Edward A. Parsons, ed., *The Original Letters of Robert R. Livingston, 1801 - 1803* (New Orleans: Louisiana Historical Society, 1953), p. 13.
131. Quoted in E. B. *Livingston*, *The Livingstons of Livingston Manor*, p. 276.
132. Quoted in Dangerfield, *Chancellor Robert R. Livingston*, p. 376.
133. Cleaves, *Old Tippecanoe*, pp. 155 - 156.
134. Quoted in E. B. Livingston, *The Livingstons of Livingston Manor*, p. 382.
135.

John Stevens I (c. 1682 - 1737)
Arrived America 1699
Real estate speculator

|

John II (1715 - 1792)
CONTINENTAL CONGRESS

|

John III (1745 - 1838)
Brother-in-law of Chancellor
Livingston. Steamboat and railraod innovator

|

Robert Livingston (1787 - 1856) | *Edwin Augustus* (1795 - 1868)

The brothers controlled the Camden & Amboy Railroad with the Stocktons. Robert Livingston Stevens (1787 - 1856) assisted his father in the design and construction of the Phoenix, the first oceangoing steamboat in the world. He was considered the country's leading naval architect. Later, when he turned his attention to railroading, his designs included the T-rail (the standard section on all American railroads) and the "hook-headed spike" (substantially the railroad spike of today). See Carl W. Mitman, "Robert Livingston Stevens," in *Dictionary of American Biography*, vol. 17, pp. 619 - 620.

Edwin Augustus Stevens (1795 - 1868) was also an inventor whose designs included the "two horse dump wagon," used extensively for many years to haul away refuse in New York. However, he primarily handled the business side of all Stevens family ventures. He left an estate of about $18 million and founded the Stevens Institute of Technology, Hoboken, New Jersey. His marriage to Martha Bayard Dod linked the Stevens, Stockton, and Bayard families. His wife was a granddaughter of Samuel J. Bayard (the claims negotiator under the Jay Treaty) and a great granddaughter of Susanna Stockton (the sister of Richard the Signer). See Carl W. Mitman, "Edwin Augustus Stevens," in *Dictionary of American Biography*, vol. 17, pp. 608 - 609.

A daughter of Edwin A. Stevens married into the distinguished Garnett family of Virginia. Her husband was Muscoe Russell Hunter Garnett (1821 - 1864), a strong defender of slavery, who left the U. S. House of Representatives in 1861 and later became a Confederate congressman. After Garnett's death, Stevens ordered his daughter to return to New Jersey with her two small children. She refused. He then got President Lincoln to send a gunboat up the Rappahannock to bring his willful daughter back. Mary Stevens Garnett returned to her father's house, but only after the gunboat's commander threatened to take her by force. See Agnes Rothery, *Houses Virginians Have Loved* (New York: Rinehart, 1954), pp. 210 - 211.

136. Dorothy Gregg, "The Exploitation of the Steamboat: The Case of Colonel John Stevens" (Ph. D. diss., Columbia University, 1951), p. 37.
137. Talbot Hamlin, *Benjamin Henry Latrobe* (Oxford University Press, 1955), pp. 188 - 189.
138. Dangerfield, *Chancellor Robert R. Livingston*, p. 287.
139. Ibid., pp. 50 and 415.
140. Ibid., p. 287.
141. Quoted in Hamlin, *Benjamin Henry Latrobe*, p. 408.
142. H. W. Dickinson, *Robert Fulton, Engineer and Artist: His Life and Works* (London: John Lane, 1913), pp. 145 - 146.
143. Dickinson, *Robert Fulton*, p. 270.
144. Quoted in Hamlin, *Benjamin Henry Latrobe*, p. 376n.
145. James Thomas Flexner, *Inventors in Action, the Story of the Steamboat* (New York:

Collier Books, 1962), p. 332. Originally published as *Steamboats Come True* (New York: Viking, 1944).

146. Archibald Douglas Turnbull, *John Stevens: An American Record* (New York: Century, 1928), p. 261.

147. Turnbull, *John Stevens*, p. 331.

148. Quoted in Hamlin, *Benjamin Henry Latrobe*, p. 372.

149. Quoted in Gordon, "The Livingstons of New York," p. 236.

150. Lyle Saxon, *Lafitte the Pirate* (New York: Century, 1930), pp. 119, 127 - 128. See also William Bridgwater, "Jean Lafitte," in *Dictionary of American Biography*, vol. 10, pp. 540 - 541.

151. Catharina V. R. Bonney, *A Legacy of Historical Gleanings* (Albany, N. Y. : J. Munsell, 1875), vol. 1, p. 86.

152. Howard Knott, "Auguste Genevieve Valentin D'Avezac," in *Dictionary of American Biography*, vol. 5, p. 89.

153. Bonham, "A Forgotten American Statesman," p. 498.

154. Hatcher, *Edward Livingston*, pp. 285 - 286.

155. Quoted in Roger Butterfield, *The American Past* (New York: Simon & Schuster, 1947), p. 37.

156. Quoted in E. B. Livingston, *The Livingstons of Livingston Manor*, pp. 436 - 437.

157. Quoted in Arthur M. Schlesinger Jr. , *The Age of Jackson* (Boston: Little, Brown, 1945), p. 64.

158. Quoted in Hatcher, *Edward Livingston*, p. 383.

159. Quoted in E. B. Livingston, *The Livingstons of Livingston Manor*, p. 441.

160. Quoted in Louise Livingston Hunt, *Memoir of Mrs. Edward Livingston* (New York: Harper, 1886), p. 142.

161. Thomas Pennant Barton (1803 - 1869) was the son of Benjamin Smith Barton (1766 - 1815), a famous physician and naturalist, who succeeded Benjamin Rush at the University of Pennsylvania and was the author of the first elementary botany written by an American.

162. Josiah Quincy, *Figures of the Past from the Leaves of Old Journals* (Boston: Little, Brown, 1926), p. 225. Italics in original.

163. Ibid. , p. 227.

164.

Peter Van Brugh Livingston (1710 - 1792)
President, New York Provincial Congress

Philip (1740 - 1810) ("Gentleman Phil")
A strong Tory

Peter Van Brugh (1792 - 1868)
U. S. minister to Ecuador, 1848

Charles Ludlow (1800 - 1873)
Speaker of the New York Assembly, 1832 - 1833;
state senate, 1834 - 1837

165. John Henry Livingston (1848 - 1927) was the product of two generations of intrafamily marriages. His parents were Clermont (of the Clermont line) and Cornelia Livingston (of the Manor line); his grandparents were Edward Philip (of the Manor line) and Elizabeth Stevens Livingston, the Chancellor's daughter (of the Clermont line).
166. * Her second husband was Julian Ursyn Niemcewicz (1758 - 1841), Polish patriot and man of letters. He visited the United States in 1797 with General Kosciuszko after they had been released from a two-year imprisonment in St. Petersburg. The marriage to Mrs. Kean took place in 1800, after which they returned to Europe, where he was secretary to the Polish Senate until the 1830 insurrection. He continued to work for Polish independence but was never to return to his native land, and died in Paris. See Julian Ursyn Niemcewicz, *Under Their Vine and Fig Tree: Travels through America in 1797 - 1799 ...* (Elizabeth, N. J.: Grassman, 1965).
See William B. Aitken, *Distinguished Families in America Descended from Wilhelmus Beekman and Jan Thomasse Van Dyke* (New York: Knickerbocker, 1912), pp. 13 - 14.
167. Quoted in Dangerfield, *Chancellor Robert R. Livingston*, p. 400.
168. There were three exceptions, grandsons of the wastrel Peter R. Livingston: Crawford (1811 - 1847), Moncrieffe Jr. (b. 1807), and William A. (1805 - 1861). They were pioneers in the development of express companies, and their firms (Livingston, Wells & Co. and Livingston & Fargo) became the nuclei of the two giants in the field — the American Express Company and Wells, Fargo & Co. See Edward Hungerford, *Wells Fargo* (New York: Random House, 1949), p. 5.
169. Myers, *History of the Supreme Court*, p. 140.
170. Gordon, "The Livingstons of New York," p. 284.
171. Ibid., p. 277.
172. On the ban against Livingston males entering any profession other than law, there were two notable exceptions: John Henry Livingston (1746 - 1825), the famous clergyman-educator (see Frelinghuysen Dynasty), and Goodhue Livingston (1867 - 1951), a great-grandson of the Chancellor, an architect whose designs include the St. Regis Hotel, Hayden Planetarium, and Rikers Island Penitentiary in New York, and the state Capitol of Oregon.
The architect's son, Goodhue Livingston Jr. (1897 - 1994), had a distinguished career in New York municipal government. He was executive secretary to Mayor La Guardia (1943 - 1945) and a member of the City Planning Commission (1945 - 1961). During 1942 he was in charge of American underground intelligence in South Africa. Letter from Goodhue Livingston Jr. to author, March 27, 1964.

173. From the obituary of Robert Swift Livingston (1780 - 1867), a grandson of the third Lord. *Semi-Weekly Times* (New York), March 1, 1867. Quoted in Gordon, "The Livingstons of New York," pp. 248 - 249.
174. Gordon, "The Livingstons of New York," p. 253.
175. Direct lineage provided by Bob Livingston, April 14, 2015.

沃什伯恩王朝

1. Quoted in Lilian Washburn, *My Seven Sons: The True and Amazing Story of the Seven Famous Washburn Brothers as told by the Old Grandsire, Israel, Sr., and Transcribed by his Granddaughter* (Portland, Me.: Falmouth, 1940), p. 11.
2. On two other occasions there were three brothers in Congress at the same time. Between 1825 and 1827 James Findlay (1770 - 1835) was a member of the House of Representatives from Ohio, John (1766 - 1838) served in the House from Pennsylvania, and William (1768 - 1840) was a Pennsylvania senator. Then for four months in 1862 - 1863 Maine was represented by Samuel C. (1815 - 1882) and Thomas A. D. Fessenden (1826 - 1868) in the House and by William Pitt Fessenden (1806 - 1869) in the Senate.
3. Quoted in William W. Folwell, *A History of Minnesota* (St. Paul: Minnesota Historical Society, 1926), vol. 3, p. 328.
4. Quoted in Gaillard Hunt, *Israel, Elihu and Cadwallader Washburn* (New York: Macmillan, 1925), p. 193.
5. See David Atwood, *Memorial Addresses on the Life and Character of Hon. C. C. Washburn* (Madison, Wis.: D. Atwood, 1883), p. 11.
6. George F. Hoar, *Autobiography of Seventy Years* (New York: Scribner's, 1903), vol. 1, p. 238.
7. "The Fight over the Body of Keitt (A Fragment from the Great American Epic, the Washingtoniad)," *Punch, or the London Charivari*, March 6, 1858, p. 100, including the memorable lines:

   Washburne stood with his brother — CADWALLADER stood with ELIHU; Broad Illinois sent the one, and woody Wisconsin the other.
8. Quoted in William C. Edgar, *The Medal of Gold* (Minneapolis: Bellman, 1925), p. 9.
9. Quoted in Hunt, *Israel, Elihu and Cadwallader Washburn*, p. 158.
10. Undated article from the *Milwaukee Sentinel* (private collection of Thomas D. Washburne, Baltimore).
11. Quoted in Hunt, *Israel, Elihu and Cadwallader Washburn*, p. 230.
12. Quoted in L. Washburn, *My Seven Sons*, p. 24.
13. See Julia Chase Washburn, *Genealogical Notes of the Washburn Family* (Lewiston,

Me.: Press of Journal Co., 1898); also letter from Elihu B. Washburne to Emory Washburn, June 24, 1859, Elihu B. Washburne Papers, Library of Congress.

14. Quoted in L. Washburn, *My Seven Sons*, p. 64.
15. See Reginald H. Sturtevant, "Seven Sons," *Down East: The Magazine of Maine* 2, no. 8 (June 1956), p. 22.
16. Quoted in Hunt, *Israel, Elihu and Cadwallader Washburn*, p. 172.
17. Quoted in Joseph Schafer, "Washburniana," *Wisconsin Magazine of History* 14, no. 3 (March 1931), p. 317.
18. Worthington Chauncey Ford, ed., *Letters of Henry Adams*, 1858 - 1891 (Boston: Houghton Mifflin, 1930), vol. 1, p. 63.
19. The three Washburn sisters were Martha Benjamin Washburn (b. 1820), who married Captain Charles L. Stephenson and had five children; Mary Benjamin Washburn (1825 - 1867), who married Gustavus A. Buffum, had five children, and lived in Missouri; and Caroline Washburn (b. 1833), who married Dr. Freeland S. Holmes (who died while serving as a Union surgeon during the Civil War) and had two children. The widow Holmes then looked after her blind father in Livermore and later kept house for her brother Cadwallader.
20. Washburn Memorial Library, *Dedicatory Exercise of the Washburn Memorial Library* (Chicago, 1885), p. 39.
21. Grant to Elihu Washburne, February 21, 1862: "That portion of your letter which required immediate attention was replied to as soon as your letter was read. I mean that I telegraphed Col. C. C. Washburn, Milwaukee, Wis., asking him to accept a place on my staff." James Grant Wilson, ed., *General Grant's Letters to a Friend, 1861 - 1880* (New York: T. Y. Crowell, 1897), p. 4.
22. Lincoln to Elihu Washburne, October 26, 1863: "Inclosed I send the leave of absence for your brother [Cadwallader], in as good form as I think I can safely put it. Without knowing whether he would accept it, I have tendered the Collectorship at Portland, Me., to your other brother, the Governor [Israel] . . . . A second term would be a great honor and a great labor, which together, perhaps I would not decline, if tendered." Hempstead Washburne II Collection (transcripts in the possession of Thomas D. Washburne, Baltimore).
23. "It is not impossible that the appointment of Mr. Washburne's brother Charles, to be Commissioner to Paraguay and Minister to the same country, may have been influenced by the close bond between the President and the Congressman." Francis X. Gannon, "A Study of Elihu Benjamin Washburne: American Minister to France during the Franco-Prussian War and the Commune" (Ph. D. diss., Georgetown University, 1950), pp. 9 - 10.

24. Elihu B. Washburne Papers, Library of Congress, vol. 13.
25. Folwell, *A History of Minnesota*, vol. 3, p. 327.
26. See W. Burlie Brown, *The People's Choice* (Louisiana State University Press, 1960), p. 6.
27. See James G. Blaine, *Twenty Years of Congress* (Norwich, Conn.: Henry Notes: The Washburn Dynasty 631 Bill Publishing, 1884), vol. 1, pp. 509 - 510; *Lake Forester* (Illinois), July 27, 1961, p. 78.
28. Robert Anderson, "A New Lincoln Letter," *Chicago Sunday Tribune Magazine*, January 14, 1962, pp. 44 - 45.
29. For example, Grant to Washburne, September 3, 1861: "In conclusion, Mr. Washburne, allow me to thank you for the part you have taken in giving me my present position. I think I see your hand in it, and admit that I had no personal claims for your kind office in the matter." Wilson, *General Grant's Letters to a Friend*, p. 2.
30. Grant and Washburne also engaged in some joint financial investments through the good offices of Jay Cooke, which were apparently profitable for all concerned. Grant writes Washburne on October 8, 1865: "On arrival I found your letter relative to our Jay Cook [*sic*] ... speculation. I saw Cook. He says that he took advantage of our confidence in him and changed our speculation so that we will make about $25,000 to close out now. I said close." Another letter from Grant on October 28, 1865, indicates that there were also some minor losses. Both letters are in the Hempstead Washburne II Collection (transcripts in the possession of Thomas D. Washburne, Baltimore). Most of the Grant-Washburne correspondence was published by James Grant Wilson in *General Grant's Letters to a Friend, 1861 - 1880*. However, the two letters referring to the Jay Cooke speculations are omitted.
31. Washburne was an inveterate souvenir collector. He saved some chips from the apple tree under which Lee surrendered. Later, in Paris, when he saw a small fragment fall off the Arc de Triomphe, he paid two francs to the soldier who had picked it up, and happily added the historical bit to his collection. See Hunt, *Israel, Elihu and Cadwallader Washburn*, p. 223; Elihu B. Washburne, *Recollections of a Minister to France, 1869 - 1877* (New York: Scribner's, 1887), vol. 2, p. 97.
32. Hunt, *Israel, Elihu and Cadwallader Washburn*, pp. 191 - 192, 194.
33. Quoted in Blaine, *Twenty Years of Congress*, vol. 2, p. 358.
34. Gideon Welles, *Diary of Gideon Welles* (Boston: Houghton Mifflin, 1911), vol. 2, pp. 341 - 342.
35. Quoted in Folwell, *A History of Minnesota*, vol. 3, p. 329.
36. Welles, *Diary*, vol. 2, p. 543.
37. Quoted in Charles A. Jellison, *Fessenden of Maine*, Civil War Senator (Syracuse

University Press, 1962), p. 253.

38. In 1845 Washburne married Adele Gratiot (1826 – 1887), "the first white child born in Galena." She was the granddaughter of Charles Gratiot (1752 – 1817), a Frenchman who came to the Illinois region in 1777, became a famous fur trader and associate of the first John Jacob Astor, and performed important services for General George Rogers Clark during the American Revolution. Her maternal uncle was Edward Hampstead (1780 – 1817), first delegate from the Territory of Missouri to the U. S. Congress.
39. *The Nation*, however, wasn't overly concerned about Washburne's appointment because "Luckily there is no question of importance now pending between this country and France... and though we do not think the French, or any other mission, should be made a retreat for the President's invalid friends, no immediate mischief is likely to result from General Grant's choice in this instance." March 18, 1869, p. 204. But in an earlier editorial The Nation called Washburne "a very able and useful man," implying that he would have been a good secretary of the Treasury. The magazine's complaint was that he was ill suited for a foreign policy post. March 11, 1869, p. 184.
40. E. B. Washburne, *Recollections*, vol. 2, p. 67.
41. Ibid., vol. 1, pp. 272, 282, 235.
42. Ibid., vol. 1, pp. 286, 289.
43. Quoted in Allan Nevins, *Hamilton Fish* (New York: Dodd, Mead, 1936), p. 406.
44. See Herbert J. Clancy, *The Presidential Election of 1880* (Loyola University Press, 1958), p. 106n.
45. Charles A. Washburn, *Philip Thaxter* (New York: Rudd & Carleton, 1861), p. 243.
46. Charles A. Washburn, *Gomery of Montgomery* (New York: Carleton, 1865), vol. 2, p. 300.
47. L. Washburn, *My Seven Sons*, p. 81.
48. Charles A. Washburn, *The History of Paraguay, with Notes of Personal Observations, and Reminiscences of Diplomacy under Difficulties* (Boston: Lee & Shepard, 1871), vol. 2, p. 460.
49. Ibid., vol. 2, p. 536.
50. Ibid., vol. 2, p. 523.
51. L. Washburn, *My Seven Sons*, p. 126.
52. C. A. Washburn, *History of Paraguay*, vol. 2, p. 530; vol. 1, p. 243; vol. 2, p. 436.
53. L. Washburn, *My Seven Sons*, p. 129.
54. Quoted in Edgar, *Medal of Gold*, p. 64.
55. See Wilson, *General Grant's Letters to a Friend*, p. 24.
56. Atwood, *Memorial Addresses*, p. 16.
57. Ibid., p. 16.
58. See Cyrus Woodman, *A Statement Relating to the Will of Hon. Cadwallader C.*

Washburn (Cambridge, Mass. : Privately printed, 1884).
59. Quoted in Folwell, *A History of Minnesota*, vol. 3, pp. 494 - 495.
60. See "The Reminiscences of Stanley Washburn" (transcript in the Oral History Research Office, Columbia University, New York), p. 4.
61. Arthur Wallace Dunn, *Gridiron Nights* (New York: Frederick A. Stokes, 1915), p. 38.
62. See Folwell, *A History of Minnesota*, vol. 3, pp. 389 - 399; Martin Ridge, Ignatius Donnelly (University of Chicago Press, 1962), pp. 180 - 195.
63. See "Reminiscences of Stanley Washburn," pp. 13 - 14.
64. *Minneapolis Journal*, January 25, 1895, p. 1. The newspaper agreed with the senator's assessment of his defeat. Its front-page cartoon, "Locking the Door after the Horse Is Stolen," was captioned: "In view of the notorious, scandalous employment of the patronage of the office of Governor by Knute Nelson to secure his election to the Senate, two members of the Legislature introduce bills to prevent this prostitution of public office to private advantage in the future."
65. See "Reminiscences of Stanley Washburn," p. 17.
66. Folwell, *A History of Minnesota*, vol. 3, pp. 204 - 205.
67. See Graham H. Stuart, *The Department of State* (New York: Macmillan, 1949), pp. 153, 155 - 156.
68. See *Minneapolis Journal*, September 26, 1919, p. 1; New York Times, September 27, 1919, p. 13.
69. Stanley Washburn, *The Cable Game* (Boston: Sherman, French, 1912), p. 14.
70. See Stanley Washburn, *Trails, Trappers, and Tender-feet in the New Empire of Western Canada* (London: A. Melrose, 1912); Richard Barry, *The Events Man: Being an Account of the Adventures of Stanley Washburn, American War Correspondent* (New York: Moffat, Yard, 1907); New York Times, December 15, 1950, p. 31.
71. *Art Digest*, February 15, 1934, p. 21.
72. Lansing Lamont, "Washburn's Works," *Washington Evening Star* (typewritten copy in the collection of Reginald H. Sturtevant, president of the Livermore Falls [Maine] Trust Company).
73. Ludwig A. Enge, "Cadwallader Washburn, Painter-Etcher" (typewritten copy in the collection of Mr. Sturtevant); also see *Art Digest*, November 6, 1937, p. 21; December 1, 1937, p. 19; April 1, 1934, p. 25.
74. Bessie Louise Pierce, *A History of Chicago* (New York: Knopf, 1957), vol. 3, p. 376.
75. *Minneapolis Journal*, October 10, 1929, p. 2.

穆伦贝尔格王朝

1. See Document No. 249, United States Senate, 77th Cong., 2d Sess., *Proceedings in Commemoration of the 200th Anniversary of the Landing of Henry Melchior Muhlenberg in Philadelphia, Pennsylvania, November 25, 1742* (Government Printing Office, 1942).
2. For the early German migration and the Germans' role in colonial America, see Louis Adamic, A Nation of Nations (New York: Harper, 1945), p. 168; Carl Wittke, We Who Built America (New York: Prentice-Hall, 1939), p. 66; Arthur D. Graeff, "Pennsylvania, the Colonial Melting Pot," in The Pennsylvania Germans, edited by Ralph Wood (Princeton University Press, 1942); Albert Bernhardt Faust, The German Element in the United States (Boston: Houghton Mifflin, 1927), vol. 1; Andreas Dorpalen, "The Political Influence of the German Element in Colonial America," Pennsylvania History 6, no. 3 (July 1939), and idem, "The German Element in Early Pennsylvania Politics, 1789 - 1800," *Pennsylvania History* 9, no. 3 (July 1942), p. 176.
3. See James Owen Knauss, *Social Conditions among the Pennsylvania Germans in the Eighteenth Century, as Revealed in German Newspapers Published in America* (Lancaster, Pa.: New Era Printing, 1922), p. 73.
4. Quoted in Paul A. W. Wallace, *The Muhlenbergs of Pennsylvania* (University of Pennsylvania Press, 1950), p. 267.
5. Quoted in Luther A. Weigle, *American Idealism* (Yale University Press, 1928), p. 114.
6. See Theodore G. Tappert and John W. Doberstein, eds., *The Journals of Henry Melchior Muhlenberg* (Philadelphia: Evangelical Lutheran Ministerium of Pennsylvania, 1942), vol. 1, p. xvii.
7. See George Dangerfield, *Chancellor Robert R. Livingston of New York*, 1746 - 1813 (New York: Harcourt, Brace, 1960), p. 15.
8. J. Bennett Nolan, *The Governor's Clock* (Reading, Pa., 1932), p. 7.
9. Quoted in Anne Ayres, *The Life and Works of William Augustus Muhlenberg*, 4th ed. (New York: Harper, 1889), p. 7.
10. Quoted in Paul Wallace, *Conrad Weiser* (University of Pennsylvania Press, 1945), p. 33; see also P. C. Croll, "Ann Eve Weiser," in *Notable Women of Pennsylvania*, edited by Gertrude B. Biddle and Sarah D. Lowrie (University of Pennsylvania Press, 1942), pp. 26 - 28.
11. See Henry A. Muhlenberg, *Life of Major-General Peter Muhlenberg of the Revolutionary Army* (Philadelphia: Carey and Hart, 1849), pp. 52 - 53. The biographer was a great-nephew of the general.

12. See James Grant Wilson, *Colonel John Bayard and the Bayard Family of America* (New York: Trow's Printing, 1885), p. 17; James Grant Wilson, "Andrew Kirkpatrick," *Proceedings of the New Jersey Historical Society*, 2nd ser., 2 (1872), p. 95.
13. Quoted in Otto A. Rothert, *History of Muhlenberg County* (Louisville, Ky.: J. P. Morton, 1913), p. 6.
14. Wallace, *The Muhlenbergs of Pennsylvania*, p. 121.
15. *The Journals of Henry Melchior Muhlenberg*, vol. 2, p. 192.
16. Wallace, *The Muhlenbergs of Pennsylvania*, pp. 247 - 248.
17. Ibid., p. 107.
18. See Maldwyn Allen Jones, *American Immigration* (University of Chicago Press, 1960), pp. 58 - 59.
19. See Herbert H. Beck, "Henry E. Muhlenberg, Botanist," *Papers Read before the Lancaster County Historical Society* 32, nos. 7 - 8 (Lancaster, Penn., 1928); also Harry Baker Humphrey, *Makers of North American Botany* (New York: Ronald Press, 1961), pp. 185 - 186.
20. Quoted in Joseph Henry Dubbs, *History of Franklin and Marshall College* (Lancaster, Pa.: Franklin and Marshall College Alumni Association, 1903), pp. 8 - 9.
21. L. H. Butterfield, ed., *Letters of Benjamin Rush* (Princeton University Press, 1951), vol. 1, pp. 421, 424.
22. S. E. Ochsenford, ed., *Muhlenberg College, 1867 - 1892* (Allentown, Pa.: Muhlenberg College, 1892), p. 62.
23. See Armin George Weng, "The Language Problem in the Lutheran Church in Pennsylvania, 1742 - 1820," *Church History* 5, no. 4 (December 1936), p. 361.
24. See Dieter Cunz, *The Maryland Germans* (Princeton University Press, 1948), pp. 66 - 67.
25. Quoted in Oswald Seidensticker, "Frederick Augustus Conrad Muhlenberg, Speaker of the House of Representatives in the First Congress, 1789," *Pennsylvania Magazine of History and Biography* 13, no. 2 (1889), p. 200.
26. Quoted in Weigle, *American Idealism*, p. 157.
27. See Seidensticker, "Frederick Augustus Conrad Muhlenberg," pp. 196, 198n.
28. See Allan Nevins, *The American States during and after the Revolution, 1775 - 1789* (New York: Macmillan, 1924), p. 184.
29. See George Adams Boyd, *Elias Boudinot: Patriot and Statesman* (Princeton University Press, 1952), p. 156.
30. Quoted in Knauss, *Social Conditions*, p. 159.
31. See Mary P. Follett, *The Speaker of the House of Representatives* (New York:

Longmans, Green, 1909), p. 65.

32. Quoted in Edward W. Hocker, *The Fighting Parson of the American Revolution* (Philadelphia: Privately printed, 1936), p. 143.

33. Quoted in Bernard Fay, "Early Party Machinery, Pennsylvania in the Elections of 1796," *Pennsylvania Magazine of History and Biography* 60, no. 4 (October 1936), p. 386.

34. Quoted in Ayres, *The Life and Works of William Augustus Muhlenberg*, pp. 6 - 7.

35. Quoted in Paul A. W. Wallace, *Pennsylvania: Seed of a Nation* (New York: Harper & Row, 1962), p. 131.

36. Benjamin Rush agreed that the Muhlenbergs had tipped the scale against Adams. See L. H. Butterfield, *Letters of Benjamin Rush*, vol. 2, p. 908.

37. See Henry Melchior Muhlenberg Richards, "Governor Joseph Hiester," in *The Pennsylvania-German Society*, *Proceedings and Addresses* (Lancaster, Pa., 1907), vol. 16, p. 38; William Frederick Worner, *Old Lancaster*, *Tales and Traditions* (Lancaster, Pa., 1927), p. 197.

38. See Mary Vernon Mish, *Jonathan Hager*, *Founder* (Hagerstown, Md.: Hagerstown Bookbinding, 1937), pp. 49 - 63.

39. See Philip S. Klein, "Early Lancaster County Politics," *Pennsylvania History* 3, no. 2 (April 1936), p. 106.

40. See Philip S. Klein, *Pennsylvania Politics*, 1817 - 1832 (Philadelphia: Historical Society of Pennsylvania, 1940), p. 141.

41. See Frederic A. Godcharles, "Pennsylvania Statesmanship — At Home and Abroad," *Americana* 37, no. 4 (October 1943), pp. 606 - 607.

42. William Frederick Worner, ed., "Letters of James Buchanan," in Papers *Read before the Lancaster County Historical Society* (Lancaster, Pa., 1932), vol. 36, no. 8, p. 205.

43. John Quincy Adams, *Memoirs* (Philadelphia: J. B. Lippincott, 1874 - 1877), vol. 9, pp. 491 - 492.

44. See Richard Vaux, *Sketch of the Life of Joseph Hiester* (Philadelphia: Allen, Lane and Scott, 1887), pp. 10 - 11.

45. George H. Genzmer, "William Augustus Muhlenberg," in *Dictionary of American Biography* (New York: Charles Scribner, 1936), vol. 13, pp. 313 - 314.

46. Quoted in E. Digby Baltzell, *Philadelphia Gentlemen* (Glencoe, Ill.: Free Press, 1958), p. 308.

47. Letter from Frederick A. Muhlenberg to author, July 9, 1963.

罗斯福王朝

1. Quoted in Arthur M. Schlesinger Jr., *The Age of Roosevelt: The Crisis of the Old*

Order, *1919 - 1923* (Boston: Houghton Mifflin, 1957), pp. 323 - 324.

2. See Eleanor Roosevelt, *This Is My Story* (New York: Harper, 1937), pp. 124 - 126.
3. Quoted in Nicholas Roosevelt, *A Front Row Seat* (University of Oklahoma Press, 1953), p. 40.
4. The relationship between Ulysses S. Grant and Franklin Delano Roosevelt:

Jonathan Delano
m. *Mercy Warren*

- *Susannah Delano* m. *Noah Grant*
  - *Noah Grant* m. *Rachel Kelly*
    - *Jesse R. Grant* m. *Hannah Simpson*
      - *Ulysses S. Grant* PRESIDENT
- *Thomas Delano* m. *Jean Pecham*
  - *Ephraim Delano* m. *Elizabeth Cushman*
    - *Warren Delano* m. *Deborah Church*
      - *Warren Delano* m. *Catherine Lyman*
        - *Sara Delano* m. *James Roosevelt*
          - *Franklin Delano Roosevelt* PRESIDENT

5. Bellamy Partridge, *An Imperial Saga*, *the Roosevelt Family in America* (New York: Hillman-Curl, 1936), p. 293.
6. Karl Schriftgiesser, *Families* (New York: Howell, Soskin, 1940), p. 408.
7. Paul Haber, *The House of Roosevelt* (Brooklyn, N. Y.: Author's Publishing Co., 1936), p. 11.
8. *New York Times*, March 15, 1935, p. 1.
9. Quoted in Allen Churchill, *The Roosevelts: American Aristocrats* (New York: Harper and Row, 1965), p. 39.
10. Eleanor Roosevelt, *On My Own* (New York: Harper, 1958), p. 12.
11. *New York Times*, November 3, 1936, p. 5.
12. Wrote Theodore Roosevelt, *Gouverneur Morris* (Boston: Houghton MifJonathan Delano genealogy flin, 1898), p. 144: "It needed all Hamilton's wonderful genius to force ratification of the [federal] Constitution [in New York State] in spite of the stupid selfishness of the Clintonian faction; as it was, he was only barely successful, although backed by all the best and ablest leaders in the community, — Jay, Livingston,

Schuyler, Stephen Van Rensselaer, Isaac Roosevelt, James Duane, and a host of others."

13. Quoted in Karl Schriftgiesser, *The Amazing Roosevelt Family* (New York: Funk, 1942), p. 121.
14. Quoted in N. Roosevelt, *A Front Row Seat*, p. 8.
15. Heads of Roosevelt &son

- *James J. Roosevelt* (1759 - 1840)
  - *C. V. S.* (1794 - 1871)
    - *James A.* (1825 - 1898)
      - *W. Emlen* (1857 - 1930)
        - *George Emlen* (1887 - 1963)
          - *Julian* (1924 - 1986)
    - *Theodore* (1831 - 1878) father of President Theodore Roosevelt

16. *New York Times*, September 4, 1963, p. 39. The correspondence with FDR is also attributed to Philip J. Roosevelt, George Emlen's brother, in William T. Cobb, The Strenuous Life: *The "Oyster Bay" Roosevelts in Business and Finance* (New York: William E. Rudge's Sons, 1946), p. 1.
17. The Roosevelts mentioned in this paragraph are in small capital letters: Heads of Roosevelt & Son genealogy

- *Jacobus Roosevelt* (1692 - 1776) Founder of Hyde Park Branch
  - *Helena* (1719 - 1777) m. *Andrew Bayley*
    - *Charlotte Amelia* m. *Richard Bayley*
      - ELIZABETH ANN SETON Canonized, 1975 (1774 - 1821)
      - *Richard*
        - JOHN ROOSEVELT (1814 - 1877) Catholic aechbishop
  - *Isaac* (1726 - 1794) "The Patriot" Great-great-grandfather of FDR
  - *Christopher* (1739 - 1793)
    - *James C.* (b. 1770)
      - JAMES H. (1800 - 1863) Founder of Roosevelt Hospital, New York

18. William D. Hassett, *Off the Record with F. D. R.* (Rutgers University Press, 1958), p. 50.
19. The "special talents" of Oyster Bay Roosevelts in the following genealogy are in small capital letters:

- *Johannes Roosevelt* (1689 - 1750) Founder of Oyster Bay Branch
  - *Jacobus* (1724 - 1777)
    - *James J.* (1759 - 1840)
      - *C. V. S.* (1794 - 1871)
        - *S. Weir* (1823 - 1870)
          - CORNELIUS (1847 - 1900) m. French actress
            - ANDRE (1879 - 1962) "Adventurer"
          - HILBORNE (1849 - 1886) Electric organ maker
          - Theodore (1858 - 1919) PRESIDENT
        - ROBERT B. (1829 - 1906) Conservationist, CONGRESSMAN
        - *Theodore* (1831 - 1878)
      - *JAMES I.* (1795 - 1875) Tammany CONGRESSMAN
    - NICHOLAS J. (1767 - 1854) Steamboat inventor
  - *Cornelius* (1731 - 1773)
    - *Elbert* (1767 - 1857)
      - CLINTON (1804 - 1898) Radical assemblyman

20. Quoted in Carleton Putnam, *Theodore Roosevelt*, Vol. 1, The Formative Years (New York: Scribner's, 1958), p. 141.
21. N. Roosevelt, *A Front Row Seat*, pp. 20 - 21.
22. *New York Times*, July 31, 1962, p. 27.
23. Hassett, *Off the Record*, p. 124.
24. Quoted in Churchill, *The Roosevelts*, p. 143.
25. Rita Halle Kleeman, *Gracious Lady: The Life of Sara Delano Roosevelt* (New York: Appleton-Century, 1935), p. 145.
26. Daniel W. Delano Jr., *Franklin Roosevelt and the Delano Influence* (Pittsburgh: James W. Nudi, 1946), pp. 40 - 41. FDR was descended from Thomas Delano's brother Jonathan, husband of Mercy Warren, a granddaughter of the distinguished Richard Warren who came over on the *Mayflower*.
27. See Mrs. James Roosevelt as told to Isabel Leighton and Gabrielle Forbush, *My Boy Franklin* (New York: R. Long and R. R. Smith, 1933).
28. Delano, *Franklin Roosevelt*, p. 13.

29. Corinne Roosevelt Robinson, *My Brother Theodore Roosevelt* (New York: Scribner's, 1921), p. 18.
30. Quoted in Henry F. Pringle, *Theodore Roosevelt* (New York: Harcourt, Brace, 1931), p. 5.
31. Putnam, *Theodore Roosevelt*, pp. 48 - 49.
32. William E. Dodge Jr. and others, *Theodore Roosevelt, Senior, a Tribute. The Johannes Roosevelt genealogy Proceedings at a Meeting of the Union League Club, New York City, February 14, 1878* (New York, 1902), p. 20.
33. See George F. Howe, *Chester A. Arthur* (New York: Dodd, Mead, 1934), p. 79.
34. Lilian Rixey, Bamie, *Theodore Roosevelt's Remarkable Sister* (New York: McKay, 1963), pp. 30, 52.
35. Eleanor Roosevelt, ed., *Hunting Big Game in the Eighties, the Letters of Elliott Roosevelt, Sportsman* (New York: Scribner's, 1932), pp. ix-x.
36. Quoted in Kleeman, *Gracious Lady*, p. 126.
37. The relationship between the Livingstons and the Roosevelts:

Philip Livingston (1716 - 1778)
Signer, Declaration of Independence

|

Philip Philip Livingston (1741 - 1787)

|

Edward Philip Livingston (1779 - 1843)
m. *Elizabeth Livingston*, daughter of Chancellor Livingston

|

Elizabeth Livingston (1813 - 1896)
m. *Dr. Edward H. Ludlow* (1810 - 1884)

|

Mary Livingston (1843 - 1919)
m. *Valentine G. Hall* (1843 - 1880)

|

Anna R. Hall (1843 - 1919)
m. *Elliott Roosevelt* (1860 - 1893)

|

Eleanor Roosevelt (1884 - 1962)
m. *Franklin Delano Roosevelt* (1882 - 1945)

See Robert Livingston Nicholson, *Material Relating to the Livingston, Nicholson, Clack, Wheelock, Hamilton, Steele, Roosevelt, and Schuyler Families* (typewritten manuscript, 1939, Library of Congress, pages unnumbered).

38. *In Loving Memory of Anna Hall Roosevelt by Three Friends* (New York, 1893), p. 24.

39. E. Roosevelt, *Hunting Big Game in the Eighties*, pp. 145 - 146.
40. See Cleveland Amory, *The Proper Bostonians* (New York: Dutton, 1947), p. 20.
41. See Henry F. Pringle, "... Especially Pretty Alice," *American Heritage*, February 1958, p. 63.
42. E. Roosevelt, *This Is My Story*, p. 79.
43. See Edith (Carow) Roosevelt and Kermit Roosevelt, *American Backlogs: The Story of Gertrude Tyler and Her Family* (New York: Scribner's 1928), pp. 30 - 41.
44. Quoted in Rixey, *Bamie*, p. 76.
45. Ibid., p. 88.
46. Ibid., p. 106.
47. Henry Adams, *The Education of Henry Adams* (New York: Modern Library, 1931), p. 417.
48. Quoted in Partridge, *An Imperial Saga*, p. 218.
49. Quoted in Rixey, *Bamie*, p. 35. The editorial was by Carl Schruz.
50. Theodore Roosevelt, *An Autobiography*, edited by Wayne Andrews (New York: Scribner's, 1958), pp. 78 - 79.
51. Quoted in Pringle, *Theodore Roosevelt*, p. 81.
52. Henry Cabot Lodge, ed., *Selections from the Correspondence of Theodore Roosevelt and Henry Cabot Lodge* (New York: Scribner's, 1925), vol. 1, pp. 116, 99.
53. Ibid., vol. 1, p. 87.
54. Robinson, *My Brother, Theodore Roosevelt*, pp. 159 - 160; also see Walt McDougall, This Is the Life! (New York: Knopf, 1926), pp. 130 - 131.
55. See Theodore Roosevelt, *The Rough Riders* (New York: Scribner's, 1899), pp. 9 - 26; Churchill, The Roosevelts, p. 192.
56. *Selections from the Correspondence of Theodore Roosevelt and Henry Cabot Lodge*, vol. 1, p. 334. Italics in original.
57. Quoted in Pringle, *Theodore Roosevelt*, p. 114.
58. Ibid., p. 156.
59. Rixey, *Bamie*, pp. 160 - 161.
60. See Ernest Samuels, *Henry Adams, the Major Phase* (Harvard University Press, 1964), p. 247.
61. See Theodore Roosevelt Jr., *All in the Family* (New York: Putnam's, 1929), p. 79; Joseph Bucklin Bishop, ed., *Theodore Roosevelt's Letters to His Children* (New York: Scribner's, 1919), p. 19; and J. J. Perling, *Presidents' Sons* (New York: Odyssey, 1947), pp. 253 - 254.
62. *Theodore Roosevelt's Letters to His Children*, p. 104.
63. Irwin H. Hoover, *Forty-two Years in the White House* (New York and Boston:

Houghton Mifflin, 1934), p. 28.

64. *Theodore Roosevelt's Letters to His Children*, p. 54; Stephen Gwynn, *The Letters and Friendships of Sir Cecil Spring-Rice* (London: Constable, 1929), vol. 1, p. 437.

65. Hermann Hagedorn, *The Roosevelt Family of Sagamore Hill* (New York: Macmillan, 1954), p. 186; *Town Topics*, October 20, 1904, p. 3.

66. Clara Longworth de Chambrun, *The Making of Nicholas Longworth* (New York: R. Long & R. R. Smith, 1933), p. 213. The author was Longworth's sister and a noted Shakespearean scholar. She was the wife of General Count Adalbert de Chambrun, a descendant of Lafayette, who was at one time commander of the French forces in Tunis.

67. Archibald W. Butt, *Taft and Roosevelt* (Garden City, N. Y.: Doubleday, 1930), Vol. II, p. 792.

68. Quoted in Rixey, Bamie, p. 262.

69. Quoted in William Howard Taft, *Our Chief Magistrate and His Powers* (Columbia University Press, 1925), pp. 22 - 23.

70. See George E. Mowry, *Theodore Roosevelt and the Progressive Movement* (University of Wisconsin Press, 1947), pp. 15 - 16.

71. Quoted in Arthur Wallace Dunn, *Gridiron Nights* (New York: Frederick A. Stokes, 1915), pp. 229 - 230.

72. Worthington Chauncey Ford, ed., *Letters of Henry Adams* (Boston: HoughNotes: The Roosevelt Dynasty 642 ton Mifflin, 1938), vol. 2, p. 515; Rixey, *Bamie*, p. 289.

73. See James MacGregor Burns, Roosevelt: *The Lion and the Fox* (New York: Harcourt, Brace, 1956), p. 25.

74. Quoted in Kleeman, *Gracious Lady*, p. 244.

75. Ibid., p. 233.

76. Mrs. J. Roosevelt, *My Boy Franklin*, p. 62.

77. Eleanor Roosevelt, *This I Remember* (New York: Harper, 1949), p. 16.

78. Quoted in Burns, *Roosevelt*, p. 32.

79. Quoted in Paul M. Angle, *Crossroads: 1913* (Chicago: Rand McNally, 1963), p. 80.

80. Quoted in John A. Garraty, *Henry Cabot Lodge* (New York: Knopf, 1953), p. 397.

81. Quoted in Ishbel Ross, *An American Family: The Tafts* (Cleveland: World, 1964), p. 318.

82. Burns, Roosevelt, p. 76.

83. See Partridge, *An Imperial Saga*, p. 22; James Roosevelt and Sidney Shalett, *Affectionately, F. D. R.* (New York: Harcourt, Brace, 1959), p. 149; Rixey, Bamie, pp. 257 - 258.

84. Quoted in William L. Stidger, *These Amazing Roosevelts* (New York: Macfadden,

1938), p. 13.

85. Quoted in Bela Kornitzer, *American Fathers and Sons* (New York: Hermitage House, 1952), p. 260.

86. Quoted in Partridge, *An Imperial Saga*, p. 243. For another pre-election assessment of FDR, see Ray Thomas Tucker, *The Mirrors of 1932* (New York: Brewer, Warren & Putnam, 1931): "He lacks guts" (p. 77); "He is indecisive, indiscreet and impulsive" (p. 78); "He cannot concentrate" (p. 79); "He defies definition" (p. 80); "Just another politician" (p. 86).

87. *The Autobiography of William Allen White* (New York: Macmillan, 1946), p. 635.

88. Quoted in Rixey, *Bamie*, p. 228.

89. Adlai Stevenson, "She Was a Lady for All Seasons," *Washington Post*, August 30, 1964, p. E3.

90. Kermit Roosevelt, ed., *Quentin Roosevelt, a Sketch with Letters* (New York: Scribner's, 1922), pp. 232 - 233.

91. Ibid., p. 172.

92. Quoted in Pringle, *Theodore Roosevelt*, p. 601.

93. *Theodore Roosevelt's Letters to His Children*, p. 236.

94. See Harnett T. Kane, *Spies for the Blue and Gray* (Garden City, N. Y.: Hanover House, 1954), pp. 169 - 75.

95. Quoted in Perling, *Presidents' Sons*, p. 254.

96. Quoted in Hagedorn, *The Roosevelt Family of Sagamore Hill*, p. 145.

97. Mrs. Theodore Roosevelt Jr., *Day before Yesterday* (Garden City, N. Y.: Doubleday, 1959), p. 118.

98. Quoted in Perling, *Presidents' Sons*, p. 256.

99. See Frederick Lewis Allen, *Only Yesterday* (New York: Harper, 1931), p. 69.

100. Quoted in Churchill, *The Roosevelts*, p. 271.

101. See Burl Noggle, *Teapot Dome: Oil and Politics in the 1920's* (Louisiana State University Press, 1962), p. 19; M. R. Werner and John Starr, *Teapot Dome* (New York: Viking, 1959), p. 131.

102. Quoted in Perling, *Presidents' Sons*, p. 259.

103. E. Roosevelt, *This I Remember*, pp. 31 - 32.

104. Quoted in Mrs. Theodore Roosevelt Jr., *Day before Yesterday*, p. 304.

105. *C. V. S. Roosevelt* (1794 - 1871)

S. Weir (1823 - 1870)

J. West (1858 - 1896)

Nicholas (1893 - 1982)
U. S. minister to Hungary, 1930 - 1933

Theodore (1831 - 1878)

Theodore (1858 - 1919)
PRESIDENT

106. Quoted in Mrs. Theodore Roosevelt Jr., *Day before Yesterday*, p. 206.
107. *New York Times*, August 3, 1936, p. 8.
108. Alice Roosevelt Longworth, "What's the Matter with Bob Taft?," *Saturday Evening Post*, May 4, 1940, p. 29.
109. *New York Times*, October 26, 1936, p. 5.
110. See E. Digby Baltzell, *The Protestant Establishment* (New York: Random House, 1964), p. 234n.
111. Letter from Archibald Roosevelt to U. S. senators, June 28, 1963. Courtesy of the office of Senator Thomas H. Kuchel.
112. See *Washington Post*, October 8, 1964, p. C16.
113. E. Roosevelt, *This I Remember*, p. 16.
114. Ibid., p. 26.
115. For example, see Anna, James, Franklin Jr., and Elliott Roosevelt, "FDR As We Remember Him," *Saturday Evening Post*, April 10, 1965, pp. 38 - 50. Anna Roosevelt was the only one who had been consistently frank about the difficulties of having a presidential father. See her "My Life with F. D. R.: How Polio Helped Father," *The Woman*, July 1949, p. 47; "My Life with F. D. R.: White House Vignettes," *The Woman*, October 1949, p. 44; interview by author, May 20, 1965.
116. Kornitzer, *American Fathers and Sons*, p. 281. Three of the Roosevelt boys, James, Franklin, and John, also took a memorable two-week cruise with the president in July 1936. See *Log of the Cruise of President Franklin D. Roosevelt Aboard the Schooner Yacht Sewanna to Maine, Nova Scotia and New Brunswick, 14 July 1936 - 1928 July 1936* (Government Printing Office, 1937) (copy in the library of Mrs. Anna Roosevelt Halsted).
117. Thomas Craven, ed., *Cartoon Cavalcade* (New York: Simon & Schuster, 1943), p. 249; E. Roosevelt, *This I Remember*, p. 17.
118. E. Roosevelt, *This I Remember*, p. 17.
119. *New York Times*, May 14, 1938, p. 14.
120. E. Roosevelt, *This I Remember*, p. 10.
121. Alva Johnston, "Jimmy's Got It," *Saturday Evening Post*, July 2, 1938, pp. 9, 57.
122. *New York Times*, June 30, 1938, p. 18.
123. See Walter Davenport, "I'm Glad You Asked Me," *Collier's*, August 20, 1938.
124. Quoted in Perling, *Presidents' Sons*, pp. 318 - 319.
125. *New York Times*, March 16, 1933, p. 8.
126. E. Roosevelt, *This I Remember*, p. 165.
127. *New York Times*, December 6, 1938, p. 22; Burns, *Roosevelt*, pp. 300 - 301.

128. E. Roosevelt, *This I Remember*, p. 18.
129. Quoted in Perling, *Presidents' Sons*, p. 323.
130. Perling, *Presidents' Sons*, p. 326.
131. See *New York Times*, February 13, 1945, p. 1.
132. See *New York Times*, February 29, 1940, p. 2; March 14, 1940, p. 3; May 1, 1940, p. 5; September 21, 1940, p. 4; September 5, 1942, p. 32; June 6, 1943, p. 42.
133. See *New York Times*, September 17, 1943, p. 9; July 14, 1944, p. 1; Cobb, Strenuous Life, p. 90.
134. Drew Middleton, "The Battle Saga of a Tough Outfit," *New York Times Magazine*, April 8, 1945, p. 8.
135. *New York Times*, July 15, 1944, p. 12.
136. Arthur M. Schlesinger Jr., "Two Years Later — The Roosevelt Family," *Life*, April 7, 1947, p. 129.
137. See Franklin D. Roosevelt Jr., "How We Won," *Collier's*, August 6, 1949; Robert G. Whalen, "Another Roosevelt Enters the Lists," *New York Times Magazine*, April 24, 1949; *The New Yorker*, May 7, 1949, p. 26; *Life*, May 9, 1949, p. 46; *Newsweek*, May 30, 1949, p. 17.
138. Washington Post, February 5, 1963, p. A12, and February 6, 1963, p. A14; *New Republic*, February 16, 1963, pp. 5 - 6; *Hearings ... on the Nomination of Franklin D. Roosevelt*, Jr., p. 57.

哈里森王朝

1. Among the Harrison-Lee connections:

a)

Benjamin Harrison II (1645 - 1812)

Hannah Harrison (1678 - 1731)
m. *Philip Ludwell II* (1672 - 1726)

Hannah Ludwell (1701 - 1749)
m. *Thomas Lee* (1690 - 1750)

Richard Henry Lee (1732 - 1794) *Francis Lightfoot Lee* (1734 - 1797)

Signers of the Declaration of Independence

Hannah Harrison Ludwell, according to her tombstone, had "a most Exemplary Life/Spent in chearful Innocence." See Ethel Armes, *Stratford Hall* (Richmond, Va.: Garrett & Massie, 1936), p. 23.

b)

c)

Robert ("*King*") *Carter* (1663 - 1732)

John Carter Secretary of Virginia Colony (1689 - 1742)

Charles Carter (1732 - 1806)

Anne Hill Carter
m. "Light Horse Harry" *Lee* (1756 - 1818)

Anne Carter
m. *Benjamin Harrison IV* (1700 - 1744)

Benjamin Harrison V (1726 - 1791)
Signer, Declaration of Independence

William Henry Harrison (1773 - 1841)
PRESIDENT

For genealogical information, see Pauline Pearce Warner, *Benjamin Harrison of Berkeley, Walter Cocke of Surry, Family Records I* (Tappahannock, Va., 1962), mimeographed copy in Library of Congress; Charles P. Keith, *The Ancestry of Benjamin Harrison* (Philadelphia: J. B. Lippincott, 1893).

2. Among the Harrison-Randolph connections:

Benjamin Harrison VI (1700 - 1744)
m. *Anne Carter*

Benjamin Harrison V (1726 - 1791)
Signer, Declaration of Independence

Elizabeth m. *Peyton Randolph* (1721 - 1775), President of the CONTINETAL CONGRESS, 1744

Carter Henry (1736 - 1796)
m. *Susannah Randolph*, whose sister was Thomas Jefferson's mother

Peyton Randolph was the grandson of William Randolph (c. 1651 - 1711), who came to Virginia around 1673, and by 1705 was recognized as one of the leading planters in the colony. Peyton's father, Sir John Randolph (c. 1693 - 1737), served as Speaker of the House of Burgesses from 1734 until his death. Peyton's brother John (1727 - 1784), a Virginia attorney general, remained loyal to the king and fled to England in 1775. Like his father and grandfather, Peyton Randolph was made Speaker of the House of Burgesses. In personality he much resembled his brother-in-law, Benjamin Harrison V, being portly and affable, though somewhat more liberal in his politics.

3. Sarah Harrison (1670 - 1713) married James Blair (1655 - 1743), a Scotsman, who came to Virginia as a missionary in 1685, founded William and Mary College in 1693, and was its first president. He also became a powerful politician, serving as president of the Governor's Council and as acting governor in 1740 - 1741. Governor Gooch considered him "a very vile old fellow," but marveled at his constitution. When he died in his eighty-eighth year, the governor wrote, "If his belly had been as sound as his head and breast, he might have lived many years longer." See Alf J. Mapp Jr., The Virginia Experiment (Richmond, Va.: Dietz, 1957), pp. 185 - 187, 225 - 226.

But Blair, who had once been able to oust a lieutenant governor, apparently met his match in Miss Harrison. For at their wedding she three times refused to agree to that part of the ceremony which requires a wife to promise obedience to her husband. See Edmund S. Morgan, *Virginians at Home, Family Life in the Eighteenth Century* (Williamsburg, Va.: Colonial Williamsburg, 1952), pp. 47 - 48.

4. Ross F. Lockridge Jr., "The Harrisons," *House Document No. 154*, 77th Cong., 1st Sess., March 21, 1941 (Government Printing Office), p. 30.
5. L. H. Butterfield, ed., *Letters of Benjamin Rush* (Princeton University Press, 1951), vol. 2, p. 1090. A slightly different version of Harrison's remark to Gerry can be found in John Sanderson, ed., *Biography of the Signers of the Declaration of Independence* (Philadelphia: R. W. Pomeroy, 1823), vol. 8, p. 147.
6. See Clifford Dowdey, *The Great Plantation* (New York: Holt, Rinehart & Winston, 1957), p. 229.
7. Ibid., p. 209.
8. Beverley W. Bond Jr., ed., *The Intimate Letters of John Cleves Symmes* (Cincinnati: Historical and Philosophical Society of Ohio, 1956), pp. 102 - 103.
9. Ibid., p. 82.
10. Lockridge, "The Harrisons," p. 48.
11. See John Scott Harrison, *Pioneer Life at North Bend* (Cincinnati: R. Clarke, 1867), p. 10.
12. See George Adams Boyd, *Elias Boudinot, Patriot and Statesman* (Princeton University Press, 1952), pp. 149 - 153.
13. Quoted in Dorothy B. Goebel, *William Henry Harrison* (Indianapolis: Historical Bureau of the Indiana Library and Historical Department, 1926), p. 244n.
14. Quoted in Freeman Cleaves, *Old Tippecanoe* (New York: Scribner's, 1939), p. 55.
15. See Dorothy B. Goebel and Julius Goebel Jr., *Generals in the White House* (Garden City, N. Y.: Doubleday, 1952), p. 35.
16. Quoted in Goebel, *William Henry Harrison*, p. 218.
17. John Quincy Adams, *Memoirs* (Philadelphia: Lippincott, 1874 - 1877), vol. 7, p. 223.
18. Quoted in Cleaves, *Old Tippecanoe*, p. 241.
19. Ibid., p. 263.
20. Adams, *Memoirs*, vol. 8, pp. 189, 212.
21. Quoted in Cleaves, *Old Tippecanoe*, p. 264.
22. Quoted in J. J. Perling, *Presidents' Sons* (New York: Odyssey, 1947), p. 78.
23. Quoted in Percy W. Turrentine, "Life and Works of Nathaniel Beverley Tucker" (Ph. D. diss., Harvard University, 1952), vol. 5, pp. 1171 - 1172.
24. Quoted in Eugene H. Roseboom, *A History of Presidential Elections* (New York:

Macmillan, 1957), p. 120.

25. Quoted in Cleaves, *Old Tippecanoe*, p. 326.

26. Quoted in Robert Gray Gunderson, *The Log-Cabin Campaign* (University of Kentucky Press, 1957), opposite p. 1, p. 121.

27. *Benjamin Harrison* Ⅵ —— (brothers) —— *William Henry Harrison*
(1755 - 1799)　　　　　　　　　　　(1773 - 1841) PRESIDENT
|
Benjamin Ⅶ (1787 - 1842)
|
Henry (1821 - 1887)
Secretary to the President

28. Peter Harvey, *Reminiscences and Anecdotes of Daniel Webster* (Boston: Little, Brown, 1877), pp. 160 - 163.

29. *Report of the Committee of Arrangements of the Common Council of New York, for the Funeral Obsequies in Memory of William H. Harrison, late President of the United States: With an oration by the Hon. Theodore Frelinghuysen* (New York, 1841), p. 94.

30. William Lewis Breckinridge, *Submission to the Will of God* (Louisville, Ky.: Morton & Griswold, 1841), p. 6.

31. Quoted in Harry J. Sievers, *Benjamin Harrison, Hoosier Warrior* (Chicago: Regnery, 1952), p. 84.

32. Quoted in Lockridge, "The Harrisons," p. 89.

33. Quoted in Sievers, *Benjamin Harrison*, p. 121. Italics in original.

34. Quoted in Lockridge, "The Harrisons," p. 90.

35. Quoted in Perling, *Presidents' Sons*, pp. 82 and 85.

36. W. H. Crook, *Memories of the White House* (Boston: Little, Brown, 1911), p. 211.

37. George F. Hoar, *Autobiography of Seventy Years* (New York: Scribner's, 1903), Vol. Ⅰ, p. 414.

38. William Allen White, *The Autobiography of William Allen White* (New York: Macmillan, 1946), p. 358.

39. Quoted in Sievers, *Benjamin Harrison*, p. 130.

40. Ibid., p. 150.

41. Quoted in Lockridge, "The Harrisons," p. 154.

42. Quoted in Goebel and Goebel, p. 228.

43. Quoted in Harry J. Sievers, *Benjamin Harrison, Hoosier Statesman* (New York: University Publishers, 1959), p. 83.

44. Ibid., p. 74.

45. Quoted in Oscar D. Lambert, *Stephen Benton Elkins: American Foursquare* (University of Pittsburgh Press, 1955), p. 120.
46. Quoted in Sievers, *Benjamin Harrison, Hoosier Statesman*, p. 343.
47. Ibid., p. 370.
48. Frank G. Carpenter, *Carp's Washington* (New York: McGraw-Hill, 1960), p. 299.
49. Ibid., p. 298.
50. See Irwin H. Hoover, *Forty-two Years in the White House* (Boston: Houghton Mifflin, 1934), p. 8.
51. Quoted in O. O. Stealey, ed., *Twenty Years in the Press Gallery* (New York: Publishers Printing, 1906), pp. 297 - 298.
52. Quoted in Henry F. Pringle, *Theodore Roosevelt* (New York: Harcourt, Brace, 1931), p. 122.
53. Quoted in Harriet McIntire Foster, *Mrs. Benjamin Harrison* (Indianapolis, 1908), p. 27.
54. Henry Adams, *The Education of Henry Adams* (New York: Modern Library, 1931), p. 320.
55. See John Wilson Townsend, "Carter Henry Harrison, Kentuckian," *Register of the Kentucky State Historical Society* 224, no. 71 (1926), pp. 150 - 151; Alexander Brown, *The Cabells and Their Kin* (Boston: Houghton Mifflin, 1895), pp. 257 - 260, 567 - 570; Willis John Abbot, *Carter Henry Harrison* (New York: Dodd, Mead, 1895), p. 7.
56. See Claudius O. Johnson, *Carter Henry Harrison I, Political Leader* (University of Chicago Press, 1928), p. 75.
57. See Edward Wagenknecht, *Chicago* (University of Oklahoma Press, 1964), pp. 66 - 67.
58. See Frank K. Kelly, *The Fight for the White House: The Story of 1912* (New York: Crowell, 1961), pp. 92 - 93; Carter H. Harrison, *Stormy Years* (Indianapolis: Bobbs-Merrill, 1935), p. 284; *New York Times*, December 26, 1953, p. 13.
59. See *New York Times*, January 6, 1948, p. 23.
60. See *New York Times*, October 31, 1920, p. 22; April 7, 1921, p. 15; December 26, 1955, p. 19.
61. See *New York Tribune*, September 22, 1891, p. 7.
62. Quoted in Perling, *Presidents' Sons*, p. 242.
63. See *New York Times*, December 14, 1936, p. 23.
64. See *New York Times*, October 4, 1964, p. 78; Rowland Evans and Robert Novak, "Goldwater Country?," *Washington Post*, October 27, 1964, p. A17.

布雷肯里奇王朝

1. Quoted in John Gunther, *Inside U. S. A.* (New York: Harper, 1947), p. 644.
2. See William Hutchinson Vaughan, *Robert Jefferson Breckinridge as an Educational Administrator* (Nashville, Tenn.: George Peabody College for Teachers, 1937), p. 38.
3. Quoted in Samuel M. Wilson, *History of Kentucky from 1803 to 1928* (Chicago: S. J. Clarke, 1928), p. 355.
4. Charles E. Hamlin, *The Life and Times of Hannibal Hamlin* (Cambridge, Mass.: Riverside Press, 1899), p. 320.
5. Quoted in Lucille Stillwell, *John Cabell Breckinridge* (Caldwell, Id.: Caxton, 1936), p. 182.
6. Edgar Dewitt Jones, *Lords of Speech* (Chicago: Willett, Clark, 1937), p. 174.
7. See Lowell H. Harrison, "A Virginian Moves to Kentucky, 1793," *William and Mary Quarterly*, 3rd ser., 15, no. 2 (April 1958), p. 201.
8. Jane Buchanan Floyd's first husband was killed by Indians in Kentucky in 1783. Her son by this marriage was Dr. John Floyd (1783 - 1837), a governor of Virginia from 1830 to 1834.
9. See Philip Alexander Bruce, *History of the University of Virginia* (New York: Macmillan, 1920), vol. 1, pp. 210, 236, 290 - 291.
10. See Janie P. B. Lamb, "'Smithfield' Home of the Prestons, in Montgomery County, Virginia," *Virginia Magazine of History and Biography* 47, no. 2 (April 1939).
11. See Lowell H. Harrison, "A Young Virginian: John Breckinridge," *Virginia Magazine of History and Biography* 71, no. 1 (January 1963), p. 23n.
12. Lowell H. Harrison, "Young Mr. Breckinridge Experiences War, *Pestilence and Inflation*, 1781," William and Mary Quarterly, 3rd ser., 9, no. 2 (April 1952).
13. Lowell H. Harrison, "John Breckinridge: Western Statesman," *Journal of Southern History* 18, no. 2 (May 1952), p. 139.
14. Ethelbert Dudley Warfield, *The Kentucky Resolutions of 1798* (New York: Putnam's, 1887), pp. 75 - 77.
15. See Dumas Malone, *Jefferson and the Ordeal of Liberty* (Boston: Little, Brown, 1962), p. 400.
16. Henry Adams, *The Formative Years: A History of the United States during the Administrations of Jefferson and Madison*, edited by Herbert Agar (New York: Houghton Mifflin, 1947), vol. 1, p. 127.
17. William Plumer, *Memorandum of Proceedings in the U. S. Senate* (New York, 1923), p. 13.

18. Vaughan, *Robert Jefferson Breckinridge*, p. 3. He gives as his source an interview with Desha Breckinridge in 1932.
19. H. Levin, ed., *The Lawyer and Lawmakers of Kentucky* (Chicago: Lewis Publishing, 1897), p. 616.
20. Margaret Bayard Smith, *Forty Years of Washington Society* (New York: Scribner's, 1906), pp. 274 - 275.
21. See Willard Thorp, ed., *The Lives of Eighteen from Princeton* (Princeton University Press, 1948), pp. 100 - 101.
22. Joseph Cabell Breckinridge (1788 - 1823) had six children; one died in infancy. Among his daughters, Caroline Laurens (1813 - 1867) married the Reverend Joseph J. Bullock, a chaplain of the U. S. Senate, and Francis Ann (1812 - 1837) married the Reverend John Young, the influential president of Centre College. "It is not extravagant to say," wrote a newspaperman of Young, "that as a fashioner of the mind and character of youth he has had few peers in our country." O. O. Stealey, ed., *Twenty Years in the Press Gallery* (New York: Publishers Printing, 1906), p. 217.
23. See Harris Elwood Starr, "John Breckinridge," in *Dictionary of American Biography* (New York: Charles Scribner, 1936), vol. 3, pp. 6 - 7.
24. See Edmund A. Moore, "Robert J. Breckinridge and the Slavery Aspects of the Presbyterian Schism of 1837," *Church History* 4, no. 4 (December 1935), p. 283.
25. After meeting him at a party in 1829, the Washington socialite Margaret Bayard Smith commented, "Oh what a zealous, saint-like man he is! He is indeed a burning and shining light but he is burning fast away, flesh and blood cannot sustain such exhausting and consuming labours. How I wish I could sit under his ministry. How cold and lifeless our Pastor seems, compared to him." Smith, *Forty Years of Washington Society*, pp. 279 - 280.
26. Lewis Collins, *Historical Sketches of Kentucky* (Cincinnati: J. A. & V. P. James, 1847), p. 138.
27. Ibid., p. 139. John Breckinridge (1797 - 1841) first married Margaret Miller (1802 - 1838), daughter of Professor Samuel Miller of the Princeton Theological Seminary, and had four children with her. A son, Samuel, became a Missouri legislator, and a daughter, Mary, married the son of Letitia Breckinridge, Peter A. Porter, who was killed at Cold Harbor during the Civil War.
28. Cassius Marcellus Clay, *The Life of Cassius Marcellus Clay* (Cincinnati: J. F. Brennan, 1886), vol. 1, p. 219, and Hambleton Tapp, "Robert J. Breckinridge and the Year 1849," *Filson Club History Quarterly* 12, no. 3 (July 1938), p. 130. Cassius Clay (1810 - 1903), known as "the Lion of White Hall," became U. S. minister to Russia in 1861 - 1862 and again in 1863 - 1869.

29. The statement was made by John Wilson Townsend. Quoted in Wilson, History of Kentucky from 1803 to 1928, p. 480.
30. Clay, *Life*, vol. 1, p. 219.
31. Quoted in Clement Eaton, *Henry Clay and the Art of American Politics* (Boston: Little, Brown, 1957), p. 127.
32. Quoted in Tapp, "Robert J. Breckinridge," p. 129. The Kentucky meeting was in 1832. Robert Jefferson Breckinridge was also at the forefront of the fight that caused the Presbyterian schism of 1837, as he was in 1861 when the Church split into northern and southern wings.
33. Vaughan, *Robert Jefferson Breckinridge*, p. 25.
34. She was the widow of Alfred Shelby, son of Kentucky's first governor, Isaac Shelby. Her grandfather, Nathaniel Hart, had been killed by Indians at Boonesboro, Kentucky, in 1782, and her aunt, Chenoe Hart, was reputed to have been the first white child born in the state.
35. Vaughan, *Robert Jefferson Breckinridge*, p. 41.
36. See Luther H. Weigle, *American Idealism* (Yale University Press, 1928), p. 284.
37. See Charleton Beals, *Brass-Knuckle Crusade* (New York: Hastings House, 1960), pp. 56, 172.
38. Clay, Life, vol. 1, pp. 217 - 218.
39. See William H. Townsend, *Lincoln and the Bluegrass: Slavery and Civil War in Kentucky* (University of Kentucky Press, 1955), pp. 207 - 210.
40. Quoted in Dorothy Garrett Melzer, "Mr. Breckinridge Accepts," *Register of the Kentucky Historical Society* 56, no. 3 (July 1958), p. 219.
41. Ibid., p. 220.
42. Townsend, *Lincoln and the Bluegrass*, p. 251.
43. Quoted in Mary Breckinridge, *Wide Neighborhoods* (New York: Harper, 1952), p. 117.
44. Townsend, *Lincoln and the Bluegrass*, p. 266; also see Margaret Leech, *Reveille in Washington* (New York: Universal Library, 1941), pp. 31 - 32.
45. Wilson, *History of Kentucky from 1803 to 1928*, p. 356.
46. Townsend, *Lincoln and the Bluegrass*, p. 347.
47. John A. Joyce, *Jewels of Memory* (Washington: Gibson Brothers, 1895), p. 115.
48. See Basil W. Duke, *A History of Morgan's Cavalry* (Indiana University Press, 1960), pp. 550 - 551.
49. Quoted in A. D. Kirwan, ed., *Johnny Green of the Orphan Brigade* (University of Kentucky Press, 1956), p. 10n; also see Ed[win]. Porter Thompson, *History of the First Kentucky Brigade* (Cincinnati: Caxton, 1868), p. 307.

50. Hambleton Tapp, "Robert J. Breckinridge during the Civil War," *Filson Club History Quarterly* 2, no. 2 (April 1937), pp. 135, 139; also see Frank Luther Mott, *A History of American Magazines*, 1850 - 1865 (Harvard University Press, 1957), pp. 537 - 539.
51. Tapp, "Robert J. Breckinridge and the Civil War," p. 142. Italics added.
52. James G. Blaine, *Twenty Years of Congress* (Norwich, Conn.: Henry Bill Publishing, 1884), vol. 1, pp. 517 - 518.
53. See "The Civil War in Kentucky," *Louisville Courier-Journal*, November 20, 1960, p. 38.
54. See Townsend, *Lincoln and the Bluegrass*, p. 347; Levin, *The Lawyer and Lawmakers of Kentucky*, p. 511.
55. He was named for his maternal uncle, *William Campbell Preston* (1794 - 1860), U. S. senator from South Carolina, 1833 - 1842, a strong states' rights advocate and the chief political correspondent of Beverley Tucker.
56. See "The Civil War in Kentucky," p. 41; Ellis M. Coulter, "William Campbell Preston Breckinridge," in *Dictionary of American Biography*, vol. 3, pp. 11 - 12.
57. Townsend, *Lincoln and the Bluegrass*, pp. 334 - 335.
58. Tapp, "Robert J. Breckinridge during the Civil War," p. 140n.
59. Townsend, *Lincoln and the Bluegrass*, p. 331.
60. Quoted in Stillwell, op. cit., pp. 131 - 132.
61. Joyce, *Jewels of Memory*, p. 114.
62. A. J. Hanna, *Flight into Oblivion* (Indiana University Press, 1959), p. 104.
63. Ibid., pp. 155 - 169.
64. Ibid., p. 233.
65. Clay, *Life*, vol. 1, p. 220.
66. Quoted in Ethelbert D. Warfield, *Joseph Cabell Breckinridge, Junior* (New York: Knickerbocker, 1898), p. 14.
67. William Eliot Knight, *The Wm. C. P. Breckinridge Defence* (Colfax, Ia.: Weekly Clipper, 1895), p. 20.
68. See Allan Nevins, *Grover Cleveland* (New York: Dodd, Mead, 1962), p. 340.
69. Stealey, *Twenty Years in the Press Gallery*, pp. 219 - 220.
70. Lloyd Bryce and A. Peniston, eds., *Both Sides of the Tariff Question* (New York: A. Peniston, 1890), p. 136.
71. Agnes Parker, ... *The Real Madeleine Pollard* (New York, 1894), p. 33.
72. Anonymous, *The Celebrated Trial of Madeline Pollard vs. Breckinridge* ... (American Printing and Binding Company, 1894), pp. 68, 77.
73. Ibid., pp. 168, 172.

74. Quoted in Jones, *Lords of Speech*, pp. 176 - 177.

75. John C. Breckinridge also had two daughters, one of whom, Frances, married a Kentucky legislator and bank president, John Andrew Steele. As a captain in Morgan's Cavalry, he had been wounded and taken prisoner. On Steele's death in 1921 all the Kentucky papers described him as a "venerable Southern Gentleman of the old school." See *Register of the Kentucky Historical Society* 19, no. 57 (1921), pp. 116 - 118.

76. Nevins, *Grover Cleveland*, p. 343.

77. Clay, *Life*, vol. 1, p. 219.

78. M. Breckinridge, *Wide Neighborhoods*, p. 32.

79. *Social Service Review* 22, no. 4 (December 1948), p. 427; also see *Who Was Who in America* (Marquis Who's Who), vol. 2, p. 78; *New York Times*, July 31, 1948, p. 15.

80. Quoted in Sophonisba Preston Breckinridge, *Madeline McDowell Breckinridge* (University of Chicago Press, 1921), p. 239.

81. Ibid., p. 196.

82. Irving Dilliard, "Desha Breckinridge," in *Dictionary of American Biography*, vol. 21, p. 115.

83. Quoted in M. Breckinridge, *Wide Neighborhoods*, p. 282.

84. For a recent description of the work of the Frontier Nursing Service, see Louise Knight, "Kentucky Mountain Courier," *Wellesley Alumnae Magazine*, March 1965, pp. 168 - 169, 180.

85. See Arthur S. Link, *Wilson: The Struggle for Neutrality, 1914 - 1915* (Princeton University Press, 1960), p. 75; also see *Document No. 1137, House of Representatives*, 63d Cong., 2d Sess. (Government Printing Office, 1912).

86. Josephus Daniels, *The Wilson Era: Years of Peace — 1910 - 1917* (University of North Carolina Press, 1944), p. 446.

87. *New York Times*, May 7, 1936, p. 22.

88. *Current Biography* (H. W. Wilson), 1954, pp. 114 - 116.

89. The Breckinridges were divorced in 1947. The same year Henry was married for the third time to Margaret Lucy Smith. They had one child, Madeline Houston Breckinridge.

90. See *Airship Investigation. Report of Colonel Henry Breckinridge for the Joint Committee to Investigate Dirigible Disasters*, 73d Cong., 1st sess. (Government Printing Office, 1933).

91. See Kenneth S. Davis, *The Hero: Charles A. Lindbergh and the American Dream* (Garden City, N. Y.: Doubleday, 1959), pp. 270, 304, 313, 327.

92. *New York Times*, September 3, 1934, p. 1.

93. *New York Times*, September 4, 1934, p. 18.

94. Henry Breckinridge, *Excerpts Ⅲ*, *1938 - 1941* (New York: Court Press, 1944), p. 10. His book was ... shall not perish ... (New York: Scribner, 1941).
95. *Louisville Courier-Journal*, August 20, 1961, sect. 4, p. 1; interview with Scott D. Breckinridge Jr., August 31, 1963, and newspaper clippings provided by him; letter from John B. Breckinridge to author, August 29, 1963.
96. For an account of his political career, see James C. Klotter, *The Breckinridges of Kennedy*, *1760 - 1981* (University Press of Kentucky, 1986), pp. 272 - 299.

贝阿德王朝

1. Quoted in Charles Callan Tansill, *The Congressional Career of Thomas Francis Bayard*, *1869 - 1885* (Georgetown University Press, 1946), p. 24.
2. H. Clay Reed, ed., *Delaware: A History of the First State* (New York: Lewis Historical, 1947), p. 126.
3. Quoted in Henry H. Kessler and Eugene Rachlis, *Peter Stuyvesant and His New York* (New York: Random House, 1959), p. 204.
4. Ibid., p. 122. Also see Victor H. Paltsits, "Petrus Stuyvesant," in *Dictionary of American Biography* (New York: Charles Scribner, 1936), vol. 18, pp. 187 - 188.
5. See Kessler and Rachlis, *Peter Stuyvesant and His New York*, p. 191.
6. Quoted in Mrs. Sarah Van Rensselaer, *Ancestral Sketches and Records of Olden Times* (New York: A. D. F. Randolph, 1882), p. 36. Italics in original.
7. Ibid., p. 37. Italics in original.
8. George W. Schuyler, *Colonial New York: Philip Schuyler and His Family* (New York: Scribner's 1885), vol. 1, p. 195.
9. A. Everett Peterson, "Nicholas Bayard," in *Dictionary of American Biography*, vol. 2, pp. 68 - 69. Also see Lawrence H. Leder, *Robert Livingston and the Politics of Colonial New York* (University of North Carolina Press, 1961), pp. 59, 63, 75 - 76, 144, 174, 177.
10. See Archibald Douglas Turnbull, *John Stevens*, *an American Record* (New York: Century, 1928), p. 82, and Dorothy Gregg, "The Exploitation of the Steamboat: The Case of Colonel John Stevens" (Ph. D. diss., Columbia University, 1951), p. 39.
11. See Charles Leonard Lundin, *Cockpit of the Revolution*, *the War for Independence in New Jersey* (Princeton University Press, 1940), p. 7.
12. Quoted in George Pellew, *John Jay* (Boston: Houghton Mifflin, 1890), p. 227.
13. Genealogical chart of the New York branch of the Bayard family:

Samuel Bayard
m. *Anna Stuyvesant* (1615 - 1683)

Balthazar (d. c. 1706)
(His eldest daughter
married *Augustus Jay*,
grandfather of *John Jay*)

Nicholas (1644 - 1707)
Mayor of New York,
1685 - 1687 m. *Judith Verlet*

Pertus (d. 1699)
(Founder of the Delaware branch)

Samuel (1699 - 1745)
New York Assembly, 1713 - 1715
m. *Margaret Van Cortlandt*

Stephen (1700 - 1754)
Mayor of New York, 1744 - 1747
m. *Alida Vetch*, granddaughter
of *Robert Livingston*

William (1729 - 1804) ("Weeping Billy")
N. Y. Assembly, 1761 - 1768

William (1764 - 1826)
President, New York Savings Bank

Harriet Elizabeth (1799 - 1875)
m. *Stephen Van Rensselader*

See Mrs. Anson Phelps Atterbury, *The Bayard Family* (Baltimore, Md., 1928).

14. See Dieter Cunz, *The Maryland Germans* (Princeton University Press, 1948), pp. 13 - 30; see also Dieter Cunz, "Augustin Herrman, Origin and Early Events," *Tyler's Quarterly Historical and Genealogical Magazine* 24, no. 1 (July 1942).

15. See George Armistead Leakin, "Labadists of Bohemia Manor," *Maryland Historical Magazine* 1, no. 4 (December 1906).

16. Bartlett Burleigh James and J. Franklin Jameson, eds., *Journals of Jasper Danckaerts*, 1679 - 1680 (New York: Scribner's, 1913), p. 237.

17. See George Armistead Leakin, "A Visit to Bohemia Manor," *Maryland Historical Magazine* 2, no. 2 (1907).

18. Some of those who owned stock in the Hamilton-Bayard project to manufacture cotton at Paterson, New Jersey were Elias Boudinot, Judge Elisha Boudinot, Richard ("the Duke") Stockton, General Henry Knox, John Pintard, Henry Livingston, Brockholst Livingston, Philip Livingston, and Archibald Mercer. See William Nelson, "The Founding of Paterson," *Proceedings of the New Jersey Historical Society*, 2nd ser., 9 (1886 - 1887), p. 182.

19. See A. Everett Peterson, "Samuel Bayard," in *Dictionary of American Biography*, vol. 2, pp. 69 - 70; see also James Grant Wilson, ed., "Judge Bayard of New Jersey

and His London Diary of 1795 - 1796," *Proceedings of the New Jersey Historical Society*, 2nd ser., 8, no. 4 (1885).

20. L. H. Butterfield, ed., *Letters of Benjamin Rush* (Princeton University Press, 1951), vol. 1, p. 602.
21. William Blauvelt, a contemporary Presbyterian minister, wrote, "Chief Justice Kirkpatrick was as handsome a man as there was in the State of New Jersey, with a mellifluous tone of voice, but was considered vain." Quoted in "Notes on the Life of Rev. William Blauvelt," *Somerset County Historical Quarterly*, vol. 7, p. 38.
22. Jane Eudora (Kirkpatrick) Cogswell, ed., *The Light of Other Days: Sketches of the Past, and Other Selections from the Writings of the Late Mrs. Jane Kirkpatrick* (New Brunswick, N. J.: J. Terhune, 1856), p. vi.
23. The father of Samuel Harrison Smith was Jonathan Bayard Smith (1742 - 1812), delegate to the Continental Congress from Pennsylvania (1777 - 1778), one of the founders of the University of the State of Pennsylvania (1779), and a trustee of Princeton College (1779 - 1808). See *Biographical Directory of the American Congress, 1774 - 1961* (Government Printing Office, 1961), p. 1620. He was also a close friend and Princeton classmate of Benjamin Rush, whose thesis for a medical degree at Edinburgh bore a secondary dedication to him. See George W. Corner, ed., *The Autobiography of Benjamin Rush* (Princeton University Press, 1948), p. 43.
24. Quoted in Frank Van Der Linden, *The Turning Point* (Washington: Luce, 1962), pp. 116 - 117. Italics in original.
25. Gaillard Hunt, ed., *Forty Years of Washington Society, Portrayed by the Family Letters of Mrs. Samuel Harrison Smith* (New York: Scribner's, 1906).
26. Margaret Bayard Smith, *What is Gentility? A Moral Tale* (Washington: P. Thompson, 1828), p. 4. Italics in original.
27. Morton Borden, *The Federalism of James A. Bayard* (Columbia University Press, 1955), p. 21.
28. Quoted in John A. Munroe, ed., "William Plumer's Biographical Sketches of James A. Bayard, Caesar A. Rodney, and Samuel White," *Delaware History* 4, no. 4 (September 1951), p. 367.
29. William Pierce of Georgia. Quoted in Saul K. Padover, *The Living U. S. Constitution* (New York: Praeger, 1953), p. 37.
30. Quoted in Robert E. Pattison, "The Life and Character of Richard Bassett," in *Papers of the Historical Society of Delaware* (Wilmington, 1900), vol. 30, p. 9.
31. Munroe, "William Plumer's Biographical Sketches," p. 367.
32. Elizabeth Donnan, ed., "Papers of James A. Bayard, 1796 - 1815," in *Annual Report of the American Historical Association for the Year 1913* (Washington, 1915), vol. 2,

pp. 110 - 111n.

33. Ibid. , p. 94.
34. Ibid. , p. 115.
35. Ibid. , p. 124.
36. Quoted in George Tucker, *The Life of Thomas Jefferson, Third President of the United States* (Philadelphia: Carey, Lea & Blanchard, 1837), vol. 2, p. 509.
37. Donnan, "Papers of James A. Bayard," p. 128.
38. Ibid. , p. 127.
39. Ibid. , pp. 128 - 129.
40. *National Intelligencer*, February 18, 1801, p. 3.
41. Donnan, "Papers of James A. Bayard," p. 131.
42. Ibid. , p. 132.
43. Ibid. , p. 152.
44. Henry C. Conrad, ed. , "Letters of James Asheton Bayard, 1802 - 1814," in *Papers of the Historical Society of Delaware* (Wilmington, 1901), vol. 31, p. 12.
45. Munroe, "William Plumer's Biographical Sketches," p. 366.
46. Ibid. , p. 366n.
47. Reed, Delaware, p. 134.
48. Conrad, "Letters of James Asheton Bayard," p. 6.
49. Ibid. , p. 7. Caesar A. Rodney (1772 - 1824) was the son and nephew of members of the Continental Congress from Delaware. His uncle Caesar was also a signer of the Declaration of Independence. Rodney was appointed attorney general of the United States by Jefferson and served from 1807 to 1811, when he resigned because of being passed over for a seat on the Supreme Court. He was later a U. S. senator (1822 - 1823) and died in Buenos Aires, where he was serving as U. S. minister to Argentina.
50. John Quincy Adams, *Memoirs* (Philadelphia: J. B. Lippincott, 1874 - 1877), vol. 1, pp. 500 - 501.
51. Quoted in Samuel Flagg Bemis, *John Quincy Adams and the Foundations of American Foreign Policy* (New York: Knopf, 1949), p. 190.
52. Quoted in John A. Munroe, "James A. Bayard and the Milligans," *Delaware History* 8, no. 2 (September 1958), p. 148.
53. Ibid. , p. 154.
54. Quoted in Borden, *The Federalism of James A. Bayard*, p. 95.
55. Quoted in Harold Bell Hancock, "The Campaign and Election of 1860," *Delaware History* 7, no. 2 (September 1956), p. 119.
56. See William B. Hesseltine, ed. , *Three against Lincoln, Murat Halstead Reports the Caucuses of 1860* (Louisiana State University Press, 1960), p. 266.

57. The fight in the Delaware Democratic Convention was more organizational than philosophical. Throughout this period the Bayards were opposed by the Saulsburys, called "the party of the three brothers." Williard Saulsbury was a U. S. senator (1859 - 1871), but his drinking habits attracted notice, and his brother-in-law, who was governor, appointed him chancellor, the state's highest judicial officer. Eli Saulsbury was also a U. S. senator (1871 - 1889), and their brother Gove Saulsbury was a governor.
58. Hancock, "The Campaign and Election of 1860," p. 128.
59. Harold Bell Hancock, "The Coming of the War," *Delaware History* 7, no. 3 (March 1957), pp. 246 - 248.
60. *Congressional Globe*, 38th Cong., 1st Sess. (Washington: Blair and Rives), pp. 31 - 37.
61. See John F. Kennedy, "Let's Get Rid of College Loyalty Oaths!," in *Fabulous Yesterday*, edited by Lewis W. Gillenson (New York: Harper, 1961), p. 144.
62. Harold Bell Hancock, "The Political History of Delaware during the Civil War: A Divided House," *Delaware History* 7, no. 4 (September 1957), p. 356.
63. *New York World*, July 11, 1872, p. 1.
64. Quoted in Charles H. Dennis, *Eugene Field's Creative Years* (Garden City, N. Y.: Doubleday, 1924), pp. 29 - 30.
65. George F. Hoar, *Autobiography of Seventy Years* (New York: Scribner's, 1903), vol. 2, p. 69.
66. O. O. Stealey, ed., *Twenty Years in the Press Gallery* (New York: Publishers Printing, 1906), p. 203.
67. Quoted in Harry J. Sievers, *Benjamin Harrison, Hoosier Statesman* (New York: University Publishers, 1959), p. 214.
68. *Congressional Globe*, 42d Cong., 2d Sess., May 9, 1872 (Washington, Blair and Rives), pp. 3260 - 3261.
69. Quoted in Tansill, *The Congressional Career of Thomas Francis Bayard*, p. 246.
70. Ibid., p. 274.
71. Frank G. Carpenter, *Carp's Washington* (New York: McGraw-Hill, 1960), p. 32.
72. See Edward Spencer, *An Outline of the Public Life and Services of Thomas F. Bayard* (New York: Appleton, 1880).
73. Quoted in Tansill, *The Congressional Career of Thomas Francis Bayard*, p. 239.
74. Ibid., p. 325.
75. Ibid., p. 123.
76. See Allan Nevins, *Grover Cleveland* (New York: Dodd, Mead, 1962), pp. 314 - 315.
77. Carpenter, *Carp's Washington*, p. 80.

78. Quoted in Charles Callan Tansill, *The Foreign Policy of Thomas F. Bayard, 1885-1897* (New York: Fordham University Press, 1940), pp. xxv, xxiii.
79. Quoted in Samuel Flagg Bemis, ed., *The American Secretaries of State and Their Diplomacy* (New York: Knopf, 1927-1929), vol. 8, p. 63.
80. Quoted in Graham H. Stuart, *The Department of State* (New York: Macmillan, 1949), p. 171.
81. Tansill, *The Foreign Policy of Thomas F. Bayard*, p. 733n.
82. Ibid., p. 720.
83. Quoted in John A. Garraty, *Henry Cabot Lodge* (New York: Knopf, 1953), p. 159; for other examples of Lodge's dislike of Bayard, see *Selections from the Correspondence of Theodore Roosevelt and Henry Cabot Lodge* (New York: Scribner's, 1925), vol. 1, pp. 31, 170.
84. Tansill, *The Foreign Policy of Thomas F. Bayard*, pp. 652-653.
85. Ibid., p. 780n.
86. See *New York Times*, June 12, 1954, p. 15; *Wilmington Journal-Every Evening*, June 11, 1954, pp. 1, 4; June 12, 1954, p. 21.
87. Stewart H. Holbrook, *The Age of the Moguls* (Garden City, N. Y.: Doubleday, 1953), p. 269.
88. *New York Times*, December 3, 1922, sec. 9, p. 4.
89. *New York Times*, November 18, 1922, p. 16.
90. *New York Times*, April 19, 1925, p. 1.
91. *New York Times*, November 8, 1928, p. 28.
92. *Wilmington Journal-Every Evening*, October 7, 1948, p. 4.
93. *Delaware State News (Dover)*, October 30, 1952, p. 6.
94. *Wilmington Journal-Every Evening*, August 27, 1952, p. 1.
95. *Wilmington Journal-Every Evening*, November 3, 1952, p. 11.
96. *Wilmington Journal-Every Evening*, October 14, 1952, p. 4.
97. *New York Times*, October 22, 1952, p. 21.
98. Burr Van Atta, "Alexis I. Du Pont Bayard, Lawyer and Political Leaders," *Philadelphia Inquirer*, September 5, 1985.
99. James Grant Wilson, *Colonel John Bayard and the Bayard Family in America* (New York: Trow's Printing, 1885), p. 16.

塔夫脱王朝

1. Quoted in Ishbel Ross, *An American Family, The Tafts — 1678 to 1964* (Cleveland: World, 1964), p. 188.
2. Quoted in Alvin F. Harlow, *The Serene Cincinnatians* (New York: Dutton, 1950),

p. 18.

3. Henry W. Taft, *Opinions: Literary and Otherwise* (New York: Macmillan, 1934), p. 14.
4. Ibid., pp. 4 - 5.
5. *Look*, November 22, 1960, p. 120.
6. Alphonso Taft, "The Tafts of Yesterday," in Lewis Alexander Leonard, *Life of Alphonso Taft* (New York: Hawke, 1920), pp. 238 and 256.
7. The pre-Ohio Taft family genealogy:

Robert Taft (c. 1640 - 1725)
Arrived America before 1678
m. *Sarah* (1640 - 1725)

|

Joseph (1680 - 1747)
m. *Elizabeth Emerson* (1667 - 1760)
(of the same family as *Ralph Waldo Emerson*)

|

Peter (1715 - 1783)
m. *Elizabeth Cheney* (1707 - 1783)

|

Aaron (1743 - 1808)
m. *Rhoda Rawson* (1749 - 1827)

|

Peter Rawson (1785 - 1867)
m. *Sylvia Howard* (c. 1792 - 1867)

|

Alphonso (1810 - 1891)
Moved to Ohio, 1839

See Mabel Thacher Rosemary Washburn, *Ancestry of William Howard Taft* (New York: Frank Allaben, 1908).

8. "The Living Taft Legend," *Newsweek*, August 22, 1955, p. 25.
9. Quoted in Ross, *An American Family*, p. 78.
10. Henry W. Taft, *Legal Miscellanies* (New York: Macmillan, 1941), p. 3.
11. Horace Dutton Taft, *Memories and Opinions* (New York: Macmillan, 1942), p. 16.
12. H. W. Taft, *Legal Miscellanies*, p. 3n.
13. Wrote Rutherford B. Hayes in his diary: "3d June, 1875. — I was nominated for Governor yesterday at Columbus. I persisted in declining to the last. The leading other Candidate before the Convention, Judge Taft of Cincinnati, is an able and good man. But he had such a record on the Bible question in the Schools, that his nomination was impossible. I did all I could to remove the prejudice against him, and to aid his

nomination." For Hayes, the Ohio governorship was the step-pingstone to the White House. See T. Harry Williams, ed., *Hayes, the Diary of a President, 1875–1881* (New York: McKay, 1964), p. 4.

14. Quoted in Leonard, *Life of Alphonso Taft*, p. 159.
15. When the newly appointed diplomat wrote on official stationary to inquire of an English Taft about that branch of the family, the reply came back: "There is nothing I can say about the Tafts which could possibly be of interest to an Envoy Extraordinary and a Minister Plenipotentiary. Very truly yours," Quoted in Phyllis Robbins, *Robert A. Taft, Boy and Man* (Cambridge, Mass.: Dresser, Chapman & Grimes, 1963), p. 15.
16. Quoted in Ross, *An American Family*, p. 71.
17. Quoted in Joseph Alsop and Robert Kintner, "Taft & Taft," Life, March 18, 1940, p. 92. Alphonso also wrote to Delia: "The trouble with us Americans is that we can never get it out of our heads that we are just as good as anybody in the same company." Quoted in Ross, *An American Family*, p. 74.
18. H. D. Taft, *Memories and Opinions*, p. 41.
19. Quoted in *Newsweek*, August 22, 1955, p. 25.
20. Quoted in Ross, *An American Family*, p. 71.
21. Ibid., p. 67.
22. Ibid., p. 50.
23. Archibald W. Butt, *Taft and Roosevelt* (Garden City, N. Y.: Doubleday, 1930), vol. 1, p. 175.
24. See Helen Taft Manning, "My Brother Bob Taft," *American Magazine*, January 1952, p. 102.
25. Quoted in John T. Dallas, *Mr. Taft* (Littleton, N. H.: Courier Printing, 1949), pp. 36 and 33.
26. Andrew D. McIntosh, quoted in Pauline Helen Isaacson, "Robert Alphonso Taft: An Assessment of a Persuader" (Ph. D. diss., University of Minnesota, 1956), p. 62.
27. Dallas, *Mr. Taft*, p. 96.
28. Butt, *Taft and Roosevelt*, vol. 1, p. 235.
29. Herbert S. Duffy, *William Howard Taft* (New York: Minton, Balch, 1930), pp. 76–77.
30. Henry F. Pringle, *The Life and Times of William Howard Taft* (New York: Farrar & Rinehart, 1939), vol. 1, p. 237.
31. See *New York Times*, May 23, 1943, p. 43 (UP).
32. Frederick C. Hicks, *William Howard Taft, Yale Professor of Law and New Haven Citizen* (Yale University Press, 1945), p. 112.

33. Pringle, *Life and Times of William Howard Taft*, vol. 1, p. 367.
34. Ellen Maury Slayden, *Washington Wife* (New York: Harper & Row, 1963), pp. 357 - 358.
35. William Allen White, *The Autobiography of William Allen White* (New York: Macmillan, 1946), p. 426.
36. Butt, *Taft and Roosevelt*, vol. 1, p. 38.
37. Mrs. William Howard Taft, *Recollections of Full Years* (New York: Dodd, Mead, 1914), pp. 25 - 26.
38. Quoted in Pringle, *Life and Times of William Howard Taft*, vol. 1, pp. 57 - 58.
39. Quoted in Bela Kornitzer, *American Fathers and Sons* (New York: Hermitage House, 1952), p. 29.
40. Quoted in Noel George Rapp, "The Political Speaking of Senator Robert A. Taft, 1939 to 1953" (Ph. D. diss., Purdue University, 1955), p. 19.
41. Theodore Roosevelt, "Governor William H. Taft," *Outlook*, September 21, 1901, p. 166.
42. Carlos P. Romulo, *I Walked with Heroes* (New York: Holt, Rinehart & Winston, 1961), p. 139.
43. Mrs. W. H. Taft, *Recollections of Full Years*, p. 125.
44. Charles P. Taft, *Democracy in Politics and Economics* (New York: Farrar, Straus, 1950), p. 40.
45. Quoted in Robbins, *Robert A. Taft*, p. 62.
46. Manning, "My Brother Bob Taft," p. 99.
47. Quoted in *Time*, January 29, 1940, p. 21.
48. Manning, "My Brother Bob Taft," p. 102.
49. Ibid., p. 100.
50. See Earle Looker, *The White House Gang* (New York: Revell, 1929), pp. 14, 16 - 19. Looker, who was also a member of the "gang," writes that Charlie, or "Taffy," as his friends called him, "was remarkable for his calmness, slowness to anger, good humor, and steadfast determination when roused."
51. Isaacson, "Robert Alphonso Taft," p. 66.
52. Quoted in Darrah Dunham Wunder, "My Most Unforgettable Character," Reader's Digest, June 1962, p. 84.
53. Quoted in Robbins, *Robert A. Taft*, p. 116.
54. Quoted in Ross, *An American Family*, p. 227.
55. Ibid., p. 119.
56. See Forrest Crissey, *Theodore E. Burton, American Statesman* (Cleveland: World, 1956), pp. 174 - 178.

57. Arthur Wallace Dunn, *Gridiron Nights* (New York: Frederick A. Stokes, 1915), p. 222.
58. Butt, *Taft and Roosevelt*, vol. 2, p. 791.
59. Quoted in Robbins, *Robert A. Taft*, p. 133.
60. Ibid., p. 134.
61. *Newsweek*, August 22, 1955, p. 25.
62. Manning, "My Brother Bob Taft," p. 100.
63. Mrs. W. H. Taft, *Recollections of Full Years*, p. 331.
64. David Grayson, *American Chronicle: The Autobiography of Ray Stannard Baker* (New York: Scribner's, 1945), p. 255.
65. Butt, *Taft and Roosevelt*, vol. 1, p. 110.
66. William Howard Taft, *Our Chief Magistrate and His Powers* (Columbia University Press, 1925), pp. 139 - 140.
67. Wayne Andrews, ed., *The Autobiography of Theodore Roosevelt* (New York: Scribner's, 1958), pp. 197 - 198.
68. W. H. Taft, *Our Chief Magistrate*, p. 144.
69. Charles Willis Thompson, *Presidents I've Known* (Indianapolis: BobbsMerrill, 1929), p. 213.
70. Quoted in Pringle, *Life and Times of William Howard Taft*, vol. 1, p. 535.
71. Henry L. Stimson and McGeorge Bundy, *On Active Service in Peace and War* (New York: Harper, 1948), p. 26.
72. Charles E. Barker, *With President Taft in the White House* (Chicago: Krock, 1947), pp. 36 - 37.
73. Manning, "My Brother Bob Taft," p. 99.
74. Butt, *Taft and Roosevelt*, vol. 1, p. 174.
75. See Lilian Rogers Parks, *My Thirty Years Backstairs at the White House* (New York: Fleet, 1961), p. 111; also Irwin H. Hoover, *Forty-two Years in the White House* (Boston: Houghton Mifflin, 1934), p. 45.
76. Butt, *Taft and Roosevelt*, vol. 2, p. 680.
77. Alice Roosevelt Longworth, however, was unconcerned by the crowd, the crudity, or the damp grass. She appeared at the Tafts' party in a blue satin gown, flesh-colored stockings, and gold slippers. According to Mrs. Slayden, "She held the very scant skirt quite high, and when the band played, kicked about and moved her body sinuously like a shining leopard cat." Slayden, *Washington Wife*, pp. 156 - 157.
78. Isaacson, "Robert Alphonso Taft," p. 80.
79. Ibid., p. 456.
80. Alsop and Kintner, "Taft and Taft," p. 92; also Frances S. Philbrick, "Lloyd Wheaton

Bowers," *Dictionary of American Biography*, vol. 2, p. 508.
81. John Gunther, *Inside U. S. A.* (New York: Harper, 1947), p. 432.
82. Duffy, *William Howard Taft*, p. 219.
83. Butt, *Taft and Roosevelt*, vol. 2, p. 804.
84. Stimson and Bundy, *On Active Service in Peace and War*, p. 53.
85. Parks, *My Thirty Years Backstairs*, p. 127.
86. Quoted in Frank K. Kelly, *The Fight for the White House, the Story of 1912* (New York: Crowell, 1961), p. 144.
87. Thompson, *Presidents I've Known*, p. 216.
88. Dunn, *Gridiron Nights*, p. 277.
89. Quoted in Hicks, *William Howard Taft*, p. 30.
90. Ibid., pp. 79 - 80.
91. Ibid., p. 10.
92. Quoted in Pringle, *Life and Times of William Howard Taft*, vol. 2, p. 906.
93. Ibid., vol. 2, p. 858.
94. See Lewis L. Strauss, *Men and Decisions* (Garden City, N. Y.: Doubleday, 1962), p. 19. For the work of the U. S. Food Administration, see Herbert Hoover, *The Memoirs of Herbert Hoover: Years of Adventure, 1874 - 1920* (New York: Macmillan, 1951), pp. 240 - 430.
95. Edward G. Lowry, *Washington Close-ups* (New York and Boston: Houghton Mifflin, 1921), p. 264.
96. Quotations in Pringle, *Life and Times of William Howard Taft*, vol. 2, pp. 960, 964.
97. As chief justice, Taft also lobbied with considerable success for increasing the number of federal judges, constructing a separate building for the Supreme Court, tightening the administrative machinery of the federal judiciary, and procedural changes that would increase the Court's efficiency. See Alpheus Thomas Mason, *William Howard Taft: Chief Justice* (New York: Simon & Schuster, 1965), pp. 271ff.
98. Pringle, *Life and Times of William Howard Taft*, vol. 2, p. 1079.
99. Donald Day, ed., *The Autobiography of Will Rogers* (Boston: Houghton Mifflin, 1949), p. 224. Italics in original.
100. Quoted in Caroline Thomas Harnsberger, *A Man of Courage: Robert A. Taft* (Chicago: Wilcox & Follett, 1952), p. 142.
101. Alice Roosevelt Longworth, "What's the Matter with Bob Taft?," *Saturday Evening Post*, May 4, 1940, p. 91.
102. Quoted in "Charlie Taft's Big Chance," *Fortune*, August 1947, p. 162.
103. See Charles P. Taft, *City Management: The Cincinnati Experiment* (New York:

Farrar & Rinehart, 1933), pp. 167 - 169; also Jerome Beatty, "The Other Taft," *American Magazine*, July 1947, p. 88.

104. See Ross, *An American Family*, p. 349.

105. Gunther, Inside U. S. A. , p. 450.

106. Quoted in Editor & Publisher, September 30, 1950, p. 18; also see New York Times, January 20, 1959, p. 35 (AP).

107. See New York Times, July 21, 1958, p. 14 (AP), and October 20, 1959, p. 48 (AP).

108. Charles P. Taft, You and I — and Roosevelt (New York: Farrar & Rinehart, 1936), p. 7.

109. Ibid. , p. 4.

110. Alsop and Kintner, "Taft and Taft," p. 90.

111. Quoted in Frank Gervasi, "Bob Taft's Martha," *Collier's*, April 3, 1948, p. 63.

112. Longworth, "What's the Matter with Bob Taft?," p. 91.

113. *New York Times*, October 3, 1958, p. 29; *Newsweek*, October 13, 1958, p. 90; Gervasi, "BobTaft's Martha," p. 64.

114. *Time*, January 29, 1940, p. 22.

115. *Time*, October 6, 1947, p. 25.

116. Harold L. Ickes, *The Secret Diary of Harold L. Ickes* (New York: Simon & Schuster, 1955), vol. 2, p. 201.

117. *Time*, January 29, 1940, p. 22.

118. J. J. Perling, *Presidents' Sons* (New York: Odyssey, 1947), p. 279.

119. *Fortune*, August 1947, p. 164.

120. Arthur H. Vandenberg, Jr. , ed. , *The Private Papers of Senator Vandenberg* (Boston: Houghton Mifflin, 1952), p. 164.

121. *Fortune*, August 1947, p. 165.

122. Elmo Roper, *You and Your Leaders* (New York: Morrow, 1957), p. 198.

123. Quoted in Harnsberger, *A Man of Courage*, p. 136.

124. Ibid. , p. 123.

125. See William S. White, *The Taft Story* (New York: Harper, 1954), pp. 49 - 50.

126. John F. Kennedy, *Profiles in Courage* (New York: Harper, 1956), p. 211.

127. Ibid. , p. 215.

128. Butt, *Taft and Roosevelt*, vol. 2, p. 749.

129. Henry W. Taft, *Japan and America, a Journey and a Political Survey* (New York: Macmillan, 1932), p. v.

130. "Even the obscure Einstein theory of relativity," wrote Henry Taft, "may be the subject of social conversation." He recalled that General Sherman was "among the best

conversationalists I ever met," and even his father's old boss, President Grant, "could converse well when he had to express something." Henry W. Taft, *Kindred Arts: Conversation and Public Speaking* (New York: Macmillan, 1929), pp. 32, 68, 64.

131. Robert A. Taft, "Reply by Senator Taft," *American Mercury*, June 1948, p. 655.
132. Marvin C. Harrison, *Robert A. Taft, Our Illustrious Dunderhead* (Cleveland, 1944), p. 3.
133. Quoted in Harnsberger, *A Man of Courage*, p. 173.
134. See Isaacson, "Robert Alphonso Taft," pp. 261 - 266.
135. Quoted in Harnsberger, *A Man of Courage*, p. 175.
136. Ibid., p. 187.
137. *Newsweek*, October 18, 1954, p. 28.
138. Wunder, "My Most Unforgettable Character," p. 86.
139. Holmes Alexander, *The Famous Five* (New York: Bookmailer, 1958), p. 168.
140. See James Reichley, *States in Crisis* (University of North Carolina Press, 1964), p. 128; Joseph Alsop and Stewart Alsop, *The Reporter's Trade* (New York: Reynal, 1958), pp. 158 - 160; *New York Times*, November 8, 1950, p. 5; November 9, 1950, p. 1.
141. *Newsweek*, May 19, 1952, p. 29.
142. *Time*, January 12, 1948, p. 17.
143. *Newsweek*, November 19, 1951, p. 29.
144. Quoted in Paul T. David, Malcolm Moos, and Ralph M. Goldman, eds., *Presidential Nominating Politics in 1952* (Johns Hopkins University Press, 1954), vol. 1, p. 70. For Lodge's tactics in 1952, see Lodge Dynasty, p. xxx. [[page no. tk]] Taft's campaign manager, David Ingalls, however, was no less outspoken. He called Eisenhower "a pig in a poke ... a good-looking mortician to preside over the funeral rites." Quoted in Henry A. Zeiger, *The Remarkable Henry Cabot Lodge* (New York: Popular Library, 1964), p. 103.
145. Quoted in David, Moos, and Goldman, *Presidential Naming Politics*, p. 76.
146. Richard L. Maher, "Political Paradox," *Nation*, October 4, 1952, p. 300.
147. *Fortune*, August 1947, p. 86.
148. Ibid., p. 165.
149. See W. S. White, *The Taft Story*, p. 227; also see Dwight D. Eisenhower, *Mandate for Change* (Garden City, N. Y.: Doubleday, 1963), pp. 218 - 222.
150. Quoted in Jhan and June Robbins, *Eight Weeks to Live: The Last Chapter in the Life of Senator Robert A. Taft* (Garden City, N. Y.: Doubleday, 1954), p. 23.
151. Quoted in Malcolm Moos, *The Republicans* (New York: Random House, 1956), p. 430.
152. Quoted in *Newsweek*, October 18, 1954, p. 27.

153. Interview with William Howard Taft Ⅲ, February 4, 1965, Washington.
154. See William H. Hessler, "Taft vs. Kennedy in Ohio," *Reporter*, October 25, 1962, pp. 40 – 42.
155. Quoted in Richard Armstrong, "A New Taft and a Young Kennedy Go to Washington," *Saturday Evening Post*, January 19, 1963, p. 54.
156. Quoted in *Time*, May 15, 1964, p. 37.
157. Quoted in *Time*, October 20, 1964, p. 27.
158. Richard D. Lyons, "Robert Taft Jr., an Ex-Senator and Heir to Ohio G. O. P. Dynasty," *New York Times*, December 8, 1983.
159. Dan Balz, "Taft Admits Ethics Violations," *Washington Post*, August 19, 2005.

弗里林海森王朝

1. Quoted in Felix James Schrag, "Pietism in Colonial America" (Ph. D. diss., University of Chicago, 1948), p. 87.
2. See *The Journals of Henry Melchior Muhlenberg* (Philadelphia: Evangelical Lutheran Ministerium of Pennsylvania, 1942), vol. 1, pp. 108, 199 – 200.
3. Peter H. B. Frelinghuysen Jr., *Theodorus Jacobus Frelinghuysen* (Princeton, N. J.: Privately printed, 1938), p. 27.
4. Harry Emerson Wildes, *Twin Rivers, the Raritan and the Passaic* (New York: Farrar & Rinehart, 1943), p. 84.
5. Anne MacVicar Grant, *Memoirs of an American Lady* (Albany, N. Y.: J. Munsell, 1876), pp. 204, 197. First published in London, 1808.
6. Ibid., p. 201.
7. Frelinghuysen, *Theodorus Jacobus Frelinghuysen*, pp. 74 – 75.
8. Grant, *Memoirs*, p. 205.
9. Andrew D. Mellick Jr., *The Story of an Old Farm, or Life in New Jersey in the Eighteenth Century* (Somerville, N. J.: Unionist-Gazette, 1889), pp. 255 – 259; see version edited by Hubert G. Schmidt, *Lesser Crossroads* (Rutgers University Press, 1948), pp. 131 – 136. Also see Charles Hartshorn Maxson, *The Great Awakening in the Middle Colonies* (University of Chicago Press, 1920), pp. 121n, 123n.
10. See Joan Gordon, "The Livingstons of New York 1675 – 1860: Kinship and Class" (Ph. D. diss., Columbia University, 1959), p. 102.
11. William H. S. Demarest, *A History of Rutgers College, 1766 – 1924* (New Brunswick, N. J.: Rutgers College, 1924), pp. 84 – 85.
12. See John De Witt, *A Funeral Discourse, Pronounced in the Reformed Dutch Church of New-Brunswick, Occasioned by the Decease of the Rev. John H. Livingston* (New Brunswick, N. J.: William Myer, 1825); also see Tobias Van Zandt (pseud.), *Eulogy*

on the Life and Character of the Reverend John H. Livingston (New York: Hopkins & Morris, 1825).

13. The Princeton-Rutgers merger committee included John Bubenheim Bayard, Elias Boudinot (Richard Stockton's brother-in-law), Frederick Frelinghuysen, Archibald Mercer (whose daughter married Frederick Frelinghuysen's son), and Andrew Kirkpatrick (John Bayard's son-in-law). See John Mclean, *History of the College of New Jersey* (Philadelphia: J. B. Lippincott, 1877), vol. 1, pp. 352 - 353.
14. The lottery was then a common device to raise funds for such purposes as bridge and church building and paying Indian claims. There were also lotteries for the relief of private creditors, such as the one held on the default of John Hardenbergh, sheriff of Somerset County and son of the president of Rutgers. See Oscar M. Voorhees, "Some Somerset County Lotteries," *Somerset County Historical Quarterly*, vol. 3, pp. 88 - 89; vol. 4, pp. 155 - 156.
15. See Charles Leonard Lundin, *Cockpit of the Revolution, the War for Independence in New Jersey* (Princeton University Press, 1940), p. 99; Demarest, A History of Rutgers College, pp. 114 - 115.
16. Quoted in Robert V. Hoffman, *The Revolutionary Scene in New Jersey* (New York: American Historical Co., 1942), pp. 80 - 81.
17. Quoted in Edwin Mark Norris, *The Story of Princeton* (Boston: Little, Brown, 1917), p. 76.
18. Among those who were fellow students with Frelinghuysen at Princeton were James Madison (president), Aaron Burr (vice president), William Bradford (attorney general), Gunning Bedford (governor of Delaware), "Light Horse Harry" Lee (governor of Virginia), Morgan Lewis (governor of New York), Aaron Ogden (governor of New Jersey), Henry Brockholst Livingston (justice of the Supreme Court), Philip Freneau ("poet of the Revolution"), John Ewing Colhoun (senator from South Carolina), and Samuel Stanhope Smith (president of Princeton). See Samuel Davies Alexander, *Princeton College during the Eighteenth Century* (New York: A. D. F. Randolph, 1872).
19. Talbot W. Chambers, *Memoirs of the Life and Character of the Late Hon. Theo. Frelinghuysen* (New York: Harper, 1863), p. 23; A. Van Doren Honeyman, "Early Career of Governor William Paterson," *Somerset County Historical Quarterly*, vol. 1, p. 242.
20. *Selections from the Correspondence of the Executive of New Jersey*, from 1776 to 1786 (Newark: Daily Advertiser, 1848), pp. 141 - 142.
21. Ibid., pp. 155 - 156; also in Francis Bazley Lee, *Genealogical and Memorial History of the State of New Jersey* (New York: Lewis Historical, 1910), vol. 1, pp. 9 - 10.

22. Quoted in Walter R. Fee, *The Transition from Aristocracy to Democracy in New Jersey, 1789 - 1829* (Somerville, N. J.: Somerset Press, 1933), p. 82n. Italics in original.
23. Quoted in Leland D. Baldwin, *Whiskey Rebels* (University of Pittsburgh Press, 1939), p. 223.
24. Quoted in Henry P. Thompson, *History of the Reformed Church, at Readington, New Jersey* (New York: Board of Publication of the Reformed Church in America, 1882), p. 54.
25. See Chambers, *Memoirs*, pp. 137, 138 - 139, 140. The Reverend Talbot W. Chambers (1819 - 1896), who wrote the biography of Theodore Frelinghuysen, was married to the senator's niece, Louisa Mercer Frelinghuysen (daughter of Theodore's brother John). Chambers, one of the great biblical scholars of his day, had been raised as a Presbyterian but became a Dutch Reformed minister when he differed with his family over the Old School-New School controversy in the church of his birth.
26. Quoted in Ebernezer C. Tracy, *Memoir of the Life of Jeremiah Evarts* (Boston: Crocker & Brewster, 1845), p. 369.
27. Quoted in Chambers, *Memoirs*, p. 69.
28. Thomas H. Benton, *Thirty Years' View* (New York: Appleton, 1854), vol. 1, p. 166.
29. Quoted in Chambers, *Memoirs*, pp. 70 - 71.
30. Bayard Tuckerman, ed., *The Diary of Philip Hone, 1828 - 1851* (New York: Dodd, Mead, 1889), vol. 1, pp. 113 - 114.
31. Louis Clinton Hatch, *A History of the Vice-Presidency of the United States* (New York: American Historical Society, 1934), pp. 178, 195 - 197, 206 - 207. Hatch also suggests that "financial considerations may have played a part in the nomination" of Frelinghuysen, p. 305.
32. Ibid., p. 198.
33. Allan Nevins and Milton Halsey Thomas, eds., *The Diary of George Templeton Strong* (New York: Macmillan, 1952), vol. 1, p. 232.
34. See Allan Nevins and Frank Weitenkampf, *A Century of Political Cartoons* (New York: Scribner's, 1944), pp. 58 - 59.
35. Chambers, *Memoirs*, pp. 174 - 181.
36. Ibid., p. 177.
37. Hatch, *History*, p. 210; also Eugene H. Roseboom, *A History of Presidential Elections* (New York: Macmillan, 1957), p. 132.
38. "Notes on the Life of Rev. William Blauvelt," *Somerset County Historical Quarterly*, vol. 7, p. 37. When Frelinghuysen left the legal profession a former student of his who became president of the American Bar Association said it was "the greatest mistake of

his life." See Cortlandt Parker, *The Essex Bar* (Newark, N. J.: Ward & Tickenor, 1874), pp. 8–9.

39. Quoted in Chambers, *Memoirs*, pp. 99–100. The professor was Taylor Lewis.
40. Joshua L. Chamberlain, *New York University* (Boston: R. Herndon, 1901), p. 102. The chairman of the board who opposed Frelinghuysen was James Tallmadge (1778–1853), a former Democratic congressman (1817–1819) and lieutenant governor of New York (1824–1826).
41. Theodore Frelinghuysen married Charlotte Mercer (1784–1854), the daughter of Archibald Mercer (1747–1814), a judge of the Court of Common Pleas for Somerset County, who had served on the board of trustees of Rutgers with Theodore's father. Besides Frederick, Theodore also adopted Frederick's sister, Gertrude Ann (1814–1886), and Mrs. Frelinghuysen's nephew, William T. Mercer (1812–1886). William, who became a physician and established a drug business, married Gertrude Ann Frelinghuysen in 1835.
42. Howard K. Beale, ed., *Diary of Gideon Welles* (New York: Norton, 1960), vol. 3, p. 348.
43. John F. Hageman, "The Life, Character and Services of Frederick T. Frelinghuysen," Proceedings of the New Jersey Historical Society, 2nd ser., 9 (1886–1887), pp. 58–59.
44. William E. Sackett, *Modern Battles of Trenton* (Trenton, N. J.: J. L. Murphy, 1895), vol. 1, pp. 29–30.
45. Charles Callan Tansill, *The Congressional Career of Thomas Francis Bayard, 1869–1885* (Georgetown University Press, 1946), pp. 180–181.
46. Quoted in Philip Marshall Brown, "Frederick Theodore Frelinghuysen," *The American Secretaries of State and Their Diplomacy*, edited by Samuel Flagg Bemis (New York: Knopf, 1927–1929), vol. 8, p. 3.
47. George Frederick Howe, *Chester A. Arthur* (New York: Dodd, Mead, 1934), p. 161; also see Thomas A. Bailey, *A Diplomatic History of the American People* (New York: Crofts, 1942), p. 436.
48. Graham H. Stuart, *The Department of State* (New York: Macmillan, 1949), pp. 160–161.
49. See Russel B. Nye, *George Bancroft, Brahmin Rebel* (New York: Knopf, 1944), pp. 125, 127.
50. Howe, Chester A. Arthur, p. 175.
51. Irwin H. Hoover, *Forty-two Years in the White House* (Boston: Houghton Mifflin, 1934), p. 30.
52. See *New York Times*, April 30, 1935, p. 17; February 20, 1939, p. 17.

53. Walter Evans Edge, *A Jerseyman's Journal* (Princeton University Press, 1948), p. 85.
54. "The Reminiscences of Boris Bakhmeteff" (Columbia University, Oral History Research Office), p 460.
55. *New York Times*, June 15, 1920, p. 2.
56. *New York Times*, February 3, 1921, p. 3; February 4, 1921, p. 2; February 8, 1921, p. 1.
57. Samuel Hopkins Adams, *Incredible Era, the Life and Times of Warren Gamaliel Harding* (Boston: Houghton Mifflin, 1939), p. 212.
58. *New York Times*, July 3, 1921, p. 1.
59. *New York Times*, June 18, 1922, p. 2; October 17, 1922, p. 3.
60. *New York Times*, September 28, 1922, p. 20.
61. *New York Times*, November 7, 1922, p. 1.
62. *New York Times*, May 23, 1928, p. 24; also see June 5, 1928, p. 5; June 14, 1928, p. 8.
63. *New York Times*, May 2, 1930, p. 17; May 14, 1930, p. 29; June 18, 1930, pp. 1, 13.
64. See Peter Frelinghuysen Jr., "The 10-Year Record of Peter Frelinghuysen, Jr.," *Congressional Record*, 87th Cong., 2d Sess., October 3, 1962.
65. *New York Times*, October 10, 1964, p. 26.
66. *Washington Post*, January 15, 1965, p. A1; Rowland Evans and Robert Novak, "Again the Southern Strategy," *Washington Post*, January 19, 1965, p. A17.
67. Robert N. Burnett, "Henry Osborne Havemeyer," *Cosmopolitan*, April 1903, p. 704.
68. See Aline B. Saarinen, *The Proud Possessors* (New York: Random House, 1958), pp. 144 - 173; Louisine W. Havemeyer, "Memories of a Militant," *Scribner's Magazine*, May 1922, pp. 528 - 539; June 1922, pp. 661 - 676; *New York Times*, February 11, 1919, p. 5.
69. See *National Cyclopaedia of American Biography* (New York: James T. White and Co., 1961), vol. 43, pp. 511 - 512.
70. Quoted in Cleveland Amory, *The Last Resorts* (New York: Harper, 1952), p. 46.

塔克王朝

1. Mrs. George P. (Mary H.) Coleman, ed., "Randolph and Tucker Letters," *Virginia Magazine of History and Biography* 42, no. 3 (July 1934), p. 222.
2. Quoted in John William Kaye, *The Life and Correspondence of Henry St. George Tucker, Late Accountant-General of Bengal, and Chairman of the East India Company* (London: R. Bentley, 1854), p. 4.
3. In 1774 Colonel Tucker wrote to a son: "I don't know any one undertaking for the last seven years that has succeeded with me." Quoted in Wilfred Brenton Kerr, *Bermuda and the American Revolution: 1760 - 1783* (Princeton University Press, 1936), p. 14.

4. Quoted in Percy Winfield Turrentine, "Life and Works of Nathaniel Beverley Tucker" (Ph. D. diss., Harvard University, 1952), vol. 1, p. 19.
5. On sending him to William and Mary College, St. George's sister wrote him that their father was impressed with "the Cheapness of it ... the students are boarded, Lodged and have the best Masters for the inconsiderable sum of 13 pounds ten shillings per Annum." Quoted in Mrs. George P. (Mary H.) Coleman, *St. George Tucker: Citizen of No Mean City* (Richmond, Va.: Dietz, 1938), p. 12.
6. Quoted in Beverley Randolph Tucker, *Tales of the Tuckers* (Richmond, Va.: Dietz, 1942), p. 115. The author, a fifth-generation Tucker, was a professor of neurology and psychiatry at the Medical College of Virginia, a Richmond physician, and a prolific writer whose books include *Nervous Children* (Boston: Badger, 1916), The Gift of Genius (Boston: Stratford, 1930), and *Narna Darrell* (Boston: Stratford, 1936). The last is a novel that recounts several centuries of love between various characters named Lucius and various characters named Narna from the time that Lucius, a Roman centurion who lands in the British Isles with Caesar, meets Narna, a "silver-gold"-tressed Druid, until sometime in the future.
7. Lewis Leary, *The Literary Career of Nathaniel Tucker, 1750 - 1807* (Duke University Press, 1951), pp. vii-viii.
8. Ibid., p. 91.
9. See Mrs. George P. (Mary H.) Coleman, ed., "Letters from Old Trunks," *Virginia Magazine of History and Biography* 44, no. 1 (January 1936), pp. 25 - 34.
10. Mrs. George P. (Mary H.) Coleman, ed., "Randolph and Tucker Letters," *Virginia Magazine of History and Biography* 42, no. 1 (January 1934), p. 50.
11. Quoted in Turrentine, "Life and Works of Nathaniel Beverley Tucker," vol. 1, pp. 334 - 335.
12. See letter from Patrick Henry to William Livingston, February 23, 1786, in *Selections from the Correspondence of the Executive of New Jersey, from 1776 - 1781* (Newark: Daily Advertiser, 1848), p. 360.
13. The poem was called "On General [Benedict] Arnold." It includes the lines, "Thy crime succeeding ages shall proclaim,/And Judas be forgot, in Arnold's name!" See David Manning White, "Franklin Applauds the Muse," *William and Mary Quarterly*, 3rd ser., 4, no. 2 (April 1947), p. 226.
14. Mrs. George P. (Mary H.) Coleman, ed., "Randolph and Tucker Letters," *Virginia Magazine of History and Biography* 42, no. 2 (April 1934), p. 130.
15. Tucker titled this poem, written in 1807, "Resignation":

Days of my youth,
Ye have glided away;

Hairs of my youth,
Ye are frosted and gray;
Eyes of my youth,
Your keen sight is no more;
Cheeks of my youth,
Ye are furrowed all o'er;
Strength of my youth,
All your vigor is gone;
Thoughts of my youth,
Your gay visions are flown.
Days of my youth,
I wish not your recall;
Hairs of my youth,
I'm content ye should fall;
Eyes of my youth,
You much evil have seen;
Cheeks of my youth,
Bathed in tears you have been;
Thoughts of my youth,
You have led me astray;
Strength of my youth,
Why lament your decay?
Days of my age,
Ye will shortly be past;
Pains of my age,
Yet awhile ye can last;
Joys of my age,
In true wisdom delight;
Eyes of my age,
Be religion your light;
Thoughts of my age,
Dread ye not the cold sod;
Hopes of my age,
Be ye fixed on your God.

Edmund C. Stedman, ed., *An American Anthology*, *1787 - 1900* (Cambridge, Mass.: Riverside Press, 1900), vol. 1, p. 10.

16. Henry St. George Tucker, "Patrick Henry and St. George Tucker," *University of*

Pennsylvania Law Review 47, no. 1 (January 1919), p. 72.

17. William Wirt, Patrick Henry's first biographer, wrote St. George Tucker, August 16, 1815: "I have taken almost entirely, Mr. Henry's speech in the convention of '75 from you, as well as your description of its effect on you verbatim." See "William Wirt's Life of Patrick Henry," *William and Mary Quarterly*, 1st ser., 22, no. 4 (April 1914), p. 252.
18. See Turrentine, "Life and Works of Nathaniel Beverley Tucker," vol. 1, p. 89. Tucker's diaries give perhaps the most meticulously accurate account of the Yorktown siege. See Edward M. Riley, "St. George Tucker's Journal of the Siege of Yorktown, 1781," *William and Mary Quarterly*, 3rd ser., 5, no. 3 (July 1948), pp. 375 - 395.
19. Mrs. George P. (Mary H.) Coleman, ed., *A Williamsburg Scrap Book* (Richmond, Va.: Dietz, 1932), p. 27.
20. See Mrs. George P. (Mary H.) Coleman, ed., *Virginia Silhouettes: Contemporary Letters Concerning Negro Slavery in the State of Virginia* (Richmond, Va.: Dietz, 1934), pp. 3 - 4.
21. Tucker resigned from the Virginia Court of Appeals in 1811 and was appointed to the federal district court by President Madison in 1813. His resignation from the state court was ostensibly because of an increase in judicial sessions, which would have necessitated his being away from home for long periods. However, there is some evidence that his real reason was a personality conflict with Spencer Roane, an irascible fellow judge, who was also the political boss of the state. See Rex Beach, "Spencer Roane and the Richmond Junto," *William and Mary Quarterly*, 2nd ser., 22, no. 1 (January 1942), pp. 13 - 16.
22. Quoted in Elizabeth K. Bauer, *Commentaries on the Constitution, 1790 - 1860* (Columbia University Press, 1952), p. 176.
23. Francis Biddle, *A Casual Past* (Garden City, N. Y.: Doubleday, 1961), p. 34.
24. L. H. Butterfield, ed., *Letters of Benjamin Rush* (Princeton University Press, 1951), vol. 2, p. 1042.
25. Quoted in Anna Robeson Burr, *Weir Mitchell, His Life and Letters* (New York: Duffield, 1929), pp. 19 - 20.
26. Quoted in William Cabell Bruce, *John Randolph of Roanoke* (New York: Putnam's, 1922), vol. 2, p. 267. Mr. Bruce (1860 - 1946), a Virginian by birth, and a Democratic senator from Maryland between 1923 and 1929, is almost as biased in Randolph's favor as the Henry Adams biography is against him.
27. Judith Randolph's mother wisely objected to her marriage. See letter from Mrs. Anne Randolph to St. George Tucker, September 23, 1788, in Mrs. George P. (Mary H.) Coleman, ed., "Randolph and Tucker Letters," *Virginia Magazine of History and Biography* 42, no. 1 (January 1934), pp. 49 - 50.

28. See Jay and Audrey Walz, *The Bizarre Sisters* (New York: Duell, Sloan & Pearce, 1950). "Bizarre" was the name of Richard Randolph's plantation.
29. See William Macfarlane Jones, "Will of Richard Randolph, Jr., of 'Bizarre,'" *Virginia Magazine of History and Biography* 34, no. 1 (January 1926), pp. 22 - 26.
30. Quoted in Turrentine, "Life and Works of Nathaniel Beverley Tucker," vol. 2, p. 484.
31. Quoted in W. C. Bruce, *John Randolph of Roanoke*, vol. 2, p. 517.
32. See *Virginia Magazine of History and Biography* 48, no. 3 (July 1940), p. 241.
33. Quoted in Jay B. Hubbell, "William Wirt and the Familiar Essay in Virginia," *William and Mary Quarterly*, 2nd ser., 23, no. 2 (April 1943), p. 139.
34. Quoted in Edward Younger, ed., "A Yankee Reports on Virginia, 1842 - 1843, Letters of John Adams Kasson," *Virginia Magazine of History and Biography* 56, no. 4 (October 1948), pp. 415 - 416. The young student became a noted diplomat and Iowa congressman.
35. See Robert Colin McLean, *George Tucker, Moral Philosopher and Man of Letters* (University of North Carolina Press, 1961), p. 22.
36. Vernon L. Parrington, *Main Currents in American Thought* (New York: Harcourt, Brace, 1927 - 1930), vol. 2, p. 35, and letter from Henry St. George Tucker to Nathaniel Beverley Tucker, January 20, 1833, in "Correspondence of Judge Tucker," *William and Mary Quarterly*, 1st ser., 12, no. 2 (October 1903), pp. 89 - 91.
37. Quoted in W. C. Bruce, *John Randolph of Roanoke*, vol. 1, p. 441.
38. See Turrentine, "Life and Works of Nathaniel Beverley Tucker," vol. 2, pp. 470, 600.
39. See John Randolph Tucker, "The Judges Tucker of the Court of Appeals of Virginia," *Virginia Law Register* 1, no. 11 (March 1896), p. 802.
40. Quoted in W. C. Bruce, *John Randolph of Roanoke*, vol. 1, p. 506.
41. See letter from Henry St. George Tucker (1853 - 1932), in Ephraim Tucker, *Genealogy of the Tucker Family* (Worcester, Mass.: F. S. Blanchard, 1895), p. 326.
42. Quoted in Turrentine, "Life and Works of Nathaniel Beverley Tucker," vol. 1, p. 424.
43. Ibid., vol. 3, p. 1202.
44. Ibid., vol. 2, p. 537.
45. Quoted in B. R. Tucker, *Tales of the Tuckers*, p. 19.
46. See Turrentine, "Life and Works of Nathaniel Beverley Tucker," vol. 2, p. 961.
47. See Philip Alexander Bruce, *History of the University of Virginia* (New York: Macmillan, 1920), vol. 2, p. 310. The student assassin, Joseph E. Semmes, was released on $25,000 bail. He jumped bail and was never brought to trial.
48. Quoted in Turrentine, "Life and Works of Nathaniel Beverley Tucker," vol. 2, p. 1262.
49. W. C. Bruce, *John Randolph of Roanoke*, vol. 2, pp. 203 - 204, and Carl Bridenbaugh, "Introduction," in Nathaniel Beverley Tucker, *The Partisan Leader* (New York:

Knopf, 1933), p. xxvi.

50. See John Francis McDermott, "Nathaniel Beverley Tucker in Missouri," *William and Mary Quarterly*, 2nd ser., 20, no. 4 (October 1940), p. 507.

51. Quoted in Mary C. Simms Oliphant, Alfred Taylor Odell, and T. C. Duncan Eaves, eds., *The Letters of William Gilmore Simms* (University of South Carolina Press, 1952 - 1956), vol. 2, p. 505.

52. See Beverley Randolph Tucker, S. *Weir Mitchell* (Boston: Badger, 1914), pp. 42 - 43.

53. See Ernest E. Leisy, *The American Historical Novel* (University of Oklahoma Press, 1950), p. 29, and Bertha Monica Stearns, "The Literary Treatment of Bacon's Rebellion in Virginia," Virginia Magazine of History and Biography 52, no. 3 (July 1944), pp. 173 - 175.

Tucker's daughter Anne married Lyon G. Tyler (1853 - 1935), a son of the U. S. president and his second wife; president of William and Mary College, 1888 - 1919; author, *The Letters and Times of the Tylers* (Richmond, Va.: Whillet & Shipperson, 1884 - 1896) and other historical works; and founder, *Tyler's Quarterly Historical and Genealogical Magazine*. See James Southall Wilson, "Lyon Gardiner Tyler," *William and Mary Quarterly*, 2nd ser., 15, no. 4 (October 1935), pp. 319 - 322.

54. See John Beauchamp Jones, *A Rebel War Clerk's Diary*, edited by Howard Swiggett (New York: Old Hickory Bookshop, 1935), vol. 2, pp. 319 - 320.

55. See Theodore Roscoe, *The Web of Conspiracy: The Complete Story of the Men Who Murdered Abraham Lincoln* (Englewood Cliffs, N. J.: Prentice-Hall, 1959), pp. 449 - 451.

56. Quoted in Jane Ellis Tucker, *Beverley Tucker, a Memoir by His Wife* (Richmond, Va.: Frank Baptist Printing, 1893?), p. 56.

57. See Francis Wilson, *John Wilkes Booth, Fact and Fiction of Lincoln's Assassination* (Boston: Houghton Mifflin, 1929), p. 251.

58. Quoted in Marshall W. Fishwick, *Lee after the War* (New York: Dodd, Mead, 1963), pp. 75 - 76.

59. Quoted in J. E. Tucker, *Beverley Tucker*, p. 57.

60. Ibid., pp. 48 - 49.

61. Quoted in B. R. Tucker, *Tales of the Tuckers*, p. 59.

62. See John W. Davis, "John Randolph Tucker: The Man and His Work," in *John Randolph Tucker Lectures* (Lexington, Va., 1952), p. 22.

63. See B. R. Tucker, *Tales of the Tuckers*, p. 68.

64. See Walter Edward Harris, "John Randolph Tucker," in O. O. Stealey, ed., *Twenty Years in the Press Gallery* (New York: Publishers Printing, 1906), p. 448.

65. See William Alexander MacCorkle, *The Recollections of Fifty Years of West Virginia*

(New York: Putnam's, 1928), pp. 473 - 475.

66. *Report of the Twentieth Annual Meeting of the American Bar Association* (Philadelphia, 1897), p. 555.
67. Quoted in Davis, "John Randolph Tucker," pp. 15 - 16.
68. See Theodore Clarke Smith, *The Life and Letters of James Abram Garfield* (Yale University Press, 1925), vol. 1, p. 589; B. R. Tucker, *Tales of the Tuckers*, p. 65.
69. Quoted in Davis, "John Randolph Tucker," p. 19.
70. Report No. 164, U. S. House of Representatives, 68th Cong., 1st Sess., February 7, 1924, *Industrial Vocational Rehabilitation* (Government Printing Office).
71. See Allan Nevins, *Grover Cleveland* (New York: Dodd, Mead, 1962), p. 693; Document No. 570, U. S. House of Representatives, 72d Cong., 2d Sess., *Memorial Services Held in the House of Representatives of the United States, Together with Remarks Presented in Eulogy of Henry St. George Tucker* (Government Printing Office), p. 45.
72. Robert T. Taylor, "The Jamestown Tercentennial Exposition of 1907," *Virginia Magazine of History and Biography* 65, no. 2 (April 1957), p. 186.
    Tucker succeeded General Fitzhugh Lee, the former Virginia governor, who died suddenly in 1905.
73. Quoted in B. R. Tucker, *Tales of the Tuckers*, pp. 150 - 151.
74. Quoted in Paschal Reeves, "Thomas S. Martin: Committee Statesman," *Virginia Magazine of History and Biography* 68, no. 31 (July 1960), p. 363n; also see Virginius Dabney, *Dry Messiah: The Life of Bishop Cannon* (New York: Knopf, 1949), pp. 54 - 56.
75. Quoted in *New York Times*, July 24, 1932, p. 23.
76. Quoted in B. R. Tucker, *Tales of the Tuckers*, p. 152.
77. Quoted in Turrentine, "Life and Works of Nathaniel Beverley Tucker," vol. 1, p. 38.
78. Ibid., vol. 2, pp. 808 - 809.
79. Ibid., vol. 3, p. 1401n.
80. Quoted in B. R. Tucker, *Tales of the Tuckers*, p. 121.
81. Beverley Dandridge Tucker, *My Three Loves* (New York: Neagle, 1910), pp. 74 - 75. His other volume, *Confederate Memorial Verses* (Norfolk: United Daughters of the Confederacy, 1904), contains a poem in honor of his uncle Ran, John Randolph Tucker.
82. B. R. Tucker, *Tales of the Tuckers*, pp. 126 - 127. A slightly different version of this story appears in Cleveland Amory, The Last Resorts (New York: Harper, 1952), pp. 54 - 55.
83. See*Current Biography* (New York: H. W. Wilson Co., 1943), pp. 774 - 776; also *New York Times*, February 4, 1948, p. 19; August 9, 1959, p. 88.

84. Quoted in *William and Mary Quarterly*, 1st ser., 16, no. 2 (October 1907), p. 113.
85. Homer S. Cummings, *Address ... Delivered at the Dedication of the New Law School Building Erected in Honor of John Randolph Tucker at the Washington and Lee University, Lexington, Virginia, June 11, 1936* (Washington, 1938), p. 6.

斯托克顿王朝

1. Quoted in Frank Luther Mott, *A History of American Magazines, 1865 - 1885* (Harvard University Press, 1957), p. 462.
2. Quoted in Alfred Hoyt Bill, *A House Called Morven* (Princeton University Press, 1954), p. 19.
3. See C. H. Hunter, "Morven — The Princeton Home of the Stockton Family," *Proceedings of the New Jersey Historical Society* 9, no. 2 (April 1924), pp. 124 - 137.
4. L. H. Butterfield, "Annis and the General," *Princeton University Library* Chronicle 7, no. 1 (November 1945), p. 32.
5. Quoted in L. H. Butterfield, "Morven: A Colonial Outpost of Sensibility," *Princeton University Library Chronicle* 6, no. 1 (November 1944), p. 13.
6. The compiler of Washington's papers says of the general's last note, "On May 4, 1789 Washington wrote to Mrs. Annis Boudinot Stockton, thanking her, quite briefly, for another of her poems." John C. Fitzpatrick, ed.,, *The Writings of George Washington* (Washington: Government Printing Office, 1939), vol. 30, p. 308n.
7. Quoted in Bill, *A House Called Morven*, p. 27. The letter was from Governor William Franklin of New Jersey.
8. See Richard P. McCormick, "The First Election of Governor William Livingston," *Proceedings of the New Jersey Historical Society* 45, no. 2 (April 1947), pp. 92 - 100.
9. Quoted in Frederick W. Ricord and William Nelson, eds., "Documents Relating to the Colonial History of the State of New Jersey," *Archives of the State of New Jersey* (Newark: Daily Advertiser, 1886), 1st ser., 10, p. 429.
10. Quoted in J. J. Boudinot, ed., *The Life, Public Services, Addresses and Letters of Elias Boudinot* (Boston and New York: Houghton Mifflin, 1896), vol. 1, p. 89.
11. L. H. Butterfield, ed., *Letters of Benjamin Rush* (Princeton University Press, 1951), vol. 1, p. 123.
12. The Act of Congress, January 3, 1777, reads:

> *Whereas*, Congress hath received information that the honorable Richard Stockton, Esq. of New Jersey, and a member of this Congress, hath been made a prisoner by the enemy, and that he has been ignominiously thrown into a common gaol, and there detained;

> *Resolved*, That General Washington be directed to make immediate inquiry into the truth of this report, and if he finds reason to believe it well founded, that he send a flag of truce to General Howe, remonstrating against this departure from humane procedure that has marked the conduct of these states to prisoners, who have fallen into their hands; and to know of General Howe, whether he chuses that this shall be the future rule for treating all such, on both sides, as the fortune of war may place in the hands of either party. [end block quote in note]

Quoted in Thomas C. Stockton, *The Stockton Family of New Jersey and Other Stocktons* (Washington: Carnahan Press, 1911), pp. 38 - 39.

13. Bill, A House Called Morven, p. 41; also see Charles Leonard Lundin, *Cockpit of the Revolution*, *the War for Independence in New Jersey* (Princeton University Press, 1940), p. 161.
14. Butterfield, *Letters of Benjamin Rush*, vol. 1, p. 126.
15. Quoted in L. H. Butterfield, "Morven: Colonial Outpost of Sensibility," p. 5.
16. George W. Corner, ed., *The Autobiography of Benjamin Rush* (Princeton University Press, 1948), p. 147.
17. Bill, *A House Called Morven*, p. 67.
18. See Robert C. Hallock, "Historic Old Tennent," *Proceedings of the New Jersey Historical Society*, 2nd ser., 9 (1886 - 1887), pp. 235 - 243.
19. Mabel Lorenz Ives, *Home of Richard Stockton* (Upper Montclair, N. J.: Lucy Fortune, 1932), p. 4; also George Adams Boyd, *Elias Boudinot*, *Patriot and Statesman*, *1740 - 1821* (Princeton University Press, 1952), p. 253.
20. Elias Boudinot, *Memoirs to the Life of the Rev. William Tennent* (New York: W. Alexander, 1822), pp. 25, 31. Later Tennent claimed another divine intercession. While he was standing trial for perjury, two witnesses suddenly showed up with evidence to acquit him: both stating that they had been directed to the courthouse by a vision in their dreams. However, Richard Stockton Field, a distinguished lawyer, looked into the case and concluded that there was a more natural cause for their appearance. See Richard Stockton Field, "Review of the Trial of the Rev. Wm. Tennent for Perjury in 1742," *Proceedings of the New Jersey Historical Society* 6 (1853).
21. Susanna Stockton Pintard was also the grandmother of George Dashiell Bayard (1835 - 1862), the Civil War general killed in action at the battle of Fredericksburg. See Bayard Dynasty.
22. Boyd, *Elias Boudinot*, p. 110; also see Robert V. Hoffman, *The Revolutionary Scene in New Jersey* (New York: American Historical Co., 1942), p. 21.
23. Boyd, *Elias Boudinot*, p. 90.

24. This was the heart of Boudinot's analogy between the Indians and the Jews: "They [the Indians] believed in one Supreme Being, and considered themselves his chosen people — They reckoned time after the manner of the Hebrews — Many words of their language are identical or similar, while repeatedly the construction is the same — certain tribes possessed a sacred ark carried by men sanctified and purified for the office, the ceremonial of which was like that of the Jews — up to a certain epoch some of the tribes practised circumcision, their feasts and fasts corresponding in great degree with those of the lost Tribes — They abstained from eating the Mexican hog — the sea cow or turtle and many animals & birds which they held as unclean — They had also their 'cities of Refuge' called 'old,' 'beloved,' 'holy' or 'white towns.'" See J. J. Boudinot, ed., *The Life, Public Services, Addresses and Letters of Elias Boudinot* (Boston: Houghton Mifflin, 1896), vol. 2, p. 378.
25. J. J. Boudinot, *Life, Public Services*, vol. 1, p. 180. For some of Boudinot's espionage exploits, see John Bakeless, *Turncoats, Traitors and Heroes* (Philadelphia: J. B. Lippincott, 1959), chap. 13.
26. See Milton Halsey Thomas, ed., *Elias Boudinot's Journey to Boston in 1809* (Princeton University Library, 1955), p. x.
27. The following is the genealogy of the Bradford family (not related to William Bradford, the Pilgrim Father):

William Bradford (1663 – 1752)
Arrived America 1685; began
the first newpaper in New York, 1725

|

Andrew Bradford (1686 – 1742)
Began the first newspaper in Philadelphia, 1719

|

(adopted son)

|

William Bradford (1722 – 1791) known as
the "patriot printer of 1776" at fifty-six
years of age he enlisted in the Revolutionary
Army; severely wounded at the Battle of Princeton

Thomas (1745 – 1838) Innovator of the financial page and the book page in modern journalism	*William* (1755 – 1795) Attorney General of Pennsylvania at 25; U. S. Attorney General, 1794 – 1795 m. *Susan Boudinot* (1764 – 1854) (no issue)	*Rachel* (1764 – 1805) m. *Judge Elisha Boudinot* (1749 – 1819) brother of *Elias Boudinot*

For an account of the Bradfords' publishing careers before the Revolution, see Arthur M. Schlesinger, *Prelude to Independence: The Newspaper War on Britain, 1764 –*

1726 (New York: Knopf, 1958).

28. Quoted in James Grant Wilson, "Andrew Kirkpatrick," *Proceedings of the New Jersey Historical Society*, 2nd ser., 2 (1870 - 1872), p. 95.
29. Butterfield, *Letters of Benjamin Rush*, vol. 1, p. 328.
30. Ibid., vol. 2, p. 327.
31. Ibid., vol. 2, p. 1215. Italics in original.
32. Ibid., vol. 1, p. 513.
33. Ibid., vol. 2, p. 797. The treasurer of the mint was little more than a bookkeeper; an assistant signed most of the receipts for Rush.
34. Ibid., vol. 2, pp. 1211 - 1212.
35. Quoted in Boyd, *Elias Boudinot*, p. 247.
36. Butterfield, *Letters of Benjamin Rush*, vol. 2, pp. 1041 - 1042.
37. Corner, *Autobiography of Benjamin Rush*, p. 162.
38. Quoted in William Cabell Bruce, *John Randolph of Roanoke* (New York: Putnam's, 1922), vol. 2, p. 200.
39. See Gertrude B. Biddle and Sarah D. Lowrie, eds., *Notable Women of Pennsylvania* (University of Pennsylvania Press, 1942), pp. 131 - 132.
40. Elizabeth Ellet, *The Queens of American Society* (New York: Scribner's, 1867), p. 363.

    William Bradford family genealogy
41. Ibid., pp. 365 - 369.
42. Quoted in *Dictionary of American Biography* (New York: Charles Scribner, 1936), vol. 16, p. 231. In 1964 the Ridgway branch of the Philadelphia Library Company, at Broad and Christian Streets, was purchased by the city to be redeveloped as a recreational facility.
43. Richard Stockton (1764 - 1828) married Mary Field, the sister of his brotherin-law, Robert Field.
44. See Walter R. Fee, *The Transition from Aristocracy to Democracy in New Jersey, 1789 - 1829* (Somerville, N.J.: Somerset Press, 1933), p. 130.
45. Bill, *A House Called Morven*, p. 74.
46. Ibid., p. 85.
47. Josiah Quincy, *Figures of the Past from the Leaves of Old Journals* (Boston: Little, Brown, 1926), p. 192. This Josiah Quincy (1802 - 1882) was mayor of Boston from 1845 to 1849; his father, Josiah Quincy (1772 1862), was mayor of Boston (1823 - 1828) and president of Harvard (1829 - 1845); and his grandson, Josiah Quincy (1859 - 1919), was also mayor of Boston (1895 - 1899).
48. Writes Frank R. Stockton, "It is said that at one time he [Commodore Stockton]

challenged all the [British] officers in Gibraltar to meet him in single combat, one after another, and he actually did engage in duels with several of them." *Stories of New Jersey* (Rutgers University Press, 1961), p. 247.

49. Quincy, *Figures of the Past*, p. 193.
50. The explosion on the U. S. S. *Princeton* while cruising on the Potomac River, February 15, 1844, also injured Senator Thomas Hart Benton of Missouri. The injury, thought Andrew Jackson, affected the senator's mind. See Eugene H. Roseboom, *A History of Presidential Elections* (New York: Macmillan, 1957), p. 129.
51. J. Elfreth Watkins. *The Camden and Amboy Railroad* (Washington: Gedney & Roberts, 1892), p. 20.
52. The most careful student of the Camden and Amboy Railroad does not believe that this meeting took place. However, he adds: "This is not questioning the fact that quid pro quo agreement was secured." George L. A. Reilly, "The Camden and Amboy Railroad in New Jersey Politics, 1830 - 1871" (Ph. D. diss., Columbia University, 1952), p. 21.
53. Ibid., p. 35.
54. Ibid., p. 37.
55. Ibid., p. 194.
56. Samuel J. Bayard, *A Sketch of the Life of Com. Robert F. Stockton* (New York: Derby and Jackson, 1856), p. 206; also see Robert Field Stockton, Speech ... on the Past, Present and Future of the American Party (Camden: J. H. Jones, 1859).
57. Irving S. Kull, ed., *New Jersey: A History* (New York: American Historical Society, 1930 - 1932), vol. 3, p. 757.
58. Reilly, "The Camden and Amboy Railroad," p. 97.
59. Quoted in Eric L. McKitrick, *Andrew Johnson and Reconstruction* (University of Chicago Press, 1960), p. 321n.
60. Ibid., p. 323.
61. Ibid., p. 323n.
62. Quoted in George H. Haynes, *The Senate of the United States* (Boston: Houghton Mifflin, 1938), vol. 1, p. 32n. "The Stockton law" specified that "on the second Tuesday after organization of a legislature when a Senator from that State is to be elected, the two houses shall meet separately, and by a viva-voce name a person for Senator. On the following day, the two houses shall meet in joint assembly, and the results of the voting shall be canvassed. If each house has given a majority vote to the same candidate, he shall be declared elected; if not, 'the joint assembly shall meet at twelve o'clock, meridian, of each succeeding day during the session of the legislature, and take at least one vote until a Senator shall be elected.'"

63. Edward Spencer, *An Outline of the Public Life and Services of Thomas F. Bayard* (New York: Appleton, 1880), p. 41.
64. Quoted in Reilly, "The Camden and Amboy Railroad," p. 232.
65. The Stocktons continued their tradition of public service on a minor scale in the twentieth century. A grandson of the commodore, Bayard Stockton (1853 - 1928), served as Mercer County prosecutor for two terms; his son Richard (1885 - 1943) was an assistant attorney general of New Jersey for many years. But the latter's son, Bayard Stockton Ⅲ (1912 - 1986), wrote, "I was never interested in politics and even if I was I didn't have the education or enough public speaking to carry it out." (He was a liquor company executive who served at one time as coach of the Princeton junior varsity football team.) See New York Times, May 19, 1928, p. 13; letter from Bayard Stockton Ⅲ, June 3, 1965; *Who's Who in the East* (Marquis Who's Who, 1962 - 1963), p. 879.
66. One's signature on the Declaration of Independence has had a way of blotting out less attractive qualities. For example, see Dorothy Horton McGee, Famous Signers of the Declaration (New York: Dodd, Mead, 1956), pp. 121 - 128, and Grace C. Gallaher, "New Jersey Signers of the Declaration of Independence," *Daughters of the American Revolution Magazine*, August-September 1964, pp. 685, 688, 723, 737.

朗王朝

1. Quoted in Carleton Beals, *The Story of Huey P. Long* (Philadelphia: Lippincott, 1935), p. 218.
2. Quoted in Stan Opotowsky, *The Longs of Louisiana* (New York: Dutton, 1960), p. 232.
3. Quoted in Thomas Martin, *Dynasty: The Longs of Louisiana* (New York: Putnam's, 1960), p. 193.
4. Quoted in *Real America*, October 1933, p. 52.
5. Harnett T. Kane, *Louisiana Hayride, the American Rehearsal for Dictatorship, 1928 - 1940* (New York: Morrow, 1941), p. 36.
6. Hugh Mercer Blain, ed., *Favorite Huey Long Stories* (Baton Rouge, La.: O. Claitor, 1937), pp. 26 - 27.
7. Huey P. Long, *Every Man a King* (New Orleans, La.: National Book Co., 1933), p. 3. This "autobiography," according to Hermann B. Deutsch, columnist for the New Orleans Times-Picayune, was written by Huey in collaboration with John Klorer, then editor of Long's weekly *American Progress*. See Deutsch, *The Huey Long Murder Case* (Garden City, N. Y.: Doubleday, 1963), pp. 8 - 9.
8. T. Harry Williams, "The Gentleman from Louisiana: Demagogue or Democrat,"

Journal of Southern History 26, no. 1 (February 1960), p. 6.
9. Fred Hamlin, Land of Liberty, *Being an Informal History of the Common People and Their Heroes* (New York: Crowell, 1947), p. 265.
10. Hilda Phelps Hammond, *Let Freedom Ring* (New York: Farrar and Rinehart, 1936), pp. 38 - 39.
11. Quoted in James Rorty, "Callie Long's Boy Huey," *Forum*, August 1935, p. 78.
12. A. J. Liebling, *The Earl of Louisiana* (New York: Simon & Schuster, 1961), p. 8.
13. See Hodding Carter, "Huey Long: American Dictator," in *The Aspirin Age, 1919 - 1941*, edited by Isabel Leighton (New York: Simon & Schuster, 1949), p. 347 (originally published as "Huey Long's Louisiana Hayride," American Mercury 48, no. 304 [April 1949], pp. 435 - 447); also see Kane, *Louisiana Hayride*, p. 48.
14. (John Franklin Carter), *American Messiahs by the Unofficial Observer* (New York: Simon & Schuster, 1935), p. 28.
15. Beals, *The Story of Huey P. Long*, p. 14.
16. John Gunther, *Inside U. S. A.*, rev. ed. (New York: Harper, 1951), pp. 893 - 895.
17. See Williams, "The Gentleman from Louisiana," p. 21. It is interesting that generally it has been the journalists who have taken the "dictator" view of Long, while part of the academic community is now viewing him as the "social reformer." Professor Williams's thesis, which goes furthest toward sanitizing Long, was given as his presidential address before the Southern Historical Association meeting, Atlanta, Georgia, November 12, 1959.
18. See V. O. Key Jr., *Southern Politics* (New York: Knopf, 1949), p. 164.
19. Kane, *Louisiana Hayride*, p. 33.
20. Ibid., p. 62.
21. Long, *Every Man a King*, opposite title page.
22. Hamilton Basso, *Mainstream* (New York: Reynal and Hitchcock, 1943), pp. 191 - 192.
23. Kane, *Louisiana Hayride*, p. 40.
24. Long, *Every Man a King*, p. 77.
25. Allan P. Sindler, *Huey Long's Louisiana* (Johns Hopkins Press, 1956), pp. 49 - 50, states that Long was defeated not by weather but by the religious issue — two Protestants were competing against one Catholic.
26. Beals, *The Story of Huey P. Long*, p. 205: Opotowsky, *The Longs of Louisiana*, p. 93.
27. Opotowsky, *The Longs of Louisiana*, p. 96.
28. Kane, *Louisiana Hayride*, p. 81.
29. Long, *Every Man a King*, p. 195.

30. Beals, *The Story of Huey P. Long*, pp. 176 - 177.
31. See Long, *Every Man a King*, pp. 264 - 65; Beals, *The Story of Huey P. Long*, p. 209; Kane, *Louisiana Hayride*, p. 80.
32. Martin, *Dynasty*, p. 45.
33. Reinhard H. Luthin, *American Demagogues* (Boston: Beacon, 1954), pp. 224 - 225.
34. Edward J. Flynn, *You're the Boss* (New York: Viking, 1947), p. 96.
35. (J. F. Carter), *American Messiahs*, p. 18.
36. Raymond Moley, 27 *Masters of Politics* (New York: Funk and Wagnalls, 1949), p. 221.
37. Kane, *Louisiana Hayride*, p. 137.
38. Long, *Every Man a King*, p. 201.
39. For a summary of the charges, see Opotowsky, *The Longs of Louisiana*, pp. 48 - 49.
40. Sindler, *Huey Long's Louisiana*, p. 65.
41. Long, *Every Man a King*, p. 172.
42. For the Constitutional League's list of Huey Long's relatives on the state payroll, see Webster Smith, *The Kingfish, a Biography of Huey P. Long* (New York: Putnam's, 1933), pp. 182 - 184.
43. Beals, *The Story of Huey P. Long*, p. 195.
44. Martin, *Dynasty*, p. 48.
45. *Time*, February 2, 1948, p. 13.
46. Opotowsky, *The Longs of Louisiana*, pp. 231 - 232.
47. Martin, *Dynasty*, p. 115.
48. Burton K. Wheeler with Paul F. Healy, *Yankee from the West* (Garden City, N. Y.: Doubleday, 1962), p. 285; Flynn, *You're the Boss*, p. 101.
49. Martin, *Dynasty*, p. 138.
50. Alice Roosevelt Longworth, "Strange Bedfellows," *Ladies' Home Journal*, October 1935, p. 44. Later she wrote, "Huey Long had charm. No matter how despicable and dangerous you knew him to be, there it was, something to be reckoned with." Alice Roosevelt Longworth, "What's the Matter with Bob Taft?," *Saturday Evening Post*, May 4, 1940, p. 89.
51. Luthin, *American Demagogues*, p. 254; Edwin P. Hoyt, *The Tempering Years* (New York: Scribner's, 1963), p. 200, quoted in Deutsch, *The Huey Long Murder* Case, p. 34.
52. Kane, *Louisiana Hayride*, p. 101; H. Carter, "Huey Long," p. 353; Williams, "The Gentleman from Louisiana," p. 18.
53. Kane, *Louisiana Hayride*, p. 128.
54. (J. F. Carter), *American Messiahs*, p. 22; James J. A. Fortier, ed., *Huey Pierce*

Long, "*The Martyr of the Age*" (New Orleans: T. J. Moran's, 1937), p. 35; David H. Zinman, *The Day Huey Long Was Shot* (New York: Obolensky, 1963), p. 37; Opotowsky, *The Longs of Louisiana*, p. 74.

55. Huey P. Long, *My First Days in the White House* (Harrisburg, Pa.: Telegraph Press, 1935), p. 18.
56. See Donald R. McCoy, *Angry Voices, Left-of-Center Politics in the New Deal Era* (University of Kansas Press, 1958), p. 70; James A. Farley, *Jim Farley's Story* (New York: Whittlesey House, 1948), p. 51; also see Harold L. Ickes, *The Secret Diary of Harold L. Ickes* (New York: Simon & Schuster, 1953), vol. 1, p. 462.
57. H. Carter, "Huey Long," p. 343.
58. Quoted in Luthin, *American Demagogues*, p. 259.
59. Senate Document No. 59, 88th Cong., 2d Sess., *Memorial Addresses in the Congress of the United States and Tributes in Eulogy of John Fitzgerald Kennedy* (Government Printing Office, 1964), p. 199.
60. Luthin, *American Demagogues*, p. 262; Martin, Dynasty, p. 86.
61. House Document No. 480, 74th Cong., 2d Sess., *Memorial Services Held in the House of Representatives of the United States, Together with Remarks Presented in Eulogy of Huey Pierce Long* (GPO, 1936), p. 50. Russell Long later said of Smith's oration, "It was a political speech to himself." Zinman, *The Day Huey Long Was Shot*, p. 190.
62. Forrest Davis, *Huey Long, a Candid Biography* (New York: Dodge, 1935), postscript p. 1.
63. Zinman, *The Day Huey Long Was Shot*, after title page.
64. Sindler, *Huey Long's Louisiana*, p. 86n.
65. Deutsch, *The Huey Long Murder Case*, p. 177.
66. See Frank J. Wilson as told to Howard Whitman, "The Kingfish Gets Hooked," *Collier's*, May 17, 1947, p. 92; Elmer L. Irey and William J. Slocum, "The End of the Kingfish," in *Fabulous Yesterday*, edited by Lewis W. Gillenson (New York: Harper, 1961), p. 217. (Reprinted from *Coronet*, January 1948.)
67. Kane, *Louisiana Hayride*, p. 140.
68. John Franklin Carter, *American Messiahs*, p. 6.
69. Opotowsky, *The Longs of Louisiana*, p. 237.
70. Kane, *Louisiana Hayride*, p. 153.
71. Martin, *Dynasty*, p. 153.
72. Ibid., p. 190.
73. Sindler, *Huey Long's Louisiana*, p. 122.
74. Deutsch, *The Huey Long Murder Case*, p. 138.

75. Sindler, *Huey Long's Louisiana*, p. 128.
76. Martin, *Dynasty*, p. 161.
77. Sindler, *Huey Long's Louisiana*, p. 136.
78. Kane, *Louisiana Hayride*, p. 261.
79. *Time*, August 30, 1948, p. 16.
80. See Liebling, *The Earl of Louisiana*, p. 122; Kane, *Louisiana Hayride*, p. 290; Opotowsky, *The Longs of Louisiana*, pp. 154, 140. "He [Earl] is motivated partly by a rivalry with Huey's ghost," wrote Irving Ferman, "Louisiana Side-Show," *New Republic*, January 21, 1952, p. 14.
81. Sindler, *Huey Long's Louisiana*, p. 144.
82. Opotowsky, *The Longs of Louisiana*, p. 128.
83. Sindler, *Huey Long's Louisiana*, p. 137.
84. Kane, *Louisiana Hayride*, p. 288.
85. Ibid., p. 434.
86. Sindler, *Huey Long's Louisiana*, p. 148.
87. Kane, *Louisiana Hayride*, p. 430; *Time*, January 29, 1940, p. 24: "Governor Earl Long wrapped the mantle of Huey around him, with some opponents saying he had no right to wear it and some saying it was no mantle."
88. Opotowsky, *The Longs of Louisiana*, p. 195.
89. *Time*, August 30, 1948, p. 16.
90. Liebling, *The Earl of Louisiana*, p. 191.
91. Quoted in Martin, *Dynasty*, p. 194.
92. Opotowsky, *The Longs of Louisiana*, p. 233.
93. See George M. Leppert, "Long Live the Kingfishes!," *American Mercury* 83, no. 393 (October 1956), p. 99.
94. *Memorial Services Held in the House of Representatives and Senate of the United States, Together with Remarks Presented in Eulogy of George Shannon Long* (GPO, 1958), pp. 42 and 40.
95. Opotowsky, *The Longs of Louisiana*, p. 233.
96. Martin, *Dynasty*, p. 288.
97. *Time*, July 13, 1959, p. 16.
98. Rorty, "Callie Long's Boy Huey," p. 78.
99. Martin, *Dynasty*, p. 201.
100. Harnett T. Kane, "Louisiana Story: End of a Chapter," *New York Times Magazine*, September 27, 1959, p. 32; also see Thomas B. Morgan, "Blaze Starr in Nighttown," *Esquire*, July 1964, p. 62.
101. Blanche Long, "His Wife's Story," *Life*, June 15, 1959, p. 36.

102. Martin, *Dynasty*, p. 283.
103. *Washington Post*, December 9, 1963, p. A4 (UPI).
104. Interview with Gillis Long, April 14, 1964, Washington, D. C.
105. Quoted in Wesley Pruden Jr., "The Longs of Louisiana," *National Observer*, December 7, 1964, p. 18.
106. Ibid., p. 1.
107. Interview with Speedy Long, January 8, 1965, Washington, D. C.
108. Quoted in Opotowsky, *The Longs of Louisiana*, p. 235.
109. *Congressman Gillis Long Reports*, July 1964, p. 1.
110. Interview with Gillis Long, August 10, 1964, Washington, D. C.
111. Quoted in Emile Comar, "Speedy Long, the Redneck Spellbinder," *New Orleans Clarion Herald*, July 30, 1964.
112. Joan Cook, "Rep. Gillis Long, 61, Louisiana Liberal, Dies," *New York Times*, January 22, 1985.
113. Quoted in Cabell Phillips, "The Lengthening Shadow of Huey Long," *New York Times Magazine*, November 7, 1948, p. 14.
114. Ibid., p. 79.
115. Quoted in *Time*, February 8, 1963, p. 17.
116. Quoted in Jerome S. Cahill, "How Sen. Long Engineered the Tax Bill to Victory," Philadelphia Inquirer, February 16, 1964, "Today's World," p. 2.
117. "Former Senator Russell B. Long Dies at 84," *New York Times*, May 10, 2003.

洛奇王朝

1. The original cod-Cabot-God quatrain was given as a toast in 1905 at the twenty-fifth reunion of the Harvard class of 1880:

   Here's to old Massachusetts,
   The home of the sacred cod,
   Where the Adamses vote for Douglas,
   And the Cabots walk with God.

   Five years later John Collins Bossidy read the verse's most famous variant before a Midwestern dinner of the Holy Cross College alumni. And a later Boston court decision, allowing a man named Kabotznick to change his name to Cabot, inspired a new batch of parodies:

   And this is good old Boston,

The home of the bean and the cod,
Where the Lowells have no one to talk to,
'Cause the Cabots talk Yiddish, by God!
— *Anonymous newspaper poet*

Then here's to the city of Boston,
The town of the cries and the groans,
Where the Cabots can't see the Kabotschniks,
And the Cabots won't speak to the Cohns.
— *Franklin P. Adams*

See Karl Schriftgiesser, *The Gentleman from Massachusetts: Henry Cabot Lodge* (Boston: Little, Brown, 1944), pp. 199n - 200n; Cleveland Amory, *The Proper Bostonians* (New York: Dutton, 1947), p. 35; Leigh White, "He Runs the Show for Ike," *Saturday Evening Post*, May 31, 1952, p. 18.

2. John A. Garraty, *Henry Cabot Lodge* (New York: Knopf, 1953), p. 61.
3. James Michael Curley, *I'd Do It Again* (Englewood Cliffs, N. J.: PrenticeHall, 1957), p. 298.
4. Mary Caroline Crawford, *Famous Families of Massachusetts* (Boston: Little, Brown, 1930), vol. 1, p. 157n.
5. Quoted in Schriftgiesser, *The Gentleman from Massachusetts*, p. 7.
6. Samuel Griswold Goodrich, *Recollections of a Lifetime* (New York: Miller, Orton and Mulligan, 1856), vol. 2, p. 37. Goodrich (1793 - 1860), writing under the name of Peter Parley, was a prolific author of children's stories whose books sold 7 million copies. He met Cabot in 1814 at the Hartford Convention to which Cabot and Goodrich's uncle were delegates.
7. "His firm and many others in Massachusetts, benefited by an act which he framed and put through Congress, in February, 1797, granting a bounty ... to vessels engaging in the codfish industry.." Crawford, *Famous Families of Massachusetts*, vol. 1, p. 164n.
8. Henry Adams, "Lodge's Cabot," *Nation*, July 5, 1877, p. 13.
9. Henry Cabot Lodge Sr., *Life and Letters of George Cabot* (Boston: Little, Brown, 1877), p. 302.
10. Quoted in Page Smith, *John Adams* (Garden City, N. Y.: Doubleday, 1962), p. 913.
11. Quoted in Henry Adams, *History of the United States during the Administrations of Jefferson and Madison*, abridged by George Dangerfield and Otey M. Scruggs (Englewood Cliffs, N. J.: Prentice-Hall, 1963), vol. 2, p. 144.
12. Ibid., p. 137.

13. See Samuel Flagg Bemis, *John Quincy Adams and the Union* (New York: Knopf, 1956), p. 95.
14. (Clinton W. Gilbert), *The Mirrors of Washington* (New York: Putnam's, 1921), p. 131.
15. William Lawrence, *Henry Cabot Lodge* (Boston: Houghton Mifflin, 1925), pp. 15 - 16. Lawrence, who was a Harvard classmate and lifelong friend of Lodge, became Episcopal bishop of Massachusetts.
16. See John A. Garraty, "Spoiled Child of American Politics," *American Heritage*, August 1955, pp. 55 - 59.
17. See Charles H. Davis Jr., *Life of Charles Henry Davis*, Rear Admiral, 1807 - 1877 (Boston: Houghton Mifflin, 1899). The biography was written by his son.
    Mrs. Lodge had another sister, Louisa Minot Davis (1860 - 1907), who married the son of Admiral Stephen Bleecker Luce (1827 - 1917), a commandant of the Naval Academy, first president of the Naval War College, and a strong supporter of the theories of A. T. Mahon.
18. Mrs. Winthrop Chanler, *Roman Spring* (Boston: Little, Brown, 1935), pp. 192 - 193.
19. Arthur Wallace Dunn, *Gridiron Nights* (New York: Frederick A. Stokes, 1915), p. 277.
20. Garraty, Henry Cabot Lodge, p. 101.
21. Charles S. Groves, *Henry Cabot Lodge, the Statesman* (Boston: Small, Maynard, 1925), pp. 137 - 138.
22. See Worthington Chauncey Ford, ed, *Letters of Henry Adams* (Boston: Houghton Mifflin, 1930), vol. 1, p. 228; Henry Cabot Lodge Sr., Early Memories (New York: Scribner's, 1913), p. 241.
23. Ford, *Letters of Henry Adams*, vol. 2, p. 77.
24. See Ernest Samuels, *Henry Adams, the Major Phase* (Harvard University Press, 1964), p. 240.
25. Groves, *Henry Cabot Lodge*, pp. 136 - 137.
26. Lawrence, *Henry Cabot Lodge*, p. 39.
27. Henry Cabot Lodge Sr., ed., *Selections from the Correspondence of Theodore Roosevelt and Henry Cabot Lodge* (New York: Scribner's, 1925), vol. 1, p. 179.
28. Ibid., vol. 1, p. 25.
29. Edward G. Lowry, *Washington Close-ups* (Boston: Houghton Mifflin, 1921), p. 184; also see Van Wyck Brooks, *New England: Indian Summer* (New York: Dutton, 1940), pp. 423 - 424.
30. Henry Adams, *The Education of Henry Adams* (New York: Modern Library, 1931), p. 420.

31. Crawford, *Famous Families of Massachusetts*, vol. 1, p. 83n.
32. Harold Dean Cater, ed., *Henry Adams and His Friends: A Collection of Unpublished Letters* (Boston: Houghton Mifflin, 1947), p. 579.
33. See Aline B. Saarinen, *The Proud Possessors* (New York: Random House, 1958), pp. 25 - 55; Amory, *The Proper Bostonians*, pp. 129 - 138; Mrs. Winthrop Chanler, Autumn in the Valley (Boston: Little, Brown, 1936), pp. 35 - 42; Morris Carter, *Isabella Stewart Gardner and Fenway Court* (Boston: Houghton Mifflin, 1925), pp. 48 - 49.
34. Mrs. Constance (Lodge) Gardner, *Augustus Peabody Gardner* (Cambridge, Mass.: Privately printed, 1919), p. 20.
35. Roosevelt Club, *Reception and Dinner in Honor of the Fifth-sixth Birthday of Augustus Peabody Gardner, a Pioneer for Preparedness, by the Roosevelt Club* (Boston, 1921), p. 6.
36. Ford, *Letters of Henry Adams*, vol. 2, p. 398.
37. "The Reminiscences of Robert Lincoln O'Brien" (Oral History Research Office, Columbia University), pp. 104, 107. O'Brien was Washington correspondent for the *Boston Transcript*, 1895 - 1906; editor, 1906 - 1910; and editor and publisher of the *Boston Herald*, 1910 - 1928.
38. James W. Wadsworth, "Henry Cabot Lodge, a Massachusetts Institution," in *American History Told by Contemporaries*, edited by Albert Bushnell Hart (New York: Macmillan, 1929), vol. 5, p. 528. Wadsworth was a U. S. senator from New York at the time this was written.
39. Quoted in Clara Longworth de Chambrun, *The Making of Nicholas Longworth* (New York: Ray Long and Richard R. Smith, 1933), p. 198.
40. H. C. Lodge Sr., *Selections from the Correspondence of Theodore Roosevelt and Henry Cabot Lodge*, vol. 1, p. 142. Italics in original.
41. "The Reminiscences of Robert Lincoln O'Brien," p. 107.
42. Chanler, *Autumn in the Valley*, pp. 279 - 280; also see *New York Times*, December 31, 1942, p. 15, and *The National Cyclopaedia of American Biography* (New York: James T. White and Co., 1945), vol. 32, p. 409.
43. Edith Wharton, *A Backward Glance* (New York: Scribner's, 1964), p. 149.
44. "The Reminiscences of Robert Lincoln O'Brien," p. 107.
45. Edmund Wilson, *The Shock of Recognition* (New York: Farrar, Straus and Cudahy, 1955), p. 742; Brooks, *New England*, p. 458.
46. Quoted in Garraty, *Henry Cabot Lodge*, pp. 271 - 272.
47. Quoted in Ford, *Letters of Henry Adams*, vol. 2, p. 552n; Chanler, *Roman Spring*, pp. 292 - 293.

48. Quoted in Henry Adams, *The Life of George Cabot Lodge* (Boston: Houghton Mifflin, 1911), p. 96.
49. See, contra, Samuels, *Henry Adams*, p. 510: "Adams did his young friend the justice to take his work seriously and he tried to explicate its major achievements with critical penetration . . . . The reader of the memoir cannot help but come away with a sense of the true magnitude of the young poet's achievement."
50. Cater, *Isabella Stewart Gardner*, pp. 760 - 761; also p. 767.
51. Interview with John Davis Lodge, August 8, 1964, Washington, D. C.
52. See Kenneth W. Hechler, *Insurgency, Personalities and Politics of the Taft Era* (New York: Russell & Russell, 1964), p. 196.
53. Quoted in Alice Roosevelt Longworth, *Crowded Hours* (New York: Scribner's, 1934), p. 239.
54. Gardner, *Augustus Peabody Gardner*, p. 24.
55. Ibid., p. 22.
56. Quoted in Garraty, *Henry Cabot Lodge*, p. 328.
57. Quoted in John Henry Cutler, "*Honey Fitz*" (Indianapolis: Bobbs-Merrill, 1962), p. 210.
58. See Garraty, *Henry Cabot Lodge*, pp. 329 - 332.
59. Henry Cabot Lodge Jr., "Lessons from a Historic Debate," *New York Times Magazine*, January 30, 1944, p. 38; also see Henry Cabot Lodge Jr., "Grandson Backs His Elder," *Life*, September 14, 1953, pp. 181 - 182.
60. Quoted in Gene Smith, *When the Cheering Stopped* (New York: Morrow, 1964), p. 59.
61. Quoted in Schriftgiesser, *The Gentleman from Massachusetts*, p. 351. When Senator Watson of Indiana told Lodge that he didn't think the League could be defeated, Lodge replied, "Ah, my dear James, I do not propose to try to beat it by direct frontal attack, but by the indirect method of reservations." Quoted in G. Smith, When the Cheering Stopped, p. 118; also see A. R. Longworth, *Crowded Hours*, p. 295.
62. L. Vernon Briggs, *History and Genealogy of the Cabot Family, 1475 - 1927* (Boston: C. E. Goodspeed, 1927), vol. 2, p. 649; Crawford, *Famous Families of Massachusetts*, vol. 1, p. 193n.
63. H. L. Mencken, *A Mencken Chrestomathy* (New York: Knopf, 1949), p. 408.
64. H. L. Mencken, *A Carnival of Buncombe*, edited by Malcolm Moos (Johns Hopkins Press, 1956), p. 19.

Senator Wadsworth, however, stoutly denied that Lodge and the "senatorial cabal" picked Harding. "I know positively that they never got together on anything in the way of a program for the nomination of a President or a Vice President," he said. "If there ever was a crowd of men who behaved like a bunch of chickens with their heads off it was these alleged conspirators who gathered in this smoke filled room." "The Reminiscences of James W. Wadsworth" (Oral History Research Office, Columbia University), pp. 271, 277. See, contra, Francis Russell, *The Great Interlude* (New York: McGraw-Hill, 1964), p. 56.

65. See Joe Martin as told to Robert Donovan, *My First Fifty Years in Politics* (New York: McGraw-Hill, 1960), p. 44.
66. See Schriftgiesser, *The Gentleman from Massachusetts*, p. 218n.
67. Quoted in Garraty, *Henry Cabot Lodge*, p. 422.
68. See Henry A. Zeiger, *The Remarkable Henry Cabot Lodge* (New York: Popular Library, 1964), p. 23.
69. John Mason Brown, *Through These Men* (New York: Harper, 1956), pp. 153, 143.
70. Gloria Braggiotti, *Born in a Crowd* (New York: Crowell, 1957), p. 239.
71. "The Reminiscences of Robert Lincoln O'Brien," pp. 109 - 110.
72. Bill Davidson, "Brother Act," *Collier's*, January 18, 1947, p. 65.
73. Quoted in Garraty, *Henry Cabot Lodge*, pp. 422 - 423.
74. See *New York Times*, July 23, 1960, p. 38.
75. *New York Times*, August 20, 1929, p. 20; September 15, 1929, p. 30.
76. See Braggiotti, *Born in a Crowd*, p. 56.
77. Ibid., p. 239.
78. *Boston Transcript*, December 10, 1932, p. 2.
79. Quoted in Rufus Jarman, "You Can't Beat a Lodge," *Saturday Evening Post*, March 15, 1947, p. 140.
80. Curley, *I'd Do It Again*, pp. 297 - 298.
81. Joseph F. Dinneen, *The Purple Shamrock* (New York: Norton, 1949), p. 245.
82. Quoted in L. White, "He Runs the Show for Ike," p. 19.
83. *New York Times*, January 7, 1938, p. 5.
84. Quoted in Davidson, "Brother Act," p. 63.
85. Marya Mannes, "Candidate from the U. N.," *Reporter*, October 27, 1960, p. 25.
86. Quoted in L. White, "He Runs the Show for Ike," p. 19.
87. Ibid., p. 49.
88. Clay Blair Jr., "The Evolution of Cabot Lodge," *Saturday Evening Post*, October 22, 1960, p. 113.
89. *New York Times*, October 27, 1940, 9, p. 6.
90. Quoted in Zeiger, *The Remarkable Henry Cabot Lodge*, pp. 71 - 72.
91. See William V. Shannon, *The American Irish* (New York: Macmillan, 1963), pp. 339 - 342, 358 - 359.

92. Quoted in Brown, *Through These Men*, p. 152.
93. Quoted in John Hohenberg, "Ambassador Lodge: Our UN Salesman," *Coronet*, February 1954, pp. 119 - 120.
94. Arthur H. Vandenberg Jr., ed., *The Private Papers of Senator Vandenberg* (Boston: Houghton Mifflin, 1952), p. 467; also see p. 428 for Lodge's role as platform committee chairman in getting the 1948 Republican Convention to adopt a liberal foreign policy plank.
95. Quoted in Davidson, "Brother Act," p. 65.
96. See Dwight D. Eisenhower, *Mandate for Change, 1953 - 1956* (Garden City, N. Y.: Doubleday, 1963), pp. 16 - 18.
97. See *New York Times*, April 12, 1938, p. 22.
98. Quoted in Paul F. Healy, "The Senate's Gay Young Bachelor," *Saturday Evening Post*, June 13, 1953, p. 27.
99. Henry Cabot Lodge Jr., Life, September 14, 1953, p. 182.
100. Robert Murphy, *Diplomat among Warriors* (Garden City, N. Y.: Doubleday, 1964), p. 368.
101. Quoted in Stanley Karnow, "The Quandary of Henry Cabot Lodge," *Saturday Evening Post*, February 8, 1964, pp. 71 - 72; also see *Congressional Quarterly*, pt. 2, "Weekly Report" 33, August 12, 1960, p. 1421.
102. Mannes, "Candidate from the U. N.," p. 23.
103. See *New York Times*, November 3, 1954, pp. 1 and 16; November 10, 1954, p. 34.
104. Quoted in Theodore H. White, *The Making of the President 1960* (New York: Atheneum, 1961), p. 206; also see Richard M. Nixon, *Six Crises* (Garden City, N. Y.: Doubleday, 1962), pp. 317 - 318.
105. Quoted in *Newsweek*, August 8, 1960, p. 18.
106. Quoted in Elsie Lee, *Henry Cabot Lodge, Man and Statesman* (New York: Lancer, 1964), pp. 92, 103.
107. Quoted in Blair, "The Evolution of Cabot Lodge," p. 113.
108. See Tom Wicker, "The Bostonian vs. the Texan," *New York Times Magazine*, October 23, 1960, pp. 19, 114 - 116.
109. Quoted in T. H. White, *The Making of the President 1960*, p. 297.
110. Nixon, *Six Crises*, p. 351.
111. Marquis Childs, "How to Win and Not Really Try," *Washington Post*, April 15, 1964, p. A22; also see *Time*, May 15, 1964, p. 34.
112. Bruce Biossat, "Lodge's Nap Myth Gets a Rude Awakening," *Washington Daily News*, April 16, 1964, p. 39.
113. William F. Buckley Jr., "Oregon Holds Answer to Lodge," *Washington Daily*

News, April 20, 1964, p. 17.

114. Quoted in Peter Grose, "Portrait of the Distant 'Candidate,' " *New York Times Magazine*, May 10, 1964, p. 102.
115. Quoted in Karnow, "The Quandary of Henry Cabot Lodge," p. 72. Walter Lippmann commented that Lodge's appointment "was in line with his [John F. Kennedy's] regular practice, to neutralize public issues by looking for a Republican whom he could appoint to the controversial offices." *Washington Post*, April 7, 1964, p. A17.
116. "Lodge Phenomenon," *Washington Post*, April 14, 1964, p. A16.
117. See Robert Novak, *The Agony of the G. O. P. 1964* (New York: Macmillan, 1965), pp. 371 - 372.
118. See Joseph Alsop, "Lodge-Watching," *Washington Post*, May 13, 1964, p. A17.
119. *New York Times*, February 27, 1964, p. 17.
120. *New York Times*, June 24, 1964, p. 36.
121. Robert Taft Jr., "A Challenge to the Republican Party," speech before the Cincinnati Junior Chamber of Commerce, January 18, 1965, p. 7 (mimeograph).
122. *New York Times*, September 29, 1964, p. 40.
123. *Washington Post*, October 13, 1965, p. A18.
124. Blair, "The Evolution of Cabot Lodge," p. 115.
125. E. Lee, *Henry Cabot Lodge*, p. 96.
126. See *Hearings Before the Committee on Labor and Public Welfare, United States Senate, 86th Cong., 1st Sess., on George C. Lodge to be Assistant Secretary of Labor for International Affairs, January 27, 1959* (Government Printing Office, 1959), pp. 2 - 5.
127. Quoted in *Time*, September 28, 1962, p. 17.
128. *U. S. News & World Report*, July 30, 1962, pp. 51 - 54.
129. *Time*, September 28, 1962, p. 17.
130. Quoted in Joe McCarthy, "One Election JFK Can't Win," *Look*, November 6, 1962, p. 26.
131. Quoted in Stewart Alsop, "What Made Teddy Run?," *Saturday Evening Post*, October 27, 1962, p. 18.
132. Ibid., p. 20.

肯尼迪王朝

1. Quoted in Robert Curran, *The Kennedy Women* (New York: Lancer, 1964), p. 2.
2. See *National Cyclopaedia of American Biography* (New York: James T. White and Co., 1897), vol. 7, p. 441; also vol. 1, pp. 480 - 482; vol. 2, pp. 389 - 390. The three Carrolls of the same generation in Congress were cousins: Charles Carroll "the

Barrister" (1723 - 1783), Charles Carroll of Carrollton (1737 - 1832), and Daniel Carroll (1730 - 1796); the two Charles Carrolls were delegates to the Continental Congress in 1776; Daniel's brother John (1735 - 1815) was the first Roman Catholic bishop in the United States. The two Carrolls of the subsequent generation elected to high office were John Lee Carroll (1830 - 1911), governor of Maryland from 1875 to 1879, and Charles Hobart Carroll (1794 - 1865), who served a term in Congress, 1843 - 1847.

3. See *Library of Congress Information Bulletin* 23, no. 7 (February 17, 1964), p. 78.
4. Quoted in James Truslow Adams, *The Adams Family* (Boston: Little, Brown, 1930), p. 47.
5. Quoted in Arthur Bernon Tourtellet, "We Mutually Pledge to Each Other Our Lives, Our Fortunes and Our Sacred Honor," *American Heritage*, December 1962, p. 39.
6. E. Digby Baltzell, *The Protestant Establishment* (New York: Random House, 1964), p. 81.
7. See Tim Pat Coogan, "Sure, and It's County Kennedy Now," *New York Times Magazine*, June 23, 1963, pp. 7, 32.
8. Quoted in James MacGregor Burns, *John Kennedy: A Political Profile* (New York: Harcourt, Brace, 1960), p. 23.
9. "Lippmann Tells 'Inside Story' at New Republic's Birthday Party," *Washington Post*, March 6, 1964, p. B9.
10. James Michael Curley, *I'd Do It Again* (Englewood Cliffs, N. J.: PrenticeHall, 1957), p. 62.
11. Quoted in John Henry Cutler, "*Honey Fitz*" (Indianapolis: Bobbs-Merrill, 1962), p. 57.
12. Ibid., pp. 103 - 104.
13. Francis Russell, *The Great Interlude* (New York: McGraw-Hill, 1964), p. 177.
14. Cutler, "*Honey Fitz*," pp. 173, 170 - 171.
15. Ibid., p. 207.
16. Ibid., p. 209.
17. Ibid., p. 216.
18. Ibid., p. 228.
19. Ibid., p. 229.
20. *New York Times*, August 9, 1964, p. 77.
21. Quoted in William V. Shannon, The American Irish (New York: Macmillan, 1963), p. 347.
22. Writes Hollywood columnist Hedda Hopper: "She [Gloria Swanson] ... found a friend, patron saint, and bank roll all in one and the same person — Joseph P.

Kennedy. "Soon after this lucky meeting Gloria accompanied Mr. and Mrs. Kennedy on a trip to Europe. It must have been a mighty trying trip for Mrs. Kennedy. I often wondered how she weathered it .... "Joe Kennedy's father-in-law, the legendary 'Honey Fitz,' onetime mayor of Boston, ordered Joe to wind up his film affairs and get out of Hollywood by a given date or certain secrets — still secret except to a few — would burst into the open. Joe always was a lucky Irishman. He sold out his Hollywood holdings at the peak, took a profit of six million dollars, and wound up as our Ambassador to Great Britain." Hedda Hopper, *From under My Hat* (Garden City, N. Y.: Doubleday, 1952), p. 168.

23. Richard J. Whalen, *The Founding Father: The Story of Joseph P. Kennedy* (New York: New American Library, 1964), p. 99.
24. William Manchester, *Portrait of a President* (Boston: Little, Brown, 1962), p. 69.
25. Quoted in Joseph F. Dinneen, *The Kennedy Family* (Boston: Little, Brown, 1960), pp. 34 - 35.
26. Quoted in Whalen, *Founding Father*, p. 136.
27. Ibid., p. 411.
28. Quoted in Stanley P. Friedman, *The Magnificent Kennedy Women* (Derby, Conn.: Monarch, 1964), p. 5.
29. Quoted in Ralph G. Martin and Ed Plaut, Front Runner, *Dark Horse* (Garden City, N. Y.: Doubleday, 1960), p. 122.
30. Quoted in Burns, *John Kennedy*, p. 21.
31. Kevin Cullen, "Finding Her Way in the Clan," *Boston Globe*, May 13, 2007.
32. Quoted in Robert E. Thompson and Hortense Myers, *Robert F. Kennedy: The Brother Within* (New York: Macmillan, 1962), p. 64; Joe McCarthy, *The Remarkable Kennedys* (New York: Dial, 1960), p. 56.
33. Quoted in Eleanor Harris, "The Senator Is in a Hurry," *McCall's*, August 1957, p. 119.
34. Quoted in McCarthy, *The Remarkable Kennedys*, p. 19.
35. Quoted in Thompson and Myers, *Robert F. Kennedy*, p. 45.
36. Quoted in Curran, *The Kennedy Women*, p. 33.
37. Quoted in McCarthy, *The Remarkable Kennedys*, p. 15.
38. Quoted in Manchester, *Portrait of a President*, p. 181.
39. Quoted in Cutler, "*Honey Fitz*," p. 249.
40. Harold H. Martin, "The Amazing Kennedys," *Saturday Evening Post*, September 7, 1957, p. 20; Martin and Plaut, *Front Runner*, p. 121.
41. H. H. Martin, "The Amazing Kennedys," p. 48; Whalen, *Founding Father*, p. 336; Manchester, *Portrait of a President*, p. 172.

42. Quoted in Ernest K. Lindley, "Will Kennedy Run for President?," *Liberty*, May 21, 1938, p. 16.
43. See Joseph P. Kennedy, *I'm for Roosevelt* (New York: Reynal & Hitchcock, 1936), p. 3.
44. Quoted in Deane and David Heller, *Jacqueline Kennedy* (Derby, Conn.: Monarch, 1961), p. 98.
45. Quoted in Cutler, "*Honey Fitz*," p. 268.
46. Ibid., p. 281.
47. Ibid., p. 279.
48. Quoted in Burns, *John Kennedy*, p. 37.
49. Quoted in McCarthy, *The Remarkable Kennedys*, p. 79.
50. See Harold L. Ickes, *The Secret Diary of Harold L. Ickes* (New York: Simon & Schuster, 1955), vol. 3, p. 147.
51. Quoted in McCarthy, *The Remarkable Kennedys*, p. 85.
52. Quoted in Cutler, "*Honey Fitz*," p. 286.
53. Quoted in Victor Lasky, *J. F. K. the Man and the Myth* (New York: Macmillan, 1963), p. 400.
54. Cutler, "*Honey Fitz*," p. 275; Whalen, *Founding Father*, p. 112.
55. Quoted in Lasky, *J. F. K.*, p. 73.
56. John F. Kennedy, *Why England Slept* (New York: Funk, 1961), pp. xv-xvi.
57. See James A. Farley, *Jim Farley's Story* (New York: Whittlesey House, 1948), p. 264.
58. Quotations in McCarthy, *The Remarkable Kennedys*, pp. 110, 112.
59. Quoted in Burns, *John Kennedy*, p. 54.
60. Quoted in H. H. Martin, "*The Amazing Kennedys*," p. 20.
61. Whalen, Founding Father, p. 392; Sevareid, op. cit., p. 20.
62. Quoted in Dinneen, *The Kennedy Family*, p. 123.
63. Robert Bendiner, "Bay State Prospects," *Nation*, October 12, 1946, p. 402.
64. Quoted in Joan Younger, "Jack Kennedy, Democratic Dynamo," *Ladies' Home Journal*, March 1960, p. 148.
65. Quoted in Heller and Heller, *Jacqueline Kennedy*, p. 97.
66. Quoted in Paul F. Healy, "The Senate's Gay Young Bachelor," *Saturday Evening Post*, June 13, 1953, p. 127.
67. Ralph M. Blagden, "Cabot Lodge's Toughest Fight," *Reporter*, September 30, 1952, p. 13.
68. Quoted in Manchester, *Portrait of a President*, p. 184.
69. Quoted in McCarthy, *The Remarkable Kennedys*, p. 25.

70. See Martin and Plaut, *Front Runner*, p. 172; Whalen, *Founding Father*, p. 430.
71. Quoted in Thompson and Myers, *Robert F. Kennedy*, p. 58.
72. Quoted in Cutler, "*Honey Fitz*," p. 11.
73. Quoted in Martin and Plaut, *Front Runner*, p. 184.
74. Ibid., p. 167.
75. Ibid., pp. 169 - 170.
76. Quoted in Ruth Montgomery, "She's Not Ready for JFK's Rocker," *Washington Post*, May 5, 1963, p. F1.
77. Quoted in Friedman, *The Magnificent Kennedy Women*, p. 72.
78. Quoted in Curran, *The Kennedy Women*, p. 48.
79. Quoted in Mary Van Rensselaer Thayer, *Jacqueline Bouvier Kennedy* (Garden City, N. Y.: Doubleday, 1961), p. 14.
80. See Friedman, *The Magnificent Kennedy Women*, p. 116.
81. Quoted in Younger, "*Jack Kennedy*," p. 150.
82. Quoted in Mini Rhea with Frances Spatz Leighton, *I Was Jacqueline Kennedy's Dressmaker* (New York: Fleet, 1962), p. 60; Thayer, *Jacqueline Bouvier Kennedy*, p. 85.
83. Manchester, *Portrait of a President*, pp. 167, 64 - 65.
84. Quoted in Curran, *The Kennedy Women*, p. 44; Heller and Heller, *Jacqueline Kennedy*, p. 103.
85. Quoted in Curran, *The Kennedy Women*, p. 63.
86. Ibid., p. 64.
87. Quoted in Whalen, *Founding Father*, p. 457.
88. Burns, *John Kennedy*, p. 152.
89. Alfred Kazin, "The President and Other Intellectuals," *American Scholar*, Autumn 1961, p. 504.
90. Quoted in Martin and Plaut, *Front Runner*, p. 199.
91. Quoted in Manchester, *Portrait of a President*, p. 112.
92. John F. Kennedy, *Profiles in Courage* (New York: Harper, 1956), p. 8.
93. Quoted in Martin and Plaut, *Front Runner*, p. 193.
94. Quoted in Manchester, *Portrait of a President*, p. 177.
95. Robert A. Liston, *Sargent Shriver: A Candid Portrait* (New York: Farrar, Straus, 1964), p. 47.
96. Quoted in *Time*, July 5, 1963, p. 20.
97. See *New York Times*, November 19, 1922, Sec. 8, p. 12; December 21, 1932, p. 19.
98. Quoted in Curran, *The Kennedy Women*, p. 143.
99. Tom Wicker, "The Name Is Smith," *New York Times Magazine*, July 28, 1963, p. 11.

100. Quoted in Friedman, *The Magnificent Kennedy Women*, p. 64.
101. Murray Kempton, "Stephen E. Smith," *New Republic*, March 9, 1963, p. 15.
102. Quoted in Liston, *Sargent Shriver*, p. 59.
103. Peter Lawford, as told to Vernon Scott, "The White House Is Still Wondering What to Do with Me," *McCall's*, January 1963, p. 110.
104. Friedman, *The Magnificent Kennedy Women*, p. 53; H. H. Martin, "The Amazing Kennedys," p. 47; Curran, *The Kennedy Women*, p. 109; Whalen, *Founding Father*, p. 440.
105. Quoted in Lasky, *J. F. K.*, p. 191.
106. Quoted in McCarthy, *The Remarkable Kennedys*, pp. 103 - 104.
107. Quoted in H. H. Martin, "*The Amazing Kennedys*," p. 48.
108. Joseph Alsop, "The Legacy of John F. Kennedy," *Saturday Evening Post*, November 21, 1964, p. 17.
109. H. H. Martin, "*The Amazing Kennedys*," p. 48.
110. See Stewart Alsop, "Kennedy's Magic Formula," *Saturday Evening Post*, August 13, 1960, p. 60. Whalen, *Founding Father*, p. 453, puts Joe Kennedy's investment in his son's preconvention campaign at $1,500,000.
111. Quoted in Theodore H. White, "Perspective/1960," *Saturday Review*, March 26, 1960, p. 14.
112. Quoted in Lasky, *J. F. K.*, p. 382.
113. Quoted in Curran, *The Kennedy Women*, p. 56.
114. Quoted in Thompson and Myers, *Robert F. Kennedy*, p. 209.
115. Quoted in Lasky, *J. F. K.*, p. 430.
116. Quoted in Earl Mazo, *The Great Debates: Occasional Paper on the Role of the Political Process in the Free Society* (Santa Barbara, Calif.: Center for the Study of Democratic Institutions, 1962), p. 4.
117. Quoted in White, *The Making of the President 1960*, p. 18.
118. Quoted in Lasky, *J. F. K.*, p. 540.
119. Quoted in Stan Opotowsky, *The Kennedy Government* (New York: Dutton, 1961), p. 78.
120. See Manchester, *Portrait of a President*, p. 160.
121. Alexander M. Bickel, "Robert F. Kennedy: The Case against Him for Attorney General," *New Republic*, January 9, 1961, p. 19.
122. *New York Times*, October 12, 1964, p. 28.
123. Joseph Kraft, "Riot Squad for the New Frontier," *Harper's*, August 1963, p. 69. Arthur M. Schlesinger Jr., although in a partisan context, called Bobby Kennedy "the best Attorney General the country has had for a generation." See *New York Times*,

September 2, 1964, p. 34.

124. Anthony Lewis, "What Drives Bobby Kennedy?," *New York Times Magazine*, April 7, 1963, p. 34.

125. Quoted in Liston, *Sargent Shriver*, p. 111.

126. Quoted in Stewart Alsop, "What Made Teddy Run?" *Saturday Evening Post*, October 27, 1962, p. 16; also see Whalen, *Founding Father*, p. 475.

127. Quoted in Curran, *The Kennedy Women*, p. 23.

128. Quoted in Betty Hannah Hoffman, "What It's Like to Marry a Kennedy," *Ladies' Home Journal*, October 1962, p. 97.

129. Paul Driscoll, "Jack Was Asking About You," *New Republic*, June 4, 1962, p. 8; Adam Clymer, *Edward M. Kennedy* (New York: William Morrow, 1999), p. 592.

130. See John L. Saltonstall Jr., "First Round for Brother Ted," *New Republic*, June 18, 1962, p. 7.

131. Quoted in Lasky, *J. F. K.*, pp. 580 - 581.

132. Quoted in Friedman, *The Magnificent Kennedy Women*, p. 98.

133. Quoted in Alistair Cooke, "The Public Face of John F. Kennedy," *Show*, April 1963, p. 70.

134. Quoted in Hugh Sidey, John F. Kennedy, *President* (New York: Atheneum, 1963), p. 95.

135. Benjamin Bradlee, *That Special Grace* (Philadelphia: Lippincott, 1964), pages unnumbered.

136. Quoted in Manchester, *Portrait of a President*, p. 237.

137. Quoted in James Reston, "What Was Killed Was Not Only the President but the Promise," *New York Times Magazine*, November 15, 1964, p. 126.

138. See William Attwood, "In Memory of John F. Kennedy," *Look*, December 31, 1963, p. 11.

139. Quoted in Curran, The Kennedy Women, p. 44.

140. Katherine Anne Porter, "Jacqueline Kennedy: Her Legend Will Live," *Ladies' Home Journal*, March 1964, p. 59.

141. Quoted in Murray Kempton, "Will Bobby Kennedy Run in New York?" *New Republic*, June 6, 1964, p. 8.

142. Quoted in *Newsweek*, August 24, 1964, p. 27.

143. Quoted in *Newsweek*, August 24, 1964, p. 23.

144. See *New York Times*, November 5, 1964, p. 38.

145. Quoted in *Time*, October 30, 1964, p. 33.

146. *New York Times*, September 2, 1964, p. 34; October 27, 1964, p. 36.

147. Quoted in *Newsweek*, October 12, 1964, p. 36.

148. For example, see Robert Massie, "A New Taft and a Young Kennedy Go to Washington," *Saturday Evening Post*, January 19, 1963, p. 55.
149. Two of Ted Kennedy's nieces added to the celebrity quotient of the dynasty through marriage. Maria Shriver was the wife of Arnold Schwarzenegger (1986 - 2011) and thus had been First Lady of California when he was governor; Kerry Kennedy was the wife of Andrew Cuomo (1990 - 2005) but was not First Lady of New York in that he was elected governor in 2010.
150. See Chris Smith, "The Zany Adventures of (Senator) Caroline Kennedy," *New York Magazine*, January 24, 2009.
151. Clymer, *Edward M. Kennedy*, p. 371.
152. Ibid., pp. 436 - 437.
153. Ibid., pp. 95, 210, 259, 325.
154. See Dominick Dunne, "The Verdict," *Vanity Fair*, March 1992.
155. Clymer, *Edward M. Kennedy*, pp. 518 - 519.
156. Ibid., pp. 143 - 154.
157. Ibid., pp. 285, 302 - 303, 309.
158. Ibid., p. 386.
159. Ibid., p. 133.
160. "Ted Kennedy: The Dogged Achiever," *Time*, April 14, 2006.

布什王朝

1. Quoted in David Maraniss, *First in His Class* (Simon & Schuster, 1995), p. 387.
2. Quoted in Wayne Slater and Sam Attlesey, "Father's Footsteps," *Dallas Morning News*, November 15, 1998.
3. Interview with Larry King, CNN, November 2010.
4. "Recount Urged in Connecticut: Republicans Draft Petitions in Vote for Senate," *The Sun* (Baltimore), November 10, 1950, p. 4.
5. Ibid.
6. "Local Republicans Hear Prescott Bush in Branford Talk," *Branford Review and East Haven News*, April 27, 1950, p. 1.
7. "GOP Bogged Down in Recount Move," *The Sun* (Baltimore), November 15, 1950, p. 6.
8. Drew Pearson, "Wealth of Congressmen Argued," *Washington Post and Times Herald*, June 23, 1955, p. 59.
9. Mickey Herskowitz, *Duty, Honor, Country: The Life and Legacy of Prescott Bush*, *Kindle ed*. (Nashville, Tenn.: Rutledge Hill, 2003), pp. 8, 185 - 186; Peter Schweizer and Rochelle Schweizer, *The Bushes: Portrait of a Dynasty*, Kindle ed.

(New York: Doubleday, 2004), loc. 10871 - 10878.

10. Jacob Weisberg, *The Bush Tragedy*, Kindle ed. (New York: Random House, 2008), pp. 906 - 1007.
11. Weisberg, *The Bush Tragedy*, pp. 1025 - 1026.
12. Matea Gold, "George W. Bush, Saying Voters Do Not Like Dynasties, Plans to Stay off Campaign Trail," *Washington Post*, April 26, 2015, http://www. washingtonpost. com/blogs/post-politics/wp/2015/04/26/george-w-bush-saying-voters-do-not-like-dynasties-plans-to-stay-off-campaign-trail; Jason Horowitz and Maggie Haberman, "George W. Bush Opens Up about 2016 Race," *New York Times — First Draft*, April 26, 2015, http://www. nytimes. com/politics/first-draft/2015/04/26/ex-president-bush-opens-up-about - 2016 - race/.
13. Don Ross, "A Three-Ring Circus in Connecticut," *Washington Post*, October 29, 1950, p. B5.
14. Marquis Childs, "'Get Acheson' GOP Drive: Deal with Johnson?," *Washington Post*, August 25, 1950, p. 18.
15. Michael Kranish, "Triumphs, Troubles Shape Generations: Prescott Bush Paved Moderate Path for Son and Grandson; Wounded by Friend's Betrayal, He Put High Price on Loyalty," *Boston Globe*, April 23, 2001, p. 1.
16. David M. Oshinsky, *A Conspiracy So Immense: The World of Joe McCarthy* (Oxford University Press, 2005), p. 239; Mickey Herskowitz, *Duty, Honor, Country: The Life and Legacy of Prescott Bush*, Kindle ed. (Nashville, Tenn.: Rutledge Hill, 2003), p. 123.
17. Timothy Naftali, *George H. W. Bush*, Kindle ed. (New York: Times Books, 2003), p. 11.
18. Doyle McManus, "The 1992 Debates: Clinton Cites Bush's Father as Joe McCarthy Foe," *Los Angeles Times*, October 12, 1992, http://articles. latimes. com/1992 - 10 - 12/news/mn - 179_1_joe-mccarthy.
19. "His Platform: Eisenhower: Prescott Sheldon Bush," *New York Times*, August 21, 1956, p. 1.
20. "Solon Introduces Bills Aimed at Vote Barriers." *Atlanta Daily World*, April 29, 1956, p. 2.
21. Ethel Payne, "NAACP Nod Goes to GOP Plank: Dirksen Raps Ike over Stand," *Daily Defender* (Chicago), August 21, 1956, p. 1.
22. Edna Woolman Chase, "New Land: Midland, Texas," *Vogue*, February 15, 1951, pp. 104 - 109.
23. Rowland Evans and Robert Novak, "Tangled Thicket in Texas," *Washington Post*, Times Herald, October 23, 1964, A13.

24. Steven A. Holmes, "When the Subject Is Civil Rights, There Are Two George Bushes," *New York Times*, June 9, 1991, http://www.nytimes.com/1991/06/09/weekinreview/the-nation-when-the-subject-is-civil-rights-there-are-two-george-bushes.html.
25. Naftali, *George H. W. Bush*, p. 14.
26. Schweizer and Schweizer, *The Bushes*, loc. 3390 – 3392.
27. M. S. Handler, "Negro Vote Rises as a Key in South: Large Turnout Hurt G. O. P. in Contests across Nation," *New York Times*, November 9, 1964, p. 1.
28. Naftali, *George H. W. Bush*, p. 16; Schweizer and Schweizer, *The Bushes*, loc. 3469 – 3470.
29. Weisberg, *The Bush Tragedy*, loc. 929 – 931; Holmes, "When the Subject Is Civil Rights, There Are Two George Bushes."
30. Schweizer and Schweizer. *The Bushes*, loc. 4285.
31. James Mann, *George W. Bush* (New York: Times Books, 2015), p. 7.
32. Schweizer and Schweizer. *The Bushes*, loc. 3981 – 3982.
33. Weisberg, *The Bush Tragedy*, loc. 822; Mann, *George W. Bush*, p. 224.
34. Schweizer and Schweizer. *The Bushes*, loc. 4005.
35. Naftali, *George H. W. Bush*, p. 23.
36. Ibid. , p. 30.
37. Weisberg, *The Bush Tragedy*, loc. 934.
38. Ibid, loc. 943 – 944.
39. Ibid, loc. 949 – 950.
40. Paul Houston, "Predictions Risky in House Races: Democrats Moving to Embrace GOP Issues," *Los Angeles Times*, November 5, 1978, p. A1.
41. Hanna Rosin, "The Mysterious Columba Bush," *The Atlantic*, June 2015, http://www.theatlantic.com/magazine/archive/2015/06/the-mysterious-columba-bush/392090.
42. Matt Schudel, "The Education of Jeb Bush: Florida's Popular Secretary of Commerce Joins His Father's Campaign for President, and Plots His Own Political Future," Sun Sentinel (Fort Lauderdale, Fla.), August 14, 1988, p. 6; Ryan McCrimmon, "In Texas, a Focused Jeb Bush Stood Out from the Crowd," *Texas Tribune*, March 17, 2015.
43. Schweizer and Schweizer, *The Bushes*, loc. 5687.
44. Schudel, "The Education of Jeb Bush."
45. Weisberg, *The Bush Tragedy*, loc. 1182.
46. Ibid, loc. 1188.
47. Schweizer and Schweizer, *The Bushes*, loc. 74 – 75.
48. Mann, *George W. Bush*, p. 29.
49. Schweizer and Schweizer, *The Bushes*, loc. 9363 – 9364.

50. Weisberg, *The Bush Tragedy*, loc. 1221 - 1222.

克林顿王朝

1. Quoted in Katharine Q. Seely, "A Presidential Fraternity Helps Clinton Open Library in Arkansas," *New York Times*, November 19, 2004.
2. Quoted in David Maraniss, *First in His Class: A Biography of Bill Clinton* (Simon & Schuster, 1995), p. 426.
3. Charlotte Clinton Mezvinsky's paternal grandparents are Edward Mezvinsky (U. S. House of Representatives, Iowa, 1973 - 1977) and Marjorie Margolies (U. S. House of Representatives, Pennsylvania, 1993 - 1995).
4. Carl Bernstein, *A Woman in Charge: The Life of Hillary Rodham Clinton*, Kindle ed. (New York: Alfred A. Knopf, 2007), loc. 4880 - 4885.
5. See David Maraniss, *First in His Class: A Biography of Bill Clinton* (Simon & Schuster, 1995), pp. 11 - 20.
6. Ibid, pp. 280 - 281.
7. Hillary Rodham Clinton, *Living History*, Kindle ed. (New York: Simon & Schuster, 2003), loc. 455 - 458.
8. Ibid., loc. 465 - 466.
9. Bill Clinton, *My Life*, Kindle ed. (New York: Knopf, 2004), loc. 3625 - 3627.
10. Bernstein, *A Woman in Charge*, loc. 1631 - 1633.
11. B. Clinton, *My Life*, loc. 3634.
12. Diane D. Kincaid, "Over His Dead Body: A Positive Perspective on Widows in the U. S. Congress, *Western Political Quarterly*, March 1978, p. 96.
13. Roger Morris, *Partners in Power: The Clintons and Their America* (Regnery Publishing, 1999), p. 183.
14. H. R. Clinton, *Living History*, loc. 1688 - 1689.
15. Ibid, loc. 2005 - 2007.
16. Richard Berke, "The Transition: The Other Clinton Helps Shape the Administration," *New York Times*, December 14, 1992, p. B6.
17. H. R. Clinton, *Living History*, loc. 8214 - 8215.
18. Ibid, loc. 8208.
19. Ibid, loc. 8218 - 8219.
20. Bernstein, *A Woman in Charge*, loc. 10375 - 10376.
21. Gail Russell Chaddock, "Clinton's Quiet Path to Power." *Christian Science Monitor*, March 10, 2003, http://www.csmonitor.com/2003/0310/p01s01 - uspo.html.
22. Hillary Rodham Clinton, *Hard Choices*, Kindle ed. (New York: Simon & Schuster, 2014), p. 135.

23. See Joshua Green, "The Front-Runner's Fall," *The Atlantic*, September 2008.
24. H. R. Clinton, *Hard Choices*, p. 19.
25. Rupert Cornwell, "The Curious Case of Hillary Clinton, the Missing Secretary of State," *The Independent*, July 19, 2009, p. 38.
26. "The Inside Story of How the Clintons Built a $2 Billion Global Empire," *Washington Post*, June 3, 2015.
27. "With Friends Like These," *Washington Post*, April 26, 2015.
28. Megan O'Neil, "Donna Shalala Ready for 'Messy' Job Leading Clinton Foundation," *Chronicle of Philanthropy*, May 5, 2015.
29. Harry S. Truman, *Memoirs: Vol. 1, Year of Decisions* (Doubleday, 1955), p. 107.
30. B. Clinton, *My Life*, pp. 272 - 273.
31. H. R. Clinton, *Living History*, p. 84.
32. Ibid. , p. 97.
33. B. Clinton, *My Life*, pp. 615, 417, 401.
34. Ibid. , pp. 648, 570, 582, 879, 917, 921, 930, 911 - 913.
35. See Matthew Goldstein and Steve Eder, "For Clintons, a Hedge Fund in the Family," *New York Times*, March 22, 2015.
36. Andrea Peyser, "Chelsea Nails It," *New York Post*, November 4, 2013, 16.
37. Paul Handley, "Chelsea's a Chip off the Old Block; Speaks about Issues 'at a Depth You Might Hear at a Policy Briefing,' " *The Province*, April 4, 2008, C48.

附录　美国著名政治家族一览表

1. 亚当斯家族(艾伦家族)

- **塞缪尔·亚当斯(1722—1803)**
  大陆会议代表,1774—1781,州长,1794—1797。
- **约翰·亚当斯(1735—1826)**
  塞缪尔·亚当斯的远房堂兄弟。大陆会议代表,1774—1777,副总统,1789—1797,总统,1797—1801。
- **约翰·昆西·亚当斯(1767—1848)**
  约翰·亚当斯的儿子。马萨诸塞州参议员,1803—1808,国务卿,1817—1825,总统,1825—1829,美国众议员 1831—1848。
- **查尔斯·弗朗西斯·亚当斯(1807—1886)**
  约翰·昆西·亚当斯的儿子,约翰·亚当斯的孙子。马萨诸塞州众议员1859—1861。
- **约瑟夫·艾伦(1749—1827)**
  塞缪尔·亚当斯的侄子。马萨诸塞州众议员,1810—1811。
- **查尔斯·艾伦(1797—1869)**
  约瑟夫·艾伦的儿子,塞缪尔·亚当斯的侄孙。马萨诸塞州众议员,1849—1853。

艾伦家族,见亚当斯家族。

艾伦家族,见罗斯家族。

阿尔斯顿家族,见梅肯家族。

2. 艾肯家族

- **威廉·艾肯(1806—1887)**
  南卡罗来纳州,州长,1844—1846,美国众议员,1851—1857。
- **大卫·怀亚特·艾肯(1828—1887)**
  威廉·艾肯的堂兄弟,南卡罗来纳州,美国众议员,1877—1887。
- **怀亚特·艾肯(1863—1923)**
  大卫·W.艾肯的儿子,南卡罗来纳州,美国众议员,1903—1917。

3. 奥尔德里奇家族(洛克菲勒家族,珀西家族)

- **威廉·奥尔德里奇(1820—1885)**
  伊利诺伊州,美国众议员,1877—1883。
- **纳尔逊·威尔马思·奥尔德里奇(1841—1915)**
  威廉·奥尔德里奇的堂兄弟。罗德岛,美国众议员,1879—1881,美国参议员,1881—1911。
- **詹姆斯·富兰克林·奥尔德里奇(1853—1933)**
  威廉·奥尔德里奇的儿子。伊利诺伊州,美国众议员,1893—1897。
- **理查德·斯蒂尔·奥尔德里奇(1884—1941)**
  纳尔逊·威尔马思·奥尔德里奇的儿子。罗德岛,美国众议员,1923—1933。
- **纳尔逊·奥尔德里奇·洛克菲勒(1908—1979)**
  纳尔逊·威尔马思·奥尔德里奇的孙子。纽约州长,1959—1973,副总统,1974—1977。
- **温斯罗普·洛克菲勒(1912—1973)**
  纳尔逊·奥尔德里奇·洛克菲勒的弟弟。阿肯色州,州长,1967—1971。
- **约翰·戴维森(杰伊)·洛克菲勒(1937—　)**
  纳尔逊·奥尔德里奇·洛克菲勒的侄子。西弗吉尼亚,州长,1977—1985,美国参议员,1985—2015。

亚历山大家族,见史蒂文森家族。

4. 埃姆斯家族(巴特勒家族)

- **本杰明·富兰克林·巴特勒(1818—1893)**
  马萨诸塞州,美国众议员,1867—1875,1877—1879,州长,1883—1884。
- **阿德尔伯特·埃姆斯(1835—1933)**
  密西西比州,美国参议员,1870—1874,州长,1874—1876。
- **巴特勒·埃姆斯(1871—1954)**
  本杰明·F. 巴特勒的孙子,阿德尔伯特·埃姆斯的儿子。马萨诸塞州,美国众议员,1903—1913。

5. 安德森家族(塔尔博特家族)

- **西米恩·H. 安德森(1802—1840)**
  肯塔基州,美国众议员,1939—1940。
- **艾伯特·加勒廷·塔尔博特(1808—1887)**
  肯塔基州,美国众议员,1855—1859。
- **威廉·克莱顿·安德森(1826—1861)**
  西米恩·H. 安德森的儿子,艾伯特·加勒廷·塔尔博特的侄子。肯塔基州,美国众议员,1859—1861。

6. 阿姆斯特朗家族

- **约翰·阿姆斯特朗一世(1717—1795)**
  宾夕法尼亚州,大陆会议代表,1778—1779。
- **詹姆斯·阿姆斯特朗(1748—1828)**
  约翰·阿姆斯特朗一世的儿子。宾夕法尼亚,美国众议员,1793—1795。
- **约翰·阿姆斯特朗二世(1758—1843)**
  约翰·阿姆斯特朗一世的儿子,詹姆斯·阿姆斯特朗的弟弟。纽约州,大陆会议代表,1787—1788,美国参议员,1800—1802,1803—1804,战争部长,1813—1814。

阿诺德家族,见格林家族。

7. 阿什家族

- **约翰·巴普蒂斯塔·阿什一世(1748—1802)**
  北卡罗来纳州,大陆会议代表,1787,美国众议员,1790—1793,州长,1802。
- **托马斯·塞缪尔·阿什一世(1812—1887)**
  约翰·巴普蒂斯塔·阿什的侄子。北卡罗来纳,美国众议员,1873—1877。
- **约翰·巴普蒂斯塔·阿什二世(1810—1857)**
  约翰·巴普蒂斯塔·阿什一世的侄子,威廉·谢泼德·阿什的弟弟。田纳西州,美国众议员,1843—1845。
- **威廉·谢泼德·阿什(1814—1862)**
  约翰·巴普蒂斯塔·阿什一世的侄子,约翰·巴普蒂斯塔·阿什二世的弟弟。北卡罗来纳州,美国众议员,1849—1855。

8. 培根家族

- **约翰·培根(1738—1820)**
  马萨诸塞州,美国众议员,1801—1803。
- **伊齐基尔·培根(1776—1870)**
  约翰·培根的儿子。马萨诸塞州,美国众议员,1807—1813。
- **威廉·约翰逊·培根(1803—1889)**
  伊齐基尔·培根的儿子。纽约州,美国众议员,1877—1879。

9. 贝克家族(德克森家族,卡斯鲍姆家族,兰登家族)

- **霍华德·亨利·贝克(1901—1964)**
  田纳西州,美国众议员,1951—1964。
- **艾琳·贝莉·贝克(1901—1994)**
  霍华德·亨利·贝克的妻子。田纳西州,美国众议员,1964—1964。
- **小霍华德·亨利·贝克(1925—2014)**
  南希·L.卡斯鲍姆·贝克的丈夫,霍华德·亨利·贝克的儿子,艾琳·贝莉·贝克的继子，埃弗里特·德克森的女婿。田纳西州，美国参议员，1951—1969。

- **埃弗里特·麦金利·德克森(1896—1969)**
  小霍华德·亨利·贝克的岳父。伊利诺伊州，美国众议员，1933—1949，美国参议员，1951—1969。
- **南希·兰登·卡斯鲍姆·贝克(1932—　)**
  阿尔夫·兰登的女儿，小霍华德·亨利·贝克的妻子。堪萨斯州，美国参议员，1978—1997。
- **阿尔夫·兰登(1887—1987)**
  南希·L.卡斯鲍姆·贝克的父亲，小霍华德·H.贝克的岳父。堪萨斯州，州长，1933—1937。

10. 班克黑德家族

- **约翰·霍利斯·班克黑德一世(1843—1920)**
  阿拉巴马，美国众议员，1887—1907，美国参议员，1907—1920。
- **约翰·霍利斯·班克黑德二世(1872—1946)**
  约翰·霍利斯·班克黑德一世的儿子。阿拉巴马州，美国参议员1931—1946。
- **威廉·布罗克曼·班克黑德(1874—1940)**
  约翰·霍利斯·班克黑德一世的儿子。阿拉巴马州，美国众议员，1917—1940，众议院发言人，1936—1940。
- **沃尔特·威尔·班克黑德(1897—1988)**
  约翰·霍利斯·班克黑德二世的儿子。阿拉巴马州，美国众议员，1941。

巴伯家族，见摩根家族

11. 巴伯家族

- **詹姆斯·巴伯(1777—1842)**
  弗吉尼亚州，州长，1812—1814，美国参议员，1815—1825，战争部长，1825—1828。

- **菲利普·彭德尔顿·巴伯(1783—1841)**
  詹姆斯·巴伯的弟弟。弗吉尼亚州,美国众议员,1814—1825,1827—1830。
- **老约翰·斯特罗德·巴伯(1790—1855)**
  詹姆斯·巴伯和菲利普·P. 巴伯的堂兄。弗吉尼亚州,美国众议员,1823—1833。
- **小约翰·斯特劳德·巴伯(1820—1892)**
  老约翰·S. 巴伯的儿子。弗吉尼亚州,美国众议员,1881—1887,美国参议员,1889—1892。

12. 巴斯家族

- **罗伯特·珀金斯·巴斯(1873—1960)**
  新罕布什尔州,州长,1911—1913。
- **珀金斯·巴斯(1912—2011)**
  罗伯特·珀金斯·巴斯的儿子,新罕布什尔州,美国众议员,1955—1963。
- **查尔斯·福斯特·巴斯(1952—　)**
  珀金斯·巴斯的儿子,罗伯特·珀金斯·巴斯的孙子。新罕布什尔州,美国众议员,1995—2007,2011—2013。

13. 贝阿德家族

- **约翰·布本海姆·贝阿德(1738—1807)**
  宾夕法尼亚州,大陆会议代表,1785—1786。
- **老詹姆斯·阿什顿·贝阿德(1767—1815)**
  约翰·布本海姆·贝阿德的侄子。特拉华州,美国众议员,1797—1803,美国参议员,1804—1813。
- **理查德·亨利·贝阿德(1796—1868)**
  老詹姆斯·A. 贝阿德的儿子,小詹姆斯·A. 贝阿德的弟弟。特拉华州,美国参议员,1836—1839,1841—1845。
- **小詹姆斯·阿什顿·贝阿德(1799—1880)**
  老詹姆斯·阿什顿·贝阿德的儿子,理查德·H. 贝阿德的弟弟。特拉华州,美国参议员,1851—1864,1867—1869。

- **老托马斯·弗朗西斯·贝阿德(1828—1898)**
  小詹姆斯·A. 贝阿德的儿子。特拉华州,美国参议员,1869—1885,美国国务卿,1885—1889。
- **小托马斯·弗朗西斯·贝阿德(1868—1942)**
  老托马斯·弗朗西斯·贝阿德的儿子。特拉华州,美国参议员,1922—1929。

贝克姆家族,见威克里夫家族。

14. 贝尔家族

- **塞缪尔·贝尔(1770—1834)**
  新罕布什尔州,美国参议员,1823—1835,州长,1819—1823。
- **詹姆斯·贝尔(1804—1857)**
  塞缪尔·贝尔的儿子。新罕布什尔州,美国参议员,1855—1857。
- **查尔斯·亨利·贝尔(1823—1893)**
  塞缪尔·贝尔的侄子,詹姆斯·贝尔的表兄弟。新罕布什尔州,美国参议员,1879,州长,1881—1883。
- **塞缪尔·纽厄尔·贝尔(1829—1889)**
  塞缪尔·贝尔的孙子,詹姆斯·贝尔的。新罕布什尔州,美国众议员,1871—1873,1875—1877。

15. 比德尔家族

- **爱德华·比德尔(1738—1779)**
  宾夕法尼亚州,大陆会议代表,1774—1775。
- **理查德·比德尔(1796—1847)**
  爱德华·比德尔的侄子。宾夕法尼亚州,美国众议员,1837—1840。
- **查尔斯·约翰·比德尔(1819—1873)**
  理查德·比德尔的侄子。宾夕法尼亚州,美国众议员,1861—1863。

布兰德家族,见杰克逊家族

16. 布朗特家族

- **威廉·布朗特(1749—1800)**
  北卡罗来纳州,大陆会议代表,1782—1787。田纳西州,美国参议员,1796—1797。
- **托马斯·布朗特(1759—1812)**
  威廉姆·布朗特的弟弟。北卡罗来纳州,美国众议员,1793—1799,1805—1809,1811—1812。
- **威廉·格兰杰·布朗特(1784—1827)**
  威廉·布朗特的儿子。田纳西州,美国众议员,1815—1819。

17. 博尔顿家族(佩恩家族)

- **亨利·B. 佩恩(1810—1896)**
  俄亥俄州,美国众议员,1875—1877,美国参议员,1885—1891。
- **弗朗西丝·佩恩·博尔顿(1885—1977)**
  亨利·B. 佩恩的孙女。俄亥俄州,美国众议员,1949—1969。
- **切斯特·卡斯尔·博尔顿(1882—1939)**
  弗朗西丝·佩恩·博尔顿的丈夫。俄亥俄州,众议员,1929—1937,1939。
- **奥利弗·佩恩·博尔顿(1917—1972)**
  切斯特·卡斯尔·博尔顿和弗朗西丝·佩恩·博尔顿的儿子,美国众议员,1953—1957,1963—1965。

博格斯家族,见克莱本家族。

18. 鲍恩家族(坎贝尔家族)

- **里斯·泰特·鲍恩(1809—1879)**
  弗吉尼亚州,美国众议员,1873—1875。
- **亨利·鲍恩(1841—1915)**
  里斯·泰特·鲍恩的儿子,约翰·W. 约翰斯顿的侄子。弗吉尼亚州,美国众议员，1883—1885，1887—1889。参见约翰斯顿家族。

- **威廉·鲍恩·坎贝尔(1807—1867)**
  亨利·鲍恩的堂兄弟，美国众议员，1837—1843，1866—1867，州长，1831—1853。

19. 鲍伊家族(约翰逊家族)

- **沃尔特·鲍伊(1748—1810)**
  马里兰州，美国众议员，1802—1805。
- **托马斯·菲尔德·鲍伊(1808—1869)**
  沃尔特·鲍伊的侄孙。马里兰州，美国众议员，1855—1859。
- **雷弗迪·约翰逊(1796—1876)**
  托马斯·F. 鲍伊的内弟。马里兰州，美国参议员，1845—1849，1863—1868，司法部长，1849—1850。

20. 布兰奇家族

- **约翰·布兰奇(1782—1863)**
  北卡罗来纳州，州长，1817—1820，美国参议员，1823—1829，美国众议员1831—1833；佛罗里达州，州长，1844—1845，海军部长，1829—1831。
- **劳伦斯·奥布赖恩·布兰奇(1820—1862)**
  约翰·布兰奇的侄子。北卡罗来纳州，美国众议员，1855—1861。
- **威廉·奥古斯塔斯·布朗特·布兰奇(1847—1910)**
  劳伦斯·奥布赖恩·布兰奇的儿子。北卡罗来纳州，美国众议员，1891—1895。

布老利家族，见亨普希尔家族。
布伦特家族，见卡罗尔家族。

21. 布雷肯里奇家族(福斯特家族，普雷斯顿家族)

- **约翰·布雷肯里奇(1760—1806)**
  肯塔基州，美国参议员，1801—1805，司法部长，1805—1806。

- **詹姆斯·布雷肯里奇(1763—1833)**
  约翰·布雷肯里奇的弟弟。弗吉尼亚州,美国众议员,1809—1817。
- **詹姆斯·道格拉斯·布雷肯里奇(1849年亡故)**
  亚历山大·布雷肯里奇的儿子。肯塔基州,美国众议员,1821—1823。
- **约翰·卡贝尔·布雷肯里奇(1821—1875)**
  约翰·布雷肯里奇的孙子,克利夫顿·罗兹·布雷肯里奇的父亲。肯塔基州,美国众议员,1851—1855,副总统,1857—1861,美国参议员。
- **威廉·坎贝尔·普雷斯顿·布雷肯里奇(1837—1904)**
  约翰·贝恩·布雷肯里奇的叔祖。肯塔基州,美国众议员,1885—1895。
- **克利夫顿·罗兹·布雷肯里奇(1846—1932)**
  约翰·C.布雷肯里奇的儿子。阿肯色州,美国众议员,1883—1894。
- **弗朗西斯·普雷斯顿(1765—1835)**
  詹姆斯·布雷肯里奇的堂兄。弗吉尼亚州,美国众议员,1793—1797。
- **亨利·唐奈·福斯特(1806—1880)**
  约翰·C.布雷肯里奇的堂兄弟。宾夕法尼亚州,美国众议员,1843—1847,1871—1873。
- **约翰·贝恩·布雷肯里奇(1913—1979)**
  约翰·布雷肯里奇的玄孙,詹姆斯·布雷肯里奇的隔三代的侄子,威廉·坎贝尔·普雷斯顿·布雷肯里奇的侄孙。肯塔基州,美国众议员,1973—1979。

22. 布罗德里克家族(肯尼迪家族)

- **凯斯·布罗德里克(1819—1920)**
  堪萨斯州,美国众议员,1891—1899。
- **安德鲁·肯尼迪(1810—1847)**
  凯斯·布罗德里克和大卫·C.布罗德里克的堂兄弟。印第安纳州,美国众议员,1841—1847。
- **大卫·科尔布雷思·布罗德里克(1820—1859)**
  凯斯·布罗德里克和安德鲁·肯尼迪的堂兄弟。加利福尼亚州,美国参议员,1857—1859。

布朗家族,见扬家族。

23. 布朗家族

- **约翰·布朗(1757—1817)**
  弗吉尼亚州,大陆会议代表,1787—1788,美国众议员,1789—1792. 肯塔基州,美国参议员 1792—1805。
- **詹姆斯·布朗(1766—1835)**
  约翰·布朗的弟弟。路易斯安那州,美国参议员,1813—1817,1819—1823。
- **本杰明·格拉茨·布朗(1826—1885)**
  约翰·布朗的孙子。密苏里州,美国参议员,1863—1867,州长,1871。

24. 布朗(弗朗西斯)

- **约翰·布朗(1736—1803)**
  罗德岛,美国众议员,1799—1801。
- **本杰明·布朗(1756—1831)**
  约翰·布朗的侄子。马萨诸塞州,美国众议员,1815—1817。
- **约翰·布朗·弗朗西斯(1791—1864)**
  约翰·布朗的孙子。罗德岛,州长,1833—1838,美国参议员,1844—1845。

巴克家族,见克莱顿家族。
巴克纳家族,见霍斯家族。

25. 伯迪克家族(利弗林家族)

- **厄舍·劳埃德·伯迪克(1879—1960)**
  北达科他州,美国众议员,1935—1945,1949—1959。
- **昆廷·诺斯罗普·伯迪克(1908—1992)**
  厄舍·劳埃德·伯迪克的儿子。北达科他州,美国众议员,1959—1960,美国参议员,1960—1992。
- **罗伯特·伍德罗·利弗林(1914—1989)**
  厄舍·劳埃德·伯迪克的女婿。俄亥俄州,美国众议员,1959—1961。

伯吉斯家族，见格林家族。

伯里尔家族，见格林家族。

26. 布什家族

- **普雷斯科特·谢尔登·布什(1895—1972)**
  康涅狄格州，美国参议员，1952—1963。
- **乔治·赫伯特·沃克·布什(1924—)**
  普雷斯科特·谢尔登·布什的儿子。德克萨斯州，美国众议员，1967—1971，副总统，1981—1989，总统，1989—1998。
- **乔治·W. 布什(1948—)**
  乔治·赫伯特·沃克·布什的儿子。德克萨斯州，州长，1995—2000，总统，2001—2009。
- **约翰·埃利斯·"杰布"·布什(1953—)**
  乔治·赫伯特·沃克·布什的儿子，乔治·W. 布什的弟弟。佛罗里达州，州长，1999—2007。

巴特勒家族，见埃姆斯家族。

27. 巴特勒家族

- **威廉·巴特勒一世(1759—1821)**
  南卡罗来纳州，美国众议员，1801—1813。
- **威廉·巴特勒二世(1790—1850)**
  威廉·巴特勒一世的儿子。南卡罗来纳州，美国众议员，1841—1843。
- **安德鲁·皮肯斯·巴特勒(1796—1857)**
  威廉·巴特勒一世的儿子，威廉·巴特勒二世的弟弟。南卡罗来纳州，美国参议员，1846—1857。
- **马修·卡尔布雷斯·巴特勒(1836—1909)**
  威廉·巴特勒二世的儿子。南卡罗来纳州，美国参议员，1877—1895。

伯德家族，见弗勒德家族。

28. 拜伦家族(布彻家族,麦科马斯家族)

- **路易斯·埃默里·麦科马斯(1846—1907)**
  马里兰州,美国众议员,1883—1891,美国参议员,1899—1905。
- **威廉·德弗罗·拜伦(1895—1941)**
  凯瑟琳·埃德加·拜伦的丈夫。马里兰州,美国众议员,1939—1941。
- **凯瑟琳·埃德加·拜伦(1903—1976)**
  路易斯·埃默里·麦科马斯的孙女。马里兰州,美国众议员 1941—1943。
- **古德洛·埃德加·拜伦(1929—1978)**
  威廉·德弗罗·拜伦和凯瑟琳·埃德加·拜伦的儿子。马里兰州,美国众议员,1971—1978。
- **贝弗莉·巴顿·布彻(1932—)**
  古德洛·埃德加·拜伦的妻子。马里兰州,美国众议员,1979—1993。

卡伯特家族,见洛奇家族。

29. 卡尔霍恩家族(科尔霍恩家族)

- **约瑟夫·卡尔霍恩(1750—1817)**
  南卡罗来纳州,美国众议员,1807—1811。
- **约翰·尤因·科尔霍恩(1750—1802)**
  约瑟夫·卡尔霍恩和约翰·C.卡尔霍恩的堂兄弟。南卡罗来纳州,参议员,1801—1802。
- **约翰·考德威尔·卡尔霍恩(1782—1850)**
  约翰·尤因·科尔霍恩和约瑟夫·卡尔霍恩的堂兄弟。南卡罗来纳州,美国众议员,1811—1817,美国参议员,1832—1843,1845—1850,战争部长,1817—1825,副总统,1825—1832,国务卿,1844—1845。

30. 考尔家族(沃克家族)

- **理查德·基思·考尔(1792—1862)**

佛罗里达州，美国众议员，1823—1825，州长，1835—1840，1841—1844。

- **詹姆斯·大卫·沃克(1830—1906)**

  阿肯色州，美国参议员，1879—1885。参见沃克和麦克莱恩。

- **威尔金森·考尔(1834—1910)**

  理查德·K. 考尔的侄子，詹姆斯·D. 沃克的表兄弟。佛罗里达州，美国参议员，1879—1897。

31. 坎德勒家族

- **艾伦·丹尼尔·坎德勒(1834—1910)**

  佐治亚州，美国众议员，1883—1891，州长，1898—1902。

- **米尔顿·安东尼·坎德勒(1837—1909)**

  艾伦·D. 坎德勒的堂兄弟。佐治亚州，美国众议员，1875—1879。

- **小伊齐基尔·塞缪尔·坎德勒(1862—1944)**

  米尔顿·A. 坎德勒的侄子。密西西比州，美国众议员，1901—1921。

32. 卡纳汉家族

- **艾伯特·西德尼·约翰逊·卡纳汉(1897—1968)**

  密苏里州，美国众议员，1945—1947，1949—1961。

- **梅尔文·尤金"梅儿"·卡纳汉(1934—2000)**

  艾伯特·西德尼·约翰逊·卡纳汉的儿子，琼·卡纳汉的丈夫，拉斯·卡纳汉的父亲。密苏里州，州长，1993—2000，美国参议员，2000。

- **琼·卡纳汉(1933—　)**

  梅儿·卡纳汉的妻子，拉斯·卡纳汉的母亲。密苏里州，美国参议员，2001—2002。

- **拉斯·卡纳汉(1958—　)**

  梅尔文·尤金·"梅儿"·卡纳汉和琼·卡纳汉的儿子，艾伯特·S. J. 卡纳汉的孙子。密苏里州，美国众议员，2005—2013。

33. 卡罗尔家族(布伦特家族)

- **查尔斯·卡罗尔·"律师"(1723—1783)**

马里兰州，大陆会议代表，1776—1777。

- **丹尼尔·卡罗尔(1730—1796)**
  查尔斯·卡罗尔·“律师”和卡罗尔顿的查尔斯·卡罗尔的堂兄弟。马里兰州，大陆会议代表，1781—1783，美国众议员，1789—1791。
- **卡罗尔顿的查尔斯·卡罗尔(1717—1832)**
  查尔斯·卡罗尔·“律师”和丹尼尔·卡罗尔的堂兄弟。马里兰州，大陆会议代表，1776—1778，1780，美国参议员，1789—1792。
- **理查德·布伦特(1757—1814)**
  丹尼尔·卡罗尔的侄子。弗吉尼亚州，美国众议员，1795—1799，1801，1803，美国参议员，1809—1814。
- **查尔斯·霍尔克·卡罗尔(1794—1865)**
  丹尼尔·卡罗尔的曾孙。纽约州，美国众议员，1843—1847。
- **约翰·李·卡罗尔(1830—1911)**
  卡罗尔顿的查尔斯·卡罗尔的曾孙。马里兰州，州长，1876—1880。

查菲家族，见利皮特家族。

34. 钱德勒家族(黑尔家族)

- **约翰·钱德勒(1762—1841)**
  马萨诸塞州，美国众议员，1805—1809。缅因州，美国参议员，1820—1829。
- **托马斯·钱德勒(1772—1866)**
  约翰·钱德勒的弟弟。新罕布什尔州，美国众议员，1829—1833。
- **扎卡赖亚·钱德勒(1813—1879)**
  约翰·钱德勒和托马斯·钱德勒的侄子。密歇根州，美国参议员，1857—1875，1879，内务部长，1875—1877。
- **弗雷德里克·黑尔(1874—1819)**
  扎卡赖亚·钱德勒的孙子。缅因州，美国参议员，1917—1941。参见黑尔。
- **罗德尼·丹尼斯·钱德勒(1942—　)**
  扎卡赖亚·钱德勒的玄侄孙。华盛顿州，美国众议员，1983—1993。

35. 蔡斯家族(丹尼森家族)

- **达德利·蔡斯(1771—1846)**
  佛蒙特州,参议员,1813—1817,1825,1831。
- **萨蒙·波特兰·蔡斯(1808—1873)**
  达德利·蔡斯的侄子,达德利·C.丹尼森的堂兄弟。俄亥俄州,美国参议员,1849—1855,1861,州长,1855,1859,财政部长,1861—1864,美国首席大法官,1864—1873。
- **达德利·蔡斯·丹尼森(1819—1905)**
  达德利·蔡斯的侄子,萨蒙·波特兰·蔡斯的堂兄弟。佛蒙特州,美国众议员,1875—1879。

36. 奇普曼家族

- **纳撒尼尔·奇普曼(1752—1843)**
  佛蒙特州,美国参议员,1797—1803。
- **丹尼尔·奇普曼(1765—1850)**
  纳撒尼尔·奇普曼的弟弟。佛蒙特州,美国众议员,1815—1816。
- **约翰·奇普曼(1830—1893)**
  纳撒尼尔·奇普曼的孙子。密歇根州,美国众议员,1887—1893。

37. 西利家族

- **布拉德伯里·西利(1760—1831)**
  新罕布什尔州,美国众议员,1813—1817。
- **约瑟夫·西利(1791—1887)**
  布拉德伯里·西利的侄子,乔纳森·西利的哥哥。新罕布什尔州,美国参议员,1846—1847。
- **乔纳森·西利(1802—1838)**
  布拉德伯里·西利的侄子,约瑟夫·西利的弟弟。缅因州,美国众议员,1837—1838。

38. 克莱本家族(博格斯家族,克莱家族,佩尔家族)

- **托马斯·克莱本一世(1749—1812)**
  弗吉尼亚州,美国众议员,1793—1799,1801—1805。
- **约翰·克莱本(1777—1808)**
  托马斯·克莱本一世的儿子。弗吉尼亚州,美国众议员,1805—1808。
- **托马斯·克莱本二世(1780—1856)**
  托马斯·克莱本一世的儿子,约翰·克莱本的弟弟。田纳西州,美国众议员,1817—1819。
- **威廉·查尔斯·科尔·克莱本(1775—1817)**
  托马斯·克莱本一世的侄子。田纳西州,美国众议员,1797—1801。路易斯安那州,州长,1812—1816,美国参议员,1817。
- **纳撒尼尔·赫伯特·克莱本(1777—1859)**
  威廉·查尔斯·科尔·克莱本的弟弟,约翰·克莱本和托马斯·克莱本的堂兄弟。弗吉尼亚州,美国众议员,1825—1837。
- **约翰·弗朗西斯·哈姆特拉姆克·克莱本(1809—1884)**
  威廉·查尔斯·科尔·克莱本和纳撒尼尔·赫伯特·克莱本的侄子。密西西比州,美国众议员,1835—1838。
- **克莱门特·克莱本·克莱(1816—1882)**
  阿拉巴马州,美国参议员,1853—1861。
- **詹姆斯·罗伯特·克莱本(1882—1944)**
  纳撒尼尔·赫伯特·克莱本的孙子和威廉·查尔斯·科尔的侄孙。密苏里州,美国众议员,1933—1937。
- **小赫伯特·克莱本·佩尔(1884—1961)**
  约翰·弗朗西斯·哈姆特拉姆克·克莱本的曾孙。纽约州,美国众议员,1919—1921。
- **克莱本·德博尔达·佩尔(1918—2009)**
  小赫伯特·克莱本·佩尔的儿子。罗德岛,美国参议员,1961—1997。
- **科琳娜·克莱本(琳迪)·博格斯(1916—2013)**
  约翰·弗朗西斯·哈姆特拉姆克·克莱本的玄侄孙女,老托马斯·黑尔·博格斯的妻子,美国众议员,1973—1991。

- **老托马斯·黑尔·博格斯(1914—1972)**
  琳迪·博格斯的丈夫。路易斯安那州,美国众议员,1941—1943,1947—1973。

39. 克拉克家族

- **克里斯托弗·亨德森·克拉克(1767—1828)**
  弗吉尼亚州,美国众议员,1804—1806。
- **詹姆斯·克拉克(1770—1839)**
  克里斯托弗·亨德森·克拉克的弟弟。肯塔基州,美国众议员,1813—1816,1825—1831,州长,1836—1839。
- **约翰·布洛克·克拉克(1802—1885)**
  克里斯托弗·亨德森·克拉克和詹姆斯·克拉克的侄子。密苏里州,美国众议员,1857—1861。
- **小约翰·布洛克·克拉克(1831—1903)**
  约翰·布洛克·克拉克的儿子。密苏里州,美国众议员,1873—1883。

40. 克莱普尔家族(彼得森家族)

- **霍雷肖·克利福德·克莱普尔(1859—1921)**
  俄亥俄州,美国众议员,1911—1915,1917—1919。
- **约翰·巴尼·彼得森(1850—1944)**
  霍雷肖·克利福德·克莱普尔的堂兄弟。印第安纳州,美国众议员,1913—1915。
- **哈罗德·凯尔·克莱普尔(1886—1958)**
  霍雷肖·克利福德·克莱普尔的儿子。俄亥俄州,美国众议员,1937—1943。

41. 克莱顿家族(巴克家族,杜邦家族)

- **乔舒亚·克莱顿(1744—1798)**
  特拉华州,美国参议员,1798,州长,1793—1798。

- **托马斯·克莱顿(1777—1854)**
  乔舒亚·克莱顿的儿子。特拉华州,美国众议员,1815—1817,美国参议员,1824—1827,1837—1847。
- **约翰·米德尔顿·克莱顿(1796—1856)**
  乔舒亚·克莱顿的侄子。特拉华州,美国参议员,1829—1836,1845—1849,1850—1856,国务卿,1849—1850。

42. 克林顿家族

- **乔治·克林顿一世(1739—1812)**
  纽约州,大陆会议代表,1775—1776,州长,1777—1795,1801—1804,副总统,1804—1812。
- **乔治·克林顿二世(1771—1809)**
  乔治·克林顿一世的儿子。纽约州,美国众议员,1805—1809。
- **德威特·克林顿(1769—1828)**
  乔治·克林顿一世的侄子。纽约州,美国参议员,1802—1803,州长,1817—1821,1825—1828。
- **詹姆斯·格雷厄姆·克林顿(1804—1849)**
  乔治·克林顿一世的侄子,德威特·克林顿的同父异母的兄弟。纽约州,美国众议员,1841—1845。

科克伦家族,见黑兹尔顿家族。

43. 科克家族

- **威廉·科克(1748—1828)**
  田纳西州,美国参议员,1796—1797,1799—1805。
- **约翰·科克(1772—1854)**
  威廉·科克的儿子。田纳西州,美国众议员,1819—1827。
- **威廉·迈克尔·科克(1815—1896)**
  威廉·科克的孙子,约翰·考克的侄子。田纳西州,美国众议员,1845—1849。

44. 科尔斯家族(亨利家族)

- **艾萨克·科尔斯(1747—1813)**
  弗吉尼亚州,美国众议员,1789—1791,1793—1797。
- **帕特里克·亨利(1736—1799)**
  艾萨克·科尔斯的堂兄弟。弗吉尼亚州,大陆会议代表,1774—1775,州长,1776—1779,1784—1786。
- **沃尔特·科尔斯(1790—1857)**
  艾萨克·科尔斯的儿子。弗吉尼亚州,美国众议员,1835—1845。

科尔霍恩家族,见卡尔霍恩家族。
康普顿家族,见基家族。

45. 康迪克特家族(卡特勒家族)

- **赛拉斯·康迪克特(1738—1801)**
  新泽西州,大陆会议代表 1781—1783。
- **刘易斯·康迪克特(1772—1862)**
  赛拉斯·康迪克特的侄子。新泽西州,美国众议员,1811—1817,1821—1833。
- **奥古斯塔斯·威廉·卡特勒(1827—1897)**
  赛拉斯·康迪克特的曾孙。新泽西州,美国众议员,1875—1879。

46. 康克林家族

- **阿尔弗雷德·康克林(1789—1874)**
  纽约州,美国众议员,1821—1823。
- **弗雷德里克·奥古斯塔斯·康克林(1816—1891)**
  阿尔弗雷德·康克林的儿子。纽约州,美国众议员,1861—1863。
- **罗斯科·康克林(1829—1888)**
  阿尔弗雷德·康克林的儿子。纽约州,美国众议员,1859—1863,1865—

1867。美国参议员,1867—1881。

康蒂家族,见汉森家族。

47. 科温家族

- **摩西·布莱索·科温(1790—1872)**
  俄亥俄州,美国众议员,1849—1851,1853—1855。
- **托马斯·科温(1794—1865)**
  摩西·布莱索·科温的弟弟。俄亥俄州,美国众议员,1831—1840,1859—1861,美国参议员,1845—1850,州长,1840—1842,财政部长,1850—1853。
- **富兰克林·科温(1818—1879)**
  摩西·布莱索·科温和托马斯·科温的侄子。伊利诺伊州,美国众议员,1873—1875。

48. 克雷文斯家族

- **乔丹·埃德加·克雷文斯(1830—1914)**
  阿肯色州,美国众议员,1877—1883。
- **威廉·本·克雷文斯(1872—1939)**
  乔丹·埃德加·克雷文斯的堂兄弟。阿肯色州,美国众议员,1907—1913,1933—1939。
- **威廉·法蒂奥·克雷文斯(1899—1974)**
  威廉·本·克雷文斯的儿子。阿肯色州,美国众议员,1939—1949。

49. 克伦帕克家族

- **埃德加·迪安·克伦帕克(1851—1920)**
  印第安纳州,美国众议员,1897—1913。
- **莫里斯·埃德加·克伦帕克(1886—1927)**
  埃德加·迪安·克伦帕克的儿子。俄勒冈州,美国众议员,1925—1927。
- **小谢泼德·J. 克伦帕克(1917—1986)**

埃德加·迪安·克伦帕克和莫里斯·埃德加·克伦帕克的堂兄弟。印第安纳州，美国众议员，1951—1957。

50. 卡洛姆家族

- **阿尔万·卡洛姆(1797—1877)**
  田纳西州，美国众议员，1843—1847。
- **威廉·卡洛姆(1810—1896)**
  阿尔万·卡洛姆和威廉·卡洛姆的弟弟。田纳西州，美国众议员，1851—1855。
- **谢尔比·莫尔·卡洛姆(1829—1914)**
  阿尔万·卡洛姆和威廉·卡洛姆的侄子。伊利诺伊州，美国众议员，1865—1871，美国参议员，1883—1913，州长，1877—1883。

卡特勒家族，见康迪克特家族。

51. 达林顿家族

- **艾萨克·达林顿(1781—1839)**
  宾夕法尼亚州，美国众议员，1817—1819。
- **威廉·达林顿(1782—1863)**
  艾萨克·达林顿和爱德华·达林顿的堂兄弟。宾夕法尼亚州，美国众议员，1815—1817，1819—1823。
- **爱德华·达林顿(1795—1884)**
  艾萨克·达林顿和威廉·达林顿的堂兄弟。宾夕法尼亚州，美国众议员，1833—1839。
- **斯梅德利·达林顿(1827—1899)**
  艾萨克·达林顿和威廉·达林顿、爱德华·达林顿的远房亲戚。宾夕法尼亚州，美国众议员，1887—1891。

52. 戴维斯家族(埃尔金斯家族)

- **亨利·加萨韦·戴维斯(1823—1916)**

西弗吉尼亚州,美国参议员,1871—1883。

- **托马斯·比尔·戴维斯(1828—1911)**
  亨利·加萨韦·戴维斯的弟弟。西弗吉尼亚州,美国众议员,1905—1907。
- **斯蒂芬·本顿·埃尔金斯(1841—1911)**
  亨利·加萨韦·戴维斯的女婿。新墨西哥州,美国众议员,1873—1877;西弗吉尼亚州,美国参议员,1895—1911,战争部长,1891—1893。
- **戴维斯·埃尔金斯(1876—1959)**
  亨利·加萨韦·戴维斯的孙子,斯蒂芬·本顿·埃尔金斯的儿子。西弗吉尼亚州,美国参议员,1911,1919—1925。

53. 道斯家族

- **鲁弗斯·道斯(1838—1899)**
  俄亥俄州,美国众议员,1881—1883。
- **查尔斯·盖茨·道斯(1865—1951)**
  鲁弗斯·道斯的儿子。副总统,1925—1929。
- **毕曼·盖茨·道斯(1870—1953)**
  鲁弗斯·道斯的儿子,查尔斯·盖茨·道斯的弟弟。俄亥俄州,美国众议员,1905—1909。

丹尼森家族,见蔡斯家族。

54. 德尼斯家族

- **约翰·丹尼斯一世(1771—1806)**
  马里兰州,美国众议员,1797—1805。
- **利特尔顿·珀内尔·德尼斯(1786—1834)**
  约翰·丹尼斯一世侄子。马里兰州,美国众议员,1833—1834。
- **约翰·丹尼斯二世(1807—1859)**
  约翰·丹尼斯一世的儿子。马里兰州,美国众议员,1837—1841。

55. 丁格尔家族

- **约翰·大卫·丁格尔(1849—1955)**
  密歇根州,美国众议员,1933—1955。
- **小约翰·大卫·丁格尔(1926—　)**
  约翰·大卫·丁格尔的儿子。密歇根州,美国众议员,1955—2015。
- **黛比·丁格尔(1953—　)**
  小约翰·大卫·丁格尔的妻子。密歇根州,美国众议员,2015—至今。

56. 狄克逊家族

- **内森·费洛斯·狄克逊一世(1774—1842)**
  罗德岛,美国参议员 1839—1842。
- **内森·费洛斯·狄克逊二世(1812—1881)**
  内森·费洛斯·狄克逊一世的儿子。罗德岛,美国众议员,1849—1851,1863—1871。
- **内森·费洛斯·狄克逊三世(1847—1897)**
  内森·费洛斯·狄克逊二世的儿子。罗德岛,美国众议员,1885,美国参议员 1889—1895。

唐奈家族,见斯佩特家族。
多克斯家族,见尼古拉斯家族。
杜邦家族,见克莱顿家族。

57. 厄尔家族(厄比家族)

- **伊莱亚斯·厄尔(1762—1823)**
  南卡罗来纳州,美国众议员,1805—1807,1811—1815,1817—1821。
- **塞缪尔·厄尔(1760—1833)**
  伊莱亚斯·厄尔的侄子。南卡罗来纳州,美国众议员,1795—1797。
- **约翰·贝利斯·厄尔(1766—1836)**

伊莱亚斯·厄尔的侄子,塞缪尔·厄尔的堂兄弟。南卡罗来纳州,美国众议员,1803—1805。

- **威廉·朗兹·扬西(1814—1863)**
  约瑟夫·海恩斯沃思·厄尔的叔叔。阿拉巴马州,美国众议员,1844—1846。
- **约瑟夫·海恩斯沃思·厄尔(1847—1897)**
  伊莱亚斯·厄尔的曾孙,威廉·朗兹·扬西的侄子,约翰·劳伦斯·曼宁·厄比的堂兄弟。南卡罗来纳州,美国参议员,1897。
- **约翰·劳伦斯·曼宁·厄比(1854—1900)**
  伊莱亚斯·厄尔的曾孙,约瑟夫·海恩斯沃思·厄尔的堂兄弟。南卡罗来纳州,美国参议员,1891—1897。

58. 爱德华兹家族(格雷家族)

- **本杰明·爱德华兹(1753—1829)**
  马里兰州,美国众议员,1795。
- **尼尼安·爱德华兹(1775—1833)**
  本杰明·爱德华兹的儿子。伊利诺伊州,美国参议员,1818—1824,州长,1826—1831。
- **本杰明·爱德华兹·格雷**
  本杰明·爱德华兹的孙子。肯塔基州,美国众议员,1851—1855。

埃尔金斯家族,见戴维斯家族。

59. 埃尔默家族

- **乔纳森·埃尔默(1745—1817)**
  新泽西州,大陆会议代表,1777- 1778,1781—1783,1787—1788,美国参议员,1789—1791。
- **埃比尼泽·埃尔默(1752—1843)**
  乔纳森·埃尔默的弟弟,新泽西州,美国众议员,1801—1807。
- **卢修斯·昆修斯·辛辛纳特斯·埃尔默(1793—1883)**

埃比尼泽·埃尔默的儿子,新泽西州,美国众议员,1843—1845。

60. 埃普斯家族(奥利弗家族)

- **詹姆斯·弗莱彻·埃普斯(1842—1910)**
  弗吉尼亚州,美国众议员,1891—1895。
- **西德尼·帕勒姆·埃普斯(1865—1900)**
  詹姆斯·弗莱彻·埃普斯的堂兄弟。弗吉尼亚州,美国众议员,1897—1898,1899—1900。
- **威廉·培根·奥利弗(1867—1948)**
  西德尼·帕勒姆·埃普斯的堂兄弟。阿拉巴马州,美国众议员,1915—1937。

61. 费森登家族

- **威廉·皮特·费森登(1806—1869)**
  缅因州,美国众议员,1841—1843,美国参议员,1854—1864,财政部长,1864—1865。
- **塞缪尔·克莱门特·费森登(1815—1882)**
  威廉·皮特·费森登的弟弟和托马斯·艾默里·德布罗·费森登的哥哥。缅因州,美国众议员,1861—1863。
- **托马斯·艾默里·德布卢瓦·费森登(1826—1868)**
  威廉·皮特·费森登和塞缪尔·克莱门特·费森登的弟弟。美国众议员,1862—1863。

菲茨杰拉德家族,见肯尼迪家族。

62. 芬德利家族

- **约翰·芬德利(1766—1838)**
  宾夕法尼亚州,美国众议员,1821—1827。
- **威廉·芬德利(1768—1846)**

约翰·芬德利的弟弟和詹姆斯·芬德利的哥哥。宾夕法尼亚州，州长，1817—1820，美国参议员，1821—1827。

- **詹姆斯·芬德利(1770—1835)**

  约翰·芬德利和威廉·芬德利的弟弟。俄亥俄州，美国众议员，1825—1833。

63. 菲什家族

- **汉密尔顿·菲什一世(1808—1893)**

  纽约州，美国众议员，1843—1845，美国参议员，1851—1857，州长，1849—1850，国务卿，1869—1877。

- **汉密尔顿·菲什二世(1849—1936)**

  汉密尔顿·菲什一世的儿子。纽约州，美国众议员，1909—1911。

- **汉密尔顿·菲什三世(1888—1991)**

  汉密尔顿·菲二世的儿子。纽约州，美国众议员，1920—1945。

- **小汉密尔顿·菲什(1926—1996)**

  汉密尔顿·菲什三世的儿子。纽约州，美国众议员，1969—1995。

菲什伯恩家族，见马弗里克家族

64. 弗勒德家族(伯德家族)

- **亨利·德拉沃尔·弗勒德(1865—1921)**

  弗吉尼亚州，美国众议员，1901—1921。

- **乔尔·韦斯特·弗勒德(1894—1964)**

  亨利·德拉沃尔·弗勒德的弟弟。弗吉尼亚州，美国众议员，1932—1933。

- **哈里·弗勒德·伯德(1887—1966)**

  亨利·德拉沃尔·弗勒德和乔尔·韦斯特·弗勒德的侄子。弗吉尼亚州，州长，1926—1930，美国参议员，1933—1965。

- **小哈里·弗勒德·伯德(1914—2013)**

  弗吉尼亚州，美国参议员，1965—1983。

弗洛伊德家族，见普雷斯顿家族。

65. 福尼家族

- **彼得·福尼(1756—1834)**
  北卡罗来纳州,美国众议员,1813—1815。
- **丹尼尔·门罗·福尼(1784—1847)**
  彼得·福尼的儿子。北卡罗来纳州,美国众议员,1815—1818。
- **威廉·亨利·福尼(1823—1894)**
  彼得·福尼的孙子。阿拉巴马州,美国众议员,1875—1893。

弗朗西斯家族,见布朗家族。
弗兰克家族,见帕特森家族。

66. 弗里林海森家族

- **弗雷德里克·弗里林海森(1753—1804)**
  新泽西州,大陆会议代表,1779,美国参议员,1793—1796。
- **西奥多·弗里林海森(1787—1862)**
  弗雷德里克·弗里林海森的儿子。弗雷德里克·西奥多·弗里林海森的叔叔和养父,新泽西州,美国参议员,1829—1835。
- **弗雷德里克·西奥多·弗里林海森(1817—1885)**
  西奥多·弗里林海森的侄子和养子,弗雷德里克·弗里林海森的孙子,约瑟夫·舍曼·弗里林海森的堂兄弟。新泽西州,美国参议员,1866—1869,1871—1877,国务卿,1881—1885。
- **约瑟夫·谢尔曼·弗里林海森(1869—1948)**
  弗雷德里克·西奥多·弗里林海森和小彼得·胡德·巴兰坦·弗里林海森的堂兄弟,弗雷德里克·弗里林海森的曾孙。新泽西州,美国参议员,1917—1923。
- **彼得·胡德·巴兰坦·弗里林海森(1916—2011)**
  罗德尼·P.弗里林海森的父亲,约瑟夫·谢尔曼·弗里林海森的堂兄弟,弗雷德里克·西奥多·弗里林海森的曾孙。新泽西州,美国众议员,1953—1975。

- **罗德尼·弗里林海森(1946—　)**
  彼得·胡德·巴兰坦·弗里林海森的儿子。新泽西州，美国众议员，1995—至今。

盖拉德家族，见亨特家族。

67. 甘布尔家族

- **约翰·兰金·甘布尔(1848—1891)**
  南达科他州，美国众议员，1891。
- **罗伯特·杰克逊·甘布尔(1851—1924)**
  约翰·兰金·甘布尔的弟弟。南达科他州，美国众议员，1895—1897，1899—1901，美国参议员，1901—1913。
- **拉尔夫·阿伯内西·甘布尔(1885—1959)**
  罗伯特·杰克逊·甘布尔的儿子。纽约州，美国众议员，1937—1957。

68. 加尼特家族(默瑟家族)

- **詹姆斯·默瑟·加尼特(1770—1843)**
  弗吉尼亚州，美国众议员，1805—1809。
- **罗伯特·塞尔登·加尼特(1789—1840)**
  詹姆斯·默瑟·加尼特的弟弟。弗吉尼亚州，美国众议员，1817—1827。
- **查尔斯·芬顿·默瑟(1778—1858)**
  罗伯特·塞尔登·加尼特的堂兄弟。弗吉尼亚州，美国众议员，1817—1839。
- **穆斯科·拉塞尔·亨特·加尼特(1821—1864)**
  詹姆斯·默瑟·加尼特的孙子。弗吉尼亚州，美国众议员，1856—1861。

69. 格里家族

- **埃尔布里奇·格里一世(1744—1814)**
  马萨诸塞州，大陆会议代表，1776—1780，1783—1785，美国众议员，1789—1793，州长，1810—1811，副总统，1813—1814。

- **埃尔布里奇·格里二世(1813—1886)**
  埃尔布里奇·格里一世的孙子。缅因州,美国众议员,1849—1851。
- **彼得·戈莱特·格里(1879—1957)**
  埃尔布里奇·格里一世的曾孙。罗德岛,美国众议员,1913—1915,美国参议员,1917—1929,1935—1947。

70. 吉尔曼家族

- **约翰·泰勒·吉尔曼(1753—1828)**
  新罕布什尔州,大陆会议代表,1782—1783,州长,1794—1805,1813—1816。
- **尼古拉斯·吉尔曼(1755—1814)**
  约翰·泰勒·吉尔曼的弟弟。新罕布什尔州,大陆会议代表,1787—1789,美国众议员,1789—1797,美国参议员,1805—1814。
- **查尔斯·杰维斯·吉尔曼(1824—1901)**
  约翰·泰勒·吉尔曼和尼古拉斯·吉尔曼的侄孙。缅因州,美国众议员,1857—1859。

71. 戈夫家族(里斯家族)

- **内森·戈夫(1843—1920)**
  西弗吉尼亚州,美国众议员,1883—1889,美国参议员,1913—1919,海军部长,1881。
- **盖伊·德斯帕德·戈夫(1866—1933)**
  内森·戈夫的儿子,西弗吉尼亚州,美国参议员,1925—1931。
- **布拉齐勒·卡罗尔·里斯(1889—1961)**
  盖伊·德斯帕德·戈夫的女婿。田纳西州,美国众议员,1921—1931,1951—1961。
- **露易丝·戈夫·里斯(1898—1970)**
  卡罗尔·里斯的妻子,盖伊·德斯帕德·戈夫的女儿。田纳西州,美国众议员,1961—1963。

72. 戈尔兹伯勒家族(亨利家族)

- **罗伯特·戈尔兹伯勒(1733—1788)**
  马里兰州,大陆会议代表,1774—1776。
- **查尔斯·戈尔兹伯勒(1765—1834)**
  马里兰州,美国众议员,1805—1817,州长,1818—1819。
- **罗伯特·亨利·戈尔兹伯勒(1779—1836)**
  马里兰州,美国参议员,1813—1819,1835—1836。
- **温德尔·莱尔德·亨利(1864—1940)**
  查尔斯·戈尔兹伯勒和罗伯特·亨利·戈尔兹伯勒的曾孙。马里兰州,美国众议员,1894—1895。
- **托马斯·艾伦·戈尔兹伯勒(1877—1951)**
  罗伯特·戈尔兹伯勒隔四代的孙子,查尔斯·戈尔兹伯勒的曾孙。马里兰州,美国众议员,1921—1939。

73. 格雷森家族(奥尔家族)

- **威廉·格雷森(1740—1790)**
  弗吉尼亚州,大陆会议代表,1785—1787,美国参议员,1789—1790。
- **亚历山大·达尔林普尔·奥尔(1761—1835)**
  威廉·格雷森的侄子。肯塔基州,美国众议员,1792—1797。
- **威廉·约翰·格雷森(1788—1863)**
  威廉·格雷森的儿子。南卡罗来纳州,美国众议员,1833—1837。

格林家族,见沃顿家族。

74. 格林家族(阿诺德家族,伯吉斯家族,伯里尔家族)

- **乔纳森·阿诺德(1741—1793)**
  罗德岛,大陆会议代表,1782—1783。
- **莱缪尔·黑斯廷斯·阿诺德(1792—1852)**

乔纳森·阿诺德的儿子。西奥多·弗朗西斯·格林的曾伯祖，罗德岛，美国众议员，1845—1847，州长，1831—1832。

- **小詹姆斯·伯里尔(1772—1820)**
  西奥多·弗朗西斯·格林的曾祖父。罗德岛，美国参议员，1817—1820。
- **特里斯塔姆·伯吉斯(1770—1853)**
  西奥多·弗朗西斯·格林的曾伯祖。罗德岛，美国众议员，1825—1835。
- **塞缪尔·格林·阿诺德(1821—1880)**
  西奥多·弗朗西斯·格林的伯祖。罗德岛，美国参议员，1862—1863。
- **西奥多·弗朗西斯·格林(1867—1966)**
  乔纳森·阿诺德的玄孙。罗德岛，州长，1933—1936，美国参议员，1937—1961。

格雷家族，见爱德华兹家族。

格里芬家族，见威尔逊家族。

75. 古杰儿家族(兰利家族)

- **小詹姆斯·麦迪逊·古杰儿(1855—1920)**
  北卡罗来纳州，美国众议员，1903—1907，1911—1915。
- **约翰·韦斯利·兰利(1868—1932)**
  小詹姆斯·麦迪逊·古杰儿的女婿。肯塔基州，美国众议员，1907—1926。
- **凯瑟琳·古杰儿·兰利(1888—1948)**
  詹姆斯·麦迪逊·古杰儿的女儿，约翰·韦斯利·兰利的妻子。肯塔基州，美国众议员，1927—1931。

76. 哈伯沙姆家族

- **约瑟夫·哈伯沙姆(1751—1815)**
  佐治亚州，大陆会议代表，1785。
- **约翰·哈伯沙姆(1754—1799)**
  约瑟夫·哈伯沙姆的弟弟。佐治亚州，大陆会议代表，1785，邮政局长，1795—1801。
- **理查德·怀利·哈伯沙姆(1786—1842)**

约瑟夫·哈伯沙姆和约翰·哈伯沙姆的侄子。佐治亚州，美国众议员，1839—1842。

77. 黑尔家族

- **尤金·黑尔(1836—1918)**
  缅因州，美国众议员，1869—1879，美国参议员，1881—1911。
- **弗雷德里克·黑尔(1874—1963)**
  扎卡赖亚·钱德勒的孙子，尤金·黑尔的儿子。缅因州，美国参议员，1917—1941，参见钱德勒。
- **罗伯特·黑尔(1889—1976)**
  弗雷德里克·黑尔的堂兄弟。缅因州，美国众议员，1943—1959。

78. 霍尔家族

- **威廉·奥古斯塔斯·霍尔(1815—1888)**
  密苏里州，美国众议员，1862—1865。
- **威拉德·普雷布尔·霍尔(1820—1882)**
  威廉·奥古斯塔斯·霍尔的弟弟。密苏里州，美国众议员，1847—1853，州长，1864—1865。
- **尤里尔·西布里·霍尔(1852—1932)**
  威廉·奥古斯塔斯·霍尔的儿子。密苏里州，美国众议员，1893—1897。

79. 哈尔西家族

- **赛拉斯·哈尔西(1743—1832)**
  纽约州，美国众议员，1805—1807。
- **尼克尔·哈尔西(1782—1865)**
  赛拉斯·哈尔西的儿子。纽约州，美国众议员，1833—1835。
- **杰希尔·豪厄尔·哈尔西(1788—1867)**
  赛拉斯·哈尔西的儿子。纽约州，美国众议员，1829—1831。

80. 汉普顿家族(普雷斯顿家族)

- **韦德·汉普顿一世(1752—1835)**
  南卡罗来纳州,美国众议员,1795—1797,1803—1805。
- **弗朗西斯·普雷斯顿(1765—1835)**
  韦德·汉普顿二世的岳父。弗吉尼亚州,美国众议员,1793—1797。
- **韦德·汉普顿二世(1818—1902)**
  韦德·汉普顿一世的孙子,弗朗西斯·普雷斯顿的女婿。南卡罗来纳州,州长,1876—1879,美国参议员,1879—1891。

81. 汉娜家族(麦考密克家族,西姆斯家族)

- **马尔克斯·阿朗佐·汉娜(1837—1904)**
  俄亥俄州,美国参议员,1897—1904。
- **露丝·汉娜·麦考密克(1880—1944)**
  马库斯·阿朗佐·汉娜的女儿。伊利诺伊州,美国众议员,1929—1931。
- **约瑟夫·M. 麦考密克(1877—1925)**
  露丝·汉娜的第一任丈夫。伊利诺伊州,美国众议员,1917—1919,美国参议员,1919—1925。
- **艾伯特·G. 西姆斯(1882—1964)**
  露丝·汉娜的第二任丈夫。新墨西哥州,美国众议员,1929—1931。

82. 汉森家族(康蒂家族)

- **约翰·汉森(1715—1783)**
  马里兰州,大陆会议代表,1780—1782。
- **本杰明·康蒂(1755—1815)**
  亚历山大·康蒂·汉森的叔叔。马里兰州,大陆会议代表,1788,美国众议员,1789—1791。
- **亚历山大·康蒂·汉森(1786—1819)**
  约翰·汉森的孙子,本杰明·康蒂的侄子。马里兰州,美国众议员,1813—

1816,美国参议员,1816—1819。

83. 哈丁家族

- **马丁·戴维斯·哈丁(1780—1823)**
  肯塔基州,美国参议员,1816—1817。
- **本杰明·哈丁(1784—1852)**
  马丁·戴维斯·哈丁的堂兄弟。肯塔基州,美国参议员,1815—1817,1819—1823,1833—1837。
- **约翰·J. 哈丁(1810—1847)**
  马丁·戴维斯·哈丁的儿子。伊利诺伊州,美国众议员,1843—1845。

84. 哈里森家族

- **本杰明·哈里森五世(1726—1791)**
  弗吉尼亚州,大陆会议代表,1774—1778,州长,1782—1784。
- **威廉·亨利·哈里森一世(1773—1841)**
  本杰明·哈里森的儿子,约翰·斯科特·哈里森的父亲,卡特·巴塞特·哈里森的弟弟。西北准州,美国众议员,1799—1800;印第安纳州,州长,1801—1813;俄亥俄州,美国众议员,1816—1819,美国参议员,1825—1828,总统,1841。
- **卡特·巴塞特·哈里森(约1756—1808)**
  本杰明·哈里森的儿子。威廉·亨利·哈里森的弟弟,弗吉尼亚州,美国众议员,1793—1799。
- **约翰·斯科特·哈里森(1804—1878)**
  威廉·亨利·哈里森的儿子。俄亥俄州,美国众议员,1853—1857。
- **卡特·亨利·哈里森(1825—1893)**
  威廉·亨利·哈里森一世的嫡堂兄弟的相隔两代的子女。伊利诺伊州,美国众议员,1875—1879。
- **本杰明·哈里森(1833—1901)**
  约翰·斯科特·哈里森的儿子,威廉·亨利·哈里森一世的孙子。印第安纳州,美国参议员,1881—1887,总统,1889—1893。

- **威廉·亨利·哈里森二世(1896—1990)**
  约翰·斯科特·哈里森的曾孙,本杰明·哈里森总统的孙子。怀俄明州,美国众议员,1951—1955,1961—1965,1967—1969。

85. 霍斯家族(巴克纳家族)

- **艾利特·霍斯(1768—1833)**
  弗吉尼亚州,美国众议员,1811—1817。
- **理查德·霍斯(1797—1877)**
  艾利特·霍斯的侄子,艾伯特·加勒廷·霍斯的哥哥,艾利特·霍斯·巴克纳的堂兄弟。肯塔基州,美国众议员,1837—1841。
- **艾伯特·加勒廷·霍斯(1804—1849)**
  艾利特·霍斯的侄子,理查德·霍斯的弟弟,艾利特·霍斯·巴克纳的堂兄弟。肯塔基州,美国众议员,1831—1837。
- **艾利特·霍斯·巴克纳(1816—1894)**
  艾利特·霍斯的侄子,理查德·霍斯和艾伯特·加勒廷·霍斯的堂兄弟。密苏里州,美国众议员,1873—1885。
- **哈里·巴顿·霍斯(1869—1947)**
  理查德·霍斯和艾伯特·加勒廷·霍斯的侄孙。密苏里州,美国众议员,1921—1926,美国参议员,1926—1933。

86. 霍金斯家族(梅肯家族)

- **本杰明·霍金斯(1754—1816)**
  北卡罗来纳州,大陆会议代表,1781—1783,1787,美国参议员,1789—1795。
- **纳撒尼尔·梅肯(1757—1837)**
  北卡罗来纳州,美国众议员,1791—1815,众议院发言人,1801—1806,美国参议员,1815—1828。
- **迈凯亚·托马斯·霍金斯(1790—1858)**
  纳撒尼尔·梅肯的侄子,本杰明·霍金斯的侄子。北卡罗来纳州,美国众议员,1831—1841。

87. 黑兹尔顿家族(科克伦家族)

- **克拉克·贝尔顿·科克伦(1815—1867)**
  纽约州,美国众议员,1857—1861。
- **格里·怀廷·黑兹尔顿(1829—1920)**
  克拉克·贝尔顿·科克伦的侄子,乔治·科克伦·黑兹尔顿的弟弟。威斯康星州,美国众议员,1871—1875。
- **乔治·科克伦·黑兹尔顿(1832—1922)**
  克拉克·贝尔顿·科克伦的侄子,杰里·怀廷·黑兹尔顿的哥哥。威斯康星州,美国众议员,1877—1883。

88. 亨普希尔家族(布劳利家族,威瑟斯庞家族)

- **罗伯特·威瑟斯庞(1767—1837)**
  南卡罗来纳州,美国众议员,1809—1811。
- **约翰·亨普希尔(1803—1862)**
  罗伯特·亨普希尔的曾伯祖。德克萨斯州,美国参议员,1859—1861。
- **约翰·詹姆斯·亨普希尔(1849—1912)**
  约翰·亨普希尔的侄子。南卡罗来纳州,美国众议员,1883—1893。
- **威廉·哈金斯·布劳利(1841—1916)**
  约翰·詹姆斯·亨普希尔的堂兄弟。南卡罗来纳州,美国众议员,1891—1894。
- **罗伯特·威瑟斯庞·亨普希尔(1915—1983)**
  约翰·詹姆斯·亨普希尔的侄孙,罗伯特·威瑟斯庞的玄孙。南卡罗来纳州,美国众议员,1957—1964。

89. 亨利(罗恩)

- **帕特里克·亨利(1736—1799)**
  弗吉尼亚州,大陆会议代表,1774—1775,州长,1776—1779,1784—1786。
- **威廉·亨利·罗恩(1787—1845)**

帕特里克·亨利的孙子。弗吉尼亚州,美国众议员,1815—1817,美国参议员,1837—1841。

- **罗伯特·李·亨利(1864—1931)**

  帕特里克·亨利的隔四代的孙子。德克萨斯州,美国众议员,1897—1917。

赫伯恩家族,见莱昂家族。

赫朗家族,见约翰逊家族。

90. 希斯特家族(克莱默家族,穆伦贝尔格家族)

- **约翰·希斯特(1745—1821)**

  宾夕法尼亚州,美国众议员,1807—1809。
- **丹尼尔·希斯特一世(1747—1804)**

  约翰·希斯特的弟弟,约瑟夫·希斯特的堂兄弟。宾夕法尼亚州,美国众议员,1789—1796,马里兰州,美国众议员,1801—1804。
- **约瑟夫·希斯特(1752—1832)**

  约翰·希斯特和丹尼尔·希斯特的堂兄弟。宾夕法尼亚州,美国众议员,1797—1805,1815—1820,州长,1820—1824。
- **丹尼尔·希斯特二世(1774—1834)**

  约翰·希斯特的儿子。宾夕法尼亚州,美国众议员,1809—1811。
- **威廉·希斯特(1790—1853)**

  约翰·希斯特和丹尼尔·希斯特一世的侄子。宾夕法尼亚州,美国众议员,1831—1837。
- **艾萨克·埃尔马克尔·希斯特(1824—1871)**

  威廉·希斯特的儿子。宾夕法尼亚州,美国众议员,1853—1855。
- **希斯特·克莱默(1827—1884)**

  威廉·希斯特的侄子。宾夕法尼亚州,美国众议员,1873—1881。

91. 霍尔家族

- **塞缪尔·霍尔(1778—1856)**

马萨诸塞州,美国众议员,1835—1837。

- **埃比尼泽·罗克伍德·霍尔(1816—1895)**
  塞缪尔·霍尔的儿子。马萨诸塞州,美国众议员,1873—1875,司法部长,1869—1870。
- **乔治·弗里斯比·霍尔(1826—1904)**
  塞缪尔·霍尔的儿子。马萨诸塞州,美国众议员,1869—1877,美国参议员,1877—1904。
- **罗克伍德·霍尔(1855—1906)**
  乔治·弗里斯比·霍尔的儿子。马萨诸塞州,美国众议员,1905—1906。
- **舍曼·霍尔(1860—1898)**
  埃比尼泽·罗克伍德·霍尔的儿子。马萨诸塞州,美国众议员,1891—1893。

92. 休斯敦家族(哈伯德家族)

- **大卫·哈伯德(1792—1874)**
  阿拉巴马州,美国众议员 1839—1841,1849—1851。
- **塞缪尔·休斯敦(1793—1863)**
  大卫·哈伯德的堂兄弟。田纳西州,美国众议员,1823—1827,州长,1827—1829,德克萨斯州,美国参议员,1846—1859,州长,1859—1861。
- **安德鲁·杰克逊·休斯敦(1854—1941)**
  塞缪尔·休斯敦的儿子。德克萨斯州,美国参议员,1941。

93. 亨特家族(盖拉德家族)

- **约翰·盖拉德(1765—1826)**
  南卡罗莱纳州,美国参议员,1804—1826。
- **西奥多·盖拉德·亨特(1805—1893)**
  约翰·盖拉德的侄子。路易斯安那州,美国众议员,1853—1855。
- **查尔顿·亨特(1836—1921)**
  西奥多·盖拉德·亨特的侄子。路易斯安那州,美国众议员,1883—1885。

94. 英格索尔家族

- **贾里德·英格索尔(1749—1822)**
  宾夕法尼亚州,大陆会议代表,1780。
- **查尔斯·贾里德·英格索尔(1782—1862)**
  贾里德·英格索尔的儿子。宾夕法尼亚州,美国众议员,1813—1815,1841—1849。
- **约瑟夫·里德·英格索尔(1786—1868)**
  贾里德·英格索尔的儿子。宾夕法尼亚州,美国众议员,1835—1837,1841—1849。

厄比家族,见厄尔家族。

95. 杰克逊家族(布兰德家族)

- **乔治·杰克逊(1757—1831)**
  弗吉尼亚州,美国众议员,1795—1797,1799—1803。
- **约翰·乔治·杰克逊(1777—1825)**
  乔治·杰克逊的儿子。弗吉尼亚州,美国众议员,1803—1810,1813—1817。
- **爱德华·布雷克·杰克逊(1793—1826)**
  乔治·杰克逊的儿子。弗吉尼亚州,美国众议员,1820—1823。
- **威廉·托马斯·布兰德(1861—1928)**
  约翰·乔治·杰克逊的孙子。密苏里州,美国众议员,1919—1921。
- **詹姆斯·门罗·杰克逊(1825—1901)**
  威廉·托马斯·布兰德的堂兄弟。西弗吉尼亚州,美国众议员,1889—1890。

96. 杰克逊家族

- **詹姆斯·杰克逊一世(1757—1806)**
  佐治亚州,美国众议员,1789—1791,美国参议员,1793—1795,1801—

1806，州长，1798—1901。

- **杰贝兹·扬·杰克逊（1790—不详）**
  詹姆斯·杰克逊一世的儿子。佐治亚州，美国众议员，1835—1839。
- **詹姆斯·杰克逊二世（1819—1887）**
  詹姆斯·杰克逊一世的孙子，杰贝兹·扬·杰克逊的侄子。佐治亚州，美国众议员，1857—1861。

约翰逊家族，见鲍伊家族。

97. 约翰逊家族

- **詹姆斯·约翰逊（1774—1826）**
  肯塔基州，美国众议员，1825—1826。
- **理查德·门特·约翰逊（1780—1850）**
  詹姆斯·约翰逊的弟弟和约翰·忒勒玛科斯·约翰逊的哥哥。肯塔基州，美国众议员，1807—1819，1829—1837，美国参议员，1819—1829，副总统，1837—1841。
- **约翰·忒勒玛科斯·约翰逊（1788—1856）**
  詹姆斯·约翰逊的弟弟和理查德·门特·约翰逊的哥哥。肯塔基州，美国众议员，1821—1825。
- **罗伯特·沃德·约翰逊（1814—1879）**
  詹姆斯·约翰逊的侄子，理查德·门特·约翰逊和约翰·Y. 约翰逊的侄子。阿肯色州，美国众议员，1847—1853，美国参议员，1853—1861。

98. 约翰逊家族（赫朗家族）

- **老杰德·约翰逊（1888—1963）**
  奥克拉荷马州，美国众议员，1927—1947。
- **小艾伯特·西德尼·赫朗（1909—1995）**
  小杰德·约翰逊的岳父。佛罗里达州，美国众议员，1949—1967。
- **小杰德·约翰逊（1939—1993）**
  老杰德·约翰逊的儿子。奥克拉荷马州，美国众议员，1965—1967。

99. 约翰逊家族(鲍恩家族)

- **查尔斯·克莱门特·约翰逊(1795—1832)**
  弗吉尼亚州,美国众议员,1831—1832。
- **约瑟夫·埃格尔斯顿·约翰逊(1807—1891)**
  查尔斯·克莱门特·约翰逊的弟弟。弗吉尼亚州,美国众议员,1879—1881。
- **约翰·沃菲尔德·约翰逊(1818—1889)**
  查尔斯·克莱门特·约翰逊和约瑟夫·埃格尔斯顿·约翰逊的侄子。弗吉尼亚州,美国参议员,1870—1883。
- **亨利·鲍恩(1841—1915)**
  约翰·沃菲尔德·约翰逊的侄子。弗吉尼亚州,美国众议员,1883—1885,1887—1889。参见鲍恩。

琼斯家族,见门罗家族。

100. 基恩家族

- **约翰·基恩一世(1756—1795)**
  南卡罗来纳州,大陆会议代表,1785—1787。
- **约翰·基恩二世(1852—1914)**
  约翰·基恩一世的曾孙。新泽西州,美国众议员,1883—1885,1887—1889,美国参议员,1899—1911。
- **汉密尔顿·菲什·基恩(1862—1941)**
  约翰·基恩一世的曾孙。新泽西州,美国参议员,1929—1935。
- **罗伯特·温斯罗普·基恩(1893—1980)**
  汉密尔顿·菲什·基恩的儿子,约翰·基恩二世的侄子。新泽西州,美国众议员,1939—1959。
- **托马斯·基恩(1935—　)**
  罗伯特·温斯罗普·基恩的儿子。新泽西州,州长,1982—1990。

肯尼迪家族,见布罗德里克家族。

101. 肯尼迪家族

- **约翰·弗朗西斯·菲茨杰拉德(1863—1950)**
  马萨诸塞州,美国众议员,1895—1901,1919。
- **约翰·菲茨杰拉德·肯尼迪(1917—1963)**
  爱德华·莫尔·肯尼迪和罗伯特·弗朗西斯·肯尼迪的哥哥,约翰·弗朗西斯·菲茨杰拉德的孙子。马萨诸塞州,美国众议员,1947—1953,美国参议员,1953—1960,总统,1961—1963。
- **罗伯特·弗朗西斯·肯尼迪(1925—1968)**
  约翰·菲茨杰拉德·肯尼迪的弟弟和爱德华·莫尔·肯尼迪的哥哥。司法部长,1961—1964,纽约州,美国参议员,1965—1968。
- **爱德华·莫尔·肯尼迪(1932—2009)**
  约翰·菲茨杰拉德·肯尼迪的弟弟,帕特里克·J. 肯尼迪的父亲。马萨诸塞州,美国众议员,1962—2009。
- **约瑟夫·P. 肯尼迪二世(1952—　)**
  罗伯特·弗朗西斯·肯尼迪的儿子。马萨诸塞州,美国众议员,1987—1999。
- **帕特里克·J. 肯尼迪(1967—　)**
  爱德华·莫尔·肯尼迪的儿子。罗德岛,美国众议员,1995—2011。
- **约瑟夫·P. 肯尼迪三世(1980—　)**
  约瑟夫·帕特里克·肯尼迪的儿子。马萨诸塞州,美国众议员,2013—至今。

102. 克尔家族(扬西家族)

- **约翰·克尔一世(1782—1842)**
  弗吉尼亚州,美国众议员,1813—1815,1815—1817。
- **巴特莱特·扬西(1785—1828)**
  约翰·克尔的堂兄弟。北卡罗来纳州,美国众议员,1813—1817。
- **约翰·克尔二世(1811—1879)**
  约翰·克尔的儿子。北卡罗来纳州,美国众议员,1853—1855。
- **约翰·霍西·克尔(1873—1958)**
  约翰·克尔一世的侄孙。北卡罗来纳州,美国众议员,1923—1953。

103. 基家族(康普顿家族)

- **菲利普·基(1750—1820)**
  马里兰州,美国众议员,1791—1793。
- **菲利普·巴顿·基(1757—1815)**
  菲利普·基的堂兄弟。马里兰州,美国众议员,1807—1813。
- **巴恩斯·康普顿(1830—1898)**
  菲利普·基的曾孙。马里兰州,美国众议员,1885—1890,1891—1894。

104. 金家族

- **鲁弗斯·金(1755—1827)**
  马萨诸塞州,大陆会议代表,1784—1787,纽约州,美国参议员,1789—1796,1813—1825。
- **赛勒斯·金(1772—1817)**
  鲁弗斯·金同父异母的兄弟。马萨诸塞州,美国众议员,1813—1817。
- **约翰·艾尔索普·金(1788—1867)**
  鲁弗斯·金的儿子,詹姆斯·戈尔·金的哥哥。纽约州,美国众议员,1849—1851,州长,1857—1858。
- **詹姆斯·戈尔·金(1791—1853)**
  鲁弗斯·金的儿子,约翰·艾尔索普·金的弟弟。新泽西州,美国众议员,1849—1851。

105. 基钦家族

- **威廉·霍奇斯·基钦(1837—1901)**
  北卡罗来纳州,美国众议员,1879—1881。
- **威廉·沃尔顿·基钦(1866—1924)**
  威廉·霍奇斯·基钦的儿子,克劳德·基钦的哥哥。北卡罗来纳州,美国众议员,1897—1909,州长,1909—1913。
- **克劳德·基钦(1869—1923)**

威廉·霍奇斯·基钦的儿子,威廉·沃尔顿·基钦的弟弟。北卡罗来纳州,美国众议员,1901—1923。

- **阿尔文·保罗·基钦(1908—1983)**
  威廉·霍奇斯·基钦的孙子,威廉·沃尔顿·基钦和克劳德·基钦的侄子。北卡罗来纳州,美国众议员,1957—1963。

106. 孔克尔家族(萨金特家族)

- **约翰·萨金特(1779—1852)**
  宾夕法尼亚州,美国众议员,1815—1823,1827—1829,1837—1841。参见萨金特。
- **约翰·克里斯琴·孔克尔(1816—1870)**
  约翰·克雷恩·孔克尔的祖父。宾夕法尼亚州,美国众议员,1855—1859。
- **约翰·克雷恩·孔克尔(1898—1970)**
  约翰·萨金特的曾孙,约翰·克里斯琴·孔克尔的孙子。宾夕法尼亚州,美国众议员,1939—1951,1961—1966。参见萨金特。

107. 拉马尔家族(查普尔家族)

- **阿布萨隆·哈里斯·查普尔(1801—1878)**
  佐治亚州,美国众议员,1843—1845。
- **卢修斯·昆塔斯·辛辛纳特斯·拉马尔(1825—1894)**
  阿布萨隆·哈里斯·查普尔的堂兄弟。密西西比州,美国众议员,1873—1877,美国参议员,1877—1885,内政部长,1885—1888。
- **威廉·巴利·拉马尔(1853—1928)**
  卢修斯·昆塔斯·辛辛纳特斯·拉马尔的侄子。佛罗里达州,美国众议员,1903—1909。

108. 莱恩家族

- **约瑟夫·莱恩(1801—1881)**
  俄勒冈州,美国众议员,1851—1859,美国参议员,1859—1860。

- **拉斐特·莱恩(1842—1896)**
  约瑟夫·莱恩的儿子。俄勒冈州,美国众议员,1875—1877。
- **哈里·莱恩(1855—1917)**
  约瑟夫·莱恩的孙子,拉斐特·莱恩的侄子。俄勒冈州,美国参议员,1913—1917。

兰利家族,见古杰儿家族。

109. 李家族

- **理查德·亨利·李(1732—1794)**
  弗吉尼亚州,大陆会议代表,1774—1779,1784—1785,美国参议员,1789—1792。
- **弗朗西斯·莱特富特·李(1734—1797)**
  阿瑟·李的哥哥和理查德·亨利·李的弟弟。弗吉尼亚州,大陆会议代表,1775—1779。
- **阿瑟·李(1740—1792)**
  弗朗西斯·莱特富特·李和理查德·亨利·李的弟弟。弗吉尼亚州,大陆会议代表,1782—1784。
- **托马斯·西姆·李(1745—1819)**
  约翰·李的父亲。马里兰州,州长,1779—1783,1792—1794,大陆会议代表,1783。
- **亨利·李(1756—1818)**
  理查德·布兰德·李的哥哥,威廉·亨利·菲茨休·李的祖父。弗吉尼亚州,大陆会议代表,1786—1788,州长,1791—1794,美国众议员,1799—1801。
- **理查德·布兰德·李(1761—1827)**
  亨利·李的弟弟。弗吉尼亚州,美国众议员,1789—1795。
- **约翰·李(1788—1871)**
  托马斯·西姆·李的儿子。马里兰州,美国众议员,1823—1825。
- **菲茨休·李(1835—1905)**
  亨利·李的孙子。弗吉尼亚州,州长,1886—1890。
- **威廉·亨利·菲茨休·李(1837—1891)**
  亨利·李的孙子。弗吉尼亚州,美国众议员,1887—1891。

- **布莱尔·李(1857—1944)**
  理查德·亨利·李的曾孙。马里兰州,美国参议员,1914—1917。

利弗林家族,见伯迪克家族。

110. 林肯家族

- **利瓦伊·林肯一世(1749—1820)**
  马萨诸塞州,美国众议员,1800—1801,州长,1808—1809,司法部长,1801—1804。
- **利瓦伊·林肯二世(1782—1868)**
  利瓦伊·林肯一世的儿子。马萨诸塞州,美国众议员,1834—1841,州长,1825—1834。
- **伊诺克·林肯(1788—1829)**
  利瓦伊·林肯一世的儿子,利瓦伊·林肯二世的弟弟。马萨诸塞州,美国众议员,1818—1821;缅因州,美国众议员,1821—1826,州长,1827—1829。

111. 利皮特家族(查菲家族)

- **亨利·利皮特(1818—1891)**
  罗德岛,州长,1875—1877。
- **查尔斯·沃伦·利皮特(1846—1924)**
  亨利·利皮特的儿子,亨利·弗雷德里克·利皮特的哥哥。罗德岛,州长,1895—1897。
- **亨利·弗雷德里克·利皮特(1856—1933)**
  亨利·利皮特的儿子,查尔斯·沃伦·利皮特的弟弟。罗德岛,美国参议员,1911—1917。
- **约翰·H. 查菲(1922—1999)**
  亨利·弗雷德里克·利皮特的侄孙。罗德岛,州长,1963—1969,海军部长,1969—1972,美国参议员,1976—1999。
- **林肯·D. 查菲(1953—　)**
  约翰·H. 查菲的儿子,亨利·弗雷德里克·利皮特的曾侄孙。罗德岛,美国参议员,1999—2007,州长,2011—2015。

112. 利文斯顿家族

- **菲利普·利文斯顿(1716—1778)**
  纽约州,大陆会议代表,1775—1778。
- **威廉·利文斯顿(1723—1790)**
  菲利普·利文斯顿的弟弟。新泽西州,大陆会议代表,1774—1776,州长,1776—1790。
- **沃尔特·利文斯顿(1740—1797)**
  菲利普·利文斯顿的侄子,亨利·沃尔特·利文斯顿的父亲。纽约州,大陆会议代表,1784—1785。
- **罗伯特·R. 利文斯顿(1746—1813)**
  爱德华·利文斯顿的哥哥,菲利普·利文斯顿和威廉·利文斯顿的堂兄弟。纽约州,大陆会议代表,1775—1776,1779—1780,1784。
- **爱德华·利文斯顿(1764—1836)**
  罗伯特·R. 利文斯顿的弟弟,菲利普·利文斯顿和威廉·利文斯顿的堂兄弟。纽约州,美国众议员,1795—1801;路易斯安那州,美国众议员,1823—1829,美国参议员,1829—1831,国务卿,1831—1833。
- **亨利·布洛克霍斯特·利文斯顿(1757—1823)**
  威廉·利文斯顿的儿子。最高法院法官,1807—1823。
- **亨利·沃尔特·利文斯顿(1768—1810)**
  沃尔特·利文斯顿的儿子。纽约州,美国众议员,1803—1807。
- **罗伯特·勒罗伊·利文斯顿(1778—1836)**
  沃尔特·利文斯顿的侄子。纽约州,美国众议员,1809—1812。
- **罗伯特·林里斯欧·利文斯顿(1943—)**
  亨利·沃尔特·利文斯顿的隔四代的孙子。路易斯安那州,美国众议员,1977—1999。

113. 洛克家族(温戈家族)

- **马修·洛克(1730—1801)**
  北卡罗来纳,美国众议员,1793—1799。

- **弗朗西斯·洛克(1776—1823)**
  马修·洛克的侄子。北卡罗来纳,美国参议员,1814—1815。
- **埃菲姬恩·洛克·温戈(1883—1962)**
  马修·洛克的曾孙女。阿肯色州,美国众议员,1930—1933。
- **奥蒂斯·西奥多·温戈(1877—1930)**
  艾菲亚琴·洛克·温戈的丈夫。阿肯色州,美国众议员,1913—1930。

114. 洛奇家族(卡伯特家族)

- **乔治·卡伯特(1752—1823)**
  马萨诸塞州,美国参议员,1791—1796。
- **老亨利·卡伯特·洛奇(1850—1924)**
  乔治·卡伯特的曾孙。马萨诸塞州,美国众议员,1887—1893,美国参议员,1893—1924。
- **小亨利·卡伯特·洛奇(1902—1985)**
  亨利·卡伯特·洛奇的孙子,约翰·戴维斯·洛奇的哥哥。马萨诸塞州,美国参议员,1937—1944,1947—1953。
- **约翰·戴维斯·洛奇(1903—1985)**
  亨利·卡伯特·洛奇的孙子,小亨利·卡伯特·洛奇的弟弟。康涅狄格州,美国众议员,1947—1951,州长,1951—1955。

115. 朗家族

- **乔治·香农·朗(1883—1958)**
  路易斯安那州,美国众议员,1953—1958。
- **小休伊·皮尔斯·朗(1893—1935)**
  乔治·香农·朗的弟弟,拉塞尔·比利乌·朗的父亲。路易斯安那州,州长,1928—1932,美国参议员,1932—1935。
- **罗丝·麦康奈尔·朗(1892—1970)**
  休伊·皮尔斯·朗的妻子,拉塞尔·比利乌·朗的母亲。路易斯安那州,美国参议员,1936—1937。
- **厄尔·肯普·朗(1895—1960)**

小休伊·皮尔斯·朗的弟弟。路易斯安那州,州长,1939—1940,1948—1952,1956—1960。

- **拉塞尔·比利乌·朗(1918—2003)**
  罗斯·朗和吉利斯·W.朗的儿子。路易斯安那州,美国参议员,1948—1987。
- **吉利斯·W.朗(1923—1985)**
  休伊·皮尔斯·朗的堂兄弟。路易斯安那州,美国众议员,1963—1965,1973—1985。
- **凯瑟琳·S.朗(1924—)**
  吉利斯·W.朗的妻子。路易斯安那州,美国众议员,1985—1987。
- **斯皮迪·O.朗(1928—2006)**
  吉利斯·W.朗和吉利斯·威廉·朗的堂兄弟。路易斯安那州,美国众议员,1965—1973。

朗沃斯家族,见斯托勒家族。

116. 莱昂家族(赫伯恩家族)

- **马修·莱昂(1749—1822)**
  佛蒙特州,美国众议员,1797—1801;肯塔基州,美国众议员,1803—1811。
- **奇滕登·莱昂(1787—1842)**
  马修·莱昂的儿子。肯塔基州,美国众议员,1827—1835。
- **威廉·彼得斯·赫伯恩(1833—1916)**
  马修·莱昂的曾孙。衣阿华州,美国众议员,1881—1887,1893—1909。

麦克阿瑟家族,见内斯密斯家族。
麦考密克家族,见汉娜家族。
麦克道尔家族,见普雷斯顿家族。

117. 麦克道尔家族

- **约瑟夫·麦克道尔(1756—1801)**
  北卡罗来纳州,美国众议员,1797—1799。

- **约瑟夫·(P. G)·麦克道尔(1758—1799)**
  约瑟夫·麦克道尔的堂兄弟。北卡罗来纳州,美国众议员,1793—1795。
- **约瑟夫·杰弗逊·麦克道尔(1800—1877)**
  约瑟夫·麦克道尔的儿子。俄亥俄州,美国众议员,1843—1847。

118. 麦克(又称:麦吉利卡迪)家族(博诺家族,康纳利家族,谢泼德家族)

- **小罗伯特·莫里斯(1734—1806)**
  宾夕法尼亚州,大陆会议代表,1775—1778,美国参议员,1789—1795。
- **约翰·利瓦伊·谢泼德(1852—1902)**
  莫里斯·谢泼德的父亲,康妮·麦克三世的曾祖父。德克萨斯州,美国众议员,1899—1902。
- **莫里斯·谢泼德(1875—1941)**
  康妮·麦克三世的祖父,小罗伯特·莫里斯的后代。德克萨斯州,美国众议员,1902—1913,美国参议员,1913—1941。
- **汤姆·康纳利(1877—1963)**
  康妮·麦克三世的继父。德克萨斯州,美国众议员,1917—1929,美国参议员,1929—1953。
- **康妮·麦克三世(又称:科尼利厄斯·亚历山大·麦吉利卡迪三世)(1940—　)**
  莫里斯·谢泼德的孙子,汤姆·康纳利的继孙。佛罗里达州,美国众议员,1983—1989,美国参议员,1989—2001。
- **康妮·麦克四世(又称:科尼留斯·哈维·麦吉利卡迪四世)(1967—　)**
  康妮·马克三世的儿子,约翰·莫里斯·谢泼德的曾孙,约翰·利瓦伊·谢泼德的玄孙,汤姆·康纳利的继曾孙,玛丽·博诺的前任丈夫。佛罗里达州,美国众议员,2005—2013。
- **玛丽·博诺(1961—　)**
  康妮·麦克四世的前妻,桑尼·博诺(美国众议员,1995—1998)的遗孀,加利福尼亚州,美国众议员,1998—2013。

119. 麦克莱家族

- **威廉·麦克莱(1737—1804)**

宾夕法尼亚州,美国参议员,1789—1791。

- **塞缪尔·麦克莱(1741—1811)**
  威廉·麦克莱的弟弟。宾夕法尼亚州,美国众议员,1795—1797,美国参议员,1803—1809。
- **威廉·普伦基特·麦克莱(1774—1842)**
  塞缪尔·麦克莱的儿子。宾夕法尼亚州,美国众议员,1816—1821。

120. 麦克莱恩家族(沃克家族)

- **约翰·麦克莱恩(1791—1830)**
  伊利诺伊州,美国众议员,1818—1819,美国参议员,1824—1825,1829—1830。
- **威廉·麦克莱恩(1794—1839)**
  约翰·麦克莱恩的弟弟。俄亥俄州,美国众议员,1823—1829。
- **詹姆斯·大卫·沃克(1830—1906)**
  约翰·麦克莱恩的侄子,大卫·沃克的孙子,威尔金森·考尔的堂兄弟。阿肯色州,美国参议员,1879—1885。参见考尔和沃克。

121. 梅肯家族(奥尔斯顿家族,霍金斯家族,马丁家族)

- **纳撒尼尔·梅肯(1757—1837)**
  北卡罗来纳州,美国众议员,1791—1815,美国参议员,1815—1828。
- **威利斯·奥尔斯顿(1769—1837)**
  纳撒尼尔·梅肯的侄子。北卡罗来纳州,美国众议员,1799—1815,1825—1831。
- **迈凯亚·托马斯·霍金斯(1790—1858)**
  纳撒尼尔·梅肯的侄子,本杰明·霍金斯的侄子。北卡罗来纳州,美国众议员,1831—1841。参见霍金斯。
- **查尔斯·亨利·马丁(1848—1931)**
  纳撒尼尔·梅肯的曾孙。北卡罗来纳州,美国众议员,1896—1899。

马丁家族,见梅肯家族。
马修斯家族,见沃特森家族。
莫里家族,见马弗里克家族。

122. 马弗里克家族(菲什伯恩家族,莫里家族)

- **詹姆斯·卢瑟·斯莱登(1853—1924)**
  德克萨斯州,美国众议员,1897—1919。
- **艾布拉姆·波因德克斯特·莫里(1801—1848)**
  田纳西州,美国众议员,1835—1839。
- **约翰·伍德·菲什伯恩(1868—1937)**
  弗吉尼亚州,美国众议员,1931—1933。
- **芬太恩·莫里·马弗里克(1895—1954)**
  詹姆斯·卢瑟·斯莱登的侄子,艾布拉姆·波因德克斯特·莫里和约翰·伍德·菲什伯恩的堂兄弟。德克萨斯州,美国众议员,1935—1939。

默瑟家族,见加尼特家族。

123. 米德尔顿家族

- **亨利·米德尔顿一世(1717—1784)**
  南卡罗来纳州,大陆会议代表,1774—1775。
- **阿瑟·米德尔顿(1742—1787)**
  亨利·米德尔顿一世的儿子。南卡罗来纳州,大陆会议代表,1776—1777,1781—1782。
- **亨利·米德尔顿二世(1770—1846)**
  阿瑟·米德尔顿的儿子。南卡罗来纳州,美国众议员,1815—1819,州长,1810—1812。

124. 门罗家族(琼斯家族)

- **约瑟夫·琼斯(1727—1805)**
  弗吉尼亚州,大陆会议代表,1777,1780—1783。
- **詹姆斯·门罗一世(1758—1831)**
  约瑟夫·琼斯的侄子。弗吉尼亚州,大陆会议代表,1783—1786,美国参议员,1790—1794,州长,1799—1802,1811,国务卿,1811—1817,战争部长,1814—1815,总统,1817—1825。

- **詹姆斯·门罗二世(1799—1870)**
  詹姆斯·门罗一世的侄子。纽约州,美国众议员,1839—1841。

125. 莫利纳里家族(帕克斯顿家族)

- **盖伊·维克托·莫利纳里(1928—)**
  纽约州,美国众议员,1981—1989。
- **苏珊·莫利纳里(1958—)**
  盖伊·维克托·莫利纳里的女儿。纽约州,美国众议员,1990—1997。
- **比尔·帕克斯顿(1954—)**
  苏珊·莫利纳里的丈夫。纽约州,美国众议员,1989—1999。

126. 摩根家族(巴伯家族)

- **诺伊斯·巴伯(1781—1844)**
  康涅狄格州,美国众议员,1821—1835。
- **埃德温·巴伯·摩根(1806—1881)**
  诺伊斯·巴伯的侄子,克里斯托弗·摩根的弟弟。纽约州,美国众议员,1853—1859。
- **克里斯托弗·摩根(1808—1877)**
  诺伊斯·巴伯的侄子,埃德温·巴伯·摩根的哥哥。纽约州,美国众议员,1839—1843。

127. 莫里斯家族

- **刘易斯·莫里斯(1726—1798)**
  纽约州,美国众议员,1775—1777。
- **古弗尼尔·莫里斯(1752—1816)**
  刘易斯·莫里斯同父异母的弟弟。纽约州,大陆会议代表,1778—1779,美国参议员,1800—1803。

- **刘易斯·理查德·莫里斯(1760—1825)**
  刘易斯·莫里斯和古弗尼尔·莫里斯的侄子。佛蒙特州,美国众议员,1797—1803。

128. 穆伦贝尔格家族

- **约翰·彼得·加布里埃尔·穆伦贝尔格(1746—1807)**
  宾夕法尼亚州,美国众议员,1789—1791,1793—1795,1799—1801,美国参议员,1801。
- **弗雷德里克·奥古斯塔斯·康拉德·穆伦贝尔格(1750—1801)**
  约翰·彼得·加布里埃尔·穆伦贝尔格的弟弟,弗朗西斯·斯温·穆伦贝尔格和亨利·奥古斯塔斯·菲利普·穆伦贝尔格的叔叔。宾夕法尼亚州,大陆会议代表,1779—1780,美国众议员,1789—1797,美国众议院发言人,1789—1791,1793—1795。
- **亨利·奥古斯塔斯·菲利普·穆伦贝尔格(1782—1844)**
  亨利·奥古斯塔斯·穆伦贝尔格的父亲,约翰·彼得·加布里埃尔·穆伦贝尔格的侄子。宾夕法尼亚州,美国众议员,1829—1838。
- **弗朗西斯·斯温·穆伦贝尔格(1795—1831)**
  约翰·彼得·加布里埃尔·穆伦贝尔格的儿子。俄亥俄州,美国众议员,1828—1829。
- **亨利·奥古斯塔斯·穆伦贝尔格(1823—1854)**
  亨利·奥古斯塔斯·菲利普·穆伦贝尔格的儿子。宾夕法尼亚州,美国众议员,1853—1854。
- **弗雷德里克·奥古斯塔斯·穆伦贝尔格(1887—1980)**
  约翰·彼得·加布里埃尔·穆伦贝尔格的玄孙。宾夕法尼亚州,美国众议员,1947—1949。

129. 内史密斯家族(麦克阿瑟家族,威尔逊家族)

- **詹姆斯·威利斯·内史密斯(1820—1885)**
  俄勒冈州,美国参议员,1861—1867,美国众议员,1873—1875。
- **约瑟夫·加德纳·威尔逊(1826—1873)**

詹姆斯·威利斯·内史密斯的堂兄弟。俄勒冈州,美国众议员,1873。

- **克利夫顿·内史密斯·麦克阿瑟(1879—1923)**

  詹姆斯·威利斯·内史密斯的孙子。俄勒冈州,美国众议员,1915—1923。

130. 尼古拉斯家族(多克斯家族)

- **约翰·尼古拉斯(1757—1819)**

  弗吉尼亚州,美国众议员,1793—1801。
- **威尔逊·卡里·尼古拉斯(1761—1820)**

  约翰·尼古拉斯的弟弟。弗吉尼亚州,美国参议员,1799—1804,美国众议员,1807—1809,州长,1814—1817。
- **罗伯特·尼古拉斯(1793—1857)**

  约翰·尼古拉斯和威廉·C. 尼古拉斯的侄子。路易斯安那州,美国参议员,1836—1841。
- **彼得·迈恩德特·多克斯(1813—1891)**

  约翰·尼古拉斯的孙子。阿拉巴马州,美国众议员,1869—1873。

奥利弗家族,见埃普斯家族。

奥尔家族,见格雷森家族。

131. 帕特森家族(弗兰克家族)

- **威廉·帕特森(1789—1838)**

  纽约州,美国众议员,1837—1839。
- **乔治·华盛顿·帕特森(1799—1879)**

  威廉·帕特森的弟弟。纽约,美国众议员,1877—1879。
- **奥古斯塔斯·弗兰克(1826—1895)**

  威廉·帕特森的侄子。纽约州,美国众议员,1859—1865。

132. 巴顿家族(斯沃普家族)

- **约翰·巴顿(1823—1897)**

宾夕法尼亚州，美国众议员，1861—1863，1887—1889。

- **小约翰·巴顿(1850—1907)**
  约翰·巴顿的儿子，查尔斯·埃默里·巴顿的哥哥。密歇根州，美国参议员，1894—1895。
- **查尔斯·埃默里·巴顿(1859—1937)**
  约翰·巴顿的儿子，小约翰·巴顿的弟弟。宾夕法尼亚州，美国众议员，1911—1915。
- **威廉·欧文·斯沃普(1862—1930)**
  约翰·巴顿的侄子。宾夕法尼亚州，美国众议员，1923—1927。

帕克斯顿家族，见莫利纳里家族。

133. 彭德尔顿家族(佩恩家族)

- **埃德蒙·彭德尔顿(1721—1803)**
  弗吉尼亚州，大陆会议代表，1774，1775。
- **约翰·佩恩(1741—1788)**
  埃德蒙·彭德尔顿的侄子，纳撒尼尔·彭德尔顿的堂兄弟。北卡罗来纳州，大陆会议代表，1775—1780。
- **纳撒尼尔·彭德尔顿(1756—1821)**
  埃德蒙·彭德尔顿的侄子，约翰·佩恩的堂兄弟。佐治亚州，大陆会议代表，1789。

佩恩家族，见彭德尔顿家族。
彼得森家族，见克莱普尔家族。

134. 普雷斯顿家族(弗洛伊德家族，汉普顿家族，麦克道尔家族)

- **弗朗西斯·普雷斯顿(1765—1835)**
  弗吉尼亚州，美国众议员，1793—1797。
- **詹姆斯·巴顿·普雷斯顿(1774—1843)**
  弗朗西斯·普雷斯顿的弟弟。弗吉尼亚州，州长，1816—1819。

- **约翰·弗洛伊德(1783—1837)**
  弗朗西斯·普雷斯顿和詹姆斯·巴顿·普雷斯顿的妹夫。弗吉尼亚州,美国众议员,1817—1829,州长,1830—1834。
- **威廉·坎贝尔·普雷斯顿(1794—1860)**
  弗朗西斯·普雷斯顿的儿子,詹姆斯·巴顿·普雷斯顿的侄子。南卡罗来纳,美国参议员,1833—1842。
- **詹姆斯·麦克道尔(1795—1851)**
  弗朗西斯·普雷斯顿和詹姆斯·巴顿·普雷斯顿的侄子。弗吉尼亚州,州长,1843—1846,美国众议员,1846—1851。
- **威廉·巴拉德·普雷斯顿(1805—1862)**
  詹姆斯·巴顿·普雷斯顿的儿子,弗朗西斯·普雷斯顿的侄子。弗吉尼亚州,美国众议员,1847—1849,海军部长,1849—1850。
- **威廉·普雷斯顿(1816—1887)**
  弗朗西斯·普雷斯顿和詹姆斯·巴顿·普雷斯顿的侄子。肯塔基州,美国众议员,1852—1855。
- **韦德·汉普顿(1818—1902)**
  弗朗西斯·普雷斯顿的女婿,威廉·坎贝尔·普雷斯顿的妹夫。南卡罗来纳,州长,1876—1879,美国参议员,1879—1891。

兰塞姆家族,见沃顿家族。
里斯家族,见戈夫家族。
里德家族,见塞特尔家族。
罗恩家族,见亨利家族。
洛克菲勒家族,见奥尔德里奇家族。

135. 罗德尼家族

- **西泽·罗德尼(1728—1784)**
  特拉华州,大陆会议代表,1774—1776,州长,1778—1782。
- **托马斯·罗德尼(1744—1811)**
  西泽·罗德尼的弟弟,特拉华州,大陆会议代表,1781—1782,1786。
- **西泽·奥古斯塔斯·罗德尼(1772—1824)**

托马斯·罗德尼的儿子。特拉华州,美国众议员,1803—1805,1821—1822,美国参议员,1822—1823,司法部长,1807—1811。

- **乔治·布里奇斯·罗德尼(1803—1883)**
  西泽·罗德尼,托马斯·罗德尼与西泽·奥古斯塔斯·罗德尼的堂兄弟。特拉华州,美国众议员,1841—1845。

136. 罗斯福家族(布洛克家族)

- **阿奇博尔德·布洛克(约 1730—1777)**
  佐治亚州,大陆会议代表,1775。
- **威廉·贝林杰·布洛克(1777—1852)**
  阿奇博尔德·布洛克的儿子。佐治亚州,参议员,1813。
- **詹姆斯·I. 罗斯福(1795—1875)**
  罗伯特·巴恩韦尔·罗斯福的叔叔。纽约州,美国众议员,1841—1843。
- **罗伯特·巴恩韦尔·罗斯福(1829—1906)**
  詹姆斯·I. 罗斯福的侄子和西奥多·罗斯福的叔叔。纽约州,美国众议员,1871—1873。
- **西奥多·罗斯福(1858—1919)**
  阿奇博尔德·布洛克的玄孙,罗伯特·巴恩韦尔·罗斯福的侄子,尼古拉斯·朗沃斯的岳父。纽约州,州长,1899—1900,副总统,1901,总统,1901—1909。
- **富兰克林·德拉诺·罗斯福(1882—1945)**
  西奥多·罗斯福的第五代堂兄弟。纽约州,州长,1928—1932,总统,1933—1945。
- **詹姆斯·罗斯福(1907—1991)**
  富兰克林·德拉诺·罗斯福总统的儿子和小富兰克林·德拉诺·罗斯福的哥哥。加利福尼亚州,美国众议员,1955—1965。
- **小富兰克林·德拉诺·罗斯福(1914—1988)**
  富兰克林·德拉诺·罗斯福总统的儿子和詹姆斯·罗斯福的弟弟。纽约州,美国众议员,1949—1955。

137. 罗斯家族(艾伦家族)

- **罗伯特·塞尔登·罗斯(1774—1835)**
  纽约州,美国众议员,1823—1827,1829—1831。
- **纳撒尼尔·艾伦(1780—1832)**
  纽约州,美国众议员,1819—1821。
- **罗伯特·劳森·罗斯(1804—1877)**
  罗伯特·塞尔登·罗斯的儿子,纳撒尼尔·艾伦的女婿。纽约州,美国众议员,1847—1851。

138. 拉特利奇家族

- **约翰·拉特利奇(1739—1800)**
  南卡罗来纳州,大陆会议代表,1774—1775,1782—1783,州长,1776—1782,美国最高法院首席法官,1795。
- **爱德华·拉特利奇(1749—1800)**
  爱德华·拉特利奇的弟弟。南卡罗来纳州,大陆会议代表,1774—1776,州长,1798—1800。
- **小约翰·拉特利奇(1766—1819)**
  约翰·拉特利奇的儿子。南卡罗来纳州,美国众议员,1797—1803。

139. 桑福德家族

- **约翰·桑福德一世(1803—1857)**
  纽约州,美国众议员,1841—1843。
- **斯蒂芬·桑福德(1826—1913)**
  约翰·桑福德的儿子。纽约州,美国众议员,1869—1871。
- **约翰·桑福德二世(1851—1939)**
  斯蒂芬·桑福德的儿子。纽约州,美国众议员,1889—1893。

140. 索尔斯伯里家族

- **伊莱·索尔斯伯里(1817—1893)**
  特拉华州,美国参议员,1871—1889。
- **威拉德·索尔斯伯里一世(1820—1892)**
  伊莱·索尔斯伯里的弟弟。特拉华州,美国参议员,1859—1871。
- **威拉德·索尔斯伯里二世(1861—1927)**
  威拉德·索尔斯伯里一世的儿子。特拉华州,美国参议员,1913—1919。

141. 萨金特家族(孔克尔家族,怀斯家族)

- **乔纳森·迪金森·萨金特(1746—1793)**
  新泽西州,大陆会议代表,1776,1777。
- **约翰·萨金特(1779—1852)**
  乔纳森·迪金森·萨金特的儿子。宾夕法尼亚州,美国众议员,1815—1823,1827—1829,1837—1841。参见孔克尔。
- **约翰·萨金特·怀斯(1846—1913)**
  约翰·萨金特的孙子,亨利·A. 怀斯的儿子。弗吉尼亚州,美国众议员,1883—1885。参见怀斯。
- **理查德·艾尔索普·怀斯(1843—1900)**
  亨利·A. 怀斯的儿子,约翰·萨金特·怀斯的哥哥,乔治·D. 怀斯的堂兄弟。弗吉尼亚州,美国众议员,1898—1900。参见怀斯。
- **约翰·克雷恩·孔克尔(1898—1970)**
  约翰·萨金特的曾孙,约翰·克里斯琴·孔克尔的孙子。宾夕法尼亚州,美国众议员,1939—1951,1961—1966。参见孔克尔。

142. 塞特尔家族(里德家族)

- **托马斯·塞特尔一世(1789—1857)**
  北卡罗来纳州,美国众议员,1817—1821。
- **大卫·塞特尔·里德(1813—1891)**

托马斯·塞特尔一世的侄子。北卡罗来纳州，美国众议员，1843—1847，州长，1851—1854，美国参议员，1854—1859。

- **托马斯·塞特尔二世(1865—1919)**
  托马斯·塞特尔一世的孙子。北卡罗来纳州，美国众议员，1893—1897。

143. 西摩家族

- **霍雷肖·西摩(1778—1857)**
  佛蒙特州，美国参议员，1821—1833。
- **奥里根·斯托尔斯·西摩(1804—1881)**
  霍雷肖·西摩的侄子。康涅狄格州，美国众议员，1851—1855。
- **爱德华·伍德拉夫·西摩(1832—1892)**
  奥里根·斯托尔斯·西摩的儿子。康涅狄格州，美国众议员，1883—1887。

西姆斯家族，见汉娜家族。

144. 辛尼克森家族

- **托马斯·辛尼克森一世(1744—1817)**
  新泽西州，美国众议员，1789—1791，1797—1799。
- **托马斯·辛尼克森二世(1786—1873)**
  托马斯·辛尼克森一世的侄子。新泽西州，美国众议员，1828—1829。
- **克莱门特·霍尔·辛尼克森(1834—1919)**
  托马斯·辛尼克森一世的侄孙。新泽西州，美国众议员，1875—1879。

斯莱登家族，见马弗里克家族

145. 史密斯家族

- **杰里迈亚·史密斯(1759—1842)**
  新罕布什尔州，美国众议员，1791—1797，州长，1809—1810。
- **塞缪尔·史密斯(1765—1842)**

杰里迈亚·史密斯的弟弟。新罕布什尔州,美国众议员,1813—1815。

- **罗伯特·史密斯(1802—1867)**
  杰里迈亚·史密斯和塞缪尔·史密斯的侄子。伊利诺伊州,美国众议员,1843—1849,1857—1859。

146. 史密斯家族

- **纳撒尼尔·史密斯(1762—1822)**
  康涅狄格州,美国众议员,1795—1799。
- **内森·史密斯(1770—1835)**
  纳撒尼尔·史密斯的弟弟。涅狄格州,美国参议员,1833—1835。
- **杜鲁门·史密斯(1791—1884)**
  纳撒尼尔·史密斯和内森·史密斯的侄子。康涅狄格州,美国众议员,1839—1843,1845—1849,美国参议员,1849—1854。

147. 索瑟德家族

- **亨利·索瑟德(1747—1842)**
  新泽西州,美国众议员,1801—1811,1815—1821。
- **艾萨克·索瑟德(1783—1850)**
  亨利·索瑟德的儿子,塞缪尔·刘易斯·索瑟德的哥哥。新泽西州,美国众议员,1831—1833。
- **塞缪尔·刘易斯·索瑟德(1787—1842)**
  亨利·索瑟德的儿子,艾萨克·索瑟德的弟弟。新泽西州,美国参议员,1821—1823,1833—1842,州长,1832—1833,海军部长,1823—1829。

148. 斯佩特家族(唐奈家族)

- **理查德·多布斯·斯佩特(1758—1802)**
  北卡罗来纳州,大陆会议代表,1782—1785,美国众议员,1798—1801,州长,1792—1795。
- **小理查德·多布斯·斯佩特(1796—1850)**

理查德·多布斯·斯佩特的儿子。北卡罗来纳州，美国众议员，1823—1825，州长，1835—1836。

- **理查德·斯佩特·唐奈(1820—1867)**
  理查德·多布斯·斯佩特的孙子。北卡罗来纳州，美国众议员，1847—1849。

149. 史蒂文斯家族

- **查尔斯·阿博特·史蒂文斯(1816—1892)**
  马萨诸塞州，美国众议员，1875。
- **摩西·泰勒·史蒂文斯(1825—1907)**
  查尔斯·阿博特·史蒂文斯的弟弟。马萨诸塞州，美国众议员，1891—1895。
- **艾萨克·英戈尔斯·史蒂文斯(1818—1862)**
  查尔斯·阿博特·史蒂文斯和摩西·泰勒·史蒂文斯的堂兄弟。华盛顿州，州长，1853—1857，美国众议员，1857—1861。

150. 史蒂文森家族(亚历山大家族)

- **西德纳姆·贝诺尼·亚历山大(1840—1921)**
  约翰·S. 威廉斯和阿德莱·尤因·史蒂文森一世的堂兄弟。北卡罗来纳州，美国众议员，1891—1895。参见威廉斯。
- **阿德莱·尤因·史蒂文森一世(1835—1914)**
  西德纳姆·贝诺尼·亚历山大和约翰·S. 威廉斯的堂兄弟。伊利诺伊州，美国众议员，1875—1877，1879—1881，副总统，1893—1897。
- **阿德莱·尤因·史蒂文森二世(1900—1965)**
  阿德莱·尤因·史蒂文森一世的孙子，阿德莱·尤因·史蒂文森三世的父亲。伊利诺伊州，州长，1949—1953。
- **阿德莱·尤因·史蒂文森三世(1930—)**
  阿德莱·尤因·史蒂文森一世的曾孙，阿德莱·尤因·史蒂文森二世的儿子。伊利诺伊州，美国参议员，1970—1981。

151. 斯托克顿家族

- **理查德·斯托克顿一世(1730—1781)**
  新泽西州,大陆会议代表,1776。
- **理查德·斯托克顿二世(1764—1828)**
  理查德·斯托克顿一世的儿子,新泽西州,美国参议员,1796—1799,美国众议员,1813—1815。
- **罗伯特·菲尔德·斯托克顿(1795—1866)**
  理查德·斯托克顿一世的孙子,理查德·斯托克顿二世的儿子,新泽西州,美国众议员,1851—1853。
- **约翰·波特·斯托克顿(1826—1900)**
  理查德·斯托克顿一世的曾孙,新泽西州,美国参议员,1865—1866,1869—1875。

152. 斯通家族

- **托马斯·斯通(1743—1787)**
  马里兰州,大陆会议代表,1775—1776,1778,1784。
- **迈克尔·珍妮弗·斯通(1747—1812)**
  托马斯·斯通的弟弟。马里兰州,美国众议员,1789—1791。
- **弗雷德里克·斯通(1820—1899)**
  迈克尔·珍妮弗·斯通的孙子。马里兰州,美国众议员,1867—1871。

153. 斯托勒家族(朗沃斯家族)

- **贝拉米·斯托勒一世(1796—1875)**
  俄亥俄州,美国众议员,1835—1837。
- **贝拉米·斯托勒二世(1847—1922)**
  贝拉米·斯托勒一世的儿子,俄亥俄州,美国众议员,1891—1895。
- **尼古拉斯·朗沃斯(1869—1931)**
  贝拉米·斯托勒二世的侄子,西奥多·罗斯福的女婿。俄亥俄州,美国众议员,1903—1913,1915—1931。

154. 斯特罗瑟家族

- **乔治·弗伦奇·斯特罗瑟(1783—1840)**
  弗吉尼亚州,美国众议员,1817—1820。
- **詹姆斯·弗伦奇·斯特罗瑟一世(1811—1860)**
  乔治·弗伦奇·斯特罗瑟的儿子,弗吉尼亚州,美国众议员,1851—1853。
- **詹姆斯·弗伦奇·斯特罗瑟二世(1868—1930)**
  詹姆斯·弗伦奇·斯特罗瑟一世的孙子。西弗吉尼亚州,美国众议员,1925—1929。

155. 沙利文家族

- **约翰·沙利文(1740—1795)**
  新罕布什尔州,大陆会议代表,1774—1775,1780—1781,州长,1786—1787。
- **詹姆斯·沙利文(1744—1808)**
  约翰·沙利文的弟弟。马萨诸塞州,州长,1807—1808。
- **乔治·沙利文(1771—1838)**
  约翰·沙利文的儿子。新罕布什尔州,大陆会议代表,1811—1813。

斯沃普家族,见巴顿家族。
赛明顿家族,见沃兹沃斯家族。
塔尔博特家族,见安德森家族。

156. 塔夫脱家族

- **阿方索·塔夫脱(1810—1891)**
  战争部长,1876,司法部长,1876—1877。
- **查尔斯·费尔普斯·塔夫脱(1843—1929)**
  总统威廉·霍华德·塔夫脱的哥哥,罗伯特·阿方索·塔夫脱的叔叔,小罗伯特·塔夫脱的伯祖。俄亥俄州,美国众议员,1895—1897。

- **威廉·霍华德·塔夫脱(1857—1930)**
  阿方索·塔夫脱的儿子,查尔斯·费尔普斯·塔夫脱的弟弟,罗伯特·阿方索·塔夫脱的父亲。战争部长,1904—1908,总统,1909—1913,美国最高法院首席大法官,1921—1930。
- **罗伯特·阿方索·塔夫脱(1889—1953)**
  总统威廉·霍华德·塔夫脱的儿子,查尔斯·费尔普斯·塔夫脱的侄子,小罗伯特·塔夫脱的父亲。俄亥俄州,美国参议员,1939—1953。
- **小罗伯特·塔夫脱(1917—1993)**
  罗伯特·阿方索·塔夫脱的儿子,总统威廉·霍华德·塔夫脱的孙子,以及查尔斯·费尔普斯·塔夫脱的侄孙。俄亥俄州,美国众议员,1963—1965,1967—1971,美国参议员,1971—1976。
- **罗伯特·阿方索·"鲍勃"·塔夫脱三世(1942—　)**
  小罗伯特·塔夫脱的儿子。俄亥俄州,州长,1999—2007。

157. 泰勒家族

- **纳撒尼尔·格林·泰勒(1819—1887)**
  田纳西州,美国众议员,1854—1855,1866—1867。
- **阿尔弗雷德·亚历山大·泰勒(1848—1931)**
  纳撒尼尔·格林·泰勒的儿子,罗伯特·洛夫·泰勒的哥哥。田纳西州,美国众议员,1889—95,州长,1921—1923。
- **罗伯特·洛夫·泰勒(1850—1912)**
  纳撒尼尔·格林·泰勒的儿子,阿尔弗雷德·亚历山大·泰勒的弟弟。田纳西州,美国众议员,1879—1881,美国参议员,1907—1912,州长,1887—1891,1897—1899。

158. 塔克家族

- **托马斯·图德·塔克(1745—1828)**
  南卡罗来纳州,大陆会议代表,1787,1788,美国众议员,1789—1793。
- **乔治·塔克(1775—1861)**
  亨利·圣乔治·塔克的堂兄弟。弗吉尼亚州,美国众议员,1819—1825。

- **亨利·圣乔治·塔克一世(1780—1848)**
  托马斯·图德·塔克的侄子,乔治·塔克的堂兄弟。弗吉尼亚州,美国众议员,1815—1819。
- **约翰·伦道夫·塔克(1823—1897)**
  亨利·圣乔治·塔克的儿子。弗吉尼亚州,美国众议员,1875—1887。
- **亨利·圣乔治·塔克二世(1853—1932)**
  约翰·伦道夫·塔克的儿子。弗吉尼亚州,美国众议员,1889—1897,1922—1932。

159. 尤德尔家族

- **斯图尔特·尤德尔(1920—2010)**
  亚利桑那州,美国众议员,1955—1961,内政部长,1961—1969。
- **莫里斯·金·"莫"·尤德尔(1922—1998)**
  斯图尔特·尤德尔的弟弟。亚利桑那州,美国众议员,1961—1991。
- **马克·埃默里·尤德尔(1950—)**
  "莫"·尤德尔的儿子。科罗拉多州,美国众议员,1999—2009,美国参议员,2009—2015。
- **托马斯·斯图尔特·"汤姆"·尤德尔(1948—)**
  斯图尔特·尤德尔的儿子,"莫"·尤德尔的侄子,马克·尤德尔的堂兄弟。新墨西哥州,美国众议员,1999—2009,美国参议员,2009—至今。
- **戈登·H. 史密斯(1952—)**
  马克·尤德尔与汤姆·尤德尔父母双边的远房堂表兄弟。俄勒冈州,美国参议员,1997—2009。
- **迈克·李(1971—)**
  马克·尤德尔与汤姆·尤德尔的远房堂兄弟。犹他州,美国参议员,2011—至今。

160. 安德伍德家族

- **约瑟夫·罗杰斯·安德伍德(1791—1876)**
  肯塔基州,美国众议员,1835—1843,美国参议员,1847—1853。

- **沃纳·刘易斯·安德伍德(1808—1872)**
  约瑟夫·罗杰斯·安德伍德的弟弟。肯塔基州，美国众议员，1855—1859。
- **奥斯卡·怀尔德·安德伍德(1862—1929)**
  约瑟夫·罗杰斯·安德伍德的孙子，阿拉巴马州，美国众议员，1895—1915，美国参议员，1915—1927。

161. 范伦塞勒家族

- **杰里迈亚·范伦塞勒(1738—1810)**
  纽约州，美国众议员，1789—1791。
- **基利安·基利安·范伦塞勒(1763—1845)**
  杰里迈亚·范伦塞勒的堂兄弟。纽约州，美国众议员，1801—1811。
- **所罗门·范维克滕·范伦塞勒(1774—1852)**
  杰里迈亚·范伦塞勒的儿子，基利安·基利安·范伦塞勒的侄子。纽约州，美国众议员，1819—1822。

162. 沃兹沃斯家族(赛明顿家族)

- **詹姆斯·沃尔科特·沃兹沃斯一世(1846—1926)**
  纽约州，美国众议员，1881—1885，1891—1907。
- **詹姆斯·沃尔科特·沃兹沃斯二世(1877—1952)**
  詹姆斯·沃尔科特·沃兹沃斯一世的儿子。纽约州，美国参议员，1915—1927，美国众议员，1933—1951。
- **威廉(斯图尔特)·赛明顿(1901—1988)**
  詹姆斯·沃尔科特·沃兹沃斯二世的女婿。密苏里州，美国众议员，1953—1976。
- **詹姆斯·沃兹沃斯·赛明顿(1927—　)**
  斯图尔特·赛明顿的儿子。密苏里州，美国众议员，1969—1977。
- **约翰·法伊夫·赛明顿(1945—　)**
  斯图尔特·赛明顿的堂兄弟。亚利桑那州，州长，1991—1997。

163. 沃克家族

- **乔治·沃克(1763—1819)**
  肯塔基州,美国参议员,1814。
- **大卫·沃克(故于1820)**
  乔治·沃克的弟弟。肯塔基州,美国众议员,1817—1820。
- **詹姆斯·大卫·沃克(1830—1906)**
  大卫·沃克的孙子,约翰·麦克莱恩的侄子,威尔金森·考尔的堂兄弟。阿肯色州,美国参议员,1879—1885。参见考尔和麦克莱恩。

164. 沃尔顿家族

- **约翰·沃尔顿(1738—1783)**
  佐治亚州,大陆会议代表,1778。
- **乔治·沃尔顿(1750—1804)**
  约翰·沃尔顿的弟弟。佐治亚州,大陆会议代表,1776—1777,1780—1781,1787—1788,美国参议员,1795—1796,州长,1779—1780,1789—1790。
- **马修·沃尔顿(故于1819)**
  约翰·沃尔顿和乔治·沃尔顿的堂兄弟。肯塔基州,美国众议员,1803—1807。

165. 沃什伯恩家族

- **伊斯雷尔·沃什伯恩(1813—1883)**
  缅因州,美国众议员,1851—1861,州长,1861—1863。
- **伊莱休·本杰明·沃什伯恩(1816—1887)**
  小伊斯雷尔·沃什伯恩的弟弟,卡德瓦拉德·科尔登·沃什伯恩和威廉·德鲁·沃什伯恩的哥哥。伊利诺伊州,美国众议员,1853—1869,国务卿,1869。
- **卡德瓦拉德·科尔登·沃什伯恩(1818—1882)**

小伊斯雷尔·沃什伯恩和伊莱休·本杰明·沃什伯恩的弟弟，威廉·德鲁·沃什伯恩的哥哥。威斯康星州，美国众议员，1855—1861，1867—1871，州长，1872—1874。

- **威廉·德鲁·沃什伯恩(1831—1912)**

  小伊斯雷尔·沃什伯恩、伊莱休·本杰明·沃什伯恩和卡德瓦拉德·科尔登·沃什伯恩的弟弟。明尼苏达州，美国众议员，1879—1885，美国参议员，1889—1895。

166. 沃特森家族(马修斯家族)

- **哈维·马吉·沃特森(1811—1891)**

  田纳西州，美国众议员，1839—1843。
- **斯坦利·马修斯(1824—1889)**

  俄亥俄州，参议员，1877—1879。
- **亨利·沃特森(1840—1921)**

  哈维·马吉·沃特森的儿子，斯坦利·马修斯的侄子。肯塔基州，美国众议员，1876—1877。

167. 威克斯家族

- **约翰·温盖特·威克斯一世(1781—1853)**

  新罕布什尔州，美国众议员，1829—1833。
- **约翰·温盖特·威克斯二世(1860—1926)**

  约翰·温盖特·威克斯一世的侄孙。马萨诸塞州，美国众议员，1905—1913，美国参议员，1913—1919，战争部长，1921—1925。
- **埃德加·威克斯(1839—1904)**

  约翰·温盖特·威克斯二世的堂兄弟。密歇根州，美国众议员，1899—1903。
- **辛克莱·威克斯(1893—1972)**

  约翰·温盖特·威克斯二世的儿子。马萨诸塞州，美国参议员，1944，商业部长，1953—1958。

168. 沃顿家族(格林家族,兰塞姆家族)

- **杰西·沃顿(1782—1833)**
  田纳西州,美国众议员,1807—1809,美国参议员,1814—1815。
- **沃顿·杰克逊·格林(1831—1910)**
  杰西·沃顿的孙子。北卡罗来纳州,美国众议员,1883—1887。
- **马特·惠特克·兰塞姆(1826—1904)**
  沃顿·杰克逊·格林的堂兄弟。北卡罗来纳州,美国参议员,1872—1895。

169. 怀特家族

- **詹姆斯·怀特(1749—1809)**
  北卡罗来纳州,大陆会议代表,1786—1788;田纳西州,美国众议员,1794—1796。
- **爱德华·道格拉斯·怀特一世(1795—1847)**
  詹姆斯·怀特的儿子。路易斯安那州,美国众议员,1829—1834,1839—1843,州长,1834—1838。
- **爱德华·道格拉斯·怀特二世(1845—1921)**
  爱德华·道格拉斯·怀特一世的儿子。路易斯安那州,美国参议员,1891—1894,美国最高法院首席大法官,1910—1921。

170. 怀特家族

- **约翰·怀特(1802—1845)**
  肯塔基州,美国众议员,1835—1845,众议院发言人,1841—1842。
- **艾迪生·怀特(1824—1909)**
  约翰·怀特的堂兄弟。肯塔基州,美国众议员,1851—1853。
- **约翰·多尔蒂·怀特(1849—1920)**
  约翰·怀特的侄子。肯塔基州,美国众议员,1875—1877,1881—1885。

171. 怀特希尔家族

- **约翰·怀特希尔(1729—1815)**
  宾夕法尼亚州,美国众议员,1803—1807。
- **罗伯特·怀特希尔(1738—1813)**
  约翰·怀特希尔的弟弟。宾夕法尼亚州,美国众议员,1805—1813。
- **詹姆斯·怀特希尔(1762—1822)**
  约翰·怀特希尔的儿子。宾夕法尼亚州,美国众议员,1813—1814。

172. 惠特尔西家族

- **伊莱沙·惠特尔西(1783—1863)**
  俄亥俄州,美国众议员,1823—1838。
- **弗雷德里克·惠特尔西(1799—1851)**
  伊莱沙·惠特尔西和托马斯·塔克·惠特尔西,纽约州,美国众议员,1831—1835。
- **托马斯·塔克·惠特尔西(1798—1868)**
  伊莱沙·惠特尔西和弗雷德里克·惠特尔西的堂兄弟。康涅狄格州,美国众议员,1836—1839。
- **威廉·奥古斯塔斯·惠特尔西(1796—1866)**
  伊莱沙·惠特尔西的侄子。俄亥俄州,美国众议员,1849—1851。

173. 威克利夫家族(贝克姆家族)

- **查尔斯·安德森·威克利夫(1788—1869)**
  肯塔基州,美国众议员,1823—1833,1861—1863,州长,1839—1840。
- **约翰·克雷普斯·威克利夫·贝克姆(1869—1940)**
  查尔斯·安德森·威克利夫的孙子,罗伯特·查尔斯·威克利夫的堂兄弟。肯塔基州,美国参议员,1915—1921,州长,1900—1907。
- **罗伯特·查尔斯·威克利夫(1874—1912)**
  查尔斯·安德森·威克利夫的孙子,约翰·克雷普斯·威克利夫·贝克姆的堂兄弟。路易斯安那州,美国众议员,1909—1912。

174. 威廉斯家族

- **罗伯特·威廉斯(1773—1836)**
  北卡罗来纳州,美国众议员,1797—1803。
- **约翰·威廉斯(1778—1837)**
  罗伯特·威廉斯的弟弟和刘易斯·威廉斯的哥哥。田纳西州,美国参议员,1815—1823。
- **刘易斯·威廉斯(1782—1842)**
  罗伯特·威廉斯和约翰·威廉斯的弟弟。北卡罗来纳州,美国众议员,1815—1842。
- **马默杜克·威廉斯(1774—1850)**
  罗伯特·威廉斯和约翰·威廉斯、刘易斯·威廉斯的堂兄弟。北卡罗来纳州,美国众议员,1803—1809。
- **约瑟夫·拉尼尔·威廉斯(1810—1865)**
  约翰·威廉斯的儿子。田纳西州,美国众议员,1837—1843。

175. 威廉斯家族(亚历山大家族)

- **克里斯托弗·哈里斯·威廉斯(1798—1857)**
  田纳西州,美国众议员,1837—1843,1849—1853。
- **约翰·夏普·威廉斯(1854—1932)**
  克里斯托弗·哈里斯·威廉斯的孙子,西德纳姆·B. 亚历山大的堂兄弟。密西西比州,美国众议员,1893—1909,美国参议员,1911—1923。
- **西德纳姆·贝诺尼·亚历山大(1840—1921)**
  约翰·夏普·威廉斯和阿德莱·尤因·史蒂文森一世的堂兄弟。北卡罗来纳州,美国众议员,1891—1895。参见史蒂文森。

威尔逊家族,见内史密斯家族。

176. 威尔逊家族(格里芬家族)

- **艾萨克·格里芬(1756—1827)**
  尤金·麦克拉纳汉·威尔逊的曾祖父。宾夕法尼亚州,美国众议员,1813—1817。
- **托马斯·威尔逊(1765—1826)**
  弗吉尼亚州,美国众议员,1811—1813。
- **埃德加·坎贝·威尔逊(1800—1860)**
  托马斯·威尔逊的儿子。弗吉尼亚州,美国众议员,1833—1835。
- **尤金·麦克拉纳汉·威尔逊(1833—1890)**
  德加·坎贝·威尔逊的儿子,托马斯·威尔逊的孙子,艾萨克·格里芬的曾孙。明尼苏达州,美国众议员,1869—1871。

温戈家族,见洛克家族。

177. 怀斯家族

- **亨利·亚历山大·怀斯(1806—1876)**
  弗吉尼亚州,美国众议员,1833—1844,州长,1856—1860。
- **理查德·艾尔索普·怀斯(1843—1900)**
  亨利·亚历山大·怀斯的儿子,约翰·萨金特·怀斯的哥哥,乔治·道格拉斯·怀斯的堂兄弟。弗吉尼亚州,美国众议员,1898—1900。参见萨金特。
- **约翰·萨金特·怀斯(1846—1913)**
  约翰·萨金特的孙子,亨利·A. 怀斯的儿子,理查德·艾尔索普·怀斯的弟弟,乔治·道格拉斯·怀斯的堂兄弟。弗吉尼亚州,美国众议员,1883—1885。参见萨金特。
- **乔治·道格拉斯·怀斯(1831—1898)**
  亨利·A. 怀斯的侄子,理查德·艾尔索普·怀斯和约翰·萨金特·怀斯的堂兄弟。弗吉尼亚州,美国众议员,1881—1895。

威瑟斯庞家族,见亨普希尔家族。

扬西家族,见克尔家族。

178. 扬家族(布朗家族)

- **威廉·辛格尔顿·扬(1790—1827)**
  肯塔基州,美国众议员,1825—1827。
- **布赖恩·拉斯特·扬(1800—1882)**
  威廉·辛格尔顿·扬的弟弟。肯塔基州,美国众议员,1845—1847。
- **约翰·扬·布朗(1835—1904)**
  威廉·辛格尔顿·扬和布莱恩·拉斯特·扬的侄子。肯塔基州,美国众议员,1859—1861,1873—1877,州长,1891—1895。

图书在版编目(CIP)数据

美国政治王朝：从亚当斯到克林顿/(美) 斯蒂芬・赫斯(Stephen Hess)著；严春松译. —上海：上海社会科学院出版社，2016

书名原文：America's Political Dynasties：From Adams to Clinton

ISBN 978-7-5520-1590-4

Ⅰ.①美… Ⅱ.①斯… ②严… Ⅲ.①政治制度—研究—美国 Ⅳ.①D771.221

中国版本图书馆 CIP 数据核字(2016)第 238380 号

美国政治王朝：从亚当斯到克林顿

著　　者：(美) 斯蒂芬・赫斯
译　　者：严春松
责任编辑：潘　炜　林凡凡
封面设计：周清华
出版发行：上海社会科学院出版社
上海顺昌路 622 号　邮编 200025
电话总机 021-63315900　销售热线 021-53063735
http://www.sassp.org.cn　E-mail:sassp@sass.org.cn
排　　版：南京展望文化发展有限公司
印　　刷：上海展强印刷有限公司
开　　本：710×1010 毫米　1/16 开
印　　张：41.75
字　　数：697 千字
版　　次：2017 年 8 月第 1 版　2018 年 8 月第 2 次印刷

ISBN 978-7-5520-1590-4/D・406　定价：138.00 元